《嶽麓書院藏秦簡（伍）》疏證

朱紅林 著

上海古籍出版社

本書爲古文字與中華文明傳承發展工程規劃項目
"《嶽麓書院藏秦簡（伍）》疏證"（項目編號：G1936）
最終成果

前　言

　　經嶽麓書院秦簡整理小組編輯整理，《嶽麓書院藏秦簡（伍）》（以下簡稱《嶽麓伍》）收錄秦簡共337支。① 這批以"令"爲主要體裁的秦簡與《嶽麓肆》以"律"爲主要體裁的秦簡相比，除了"律""令"體裁的不同之外，更多的還是內容上的特色。事實上，《嶽麓肆》所收錄的秦律有相當一部分與睡虎地秦簡和張家山漢簡《二年律令》的內容有着直接或間接的關係，彼此之間可以進行比較研究，相對來説，更容易理解。而《嶽麓伍》收錄的秦令大部分內容不見於此前所見的秦漢律令簡，新內容的出現毫無疑問是非常令人興奮的，但在解讀方面也同樣增加了很大的難度，從句讀到簡文的含義，不少地方都無前例可循。

　　本書在嶽麓秦簡整理小組解讀的基礎上，盡最大努力吸收學術界同仁的研究成果，並充分利用傳世文獻和出土文獻中的相關史料，爭取對《嶽麓伍》所收錄的簡文做進一步的解讀，希望能對這批簡的研究有所裨益。當然，理想是美好的，實際操作時力有不逮，掛一漏萬的地方也肯定避免不了。衷心希望讀者讀到本書後，能夠不吝賜教。只要能起到抛磚引玉的作用，作者就非常滿意了。

　　下面，我們就這批秦令分類做一個大致的介紹。

一、家　庭　簡

　　所謂"家庭簡"，是指收錄內容與家庭問題有直接或間接關係的簡。這只是本書爲便於分類介紹這批簡文，臨時采取的一個做法，並不是説這批簡完全就是關於家庭方面的。每支簡的內容都很豐富，讀者完全可以見仁見智，我們在這裏只是爲了敘述方便，取其特點之一端而已。下面其他簡的分類也是出於這一思路。

　　1. 重組家庭的法律障礙

　　簡001—008説的限制是婦女再婚的事。從整篇令文的內容來看，秦朝政府明顯不提倡婦女再婚，雖然没有明令禁止，但是采取了一系列阻撓再婚家庭和睦的法律措

---

① 陳松長主編：《嶽麓書院藏秦簡（伍）》，上海辭書出版社2017年版，前言第1頁。以下在本書正文中提到《嶽麓書院藏秦簡》第壹至柒卷時，分别簡稱《嶽麓壹》《嶽麓貳》《嶽麓叁》《嶽麓肆》《嶽麓伍》《嶽麓陸》《嶽麓柒》。

施。歸納起來主要有兩點：一是禁止把前夫家的財產以各種形式轉移到再婚家庭，二是對再婚家庭子女之間的關係進行了限制，防止同父異母、異父異母、同母異父的子女之間關係過於親密。這些規定的根本目的就是爲已經形成再婚家庭的和睦製造障礙，最終迫使其"離異分居"，同時也讓那些企圖再次組成家庭的男女知難而退。這則律令中使用了一個很罕見的稱謂"姨夫"，用於指代再婚家庭中的男方。筆者認爲，宋元戲曲及筆記小說中稱妓院中嫖妓的男子或婦女出軌的男子爲"姨夫"，很可能受此影響。

簡208—209說的是黔首再婚家庭的事。黔首有子，其妻因某種原因離異或死亡，黔首再婚。婚後因爲後妻的原因，向官府要求處死或流放前妻之子，這是官府所不能允許的。這條材料倒是可以與簡001—008所述秦令相合，簡006說"有後夫者不得告罪其前夫子"，可與此相互參照理解。據秦漢簡牘的記載，一般情況下，父母對子女的生死有很大的支配權。如睡虎地秦簡《封診式》簡46—49《覉（遷）子》：

> 爰書：某里士五（伍）甲告曰："謁鋈親子同里士五（伍）丙足，覉（遷）蜀邊縣，令終身毋得去覉（遷）所，敢告。"告法（廢）丘主：士五（伍）咸陽才（在）某里曰丙，坐父甲謁鋈其足，覉（遷）蜀邊縣，令終身毋得去覉（遷）所。論之，覉（遷）丙如甲告，以律包。今鋈丙足，令吏徒將傳及恒書一封詣令史，可受代吏徒，以縣次傳詣成都，成都上恒書太守處，以律食。法（廢）丘已傳，爲報，敢告主。①

簡50—52《告子》：

> 爰書：某里士五（伍）甲告曰："甲親子同里士五（伍）丙不孝，謁殺，敢告。"即令令史己往執。令史己爰書：與牢隸臣某執丙，得某室。丞某訊丙，辭曰："甲親子，誠不孝甲所，毋（無）它坐罪。"②

可以看出，父母向官府提出對子女進行處罰，一般情況下官府都會同意。但是後夫或後妻對於前夫或前妻之子提出處罰，法律却不予采納。這其中原因很大一部分可能就是出於對再婚家庭的不提倡態度。

2. 家庭連坐下的幼齡囚徒

簡073—075說的是夫妻雙方共同犯罪被判刑，子女也因此受連坐被官府没入官府。一般情況下，被官府抄家的家庭人口都會被官府作爲徒隸，根據需要輸送到不同的機構去勞作。他們的子女中有的年齡幼小，甚至還是嬰兒，離開父母還不能單獨存活。這種

---

① 睡虎地秦墓竹簡整理小組編：《睡虎地秦墓竹簡》，文物出版社1990年版，釋文部分第155頁。睡虎地秦簡整理小組原把"令終身毋得去覉（遷）所"與"論之"連讀，今從陳偉說改以句號斷開。陳偉主編，彭浩、劉樂賢等撰著：《秦簡牘合集：釋文注釋修訂本（壹、貳）》，武漢大學出版社2016年版，第1分册，第282頁。
② 同上注，釋文部分第156頁。

情況下，官府會把這些幼小的子女暫歸其刑徒父親或母親撫養，等子女達到一定年齡時再另行處置。這則令文中還有兩個地方值得注意，一個是把夫妻雙方共同實施盜竊的行爲稱爲"夫妻盜"，這應該是一個專有名詞，其量刑當有專門的規定。另一個值得注意的地方，是規定孩子八歲以後可以離開父母。八歲，很可能是具有一定勞動能力的最低年齡界限，即所謂的"小可使者"，給他們安排的勞動量稱爲"半作"，也就是相當於普通勞動力工作量的一半。

簡093—094説的也是關於年齡幼小的犯人或犯人家屬的管理問題。年齡在十四歲以下的子女，有的甚至才剛剛可以行走，有的還是嬰兒需要抱負，因家人謀反連坐，被判爲城旦舂。按照規定，城旦舂必須要穿特製的囚服，戴專門的刑具，但這些幼小的罪人顯然無法承受這些囚服和刑具。這種情況下，官府則另行處理，允許在十四歲以下免戴城旦舂刑具和穿城旦舂囚服。

3. 不孝子的法律懲罰

簡196—198説的是黔首不聽父母話，不務正業，既不好好種田，也不好好經商，與父母談話惡言惡語。針對這種情況，即使父母及周圍四鄰不向官府告發，官府一旦得知，也會對不孝子進行懲罰，並懲罰不孝子之父母及四鄰、里典，甚至鄉、縣的長官都要負連帶責任。

簡203—205説的是對不孝子毆打辱罵父母、主母、公婆等長輩的處罰。這條令文的內容基本與張家山漢簡《二年律令》簡35《賊律》相類似："子牧殺父母，毆詈泰父母、父母、叚（假）大母、主母、後母，及父母告子不孝，皆棄市。"①但也有些差別。前者提到"奴外妻如婦"，這是很值得注意的，它説明奴婢與主人之間在某種程度上家庭成員般的關係。同時還提到了毆兄姊的內容，還記載了同居、典、伍等知情不報的連坐責任，等等。後者則提到了"子牧殺父母"這一更加激烈的家庭犯罪，却不再提及四鄰、里典連坐之事。

二、從人簡

簡013—018、簡019—029、簡077都是與抓捕從人有關的令文。"從人"具體指哪些人，學術界還存在分歧。有人認爲"從人"就是"縱人"，指原六國反秦的舊貴族。②也有人認爲"從人"就是隨從反叛之人，不一定非要是六國之人。③不過"從人"是反秦之人是没有問題的。秦朝政府對於從人的處罰政策主要是以刑徒的形式輸往南方新占領地區服勞役，有的輸送到四川巴縣從事鹽礦開采，有的輸送到洞庭郡等地廣人稀的地方去開發土地，從事農業生産。簡077雖然是殘簡，但其中提到了一個詞"三族從人"很

---

① 張家山二四七號漢墓竹簡整理小組編著：《張家山漢墓竹簡〔二四七號墓〕（釋文修訂本）》，文物出版社2006年版，第13頁。
② 李洪財：《秦簡牘"從人"考》，《文物》2016年第12期，第65—71頁。
③ 孟峰：《秦簡牘"從人"考論》，《史學月刊》2021年第4期，第18—24頁。

值得注意。這個詞在里耶秦簡中也出現過。周海鋒認爲是"夷三族之從人",把"三族"理解爲"夷三族",他據此推測"夷三族之從人"特指"罪大惡極的從人"。① 這個推測恐怕還需進一步驗證。

三、吏治簡

1. 行縣與巡視地方

簡085—086説的是朝廷派員巡視地方時,並非可以任意查看所有的部門,也不是能任意查看所有檔案資料。有的部門或檔案資料有專門規定,只有上級特許,才可以調查或查看。這時候巡視人員就只能先對巡察對象采取封存或監視措施,等待被巡視者請示上級或朝廷,然後根據所得到的批復行事。這條材料反映了秦代力求依法行政的法家特點,也是秦代巡視制度中少有的有如此具體規定的材料,是很珍貴的。簡218—219記載的則是針對地方官員爲阻撓上級巡視而采用各種手段隱匿證據、堵塞言路的行爲,法律所規定的懲罰措施,同樣屬於秦代巡視制度的珍貴史料。

簡136—137説的也是郡級官員巡視地方的事。簡136説的是郡級官員巡視縣道所需車馬供應的事,提出"毋賃黔首馬",這樣做恐怕是力圖減少對地方的騷擾。簡137後半部分殘缺,但從前半部分的内容看,當是郡級官員到地方覆核刑獄及考核地方的事,或許也涉及沿途接待供應的事。

簡261—262説的是廷史、假廷史、卒史等中央及郡級屬員下地方縣道審查獄事時車馬配備的事。值得注意的是,這則簡文的後半句説"它執灋官得乘傳(使)馬覆獄、行縣官及它縣官事者比",就是説前面的"假廷史、廷史、卒史"等都屬於"執灋官"的行列。這對於我們理解嶽麓秦簡中"執灋"這一含義複雜的職官稱謂具有啓發意義。簡263—264説的也是叚廷史、卒史之類的高級官吏下地方覆獄,車馬配備的事,只不過這則材料提到了出縣界。出不出縣界,乘馬配備有何不同,我們尚不清楚。也許兩則材料中都提到的"傳(使)馬"的屬性特點是個關鍵。

2. 層級管理,依法行政

秦朝政府强調官吏在行政過程中,要遵守等級制度,按照程序辦事,嚴禁越級請示。簡090説的就是這方面的内容。雖然簡090前半部分是殘簡,但從後半部分所云"制曰:此等令各請屬所執灋,執灋請之",我們可以推知,前文"☐☐☐徑請"説的是"不得徑請"云云。一般來説,越級請示是官場大忌,國家律條也不允許。簡216—217:"令曰:吏徙官而當論者,故官寫劾,上屬所執灋,執灋令新官亟論之。執灋【課其留者,以】發徵律論之。【不】上屬所執灋而徑告縣官者,貲一甲。以爲恒。"簡216—217的意思是,吏調任其他單位之後,原單位發現他在任職期間有問題。這時候,按照程序,應該是原單位寫出詳細情況説明,把這個説明上呈所屬執灋,由執灋轉呈吏所在的新單位,由其新單位處理

---

① 周海鋒:《〈里耶秦簡(貳)〉初讀(一)》,武漢大學簡帛網2018年5月15日。

此事。但如果原單位没有向所屬執法匯報,而是與吏所在的新單位直接溝通,就屬於越級行動,是違反規定的,所以要受處罰。張家山漢簡《二年律令》簡219—220《置吏律》:"縣道官有請而當爲律令者,各請屬所二千石官,二千石官上相國、御史,相國、御史案致,當請,請之,毋得徑請。"① 也是要求相關部門按照程序逐級上報,不得越級請示。

秦令還有關於官吏選任與地域限制的令文。如簡313説的是選任本縣人擔任令、丞、尉,但禁止任命其子在本人轄區内擔任職務。同時,簡316強調對於有技能者要充分發揮其專業才能,所謂"毋得爲臣史佐吏書,年不盈六十者毋得守鐘、鼎"等,也都出於這一目的。

3. 工作考核與勞績認定

簡210—211説的是官府有關部門創造非正常收入的事。這種非正常收入,嶽麓秦簡稱之爲"旁錢"。這裏的"旁錢"並非官吏要私人占有,而只是強調通過非正常渠道,或者説制度所不允許的渠道獲得的收入。這部分收入很可能還是要歸本單位成績的一部分上繳國庫的,但仍然屬於非法行爲,有關責任人要受到法律的懲處。《韓非子·難二》記載:

> 李兑治中山,苦陘令上計而入多。李兑曰:"語言辨,聽之説,不度於義,謂之窕言。無山林澤谷之利而入多者,謂之窕貨。君子不聽窕言,不受窕貨,子姑免矣。"②

《淮南子·人間訓》記載:

> 解扁爲東封,上計而入三倍,有司請賞之。文侯曰:"吾土地非益廣也,人民非益衆也,入何以三倍?"對曰:"以冬伐木而積之,於春浮之河而鬻之。"文侯曰:"民春以力耕,暑以強耘,秋以收斂,冬閒無事,以伐林而積之,負輅而浮之河,是用民不得休息也。民以敝矣,雖有三倍之入,將焉用之?"此有功而可罪者也。③

李兑對苦陘令"上計而入多"、魏文侯對解扁"土地非益廣也,人民非益衆也,入何以三倍"的看法,與嶽麓秦簡對於"旁錢"的認知基本相同,可以相互比較斟酌。

簡271、274—277説的都是官吏"視事"或"不視事"的規定。"視事",即今天所謂的在崗上班。簡271規定,官吏不視事五天以上,要貲罰二甲。簡274、275皆殘斷,難釋讀,但簡275 "☐☐不視事者,皆弗得數令 郡 縣 ☐☐☐"中"皆弗得數"一句仍然值得關注。我們在本書中把"皆弗得數"與下文"令郡縣"以句號斷開,並推測"數"可能有"算數"之義,與認定勞績有關。簡276提到官吏一年之中因病不能工作達三個月以上時,將予以免職,病愈之後,要到新地爲吏三個月或以吏的身份戍邊。這或許意味着爲

---

① 張家山二四七號漢墓竹簡整理小組編著:《張家山漢墓竹簡〔二四七號墓〕(釋文修訂本)》,第38頁。
② 陳奇猷:《韓非子新校注》,上海古籍出版社2000年版,下册,第886頁。
③ 何寧:《淮南子集釋》,中華書局1998年版,下册,第1270—1271頁。

新地吏三月之後，有可能仍恢復原工作崗位。這可以說是秦朝政府補充新地吏的一個渠道。下文"有適過，廢，免爲新地吏及戍者"也有問題，按照整理者原來的句讀，可理解爲"如果因適過被廢職，可以改爲免職，然後去擔任新地吏及戍者"。這種解釋看似合理，實際上還可再斟酌。因爲還有一種可能，就是在"免"字後標點逗號，意思爲"因適過被廢職或免職的官吏，都被改爲調任新地吏"，亦通。這算是秦朝政府補充新地吏的又一渠道。

簡053—055說的是南郡司馬慶到新地任職的事。簡文說南郡司馬慶原爲冤句令，因詐課本當廢職，却被改爲以原秩級調往新地任職四年。現在上書請示皇帝這種處理方式是否得當。制書回復說，凡是當廢職而改任新地吏者都不算廢職，這種情況也無須再請示。這一方面反映了新地亟需管理人員的事實，另一方面說明南郡屬於新地的範圍，南郡司馬就是慶在新地的新職務。皇帝同意了這一處理方式。

4. 休假與請假

簡134—135說的是官吏休假時，往返途中行進速度的事。我們認爲，這樣的規定可能與計算官吏休假所需總的時間有關。官吏休假總的時間包括途中往返時間和居家時間。居家時間是可以確定的。往返時間的確定則需要通過往返距離除以往返速度得出。所以法令需要對休假者往返途中的行進速度有一個大致的規定。

簡278—279說的是擔任縣丞、尉級別的官吏，在本年度假期已經用完的情況下，如果要結婚，可以再給十天的婚假，這十天將在下一年度的休假日中扣除。這表明，當時官吏每年是有固定的休假時長的。父母病重，也給予十天探親的假期。需要說明的是，結合本書其他簡牘的記載，令文中所說的休假日期一般是指居家停留的時間，不包括往返日期。所以簡295—298提到吏在任職或公出期間，聞父母去世，官府給予喪假的"一月""旬五日""五日"指的都是在家中待的日子，而不是"一月""旬五日""五日"内到達官府。律令中對於休假者往返途中行進的速度是有規定的，從中推算出不同距離的休假者往返所需日期也是不同的。法律不可能一刀切，規定統一往返時間是不現實的。

當然，也有爲了逃避服役而弄虛作假請假的。簡285—287說的是官吏及百姓在服役期間向官府請假，謊稱家中有人病故。這種情況一旦被發現官府將視情節輕重給予不同等級的處罰。

5. 懲處擅離工作崗位者

簡030—032說的是官吏離開官署期間，轄區內發生警情，應當如何追究責任的問題。如果是擅自離崗，本人按照臨陣脱逃論處；但如果是向上級請示後離崗，上級與之同罪。如果是因爲警情而派出執行任務，這時轄區內再出現警情，則不在處罰的範圍之内。簡265—268說的大致是官吏不認真履行工作職責，或處事不當，或故意不作爲，或工作遲緩誤事，或詐病以避事，請人替代，等等。對於請人替代出現事故者，要按照本人親身工作事故論罪。由此可見，在新地的官吏工作消極，能避則避的消極心態，反過來也印證了官吏不願到新地爲官的情況。

6. 獎賞與特權

簡087—088規定，受皇帝徵召參與議政的博士，享有宦者顯大夫那樣"有罪先請"的特權。關於宦者顯大夫的記載，出土秦簡中最早見於睡虎地秦簡《法律答問》簡191："可（何）謂'宦者顯大夫'？宦及智（知）於王，及六百石吏以上，皆爲'顯大夫'。"①《嶽麓伍》中除簡087—088之外，簡053、304及《嶽麓陸》簡074也有同樣的内容。《嶽麓伍》簡228雖然只有下半句話，但從其文意來推測，説的也是有罪先請的事。所謂"當聞者名"，意思應該是"（上報）有資格使上級知聞之人的名字"。簡281前半部分有殘缺，從剩下的半句話"六百石以上已免，御史以聞"來看，也屬於"有罪先請"類，意思是説六百石以上的官吏被免職，要上報皇帝知聞。簡326—330説的是上書言事得到皇帝首肯及賞賜，或治事用瀝非常符合詔書旨意，亦可享受有罪從輕發落的特權。"有罪先請"，在《周禮》一書中屬於"八議"的範圍，包括"議親""議故""議賢""議能""議功""議貴""議勤""議賓"，不但起源很早，對中國古代政治制度的影響也很大。②

反過來説，如果官吏行事不符合皇帝旨意，受到指責，很可能會因此受到進一步的行政或刑事處分。簡214—215説的就是被皇帝制書所譴責者，要被貲罰二甲。這説的只是一般情況。令文進一步解釋説，如果被譴責者實際所犯錯誤應受的處罰重於譴責者，要"以律令論之"。這就是説"譴責"並不屬於律令範疇内的處罰。我們認爲，這裏體現了行政處罰與刑事處罰的區別。"譴責"屬於行政處罰，"以律論令之"屬於刑事處罰。"辠重於遣（譴），以律令論之"屬於重罪吸收輕罪的原則。"譴責"屬於高級別的，一般由皇帝或中央機關實施的書面或口頭行政訓誡，與之相應的由郡縣鄉實施的低級别行政訓誡，在睡虎地秦簡和嶽麓秦簡中稱爲"誶"。如：

睡虎地秦簡《效律》簡12—17：

縣料而不備其見（現）數五分一以上，直（值）其賈（價），其貲、誶如數者然。十分一以到不盈五分一，直（值）過二百廿錢以到千一百錢，誶官嗇夫；過千一百錢以到二千二百錢，貲官嗇夫一盾；過二千二百錢以上，貲官嗇夫一甲。百分一以到不盈十分一，直（值）過千一百錢以到二千二百錢，誶官嗇夫；過二千二百錢以上，貲官嗇夫一盾。③

《嶽麓肆》簡053—057：

郡及巂武、上雒、商、函谷關外人及罷（遷）郡、巂武、上雒、商、函谷關外男女去，闌亡、將陽，來入之中縣、道，無少長，舍人室，室主舍者，智（知）其請（情），以律罷（遷）之。典、伍不告，貲典一甲，伍一盾。不智（知）其請（情），主舍，貲二甲，典、伍不告，貲一盾。舍之過旬乃論之，舍，其鄉部課之，卒歲，鄉部吏弗能得，它人捕之，

---

① 睡虎地秦墓竹簡整理小組編：《睡虎地秦墓竹簡》，釋文部分第139頁。
② 孫詒讓：《周禮正義》，中華書局2015年版，第8册，第3339—3343頁。
③ 睡虎地秦墓竹簡整理小組編：《睡虎地秦墓竹簡》，釋文部分第71頁。

男女無少長,伍(五)人,訾鄉部嗇夫;廿人,訾鄉部嗇夫一盾;卅人以上,訾鄉部嗇夫一甲,令、丞訾,鄉部吏主者,與鄉部嗇夫同罪。①

7. 自占名數與人口控制

簡331—333説的是自占名數的事,是不是户籍統計尚不一定。但有幾個問題值得注意。一是此前我們見到的户籍統計類簡文,一般都是鄉、里兩級管理人員的活動。但簡331提到了"尉史"參與其中,值得注意。二是提到了户籍遷移,可與睡虎地秦簡《法律答問》簡147、張家山漢簡《二年律令》328—330《户律》等相關記載進行比較研究。②三是簡333提到"免其婢以爲妻,有子其主所而不爲訾(貲)者"云云,這條材料也比較珍貴。"免其婢以爲妻"的實例見於《嶽麓叁》簡108—136《識劫婉案》。③婉就是大夫沛原來的妾(秦制,"臣妾"後改稱"奴婢"),後被大夫沛免去"妾"的身份,娶以爲妻,並向宗族鄰里宣布了此事。但户籍上沒有修改徹底,只注明了"免妾",没有注明"妻",因此引發了一系列糾紛。《嶽麓伍》簡333的記載可與之進行比較研究。

8. 懲治新地的司法腐敗

簡039—044、229—236、237—250都是關於懲處新地官吏司法腐敗的内容。從這些規定可以看出,新地的司法腐敗情况很嚴重。行賄受賄的方式花樣繁多。行賄者包括犯人、犯人的家屬、犯人的親朋好友,受賄者也同樣包括直接處理案件的官吏、官吏的家屬、官吏的親朋好友等。行賄的方式既有直接送錢、送物吃喝宴請,也有間接行賄受賄,包括受賄者與行賄者之間通過賤買貴賣或貴買賤賣以及超乎常規的高息放貸或低息借貸等隱秘的方式,進行利益輸送。

受賄者和行賄者之間具體交往的情况也多種多樣。有的受賄者受賄之後,確實爲之枉法;有的受賄者雖然受賄,却未爲之枉法;有的受賄者表面答應爲人請託,實際上並未采取行動,但却欺騙行賄人説已經爲之請託,等等。秦令針對行賄受賄的種種情况制定了相應的處罰措施。這種情况一方面反映出秦朝政府法網的嚴密,另一方面也反映出新地司法腐敗的嚴重。

9. 官吏有罪被抓,要收繳其所持證件

簡069—071説的是官吏有罪被逮捕,要及時收繳所持通行證件。本人不及時上繳或執法部門不及時收繳者,都要按滯留日期進行處罰。簡123—127説的則是官吏有罪被逮捕,要及時收繳所持官印,不同級别的官吏,執行部門的級别也相應不同。高級别的官吏被捕,由高級别的部門派員前往收繳;低級别的官吏被捕,由低級别的部門派員前往收繳。收繳上來的官印,也按照級別的高低,通過不同的程序運送到有

---

① 陳松長主編:《嶽麓書院藏秦簡(肆)》,上海辭書出版社2015年版,第56—57頁。
② 睡虎地秦墓竹簡整理小組編:《睡虎地秦墓竹簡》,釋文部分第127頁。張家山二四七號漢墓竹簡整理小組編著:《張家山漢墓竹簡〔二四七號墓〕(釋文修訂本)》,第54頁。
③ 朱漢民、陳松長主編:《嶽麓書院藏秦簡(叁)》,上海辭書出版社2013年版,第153—162頁。

關部門。

　　簡337説的是過關用傳的事，其中很關鍵的一句話是"傳（使）無傳及諸吏毋印者，毋敢擅寄封"。這裏面有兩個地方值得注意，一個是"寄封"的意思是什麽，值得推敲。但從上下文推測，"寄封"的目的應該是使無傳者得以通過關卡，所以"寄封"有可能是僞造過關憑證之類的行爲。另一個值得注意的地方是與"無傳"並列的是"諸吏毋印"，這就是説吏所持有的印也是其過關憑證之一。當然，是私印還是官印也值得研究。這也就從一個方面解釋了簡123—127所提到的官吏被捕，要及時收繳其所持證件印信的原因。

四、文　書　簡

1. 文書種類與傳遞方式

　　簡102提到御史、丞相、執灋等部門下發徵書及類似文書時，要求"封其書，毋以檄"，這説明此處提到的"檄書"可能是不加封緘的。

　　簡105秦令文要求文書上奏時，要"散書，取急用者上"，就是説要分類書寫，不要各種事都寫在一起。這樣就可以根據事情的輕重緩急，選取重要的文書優先傳遞，或上級收到之後，優先批閲。簡105還提到了一處值得注意的事項，就是説如果急事需要迅速傳遞，"取急用者上，勿謂刺"。何謂"勿謂刺"，很難理解。我們推測，"勿謂刺"可能是不要在文書上標注"刺"的字樣。但"刺書"爲何不列入優先處理的文書行列，也都需要進一步研究。簡108提到一種文書名叫"恒署書"。"恒"即常也。我們推測，"恒署書"或許就是常見的加急文書，上面標注"急"字，簡稱爲"署書"。簡133令文規定，要按照滯留時間的長短進行處罰。

　　"分類書寫"的要求，在簡112—122的令文中再一次得到了強調。簡112—122説的是文書上奏的注意事項。首先提到了文書上奏的最常見的三種體裁：對、請、奏。"對"指回答皇帝提問的文書。"請"指主動提出某種建議希望得到皇帝批准的文書。"奏"指陳述問題的文書。這種區分只是就文書書寫的大體内容特點而言的，具體實踐中要複雜得多，三種特點交叉出現於同一種文書中的情況也時有出現。其次，這則令文強調了文書書寫的一個最主要的要求，那就是一事一議，每篇上奏的文書最好只陳述一件事，不要把不同的事務放在一起來説。這樣做的目的之一就是審閲者能對文書内容做出有針對的回復。同時，還要求文書書寫時，語言要簡明扼要，令文中稱之爲"取其急辤（辭），具別白易〈易〉知"。"急辤（辭）"就是關鍵性的話，也就是要求説話要抓住重點。"具"指内容全面，"別白"指層次清晰，"易〈易〉知"則是通俗易懂。令文還對文書的具體形制、書寫行數、每行的字數以及簡牘寬度都做了具體要求，這些内容都是此前傳世文獻和出土文獻中很少見的，對研究秦代的文書制度有着非常重要的意義。

　　簡185—187提到了文書上呈上級部門甚至皇帝時的種種具體規定，其中關於文書表述的要求又爲我們提供了很多新的信息。簡185提到，"吏上請、對、奏者，皆傅牒牘數"，對"請、對、奏"三種文書體裁的特點我們還有很多需要進一步明確的地方。簡186—187則規定了針對同一件事多次上書言事時，"必盡具寫其前所已行"。這些規定對於我們深入理解和研究秦漢官文書制度都大有裨益。

簡188—189説"十三年三月辛丑以來"，婚姻成立必須取得官府派發的三辨券。其功用某種程度上與今天的結婚證有點像。男女雙方結婚到官府領取三辨券，標誌着他們之間的婚姻關係得到了法律的認可，由此產生的各種訴訟都要憑藉這種三辨券爲依據。這也就是説，"十三年三月辛丑"之前的婚姻並沒有強制領取三辨券的規定，令文也規定了對於此類婚姻糾紛的處置辦法。

男女結婚必須到官府登記領券，在睡虎地秦簡中已有記載。睡虎地秦簡《法律答問》簡166："女子甲爲人妻，去亡，得及自出，小未盈六尺，當論不當？已官，當論；未官，不當論。"①所謂"已官""未官"，説的就是婚姻是否到官府申報辦理相關手續。如果到官府辦理過相關手續，那麼他們的婚姻自然受到法律的保護，女子婚後逃亡，官府自然要介入追責；反之，就屬於無效婚姻，相關的婚姻糾紛，官府則不予受理。又《法律答問》簡169："'棄妻不書，貲二甲。'其棄妻亦當論不當？貲二甲。"睡虎地秦簡整理小組注："書，指報告登記。"②可見，婚姻登記不僅要求結婚時要報告登記，離婚時也要報告登記。隨着婚姻登記制度的確立，三辨券作爲婚姻關係的憑證可能就隨之產生了。

2. 文書收發記録

簡100—101記載的是有關文書收發記録的規定。法令要求文書的收發，特別是皇帝制書的下發以及回覆皇帝問題的有關文書，文書收發機關必須有詳細的收發記録，明確記載文書的最初到達時間、地點、接收人姓名以及上奏文書具體發出的年月日，同時對於文書在各地的停留時間、停留天數及原因也要記録在案，以備審查。簡102提到御史、丞相、執灋等部門下發徵書及類似文書時，要求"封其書，毋以檄"，這説明此處提到的"檄書"可能是不加封緘的。

3. 沿途傳遞保護措施

簡103—104説的是文書在傳遞過程中如果封泥脱落，捆綁的繩子鬆開，沿途所經縣要及時加蓋封泥，捆好繩子。加蓋新封泥時不必撤掉舊封泥，而是新封泥直接加蓋在舊封泥之上。這樣做大概是爲了保存原來的殘留痕跡作證據，以便日後查驗。

簡109—110是關於文書傳遞時加蓋封檢的要求，令文説"爲檢令高可以旁見印章"，陳松長解釋説："就是用於封函的檢蓋要高，高到可以從旁邊看到封泥上所加蓋的印章。"③陳偉曾經有類似的看法，但後來有了變化，認爲是"先把文書捆縛好，再用打結後的繩頭（也可能未完成打結）把'檢'栓繫起來，繼而封泥、鈐印。在這種情形下，

---

① 睡虎地秦墓竹簡整理小組編：《睡虎地秦墓竹簡》，釋文部分第132頁。
② 同上注，第133頁。
③ 陳松長：《嶽麓書院藏秦簡中的行書律令初論》，《中國史研究》2009年第3期，第35頁。

'檢'並未與文書固定爲一體,而是有一定遊移餘地,從而使得封印面與書寫面均大致可視"。①這一解釋確實使得"旁見印章"更方便,因爲"檢"被繫在行書的包裹上,像掛在旁邊的標籤,自然看起來很清楚。但這種狀態能不能算"爲檢令高",恐怕還值得進一步解釋。所以我們覺得不如原來的"厚度"説更令人容易接受。簡111説的是文書封緘的内容,其中提到"毋勒其事於署",可與簡109"書檢上應署"相互比較印證,强調不要在封檢上書寫文書本身的内容。

4. 法律語詞的表述與法令的解讀

簡072前半部分殘斷,僅存後半支簡,大致内容是關於逃亡罪處罰的。其中最後一句"其前令亡者,以此令論之"。這句話的意思是在此前關於逃亡的法令實施期間逃亡者,如果還未抓獲或還没有論罪,現在以新頒布的逃亡法令論處。這種"前令""此令"的交替,反映了秦代作爲中國第一個統一的封建王朝建立時期,爲應對和處置各種社會問題,建立穩定的社會秩序,各種政策法令不斷出台,並爲適應需要不斷調整更新的狀況。

簡106説的是官員的奏議被認可成爲法令時,有關上奏文書的時間表述問題。令文説各級官員上奏皇帝的提議得到皇帝認可,並以律令的形式加以頒布時,制書在敘及此令由來時,其中官員文書上奏的時間都按照制書下發的時間統一處理。這對於我們理解文書處置規範是非常有幫助的。

簡107説的則是法令頒布後生效的起始時間問題。因爲法令傳達到各地時間早晚不同,那麽法令的生效時間自然有所不同。令文所謂"新律令下,皆以至其縣、都官廷日決",就是明確規定新法令下發到各地的縣廷和都官廷那一天爲生效日期,但此前已經判决的案件,即使按照新法令罪名及處罰有所增減,仍按照此前判決執行。

簡167—168説的是法令頒布生效時間的問題。法令中所謂"某年某月某日以來"的"某年某月某日",實際上指的是法令簽署的第二天。

簡201—202説的是法令傳播的事。簡文的内容反映了當時存在的縣、鄉、里三級讀令制度,並且指出每年八月户時是各地集中讀令的時間點之一。這種讀令制度,在戰國時期的經典文獻《周禮》《管子》等書中有更加詳細具體的記載。②如今出土文獻與傳世文獻的相互印證,爲我們進一步深入研究戰國秦漢時期國家政策法律的傳播,提供了更加翔實可信的資料。

5. 驛站的設置與保障設施

簡212—213説的是驛站設置的問題。令文中稱驛站爲"候館",並説設候館於市旁。這與《周禮·地官·遺人》的記載相吻合。《遺人》曰:"凡賓客、會同、師役,掌其道路之委積。凡國野之道,十里有廬,廬有飲食;三十里有宿,宿有路室,路室有委;五十

---

① 陳偉:《秦簡牘整理與研究》,經濟科學出版社2017年版,第15頁。
② 朱紅林:《嶽麓秦簡"讀令簡"研究——竹簡秦漢律與〈周禮〉比較研究之九》,華東政法大學法律古籍整理研究所編:《第十三届"出土文獻與法律史研究"學術研討會論文集》,2023年8月,第24—35頁。

里有市，市有候館，候館有積。凡委積之事，巡而比之，以時頒之。"①可以説，"廬""路室""候館"是《周禮》郵驛系統中的三類驛站，其中"候館"的層次最高，設施最完善。秦簡中的"候館"與其如此相似，不知秦代的郵驛系統中是否也存在類似《周禮》的層次或類型不同的驛站，這倒是很值得深入研究。②

簡257–259説的是驛站飲食供應的事。從目前已有資料來看，秦漢時期驛站的條件還是很簡陋的。並不能爲所有的客人提供現成的飲食，即使有資格享受現成飲食的客人，也不可能長時間享受這一待遇，超過一定時間，客人就要自己生火做飯了。因此，秦漢時期驛站的食宿保障條件還是很值得研究的。

五、徒 隸 簡

1. 徒隸與"私邑私家"的關係

簡009–011這三支簡的内容有好幾處費解之處。首先是"私邑私家"。簡文"與私邑私家爲不善"云云，其中的"私邑私家"當是有勢力有地位的豪門之家，當非一般百姓可比。整理小組解釋爲"私人之家"比較籠統。對這些豪門之家實施"不善"的行爲，當然不會有好結果。令文的處罰分爲兩種：一種大概是針對普通百姓的，因爲提到"盡輸其收妻子、奴婢"，有奴婢的人家一般本身不會是奴婢了。另一種就是官府徒隸，如果他們冒犯了"私邑私家"，其妻子即使也是官府的徒隸，也要被輸作。按説徒隸的妻子兒女如果也都是徒隸，這些人完全由官府控制，徒隸對他們已經没有支配的權利。但他們之間的親屬關係仍然可以使彼此受到連坐。當然，也有可能雖然全家都是徒隸，没有人身自由，但仍然維繫着某種形式的家庭關係。徒隸的家庭形式，尤其是全家都屬於官府徒隸的情況下，他們的家庭關係是一個怎樣的狀態，他們的婚姻狀況如何，學術界的研究一直模模糊糊，没有取得比較明確的結果。

簡319–322是關於徒隸有罪，查封其家的相關規定。這裏有幾個問題值得注意。首先是"居室"這一官府機構，其職能範圍值得研究。二是徒隸有罪，被查封其家。這裏徒隸之家是徒隸未被連坐的家，還是他成爲徒隸之後新組建的家？從目前所見的秦漢簡牘來看，徒隸在成爲徒隸之後似乎是可以組建家庭的，只是這方面的研究少有人問津，即使有，研究成果也不理想。三是牽涉到都官與地方縣廷司法協作的事。所謂"諸它官不治獄，獄屬所它縣官者"云云，説的就是這方面的事。

2. 徒隸的生計之所與"徒隸園"的關係

簡035–038提到一種園圃叫"徒隸園"，這一稱謂此前少見。嶽麓秦簡整理小組解釋爲"徒隸勞作之園"，顯然不合適。③秦簡所處的時代，官方園圃多使用徒隸勞作，難

---

① 孫詒讓：《周禮正義》，第3分册，第1192–1194頁。
② 朱紅林：《嶽麓秦簡"候館簡"研究——竹簡秦漢律與〈周禮〉比較研究之十》，中國社會科學院簡帛研究中心編：《第五屆簡帛學國際學術研討會暨〈簡帛研究〉創刊三十週年座談會論文集》，桂林，2023年11月，第98–111頁。
③ 陳松長主編：《嶽麓書院藏秦簡(伍)》，第75–76頁。

道都叫"徒隸園"？從簡文上下文義來看，這個"徒隸園"顯然是特指某種園圃，並非泛稱。因此，陳偉解釋爲"歸徒隸使用，維持生計"的園，這是目前較爲合適的推測。① 因爲徒隸没有人身自由，官府提供的園圃自然也屬於官府所有，因此也屬於"縣官園"。

3. "隱除"的身份

簡091説的是"隱除"犯令應當如何處置的事。"隱除"一詞目前尚未有特別令人滿意的解釋，但大概率是指隱官，或與隱官有密切關係的一類人。隱除雖然已是無罪之人，但與其他已免除徒隸身份的人一樣，實際上並無完全的人身自由，仍受到原隸屬單位的管理，某種程度上仍具有徒隸的性質。因此隱除犯令，與徒隸犯罪相似，處罰時具有累犯從重的特點。"坐日六錢爲盜"，意味着犯令的隱除，不論是逃亡，還是其他情況，都可能是脱離了其應在的工作崗位，所以下文才説按照盜竊罪處理時比照"隸臣不守其所葆職"。"吏令者"云云則是説，隱除犯令乃官吏所指使。"以請寄人瀘論之"，很顯然隱除是被官吏指使爲其干私活去了。"請寄人瀘"當指懲處隱匿人口一類的法令。我們懷疑，睡虎地秦簡《秦律十八種》簡32《傅律》提到的"匿敖童"、《法律答問》簡165提到的"匿户"，② 都與此處的"請寄人瀘"有着或多或少的關係。張家山漢簡《奏讞書》簡54"佐啓、主徒令史冰私使城旦環爲家作"、簡56"采鐵長山私使城旦田、舂女爲薑（薑），令内作"③ 等行爲，與嶽麓簡此處的規定更是有相似之處，值得比較研究。

4. 徒隸所着囚服、刑具的規定

簡220—223説的是有關刑徒不得擅自脱去囚服、卸掉所佩戴刑具的規定。從睡虎地秦簡及嶽麓秦簡《司空律》的内容看，這裏所説的"諸當衣赤衣，冒擅（氊），枸櫝杖及當鉗及當盜戒（械）"者，很可能是城旦舂級别的刑徒。不過，簡220—223重點強調的是刑徒不能擅自卸掉身上的刑具，也不能擅自脱去囚服，只有在沐浴及睡覺時才可以臨時解除刑具，脱掉囚服。這是睡虎地秦簡以及《嶽麓肆》中的《司空律》所未記載的。簡251—254説的是要求對刑徒每天的勞作詳細記録的事。記録刑徒勞作情況的文書，稱爲"作徒簿"，這種作徒簿在里耶秦簡中有很多實例可供參考。不過，嶽麓簡關於作徒簿的具體編製過程和考核過程説得更詳細，可與里耶秦簡的相關史料配合使用。

六、刑獄簡

1. 刑獄覆核與考課

簡048—052説的是御史審核與考課司法活動的内容。其中簡049與050之間當有缺簡。048—049説的是郡對縣所提交司法審判工作的審核。簡050—052説的是御史大夫對於郡所提交審案報告的考課。兩段令文之間有明顯的空缺内容，整理者提出中間

---

① 陳偉：《〈嶽麓書院藏秦簡（伍）〉校釋》，《出土文獻與法律史研究》第7輯，法律出版社2018年版，第4—5頁。
② 睡虎地秦墓竹簡整理小組編：《睡虎地秦墓竹簡》，釋文部分第87、132頁。
③ 張家山二四七號漢墓竹簡整理小組編著：《張家山漢墓竹簡〔二四七號墓〕（釋文修訂本）》，文物出版社2006年版，第96頁。

有缺簡是有道理的。

簡063—065説的是奉皇帝命令出使的使者，在出使過程中發現所經縣道有問題，把問題交由地方官吏處置，即所謂"下劾吏"。但是地方官吏在處理該問題時，發現使者提出的證據與事實不符，這時候有可能會徵逯使者進行對質。下半部分有殘簡，殘留文字的意思表明，詔書針對這種情況提出了相應的處理辦法。從上下文意推測，這裏奉命出使的使者並不是專門巡視地方事務的，他只是在出使過程中臨時發現地方部門或人員有問題而提出告劾。因此這則令文或可以看作是對奉詔出使的使者的權限規範。

簡066—068説的是要求地方司法部門在上交案件結案報告時，其中一定要按照規定，寫明定罪量刑的法律依據，"固有令，以令當，各署其所用律令、比行事曰：以此當某"。這本是結案報告中必須有的部分，當是在實際的結案報告中，很多官員都不再寫明所據律令，由此也可以反映出當時司法程序的混亂。

簡168—169説的是中央或郡級官員到縣道覆獄或巡視的事。所謂"都吏"指的是上級指派下來進行督察的官吏。"都吏"與"都官吏"不是一個概念。

簡335説的是向上級呈報結案卷宗以及奏讞的事，簡336説的是案件涉及多人時，同伙之中有人自首應當如何處置的事。

2. 刑獄久繫不決

簡059—061説的是刑獄久繫不決的事。秦代刑獄久繫不決的現象，出土文獻中最早見於睡虎地秦簡。據《法律答問》的記載，經濟犯罪按照"得時值臧"的原則，應該及時審理，這樣就可以根據當時市場的價格確定犯罪嫌疑人的臧值，從而定罪量刑。結果法官故意久繫不決，結果時間一長，由於市場商品價格的變化，原來臧值小的臧值大漲，結果被重判；而原來臧值數額巨大的，臧值大減，被從輕發落。①這雖然是作爲舉例説明的教材提出來的，但無疑反映了當時司法活動中大量案件久拖不決的現象。睡虎地秦簡《秦律十八種》簡135—136《司空律》："所弗問而久毄（繫）之，大嗇夫、丞及官嗇夫有罪。"②説的也是這種情況。《嶽麓肆》中具體記載了一些對案件久繫不決現象的懲罰措施。《嶽麓肆》簡283："☒☐下縣道官而弗治，毄（繫）人而弗治，盈五日，貲一盾；過五日到十日，貲一甲；過十日到廿日，貲二甲，後有盈十日，輒駕（加）一甲。"③這種精確到具體天數的懲罰措施，證明了案件久繫不決已成爲當時社會常態，國家不得不出台專門的法律加以應對。④《嶽麓伍》簡059—061的記載，説明司法活動中案件積壓久繫不決的情況，已經引起了最高統治者的不安，因此才下詔嚴厲徹查這一問題。

簡078—081則提到國家采取了一系列措施，要求各級司法部門從快處理積壓案件，以改變或消除久繫不決的局面。具體措施爲：耐罪以下的判決，可以先決而後奏；凡是由皇帝下詔派專人審理且允許先決後奏的案件，交由地方部門處理；此前曾被朝廷駁回

---

① 睡虎地秦墓竹簡整理小組編：《睡虎地秦墓竹簡》，釋文部分第101—102頁。
② 同上注，釋文部分第51頁。
③ 陳松長主編：《嶽麓書院藏秦簡（肆）》，第162頁。
④ 朱紅林：《〈嶽麓書院藏秦簡（肆）〉疏證》，上海古籍出版社2021年版，第317—318頁。

的案件,而地方司法機關修正後重新提交判決結果者,即予通過執行。

3. 獄史在案件審理中的重要作用

簡089説的是地方縣道在案件處理不當時,縣令、縣丞和負責審案的吏員都要受處罰的事。獄麓秦簡整理小組把"令、丞、史主者"中的"史"讀爲"吏",從文例上講,這是很正確的。不過,縣道司法機關在審理案件時,一般情況下都是由獄史負責,所以,這裏的"史"讀本字,指"獄史",亦無不可。縣道刑獄的直接審理者實際上都是由獄史負責,但原則上規定由縣令、縣丞和獄史共同參與。因此,在案件處置失當時,令、丞都要承擔責任。簡225—226説的是中縣道或普通縣道的獄佐史如果犯錯,除了貲甲盾之外,還要到故徼任職一年;如果是故徼的獄佐史犯錯,則要派往更遠的地方;如果是新地縣的獄佐史犯錯,則改爲奪勞績一歲,而不再調走。

簡128—130説的是中央從地方徵調官吏執行任務,按照任務要求選擇具備條件的吏員。其中提到如果選調的是治獄的官吏,各地派出應徵者必須是有兩年以上工作經驗的人。簡282—284説的是中央或郡級部門向地方縣道徵調官獄史的事。令文規定,一般情況下,大縣必須選派本縣最有經驗的四名縣獄史,小縣必須選派本縣最有經驗的兩名縣獄史。如果上級徵調獄史的數量超過了這一標準(大縣四名,小縣兩名),才可以選派其他獄史承擔任務。

簡155—158説的是都官治獄的事。我們説過,都官是中央派駐到地方的派駐機構。從秦簡的記載來看,當時的都官有一定的司法權,可以獨立處理本單位内部的案件。但如果涉及地方,有時就需要與地方相關部門溝通協作處理。這段令文的内容較爲複雜,我們儘管做了最大的努力來疏通,但還有不少細節值得進一步研究。

簡305説縣及都官機構中的獄史,不能"治獄計獻〈讞〉",也就是説不能很好地處理刑獄之事,而其他部門的官吏有善於處理刑獄者,由後者對前者進行培訓,一萬五千户以上的大縣,每縣推舉不超過兩人。這條律令還説明了大縣、小縣的標準,即"縣盈萬户以上爲大,不盈萬以下爲小"。

簡308説的是"吏及臣史"教唆女子上書訴訟的事。其中"反易〈易〉其言"一句的理解,值得玩味。按照簡文的表述,吏或臣史教唆女子上書告狀,是受了女子的酒肉宴請之後進行的,所以接下來寫訴狀時候"反易〈易〉其言,不用其請(情)實",有可能是僞造杜撰對該女子有利的不實證據。但會不會恰恰相反,欺負該女子不識字,反而故意不顧事實,在訴狀上杜撰不利於該女子的狀詞,從而達到不斷向原告勒索財物的目的呢? 這種情況也並非不可能。比如説簡243就提到,治獄者"親及親所智(知)"受他人賄賂表示要爲之請託,受賄之後實際上並未行動,却欺騙行賄人説已爲之請託。

簡314説的是縣令、縣丞和獄史等處理刑獄的事,雖然只有一支簡,話還没説完,但其中還是提供了不少值得關注的信息。首先是再次證明了"令、丞、獄史"共同參與處理刑獄的制度。① 其次是提到了"篡籍"。這個"篡籍"從上下文來看,是專門爲繫於

---

① 朱紅林:《史與秦漢時期的決獄制度》,《社會科學輯刊》2017年第1期,第150—155頁。

獄中的囚犯建立的詳細檔案,包括他的入獄時間等。再次是令文說到"自擅以數案課獄史",似乎是以辦案數量考核獄史的工作成績,不知道是否與簡059—060、078—081及《嶽麓肆》簡283等一再提到的清除積壓案件的指示精神有關。

4. 捕盜與社會治安管理

簡170—184說的都是關於徼外蠻夷到新地或郡縣道來誘及謀反的種種懲處以及對於抓捕犯罪者的獎賞措施。簡288—289名爲"備盜賊令廿三",要求追捕盜賊要有詳細的行動記錄,尤其是行動未獲成功,更要詳細記載失敗的原因,以備查驗。睡虎地秦簡《秦律雜抄》簡38—39有《捕盜律》,[①]張家山漢簡《二年律令》簡138—155有《捕律》,[②]與《備盜賊令》當屬於同一類的內容。簡317—318是關於懲處臨陣脱逃者的法令。

簡206—207說的是黔首犯罪,其同居、典、伍連坐的事,只有互相告發,同居、典、伍才能免罪。否則,鄉部嗇夫也會受到牽連。

簡307說的是在官府所主辦的祭祀活動期間,齋戒者在祠所發生奸情或與妻妾同房,應當如何處置的事。這說明齋戒時間一般不會很短。這對於研究官方祭祀活動程序還是有幫助的。

簡309—312說的是押送已經論決的犯人從事勞役的内容。這其中有幾個關鍵點值得注意。一是組建押送隊伍,"鄰徒、毋害吏";二是押送目的地是"輸巴縣鹽";三是犯人按照什伍組織編制,一人犯令,同伍連坐;四是"令臣史相伍"一句難解,還需要進一步深入研究。

5. 遷蜀巴與"輸巴縣鹽"

嶽麓秦簡中提到遷刑時,會提及遷所,簡082—083提到的遷所有"東郡""參川""河内""潁川""請(清)河""河間""蜀巴""漢中"等地。但在其他涉及遷刑或輸作的時候,涉及遷所或輸所地名次數最多的就是"蜀巴",或曰"輸巴縣鹽"。這一方面當然與這批簡的出土地有關。雖然這批簡是從文物市場上出現的,但從其内容來看,主要是關於兩湖地區及周邊西南地區的内容,所以嶽麓秦簡大概率也就出土於兩湖區域,那麽遷刑的執行地選擇鄰近的蜀巴地區就不奇怪了。另一方面,當然就是出於秦朝政府對於蜀巴"天府之國"經濟利益的關注了,而"巴縣鹽"當然尤其受到重視。簡095—099說的大概是食鹽儲存管理方面的事。令文說鹽鹵"敗壞壓殺人",可能是存於庫房,因受潮之故導致庫房坍塌壓死人,或露天堆積過高,坍塌壓死人。這或許就是"巴縣鹽"所屬的事務。當然,其中涉及食鹽儲存方面的專業知識,需要更詳細具體的史料來印證,我們現在的推測只能說是臆測。

遷往蜀巴的目的之一是鹽礦開采。如簡013—014記載抓到一批從人,本來是要"輸巴縣鹽",只不過後來得知巴縣鹽人員已經足夠,才遷往他處。簡033—034說的是處以遷刑者遷往蜀巴或其他地方,臨行前或行進途中犯人如果想有所舉報,官府都不予理

---

① 睡虎地秦墓竹簡整理小組編:《睡虎地秦墓竹簡》,釋文部分第89頁。
② 張家山二四七號漢墓竹簡整理小組編著:《張家山漢墓竹簡〔二四七號墓〕(釋文修訂本)》,第27—29頁。

會,先遷往目的地再説。簡045—047説的是防範遷到蜀巴的刑徒逃往外地的種種措施。簡082—084説的是犯通奸罪女子被處遷刑時,通常遷往的幾個地方之一就有蜀巴。簡227"☐鹽皋一人,購金一兩","鹽皋"當指抓獲應處以輸巴縣鹽刑罰的罪犯。簡309—312説的也是押送刑徒遷往巴縣鹽的事。

除了蜀巴地區之外,還有一次提到往洞庭郡輸送勞動力的事例。簡012提到把傳播造反訞言、危害社會穩定的人遷往洞庭郡人稀地廣之處,從事農業開發。這條令中有兩點值得注意。一點是提到了一個律名"行訞律","以不反爲反"這類的謠言都在行訞律制裁的範圍之内。現在還不清楚這是一個專門的律名,還是一類律條的通稱。另一點是提出把犯人遷徙到洞庭郡,安排到"多田所",從事農田開墾。這一點與徵調新地吏的事聯繫在一起,我們就可以看出,秦朝政府爲了鞏固新占領地區,一方面需大量的管理者,維護管理當地的社會秩序,另一方面也亟需大量的勞動者,發展當地的經濟。

6. 除貲贖

簡138—145説的是以爵除貲贖的各種情況。爵一級,可除貲贖萬錢,包括萬錢以下。可以從已經擁有的爵位中解除爵位以除貲贖,也可以在官府賜予其爵位時,提出不接受爵位以求除貲贖。除貲贖的對象,除了有爵者本人之外,還可以解爵爲他人除貲贖,總共不得超過三人。爲他人除貲贖,一般情況下只限於本郡之中,不能爲他郡人除貲贖。還有一些情況不得以爵除貲贖,其原因一時難以索解,如年齡超過四十五歲者、年睆老以上及罷癃者、有令終身不事者、疇吏解爵而當復爵者,皆不得以爵位爲本人及他人除貲贖,何以如此,最多只能做一些臆測。另外,令文中還出現了一種被稱爲"鼎者"的人,何謂"鼎者",學界多不清楚,偶有推測者,也很不靠譜。

簡190—193説的是以賞除貲贖的問題。簡190説的是案件判決六個月之内,可以以賞除罪。而簡191—193説的則是耐罪判決六十天之内,可以以賞除罪。這裏面有幾個關鍵點,一是簡190只説案件判決六個月之内可以賞除罪,没有説明除罪的範圍,而簡191—193則明確説耐罪以下。前者的時間範圍是六個月,後者的時間範圍則是六十天。這期間的不同,尚需進一步研究。二是"以賞除罪"的"賞"是什麽?這才是最關鍵的。一般來説,秦漢簡中的"賞",不外乎爵位、金錢和其他物質獎勵。但具體是什麽,達到什麽樣的標準,才能用以除罪,簡文没説,從上下文的語氣來看,似乎當時的人都知道,屬於基本常識,但今天的我們不知道,這就是需要搜集材料進行綜合比對研究的。三是説只要在"以賞除罪"規定的時間範圍之内,即使處罰已經開始被執行,比如説被罰戍,即使已經出發前往戍邊途中,只要能提供"以賞除罪"需要的條件,都可以中途停止行進,返還鄉里。四是説有罪被判決耐爲司寇者,一開始因判決超過六旬不得以賞除,後來又再次犯罪,結果被判處耐爲隸臣以下,這時候犯人却能夠在六旬之内"以賞除罪"了,這種情況下他將不能按照一般的"以賞除罪"那樣免爲庶人,而是恢復到被免前的刑徒身份。這大概是基於犯人累犯從重的原則作出的決定。

簡269—270雖然前半部分有殘簡,但從最後的那句話"都官有購賞貰責(債)不出者,如縣"來看,前面説的是應是國家在督促各級地方政府及時發放"購賞貰責",否則相關責任人將視情節是否嚴重予以處分。這部分内容與《嶽麓肆》簡308—312、《嶽麓陸》簡068—069都有密切的關係,學者們根據自己的理解對其進行了多種形式的編聯,都很有啓發意義。①

七、行役簡

簡146—153説的是漕運官員在漕運過程中以權謀私的事。簡文雖長,但可歸納爲兩類内容:一是購買與工作無關的用品,這或許與官員倒買倒賣有關;二是壓榨剥削漕卒的利益,中飽私囊。簡150提到"諸不在此令中而買爲之,及雖在令中買爲而□□,皆爲私【利】",這説明在漕運途中,官吏哪些東西能買哪些東西不能買,應該是有一個專門的商品名單或者一個大致的限制條文的。

簡260提到官府在采購商品時要由"官嗇夫、吏、令史"共同參與,這種做法可能是爲了相互監督,防止采買者營私舞弊中飽私囊。這種做法在秦漢時期的財務制度中常見。"吏"當爲"吏主者"的省稱。"官嗇夫、吏、令史",嶽麓秦簡整理小組原標點作"官嗇夫吏、令史",是不合適的。

簡290説的是那些憑傳向沿途所過縣領取口糧者,尤其是監領大批人員或馬牛做長距離行動者,如果中途人員或馬牛數量減少,要及時向所過縣匯報,更改傳上所記録的信息,據實領取口糧。比如説,睡虎地秦簡《秦律十八種》簡16—20《廄苑律》記載官吏監領外出放牧官府馬牛的過程中,馬牛死亡或走失以及放牧的小隸臣死亡,都要及時向當地的縣廷匯報,除了核實驗證馬牛或小隸臣的死因之外,同時必然會更改官吏所持傳上記録的人員及馬牛數量信息。②嶽麓秦簡290的記載正可以補充理解睡虎地秦簡《廄苑律》相關内容。

簡291—292説的是對行役官吏的隨從人員的管理措施。隨從人員在沿途的商品買賣中有欺詐行爲要嚴厲處罰,"與盗同灋"。如有男女奸情,按照强奸罪論處。簡293—294記載説乘馬不得行衝道。這裏的"衝道"或許是馳道。簡323—325説的是關於勞役徵發的事。其中有幾個問題值得注意。一是時間期限問題。令文説"以其事難易、道里遠近,善爲期",説明了制定勞役期限的依據。二是延誤期限及擅離崗位的處罰標準。三是因病及下雨等自然原因延誤工期的審核。簡131—132則提到了軍人、漕卒、黔首、徒隸等在服役期間死亡,其棺槨被運送回鄉的事。

八、其　他

還有一些簡文,我們暫時還沒有歸納到以上幾種類型中去,也簡單介紹一下。

---

① 陳安然:《嶽麓秦簡"令"集釋》,吉林大學2023年碩士學位論文,第314頁。
② 睡虎地秦墓竹簡整理小組編:《睡虎地秦墓竹簡》,釋文部分第24頁。

簡056—058可以説是一則封山護林的令文。内容是説秦始皇登上湘山、屏山,看到山林壯美,看到遠方的駱翠山山林也非常壯美,立即下詔對這幾處山林進行封山保護,禁止砍伐。對於這則詔書,有的學者認爲是僞作,有的學者認爲不是僞作。從"僞作説"者所列論據來看,證據並不充分。所以我們在這裏還是傾向於後一種觀點。

　　簡163—164説的是禁止私人奴婢及免除奴婢身份的"私屬、免婢"從事商業活動的事。前半部分令文殘缺,可能還有更詳細的內容。不過,這則令文仍然值得研究。因爲從嶽麓秦簡的其他處記載來看,當時並不反對或打壓私人商業活動,何以禁止奴婢或免除奴婢身份的依附者爲主人經商,肯定是有原因的。

　　簡165屬於月令類簡,是説禁止在壬、癸日吊唁、下葬、報囚等等。張家山漢簡《二年律令》簡250《田律》"毋以戊己日興土功",①也屬於此類簡。

　　簡273提到"學佴"一職。"學佴"即學官。此前已見於張家山漢簡《二年律令》簡474、480、484《史律》及里耶秦簡等。②然學佴的具體活動資料仍然很有限,很難進行更深入具體的研究。

　　簡302—303説的是允許河間郡屬縣出賣當地生長的用作燃料的葦及蔡,以獲取收入。這對於研究秦代地方郡縣的經濟收入和生產生活是有幫助的。

　　簡306所載令文是關於避諱的事,要求黔首、徒隸不得以"秦"命名。這裏只提到"黔首、徒隸",不知對於官吏如何處理,或者説這裏的"黔首"本身就包含了"吏"和"民"兩部分,亦未可知。

　　綜上所述,我們可以看出,《嶽麓伍》所收録的令文的内容是非常豐富的,而且很多內容不見於此前的簡牘和文獻記載,這既爲我們的研究提供了新資料,也爲我們的解讀提出了新挑戰。本書的認識儘管參考吸收了學界同仁的很多研究成果,但由於精力、學力所限,不但會存在引用參考成果不全面、掛一漏萬的現象,也有可能會出現對已參考成果理解不透甚至誤讀的地方,還有就是個人對簡文理解不到位的地方,也肯定不少。這都是需要同仁們在讀到本書時不吝賜教、批評指正的。

---

① 張家山二四七號漢墓竹簡整理小組編著:《張家山漢墓竹簡〔二四七號墓〕(釋文修訂本)》,第43頁。
② 同上注,第80—82頁。張春龍:《里耶秦簡中遷陵縣學官和相關記録》,《出土文獻》第1輯,中西書局2010年版,第232—233頁。

目　録

前言 ·· 1

第一組簡 ·· 1

簡 1025＋1107＋1108＋1023＋1024＋1027＋1026＋0916（001—008）
·· 3

簡 1110＋1109＋1022（009—011）·· 12

簡 1017（012）·· 19

簡 1029＋1028＋0960＋0921＋0898＋1111（013—018）························ 21

簡 1021＋1019＋1016＋1122＋0965＋0961＋2053＋2050＋1119＋
0897＋1112＋1038（019—029）·· 30

簡 1018＋1014＋1015（030—032）·· 40

簡 1123＋0966（033—034）·· 43

簡 0962＋2108＋1120＋C4－2－1－7＋0930（035—038）······················ 45

簡 0895＋1113＋1037＋1012＋1013＋1004（039—044）························ 49

簡 1105＋1124＋0967（045—047）·· 56

簡 0963＋2059＋缺簡$_{01}$＋2097＋0831＋缺簡$_{02}$＋0910（048—052）
·· 60

簡 1036＋1010＋1011（053—055）·· 69

簡 1001－1＋1020＋1001－2＋1104（056—058）································· 74

簡1125+0968+0964（059—061）……………………………… 77

簡0081+0932（062）…………………………………………… 81

缺簡03 …………………………………………………………… 82

缺簡04 …………………………………………………………… 82

簡0899+C10-3-2-1+1035（063—065）………………………… 82

簡1009+1008+1000（066—068）……………………………… 84

簡0857+0871+0866+0873+1102+1126（069—071）………… 88

缺簡05 …………………………………………………………… 92

簡1128+C4-1-11（072）………………………………………… 92

簡1114+0918+1935（073—075）……………………………… 92

缺簡06 …………………………………………………………… 96

簡0082（076）…………………………………………………… 96

缺簡07 …………………………………………………………… 96

簡0901（077）…………………………………………………… 96

缺簡08 …………………………………………………………… 97

簡1034+1007+1006+0999（078—081）……………………… 97

簡0864+2193+0865（082—084）…………………………… 102

簡2155+C8-1-2+1103（085—086）………………………… 103

簡1129+1130（087—088）…………………………………… 106

缺簡09 ………………………………………………………… 108

簡2168（089）………………………………………………… 109

缺簡10 ………………………………………………………… 111

簡2166+2169（090）………………………………………… 111

缺簡11 ………………………………………………………… 113

簡1033（091）……………………………………………………… 113

簡1005（092）……………………………………………………… 116

簡1003＋0998＋C10－4－13（093—094）………………………… 117

缺簡12 ……………………………………………………………… 119

簡2156＋1133＋1152－2＋缺簡13＋1132＋1131＋1134（095—099）
……………………………………………………………………… 119

第二組簡 …………………………………………………… 123

簡1679＋1673＋1667（100—101）………………………………… 125

簡1877（102）……………………………………………………… 128

簡1755＋1772（103—104）………………………………………… 131

簡1876（105）……………………………………………………… 133

簡1907（106）……………………………………………………… 136

簡1888（107）……………………………………………………… 138

簡1173（108）……………………………………………………… 140

簡1162＋1169（109—110）………………………………………… 141

簡1141（111）……………………………………………………… 145

缺簡14 ……………………………………………………………… 147

簡1698＋1707＋1712＋1718＋1729＋1731＋1722＋1814＋1848＋
1852＋1702（112—122）…………………………………………… 147

簡1174＋1161＋1151＋1142＋1875（123—127）………………… 170

缺簡15 ……………………………………………………………… 178

簡1689＋1914＋1887（128—130）………………………………… 178

簡1864＋1790（131—132）………………………………………… 181

簡1805（133）……………………………………………………………… 184

簡1903＋1905（134—135）………………………………………………… 185

簡1674（136）……………………………………………………………… 189

簡1680（137）……………………………………………………………… 191

簡1168＋1192＋1140＋C8－1－12＋2130＋1692＋1862＋1863＋
1789＋1804＋1878（138—145）…………………………………………… 192

簡1880＋1879＋1171＋1906＋1769＋1669＋1666＋缺簡16＋
1163（146—153）…………………………………………………………… 202

簡1116（154）……………………………………………………………… 212

簡1894＋1683＋1613＋1618（155—158）………………………………… 213

缺簡17 ……………………………………………………………………… 219

簡1178（159）……………………………………………………………… 219

缺簡18 ……………………………………………………………………… 219

簡1739（160）……………………………………………………………… 219

缺簡19 ……………………………………………………………………… 219

簡1727（161）……………………………………………………………… 220

缺簡20 ……………………………………………………………………… 220

簡1601（162）……………………………………………………………… 220

簡1795＋1699－1（163—164）…………………………………………… 220

簡1706＋1784（165）……………………………………………………… 221

簡1786＋1713（166—167）………………………………………………… 223

缺簡21 ……………………………………………………………………… 224

簡1728＋1730（168—169）………………………………………………… 224

簡1792＋1813＋1855（170—172）………………………………………… 227

簡1849＋缺簡$_{22}$＋1892＋1684（173—175） …… 233

簡1596＋2151＋1166（176—178） …… 236

簡1156＋1908＋缺簡$_{23}$＋1615＋缺簡$_{24}$＋1606＋1619＋缺簡$_{25}$＋0934＋1602－1＋1602－2（179—184） …… 241

簡1737（185） …… 247

缺簡$_{26}$ …… 248

簡1794＋1856－1＋1785（186—187） …… 249

簡1099＋1087（188—189） …… 249

簡1616（190） …… 252

簡1909（191） …… 253

缺簡$_{27}$ …… 254

簡1891＋1685（192—193） …… 254

簡2151盒－7－3（194） …… 258

簡1889（195） …… 259

簡1686＋1621＋1620（196—198） …… 260

簡1165＋缺簡$_{28}$＋1189＋C4－1－9（199—200） …… 267

缺簡$_{29}$ …… 270

簡1085＋1796＋1969（201—202） …… 270

簡1604＋1598＋1157（203—205） …… 276

簡1910＋缺簡$_{30}$＋1901（206—207） …… 280

簡1179＋1694（208—209） …… 281

簡1782＋C－7－10－2＋1736（210—211） …… 284

簡1696＋1708（212—213） …… 287

簡J27＋J52（214—215） …… 291

簡1661+1760（216—217） ··· 294

簡1758+1923（218—219） ··· 297

簡1922+1764+1671+缺簡$_{31}$+1797（220—223） ················· 299

缺簡$_{32}$ ·· 305

簡1927（224） ·· 305

缺簡$_{33}$ ·· 305

簡2013+1964（225—226） ··· 306

缺簡$_{34}$ ·· 308

簡1759（227） ·· 308

缺簡$_{35}$ ·· 308

簡J49（228） ·· 309

簡1605+1617+1603-1+1603-3+1597+1146+1167+1164+
1098+1086（229—236） ··· 310

缺簡$_{36}$ ·· 316

缺簡$_{37}$ ·· 316

簡1750+1695+1783+1793+1801+缺簡$_{38}$+1697+1711+1710+
1717+0833+1732+1723+1815+1847+1851（237—250） ········ 316

缺簡$_{39}$ ·· 323

第三組簡 ·· 325

簡2142+1854+1925+1921（251—254） ······························ 327

簡1670+1780（255—256） ··· 333

簡1663+1779+1913（257—259） ······································· 335

簡1768（260） ·· 342

簡1924+1920（261—262） ··· 344

簡 1917＋1899（263—264）……………………………………………… 347

缺簡 40 …………………………………………………………………… 349

簡 1867＋1869（265—266）……………………………………………… 349

缺簡 41 …………………………………………………………………… 353

簡 1149＋C4－3－7（267）……………………………………………… 353

缺簡 42 …………………………………………………………………… 355

簡 1926（268）…………………………………………………………… 355

缺簡 43 …………………………………………………………………… 357

簡 J38＋1662（269—270）……………………………………………… 357

缺簡 44 …………………………………………………………………… 360

缺簡 45 …………………………………………………………………… 360

簡 1775（271）…………………………………………………………… 360

缺簡 46 …………………………………………………………………… 361

簡 2126（272）…………………………………………………………… 361

缺簡 47 …………………………………………………………………… 362

簡 1774（273）…………………………………………………………… 362

缺簡 48 …………………………………………………………………… 363

簡 1143（274）…………………………………………………………… 363

缺簡 49 …………………………………………………………………… 363

簡 1091（275）…………………………………………………………… 363

缺簡 50 …………………………………………………………………… 364

簡 1865＋1791（276—277）……………………………………………… 364

缺簡 51 …………………………………………………………………… 367

簡 1882＋1881（278—279）……………………………………………… 367

缺簡₅₂ …………………………………………………………………… 369

簡J66-6（280）……………………………………………………… 369

缺簡₅₃ …………………………………………………………………… 369

簡1725（281）………………………………………………………… 369

簡1885＋1886＋1904（282—284）………………………………… 371

簡1668＋1665＋1660（285—287）………………………………… 373

簡1912＋1883（288—289）………………………………………… 375

簡1691（290）………………………………………………………… 377

缺簡₅₄ …………………………………………………………………… 380

簡1806＋1873（291—292）………………………………………… 380

缺簡₅₅ …………………………………………………………………… 382

簡1874＋1861（293—294）………………………………………… 382

缺簡₅₆ …………………………………………………………………… 385

簡1884（295）………………………………………………………… 385

缺簡₅₇ …………………………………………………………………… 387

簡1150＋1690＋J41（296—298）………………………………… 387

缺簡₅₈ …………………………………………………………………… 390

簡1915（299）………………………………………………………… 390

缺簡₅₉ …………………………………………………………………… 392

簡1919＋缺簡₆₀＋0005（300—301）……………………………… 392

簡1954＋2141（302—303）………………………………………… 395

缺簡₆₁ …………………………………………………………………… 397

簡J22（304）………………………………………………………… 398

缺簡₆₂ …………………………………………………………………… 400

簡 1986（305）……………………………………………………… 400

缺簡 63 …………………………………………………………… 401

簡 2026（306）……………………………………………………… 401

簡 1170＋1172（307）……………………………………………… 402

缺簡 64 …………………………………………………………… 404

簡 1761（308）……………………………………………………… 404

缺簡 65 …………………………………………………………… 405

簡 1765（309）……………………………………………………… 405

缺簡 66 …………………………………………………………… 407

簡 1766＋1763（310—311）………………………………………… 407

缺簡 67 …………………………………………………………… 408

簡 1928（312）……………………………………………………… 408

缺簡 68 …………………………………………………………… 410

簡 1609（313）……………………………………………………… 410

缺簡 69 …………………………………………………………… 411

簡 1664（314）……………………………………………………… 412

缺簡 70 …………………………………………………………… 413

簡 1916（315）……………………………………………………… 414

簡 0806（316）……………………………………………………… 414

缺簡 71 …………………………………………………………… 416

簡 1600-1＋0851（317—318）……………………………………… 416

缺簡 72 …………………………………………………………… 419

簡 1704＋J35＋J34＋1787＋1802（319—322）…………………… 420

缺簡 73 …………………………………………………………… 423

簡 1182＋1177＋C10-3-10＋1155（323—325） …………… 423

缺簡$_{74}$ …………………………………………………… 426

簡 1812＋缺簡$_{75}$＋1857＋缺簡$_{76}$＋1809＋1850＋缺簡$_{77}$＋1896
（326—330） ………………………………………………… 427

缺簡$_{78}$ …………………………………………………… 431

簡 1181＋1183＋缺簡$_{79}$＋1738（331—333） ……………… 431

缺簡$_{80}$ …………………………………………………… 434

簡 1322（334） ……………………………………………… 434

缺簡$_{81}$ …………………………………………………… 435

簡 2025（335） ……………………………………………… 435

缺簡$_{82}$ …………………………………………………… 437

簡 1677（336） ……………………………………………… 437

缺簡$_{83}$ …………………………………………………… 439

簡 0058（337） ……………………………………………… 439

缺簡$_{84}$ …………………………………………………… 440

參考文獻 ……………………………………………………… 441

第一組簡

第一部分

簡1025+1107+1108+1023+1024+1027+1026+0916（001—008）①

●廿六年十二月戊寅以來[1]，禁毋敢謂母之後夫叚（假）父[2]。不同父者[3]，毋敢相仁（認）爲兄、姉、弟╚[4]。犯令者耐隸臣妾[5]。而001毋得相爲夫妻[6]，相爲夫妻及相與奸者，皆黥爲城旦舂[7]。有子者[8]，毋得以其前夫、前夫子之財嫁及入姨夫[9]及予002後夫、後夫子及予所與奸者[10]。犯令及受者，皆與盜同灋。母更嫁，子敢以其財予母之後夫、後夫子者，棄003市[11]；其受者，與盜同灋。前令[12]予及以嫁、入姨夫[13]而今有見存者環（還）之，及相與同居共作務錢財者[14]亟相004與會計[15]分異[16]相去。令到盈六月而弗環（還）[17]，及不分異相去[18]者，皆與盜同灋╚。雖不身[19]相予而以它巧詐（詐）005相予者，以相受予論之。有後夫者不得告皋其前夫子╚[20]。能捕耐皋一人，購錢二千；完城旦舂皋006一人，購錢三千╚；刑城旦舂以上之皋一人，購錢四千[21]。女子寡[22]，有子及毋子而欲毋稼（嫁）者，許之。謹布令，令黔首盡007☐【智（知）之，毋】[23]巨（詎）皋[24]。有☐☐除，毋用此令者，黥爲城旦。・二[25]008。

【1】廿六年十二月戊寅以來

[疏證]

廿六年十二月戊寅以來：關於令文中所涉及的法令頒布及生效時間的問題，《嶽麓伍》中有專門的規定，可參看簡166-167："數言赦，不便。請：自今以來，節（即）爲令若有議爲殹（也），而當以赦爲根者，皆以其赦令出之明日爲根，曰：某年某月某日以來。"②

【2】叚（假）父

[整理小組注]

叚（假）父：即後父。秦始皇統一六國後，對各類名稱作了統一規定，如《里耶秦簡》中的更名木方（8-461），就記錄了很多更換名稱，如："毋敢曰王父曰泰父，毋敢曰巫帝曰巫……"③

---

① 簡號後括號內編號爲《嶽麓書院藏秦簡（伍）》釋文解讀復原序號，以下皆同。
② 陳松長主編：《嶽麓書院藏秦簡（伍）》，上海辭書出版社2017年版，第123頁。
③ 同上注，第73頁。

[疏證]

"叚（假）父"之後，嶽麓秦簡整理小組原標點爲逗號，今改爲句號。因爲"禁毋敢謂母之後夫叚（假）父"與下文"不同父者，毋敢相仁（認）爲兄姊弟"分別是相對獨立的兩項內容。

里耶秦簡更名木方確實反映了秦統一之後，政府對很多稱謂做了統一的更改。嶽麓秦簡整理小組據此認爲，嶽麓簡此處"禁毋敢謂母之後夫叚（假）父"也屬於這種改變。但從上下文義來看，除此而外，可能還有更深一層的目的。因爲這篇令文雖未明言，但實際上很明顯是不提倡婦女再嫁的，所以其中規定的種種措施都是出於這一目的。不允許稱呼母之後夫爲"叚父"，就像接下來不允許同母不同父的子女相互以兄弟姊妹相稱一樣，是爲了離間或者説疏遠新組建的家庭成員之間的關係，讓企圖再婚的婦女望而生畏，放棄再婚的想法，從而達到貫徹其婦女從一而終的婚姻倫理思想。

下文提到的"姨夫"與"後夫"一樣，都是對女子之再婚丈夫的稱呼。既然法律規定不得稱呼母親後嫁之丈夫爲假父，前夫的子女對於後父總得有個稱呼吧，這個稱呼有可能就是"姨夫"所對應的"姨父"。"姨夫"把後父置於了母親姊妹之丈夫的地位，繼子若稱作爲母親後夫的"姨夫"爲"姨父"，那就與母親後夫之間的關係可謂極其疏遠，這在男權主義爲傳統的中國古代社會中，對於男子一方是很難接受的，這種情況下重組家庭的婚姻也就勢必難成。正因如此，"姨夫"作爲女子再婚丈夫稱謂的這種用法在後世一般的再婚家庭中很少出現。反倒是"姨"或"阿姨"，作爲男方子女對父親再婚妻子的稱呼保留了下來。這可能跟中國傳統社會的男權主義思想占統治地位有關。

有的學者認爲，由於這項秦令的頒布，秦統一之後，"假父"不再用作對母親再嫁的丈夫的稱呼，更多以"後父"的稱謂來取代。[①]這種觀點也還需要確切的證據來證明。因爲不論是出土文獻還是傳世文獻中，"後父"的稱謂都是出現於第三人稱的場合，很少出現於第二人稱的場合，而嶽麓秦簡規定繼子不允許稱母之後夫爲"叚（假）父"，也並不是說就可以稱母之後夫爲"後父"。"叚（假）父"是第二人稱，"後父"是第三人稱，兩者不是同一層面的。不允許稱母之後夫爲"叚（假）父"，那麼稱什麼呢？我們推測就是與"姨夫"相對應的"姨父"。

【3】不同父者

[疏證]

不同父者：包括同母異父者和異母異父者兩種情況。後者指婦女與前夫所生子女及後夫與前妻所生子女，這種情況在二次組成的家庭中同樣是存在的。

---

① 程博麗：《秦代婦女再嫁及相關問題研究》，《簡帛研究二〇一八（春夏卷）》，廣西師範大學出版社2018年版，第93頁。

【4】弟

[疏證]

毋敢相仁（認）爲兄、姊、弟："禁毋敢謂母之後夫叚（假）父""不同父者，毋敢相仁（認）爲兄、姊、弟"，表面上看是稱謂的限制，實際上是通過疏遠重組家庭成員之間的關係，達到限制婦女改嫁的目的。法律雖然没有明文反對婦女改嫁，但設置了種種障礙，規定不允許前夫子女稱呼母親再嫁的丈夫爲假父，也不允許同母不同父及異母異父的子女們相互之間以兄弟姊妹相稱，這樣重組後的家庭成員就很難融合在一起。不過，既然"不同父者，毋敢相仁（認）爲兄、姊、弟"，那麼他們之間該當如何相稱呢？想必法律還是有所規定的，只不過此處未加以記載而已。

【5】耐隸臣妾

[疏證]

耐隸臣妾：即"耐爲隸臣妾"。"耐"與"隸臣妾"之間當脱一"爲"字。嶽麓秦簡整理小組原把"犯令者耐隸臣妾"與"而毋得相爲夫妻"連讀。今在"隸臣妾"之後以句號斷讀，以"而"字屬下讀。其實"而"字爲簡001最末一字，是否能與現在的簡002"毋得相爲夫妻"連讀尚屬疑問。如連讀，前後語氣怪異難通。故尚需進一步研究。

【6】而毋得相爲夫妻

[疏證]

而：假如簡001與002可以連讀的話，那麼此處的"而"只能理解爲表示並列關係的連詞。前面説不同父的子女之間不得相互以兄弟姊妹相稱，後面説的是他們之間也不能相互通婚，屬於並列關係的兩件事。

毋得相爲夫妻：首先應該指的是二次家庭中前夫與前妻所生的子女，這些人之間不存在血緣關係，實際上是可以通婚的。但法律不但不允許他們之間彼此以兄、姊、弟相稱，也不允許他們之間通婚。當然，此處的禁止通婚也可能包括同母異父的男女，這本身就違反倫理，自然也在禁止之列。

我們説過，簡001與簡002是否確定可以編聯在一起，也是有疑問的。如果編聯在一起，那麼"毋得相爲夫妻，相爲夫妻及相與奸者，皆黥爲城旦舂"云云，指的自然就是重組家庭中那些同父異母、同母異父或者異母異父的子女。這在此處自然是説得通的。但到後面"有子者，毋得以其前夫、前夫子之財嫁及入姨夫及予後夫、後夫子及予所與奸者，犯令及受者，皆與盜同灋"，其中"予所與奸者"似乎指的是有子之再婚婦女，而非那些不同血緣的子女。也就是説前面的"相與奸"與後面的"予所與奸"未必是同一批人。故此處是有矛盾的。

楊振紅也對簡001與002的編聯有疑問。她在一篇文章的頁下注中説："睡虎地秦簡《法律答問》：'同母異父相與奸，可（何）論？棄市（172簡）'（睡虎地秦墓竹簡整理小組：《睡虎地秦墓竹簡·法律答問》，文物出版社，1990年，第134頁）由於此答問中仍將不同母者稱作'父'，而且，同母異父的兄弟姊妹通奸要處以棄市刑，重於戊寅令'相與奸者'處以黥城旦舂刑，因此可推斷此律當是秦始皇二十六年十二月戊寅令頒布前制定的法律。所以，001與002簡不能連讀，其間當缺簡。另，這一組簡背的背劃綫似乎並無規律，無法以此判定之間的編聯關係。"① 如果簡001與002中間確實有缺簡，那麼簡002完全有可能説的是婦女再婚的事而非重組家庭子女之間的事。如果簡002説的是婦女再婚的事，那麼簡002–003讀起來就非常通順。不過，那樣簡002就變成了禁止婦女再婚的表述了。這又與簡001限制但不反對婦女再婚的表述，截然相反。總之，簡001–008這組關於婦女再婚規定的法令，矛盾之處還很多。其中可能有抄手抄録的問題，也可能有整理者編聯的問題，還有可能我們理解的問題。

【7】黥爲城旦舂

[疏證]

黥爲城旦舂：嶽麓簡此處規定，同母異父的子女彼此通奸者，處以黥爲城旦舂的處罰。相比較時代稍早的睡虎地秦簡中的類似法律規定，似乎處罰力度有所減輕。睡虎地秦簡《法律答問》簡172："同母異父相與奸，可（何）論？棄市。"② 吳樹平以商鞅所制六律相比較，認爲屬於《雜律》範疇，屬於"輕狡性質的犯法行爲"。③

【8】有子者

[疏證]

有子者：指與前夫已育有子女而欲再嫁的婦女。秦律對這種行爲實際上是持反對態度的，因此雖然没有法律條文明確反對作爲母親的女子再嫁，但是設置了一系列障礙，尤其是對前夫所遺留財産及前夫子所繼承財産的保護措施，很大程度上也限制了婦女再嫁。既然不能携帶前夫子所繼承的財産而嫁，那麼携子而嫁的可能性就很小了。

【9】入姨夫

[整理小組注]

入姨夫：入，交，交納。《説文》："入，内也。" 姨夫，妻之姐妹的丈夫。入姨夫，即交給姨夫。④

[疏證]

整理小組注只解釋"入姨夫"而不顧前半句"嫁及"云云，屬於斷章取義，當然是

---

① 楊振紅：《〈嶽麓書院藏秦簡（伍）〉有關女子重組家庭的法令與嫪毒之亂》，《簡牘學研究》第8輯，甘肅人民出版社2019年版，第176頁。
② 睡虎地秦墓竹簡整理小組編：《睡虎地秦墓竹簡》，釋文部分第134頁。
③ 吳樹平：《秦漢文獻研究》，中華書局1988年版，第62頁。
④ 陳松長主編：《嶽麓書院藏秦簡（伍）》，第73頁。

不準確的。根據臧莎莎對相關研究成果的總結,"入姨夫"之"入"與"嫁"是相對立的兩種行爲,"嫁"指的是已婚婦女再嫁他人,也就是後夫,而"入"指的是招贅他人入户,也就是簡文所謂的"姨夫"。① 這個理解不完全對。從下文簡004"前令予及以嫁、入姨夫"的表述來看,即使是婦女再嫁之後夫,亦可稱爲"姨夫"。秦律不贊成婦女再嫁,也不贊成男方入贅女方,對於再婚之婦女以男方入贅的方式重組家庭,那就更加不贊成了。因此,稱入贅之男子爲"姨夫",其含義尤其值得關注。至於張以靜提出"姨夫"之"姨"泛指婦女,"主要指'離異'或者'夫死更嫁'的婦女",② 只是根據此處上下文意做出的推測,尚不見於文獻佐證。

《漢語大詞典》"姨夫"義項③説:共狎一妓之兩男互稱姨夫。宋周密《癸辛雜識續集・姨夫眼眶》:"蓋北人以兩男子共狎一妓則呼爲姨夫。"元王實甫《西廂記》第五本第四折:"紅娘呵,你伏侍個煙薰貓兒的姐夫;張生呵,你撞着個浸老鼠的姨夫。"王季思校注:"鶯鶯既別無姊妹,則此處稱鄭恒爲姨夫,顯係皆勾欄習語打諢。"③ "共狎一妓之兩男",其實質就是兩男共有一女,與此處所謂的婦女再婚有一定相通之處,值得注意。

【10】所與奸者

[疏證]

所與奸者:與之通奸的男子。"所與奸者"之後與下文"犯令及受者,皆與盜同灋"之間,嶽麓秦簡整理小組原標點爲逗號,今改爲句號。前文"不同父者,毋敢相仁(認)爲兄、姊、弟"與"犯令者耐隸臣妾"之間,嶽麓秦簡整理小組即標點爲句號。本書斷句,在遇到法令規定行事規則與違反法令之懲處兩類表述相先後時,一般情況下均以句號將二者斷開。

【11】棄市

[疏證]

棄市:"棄市"之後,嶽麓秦簡整理小組原標點爲逗號,今改爲分號。"子敢以其財與母之後夫、後夫子者,棄市",説的是對給予者一方的處罰;"其受者,與盜同灋",説的是對接受者一方的處罰。這是同一問題的兩個方面,故其間當以分號斷讀。

【12】前令

[疏證]

前令:此前針對此類問題的相關法令。"前令"與"此令",也就是現今的法令相對而言。嶽麓秦簡此類的表述很多,以《嶽麓伍》爲例,如簡72:"☐亡皆駕(加)其皋一等,其前令亡者,以此令論之。"簡176—178:"吏捕告道徼外來爲閒及來盜略人、謀反及舍者,皆勿賞。隸臣捕道徼外來爲閒者一人,免爲司寇,司寇爲庶人。道故塞徼外蠻夷來

---

① 臧莎莎:《秦漢兩性關係研究——以出土資料爲中心》,南開大學2019年博士學位論文,第166—167頁。
② 張以靜:《讀〈嶽麓書院藏秦簡(伍)〉札記一則》,武漢大學簡帛網2018年3月27日。
③ 漢語大詞典編輯委員會、漢語大詞典編纂處編纂:《漢語大詞典(第4卷)》,漢語大詞典出版社1989年版,第339頁。

盜略人而得者,黥剄(劓)斬其左止(趾)以爲城旦。前令獄未報者,以此令論之。斬爲城旦者,過百日而不死,乃行捕者賞。縣道人不用此令。"簡257-259:"令曰:諸乘傳、乘馬、傳(使)馬傳(使)及覆獄行縣官,留過十日者,皆勿食縣官,以其傳稟米,叚(假)鬻甗炊之,其【有】走、僕、司御偕者,令自炊。其毋(無)走、僕、司御者,縣官叚(假)人爲炊而皆勿給薪采。它如前令。内史倉曹令第丙卌六。"簡313:"令曰:縣官官令、丞、尉毋敢除它縣,請(?)執(?)【瀘】□□子以爲其所爲吏之縣官吏及從事,前令除者,免之。"①此類情況反映出秦統一初期,爲了應對當時尚未完全穩定的社會局勢,秦朝政府不斷制定和調整政策法令,以應對各種新出現的情況,建立新秩序的努力。

【13】以嫁、入姨夫

[整理小組注]

以嫁入姨夫:即1107簡所説的"以其前夫、前夫子之財嫁及入姨夫"。②

[疏證]

按照整理小組的解釋,"嫁入姨夫"爲"嫁及入姨夫"的省寫,那麼"嫁"和"入姨夫"是兩回事,因此兩者之間當以頓號斷開。何有祖也曾指出這一點。③整理小組原釋文"嫁入"連讀,今改。

嶽麓秦簡整理小組注所謂"1107簡",即《嶽麓伍》簡002。

【14】相與同居共作務錢財者

[整理小組注]

"錢財者"三字比較密集,疑爲刮削之後補入。此卷所收嶽麓簡中有不少這種後補寫的情況,後不出注。④

[疏證]

相與同居共作務錢財者:共同居住,共同勞作,共同擁有財産。即所謂的"同居共財"。

或説此處"同居"指同户籍之人。睡虎地秦簡《秦律十八種》簡85《金布律》:"毋責妻、同居。"睡虎地秦簡整理小組注:"秦簡《法律答問:'何爲同居?户爲同居。'《漢書·惠帝紀》注:'同居,謂父母、妻子之外,若兄弟及兄弟之子等,見與同居業者。'"⑤楊振紅即持此説。她把這句話解釋爲"和同居一起共同經營産業錢財",⑥可備一説。此處的"同居",可能是指女子再婚之後,前夫同户籍的父母兄弟姊妹。法令要求分户的目的,恐怕也是防止把前夫家族的財産轉移到後夫家去。

---

① 陳松長主編:《嶽麓書院藏秦簡(伍)》,第62、126-127、183、202頁。
② 同上注,第73頁。
③ 何有祖:《〈嶽麓書院藏秦簡(伍)〉讀記(一)》,武漢大學簡帛網2018年3月10日。
④ 陳松長主編:《嶽麓書院藏秦簡(伍)》,第73頁。
⑤ 睡虎地秦墓竹簡整理小組:《睡虎地秦墓竹簡》,釋文部分第40頁。
⑥ 楊振紅:《〈嶽麓書院藏秦簡(伍)〉有關女子重組家庭的法令及嫪毐之亂》,《簡牘學研究》第8輯,第176頁。

【15】會計

[整理小組注]

會計:核計,計算。《周禮·地官·舍人》:"歲終則會計其政。"①

[疏證]

會計:這裏指計算各自所應得財產,以便分户。

【16】分異

[整理小組注]

分異:分户。《史記·商君列傳》:"民有二男以上不分異者,倍其賦。"這裏的"分異"是針對前文所説的"同居共作務"而言的,即户籍要分開。②

【17】弗環(還)

[疏證]

弗環(還):即不歸還,這裏指的是不歸還已經被贈予的家產。嶽麓秦簡整理小組原把"弗環(還)"與"及不分異相去"連讀,今以逗號斷開。"弗環(還),及不分異相去"與前面所説的"今有見存者環(還)之,及相與同居共作務錢財者亟相與會計分異相去"是相對的。法律規定,父親去世,母親如果改嫁,不允許前夫之子把所繼承的家產交予後夫或後夫之子,如果已經給予了的,要趕緊歸還原主。"弗環(還)"説的是如果在這種情況下還不歸還被贈予的家產,法律將予以嚴懲。

【18】不分異相去

[疏證]

不分異相去:不分家立户,不分開。相去:即分開之意。後夫及後夫之子除了要歸還前夫及前夫之子本來的家庭財產之外,也要與之家庭分開,各自單獨立户,否則按盜竊罪論處。

【19】身

[整理小組注]

身:親身、親自。《爾雅·釋言二》:"身,親也。"③

[疏證]

身:親身。張家山漢簡《二年律令》簡334—335《户律》:"民欲先令相分田宅、奴婢、財物,鄉部嗇夫身聽其令,皆參辨券書之,輒上如户籍。有爭者,以券書從事;毋券

---

① 陳松長主編:《嶽麓書院藏秦簡(伍)》,第73頁。
② 同上注。
③ 同上注。

書,勿聽。"① 身聽其令,即親臨現場主持其事。

"雖不身相予"云云,説的是改嫁的婦女及前夫子等,是對授予一方的限制和處罰,與前文"其受者,與盜同灋""今有見存者環(還)之""令到盈六月而弗環(還)"等後夫及後夫子這些接受的一方是相對的。

【20】有後夫者不得告皋其前夫子

[疏證]

有後夫者:已婚再嫁之婦女。

不得告皋其前夫子:不得控告並要求處罰其與前夫所生之子。此處説的是婦女再婚之後,因爲與後夫關係的親近,對前夫之子心生嫌隙,欲除之而後快,故找藉口陷害之。這裏至少包括了婦女攜子再嫁或招贅贅婿兩種情況。當然,如果前夫子與後夫家已經分異,母親更不能再對其行使家長的權力。《嶽麓伍》簡208規定了男子再婚之後,不得因後妻之故,而告皋其前妻子的法令,正可與此相對應。其文曰:"黔首有子而更取(娶)妻,其子非不孝殹(也),以其後妻故,告殺、罨(遷)其子。有如此者,盡傳其所以告▢。"②

【21】購錢四千

[疏證]

"能捕耐皋一人,購錢二千;完城旦舂皋一人,購錢三千;刑城旦舂以上之皋一人,購錢四千。"嶽麓秦簡整理小組原標點作:"能捕耐皋一人購錢二千,完城旦舂皋一人購錢三千,刑城旦舂以上之皋一人購錢四千。"亦可。爲更便於理解,略作修改調整。從上下文意而言,此處所提到的捕罪人,應當理解爲都是關於再婚過程中的犯罪者。否則,這幾句話在此處出現,就上下文意而言,就會顯得突兀。不過,這種情形在秦漢律令簡中時常可以見到,所以抄手誤抄竄入的可能性不是没有,但很小。

【22】女子寡

[疏證]

女子寡:女子寡居。此處的"寡"爲動詞,意爲寡居。睡虎地秦簡《法律答問》簡156:"大夫寡,當伍及人不當? 不當。""大夫寡"之"寡",整理者釋爲"少",彭浩、劉樂賢改釋爲"遺孀",③後者的解釋是正確的。嶽麓簡的"寡"與睡虎地秦簡的"寡"有相通之處,都指女子寡居,但嶽麓簡之"寡"爲動詞,睡虎地秦簡之"寡"爲名詞,區别也很明顯。

---

① 張家山二四七號漢墓竹簡整理小組編著:《張家山漢墓竹簡〔二四七號墓〕(釋文修訂本)》,第54頁。
② 陳松長主編:《嶽麓書院藏秦簡(伍)》,第137頁。
③ 陳偉主編,彭浩、劉樂賢等撰著:《秦簡牘合集·釋文注釋修訂本(壹、貳)》,第241頁。

【23】【智(知)之,毋】

[整理小組注]

根據嶽麓秦簡0341簡補字。①

[疏證]

嶽麓秦簡整理小組注所謂"0341簡"收錄於《嶽麓柒》,該書編號160,内容爲"謹布令,令黔首明智(知),毋巨(詎)罪。縣官丞舉所承(拯)得麗邑伐材竹數,移麗邑",②可參看。

【24】毋巨(詎)辠

[疏證]

毋巨(詎)辠:不要(因觸犯法律而)犯罪。"巨"之後省略了"於"字。睡虎地秦簡《語書》簡5:"令吏民皆明智(知)之,毋巨(詎)於罪。"整理小組注:"詎,至。罪,原作辠,《說文》:'秦以辠似皇字,改爲罪。'但秦簡和會稽刻石都仍寫作辠。毋詎於罪,不要犯罪。"③

【25】二

[整理小組注]

簡末數字,嶽麓簡中這種簡末數字有重複出現的情況,比如1022、0873+1102簡末都有"九",此數字究竟代表令文編號,還是表示抄寫令文的順序號,尚難確定。④

[疏證]

整理小組關於簡末序號的顧慮甚是。目前所發現的各種簡末序號,究竟是抄手抄錄的編寫序號,還是使用這些法律的行政部門所藏檔案的序號,抑或是國家立法部門出台這些法律時的原始編號,其實尚難確定。

另外,律令簡簡末偶爾出現的序號,如此處的簡末序號"二",嶽麓秦簡整理小組在其後均不加標點,本書則統一加句號,特此說明,以下不再出注。

簡文大意

二十六年十二月戊寅以來,禁止稱呼母親後嫁的丈夫爲假父。不同父者,不能相互認爲兄弟、姊妹。違反本法令者耐爲隸臣妾。也不允許相互結爲夫妻,相互結爲夫妻或者通奸者,都黥爲城旦春。有孩子的婦女,不得帶着前夫的財産或者前夫子女的財産再嫁,也不能招贅姨夫,或者(將財産)交給後來的丈夫、後來丈夫的兒子,或者所通奸的人。違反

---

① 陳松長主編:《嶽麓書院藏秦簡(伍)》,第73頁。
② 陳松長主編:《嶽麓書院藏秦簡(柒)》,上海辭書出版社2022年版,第135頁。
③ 睡虎地秦墓竹簡整理小組編:《睡虎地秦墓竹簡》,釋文部分第14頁。
④ 陳松長主編:《嶽麓書院藏秦簡(伍)》,第73頁。

法令者以及接受者,都與盜同法處理。母親再嫁,其子(與前夫所生)如果敢把他的財物給予母親後來的丈夫、後來丈夫的子女,給予者要被棄市,接受的一方,按照盜竊論處。

據此前法令已經給了(完成上述財產轉移)者,以及以前夫財物出嫁及招贅姨夫者,後者要把所接受的現存財物還給前夫家人,以及與前夫之同户籍之父母及兄弟姊妹等共同生活勞作共有錢財者,要立即算賬,分清各自所得,分別立户。法令到處,滿六個月而不交還財物,及不分開立户者,皆與盜竊同法。即使没有直接給予財物,但通過其他非法手段給予財物者,按照相受予財物的法令論處。已經有後嫁丈夫者不得告發其前夫子女的罪過。能抓捕違反本法令者耐罪一人者,獎勵錢二千;完城旦罪一人,獎勵錢三千;刑城旦舂以上罪一人,獎勵錢四千。女子寡居,不論有子女或無子女,如果她不願再嫁,法律都予以支持。認真地公布法令,使黔首都懂得法律,不要觸犯法律。有……除,不遵守此令者,黥爲城旦。

簡1110+1109+1022(009—011):

☐【訞言及】[1]坐與[2]私邑、私家[3]爲不善[4],若爲爲[5]不善以有皐者,盡輸其收妻子、奴婢[6]材官、左材官[7]作[8]009。終身作遠窮山,毋得去[9]。議[10]:諸隸臣、城旦、城旦司寇、鬼薪坐此物[11]以有皐當收者,其妻子雖[12]隸010臣妾、城旦、城旦司寇、舂、白粲殹(也),皆輪〈輸〉材官、左材官作,如令。 ·九011。

【1】【訞言及】

[整理小組注]

言及:跟據嶽麓秦簡0868簡補字。①

[疏證]

訞言及:王博凱據此認爲"言及"之前尚可補一"訞"字。他説:"1110簡首所補的兩字,整理者注爲據0868簡補,而0868簡'坐與私邑私家爲不善'前尚有'坐訞言及'四字,因此,在1110簡'言'字前還可據補一'訞'字。這是一條有關秦代'訞言'定罪量刑的令文。從令文看,秦代'妖言'定罪和'與私邑私家爲不善,若爲爲不善以有皐者'的量刑依據相同,這也説明兩者或具有類似特徵。"②今據王説,在"言及"之前補一"訞"字。

嶽麓秦簡整理小組注所謂的"嶽麓秦簡0868",收錄於《嶽麓柒》,該書簡號191,內

---

① 陳松長主編:《嶽麓書院藏秦簡(伍)》,第73頁。
② 王博凱:《〈嶽麓書院藏秦簡(伍)〉研究二題》,《出土文獻》第15輯,中西書局2019年版,第271頁。

容爲"者,與同罪,弗智(知),貲各二甲。諸坐訞言及坐與私邑私家爲不善,若爲不……",①可參考。

【2】與

[疏證]

與:介詞,表示趨向,相當於"對""向"。

【3】私邑、私家

[整理小組注]

私邑私家:私邑,猶封邑,私人的領地。《左傳·哀公十六年》:"子木暴虐於其私邑,邑人訴之。"私家,泛指私人家室,與王朝公家相對。《戰國策·秦策三·十六》:"君之祿位貴盛,私家之富過於三子,而身不退,竊爲君危之。"②

[疏證]

私邑、私家:嶽麓秦簡整理小組原標點爲"私邑私家",今改爲"私邑、私家"。

此處言"私邑、私家",與之相對的當然就是"公室、公家",也就是官府了。結合下文"議曰"之後所提到的"諸隸臣、城旦、城旦司寇、鬼薪"云云,"坐與私邑私家爲不善"之前殘缺的主語應當就是官府控制下的這些刑徒。齊繼偉、溫俊萍曰:"'私邑私家'指封邑及私人家室,私家與公家相對;私邑則與縣邑、鄉邑相對,指高爵者的封邑。《商君書·境內篇》:'故爵五大夫,皆有賜邑三百家,有賜稅三百家。爵五大夫,有稅邑六百家者受客。'張家山漢簡《二年律令·興律》:'徹侯邑上在所郡守',可作參考。"③

【4】爲不善

[疏證]

爲不善:采取危害對方的行動。齊繼偉、溫俊萍曰:"《韓非子·內儲說》記:'魏有老儒而不善濟陽君,客有與老儒私怨者,因攻老儒殺之,以德於濟陽君曰:"臣爲其不善君也,故爲君殺之。"濟陽君因不察而賞之。'這裏的'爲不善'指老儒欲'間君之國'。《史記·惠景閒侯者年表》:'八年九月,產以呂王爲漢相,謀爲不善,大臣誅產,遂滅諸呂。'據此,'若爲爲不善以有辠者'應當指'臣對君''奴對主'的一種危害行爲,即欲謀不軌而犯上者。"④齊繼偉隨後發表的文章對"爲不善"進行了專門的探討,結論是"爲不善"是"一類罪名的總稱,指有意侵犯君權,敗亂其統治秩序的重大犯罪。具體而言,'爲不善'除包括直接危害統治秩序的反、逆、叛、降等罪之外,可能還包括弒父、不道、禽

---

① 陳松長主編:《嶽麓書院藏秦簡(柒)》,第146頁。
② 陳松長主編:《嶽麓書院藏秦簡(伍)》,第73頁。
③ 齊繼偉、溫俊萍:《秦漢"妖言"再認識——基於嶽麓簡"以不反爲反"令的考察》,《簡帛研究二〇二〇(春夏卷)》,廣西師範大學出版社2020年版,第151頁。
④ 同上注。

獸行等間接危害統治秩序的逆亂惡行",甚至與隋唐時期的"十惡"都聯繫上了。①我們認爲,"爲不善"確實是一類罪名的總稱,簡單來説,就是采取對對方不利的不友好的行爲的通稱。這種行爲大到國家層面,就是齊繼偉所謂的"有意侵犯君權,敗亂其統治秩序的重大犯罪",小到普通的個人個體之間,就是指對對方的各種危害行爲,包括辱駡、毆打、盗竊等等。何況嶽麓秦簡此處明明提到是"與私邑私家爲不善",怎麽會涉及謀反謀大逆等危害國家層面的重大犯罪呢? 這樣的結論實屬不察所致。因此齊繼偉的研究,本來是想深挖擴大研究範圍,結果適得其反,反而把問題範圍縮小了。

【5】爲爲

[整理小組注]

此處兩個"爲"可整理作"爲(僞)爲"或"爲爲(僞)"。②

[疏證]

爲爲: 按照嶽麓秦簡整理小組的解釋,嶽麓簡這句話還是難以理解。"若爲爲不善以有皋者",不論是"爲(僞)爲不善",還是"爲爲(僞)不善",其最終結果都是没有造成實質性的"不善",怎麽會有罪呢?

先看第一種解釋"僞爲不善"。"僞爲"一詞,亦見於《嶽麓肆》簡256"僞爲其券書以均者貲二甲,廢"。"僞爲"即僞造。所以陳運影説:"爲(僞)爲(按: 陳説原文論述時漏掉了後一'爲'字)不善'意爲假裝行不善之舉。③"假裝行不善之舉",又不是真的行不善之舉,怎麽會有罪呢? 實在難以理解。

李蓉也説:

"爲"下有重文符號,整理者第一種觀點或可從,即整理作"爲(僞)爲"。"爲不善"見於《孟子·告子》:"或曰: 性可以爲善,可以爲不善,是故文武興則民好善。"《吕氏春秋·孟秋紀·禁塞》:"爲善者賞,爲不善者罰,古之道也。"又《禮記·曾子問》:"作僞主以行。"鄭玄注:"僞猶假也。""僞爲不善"表示没有做壞事。疏通本句大意: 因在私人領地或私人家室内做壞事獲罪的人,和没有在私人領地或私人家室做壞事,而自己本身就有罪的人。④

李蓉把"僞爲不善以有皋者"理解爲"没有在私人領地或私人家室做壞事,而自己本身就有罪的人",這種解釋同樣很讓人費解。尤其是把"以有皋"理解爲"自己本身就有罪",更是不知從何説起。

陳運影、李蓉的研究都表明,嶽麓秦簡的這句簡文理解起來很棘手。因此二人的解

---

① 齊繼偉:《簡牘所見秦代"爲不善"罪——兼述秦代法律與倫常秩序》,《史學月刊》2022年第1期,第19頁。
② 陳松長主編:《嶽麓書院藏秦簡(伍)》,第73頁。
③ 陳運影:《〈嶽麓書院藏秦簡(伍)〉第一組集釋及相關問題研究》,武漢大學2019年碩士學位論文,第11頁。
④ 李蓉:《〈嶽麓書院藏秦簡(伍)〉集釋及相關專題研究》,西南大學2020年碩士學位論文,第19—20頁。

釋都顯得很勉强。相比之下，齊繼偉的解釋似乎好一些。他説：

> 故結合文例以及秦簡"爲不善"的記載可以初步判斷，"爲不善"確應作爲一項專有名詞被用於法律及史書記載中，並非是一個泛指概念。其與先秦諸子與經傳中一部分作爲"善"的對立概念而出現的"不善"，有一定的區别。據此，簡文1110下文的"若爲爲不善"便較易理解，前一個"爲"作動詞，意思是説"作（按，當爲'做'）爲不善"一類的犯罪。然而，誠如整理者所理解的那樣，"爲"或可讀作"僞"，此處兩個"爲"可整理作"爲（僞）爲"或"爲爲（僞）"。而考慮到"爲不善"是一項專有名詞，整理者的第一種意見值得重視，這就是説"若爲爲不善"還可讀作"若僞爲不善"，那麽"若"字則可作連詞理解，"僞爲不善"與"坐與私邑私家爲不善"爲並列關係，指兩種不同類型的犯罪。《説文》："僞，詐也。"段注："詐者，欺也。經傳多假'爲'爲'僞'。"《禮記·曾子問》："昔者齊桓公亟舉兵，作僞主以行，及反，藏諸祖廟。"鄭玄注："僞猶假也。"故這裏的"爲（僞）爲不善"還有可能指"假爲不善"，與"真爲不善"相對。那麽，何爲"假爲不善"？衆所周知，封建時期爲臣之道在於忠心不二，如果稍有怨憤，萌心二志，口出欲反之言，但無實際行動者，亦被視爲大罪。故此律之設，還有可能是針對有惡言犯法，但無真實謀反之狀的行爲，目的或在於消除一切可能危及統治之隱患。①

齊繼偉的解釋，用一個比喻來説，似乎是把"爲不善"與"僞爲不善"理解成了"近視"與"假性近視"的關係。也就是説，"僞爲不善"實際上也是"爲不善"的一種，只是程度較輕，正如"假性近視"實際上也屬於"近視"的一種一樣。作者隨後所用以佐證的《新唐書·刑法志》"反逆有二，興師動衆一也，惡言犯法二也"以及唐律《賊盜律》"諸口陳欲反之言，心無真實之計"云云，也都具有這樣的特點。②

王博凱也曾采用了嶽麓秦簡整理小組的第一種看法，把"爲爲不善"解釋爲"僞爲不善"，把"僞"解釋爲"欺詐"。③王説看似與齊繼偉引《説文》"僞，詐也"相似，實際二人的論述有所不同。王博凱把"僞爲不善"解釋爲"使用欺詐手段行此事"實際上還是屬於"爲不善"，性質上甚至可能比"爲不善"有過之而無不及，而齊繼偉的"僞爲不善"屬於類似"假性近視"的"假性不善"，二人論述的結果區别是很大的。所以，我們更傾向於贊同齊繼偉的認識。

不過，也不排除還有一種可能。那就是"爲爲不善"的兩個"爲"中有一個是衍文。前文説"與私邑私家爲不善"是籠統的説法，就是不友好的事，不利於對方的行爲，後一個"爲不善"則是説爲不善的行爲達到了一定程度，構成了犯罪，該當如何處置。《嶽麓伍》簡199有"黔首或事父母孝，事兄姊忠敬，親弟（悌）兹（慈）愛，居邑里長老衛（率）

---

① 齊繼偉：《簡牘所見秦代"爲不善"罪——兼述秦代的法律與倫常秩敘》，《史學月刊》2022年第1期，第20—21頁。
② 同上注，第21頁。
③ 王博凱：《〈嶽麓書院藏秦簡（伍）〉研究二題》，《出土文獻》第15輯，中西書局2019年版，第271—272頁。

黔首爲善,有如此者"云云,其中"爲善"一語即是泛稱。①此處的第一個"爲不善"或許也是類似的表述方式,亦未可知。

【6】收妻子、奴婢

[疏證]

收:因受到連坐而被没入官府。這裏用作"妻子、奴婢"的定語,指"被没收的"。舒哲嵐曾經對"收人"制度做過探討,其結論認爲:"'收'是一種將城旦、鬼薪以上罪犯的妻子、子女、奴隸、財産等没收入官,犯罪者因此對其喪失所有權的制度。收與相坐是性質不同的兩種制度,收是適用於犯罪者的附加刑,相坐是對連坐者本人施加的刑罰。因'收人'在簡文中與概述性名稱'罪人'並列,故'收人'也可能是一種概稱,在經過特定程序之後,有恢復庶人身份、被出賣爲官奴婢、轉變爲隸臣妾這3種可能的去向。至於收人在訴訟過程中的存續區間,據現有資料只能確定,其出現時間最早可能在刑事訴訟的啓動程序即'告'之後,至遲在對罪犯進行定罪量刑的'論'之前。而在判決結果的執行階段,'收人'的身份已經轉變。"②

收妻子、奴婢:被没入官府的妻子和奴婢。"收妻子、奴婢"之後當省略了一個"於"字,"輸其收妻子、奴婢材官、左材官作",意爲"輸其收妻子、奴婢於材官、左材官進行勞作"。輸作:秦漢時期常用司法術語,指因犯罪而被分配到某部門罰作勞役。睡虎地秦簡《秦律十八種》簡201《屬邦律》:"道官相輸隸臣妾、收人,必署其已稟年日月,受衣未受,有妻毋(無)有。受者以律續食衣之。"③其中的"輸"即指"輸作"。《後漢書·李燮傳》:"燮以謗毁宗室,輸作左校。"④

【7】材官、左材官

[整理小組注]

《史記·大宛列傳》云:"乃案言伐宛尤不便者鄧光等,赦囚徒材官,益發惡少年及邊騎,歲餘而出敦煌者六萬人,負私從者不與。"所説"材官"似是工官名,蓋與此處"材官"類似。左材官,職責應與材官相同,1022簡記"臣妾、城旦、城旦司寇、舂、白粲殹(也),皆輪〈輸〉材官、左材官作",因此,"材官、左材官"或當是某種官署名。或以爲"左材官"的"左"當讀爲"佐"。⑤

[疏證]

我們同意整理小組的前一説法。此處"材官、左材官"的類似用法,在《嶽麓肆》簡383"收人材官"中出現過,陳偉、温俊萍先後作過論述,筆者在《嶽麓肆疏證》一書中一

---

① 陳松長主編:《嶽麓書院藏秦簡(伍)》,第134頁。
② 舒哲嵐:《秦漢律中的"收人"》,《古代文明》2018年第3期,第70頁。
③ 睡虎地秦墓竹簡整理小組編:《睡虎地秦墓竹簡》,釋文部分第65頁。
④ 范曄:《後漢書》,中華書局1965年版,第8分册,第2091頁。
⑤ 陳松長主編:《嶽麓書院藏秦簡(伍)》,第73頁。

併加以收録，可參看。① 還有一種可能，第一個"材官"之前脱"右"字，即"右材官"。比如説，睡虎地秦簡《秦律雜抄》簡23中就有"右采鐵""左采鐵"，②此處"右材官""左材官"或許也是如此。

【8】作

[疏證]

"作"字之後，嶽麓秦簡整理小組原標點爲逗號，今改爲句號。"輸其收妻子、奴婢材官、左材官作"，即秦漢律令中常見的"輸作"制度，即把刑徒調撥到相關的管理機構從事強制性勞作。陳偉曰："原釋'作'，疑是'令'，屬下讀。相關簡文讀作：'盡輸其收妻子、奴婢材官、左材官，令終身作窮遠山，毋得去。'同書16號簡有'令終身毋得免赦'，可參看。"③可備一説。

【9】終身作遠窮山，毋得去

[疏證]

終身作遠窮山，毋得去：終身在偏遠困苦的山區勞作，不得離開。這種終身禁錮的處罰，亦見於睡虎地秦簡《封診式》簡46—49《遷子》："癰（遷）子　爰書：某里士五（伍）甲告曰：'謁鋈親子同里士五（伍）丙足，癰（遷）蜀邊縣，令終身毋得去癰（遷）所，敢告。'告法（廢）丘主：士五（伍）咸陽才（在）某里曰丙，坐父甲謁鋈其足，癰（遷）蜀邊縣，令終身毋得去癰（遷）所論之，癰（遷）丙如甲告，以律包。今鋈丙足，令吏徒將傳及恒書一封詣令史，可受代吏徒，以縣次傳詣成都，成都上恒書太守處，以律食。法（廢）丘已傳，爲報，敢告主。"④

【10】議

[疏證]

議：吏議。《嶽麓叁》所收秦代奏讞文書中常見"吏議"一項。陶安曰："吏議，附加在奏讞文書的判決意見，是在奏讞機關內部經過議論所產生的，與奏讞文書一同上報。"⑤秦濤曾經專書研究過漢代的集議制度，據他的研究成果顯示，集議是漢代政府行政運作過程中的重要一環，上至朝廷，下至地方基層，都存在着相關的議事機構及議事制度。⑥現在從已經發現的秦代簡牘，特別是嶽麓秦簡中有關"議""議曰""丞相議"資料來看，這種集議制度在秦代無疑也是存在並且成體系的。《周禮》有關的記載顯示，戰國時期這種集議制度至少在某些部門就已經相當完善了。例如：

---

① 朱紅林：《〈嶽麓書院藏秦簡（肆）〉疏證》，第395—396頁。
② 睡虎地秦墓竹簡整理小組編：《睡虎地秦墓竹簡》，釋文部分第85頁。
③ 陳偉：《〈嶽麓書院藏秦簡（伍）〉校讀》，武漢大學簡帛網2018年3月9日。
④ 睡虎地秦墓竹簡整理小組編：《睡虎地秦墓竹簡》，釋文部分第155頁。
⑤ ［德］陶安：《嶽麓秦簡〈爲獄等狀四種〉釋文注釋（修訂本）》，上海古籍出版社2021年版，第75頁。
⑥ 秦濤：《律令時代的"議事以制"：漢代集議制研究》，中國法制出版社2018年版。

《周禮·秋官·鄉士》：掌國中，各掌其鄉之民數而糾戒之，聽其獄訟，察其辭，辨其獄訟，異其死刑之罪而要之，旬而職聽于朝。司寇聽之，斷其獄、弊其訟於朝；群士司刑皆在，各麗其法以議獄訟。獄訟成，士師受中。協日刑殺，肆之三日。若欲免之，則王會其期。

《周禮·秋官·遂士》：掌四郊，各掌其遂之民數，而糾其戒令，聽其獄訟，察其辭，辨其獄訟，異其死刑之罪而要之，二旬而職聽于朝。司寇聽之，斷其獄，弊其訟于朝；群士司刑皆在，各麗其濃以議獄訟。獄訟成，士師受中；協日就郊而刑殺，各於其遂，肆之三日。若欲免之，則王令三公會其期。

《周禮·秋官·縣士》：掌野，各掌其縣之民數，糾其戒令，而聽其獄訟，察其辭，辨其獄訟，異其死刑之罪而要之，三旬而職聽於朝。司寇聽之，斷其獄、弊其訟于朝；群士司刑皆在，各麗其濃以議獄訟。獄訟成，士師受中。協日刑殺，各就其縣，肆之三日。若欲免之，則王命六卿會其期。

《周禮·秋官·方士》：掌都家，聽其獄訟之辭，辨其死刑之罪而要之，三月而上獄訟于國。司寇聽其成于朝，群士司刑皆在，各麗其濃以議獄訟。獄訟成，士師受中，書其刑殺之成與其聽獄訟者。①

可以看出，在《周禮》一書所記載的司法系統中，各級司法部門掌握受理的案件最終會上報到中央司法機關司寇那裏，司寇則會同各方面的司法人員組成專門的會議進行審議討論，參加者各自根據自己的專長發表見解，最終形成決議，所謂"群士司刑皆在，各麗其法以議獄訟。獄訟成，士師受中"，大致就是這個意思。這應該是戰國時期案件審批程序的近乎史實的一個反映。集議形成的決議最終需得到上級主管部門或者皇帝的批准，"議""議曰""吏議""丞相議"等便是上報集議結果時的標志性用語。

【11】坐此物

[整理小組注]

物：類。《左傳·昭公九年》："事有其物，物有其容。"杜預注："物，類也。"又：物，事也。如《史記·魏公子列傳》："物有不可忘，或有不可不忘。"②

[疏證]

坐此物：因爲涉及此種或此類事情而受到牽連。

【12】雖

[疏證]

雖：即使，此處是起強調作用。因爲"隸臣妾、城旦、城旦司寇、舂、白粲"等也屬於官府控制的徒隸，她(他)們都不是自由之身，是有所屬的。但如果他們的丈夫或父親犯了律文

---

① 孫詒讓：《周禮正義》，中華書局2015年版，第8分册，第3368—3374，3377—3380，3381—3385，3386—3387頁。
② 陳松長主編：《嶽麓書院藏秦簡(伍)》，第73頁。

所規定的罪,即使他們原來已有所歸屬的管理部門,這時也要抽調出來前往禁錮之所服刑。

簡文大意

……對私邑、私家采取不友善的行爲,乃至於因采取不善行爲而犯罪者,要把他的妻子兒女没入官府,都輸送到材官、左材官等機構去勞作,終身在偏遠山區勞作,不得離開。吏議:諸隸臣、城旦、城旦司寇、鬼薪因此犯罪被收監者,他的妻子兒女即使也是隸臣妾、城旦、城旦司寇、舂、白粲等,也要盡數輸送到材官、左材官那裏去勞作,按照規定執行。　九。

簡1017(012):

【●】自今以來[1],有誨傳言[2]以不反爲反者,輒以行訞律論之[3]。其有不□[4]者,徙洞庭,洞庭[5]處[6]多田所[7]。　·十三 012。

【1】自今以來

[疏證]

自今以來:陳松長認爲"自今以來"是判斷令文格式的標誌性表述之一。他説:"'自今以來'作爲一個法律上表示時間起止的特定術語,是秦令中習見的起首語之一。不僅如此,這'自今以來'的特定術語也常見於上請皇帝詔令的請辭中,如:'(1786)●數言赦,不便。請:自今以來,節(即)爲令若有議爲殹(也),而當以赦爲根者,皆以其赦令出之明日爲根,曰:某年某月某(1713)日以來。·廷卒乙廿。'大家知道,所謂'請'字都是上請皇帝下發詔令的特定語詞,而'自今以來'作爲'請'的起首語,顯然是令文的專門術語。因此,凡有'自今以來'起首者,肯定都是秦令而不是秦律。"①

【2】誨傳言

[整理小組注]

誨:誘使。《史記·五帝本紀》:"取地之材而節用之,撫教萬民而利誨之。"傳言:這裏指的是流言。②

[疏證]

誨:陳偉認爲可能當讀爲"謀",意爲"策劃",③武漢大學簡帛研究中心秦漢簡讀書會(以下簡稱"武大讀簡會")解釋爲"誘導",④包括嶽麓秦簡整理小組注所謂的"誘使",意

---

① 陳松長:《嶽麓秦簡中的令文格式初論》,《上海師範大學學報》2017年第6期,第48—49頁。
② 陳松長主編:《嶽麓書院藏秦簡(伍)》,第73頁。
③ 陳偉:《〈嶽麓書院藏秦簡(伍)〉校釋》,《出土文獻與法律史研究》第7輯,第1頁。
④ 武漢大學簡帛研究中心秦漢簡讀書會:《〈嶽麓書院藏秦簡(伍)〉讀札(二)》,武漢大學簡帛網2018年3月21日。

思都差不多，"誘使""誘導"亦屬於"策劃"的一種，即"陰謀傳播"之意。"誨"是修飾"傳言"的。至於武大讀簡會以"誨傳言"爲"誨言、傳言"之省，求之過深，我們暫不采納。

【3】以行訞律論之

[整理小組注]

行訞：訞爲訞言，惑亂人心之語。《史記·秦始皇本紀》："諸生在咸陽者，吾使人廉問，或爲訞言以亂黔首。"行訞，即散布訞言。①

[疏證]

訞：同"妖"。《史記·淮南衡山列傳》："諸辨士爲方略者妄作妖言，諂諛王，王喜，多賜金錢，而謀反滋甚。"②《漢書·高后紀》："詔曰：'前日孝惠皇帝言欲除三族皋、妖言令，議未決而崩，今除之。'"顏師古注："罪之重者戮及三族，過誤之語以爲妖言，今謂重酷，皆除之。"③《漢書·文帝紀》："今法有誹謗訞言之罪，是使衆臣不敢盡情，而上無由聞過失也。"顏師古注："訞與妖同。"④ 顏師古"過誤之語以爲妖言"恐怕未得要解，妖言主要指反常怪異且危害國家安全之辭。

行訞律：有關傳播訞言的法律。"以行訞律論之"之後，嶽麓秦簡整理小組原標點爲逗號，今改爲句號。

【4】□

[整理小組注]

□：疑是"安"。⑤

[疏證]

此處"□"，諸家多有討論，或釋"安"，或釋"冥"，或釋"索"，或釋"官"。齊繼偉、溫俊萍在對其比較分析的基礎上，釋作"冣（聚）"，意思是"未聚衆傳惑妖言者，因傳惑範圍小、程度輕，可以減死徙邊，即令文所謂'徙洞庭，洞庭處多田所'"。⑥這些説法目前都未有確證，只能算可備一説。

【5】洞庭

[整理小組注]

洞庭：前一"洞庭"指洞庭郡，此處是洞庭守的省略。參見本組0921簡。⑦

---

① 陳松長主編：《嶽麓書院藏秦簡（伍）》，第73頁。
② 司馬遷：《史記》（點校本二十四史修訂本），中華書局2013年版，第10分冊，第3720—3721頁。
③ 班固：《漢書》，中華書局1962年版，第1分冊，第96頁。
④ 同上注，第118頁。
⑤ 陳松長主編：《嶽麓書院藏秦簡（伍）》，第73頁。
⑥ 齊繼偉、溫俊萍：《秦漢"妖言"再認識——基於嶽麓簡"以不反爲反"令的考察》，《簡帛研究二〇二〇（春夏卷）》，第136、149頁。
⑦ 陳松長主編：《嶽麓書院藏秦簡（伍）》，第74頁。

［疏證］

嶽麓秦簡整理小組注所謂"本組0921簡"，即《嶽麓伍》簡016"【妻】子、同產、舍人及子已傅嫁者，已論輪〈輸〉其完城旦舂洞庭，洞庭守處難亡所苦作，謹將司，令終身"。① 前一個"洞庭"指的是地域，後一個"洞庭"指的是管理該地的郡府。

【6】處

［整理小組注］

處：或爲"均處"之省。參見本組0898簡"均處"。②

［疏證］

嶽麓秦簡整理小組注所謂"本組0898簡"，即《嶽麓伍》簡017"毋得免赦，皆盜戒（械）膠致桎傳之。其爲士五（伍）、庶人者，處蒼梧，蒼梧守均處少人所，疑亡者，戒（械）膠致桎傳"。③

處：安置，安排。《國語·魯語下》："昔聖王之處民也，擇瘠土而處之。"④ 均處：合理安排。

【7】多田所

［整理小組注］

多田所：即田地比較多的地方。可與本組0898簡"少人所"、0921簡"難亡所"一併參看。⑤

簡文大意

自今以來，有散布謠言，把沒有謀反的説成謀反者，按照行訛律論處。如有不……者，遷往洞庭郡，洞庭郡有關部門把這些遷徙犯人合理安排到農田比較多的地方。

簡1029＋1028＋0960＋0921＋0898＋1111（013—018）：

●叚（假）正夫言[1]：得近〈從〉人[2]故趙將軍樂突弟∟[3]、舍人詔[4]等廿四人，皆當完爲城旦，輸巴縣鹽[5]。請[6]：論輪〈輸〉[7]詔等013【廿四人，

---

① 陳松長主編：《嶽麓書院藏秦簡（伍）》，第44頁。
② 同上注，第74頁。
③ 同上注，第44頁。
④ 上海師範大學古籍整理組校點：《國語》，上海古籍出版社1978年版，上册，第205頁。
⑤ 陳松長主編：《嶽麓書院藏秦簡（伍）》，第74頁。

故】代、齊[8]從人之妻、子[9]、同產、舍人及其子已傅、嫁[10]者,比故魏、荆[11]從人。·御史言:巴縣鹽多人[12],請014令夫輪〈輸〉詔【等廿四人,故】代[代][13]、齊從人之妻、子、同產、舍人及其子已傅、嫁不當收[14]者,比故魏、荆從人之015【妻】、子、同產、舍人及子已傅、嫁[15]者𠃊,已論[16],輪〈輸〉其完城旦舂洞庭,洞庭守處難亡所[17]苦作,謹將司[18],令終身016毋得免赦,皆盜戒(械)膠致桎[19]傳[20]之。其爲士五(伍)、庶人者,處蒼梧,蒼梧守均處[21]少人所[22]。疑亡者[23],戒(械)膠致桎傳017之[24]。其夫、妻、子欲與[25],皆許之𠃊。有等比[26]。 ·十五018。

【1】正夫言

[整理小組注]

叚(假)正夫:叚(假),代理。正,疑爲廷尉正。夫,人名。①

[疏證]

言:此處指一種文書體裁,即下級對上級的呈文。秦漢律令簡中某某官吏"言",如"御史言""丞相言""守言"等等,多屬於此類情況,即臣下對君主的呈文。

【2】近(從)人

[整理小組注]

近(從)人:從這組簡文看,從人的來源都出自故六國,其身份特殊,"級别較高",不是普通的夥同從犯,這種特殊的犯人應該是文獻中所説的主張合縱抗秦之人。②

[疏證]

嶽麓秦簡整理小組認爲此"從人",爲"合縱抗秦之人",從上下文意看,甚是。可參看李洪財的相關論述。③溫俊萍曰:"'得從人故趙將軍樂突弟及舍人'中的'從人'是指'故趙將軍樂突'而不是指'弟及舍人詔等廿四人'。如是,將'從人故趙將軍樂突'理解爲主張合縱抗秦之人或是追隨國君抗秦之人似都説得通。"④其説可從。其實,正如研究者所言,所謂的"從人"有廣義和狹義之分。狹義的從人指那些合縱抗秦的六國貴族,或者説那些具有領導作用的人,廣義的從人則包括他們的追隨者。嶽麓簡此處的從人,就上下文文義而言,狹義的理解更合適一些。

吳方基把嶽麓秦簡此處的"從人"與《嶽麓肆》簡152《繇律》中的"從户"及里耶秦簡中的"從户"聯繫起來,認爲"從户"就是"從人"有户籍者,也就是説"從人"是被立爲

---

① 陳松長主編:《嶽麓書院藏秦簡(伍)》,第74頁。
② 同上注。
③ 李洪財:《秦簡牘"從人"考》,《文物》2016年第12期,第65—71頁。
④ 溫俊萍:《嶽麓秦簡所見"從反者"發覆》,《簡帛研究二〇二一(春夏卷)》,廣西師範大學出版社2021年版,第206頁。

一種特殊的户籍進行管理的。但這中間也是有需要進一步驗證的問題的,因爲他關於"從人"立户爲"從户"並没有直接的證據,也是建立在推測基礎上的,還需要進一步驗證。①

孟峰則把"從人""從反者"之"從"理解爲"隨從""跟從"之"從",他認爲"從人""從反者"並非"六國合縱抗秦之貴族","而是秦占領東方六國某一地之後反叛貴族的家吏、舍人。秦簡牘中的'從人'這一歷史身份是秦統一戰爭的產物"。這些人當然都屬於跟從主人反叛抵抗秦人占領者的"從人"。②儘管反秦貴族的追隨者也屬於反秦人群的一員,我們認爲嶽麓秦簡此處的"從人"在此處理解爲一個專有名詞爲宜,也就是反秦之人。

【3】樂突弟

[整理小組注]

樂突:人名,史籍無載,據此簡可知其爲戰國時趙將。《史記·樂毅列傳》記載,樂毅自燕降趙,後燕趙失和開戰,其子樂閒與樂閒同宗樂乘也都降趙。秦滅趙二十多年後,劉邦過趙時曾打聽樂毅後人,當時尚有樂毅之孫樂叔,樂氏族人有樂瑕公、樂臣公,未見有樂突的記載。此簡或可補樂毅族氏記載之缺。③

[疏證]

"樂突弟"之後的鈎識號,在此起到頓號的作用。周海鋒曰:"鈎識號的一大功用與頓號相當,出現在幾個並列的事物之間,以便於閲讀,防止誤解。""'趙將軍樂突弟舍人裪等廿四人'若不用鈎識號分開,則會有另一種理解,即廿四人均爲樂突弟之舍人。"④

"樂突弟"之"弟",學界一般理解爲親屬稱謂"兄弟"之"弟",但孟峰則理解爲"弟子"之"弟",並舉《嶽麓肆》簡211"人屬弟"爲例,亦可備一説。⑤

【4】舍人裪

[整理小組注]

舍人裪:舍人,戰國及漢初王國貴人私門之官。《史記·廉頗藺相如列傳》:"藺相如者,趙人也。爲趙宦者令繆賢舍人。"裪,人名。這裏的舍人裪當爲故趙將軍樂突的私官。⑥

[疏證]

舍人不一定是私門之官,有時只是一種依附人口。

"近〈從〉人故趙將軍樂突弟舍人裪等"有多種讀法。

一、嶽麓秦簡整理小組的讀法。"從人"指"故趙將軍樂突",這句話的理解之一是"從人故趙將軍樂突"的弟弟和"從人故趙將軍樂突"的舍人裪等;理解之二是"從人故

---

① 吴方基:《新出秦簡所見"從户"考》,《出土文獻研究》第20輯,中西書局2021年版,第251—259頁。
② 孟峰:《秦簡牘"從人"考論》,《史學月刊》2021年第4期,第20—21頁。
③ 陳松長主編:《嶽麓書院藏秦簡(伍)》,第74頁。
④ 周海鋒:《秦律令文本形態淺析》,《簡帛》第23輯,上海古籍出版社2021年版,第179、180頁。
⑤ 孟峰:《秦簡牘"從人"考論》,《史學月刊》2021年第4期,第20—21頁。
⑥ 陳松長主編:《嶽麓書院藏秦簡(伍)》,第74頁。

趙將軍樂突"的弟弟和他弟弟的舍人詔等。

二、"從人"指的不是"故趙將軍樂突",而是他的兄弟,即"故趙將軍樂突弟",當然還有"故趙將軍樂突弟"的舍人詔等。

三、"從人"指的是"故趙將軍樂突弟的舍人名字叫詔等"。"故趙將軍樂突弟"是"舍人詔"的歸屬身份。這種理解並非不可能,因爲下文在提到對這批人的進一步處理意見時,御史說的是"請令夫輪〈輸〉詔等"云云,首先提到的名字就是"詔",說明"詔"很有可能是這批人中的領頭人。如果"樂突弟"是這批人中身份最高者的話,在御史的上奏文書中應該提到的是"樂突弟"才是。即使按照上引孟峰的觀點,把"弟"理解爲弟子,①在這裏也講得通。《嶽麓伍》簡041—042"學書吏所年未盈十五歲者不爲舍人",②這說明學書的弟子年十五歲及以上者是可以做吏的舍人的。所以"故趙將軍樂突弟舍人詔等"亦可以理解爲"作爲故趙將軍樂突弟子的舍人詔等"。

【5】輸巴縣鹽

[疏證]

輸巴縣鹽:輸往巴縣鹽礦勞作。鹽:此處爲動詞,在鹽礦勞作。"輸巴縣鹽"正是刑徒"輸作"的一種具體情況。參看本書簡009—011"疏證"【5】。

這裏提到的"巴縣",嶽麓秦簡整理小組無注。楊振紅從鄒水傑之說,理解爲"巴郡的縣"。她在文章頁下注中說:"鄒水傑先生提示,此處的'巴縣'當指巴郡之縣。張家山漢簡《奏讞書》案例十八《南郡卒史蓋廬、摯田、叚(假)卒史鵰復攸庫等獄簿》中,'蒼梧守竈、尉徒唯'表明當時蒼梧爲郡,但文中有'蒼梧縣反者'(張家山二四七號漢墓竹簡整理小組:《張家山漢墓竹簡〔二四七號墓〕:釋文修訂本》,北京:文物出版社2006年,第103頁),應指蒼梧郡下之縣。此處的'巴縣'用法同。按:其說可從。秦時未見'巴縣'的縣名。據《晋書》卷一二〇《李特載記》:漢高祖'更名其地爲巴郡。土有鹽鐵丹鬃之饒,俗性剽勇,又善歌舞'(北京:中華書局,1974年,第3022頁)。《漢書》卷二八下《地理志下》載巴郡屬縣有朐忍,顏師古注:'朐忍,容毋水所出,南〔入江〕。有橘官、鹽官。'(北京:中華書局,1962年,第1603頁)簡文中的'巴縣鹽'當指此地。"③

需要注意的是,嶽麓簡中還多次提到"蜀巴"地名,鄒水傑以爲是"蜀巴郡",並且強調"蜀巴"是正式法律用語。④如果真是這樣,再把此時的"巴縣"之"巴"理解成"巴郡",那麼它與"蜀巴郡"名稱之間的關係如何,其中矛盾之處恐怕還需要進一步探討。鄒水傑推測說:"從時間的維度分析,可能秦時存在'蜀郡'與'蜀巴郡'這種歷時態的郡名稱謂和轄區的變化,即秦早先祇在征服的蜀地置蜀郡,後來由於秦滅巴國,在羈縻統治一段時間後,漸將巴地納入郡縣體制,但並未獨立設置巴郡,而是將巴地劃入

---

① 孟峰:《秦簡牘"從人"考論》,《史學月刊》2021年第4期,第20—21頁。
② 陳松長主編:《嶽麓書院藏秦簡(伍)》,第52頁。
③ 楊振紅:《秦"從人"簡與戰國秦漢時期的"合從"》,《文史哲》2020年第3期,第126頁。
④ 鄒水傑:《嶽麓秦簡"蜀巴郡"考》,《簡帛研究二〇一八(秋冬卷)》,廣西師範大學出版社2019年版,第124頁。

蜀郡,將郡名改成'蜀巴郡'。這個改變的時間可能已是統一前夕。"① 嶽麓簡中提到輸送刑徒到鹽礦勞作時,基本上都是"巴縣",而不稱"蜀巴縣",恐怕也不是偶然的。這一方面固然反映了當時巴蜀地區的鹽業生產主要集中在巴地,另一方面也值得我們以此爲切入點,進一步探討或驗證所謂的"蜀巴郡"是否真的存在過。參見下文簡033"蜀巴"疏證。

另外,巴地產鹽由來已久,傳說可追溯至夏商以前。到戰國時期,秦楚之間爲爭奪巴鹽,屢次發生大戰,最終以秦人取勝而告終。② 嶽麓秦簡記載秦多次輸罪人於巴縣鹽,可見其對巴鹽的重視。

【6】請

[疏證]

請:請示,此處亦指一種文書體裁,指下級提出處理意見或建議,請求上級主管部門批復。下級部門提出的處理意見或建議,經過上級部門,乃至皇帝的批准之後,有時甚至從此成爲法律法令,對以後的工作起到規範指導作用。如《嶽麓肆》簡308—312載:"制詔丞相、御史:兵事畢矣,諸當得購賞貰責(債)者,令縣皆亟予之。令到縣,縣各盡以見(現)錢不禁者,勿令巨皋。令縣皆亟予之。丞相御史請:令到縣,縣各盡以見錢不禁者皆亟予之,不足,各請其屬所執灋,執灋調均;不足,乃請御史,請以禁錢貸之,以所貸多少爲償,久易(易)期,有錢弗予,過一月,貲二甲。内史郡二千石官共令。第戊。"③

楊振紅不贊同嶽麓秦簡整理小組在"請"與"論輸"之間以冒號斷開的做法,認爲不宜斷,說:"'請論'是秦漢時期法律術語。秦漢律規定,重大案件或罪犯身份較高的場合,治獄官吏在作出'當'的判斷後,需'上請',向上級部門提出'請論'建議。"④ "請""論"分開,確實都是秦漢時期的常用法律術語,但"請論"合起來就未必是了。其實,在她隨後舉出的例子中並沒有出現"請論"連讀並稱的情況。而且不論是傳世文獻還是出土文獻,秦漢官文書中有事上請的情況很多,不僅僅限於司法,"請"在這種情況下是一個專門表示特定程序的術語,必須單獨表述。整理小組對於這種情況的斷句倒是比較統一,一般都以冒號斷開,我們覺得還是較爲恰當的。

【7】論輸〈輸〉

[整理小組注]

論輸:《文選·任昉〈天監三年策秀才文〉之三》:"睢眦有違,論輸左校。"李善注:"論輸,謂論其罪而輸作也。"⑤

---

① 鄒水傑:《嶽麓秦簡"蜀巴郡"考》,《簡帛研究二○一八(秋冬卷)》,第124頁。
② 王子今:《戰國秦漢"鹽神"記憶》,《鹽業史研究》2020年第3期,第3—10頁。
③ 朱紅林:《〈嶽麓書院藏秦簡(肆)〉疏證》,第340頁。
④ 楊振紅:《秦"從人"簡與戰國秦漢時期的"合從"》,《文史哲》2020年第3期,第126頁。
⑤ 陳松長主編:《嶽麓書院藏秦簡(伍)》,第74頁。

【8】代、齊

[整理小組注]

代、齊:趙國被秦滅了以後,趙悼襄王之子趙嘉逃入代郡,自封爲代王,建立代國。簡中的"代"當是指此代國。公元前222年,秦將王賁滅代國,俘獲趙嘉,秦在此設"代郡"。齊,指故東方六國之齊國。①

【9】妻、子

[疏證]

妻、子:妻與子女。嶽麓秦簡整理小組原把"妻子"連讀,今從吳雪飛、楊振紅説,以頓號斷開。楊振紅曰:"整理者將'妻子'連讀,吳雪飛以頓號斷開,可從。秦漢時期的'妻子'均指'妻'與'子'兩者,特别是後文中有'其子已傅、嫁者',可知這裏的'子'指從人之未傅、未嫁的子女,故應以頓號斷開。"②下同。

【10】其子已傅、嫁

[整理小組注]

其子已傅嫁:子,當指的是子女。傅,指傅籍,此處用作動詞。嫁,指出嫁。③

[疏證]

傅:陳曼曼認爲從簡文看當釋作"傳",爲"傅"之訛誤,"釋文中處理爲傳〈傅〉比較恰當",可備一説。④

另外,嶽麓秦簡整理小組把"傅嫁"連讀,而吳雪飛、陳運影、楊振紅等,以頓號斷開。⑤今從後一種觀點,文中三處"傅嫁"皆以頓號分爲二事。不論是"傅嫁"連讀,還是分爲二事,其中都有一個共同的問題需要弄清楚。那就是女子已經出嫁,不受娘家人犯罪問題連坐,這還好理解,而男子即使已經傅籍,只要不單獨立户,同户之人犯罪,還是要受連坐的。因此,傅籍在指男子時,應當是指已經單獨成家立户的兒子。至於女子,據睡虎地秦簡的記載,即使没有傅籍,只要結婚時在官府登記過,其婚姻就會得到法律的認可。《法律答問》簡166:"女子甲爲人妻,去亡,得及自出,小未盈六尺,當論不當?已官,當論;未官,不當論。"⑥"小未盈六尺",就是指女子未達到傅籍身高標准,在《法律答問》的表述中指未達到成人結婚的年齡標准。這就是説,女子未達到傅籍年齡時,也是有可能出嫁結婚的。這表明了法律條文規定是一回事,具體實踐過程中

---

① 陳松長主編:《嶽麓書院藏秦簡(伍)》,第74頁。
② 楊振紅:《秦"從人"簡與戰國秦漢時期的"合從"》,《文史哲》2020年第3期,第126頁。
③ 陳松長主編:《嶽麓書院藏秦簡(伍)》,第74頁。
④ 陳曼曼:《讀〈嶽麓書院藏秦簡(伍)〉筆記六則》,武漢大學簡帛網2018年8月16日。
⑤ 吳雪飛:《〈嶽麓簡伍〉所見"從人"考》,武漢大學簡帛網2018年4月13日。陳運影:《〈嶽麓書院藏秦簡(伍)〉第一組集釋及相關問題研究》,第17頁。
⑥ 睡虎地秦墓竹簡整理小組編:《睡虎地秦墓竹簡》,釋文部分第132頁。

還是有所偏差的。

【11】魏、荆

　　[整理小組注]

　　魏、荆：荆即楚,此處魏、荆指已滅亡的東方六國之魏國和楚國。①

【12】多人

　　[疏證]

　　多人：人過多。多：過多。《儀禮·聘禮》："多貨則傷於德。"楊天宇注："貨,據鄭《注》,謂玉,以爲君子是用玉來象徵德,玉過多,則是重貨而敗德。"②

【13】代[代]

　　[整理小組注]

　　原簡代、齊之間有一重文號,按照上下文的重複內容比照,這裏應該是表示間斷的鉤識符號,疑此重文號爲鉤識符號筆誤或衍文。③

【14】已傅、嫁不當收

　　[整理小組注]

　　收：即没入官府,張家山漢簡《二年律令·收律》175簡："罪人完城旦舂、鬼薪以上,及坐奸府(腐)者,皆收其妻、子、財、田宅。"④

　　[疏證]

　　已傅、嫁不當收：指女子已經傅籍成人並出嫁,不應當再受父母家的連坐而被没入官府。

【15】子、同產、舍人及子已傅、嫁

　　[整理小組注]

　　此處至簡首僅見右半邊,根據前1028簡內容和文意補充。⑤

【16】已論

　　[疏證]

　　已論：已經判決。嶽麓秦簡整理小組原把"已論"與下文"輪〈輸〉其完城旦洞庭"

---

① 陳松長主編：《嶽麓書院藏秦簡(伍)》,第74頁。
② 楊天宇：《儀禮譯注》,上海古籍出版社1994年版,第410頁。
③ 陳松長主編：《嶽麓書院藏秦簡(伍)》,第74頁。
④ 同上注。
⑤ 同上注。

連讀,今從陳偉説以逗號斷開。①

【17】處難亡所

[疏證]

處難亡所:安排在難以逃離的地方。

【18】將司

[整理小組注]

將司:監管。②

[疏證]

"將司"一詞,睡虎地秦簡中常見,即"監管"之意。如《秦律十八種》簡134–135《司空律》:"鬼薪白粲,羣下吏毋耐者,人奴妾居贖貲責(債)於城旦,皆赤其衣,枸櫝欙杕,將司之;其或亡之,有罪。葆子以上居贖刑以上到贖死,居於官府,皆勿將司。"③《秦律十八種》簡147《司空律》:"仗城旦勿將司;其名將司者,將司之。"④《法律答問》簡125:"將司人而亡,能自捕及親所智(知)爲捕,除毋(無)罪;已刑者處隱官。"⑤

【19】盜戒(械)膠致桎

[整理小組注]

盜戒(械)膠致桎:《漢書·惠帝紀》:"爵五大夫、吏六百石以上及宦皇帝而知名者有罪當盜械者,皆頌繫。"顔師古注:"盜械者,凡有罪著械皆得稱焉。"盜械,即是因爲犯罪而帶上刑具。《里耶秦簡》8-532中有"解盜戒(械)"。膠致,猶同密封。《史記·張耳陳餘列傳》:"乃轞車膠致,與王詣長安。"張守節《正義》:"謂其車上著板,四周如檻形,膠密不得開,送致京師也。"桎,拘繫犯人兩脚的刑具。⑥

【20】傅

[疏證]

傅:陳偉認爲簡13–18中提到的兩處"傳"字均爲"傅"之誤寫,意爲穿戴囚衣、刑具。⑦其説可從。

---

① 陳偉:《〈嶽麓書院藏秦簡(伍)〉校釋》,《出土文獻與法律史研究》第7輯,第2頁。
② 陳松長主編:《嶽麓書院藏秦簡(伍)》,第74頁。
③ 睡虎地秦墓竹簡整理小組編:《睡虎地秦墓竹簡》,釋文部分第51頁。
④ 同上注,釋文部分第53頁。
⑤ 同上注,釋文部分第123頁。
⑥ 陳松長主編:《嶽麓書院藏秦簡(伍)》,第74頁。
⑦ 陳偉:《〈嶽麓書院藏秦簡(伍)〉校釋》,《出土文獻與法律史研究》第7輯,第3頁。

【21】均處

　[整理小組注]

　　均處：均，均匀。處，處置、安置。①

　[疏證]

　　均：協調，調節。《詩·小雅·皇皇者華》："我馬維駰，六轡既均。"毛傳："均，調也。"② 均處：合理安置。

【22】少人所

　[疏證]

　　少人所：人煙稀少的地方。"少人所"之後，嶽麓秦簡整理小組原標點爲逗號，今改爲句號。

【23】疑亡者

　[疏證]

　　疑亡者：被懷疑有可能逃亡的人。

【24】戒（械）膠致桎傳之

　[疏證]

　　戒（械）膠致桎傳之："戒（械）膠致桎傳之"之後，嶽麓秦簡整理小組原標點爲逗號，今改爲句號。

【25】其夫、妻、子欲與

　[疏證]

　　其夫、妻、子欲與：嶽麓秦簡整理小組原把"夫妻子"連讀，今以頓號斷開。與：與被"論輸者"一同前往。

【26】有等比

　[疏證]

　　有等比：又作"它有等比"，大意當爲類似情況參照處理。等：齊同也。《說文·竹部》："等，齊簡也。"段玉裁注："齊簡者，疊簡冊齊之，如今人整齊書籍也。引伸爲凡齊之偁，凡物齊之，則高下歷歷可見，故曰等級。"③ 比：例也。《漢書·食貨志》："農民户人已

---

① 陳松長主編：《嶽麓書院藏秦簡（伍）》，第74頁。
② 孔穎達：《毛詩注疏》，上海古籍出版社2013年版，中册，第805頁。
③ 段玉裁：《說文解字注》，鳳凰出版社2007年版，第339頁。

受田,其家衆男爲餘夫,亦以口受田如比。"顔師古注:"比,例也。"①

簡文大意

代理廷尉正夫奏言:抓獲從人故趙將軍樂突的兄弟、舍人衵等二十四人,都判處完爲城旦,輸作巴縣鹽官。請示:判處輸作衵等二十四人,故代、齊從人的妻子、同產、舍人以及他們的子女已經傅籍、婚嫁者,比照故魏、荆等地的從人論處。御史奏言:巴縣鹽官勞動力已經很多了,請下令輸作的衵等二十四人,故代、齊從人之妻子、同產、舍人以及其子女已經傅籍、婚嫁不當被連坐没收入官者,比照故魏、荆從人的妻子、同產、舍人以及子女已傅籍、婚嫁者的情況同樣論處,判處之後,輸作到洞庭郡的刑徒,洞庭郡守要把他們安排在難以逃亡的地方進行艱苦的勞作,謹慎監管,規定終身不得赦免,都要戴上刑具。那些身份爲士伍、庶人的人被遷徙至蒼梧,蒼梧郡守要把他們有計劃地分配到蒼梧郡人口稀少的地方,那些有可能逃亡的人,要帶上刑具,如果他(她)們妻子、丈夫及子女願意和他們一塊去的,都允許。其他類似情況同樣論處。 十五。

簡1021+1019+1016+1122+0965+0961+2053+2050+1119+0897+1112+1038(019—029):

●諸治從人者,具書[1]未得者名、族[2]、年、長、物色[3]、疵瑕[4],移讞[5]縣道,縣道官謹以讞窮求,得,輒以智巧譖(潛)019訊[6]。其所智(知)從人、從人屬、舍人[7],未得而不在讞中者,以益讞求[8],皆捕論之╚。敢有挾舍匿[9]者,皆與同辠。020同居、室人、典、老[10]、伍人見其挾舍匿之,及雖弗見╚,人或告之而弗捕告,皆與挾舍匿同辠。其弗021見及人莫告,同居、室人,辠減焉一等╚[11],典、老、伍人皆贖耐╚[12]。挾舍匿者人奴婢殹(也)[13],其主[14]坐之如典、老022、伍人╚。所求在其縣道官畛中而脱[15],不得,後發覺,鄉官嗇夫[16]、吏[17]及丞、令、令史主者,皆以論獄失023辠人律論之╚[18];執灋、執灋丞、卒史[19]主者,辠減焉一等[20]。當坐者或偏捕告[21],其所當坐者皆相除[22]。

或能024捕若訟告從人、從人屬、舍人及挾舍匿者,死辠一人若城旦舂、鬼

---

① 班固:《漢書》,第1119—1120頁。

薪白粲皁二人,購錢五千┕;捕城旦舂025、【鬼薪白粲皁一人若毄(遷)耐皁二人】[23],購錢二千五百┕;捕毄(遷)耐皁一人,購錢千二百。皆先予,毋以次[24]。・從人026之屬、□[25]人或能相[26]捕,捕從人死皁一人若城旦舂、鬼薪白粲皁二人者,除其皁[27]以爲庶人┕。捕城旦舂027、鬼薪白粲皁一人若毄(遷)耐皁二人,皆減其皁一等┕。

謹布令,令黔首、吏、官徒隸、奴婢明智(知)之,毋028巨(詎)皁[28]。・十五029。

【1】具書

[整理小組注]

具書:詳細記録。①

【2】名、族

[整理小組注]

名族:名字和族氏。《戰國策・秦策二》:"昔者曾子處費,費人有與曾子同名族者而殺人。"高誘注:"名,字。族,姓。"或將名族斷讀。②

[疏證]

名、族:"名""族"在此處當斷讀爲宜,嶽麓秦簡整理小組或説是有道理的。

【3】物色

[整理小組注]

物色:形狀、形貌。《後漢書・嚴光傳》:"乃令以物色訪之。"③

[疏證]

物色:形貌、膚色。《漢語大字典》:"物,形色。《周禮・春官・保章氏》:'以五雲之物,辨吉凶水旱降豐荒之祲象。'鄭玄注:'物,色也。視日旁雲氣之色……知水旱所下之國。'孫詒讓正義:'凡物各有形色,故天之雲色,地之土色,牲之毛色,通謂之物。'《左傳・僖公五年》:'公既視朔,遂登觀台以望,而書,禮也。凡分、至、啓、閉,必書雲物,爲備故也。'杜預注:'雲物,氣色災變也。'"④

里耶秦簡中的追逃簡、户籍簡有關於人口膚色、身高等方面的記載,可以解釋"物色"之含義。

---

① 陳松長主編:《嶽麓書院藏秦簡(伍)》,第75頁。
② 同上注。
③ 同上注。
④ 漢語大字典編輯委員會編纂:《漢語大字典(第2版)》,崇文書局、四川辭書出版社2010年版,第2118頁。

簡8-439+8-519+8-537:"廿五年九月己丑,將奔命校長周爰書:敦長買、什長嘉皆告曰:徒士五(伍)右里繚可,行到零陽廡谿橋亡,不智(知)□□□。繚可年可廿五歲,長可六尺八寸,赤色,多髮,未產須,衣絡袍一、絡單胡衣一、操具弩二、絲弦四、矢二百、鉅劍一、米一石□。"

簡8-534:"□□言爲人白皙色,隋,惡髮須,長可七尺三寸,年可六十四。□燕,今不智(知)死產、存所,毋内孫。"

簡8-550:"嬃晳色,长二尺五寸,年五月,典和占。浮晳色,长六尺六寸,年卅歲,典和占。"

簡8-894:"故邯鄲韓審里大男子吳騷,爲人黄皙色,隋(橢)面,長七尺三寸□。年至今可六十三、四歲,行到端,毋它疵瑕,不智(知)衣服、死產、在所□。"

簡8-988:"遷陵獄佐士五(伍)朐忍成都謝,長七尺二寸,年廿八歲,白皙色。舍人令佐取占。"①

【4】疵瑕

[整理小組注]

疵瑕:指所蒐捕通緝從人者之特徵。張家山漢簡《二年律令·津關令》498簡:"詣入傳,郡、縣、里、年、長、物色、疵瑕見外者及馬職(識)物關舍人占者,津關謹閱,出入之。"②

[疏證]

疵瑕:這裏指人身上所生長的不美觀,乃至於畸形的體貌特徵。睡虎地秦簡《日書甲種·盗者》簡69背曰:"疵在耳。"王子今疏證:

劉樂賢按:"本篇'疵在某'習見,《説文》:'疵,病也。'"今按:這裏所謂"疵在某",不是一般的病,應是比較顯著的外貌體徵,如黑斑、痣、胎記、贅疣等。《廣韻·支韻》:"疵,黑病。"余巖《古代疾病名候疏義·爾雅病疏》:"(疵)蓋今之母斑也。"《晋書·后妃傳上·惠賈皇后》:"(后)見一婦人,年可三十五六,短形青黑色,眉後有疵。"《淮南子·氾論》:"目中有疵,不害於視。"高誘注:"疵,贅。"本篇可見:子,"疵在耳";丑,"疵在目";寅,"疵在辟(臂)";卯,"疵在鼻";辰,"要(腰)有疵";巳,"疵在足";午,"疵在肩";酉,"疵在面";戌,"疵在頰";亥,"疵在絮(要,腰)"。③

其説甚是。

---

① 陳偉主編:《里耶秦簡牘校釋(第1卷)》,武漢大學出版社2012年版,第149、176、178、244、257頁。
② 陳松長主編:《嶽麓書院藏秦簡(伍)》,第75頁。
③ 王子今:《睡虎地秦簡〈日書〉甲種疏證》,湖北教育出版社2003年版,第451–452頁。

【5】移讇

［整理小組注］

讇：見《廣雅·釋詁三》，"讇，求也"。睡虎地秦簡《封診式》有"以書讇首"（三六）。此處"讇"作名詞，應指記錄所蒐捕從人之姓名、族氏、年齡、身高、形貌、特徵的一種通緝文書。①

［疏證］

移讇：下發或傳遞追捕文書。移：一般指同級別部門之間的公文傳遞。睡虎地秦簡《語書》簡13："發書，移書曹，曹莫受，以告府，府令曹畫之。"整理小組注："移書，致送文書，戰國末至秦漢時習語，如《韓非子·存韓》：'二國事畢，則韓可以移書定也。'"②《秦律十八種》簡44《倉律》："宦者、都官吏、都官人有事上爲將，令縣貣（貸）之，輒移其稟縣，稟縣以減其稟。已稟者，移居縣責之。"整理小組注："移，即移書，致送文書。"③

【6】得，輒以智巧譖（潛）訊

［整理小組注］

譖（潛）訊：譖通潛，《嶽麓書院藏秦簡（叁）》0329-1中解作"探測、探索"義。潛訊，爲了探索信息而盤問，探聽某方面的信息。《爾雅·釋言》："潛，深也。潛、深，測也。"《說文·水部》："測，深所至也。"可知潛也有深入意思，依此"潛訊"或有深究詳細盤問之意。④

［疏證］

得，輒以智巧譖（潛）訊：嶽麓秦簡整理小組原標點作"得輒以智巧譖（潛）訊"，"得"與"輒以智巧譖（潛）訊"連讀，今改作"得，輒以智巧譖（潛）訊"，意思是說"抓住從人之後，立即以巧妙的方法詳細審問"。得：抓獲。譖訊：案件偵訊過程中的常用語，當如整理者所說，意思是深入盤問探究。張家山漢簡《奏讞書》簡153："乃以智巧令脩（攸）誘召冣（聚）城中，譖（潛）訊傅先後以別，捕毄（繫）戰北者。"⑤可參考。

【7】從人、從人屬、舍人

［疏證］

温俊萍曰："'從人屬'，吳雪飛先生認爲是'從人之妻、子、同產'，有一定道理。'家吏'作爲家中管事的私吏，或也是廣義上的'從人屬'。令文將從人、從人屬、舍人三者並列提及，可見從人與舍人並不是包含與被包含的關係；又'從人'多有族屬，且擁有家

---

① 陳松長主編：《嶽麓書院藏秦簡（伍）》，第75頁。
② 睡虎地秦墓竹簡整理小組編：《睡虎地秦墓竹簡》，釋文部分第16頁。
③ 同上注，釋文部分第31頁。
④ 陳松長主編：《嶽麓書院藏秦簡（伍）》，第75頁。
⑤ 彭浩、陳偉、［日］工藤元男主編：《二年律令與奏讞書——張家山二四七號漢墓出土法律文獻釋讀》，上海古籍出版社2007年版，第365頁。

吏、舍人，其地位應比較高，而秦的'舍人'尚未完成由私屬身份向職官身份的轉變，社會地位並不高，也不太可能像從人一樣擁有家吏及舍人，因此舍人應不在從人之列。"① 嶽麓秦簡此處的"從人屬"或許確如吳雪飛所說，爲特指的一部分人，但"舍人"從廣義上說仍屬於"從人"的一部分，或者説廣義上的"從人屬"，這是没有問題的。否則，"舍人"在此就不會被連坐收捕了。具體情況，還是值得進一步探討的。

【8】以益讞求

[整理小組注]

以益讞求：增加到讞中蒐捕。②

[疏證]

以益讞求：這就是説，通過審訊已經被抓獲的從人、從人屬及舍人等，從他們口中得知此前尚未知曉的從人、從人屬及舍人的相關信息，把這些新獲知的人名增加到讞文書的被追捕名單中，然後進一步追捕。

【9】挾舍匿

[整理小組注]

挾舍匿：挾，藏。舍，安置。匿，藏匿。"挾"爲故意隱藏，"舍"爲不知情收留，"匿"爲知情而偷偷隱藏。③

[疏證]

按照嶽麓秦簡整理小組的注釋，"挾"與"匿"含義相重複。不過這個解釋並没有錯。"舍"解釋爲"不知情收留"，也没有問題。至於武漢高校讀簡會所謂"'舍'不能作'不知情收留'解，'不知情'與簡文中'智（知）情而舍之'顯然矛盾"的意見，我們認爲在此並不適用。"舍"字在此的用法，屬於那種"對文則異，散文則通"的情況。"挾舍匿"在此可能爲當時司法活動中的常用語，所以很難細究其具體區别，抓住其大意即可。正如李蓉所説："就整理者所言'故意''知情'或'不知情'實難推測，令文或旨在表明不論知情與否，凡是窩藏從人、從人屬、舍人等犯罪之人，皆以'與同辠'的論處規定（案，當爲'規定論處'之誤）。"④

【10】典、老

[疏證]

嶽麓秦簡整理小組原標點作"典老"，今改作"典、老"，下同。"典"與"老"是兩個角色。《睡虎地秦墓竹簡》中就把"典"與"老"斷讀，如《秦律雜抄》簡32—33："匿敖

---

① 温俊萍：《嶽麓秦簡所見"從反者"發覆》，《簡帛研究二〇二一（春夏卷）》，第206頁。
② 陳松長主編：《嶽麓書院藏秦簡（伍）》，第75頁。
③ 同上注。
④ 李蓉：《〈嶽麓書院藏秦簡（伍）〉集釋及相關專題研究》，第35頁。

童,及占癃(癃)不審,典、老贖耐,百姓不當老,至老時不用請,敢爲酢(詐)僞者,貲二甲;典、老弗告,貲各一甲;伍人,户一盾,皆罷(遷)之。"①《嶽麓肆》也把"典"與"老"斷讀,如《嶽麓肆》簡11—12:"☐☐,鄉部吏貲一甲,占者贖耐,莫占吏數者,贖耐。典、老占數小男子年未盈十八歲及女子,縣、道嗇夫誶,鄉部吏貲一盾,占者貲二甲,莫占吏數者,貲二甲。"②故當以斷讀爲宜。

【11】同居、室人,皋減焉一等

[疏證]

"同居、室人,皋減焉一等"與下文"典、老、伍人皆贖耐"之間,嶽麓秦簡整理小組原標點爲句號,今改爲逗號。因爲二者都屬於因"其弗見及人莫告"而受到的處罰,是並列關係,故二者之間以標點逗號爲宜。

皋減焉一等:意思是說同居、室人如果因不知情而沒有舉報,雖然也要受到連坐的處分,但其責任相比知情不報者而言,要降低一等。焉:代詞,指代知情不報者。

【12】典、老、伍人皆贖耐

[疏證]

"典、老、伍人皆贖耐"與下文"挾舍匿者人奴婢也"之間,整理小組原標點爲逗號,今改爲句號。"其弗見及人莫告,同居、室人,皋減焉一等,典、老、伍人皆贖耐"説的是一種情況,"挾舍匿者人奴婢殹(也),其主坐之如典、老、伍人"説的是另一種情況,故"典、老、伍人皆贖耐"當屬上讀,以句號斷開爲宜。

【13】挾舍匿者人奴婢殹(也)

[疏證]

挾舍匿者人奴婢殹(也):挾舍匿(從人)者如果是私人家的奴婢。

【14】其主

[疏證]

其主:藏匿從人的人奴婢的主人。

【15】脱

[疏證]

脱:逃脱。《漢語大字典》:"逃脱;避免不利環境而離開。《國語·晋語四》:'公懼,乘馹自下,脱會秦伯於王城。'韋昭注:'脱會,遁行潛逃之言也。'《史記·魯周公世家》:

---

① 睡虎地秦墓竹簡整理小組編:《睡虎地秦墓竹簡》,釋文部分第87頁。
② 陳松長主編:《嶽麓書院藏秦簡(肆)》,第42頁。

'桓子詐而得脱。'《漢書·齊悼惠王劉肥傳》:'問知其鴆,乃憂,自以爲不得脱長安。'顔師古注:'脱,免也。言死於長安,不得更至齊國也。'"①

【16】鄉官嗇夫

[疏證]

鄉官嗇夫:當指"鄉部官嗇夫",有可能就是"鄉"後脱"部"字造成的。"鄉部官嗇夫"又稱"鄉部嗇夫"。我們尚未明確的是,"鄉部官嗇夫""鄉部嗇夫"是否就是作爲一鄉之長的"鄉嗇夫"? 鄉級機構中還設有"田嗇夫","田嗇夫"是否也屬於"鄉部官嗇夫"或者"鄉部嗇夫"的範疇? 如果是的話,那麽"鄉部官嗇夫"與"鄉嗇夫"就有所區別了。②同理,"鄉部官嗇夫"就不止一人了。

"鄉部官嗇夫"多次見於張家山漢簡《二年律令》,遺憾的是張家山二四七號漢墓竹簡整理小組都把它們分爲兩個職務,讀作"鄉部、官嗇夫",見於《二年律令》簡5《賊律》、簡201—202《錢律》。整理者同樣把"鄉部田嗇夫"讀作"鄉部、田嗇夫",見於《二年律令》簡322《户律》。③而令人不解的是,整理者却並未把《二年律令》中的"鄉部嗇夫"讀作"鄉部、嗇夫",而是統一作爲一個詞來理解,讀作"鄉部嗇夫",見於《二年律令》簡328—329、334《户律》。④這種情況在後來彭浩、陳偉、工藤元男主編的《二年律令與奏讞書》一書中一仍其舊,並未進行調整。⑤"鄉部嗇夫"一職亦見於《嶽麓伍》簡207,嶽麓秦簡整理者是將其作爲一個詞來處理的。其實"鄉部官嗇夫"與"鄉部嗇夫"實爲一事。

【17】吏

[疏證]

吏:吏主者,指鄉里具體負責此事的吏。下文"令史主者"屬於縣中負責此事的令史,是鄉中"吏主者"的直接上級部門。

【18】以論獄失皋人律論之

[整理小組注]

論獄失皋人:指斷案不得當。睡虎地秦簡《法律答問》33—34:"士五(伍)甲盜,以得時直(值)臧(贓),臧(贓)直(值)過六百六十,吏弗直(值),其獄鞫乃直(值)臧(贓),臧(贓)直(值)百一十,以論耐,問甲及吏可(何)論? 甲當黥爲城旦;吏爲失刑

---

① 漢語大字典編輯委員會編纂:《漢語大字典(第2版)》,第2231—2232頁。
② 武漢高校讀簡會:《〈嶽麓書院藏秦簡(伍)〉研讀記録(四)》,武漢大學簡帛網2018年7月6日。
③ 張家山二四七號漢墓竹簡整理小組編著:《張家山漢墓竹簡〔二四七號墓〕(釋文修訂本)》,第8、35、53頁。
④ 同上注,第54頁。
⑤ 彭浩、陳偉、[日]工藤元男主編:《二年律令與奏讞書——張家山二四七號漢墓出土法律文獻釋讀》,第91、170、220、222、223頁。

罪,或端爲,爲不直。"整理小組注:"失刑,用刑不當。"①

[疏證]

論獄失皋人律:有關論獄失罪人的法律。"以論獄失皋人律論之"之後,嶽麓秦簡整理小組原標點爲句號,今改爲分號。"鄉官嗇夫、吏及丞、令、令史主者,皆以論獄失皋人律論之"與"執灋、執灋丞、卒史主者,皋減焉一等"都是因爲"所求在其縣道官畍中而脫,不得,後發覺"而受的處罰,後者與前者是上下級關係,故兩者之間當以分號斷讀爲宜。

【19】卒史

[整理小組注]

卒史:郡吏。《史記·儒林列傳》:"比百石已下,補郡太守卒史。"《里耶秦簡》8-78有"洞庭叚卒史悍"。②

[疏證]

正因爲"卒史"是郡吏,此處他的主管長官"執灋""執灋丞"定然也是郡級長官。嶽麓秦簡中出現的"執灋"這一職官,多處均可判定爲郡級官員。這是值得注意的。

【20】皋減焉一等

[疏證]

焉:代詞,指代前面的"鄉官嗇夫、吏及丞、令、令史主者"。皋減焉一等:執灋、執灋丞、卒史主者等所承擔的連坐責任,相比"鄉官嗇夫、吏及丞、令、令史主者",減低一等。

"皋減焉一等"之後,嶽麓秦簡整理小組原標點爲逗號,今改爲句號。因爲其後所謂"當坐者或偏捕告"云云,不但是針對執法的各級官吏而言,也包括受連坐的同居、室人、典、老等等,就是說,只要其中有人能夠主動抓捕或舉報犯罪者,同在一起的相連坐者都可以受到赦免。也就是說,"當坐者或偏捕告"是針對前面的整個主體,與之是並列關係,所以當以句號斷開爲宜。

【21】偏捕告

[疏證]

偏捕告:即"徧捕告","偏"同"徧"。張家山漢簡《二年律令》簡2《賊律》:"其坐謀反者,能偏(徧)捕,若先告吏,皆除坐者罪。"《二年律令與奏讞書》注:"今按:'偏(徧)捕'與'頗捕'在律文中多見。'頗捕'指捕得少數或部份,並非全部。偏,訓作遍、盡。《史記·五帝本紀》'徧告以言'《正義》:'徧音遍,言遍告天子治理之言也。'《淮南

---

① 陳松長主編:《嶽麓書院藏秦簡(伍)》,第75頁。
② 同上注。

子·主術訓》'則天下偏爲儒墨矣'注:'偏,猶盡也。'"①其實這種情況下的"偏"理解爲本義更好,即"少數""部分"意。參見簡336"扁(偏)"疏證。

【22】其所當坐者皆相除

[疏證]

其所當坐者皆相除:"其所當坐者皆相除"之後,嶽麓秦簡整理小組原標點爲逗號,今改爲句號。下文"購錢五千""購錢二千五百""購錢千二百"是針對舉報或抓捕這類違法犯罪者所列出的三種賞格,是並列關係,整理小組原在其後皆標點句號,今分別在"購錢五千""購錢二千五百"之後標點分號。

【23】【鬼薪白粲皋一人若䰞(遷)耐皋二人】

[整理小組注]

據下文1112簡文例補。②

[疏證]

嶽麓秦簡整理小組所謂"1112簡",即《嶽麓伍》簡028"鬼薪白粲皋一人若䰞(遷)耐皋二人,皆減其皋一等。謹布令,令黔首、吏、官徒隸、奴婢明智(知)之,毋"。③

【24】皆先予,毋以次

[疏證]

何有祖曰:"而'皆先予,毋以次',強調按照捕罪人時間先後來購賞,不按等次來購賞。"④此解語意難明。因爲即使是按照抓捕犯人的先後來購賞,具體賞金的金額也要根據所抓獲犯人的等次來實施,否則如何發放賞金?

【25】□

[整理小組注]

原簡僅見殘存墨跡,疑似"廿"字,但根據2053+2050簡的內容來判斷,此字應該是"舍"字。⑤

[疏證]

嶽麓秦簡整理小組所謂"2053+2050簡",即《嶽麓伍》簡025"捕若訽告從人、從人屬、舍人及挾舍匿者,死皋一人若城旦舂、鬼薪白粲皋二人,購錢五千。捕城旦舂"。⑥

---

① 彭浩、陳偉、[日]工藤元男主編:《二年律令與奏讞書——張家山二四七號墓出土法律文獻釋讀》,第90頁。
② 陳松長主編:《嶽麓書院藏秦簡(伍)》,第75頁。
③ 同上注,第48頁。
④ 何有祖:《〈荆州胡家草場西漢簡牘選粹〉讀後記》,《簡帛》第23輯,上海古籍出版社2021年版,第12頁。
⑤ 陳松長主編:《嶽麓書院藏秦簡(伍)》,第75頁。
⑥ 同上注,第47頁。

【26】相

［疏證］

相：嶽麓秦簡整理小組原釋作"枸（拘）"，今從武大讀簡會改釋作"相"。① 相捕：一般指犯罪嫌疑人出於自首或自告的原因而主動抓捕同伙。

【27】除其辠

［疏證］

除其辠：免除其本應受的處罰。其辠：指前文所謂的"從人、從人屬、舍人及挾舍匿者"之類的人，他們如能舉報或抓捕同伙立功，將視功勞大小給予免除或減輕其原本應受的處罰。下文"減其辠"與此同義。

【28】毋巨（詎）辠

［疏證］

毋巨（詎）辠：陷於罪過。亦見於睡虎地秦簡《語書》簡5："令吏民皆明智（知）之，毋巨（詎）於罪。"與此處嶽麓簡"令黔首、吏、官徒隸、奴婢明智（知）之，毋巨（詎）辠"的句式完全相同。睡虎地秦簡整理小組注："詎，至。罪，原作辠，《說文》：'秦以辠似皇字，改爲罪。'但秦簡和會稽刻石都仍寫作辠。毋詎於罪，不要犯罪。"②

魯西奇曰："嶽麓書院藏秦簡'治從人令'末尾說：'謹布令。令黔首、吏、官徒隸、奴婢明智（知）之，毋巨（詎）辠。'是以黔首、吏、官徒隸以及奴婢作爲'布令'的對象。""'吏卒''黔首''徒隸'以及'奴婢'，是秦對其所統治對象的身分界定與劃分。""(1) '吏卒'包括吏與卒，吏又分爲長吏（大致與'有秩吏'相對應）與少吏（屬吏，大致與'月食者'相對應）兩類，'卒'主要包括屯戍卒和求盜卒。吏、卒在任職、服役期間，均由國家發放稟食，其中長吏除月食外，還可以按等級享受秩祿。獲得公士、上造、簪裏、不更、大夫等五級爵位，即可以擔任相應的吏職。(2) 統一後所稱的'黔首'，與統一前所說的'民'含義基本相同，乃是指著籍的編户齊民。較之於統一前的'秦民'，統一後的'新黔首'皆得應徵從軍，'故黔首'的更戍之役也大爲增加；六國故地與新拓疆域的新黔首大抵未得普遍授田，其所承擔的田租與芻稾漸變爲按户繳納；傳輸之役更是大幅加重。(3) 徒隸包括刑徒和隸臣妾，都在官府強制下從事各種勞作。徒隸又具體别爲鬼薪白粲、城旦舂、隸臣妾（包括隸臣妾繫城旦舂、隸臣妾居貲）等，在服刑勞作時得由官府配給稟食和部分衣服。司寇、居貲贖責（債）、隱官等也可能被編入'作徒簿'，在勞作時被視同徒隸。在隸臣妾之外，還有大量的私屬奴婢，其地位或比隸臣妾稍高。私奴婢由其主人支配，並不在國家直接控制之列。"③

---

① 武漢大學簡帛研究中心秦漢簡讀書會：《〈嶽麓書院藏秦簡（伍）〉讀札（一）》，武漢大學簡帛網2018年3月9日。
② 睡虎地秦簡竹簡整理小組編：《睡虎地秦墓竹簡》，釋文部分第14頁。
③ 魯西奇：《秦統治下人民的身分與社會結構》，《中華文史論叢》2021年第1期，第17—18、51—52頁。

簡文大意

　　負責處理從人案件者，對於那些還沒有抓住的從人，要詳細記錄他們的姓名、族氏、年齡、身高、膚色、特殊體貌特徵等，發布通緝文書到各地縣道，縣道官認真根據追捕文書去追查，抓住目標之後，立即運用技巧加以審訊。一旦審問出官府尚未得知的其他從人、從人的隨從、舍人等相關信息，要及時把這些人列入追捕名單，實施進一步追捕。敢有收留藏匿從人者，皆與之同罪。他的同居、室人、里典、里父老、同伍之人如果發現他藏匿從人，或者雖然沒看見，有人告訴了他們，但他們沒有去告發或抓捕從人，都與藏匿人者同罪。如果他們沒有看見，也沒有人告知他們，同居、室人減罪一等，典、老、同伍之人都除以贖耐的處罰。如果藏匿從人者是私家奴婢，他們的主人要像典、老、伍人那樣受到連坐。如果被追捕的從人在縣道官的地界内逃脱，沒有被抓獲，事後一旦被查明，所在地的鄉官嗇夫、吏主者以及縣令、縣丞和令史主者，都要按照論獄失罪人的法律論處，執灋、執灋丞、卒史也要被減罪一等處理。如果應當連坐者有人舉報或把逃亡者全部抓獲，就免除他們連坐的罪過。

　　如果能夠抓捕或舉報從人、從人屬、舍人及藏匿他們的人，舉報當被判死罪者一人或城旦舂、鬼薪白粲二人，獎勵五千錢；捕獲城旦舂、鬼薪白粲一人或遷耐皋二人，獎勵二千五百錢；捕獲遷耐罪一人，獎勵一千二百錢；舉報或抓捕罪人者，都優先予以獎勵，無需走正常的程序。從人之屬、舍人如果能夠主動抓捕犯死罪的同夥一人或城旦舂、鬼薪白粲二人，免除其本人的罪過，赦免爲庶人；如果抓捕城旦舂罪一人、鬼薪白粲罪一人或遷耐皋二人，皆減其原本應受處罰一等作爲獎勵。謹發布此命令，使廣大黔首、吏卒、官徒隸、奴婢都明確知曉，不要觸犯法令。

簡1018＋1014＋1015（030—032）：

　　廿六年正月丙申以來，新地爲官[1]未盈六歲[2]節（即）有反盜，若有敬（警），其吏自佐史以上去，䌛（徭）使、私謁之₀₃₀它郡縣官[3]，事已行[4]，皆以彼（被）陳（陣）去敵[5]律論之。吏遣、許[6]者，與同辠。以反盜敬（警）事故└䌛（徭）使[7]，不用₀₃₁此令。　·十八₀₃₂。

【1】新地爲官

　　［整理小組注］

　　新地爲官：在新占領地區爲官。同組0895簡又見"新地吏"。又，此"官"也可能指官署機構。①

[疏證]

嶽麓秦簡整理小組所謂"同組0895簡",即《嶽麓伍》簡039"新地吏及其舍人敢受新黔首錢財酒肉它物,及有賣買叚(假)賃貣於新黔首而故貴賦〈賤〉"。②另外,整理小組說此處的"官"也可能指官署機構。這種推測從令文上下文義來看,是不合適的。解爲"官署機構",在此講不通。

【2】未盈六歲

[疏證]

未盈六歲:不滿六年。從上下文可以看出,六年可能是考核新地爲吏的一個時間段,在最初任職新地的六年時間內,如果出現因爲擅離工作崗位,特別是公出期間因擅自從事私人拜謁而不能及時處置轄區內"反盜警事",將會受到從重處罰。羅昭善認爲以六歲爲考核時段,反映了秦代社會治理中"數以六爲紀"的一種觀念。③

【3】去,繇(徭)使、私謁之它郡縣官

[整理小組注]

去繇(徭)使:去,離開。徭使,此指公幹出差。去徭使,是指私自離開公幹出差的職責崗位。④

[疏證]

去,繇(徭)使、私謁之它郡縣官:吏不在轄區內的工作崗位上,外出到其他郡縣官徭使或進行私人拜謁活動去了。去:離開,此處指不在本人日常任職的工作崗位上。

按照嶽麓秦簡整理小組的解釋,此處的"去徭使私謁"被理解爲"離開徭使的工作崗位,從事私人拜謁活動"。這一解釋看似合理,實際上還是有問題。因爲簡031—033整體上說的是轄區出現突發情況而官方因人員安排有誤導致人手不足的問題。在這種情況下,不論外出公幹的吏員是否因私廢公,都不重要,重要的是他或他們不在自己的轄區或機構,錯過了及時處置突發情況的時機。

武大讀簡會爲此提出了另一種不同的思路。他們認爲:

整理者將"去"與"徭使"結合解說或可商榷。對比後文"以反盜敬(警)故,繇(徭)使不用正(按:原文發表時"正"字誤入,當刪)此令",可知"徭使"不當與"去"結合解說,而當是與"私謁"相對,"徭使"既爲公務,則"私謁"便爲私事,二者是並列關係,同屬於"去",皆是"去"的原因或者說是"去"的方式。同時,"徭

---

① 陳松長主編:《嶽麓書院藏秦簡(伍)》,第75頁。
② 同上注,第51頁。
③ 羅昭善:《嶽麓秦簡所見秦代"冗爵"制度考論》,《古代文明》2023年第1期,第84頁。
④ 陳松長主編:《嶽麓書院藏秦簡(伍)》,第75頁。

"使"與"私謁"又分別與下文的"遣"與"許"分別對應。

此律條文大意爲：新地有反盜或警戒，吏自佐史以上無論是繇使還是私謁的原因離開，皆以"彼陳去敵律"論處；同時，派遣繇使、准許私謁的吏，有同罪。因反盜、警戒的緣故而繇使的情況，則不受此條令文約束。①

參照武大讀簡會的意見，我們對嶽麓秦簡整理小組原來的相關句讀做了調整。嶽麓書院秦簡整理小組原讀作"其吏自佐史以上去繇（徭）使私謁之它郡縣官"連讀，今參考武大讀簡會的意見，讀作"其吏自佐史以上去，繇（徭）使、私謁之它郡縣官"。

另外，嶽麓秦簡整理小組把"繇使"作爲一詞來理解，是比較恰當的。睡虎地秦簡《法律答問》簡165："可（何）謂'匿戶'及'敖童弗傅'？匿戶弗繇（徭）使，弗令出戶賦之謂殹（也）。"②睡虎地秦簡整理小組主編的《睡虎地秦墓竹簡》及陳偉主編的《秦簡牘合集·釋文注釋修訂本（壹）》都把"繇使"分開讀作"繇、使"。③《睡虎地秦墓竹簡》"弗繇使"譯文作"不徵發徭役，不加役使"，意思很明顯是重複的。現在看來不如合讀作一個詞。"繇使"一詞在嶽麓秦簡中多次出現，如《嶽麓伍》簡267"其繇（徭）使及病"、簡282"有發繇（徭）事（使），爲官獄史者"、簡285"冗募羣戍卒及黔首繇（徭）使、有縣官事"、簡296"郡及中縣官吏千石下繇（徭）倳（使），有事它縣官而行"等，④都是作爲一個詞來理解的。

【4】事已行

［疏證］

事已行：事情發生之後。亦可理解爲"事情一旦發生"。

【5】彼（被）陳（陣）去敵

［整理小組注］

彼：通"被"，有及或到達意。《玉篇·衣部》："被，及也。"被陣，即到陣、臨陣之意。或說被讀爲避。⑤

［疏證］

彼（被）陳（陣）去敵：即臨陣脫逃。陳偉疑"彼"讀爲"背"，意爲棄去、離開，亦通。⑥

【6】遣、許

［疏證］

遣許：據武大讀簡會的理解，"遣許"爲二事，"遣"意爲派遣，針對的是吏員正常的

---

① 武漢大學簡帛研究中心秦漢簡讀書會：《〈嶽麓書院藏秦簡（伍）〉讀札（一）》，武漢大學簡帛網2018年3月9日。
② 睡虎地秦墓竹簡整理小組編：《睡虎地秦墓竹簡》，釋文部分第132頁。
③ 陳偉主編，彭浩、劉樂賢等撰著：《秦簡牘合集·釋文注釋修訂本（壹、貳）》，第246頁。
④ 陳松長主編：《嶽麓書院藏秦簡（伍）》，第186、192、193、196頁。
⑤ 同上注，第75頁。
⑥ 陳偉：《〈嶽麓書院藏秦簡（伍）〉校釋》，《出土文獻與法律史研究》第7輯，第4頁。

外出公幹,即"徭使";"許"意爲同意,針對的是吏員私人的活動,即"私謁"。① 嶽麓秦簡整理小組原將"遣許"連讀,今以頓號斷開。

【7】以反盜敬(警)事故縣(徭)使

[疏證]

嶽麓秦簡整理小組原來把"以反盜敬(警)事故"與"縣(徭)使",用逗號隔開,"縣(徭)使"屬下讀,這是不合適的。逗號應該放在"縣(徭)使"之後。"以反盜敬(警)事故徭使"與前文"以私謁之它郡縣官去徭使"相對,意思是說,如果官吏是因爲轄地內出現反盜之類的緊急情況而外出執行任務,即"徭使",這種情況不適用於本法律。

簡文大意

二十六年正月丙申以來,在新地爲官不滿六年,轄區出現反盜或其他警情,屬下官吏自佐史以上因爲外出徭使公幹,或私下離崗前往他郡縣進行私人交往,(不能及時返回,因而耽誤處置警情者)事發之後,按照臨陣去敵的法律論處。派遣吏員外出徭使或允許吏員前往它郡進行私人拜謁的長官,與之同罪。如果是因爲反盜警事的緣故外出執行任務者,不適用於此法令。 十八。

簡1123+0966(033—034):

●諸有皋當罷(遷)輸蜀巴[1]及恒[2]罷(遷)所者,皋已決[3],當傳[4]而欲有告及行[5]有告,縣官皆勿聽而亟傳詣 033 罷(遷)輸〈輸〉所,勿留。 ·十九 034。

【1】蜀巴

[疏證]

鄒水傑的研究認爲:"根據秦兵器銘文和嶽麓秦簡的記載,至遲在昭王時代,蜀地開始實施單一的郡縣管理體制,設置蜀郡管理縣道;小田溪墓葬表明巴地仍然有巴族君長,入秦後應該是接受中央屬邦的管理。到統一前夕,巴地劃入蜀郡,納入郡縣體制,郡名改爲蜀巴郡。統一後,蜀郡、巴郡分置。巴蜀地區的郡縣化過程,是秦邊地郡縣化的縮影和典型,反映了秦征服邊地的艱難過程與統治政策的成功探索。"② 鄒水傑以"蜀巴"爲郡名的理由有兩個,一個是《嶽麓伍》082—083"諸相與奸亂而罷(遷)者,皆別

---

① 武漢大學簡帛研究中心秦漢簡讀書會:《〈嶽麓書院藏秦簡(伍)〉讀札(一)》,武漢大學簡帛網 2018 年 3 月 9 日。
② 鄒水傑:《嶽麓秦簡"蜀巴郡"考》,《簡帛研究二〇一八(秋冬卷)》,第 126 頁。

蹇（遷）之，勿令同郡。其女子當蹇（遷）者，東郡、參川、河內、穎（潁）川、請（清）河、河間、蜀巴、漢中、囗囗"，①另一個是嶽麓簡多處律令簡文中都是"蜀巴"相連。尤其是第一個證據，"從簡文'勿令同郡'和各郡名之間起分隔作用的鉤識符可知，簡文中的'蜀巴'是'蜀巴郡'，並非'蜀'與'巴'分列"。②不過，要是今後能發現更直接的證據，就更好了。

【2】恆

[整理小組注]

恆：固定或指定。《說文·二部》："恆，常也。"從嶽麓簡所記內容看，秦王朝對犯人的輸遷有幾個固定的地方，比如此簡所說的蜀巴和其他簡文中所說的洞庭等郡都應是這類恆遷所。③

【3】皋已決

[疏證]

皋已決：案件已經宣判。張家山漢簡《二年律令》簡114《具律》："罪人獄已決，自以罪不當，欲气（乞）鞫者，許之。气（乞）鞫不審，駕（加）罪一等；其欲復气（乞）鞫，當刑者，刑乃聽之。"④嶽麓簡的"皋已決"與《二年律令》的"獄已決"含義相同，都是指案件已經判決。《二年律令》這條律文說的是案件宣判之後，當事人不服，要求重審的事，嶽麓簡說的則是案件判決之後，當事人舉報他人的事，兩者之間有相似之處，也有不同之處，值得我們比較玩味。

【4】傳

[疏證]

傳：本指押送犯人之傳，此處作動詞解，意爲以傳押送。睡虎地秦簡《封診式》簡46—49《遷子》：

蹇（遷）子　爰書：某里士五（伍）甲告曰："謁鋈親子同里士五（伍）丙足，蹇（遷）蜀邊縣，令終身毋得去蹇（遷）所，敢告。"告法（廢）丘主：士五（伍）咸陽才（在）某里曰丙，坐父甲謁鋈其足，蹇（遷）蜀邊縣，令終身毋得去蹇（遷）所論之，蹇（遷）丙如甲告，以律包。今鋈丙足，令吏徒將傳及恆書一封詣令史，可受代吏徒，以縣次傳詣成都，成都上恆書太守處，以律食。法（廢）丘已傳，爲報，敢告主。⑤

---

① 陳松長主編：《嶽麓書院藏秦簡（伍）》，第66頁。
② 鄒水傑：《嶽麓秦簡"蜀巴郡"考》，《簡帛研究二〇一八（秋冬卷）》，第116頁。
③ 陳松長主編：《嶽麓書院藏秦簡（伍）》，第75頁。
④ 張家山二四七號漢墓竹簡整理小組編著：《張家山漢墓竹簡〔二四七號墓〕（釋文修訂本）》，第24頁。
⑤ 睡虎地秦墓竹簡整理小組編：《睡虎地秦墓竹簡》，釋文部分第155頁。

這份《遷子》爰書中提到的吏徒所將之傳,應當與嶽麓簡此處所言之傳是同一類的東西,內容很可能會簡明扼要記載犯人的個人信息及犯罪性質等。

【5】行

[疏證]

行:途中。"當傳而欲有告"與"行有告"是兩個時間段,前者指的是押送犯人準備出發,犯人提出要舉報他人,後者指的是押解途中犯人提出要舉報他人。

簡文大意

諸有罪當遷往巴蜀及其他固定的遷所者,處罰已經判決,即將持傳押送時犯人提出舉報或在押送途中提出舉報,官府不予受理,而立即將其押送前往遷所,不得滯留。

簡0962+2108+1120+C4-2-1-7+0930(035—038):

●御史言:予徒隸園有令[1],今或盜牧[2]馬、牛、羊徒隸園中,盡蹂其嫁(稼)。請:自今以來盜牧馬、牛、羊035徒隸園中壹[3]以上,皆貲二甲[4],吏廢官[5],宦者出宦[6],而沒其私馬、牛、羊縣官[7]。有能捕、訶告犯此令036□□傷樹木它嫁(稼)及食之,皆令償之,或入[8]盜牧者與同灋。·請:諸盜牧馬037、牛、羊縣官園者,皆用此令。 ·廿038。

【1】予徒隸園有令

[整理小組注]

徒隸園:徒隸勞作之園。《里耶秦簡》8-1636:"二人治徒園。"此徒園或爲"徒隸園"之省。此"園"應是後文所說的"縣官園"。縣官園,《漢書·食貨志下》:"諸取衆物鳥獸龜鱉百蟲於山林水澤及畜牧者……皆各自占所爲於其在所之縣官,除其本,計其利。"依此來看,縣官有各自管轄的園囿,此"縣官園"即縣官管理之園。①

[疏證]

"予徒隸園有令",這一表述方式甚是怪異。予,或可解釋爲"維"。《詩·小雅·祈父》"予王之爪牙","予",韓詩作"維"。王先謙曰:"韓義是也。"②陶磊解釋爲"舍",

---

① 陳松長主編:《嶽麓書院藏秦簡(伍)》,第75—76頁。
② 王先謙:《詩三家義集疏》,中華書局1987年版,第642頁。

曰:"'予',整理者無釋,竊意當讀作'舍',舍,置也,'予徒隸園'即設立徒隸園。"①陶説亦通。

徒隸園:陳偉認爲"其以'徒隸'命名,當是將公地撥割給徒隸使用,讓徒隸維持自己的生計"。②此解比嶽麓秦簡整理小組解釋爲"徒隸勞作之園"要準確得多,至少更能解釋出"徒隸園"的特點。

如果按整理小組所説"徒隸園爲徒隸勞作之園",那"徒隸園"的範圍就太廣泛了。因爲秦朝政府控制着大量的徒隸,國有園林中很多都使用徒隸勞作,那麼都可以稱作"徒隸園"了。正是按照這一邏輯,整理小組才説"徒隸園"就是下文所謂的"縣官園"。這種認識是值得商榷的。武大讀簡會曰:"根據'皆用此令'及簡文其他内容,此兩簡所載即是説,在縣官園中私自放牧馬、牛、羊者,論罪所用之令當與私自放牧於徒隸園中一樣。若如整理者所言,'徒隸園'即是該簡所見之'縣官園',則二者當是同一物。如若二者同等,則此處所言'諸盜牧馬、牛、羊縣官園者,皆用此令',似乎有重複之嫌。故,我們認爲'徒隸園'與'縣官園'應有區别。"③

按,律文中"徒隸園"確實與"縣官園"有别,但恐怕與一般的私人園圃也不一樣。徒隸本身就是不自由的,是受官府控制的,所以官府提供給他們用以獲取生活資料的"徒隸園"也不是完全屬於他們自己做主的,在某種程度上也還是由官府管理的。嶽麓秦簡整理小組把它們劃入"縣官園",也可能就有這方面的考慮。

【2】盜牧

[疏證]

盜牧:非法放牧。盜:本義爲"私下里""偷偷地"的意思,但在出土文獻和傳世文獻中以"盜+動詞"的形式出現時,往往是作爲一種非法的行爲來表述的。《漢語大字典》:"盜,偷偷地。《史記·平準書》:'盜鑄諸金錢罪皆死,而吏民之盜鑄白金者不可勝數。'《隋書·趙煚傳》:'年十四,有人盜伐其父墓中樹者,煚對之號慟,因執送官。'"④

【3】壹

[疏證]

《漢語大字典》:"壹,數詞,'一'的大寫。清朱駿聲《説文通訓定聲·履部》:'壹,古文本皆作一。'清翟灝《通俗編·數目》:'《演繁露》:今官府文書,凡其記數,皆取聲同而點畫多者改用之,於是壹貳叁肆之類,本皆非數,借以爲用,貴其不可改换爲奸耳。'《詩·召南·騶虞》:'彼茁者葭,壹發五豝,于嗟乎騶虞!'《管子·權修》:'使民偷壹,則

---

① 陶磊:《讀〈嶽麓書院藏秦簡(伍)〉札記》,武漢大學簡帛網2018年7月1日。
② 陳偉:《〈嶽麓書院藏秦簡(伍)〉校釋》,《出土文獻與法律史研究》第7輯,第4—5頁。
③ 武漢大學簡帛研究中心秦漢簡讀會:《〈嶽麓書院藏秦簡(伍)〉讀札(二)》,武漢大學簡帛網2018年3月21日。
④ 漢語大字典編輯委員會編纂:《漢語大字典(第2版)》,第2746頁。

百姓疾怨,而求下之親上,不可得也.' 尹知章注:'(偷壹)偷取一時之快.' 漢董仲舒《春秋繁露·基義》:'陰陽二物,終歲各壹出.'"① 案,此處"壹"作爲數量詞,還有强調之意。類似用法,嶽麓秦簡中多見。如《嶽麓肆》簡122—123 "月壹輸鈆錢,及上券中辨其縣廷",簡221 "補軍吏、令、佐史,必取壹從軍以上者",簡278 "冗募羣戍卒及居貲贖責(債)戍者及冗佐史、均人史,皆二歲壹歸",簡321—322 "各謹明告縣道令丞及吏主更,五日壹行廟,令史旬壹行,令若丞月行廟□□□",等等。②

【4】皆貲二甲

[疏證]

"皆貲二甲"之後,嶽麓秦簡整理小組原標點爲句號,今改爲逗號。因爲"皆貲二甲"與其後"吏廢官,宦者出宦,而没其私馬、羊縣官"皆爲盗牧徒隸園一次以上的處罰,故當並列,直至"縣官"之後爲句號。

【5】廢官

[疏證]

廢官:撤職永不再啓用。"廢官",秦漢律中多簡稱"廢"。睡虎地秦簡《秦律雜抄》簡20—23:

> 聚園殿,貲嗇夫一甲,令、丞及佐各一盾,徒絡組各廿給。聚園三歲比殿,貲嗇夫二甲而法(廢),令、丞各一甲。采山重殿,貲嗇夫一甲,佐一盾;三歲比殿,貲嗇夫二甲而法(廢)。殿而不負費,勿貲。賦歲紅(功),未取省而亡之,及弗備,貲其曹長一盾。大(太)官、右府、左府、右采鐵、左采鐵課殿,貲嗇夫一盾。③

"廢官"與"免官"還是有區别的,"廢官"之後,將永遠失去做官的資格,"免官"之後則還有機會被再次啓用。任用被廢官者,將會受到法律的懲處。睡虎地秦簡《秦律雜抄》簡1:"任法(廢)官者爲吏,貲二甲。"④

【6】宦者出宦

[疏證]

宦者出宦:(違反法令者)如果是宦者,注銷其宦籍。"宦者出宦"與前文"吏廢官"相對,說明此處的"宦者"不是"吏",不擔任"官職"。

"宦者"一詞在秦簡中多次出現。如《嶽麓伍》簡087 "制詔丞相斯:所召博士得與

---

① 漢語大字典編輯委員會編纂:《漢語大字典(第2版)》,第501頁。
② 陳松長主編:《嶽麓書院藏秦簡(肆)》,第108、141、160、201頁。
③ 睡虎地秦墓竹簡整理小組編:《睡虎地秦墓竹簡》,釋文部分第84—85頁。
④ 同上注,釋文部分第79頁。

議者,節(即)有逮告劾,吏治者輒請之,盡如宦顯大夫逮。""宦顯大夫"就是"宦者顯大夫"。睡虎地秦簡《法律答問》簡191:"可(何)謂'宦者顯大夫'?宦及智(知)於王,及六百石吏以上,皆爲'顯大夫'。"睡虎地秦簡整理小組注:"宦者,此處意爲仕宦者,即做官的人。"①這個解釋其實比較籠統或者説模糊,似乎是想把"宦及智(知)於王,及六百石吏以上"統統都算在"宦者"的範圍之内。這是不準確的。很明顯"宦"與"六百石吏以上"還是有區别的,"宦"者不是"吏"。

又如《嶽麓伍》簡285—287:"令曰:吏及宦者、羣官官屬、冗募羣戍卒及黔首繇(徭)使、有縣官事,未得歸,其父母、泰父母不死而謾吏曰死以求歸者,完以爲城旦;其妻子及同産、親父母之同産不死而謾吏曰死及父母不病而【謾吏】曰病以求歸,皆䙴(遷)之。"②可以看出,這條令文也證明了"吏"與"宦者"是相區别的兩類人群。

又如睡虎地秦簡《秦律十八種》簡44《倉律》:"宦者、都官吏、都官人有事上爲將,令縣貣(貸)之,輒移其稟縣,稟縣以減其稟。已稟者,移居縣責之。"睡虎地秦簡整理小組注:"宦者,閹人,見於《史記·秦始皇本紀》。《文選·宦者傳論》五臣注:'周以爲閹人,今謂之宦者,官比郎中。'"③此處對"宦者"的注釋還不如《法律答問》簡191的注釋準確。"宦者、都官吏、都官人",與上引《嶽麓伍》"吏及宦者、羣官官屬"相對比,"都官吏"屬於"吏","都官人"與"羣官官屬"相對,再次表明了"宦者"與"吏"的區别。但"宦者"是不是就一定是"閹人",證明不了。

所以閻步克説:"由此我們就看到了一種特殊的職類觀念:擔任'吏'即擔任行政官吏,是爲'仕';不擔任國家行政、直接侍奉皇帝,是爲'宦'。後代仕、宦通用,先秦到漢初則不盡然,'宦'有時候特指,是擔任從官,不一定特指閹人。"④

另外,嶽麓秦簡"宦者出宦"的"出",可解釋爲"剥奪""驅逐",也可解釋爲"注銷",總之,這裏的意思就是剥奪"宦者"爲宦的資格,將其清除出"宦者"隊伍。所以"宦者出宦"的第二個"宦"字,解釋爲"宦籍"應該是没有問題的。睡虎地秦簡《秦律十八種》簡18—19《廄苑律》:"錢少律者,令其人備之而告官,官告馬牛縣出之。"整理小組注:"出,據簡文意爲銷賬。"⑤因爲當事人已經賠償了死亡馬牛的價錢,所以官府有關部門就在登記馬牛的簿籍上注銷了死亡馬牛的名籍。這個例子中"出"的用法與"宦者出宦"的"出"用法相近。

【7】没其私馬、牛、羊縣官

[疏證]

没其私馬、牛、羊縣官,即"没其私馬、牛、羊於縣官","馬牛羊"與"縣官"之間省略

---

① 睡虎地秦墓竹簡整理小組編:《睡虎地秦墓竹簡》,釋文部分第139頁。
② 陳松長主編:《嶽麓書院藏秦簡(伍)》,第193頁。
③ 睡虎地秦墓竹簡整理小組:《睡虎地秦墓竹簡》,釋文部分第30頁。
④ 閻步克:《從爵本位到官本位:秦漢官僚本位結構研究》,生活·讀書·新知三聯書店2009年版,第91頁。
⑤ 睡虎地秦墓竹簡整理小組編:《睡虎地秦墓竹簡》,釋文部分第25頁。

了"於"字,意思是沒收馬牛羊,上繳官府。

【8】入

[整理小組注]

入:此指使之入園。①

簡文大意

御史上言:徒隸園本有法令規定,如果今有人在徒隸園擅自放牧馬牛羊,嚴重地損害了其中的莊稼。請求:自今以來擅自放牧馬牛羊數量在一匹或一頭以上者,都要貲罰二甲。有關當事人,如果是官吏,則廢黜其官;如果是宦者,則除其宦籍;同時沒收所私自放牧的馬牛羊,上交縣官。有能幫助官府捕獲或向官府告發違反此放牧禁令的……破壞了樹木、莊稼及吃掉了莊稼,都要予以賠償,擅自放盜牧者進入園中的管理人員,與盜牧者同法處理。請求:所有非法進入官府園中放牧的情況,都按照此法令處理。　第二十。

簡0895+1113+1037+1012+1013+1004(039—044):

●新地吏及其舍人敢受新黔首錢財、酒肉、它物[1],及有賣買、叚(假)賃、貣[2]於新黔首[3],而故貴賊〈賤〉039其貫(價)[4],皆坐其所受及故爲貴賊〈賤〉之臧(贓)[5]、叚(假)賃費[6]、貣息[7],與盜同灋。其賮買[8]新黔首奴婢[9]、畜產040及它物盈三月以上而弗予錢者[10],坐所賮賈〈買〉錢數,亦與盜同灋。學書吏所[11]年未盈十五歲者041不爲舍人[12]。有能捕犯令者城旦皋一人[13],購金四兩。捕耐皋一人,購金一兩。新黔首已遺予之[14]而能042捕若告之,勿皋[15],有(又)以令[16]購之。故黔首[17]見犯此令者,及雖弗見或告之而弗捕告者,以縱皋人043論之[18]。　廿一044。

【1】受新黔首錢財、酒肉、它物

[疏證]

受新黔首錢財、酒肉、它物:接受新黔首餽贈的錢財、酒肉及其他物事。"錢財、酒

---

① 陳松長主編:《嶽麓書院藏秦簡(伍)》,第76頁。

肉、它物",嶽麓秦簡整理小組原來連讀,今以頓號斷開。這條律令反映了秦對新占領地區的壓迫和剝削,反映了當時官場的腐敗。贈送錢財及其他物品、私下宴請即是當時新黔首行賄和官吏索賄的基本方式。政府針對這種腐敗風氣而制定的相關反制律令,也從另一方面反映出這種腐敗風氣的盛行。

另外,此法令在提及受賄主體時,除了"新地吏"本人之外,還特地提及新地吏的"舍人",由此可見"舍人"與其所依附主人或主官的密切關係。只有二者有緊密的聯繫,"舍人"能夠強烈地影響到其主人或主官的行為,行賄者才有可能為了達到自己的目的,除了行賄當事官吏之外,還選擇行賄其"舍人"。于振波説:"'舍人'指有一定身份的人所豢養的親近賓客、私人隨從,他們雖不屬於正式的官府吏員,但是可以以主人的名義代行某些事務。"① 所以秦簡中"舍人"與其所依附主人或主官的關係,是很值得研究的。

【2】賣買、叚(假)賃、貣

[疏證]

"賣買"指商品交易,"叚賃"指出租物品,"貣"是借貸金錢,是三種不同的經濟行為,嶽麓秦簡整理小組原將三者連讀,今分別以頓號斷開。石洋對"貣""貸"二字含義與用法做過進一步探討,認為:"'貣''貸'的分形別義,是秦統一後官方意志主導的。戰國時期,'貣'長期兼有'施'與'求'二義,並未顯出不便;秦統一後,王朝將律令中'貣'用作動詞的義項進行拆分,以'貣'形單表示求借,另新造'貸'形表示借予,使授受關係判然可辨;同時保留了'貣'的名詞性用法,即仍然以之表示吏民向官府求借的財物。"②

【3】新黔首

[疏證]

嶽麓秦簡整理小組原把"新黔首"與"而故貴賦〈賤〉其賈(價)"連讀,今以逗號斷開。

【4】貴賦〈賤〉其賈(價)

[疏證]

"貴賤其價"是針對"賣買""叚賃""貣"三種情況而言的。"賣買貴賤其價"指的是賤買貴賣或貴買賤賣。"叚賃貴賤其價"指的是低價租入,高價租出。"貣"指的是低息借入,高息貸出。從下文簡229至簡236的記載來看,不排除這三種情況都是黔首針對官吏的花式行賄渠道,或新地吏對新黔首的變相索賄壓榨。

---

① 于振波:《秦律令中的"新黔首"與"新地吏"》,《中國史研究》2009年第3期,第76頁。
② 石洋:《"貣""貸"別義的形成——秦漢時期借貸關係史之一頁》,《出土文獻研究》第20輯,第236頁。

【5】故爲貴賦〈賤〉之臧(贓)

　　[疏證]

　　故爲貴賦〈賤〉之臧(贓)：指的是通過賤買貴賣賺取的不正當經濟收益。

【6】叚(假)賃費

　　[整理小組注]

　　叚(假)賃費：租借的費用。①

　　[疏證]

　　"假賃費"與下文的"貣息"當有所區別，前者或許指的是實物假借費用，後者則多指金錢借貸，利息的收取當隨着時間的延長而增加。

【7】貣息

　　[整理小組注]

　　貣息：借貸産生的利息。張家山漢簡《算數書》六四："貸錢百，息月三。"②

　　[疏證]

　　此處的"貣息"是通過"貴賤其價"的不正當手段獲得的，一般多指高利貸而言。秦漢律對於違反法律的高息借貸是有懲處措施的。睡虎地秦簡《法律答問》簡206："貣(貸)人贏律及介人。"③"貣人贏律"就是説，借貸利息超出了法律的規定。張家山漢簡《二年律令》簡184《雜律》："吏六百石以上及宦皇帝，而敢字貸錢財者，免之。""字貸錢財"，即指高利貸而言。④

　　但如果按照石洋的解釋，"貣息"之"貣"作"求借"解，那麽從行賄受賄的角度而言，前文説新地吏及其舍人"貣於新黔首"，那麽"貣息"則應指新地吏及其舍人付出的借貸利息遠低於正常借貸利息，從而達到獲利的目的。

【8】賒買

　　[疏證]

　　賒買：賒買。《説文·貝部》："貰，貸也。"段玉裁注："《泉府》以'凡賒者'與'凡民之貸者'並言，然則賒與貸有別。賒，貰也，若今人云賒是也。貸，借也，若今人云借是也。其事相類，故許渾言之曰：'貰，貸也。'《高祖本紀》：'常從武負王媪貰酒。'韋昭曰：'貰，賒也。'按，賒、貰皆紆緩之詞。"⑤《説文·貝部》："賒，貰買也。"段玉裁注："貰買者，

---

① 陳松長主編：《嶽麓書院藏秦簡(伍)》，第76頁。
② 同上注。
③ 睡虎地秦墓竹簡整理小組編：《睡虎地秦墓竹簡》，釋文部分第143頁。
④ 張家山二四七號漢墓竹簡整理小組編著：《張家山漢墓竹簡〔二四七號墓〕(釋文修訂本)》，第33頁。
⑤ 段玉裁：《説文解字注》，第495頁。

在彼爲貰,在我則爲賒也。《周禮·泉府》:'凡賒者祭祀無過旬日,喪紀無過三月。'鄭司農云:'賒,貰也。'"①其實,"賒"與"貸"還是有些小區別的。"賒",一般是以貨幣購買商品,購買者不能馬上付給貨幣,延緩一段時間,期間有時可能需要付利息,但最終交付的多爲貨幣;"貸"雖然也有不能暫時交還之義,但除了繳付必要的利息之外,一般是借什麼還什麼。正因爲"貰買"爲緩期支付購物款的意思,所以才有下文對官吏在規定期限内不支付購物款項的懲罰措施。從整段文意來看,這種所謂的"貰買"很可能是官吏盤剥新黔首經濟利益或後者行賄前者的一種僞裝形式。

【9】奴婢

[疏證]

嶽麓秦簡整理小組原把"奴婢"與"畜產及它物"連讀,今以頓號隔開。"奴婢、畜產及它物",是表述戰國秦漢市場上商品狀況的常用語。《周禮·地官·質人》:"掌成市之貨賄、人民、牛馬、兵器、珍異。"②睡虎地秦簡《日書·甲種》簡110正貳—111正貳:"毋以申出入臣妾、馬牛、貨材(財),是胃(謂)□□□。"③《日書·乙種》簡60:"陰,先辱後慶。利居室,入貨、人民、畜生;可取婦□。"④《嶽麓肆》簡205-206"賣奴卑(婢)、馬、牛者,皆以帛書質,不從令者,貲一甲。"⑤可見在當時的普通市場上,人口和牲畜是常見的大宗商品。

【10】弗予錢者

[疏證]

嶽麓秦簡整理小組原把"弗予錢者"與"坐所貰賈〈買〉錢數"連讀,今以逗號斷開。

【11】學書吏所

[疏證]

學書吏所:學書於吏所。睡虎地秦簡《日書乙種》簡14:"悤結之日,利以結言,不可以作大事,利以學書。"⑥"學書",陳偉主編《秦簡牘合集·釋文注釋修訂本(貳)》引用了兩個成果加以解釋:"劉樂賢(1994,316頁):《論衡·譏日篇》曰:'又學書諱丙日,云倉頡以丙日死也。'也是關於學書的禁忌。魏德勝(2003,100頁):學書,讀書,求學。"⑦"學書"的含義,劉樂賢雖然沒有明確指出,但《論衡·譏日篇》解釋諱丙日學書的原因時說是因爲丙日是倉頡忌日。倉頡以創造文字書寫名垂後世,

---

① 段玉裁:《説文解字注》,第495頁。
② 孫詒讓:《周禮正義》,第4分册,第1295頁。
③ 睡虎地秦墓竹簡整理小組編:《睡虎地秦墓竹簡》,釋文部分第197頁。
④ 同上注,釋文部分第234頁。
⑤ 陳松長主編:《嶽麓書院藏秦簡(肆)》,第136頁。
⑥ 睡虎地秦墓竹簡整理小組編:《睡虎地秦墓竹簡》,釋文部分第231頁。
⑦ 陳偉主編,彭浩、劉樂賢等撰著:《秦簡牘合集·釋文注釋修訂本(壹、貳)》,第482頁。

因此《論衡》此處提到的"學書"亦當以"學習識字書寫"爲佳。魏德勝把"學書"理解爲"讀書,求學"恐怕是不準確的。他在解釋時還引用了《漢語大詞典》的例子,説:"學書,讀書,求學。《大詞典》用《史記·項羽本紀》例:'學書不成,去。'"①而查《漢語大詞典》引《史記》此文時,却是用來解釋"書"作爲"字,文字"的含義時來説的。②《大詞典》引《史記·項羽本紀》原文爲:"項籍少時學書,不成,去;學劍,又不成。項梁怒之。籍曰:'書足以記姓名而已。劍一人敵,不足學,學萬人敵。'"可以看出,項羽所謂的"學書"指的也是識字書寫,所以説"足以記姓名而已",而不是求學做學問。

吏所:睡虎地秦簡《秦律十八種》簡191《内史雜》:"非史子殹(也),毋敢學學室,犯令者有罪。"整理小組注:"學室,據簡文是一種學校。古時以文書爲職務的史每每世代相傳,要從小受讀寫文字的教育,参上《編年紀》注。"③嶽麓秦簡所謂"吏所",或許就是"學室"一類的機構。

【12】不爲舍人

[整理小組注]

這一句是對前文0895簡"舍人"的説明。④

[疏證]

嶽麓秦簡整理小組注所謂0895簡,即《嶽麓伍》簡039"新地吏及其舍人敢受新黔首錢財酒肉它物,及有賣買叚(假)賃貣於新黔首而故貴賦〈賤〉"。⑤

不爲舍人:不屬於舍人,或不能充當舍人。嶽麓秦簡整理小組認爲,"不爲舍人"云云是針對前文"新地吏及其舍人敢受新黔首錢財、酒肉、它物"中的"舍人"而言的,這就值得注意了。既然"學書吏所年未盈十五歲者不爲舍人",那麽十五歲及以上的學書吏就是可以爲舍人了。學書者學書於吏所,那麽他就是"吏"的弟子。這又説明"弟子"是吏之舍人的來源之一。吏的舍人同時也就成爲吏私人徵辟的僚屬,正因爲如此,這些舍人手中也擁有一定的權力,所以才會出現與其主人"新地吏"共同受賄的可能。這又不能不使我們聯想到秦律中的弟子問題。睡虎地秦簡《秦律雜抄》簡6—7《除弟子律》:"當除弟子籍不得,置任不審,皆耐爲侯(候)。使其弟子贏律,及治(笞)之,貲一甲;決革,二甲。"⑥所謂"置任不審",當是指工作中辦事不力,出了差錯,作爲其師的"吏"是要負責任的。

也正因爲如此,官吏調動之後,新吏對於其主管下的僚屬是否信任就是一個問題。《嶽麓肆》簡207—209:"置吏律曰:縣除有秩吏,各除其縣中。其欲除它縣人及有謁置

---

① 魏德勝:《〈睡虎地秦墓竹簡〉詞彙研究》,華夏出版社2003年版,第100頁。
② 漢語大詞典編輯委員會、漢語大詞典編纂處編纂:《漢語大詞典(第5卷)》,漢語大詞典出版社1990年版,第713頁。
③ 睡虎地秦墓竹簡整理小組編:《睡虎地秦墓竹簡》,釋文部分第63頁。
④ 陳松長主編:《嶽麓書院藏秦簡(伍)》,第76頁。
⑤ 同上注,第51頁。
⑥ 睡虎地秦墓竹簡整理小組編:《睡虎地秦墓竹簡》,釋文部分第80頁。

人爲縣令、都官長、丞、尉、有秩吏,能任者,許之。縣及都官嗇夫其免徙而欲解其所任者,許之。新嗇夫弗能任,免之,縣以攻(功)令任除有秩吏。任者免徙,令其新嗇夫任,弗任,免。害(憲)盜,除不更以下到士五(伍),許之。"①這條律令說明,"縣及都官嗇夫"這類級別的官吏,其僚屬很可能是由其自行選任的,因此他們一旦離任,新長官上任,完全可以重新任命自己的僚屬。這些僚屬的來源之一,或許就是這些曾經學書於吏所的舍人。

舍人與其長吏有着很強的人身隸屬關係,所以長吏的很多事都由其舍人辦理,同時,舍人也與其長吏有着連坐關係。睡虎地秦簡《秦律十八種》簡101《工律》:"邦中之繇(徭)及公事官(館)舍,其叚(假)公,叚(假)而有死亡者,亦令其徒、舍人任其叚(假),如從興戍然。"②《法律答問》簡180:"'使者(諸)侯、外臣邦,其邦徒及偽吏不來,弗坐。'可(何)謂'邦徒'、'偽使'?徒、吏與偕使而弗爲私舍人,是謂'邦徒'、'偽使'。"③《嶽麓肆》簡318:"丞相議:吏歸治病及有它物故,免,不復之官者,令其吏舍人、僕【庸】行☐。"④《嶽麓伍》簡019-020:"諸治從人者,具書未得者名族、年、長、物色、疵瑕,移讞縣道,縣道官謹以讞窮求,得輒以智巧譖(潛)訊。其所智(知)從人、從人屬、舍人,未得而不在讞中者,以益讞求,皆捕論之。"⑤《嶽麓柒》簡225-228:"廿四年四月丁卯以來,吏卒史、丞、尉以上,爲吏者公大夫以上及故吏六百石以上,嘗上書及受制書而非縣官書殹(也),其人節(即)不幸死,其書及副而尚存者,令其吏若舍人若室人一人完其書封,其不封者,謹封印,勿敢令屚〔漏〕詤(泄),上公車司馬。"⑥可以看出,舍人對於"吏"有很強的依附性,舍人既是他的弟子,又是他的屬下,"吏"未完成的不少工作,都由其舍人繼續完成。

【13】有能捕犯令者城旦皋一人

[疏證]

有能捕犯令者城旦皋一人:如果能捕獲違反此令而應處以城旦刑罰者一人。此處的"犯令"當特指本條新地吏及其舍人受賄一事,否則這句話就會顯得突兀,不知所云。下文"捕耐皋一人"亦當爲"捕犯令者耐皋一人"之省稱。

【14】已遺予之

[疏證]

已遺予之:已經向有關官吏行賄。

---

① 陳松長主編:《嶽麓書院藏秦簡(肆)》,第136—137頁。
② 睡虎地秦墓竹簡整理小組編:《睡虎地秦墓竹簡》,釋文部分第44頁。
③ 同上注,釋文部分第136頁。
④ 陳松長主編:《嶽麓書院藏秦簡(肆)》,第200頁。
⑤ 陳松長主編:《嶽麓書院藏秦簡(伍)》,第45頁。
⑥ 陳松長主編:《嶽麓書院藏秦簡(柒)》,第157—158頁。

【15】勿辠

[整理小組注]

勿辠：不要定罪。①

[疏證]

勿辠：指的是新黔首即使已經向新地吏及其舍人贈送了財物，但如果事後能主動揭發後者受賄的事實，國家不但不給新黔首定罪，還會獎勵他們。這是鼓動新黔首監督揭發新地吏欺壓新占領地區百姓的違法行爲的一種措施。這種措施的指導思想，在商鞅時期就已經出現了。《商君書·禁使》以養馬者與被養之馬爲喻，提出讓利益對立的雙方互相監督，就會使吏治得到最大的治理效果。②嶽麓簡的這項措施正是商鞅吏治思想的反映。

【16】令

[疏證]

令：指簡042中"有能捕犯令者城旦辠一人，購金四兩。捕耐辠一人，購金一兩"的規定。

【17】故黔首

[疏證]

故黔首：秦故地之黔首。武大讀簡會曰："按，此處故黔首之'故'當與'新黔首'之'新'相對，即故黔首是秦故地之黔首，非秦新地之黔首。另，我們注意到'新黔首'與'故黔首'所犯本條律令之規定出現了不同標準的判罰。簡文言新黔首'已遺予之而能捕若告之，勿辠，有（又）以令購之'，意即新黔首若已經向新地吏及其舍人行賄但又能'捕若告之'，則無須判處其罪。對於故黔首，其曰：'見犯此令者，及雖弗見或告之而弗能捕告者，以縱辠人論之'，意即故黔首若有'弗能捕告'的情況（'弗能捕告'又區分爲'見犯此令者'及'雖弗見或告之'兩種情況），即要以'縱辠人'之律論罪。相較之下，新地黔首似乎存在立功免罪的情況。也即，類似於'以遺予之而能捕若告之'這種能夠免罪的做法有可能只針對新黔首，故黔首則無法在同樣的條件下享受免罪之待遇。如上，秦律中關於同一律令針對不同人群有不同之規定，當是我們今後所需要注意的。"③

【18】以縱辠人論之

[整理小組注]

論之：多數情況爲"律論之"。④

---

① 陳松長主編：《嶽麓書院藏秦簡（伍）》，第76頁。
② 朱紅林：《戰國時期國家法律的傳播》，《法制與社會發展》2009年第3期，第124頁。
③ 武漢大學簡帛研究中心秦漢簡讀書會：《〈嶽麓書院藏秦簡（伍）〉讀札（二）》，武漢大學簡帛網2018年3月21日。
④ 陳松長主編：《嶽麓書院藏秦簡（伍）》，第76頁。

[疏證]

獄麓秦簡整理小組注的意思是説，類似這樣的情況，獄麓簡中往往説是"以某某律論之"，此處"縱皋人"之後省略或漏掉了"律"字。

簡文大意

新地吏及其舍人如果敢接受新黔首贈送的錢財、酒肉及其他物事，以及通過貴賣賤買、非法租賃借貸等手段，獲取差價、租金、利息及其他不正當收益者，以盜竊罪同法論處。其賒買新黔首奴婢、畜産及其他物事，超過三個月仍不付價錢者，按照商品價格，與盜竊罪同法論處。學書於吏所者，年齡不滿十五歲者，不能擔任吏的舍人。針對此類情況犯罪者，如果有人能捕獲城旦罪者一人，獎勵黄金四兩；捕獲犯耐罪一人者，獎勵黄金一兩。新黔首已經向有關官吏行賄，但事後主動自首並抓捕或舉報告發相關的當事官吏，自首者按無罪處理，並且還可以按規定得到獎賞。故黔首發現此類犯罪情況者，以及雖然没有親見，但有人告知，却不抓捕犯罪者或向官府舉報，故黔首將被依據有關放縱罪人的法律論處。　廿一。

簡1105＋1124＋0967（045—047）：

●諸取[1]有辠罨（遷）、輪〈輸〉及處蜀巴[2]及取不當出關爲葆庸[3]，及私載出扞關[4]、漢陽關[5]，及送道之出蜀巴 045 盺（界）[6]者，其葆庸及所私載、送道者[7]亡及雖不亡，皆以送道亡故徼外律論之[8]。同船食、敦長、將吏[9] 046 見其爲之而弗告劾論[10]，與同辠。弗見，貲各二甲而除其故令[11]。　·廿四 047。

【1】諸取

[疏證]

諸取：這裏指的是各種非法取庸的情況，而且從上下文意來看，主要是針對進出巴蜀的人員展開的，防止或限制特定的人員離開巴蜀地界。

【2】有辠罨（遷）、輪〈輸〉及處蜀巴

[疏證]

獄麓秦簡整理小組原標點作"有辠罨（遷）輪〈輸〉"，今在"罨（遷）"與"輪〈輸〉"之間標點頓號，因爲"遷"與"輸"是兩種處罰，不是一回事。"有罪遷蜀巴"，指有罪被除以遷刑，遷至蜀巴。因遷刑而至蜀巴者，可以携帶親屬前往，只是居住地的遷徙和限制，只要不離開指定地域，具有相對的人身自由。"有罪輸蜀巴"指有罪被處以徒刑，輸作至蜀巴。"輸"指輸作，一般指官府控制的徒隸作爲勞動力的調動，多以個人身份調動，不包含家庭，達到輸作地也是集體勞動，基本上没有人身自由。唯"有罪處蜀巴"不知何解。《嶽麓伍》簡012："自今以來，有誨傳言以不反爲反者，輒以行訛律論之，其有不□者，徙洞庭，洞庭處多田所。"① 不知"洞庭處多田所"之"處"是否與"有罪處蜀巴"之"處"含義相同。

【3】取不當出關爲葆庸

[疏證]

取不當出關爲葆庸：取不當出關的人爲葆庸。這裏面有幾個問題需要弄清。一、"不當出關"的"關"指的是哪些關。二、"出"指的是從哪裏出，比如説是從故秦地區出，還是從蜀巴出。三、哪些人不當出。

關：指圍繞着巴蜀地界的關隘。秦朝政府因爲限制人口流出巴蜀，所以禁止僱傭本不允許出關離開巴蜀的人作傭工出入關隘，所以下文的"扞關""漢陽關"等都應在"不當出關"之"關"的範圍之内。

從上下文義及學者們的研究成果來看，這條令文是對蜀巴地區的人員進出的封鎖和限制。"不當出關"的"關"是蜀巴地區與外界交界的幾個關隘，包括令文提到的"扞關""漢陽關"等。"不當出關"是指不當從蜀巴地區出去。那些因有罪被遷到蜀巴地區和作爲徒隸輸作到蜀巴地區以及"處蜀巴"的人，比如説嶽麓秦律令經常提到的"輸巴縣鹽"者，當然都屬於"不當出關"者。因此令文"諸取有臯辠（遷）、輪〈輸〉及處蜀巴及取不當出關爲葆庸"中提到的"不當出關"，指的應是除"有臯辠（遷）、輪〈輸〉及處蜀巴"之外的其他原因而被禁止出關的人。

那些"不當出關"者一旦逃出蜀巴地區，將受到國家的通緝和抓捕。所以令文禁止沿途地區的人或機構僱傭"不當出關"者爲"葆庸"，否則按律治罪。

【4】扞關

[整理小組注]

扞關：即傳世文獻中的扞關。《史記·張儀列傳》："秦西有巴蜀，大船積粟，起於汶山，浮江已下，至楚三千餘里。舫船載卒，一舫載五十人與三月之食，下水而浮，一日行三百餘里，里數雖多，然而不費牛馬之力，不至十日而拒扞關。"《集解》徐廣曰："巴郡魚復縣有扞水關。"《索隱》曰："扞關在楚之西界。復，音扶。按：《地理志》巴郡有魚復縣。"《正義》曰："在硤州巴山縣界。"②

【5】漢陽關

[整理小組注]

漢陽關：地名，具體不詳。③

---

① 陳松長主編：《嶽麓書院藏秦簡（伍）》，第42頁。
② 同上注，第76頁。
③ 同上注。

[疏證]

温俊萍曰:"漢陽關,整理者説具體地望不詳,《太平寰宇記》載'(襃城縣)今地接故金牛縣界,漢陽關在縣西北,即漢時所立也',而《通典》載曰'襃城,漢代襃中縣有襃水,襃谷又有漢陽平關,在縣西北,即蜀先主破魏軍殺大將夏侯妙才於此地也,有甘泉關,隋設之',根據這兩則材料,《太平寰宇記》中的漢陽關與《通典》中的陽平關可能是同一個地方,秦時所設的漢陽關在漢改爲陽平關,也就是後世文獻中所提到的古陽平關,這樣説來,漢陽關和扞關作爲蜀巴地區東北方向上的兩個重要關卡,對於防止罪人逃亡同樣具有重要意義。"①

嶽麓秦簡整理小組原把"漢陽關"與下文連讀,今從陳偉説,在其後標點逗號,與下文分清層次。②

【6】蜀巴畍(界)

[疏證]

蜀巴畍(界):蜀巴邊界。《嶽麓肆》簡057有"官道畍(界)"。③嶽麓秦簡此處令中所提到的"蜀巴畍"與"扞關、漢陽關"以及"以送道亡故徼外律"中的"故徼",所指大致相同。

【7】送道者

[疏證]

送道者:引導者,嚮導。陳偉曰:"簡文之'道'恐當讀爲'導'。送導,猶似'導送',送行、引導義。"④

【8】以送道亡故徼外律論之

[疏證]

以送道亡故徼外律論之:按照護送引導逃亡故徼外的法律論處。武大讀簡會認爲:"'以送道亡故徼外律論之'的情況可以分爲以下三種:1.(1)取有皋遷輸蜀巴者爲葆庸;(2)取有皋處蜀巴者爲葆庸;(3)取不當出關爲葆庸。2.私載出扞關、漢陽關。3.送導之出蜀巴畍(界)。綜合起來看,即上述三種情況所對應之葆庸、所私載之人、所送道之人逃亡或者即使沒有逃亡,取三種人爲葆庸、私載出關、送導者,均按照'送導亡故徼(案:原文發表時誤作"僥")外律'論處。"⑤

---

① 温俊萍:《嶽麓秦簡與秦代社會控制研究》,湖南大學2019年博士學位論文,第35頁。
② 陳偉:《〈嶽麓書院藏秦簡(伍)〉校釋》,《出土文獻與法律史研究》第7輯,第6頁。
③ 陳松長主編:《嶽麓書院藏秦簡(肆)》,第57頁。
④ 陳偉:《〈嶽麓書院藏秦簡(伍)〉校釋》,《出土文獻與法律史研究》第7輯,第6頁。
⑤ 武漢大學簡帛研究中心秦漢簡讀書會:《〈嶽麓書院藏秦簡(伍)〉讀札(二)》,武漢大學簡帛網2018年3月21日。

【9】同船食、敦長、將吏

[疏證]

同船食、敦長、將吏：從簡文把這三種身份並列在一起來看，似乎説的是關於水軍或船運組織的情況。睡虎地秦簡《秦律雜抄》有一段涉及"同車食、敦長、僕射"連言的律文，可以比較研究。《秦律雜抄》簡11—15：

> 不當稟軍中而稟者，皆貲二甲，法（廢）；非吏殹（也），戍二歲；徒食、敦（屯）長、僕射弗告，貲戍一歲；令、尉、士吏弗得，貲一甲。軍人買（賣）稟稟所及過縣，貲戍二歲；同車食、敦（屯）長、僕射弗告，戍一歲；縣司空、司空佐史、士吏將者弗得，貲一甲；邦司空一盾。軍人稟所、所過縣百姓買其稟，貲二甲，入粟公；吏部弗得，及令、丞貲各一甲。稟卒兵，不完善（繕），丞、庫嗇夫、吏貲二甲，法（廢）。

睡虎地秦簡整理小組注："同車食，指同屬一車一起領食軍糧的軍人。古時每輛戰車除車上戰士外，還有附屬的徒兵。""屯長，隊長，《史記·陳涉世家》：'發閭左適戍漁陽，九百人屯大澤鄉，陳勝、吳廣皆次當行，爲屯長。'《漢書·陳勝傳》注：'人所聚曰屯，爲其長帥也。'僕射，一種軍官，據簡文次序，其地位在屯長之下。《孫子·作戰》曹操注：'陣車之法，五車爲隊，僕射一人；十車爲官，卒長一人。'"①睡虎地秦簡這段簡文説的是軍人領取軍糧及賣買軍糧於稟所的事，相較之下，我們推測嶽麓簡這段説的也當是軍隊組織的事，從"同船食"的表述看，説的似乎是水軍或水運船隊的事，再結合上文，似乎還可以進一步確定與水軍軍人或船隊人員僱傭用工有關。因爲這類人僱傭的傭工，很容易藉助水上運輸的便利條件離開巴蜀，所以政府制定相關的律令制度作爲防範。

將吏：負責監管的官吏。將：監管，監領。秦漢簡牘中常用於人員集體外出活動時，負責人對於成員的監督監管。睡虎地秦簡《秦律十八種》簡16《廄苑律》："將牧公馬牛，馬【牛】死者，亟謁死所縣，縣亟診而入之，其入之其弗亟而令敗者，令以其未敗直（值）賞（償）之。"②《法律答問》簡116："隸臣將城旦，亡之，完爲城旦，收其外妻、子。子小未可別，令從母爲收。"③簡125："將司人而亡，能自捕及親所智（知）爲捕，除毋（無）罪；已刑者處隱官。"④這幾條睡虎地秦簡材料中的"將"，皆爲監管、監領之意。《嶽麓伍》簡146"吏從軍治粟將漕長輓者"也屬於這種"將吏"。⑤

---

① 睡虎地秦墓竹簡整理小組編：《睡虎地秦墓竹簡》，釋文部分第82頁。
② 同上注，釋文部分第24頁。
③ 同上注，釋文部分第121頁。
④ 睡虎地秦墓竹簡整理小組編：《睡虎地秦墓竹簡》，釋文部分第123頁。
⑤ 陳松長主編：《嶽麓書院藏秦簡（伍）》，第116頁。

【10】告劾論

[疏證]

嶽麓秦簡整理小組原把"論"屬下讀,在"告劾"與"論"之間以逗號斷開,讀作"見其爲之而弗告劾,論與同皋";今將"論"屬上讀,"告劾論"連讀,作"見其爲之而弗告劾論,與同皋"。《嶽麓伍》簡222:"主將者擅弗令傅衣服,及智(知)其弗傅衣服而弗告劾論,皆以縱自爵皋論之,弗智(知),貲二甲。告劾,除。"①可證。

【11】除其故令

[疏證]

除其故令:撤銷之前或原有的命令。這句話較難理解。我們推測,"故令"似乎是指知情不報與同罪的法令。意思是説,本來知情不報要與之同罪處罰的,但如果不知情,則不必再按照與之同罪進行處罰,只是貲二甲就可以了。

簡文大意

那些雇傭有罪遷至蜀巴、輸作於蜀巴以及因其他原因禁錮在蜀巴而逃出蜀巴界者以及其他原因不當出蜀巴關隘而逃出者爲葆庸的人,以及私載那些逃亡者出扞關、漢陽關以及引導他們出入蜀巴邊界者,那些葆庸以及所私載、引導者逃亡,以及雖然沒有逃亡但參與運送引導的人,都以引導逃亡至徼外律論處。同船食、敦長、將吏發現了上述情況却沒有舉報,按照同罪論處。如果沒有發現,則免於與同罪的處罰,只是貲罰各二甲。　廿四。

簡0963+2059+缺簡$_{01}$+2097+0831+缺簡$_{02}$+0910(048—052):

●監御史[1]下劾[2]郡守┘,縣官已論,言夬(決)[3]郡守,郡守謹案致之[4]。不具[5]者,輒却道近易具[6];具者,郡守輒移$_{048}$御史[7],以盨(齎)[8]使及有事咸陽者,御史掾[9]平[10]之如令[11];有不具不平者[12],御史却郡[13]。而歲郡課[14]郡所移$_{049}$(缺簡01)并筭。而以夬(決)具到御史者,獄數衛(率)之,嬰筭[15]多者爲殿,十郡取殿一郡┘[16],奇不盈十到六亦取一郡。☐[17]$_{050}$亦各課縣┘,御史課中縣官,取殿數如郡[18]。殿者,貲守、守丞[19]、

---

① 陳松長主編:《嶽麓書院藏秦簡(伍)》,第142頁。

卒史、令、丞[20]各二甲，而令獄史均[21]新地₀₅₁（缺簡02）□□[22]如此其熟獄不□有少費[23]。　·廿五₀₅₂。

【1】監御史

[疏證]

監御史：設於郡的監察御史，《嶽麓伍》簡123又稱"郡監"。① 《嶽麓叁》簡014有"監御史康"，整理小組注曰："監御史，秦官，職掌督察郡政。《漢書·百官公卿表》：'監御史，秦官，掌監郡，漢省，丞相遣使分刺州，不常置。五帝元封五年初置部刺史，掌奉詔條察州，秩六百石，員十三人。'"② 《嶽麓肆》簡342有"監令史"，嶽麓簡整理小組解釋爲"負責監管的令史"，我們在《嶽麓肆疏證》一書中曾推測它與"監御史"是否屬於同一監察系統的官員。③ 里耶秦簡中出現了很多"令史某某監"的記載，這種情況下的"監"是一種臨時性的工作，就是在某件事或某項工作中擔任監督或見證的角色。所以我們疑惑於"令史監"與"監令史"是不是一個角色？如果不是，"監御史"設於郡，"監令史"設於縣道，爲中央到地方的一個監察系統，這種可能性是存在的。果真如此的話，"監令史"就不是負責"監管"的令史，而是負責"監察"的令史了。

【2】下劾

[疏證]

劾：檢舉官吏罪行，提請審判機關案驗斷決。這裏用作名詞，指的是劾文書。據高恒的研究，劾文書一般包括狀辭、狀辭呈文、劾章、劾章呈文及簽發文書等五個部分組成。"即由負責官吏（監臨或部主）提出狀辭，呈本機構的主管官吏。若是刑事案件，則由主管官吏審核狀辭，並根據狀辭擬出劾章，呈上級機關（簡中劾文書中的上級機關即'甲渠候官'）。然後以上級機關的名義，簽發移呈審判機關。"④

下劾：下發劾文書。陳運影曰：

今按：里耶秦簡8-651見"上劾"一詞，其簡文云："世（卅）三年正月壬申朔=[朔朔]日，啓陵鄉守繞敢言之。上劾一牒"，"上劾"指向上級遞交劾文書，爲上行文書的用語。與此相對，《嶽麓伍》此處所見"下劾"似當出現在下行文書中。游逸飛先生曾據《漢書·百官公卿表》"監御史，秦官，掌監郡"與里耶11-34"敢言之。洞庭監御史"指出監御史是秦郡"守、尉、監"的三大長官之一。秦代守府、尉府、監府三府分立，監御史與郡守是互不統屬的關係，但郡監

---

① 陳松長主編：《嶽麓書院藏秦簡（伍）》，第108頁。
② 朱漢民、陳松長主編：《嶽麓書院藏秦簡（叁）》，第108頁。
③ 朱紅林：《〈嶽麓書院藏秦簡（肆）〉疏證》，第363頁。
④ 高恒：《秦漢簡牘中法制文書輯考》，社會科學文獻出版社2008年版，第308頁。

御史擁有舉劾、捕人等司法權力,可以制約郡守。所以,此處監御史雖與郡守是平級,却使用出現在下行文書中的"下劾"一詞,正好體現了監御史可以制約郡守的司法權力。①

這種分析是有道理的。

【3】夬(決)

[疏證]

夬(決):決議,縣官所做出的判罰意見。縣道一級司法部門對案件進行初步的審理,對案件的性質做出初步判斷,同時提出量刑建議,形成卷宗上呈郡級司法機關論處。這一流程,在張家山漢簡《二年律令》的《興律》中也有相近的表述。《二年律令》簡396—397《興律》:

> 縣道官所治死罪及過失、戲而殺人,獄已具,勿庸論,上獄屬所二千石官。二千石官令毋害都吏復案,問(聞)二千石官,二千石官丞謹掾,當論,乃告縣道官以從事。徹侯邑上在所郡守。②

相比之下可以看出,嶽麓秦簡令文與張家山漢簡律文的表述雖稍有不同,詳略之處亦互異,但主體部分的大致意思是一樣的。

首先,嶽麓秦簡在提到縣級司法機關將案件審理結果上呈的時候,説得比較詳細,分了"不具""具""不平不具"三種情況,而張家山漢簡只提到一種情況,那就是"具"。仔細想想,"不具""不平不具"兩種情況最終都是要被糾正的,最終還是要達到"具"的狀態方能進入下一程序。

其次,嶽麓秦簡説"縣官已論,言夬(決)郡守",而張家山漢簡却説"獄已具,毋庸論,上獄屬所二千石官"。一"論",一"毋庸論",好像截然相反。其實不然。嶽麓秦簡所謂的"縣官已論",只是説縣級司法機關給出初步的案情研判和處理意見,最終的案件定性和處理意見還是要由郡級司法機關確定,所以接下來才説"言夬(決)郡守"。張家山漢簡所説的"毋庸論"也是這個意思,不是説縣級司法機構不給處理意見,而是沒有最終確定權。"上獄屬所二千石官","獄"就是縣級司法機關關於本案的審理報告。縣級司法機關的案件審理報告,最終要由郡級司法機關審核定性。

第三,縣級司法機關將案件初步審理結果上報郡級司法機關後,郡級司法機關要進行審查。嶽麓秦簡説"郡案致之";張家山漢簡説"二千石官令毋害都吏復案,問(聞)

---

① 陳運影:《〈嶽麓書院藏秦簡(伍)〉第一組簡集釋及相關問題研究》,第31—32頁。
② 張家山二四七號漢墓竹簡整理小組編著:《張家山漢墓竹簡〔二四七號墓〕》,文物出版社2001年版,第186頁。

二千石官,二千石官丞謹掾,當論,乃告縣道官以從事"。可以看出,張家山漢簡説得要詳細一些。

不過接下來,嶽麓秦簡和張家山漢簡的記載就有些明顯的不同了。嶽麓秦簡記載,郡級司法機關在對案件進行審核後,還要進一步上報中央司法機關,即由御史大夫進行審核。由於有殘簡,不排除死刑案件甚至會上報皇帝批復。而張家山漢簡很明確地説,如果郡級司法機關對案件審核無誤後,將回復縣級司法機關按律執行處罰。這中間的差别很值得關注。

【4】郡守謹案致之

[疏證]

案致:對上呈的案卷進行審核,確定真相。《漢書·魏相傳》:"御史大夫桑弘羊客詐稱御史止傳,丞不以時謁,客怒縛丞。相疑其有奸,收捕。案致其罪,論客棄市。"①《後漢書·蓋勛傳》:"時武威太守倚恃權埶,恣行貪橫,從事武都蘇正和案致其罪。"②

"郡守謹案致之"之後,整理小組原標點爲逗號,今改爲句號。下文以此爲基礎,分別説了"不具者""具者""不平不具者"三種情況,大致爲並列關係,"不具者,輒却""道近易具,具者,郡守輒移御史以齏(齎)使及有事咸陽者,御史掾平之如令""有不具不平者,御史却郡而歲郡課"三者之間,整理小組原標點爲逗號,層次不清,不便於讀者閲讀理解,今分別改爲分號。陳偉説亦同。③

另外,從上下文義來看,"郡守謹案致之",不但是要對上報上來的案件的處理意見進行審核,也會對案件的内容是否清晰全面進行審核。所謂"不具"者云云,就是對案件報告某方面組成要素的缺失而提出的意見。

【5】具

[疏證]

具:完備。這裏指文書卷宗各項要素書寫完備。張家山漢簡《二年律令》簡269《行書律》有"及書已具,留弗行",整理小組注:"具,備。"④《二年律令》簡397《興律》:"縣道官所治死罪及過失、戲而殺人,獄已具,勿庸論,上獄屬所二千石官。"⑤《漢書·于定國傳》載東海孝婦被告殺其姑:"吏驗治,孝婦自誣服。具獄上府,于公以爲此婦養姑十餘年,以孝聞,必不殺也。太守不聽,于公爭之,弗能得,乃抱其具獄,哭於府上,因辭疾去。"師古曰:"具獄者,獄案已成,其文備具也。"⑥

---

① 班固:《漢書》,第10分册,第3133頁。
② 范曄:《後漢書》,第7分册,第1879頁。
③ 陳偉:《〈嶽麓書院藏秦簡(伍)〉校釋》,《出土文獻與法律史研究》第7輯,第5頁。
④ 張家山二四七號漢墓竹簡整理小組編著:《張家山漢墓竹簡〔二四七號墓〕(釋文修訂本)》,第46頁。
⑤ 同上注,第62頁。
⑥ 班固:《漢書》,第10分册,第3041—3042頁。

【6】輒却道近易具

[疏證]

輒却道近易具：即刻退回到附近容易修改完備的地方。嶽麓秦簡整理小組原標點爲"不具者,輒却,道近易具,具者,郡守輒移"云云,今暫從陳偉說改。① "却"的賓語是"道近易具(之處)"。也就是說,郡級司法機關審核縣級司法機關提交上來的案件審理報告,發現其中尚有不完備的地方,要被退回重新提交。不過簡文表述有一個難解之處,就是報告退回之處"道近易具"。案件匯報的卷宗是由案發地所在縣級司法機關撰寫上報的,一般來說退回也應退回到原提交單位,總不能不論遠近提交的報告,退回時都退到"道近易具"之處,或者只退回"道近易具"之地的報告,這中間肯定還是有需要解釋之處的。甚至不排除"道近易具"四字爲衍文。

却：退回。《孟子·萬章下》曰："却之却之爲不恭。"朱熹集注曰："却,不受而還之也。"②《史記·李斯列傳》："王者不却衆庶,故能明其德。"司馬貞《索隱》："《管子》云：'海不辭水,故能成其大；山不辭土石,故能成其高。'《文子》曰：'聖人不讓負薪之言,以廣其名。'"③ "辭""讓"皆拒絕、推辭之意。

【7】御史

[疏證]

此處"御史"似乎與上文設於郡的"監御史"有所不同,它負責郡及中縣道的司法考課,權力甚大,似乎應當是中央負責監察職能的長官御史大夫,而不會是御史大夫的屬員"侍御史"。

【8】齍（齎）

[疏證]

齍（齎）：交付。《廣韻·齊韻》："齎,付也。"④《儀禮·聘禮》："又齎皮馬。"鄭玄注："齎,猶付也。"⑤《漢書·循吏傳·文翁傳》："減省少府用度,買刀布蜀貨,齎計吏以遺博士。"⑥

【9】掾

[疏證]

"掾"在此處有兩種可能的解釋。

---

① 陳偉：《〈嶽麓書院藏秦簡（伍）〉校釋》，《出土文獻與法律史研究》第7輯，第5頁。
② 朱熹：《四書章句集注》，中華書局1983年版，第318頁。
③ 司馬遷：《史記》，第8分冊，第3074頁。
④ 蔡夢麒：《廣韻校釋》，嶽麓書社2007年版，上冊，第163頁。
⑤ 胡培翬：《儀禮正義》，江蘇古籍出版社1993年版，中冊，第1142頁。
⑥ 班固：《漢書》，第11分冊，第3625頁。

一種作名詞解,意爲"助手""佐吏"。睡虎地秦簡《效律》簡51—53:"官嗇夫貲二甲,令、丞貲一甲;官嗇夫貲一甲,令、丞貲一盾。其吏主者坐以貲、誶如官嗇夫。其它冗吏、令史掾計者,及都倉、庫、田、亭嗇夫坐其離官屬於鄉者,如令、丞。"睡虎地秦簡整理小組注:"掾(音院),一種屬吏。令史掾,令史的掾。"①

一種作動詞解,意爲"審核""審查"。陳長琦在解釋睡虎地秦簡《效律》簡52"令史掾計者"時,將"掾"解釋爲"參與",②籾山明解釋爲"檢查"③。張家山漢簡《二年律令》有"二千石官丞謹掾"云云,可與此處嶽麓簡相比較,值得注意。《二年律令》簡396—397《興律》:"縣道官所治死罪及過失、戲而殺人,獄已具,勿庸論,上獄屬所二千石官。二千石官令毋害都吏復案,問(聞)二千石官,二千石官丞謹掾,當論,乃告縣道官以從事。徹侯邑上在所郡守。"掾,張家山二四七號漢墓竹簡整理小組釋爲"佐助",④王偉釋爲"審核""核查""審查"。⑤王偉説可從。嶽麓簡此處的"掾"或亦當釋作"審核"。

【10】平

[疏證]

平:治也,成也。《尚書·吕刑》:"禹平水土,主名山川。"主,即治理之意。⑥《左傳·文公十八年》:"父義、母慈、兄友、弟共、子孝、内平、外成。""内平外成",平,即成也。⑦其實,"平",不論解釋爲"治",還是"成",其表達的意思都是經過行動之後達到一種和諧有序的狀態。嶽麓簡此處的"御史掾平之如令",意思就是御史按照相關制度對各郡上呈上來的刑獄報告進行審查,評比優劣。

【11】如令

[疏證]

"如令"之後,嶽麓秦簡整理小組原標點爲逗號,今改爲分號。

【12】有不具不平者

[疏證]

不具不平:因爲"不具",而不能"平"。這句話意思是説,因爲上呈的案件審理

---

① 睡虎地秦墓竹簡整理小組編:《睡虎地秦墓竹簡》,釋文部分第75頁。
② 陳長琦:《〈睡虎地秦墓竹簡〉譯文商榷(二則)》,《史學月刊》2004年第11期,第117頁。
③ 籾山明著,李力譯:《中國古代訴訟制度研究》,上海古籍出版社2009年版,中文版序第2頁。
④ "掾",張家山二四七號漢墓竹簡整理小組在整理報告《張家山漢墓竹簡》中釋作"掾",並作了注釋(《張家山漢墓竹簡〔二四七號墓〕》,文物出版社2001年版,第186頁),但後來在釋文修訂本中改釋作"録"(《張家山漢墓竹簡〔二四七號墓〕(釋文修訂本)》,第62頁),不知何據。彭浩、陳偉、〔日〕工藤元男主編的《二年律令與奏讞書——張家山二四七號漢墓出土法律文獻釋讀》(上海古籍出版社2007年版,第242—243頁)採用了"掾"字,並未對《張家山漢墓竹簡〔二四七號墓〕(釋文修訂本)》釋"録"的觀點予以評説。本書亦采用"掾"字説。
⑤ 王偉:《張家山漢簡〈二年律令〉雜考》,簡帛研究網2021年3月12日。
⑥ 孔穎達:《尚書正義》,上海古籍出版社2007年版,第776頁。
⑦ 楊伯峻:《春秋左傳注》,中華書局2016年版,第2分册,第698頁。

報告,涉案各種因素未能陳述詳備,御史審核不予通過。陳偉句讀此句令文時在"不具""不平"之間以頓號斷讀,未能詳細解説原因。①今仍以整理小組説爲是。

【13】御史却郡

[疏證]

御史却郡:御史把"不具不平"的案件報告退回所屬郡。"御史却郡"之後,嶽麓秦簡整理小組原標點爲逗號,今從陳偉説,改爲句號。②

【14】歲郡課

[疏證]

歲郡課:陳偉認爲"歲""課"之間的"郡"字衍文。③歲課,即年度考課。"歲郡課"與下文049簡末三字"郡所移"之間,嶽麓秦簡整理小組原標點爲逗號,並且簡049與050之間有缺簡,標號"缺簡01"。陳偉則主張連讀"歲(郡)課"與"郡所移"及簡050連讀,中間不存在缺簡,讀作"而歲(郡)課郡所移并筭","課"的賓語爲"郡所移并筭"。④今從陳偉説改。

【15】嬰筭

[疏證]

嬰筭:標記筭籌,用筭籌多少計算獄數。嬰,標記。睡虎地秦簡《秦律十八種》簡69《金布律》:"有買(賣)及買殹(也),各嬰其賈(價);小物不能各一錢者,勿嬰。"整理小組注:"嬰,繫。嬰其價,指在貨物上繫籤標明價格。《周禮·典婦功》等條有'比其小大而賈(價)之,物書而楬之','以其賈(價)楬而藏之',都是用木籤記出價格。"⑤《嶽麓肆》簡346"縣官上計執灢,執灢上計冣(最)皇帝所,皆用筭橐",⑥提到上計時使用"筭橐",整理小組的解釋爲"疑爲專門用來裝計最簿籍的袋子",現在看來還是有一定道理的,只是没有解釋"筭橐"從字面意義而言本應是用來裝"筭籌"的,爲什麽却成了"專門用來裝計最簿籍的袋子"。⑦結合《嶽麓伍》簡050此處的記載來看,上計時上級的審核辦法應該是,對於審核出有問題的地方或等級的高下以筭籌來計數,所以郡在上計時,就把各類上計文書分別裝在不同的袋子里,每類上計文書的袋子裏同時附有代表郡的審計結果的筭籌,以便朝廷的審核部門快速了解情況,作進一步判斷。

---

① 陳偉:《〈嶽麓書院藏秦簡(伍)〉校釋》,《出土文獻與法律史研究》第7輯,第5頁。
② 同上注。
③ 同上注。
④ 同上注。
⑤ 睡虎地秦墓竹簡整理小組編:《睡虎地秦墓竹簡》,釋文部分第37頁。
⑥ 陳松長主編:《嶽麓書院藏秦簡(肆)》,第209頁。
⑦ 同上注,第228頁。

【16】十郡取殿一郡

　　［疏證］

　　十郡取殿一郡：每十個郡中選出成績最差的一個郡。

【17】□

　　［整理小組注］

　　此簡末尾殘斷僅見"郡"字墨跡，按簡長計算墨跡之後最多有一重文號空間。故此處或可補一"郡"字。①

　　［疏證］

　　嶽麓秦簡整理小組補"郡"字是有道理的。嶽麓秦簡的記載表明，秦時"中縣道"與普通的"郡縣"系統，在國家的戰略地位上和管理上都是有所區別的。這一點在《嶽麓肆》所收錄的秦律中已經有多處表現，如簡024－025："亡不仁邑里、官，毋以智（知）何人殹（也），中縣道官詣咸陽，郡〖縣〗道詣其郡都縣。"②簡053－054："郡及襄武、上雒、商、函谷關外人及罨（遷）郡、襄武、上雒、商、函谷關外男女去，闌亡、將陽，來入之中縣道，無少長，舍人室，室主舍者，智（知）其請（情），以律罨（遷）之。"③簡093："□□□罪而與郡縣道及告子居隴西縣道及郡縣道者，皆毋得來之中縣道官。"④簡366："郡及關外黔首有欲入見親、市中縣【道】，【毋】禁錮者殹（也），許之。"⑤

　　從《嶽麓伍》簡048－052的內容來看，有關國家對地方司法審判機關的考課同樣分爲"中縣道"與"普通郡縣道"兩個系統，都由御史大夫負責。其中針對普通郡縣的考課，御史大夫直接考課的對象是郡，而由郡對其屬下的縣道進行考課。所以"郡亦各課縣"是說得通的。

【18】取殿數如郡

　　［疏證］

　　取殿數如郡：御史審核中縣道的上呈的案件報告時，審核結果如同有關機構審核地方郡縣的比率一樣，每十個被審核單位中選取排名最後的一個進行處罰。

【19】守丞

　　［疏證］

　　守丞：郡守之丞，《嶽麓伍》簡061有"郡守丞"。《漢書·百官公卿表》："郡守，秦

---

① 陳松長主編：《嶽麓書院藏秦簡（伍）》，第76頁。
② 陳松長主編：《嶽麓書院藏秦簡（肆）》，第46－47頁。
③ 同上注，第56頁。此處"中縣道"，嶽麓秦簡整理小組原標點作"中縣、道"，今統一改讀作"中縣道"。
④ 同上注，第69頁。
⑤ 同上注，第216頁。

官,掌治其郡,秩二千石。有丞,邊郡又有長史,掌兵馬,秩皆六百石。"①郡守之丞之所以在此處省稱爲"守丞",而非"郡丞"或"丞",恐怕還有與"郡尉之丞"相區別的原因在内。《漢書·百官公卿表》:"郡尉,秦官,掌佐守典武職甲卒,秩比二千石。有丞,秩皆六百石。"②《嶽麓伍》簡123即有"郡守、郡監、守丞、尉丞"並列的記載。里耶秦簡中的"守丞"一度也曾經引起過爭論。③其實"守丞"之"守"的含義,需要具體問題具體對待,有時指的是官長,有時指的是代理,不可一概而論。即使在同一則律令或文書之中,同詞不同義的情況也可能出現。

【20】丞

[疏證]

丞:縣丞,縣令的副手,與前文"守丞"不同,前者爲郡守的副手。

【21】均

[疏證]

均:治理。參見《嶽麓伍》簡225"均故徼"疏證。陳運影引睡虎地秦簡《法律答問》"宫均人",釋爲"循",④亦通。

【22】□

[整理小組注]

據殘存墨跡疑是"即"字。⑤

【23】熱獄不□有少費

[整理小組注]

熱:此字原圖並無"土"形,疑此字爲"執"之誤寫。或說此字讀爲"設"。⑥

少費:文獻中皆用作耗費少之意。如《韓非子·解老》:"聖人之用神也静,静則少費,少費謂之嗇。嗇之謂術也,生於道理。"銀雀山漢墓竹簡《王兵》:"器戒(械)備,功(攻)伐少費。"此可與嶽麓簡1034簡中"大費"互參。⑦

---

① 班固:《漢書》,第3分册,第742頁。
② 同上注。
③ 湖南省文物考古研究所、湘西土家族苗族自治州文物處:《湘西里耶秦代簡牘選釋》,《中國歷史文物》2003年第1期。楊宗兵:《里耶秦簡縣"守""丞""守丞"同義說》,《北方論叢》2004年第6期。楊宗兵:《里耶秦簡釋義商權》,《中國歷史文物》2005年第2期。陳治國:《里耶秦簡"守"和"守丞"釋義及其他》,《中國歷史文物》2006年第3期。
④ 陳運影:《〈嶽麓書院藏秦簡(伍)〉第一組簡集釋及相關問題研究》,第32頁。
⑤ 陳松長主編:《嶽麓書院藏秦簡(伍)》,第76頁。
⑥ 同上注。
⑦ 同上注。

[疏證]

　　李蓉贊同嶽麓秦簡整理小組釋"熱〈執〉"的觀點，並作了進一步闡述。她說："這種省去'土'形的'熱'與'執'形近，故理解成'執'字之誤寫，似無不可。'熱〈執〉'，與秦簡常見的'繫'相類，表示拘執、拘捕。《史記·李斯列傳》：'趙高案治李斯，李斯拘執束縛，居囹圄中，仰天而嘆。'籾山明（1995：253）認爲'"執"指官吏爲認定犯罪事實而拘捕嫌疑犯，拘捕行爲由縣獄吏實施。'因此，'熱〈執〉獄'即指與被拘捕的嫌疑犯相關的獄案。"①

　　"熱獄不□"中的未釋字"□"，齊繼偉釋爲"閒"，曰："'熱（執）獄不閒有少費'指執獄不留（不擱置）而耗用少。可參看簡1034'●皋人久毄（繫）留不決，大費殹（也）。·諸執灋、縣官所治而當上奏當者：·其皋當耐以下，皆令先決（論之）'等。"齊說可從。②

簡文大意

　　監御史下劾書於郡守，（郡則將案件交由具體所在縣處理，）縣級司法部門經過初步審理，初步擬定判決意見，上報郡守，郡守則進行認真審核。案卷匯報情況不全者，郡級司法機關會將案卷及時退回路途較近容易及時修改完備的縣；案卷匯報情況全面者，郡守則上報御史，案卷交由使者上報或有事前往咸陽的人捎帶轉呈，御史掾按照規定予以處理；有案卷不完備無法處理者，御史退回郡裏。每歲郡所提交案件處理報告……與所附筭籌，以獄數爲標準，繫筭籌多者爲最差。每十個郡中選一個郡，六個以上不滿十個郡時，亦從中選一個最差者。郡亦各自考課屬下各縣。御史考課中縣道所屬縣，取殿數與郡考課的比率相同。所屬郡縣考課殿後者，貲罰郡守、守丞、卒史、縣令、縣丞各二甲，同時命令（考課落後而受連坐）相關獄史負責新地…… 廿五。

簡1036+1010+1011（053—055）：

　　●定陰忠言[1]：律曰："顯大夫[2]有皋當廢以上[3]，勿擅斷，必請[4]之。"今南郡司馬慶[5]故爲冤句[6]令，詐（詐）課[7]，當053廢官，令以故秩爲新地吏四歲[8]而勿廢[9]。請論慶[10]。制書[11]曰："諸當廢而爲新地吏勿廢者，即非廢[12]054。已後此等勿言。" ·廿六055。

---

① 李蓉：《嶽麓秦簡釋讀札記五則》，《出土文獻綜合研究集刊》2022年第2期（第16輯），第103頁。
② 齊繼偉：《讀〈嶽麓書院藏秦簡（伍）〉札記（一）》，武漢大學簡帛網2018年3月9日。

【1】定陰忠言

[整理小組注]

定陰：居延漢簡239·77中也有"定陰"。秦文字中有陰、陶相混的情況，如天水放馬灘秦簡《日書·乙種》28："以視陶陽。"陰誤作陶。秦封泥中有"樂陶右尉"，陶誤寫作"陰"。《漢書·地理志八上》："冤句，莽改定陶曰濟平，冤句縣曰濟平亭。"依據本簡下面出現的"冤句"一地來看，此"定陰"當是"定陶"之誤。①

[疏證]

定陰忠言："定陰忠言"之後，自"律曰"至"請論慶"都是定陰忠所説的話，他首先援引了相關的法律，然後才匯報了相關的案情，最後提出處理意見請求皇帝予以批示。故整理小組在"定陰忠言"後原標點爲逗號不合適，今改爲冒號。

【2】顯大夫

[整理小組注]

顯大夫：睡虎地秦簡《法律答問》：可（何）謂"宦者顯大夫"？宦及智（知）於王，及六百石吏以上，皆爲"顯大夫"。②

[疏證]

顯大夫爵位以上的人員有罪，處理結果必須向上級請示，這種處理辦法屬於"八議"的範疇。《周禮·秋官·小司寇》："以八辟麗邦法，附刑罰：一曰議親之辟，二曰議故之辟，三曰議賢之辟，四曰議能之辟，五曰議功之辟，六曰議貴之辟，七曰議勤之辟，八曰議賓之辟。"其中"六曰議貴之辟"，鄭司農注云："若今時吏墨綬有罪先請是也。"孫詒讓《周禮正義》曰：

> 注鄭司農云"若今時吏墨綬有罪先請是也"者，賈疏云："先鄭推引漢法墨綬爲貴，若據周，大夫以上皆貴也。墨綬者，漢法，丞相二千石，金印紫綬；御史大夫二千石，銀印黃綬；縣令六百石，銅印墨綬，是也。"孔廣森云："《宣帝紀》曰：'吏六百石位大夫，有罪先請。'此漢舊法也。世祖建武三年，始詔令吏不滿六百石，下至墨綬長相，有罪皆得先請。《前漢·劉屈氂傳》云：'司直，吏二千石，當先請，奈何擅斬之？'"惠棟云："蔡邕《橋公碑》云：'遷齊相，臨淄令賂財贓多，罪正受鞠就刑，竟以不先請免官。'"③

據睡虎地秦簡，顯大夫的爵位相當於六百石吏。因此，漢制六百石以上有罪先請，也是繼承了秦制的傳統。而秦制關於有罪先請的規定，從《周禮》來看，恐怕也非秦國獨有，

---

① 陳松長主編：《嶽麓書院藏秦簡（伍）》，第76頁。
② 同上注。
③ 孫詒讓：《周禮正義》，第8分冊，第3342頁。

而是當時各國通行的關於特權階層的法律保護措施，只不過輕重有別罷了，指導思想則是一致的。

【3】有睾當廢以上

[疏證]

有睾當廢以上：（顯大夫）犯罪，所受處罰在廢職以上者。嶽麓秦簡整理小組原把"有睾當廢以上"與"勿擅斷"連讀，今從魏振龍之説，以逗號斷開。①

廢：廢黜官職，永不叙用。睡虎地秦簡《秦律雜抄》簡1《除吏律》："任法（廢）官者爲吏，貲二甲。"整理小組注："廢官者，已受撤職永不叙用處分的人。"②

【4】請

[疏證]

請：本義指向上級請示，如睡虎地秦簡《秦律十八種》簡188《内史雜》："有事請殹（也），必以書，毋口請，毋羈（羈）請。"③但此處或特指向皇帝請示的上請制度。

從嶽麓秦簡的資料來看，秦代的上請制度主要包括兩類内容：

一類是司法審判中涉及對高級别官吏或特殊人物進行處置時，需要請示皇帝。如《嶽麓伍》簡053："律曰：顯大夫有睾當廢以上勿擅斷，必請之。"④

另一類是官員的一些建議想法希望能成爲規章制度時，需要請示皇帝，得到批准。如《嶽麓伍》簡056—058：

廿六年四月己卯丞相臣狀、臣綰受制相（湘）山上：自吾以天下已并，親撫晦（海）内，南至蒼梧，凌涉洞庭之水，登相（湘）山、屏山，其樹木野美，望駱翠山以南樹木□見亦美，其皆禁勿伐。臣狀、臣綰請：其禁樹木盡如禁苑樹木，而令蒼梧謹明爲駱翠山以南所封刊。臣敢請。制曰：可。⑤

【5】南郡司馬慶

[整理小組注]

南郡司馬慶：郡司馬，郡守之屬官。張家山漢簡《二年律令·秩律》468簡有："中司馬、郡司馬、騎司馬……"知漢之郡司馬亦承於秦制。⑥

[疏證]

從簡文的記載來看，慶現在之所以爲南郡司馬，是因爲他犯了罪，"以故秩爲新地

---

① 魏振龍：《讀〈嶽麓書院藏秦簡（伍）〉札記之一》，武漢大學簡帛網2018年3月14日。
② 睡虎地秦墓竹簡整理小組編：《睡虎地秦墓竹簡》，釋文部分第79頁。
③ 同上注，釋文部分第62頁。
④ 陳松長主編：《嶽麓書院藏秦簡（伍）》，第56頁。
⑤ 同上注，第57—58頁。
⑥ 同上注，第76頁。

吏四歲而勿廢(癈)”而任此職。慶雖擔任南郡司馬,其秩級仍爲冤句令的秩級。《漢書·百官公卿表》:“縣令、長,皆秦官,掌治其縣。萬户以上爲令,秩千石至六百石。減萬户爲長,秩五百石。”①

【6】冤句

[整理小組注]

冤句: 地名。《肩水金關漢簡》73EJT21:269有“戍卒濟陰郡冤句庠復里”。《漢書·地理志八上》:“冤句,莽改定陶曰濟平,冤句縣曰濟平亭。”②

【7】詐(詐)課

[疏證]

課: 考課,考核。睡虎地秦簡《秦律十八種》簡13—14《廄苑律》:“以四月、七月、十月、正月膚田牛。卒歲,以正月大課之,最,賜田嗇夫壺酉(酒)束脯,爲旱〈皂〉者除一更,赐牛長日三旬;殿者,誶田嗇夫,罰冗皂者二月。其以牛田,牛減絜,治(笞)主者寸十。有(又)里課之,最者,賜田典日旬。殿,治(笞)卅。”③

詐(詐)課: 考課過程中弄虛作假。睡虎地秦簡《法律答問》簡59:“廷行事吏爲詛僞,貲盾以上,行其論,有(又)廢之。”整理小組注:“詛,讀爲詐。《急就篇》:‘誅罰詐僞劾罪人。’”④《法律答問》的記載表明,官吏在行政過程中如果弄虛作假,只要是處罰在貲盾以上者,都要同時被廢黜官職,再不被啓用。這與嶽麓秦簡中司馬慶詐課被處罰的最初判罰結果是有相似之處的。

【8】以故秩爲新地吏四歲

[疏證]

秩,《漢語大字典》:“官吏的職位或品級。《玉篇·禾部》:‘秩,品也。’《增韻·質韻》:‘秩,職也,官也。’《管子·山至數》:‘去其都秩,與其縣秩。’唐韓愈《雪後寄崔二十六丞公》:‘秩卑俸薄食口衆,豈有酒食開容顔?’明袁宏道《送京光諸君陞刑部員外郎序》:‘西曹舊稱清秩,居是官者,多文雅修飾之士。’《明史·太祖紀》:‘罷中書省,廢丞相等官,更定六部官秩。’”⑤“以故秩”云云,當指按照原來的品級從事某項工作。如《明史·徐從治傳》:“崇禎初,以故秩飭薊州兵備。”⑥

以故秩爲新地吏四歲: 以原職官品級擔任新地吏四年。

---

① 班固:《漢書》,第3分册,第742頁。
② 陳松長主編:《嶽麓書院藏秦簡(伍)》,第76頁。
③ 睡虎地秦墓竹簡整理小組編:《睡虎地秦墓竹簡》,釋文部分第22頁。
④ 同上注,釋文部分第107頁。
⑤ 漢語大字典編輯委員會編纂:《漢語大字典(第2版)》,第2783頁。
⑥ 張廷玉等:《明史》,中華書局1974年版,第21分册,第6431頁。

【9】勿廢(癈)

[疏證]

勿廢(癈)："勿廢"之前,説的是慶的犯罪原因及擬采取的處理辦法,"勿廢"之後説的是請皇帝予以批示。兩者之間層次分明,嶽麓秦簡整理小組原標點爲逗號,今改爲句號。

【10】請論慶

[疏證]

請論慶:請求對慶的處罰建議進行批示。地方官吏已經對司馬慶在考課過程中的弄虛作假行爲依據相關法律提出了處罰意見,現在呈報皇帝請求批示。這裏的"請",就屬於"有罪先請"。這裏還有一個疑問,就是定陶與冤句都屬於東郡下轄的縣,這份上奏皇帝的請示報告何以由定陶令上奏,其中原因還需要探討。

【11】制書

[疏證]

制書:皇帝詔書的專用名稱。《史記·秦始皇本紀》李斯等上奏秦皇帝的建議中有:"命爲'制',令爲'詔',天子自稱曰'朕'。"集解引蔡邕曰:"制書,帝者制度之命也,其文曰'制'。"[1]

【12】非廢

[疏證]

非廢:不屬於被廢職處理的情況。

簡文大意

定陰縣令忠上言:法律規定"顯大夫有罪應當被判處廢職以上者,地方官吏不能擅自決斷,一定要先請示皇帝"。今南郡司馬慶,原任冤句縣令,因爲在考課過程中弄虛作假,按照相關法令,應該被判處以原來的官秩級別到新地爲吏,任職四年,而無需再被廢職,請求皇帝予以批示。制書回復説:"那些本應當被廢職而去新地爲吏從而免於廢職者,實際上屬於並没有被廢職,以後這種情況就無須再次上報了。" 廿六。

---

[1] 司馬遷:《史記》,第1分册,第301頁。

簡1001-1+1020+1001-2+1104（056—058）：

●廿六年四月己卯[1]，丞相臣狀、臣綰受制[2]相（湘）山[3]上：自吾以天下已并，親撫晦（海）内，南至蒼梧，凌涉洞庭之 056 水⌐，登相（湘）山、屏山[4]，其樹木野美，望駱翠山[5]以南樹木□[6]見亦美，其皆禁勿伐。臣狀、臣綰請：其 057 禁樹木[7]盡如禁苑樹木，而令蒼梧[8]謹明爲駱翠山以南所封刊[9]。臣敢請。制曰：可。・廿七 058。

【1】廿六年四月己卯

[整理小組注]

廿六年四月己卯：此簡左右拼合後，"六"字稍殘筆畫，但所見筆畫與"六"形完全相合，或疑此形爲"九"，但形體不如"六"形吻合。《史記·秦始皇本紀》，秦始皇二十八年東巡泰山，經渤海，登琅琊。之後，西南渡淮水，到衡山、南郡，浮江至湘山祠。據此"六"也可能是"八"之誤。此紀年的簡文内容未見文獻記載，秦始皇二十六年《史記》載此年王賁攻齊得齊王建，未提該簡下文所説的相山受制之事。①

[疏證]

嶽麓秦簡所記録秦始皇的這份詔書，諸家多有討論。孫家洲認爲這份詔書的文風與《史記》所載始皇詔書的文風迥然不同，《史記》所載始皇詔書"最接近法家著作的文風：嚴謹威勢有餘，文氣靈性不足"，而嶽麓簡這份詔書"居然是那樣的'文質彬彬'，不似君王嚴旨，倒帶有幾分文人醉情於名山修竹時而抒情的色彩"。他認爲這種文風的差異，是由草擬詔書的官吏的文風導致的。②胡平生認爲這份所謂的詔書並非始皇所爲，而是秦末趙高、胡亥等人的政治宣傳。③亦可備一説。

嶽麓秦簡整理小組原把"廿六年四月己卯"與下文"丞相臣狀"云云連讀，今以逗號斷開。

【2】受制

[疏證]

受制：受制書。制：皇帝的命令。《史記·秦始皇本紀》："命爲'制'，令爲'詔'。"集解

---

① 陳松長主編：《嶽麓書院藏秦簡（伍）》，第76—77頁。
② 孫家洲：《史籍失載的秦始皇荆楚故地的一次出巡及其詔書析證——嶽麓書院藏秦簡〈秦始皇禁伐湘山樹木詔〉新解》，《中國史研究》2021年第4期，第61—64頁。
③ 胡平生：《史遷不采〈秦記〉始皇詔書説——也説嶽麓秦簡〈秦始皇禁伐湘山樹木詔〉》，《簡帛》第25輯，第103—111頁。

引蔡邕曰:"制書,帝者制度之命也,其文曰'制'。詔,詔書。詔,告也。"正義曰:"制詔三代無文,秦始有之。"① "受制" 後省略 "於" 字。"受制相(湘)山上",即 "受制於相(湘)山上"。

【3】相(湘)山

[整理小組注]

相(湘)山:洞庭湖以北有湘山。②

【4】屏山

[整理小組注]

屏山:應與湘山較近,具體位置待考。③

【5】駱翠山

[整理小組注]

駱翠山:山名,具體位置不詳。④

【6】□

[疏證]

□:此殘字,齊繼偉釋 "顧",陳偉釋 "頫"。⑤

【7】禁樹木

[疏證]

禁:圍擋,藩衛。此處當理解爲名詞,可理解爲保護範圍或者説禁令範圍,修飾後面的 "樹木"。禁樹木:封禁範圍內的樹木。下文言 "謹明爲駱翠山以南所封刊",即 "禁" 的具體範圍。《周禮》一書中山林川澤皆有禁令,可作爲戰國秦漢時期山林之禁令的參考。

《周禮·地官·山虞》:掌山林之政令,物爲之厲而爲之守禁。仲冬斬陽木,仲夏斬陰木。凡服耜,斬季材,以時入之。令萬民時斬材,有期日。凡邦工入山林而掄材,不禁。春秋之斬木不入禁,凡竊木者有刑罰。若祭山林,則爲主,而脩除且蹕。若大田獵,則萊山田之野,及弊田,植虞旗于中,致禽而珥焉。⑥

① 司馬遷:《史記》,第1分册,第301頁。
② 陳松長主編:《嶽麓書院藏秦簡(伍)》,第77頁。
③ 同上注。
④ 同上注。
⑤ 齊繼偉:《讀〈嶽麓書院藏秦簡(伍)〉札記(一)》,武漢大學簡帛網2018年3月9日。陳偉:《〈嶽麓書院藏秦簡(伍)〉殘字試釋》,《江漢考古》2018年第4期,第122頁。
⑥ 孫詒讓:《周禮正義》,第4分册,第1441–1447頁。

《周禮·地官·林衡》：掌巡林麓之禁令，而平其守，以時計林麓而賞罰之。若斬木材，則受灋于山虞，而掌其政令。①

【8】令蒼梧

[疏證]

令蒼梧：命令蒼梧郡守府。

【9】封刊

[疏證]

刊：砍伐。《説文·刀部》："刊，剟也。"段玉裁注："凡有所削去謂之刊。"②《尚書·禹貢》："隨山刊木。"孔安國傳："隨行山林，斬木通道。"③《左傳·襄公二十五年》："陳侯會楚子伐鄭，當陳隧者，井堙木刊。"杜預注："刊，除也。"④

封：堵塞。《廣雅·釋宮》："封，塗也。"王念孫疏證："《釋名》云：'塗，杜也，杜塞孔穴也。'"⑤《易林·震之蹇》："蟻封户穴，大雨將集。"⑥

封刊：封鎖山林，禁止砍伐。

與嶽麓簡此詔令中保護湘山林木一事截然不同的態度，是《史記》記載的秦始皇浮江遇大風幾不得渡，盛怒之下下令砍伐湘山樹木的記載。始皇二十八年，"始皇還，過彭城，齋戒禱祠，欲出周鼎泗水。使千人没水求之，弗得。乃西南渡淮水，之衡山、南郡。浮江，至湘山祠。逢大風，幾不得渡。上問博士曰：'湘君何神？'博士對曰：'聞之，堯女，舜之妻，而葬此。'於是始皇大怒，使刑徒三千人皆伐湘山樹，赭其山。"⑦于振波認爲："《史記》中的這則記載與秦簡中的禁伐樹木詔之間存在明顯的歧異，一則因眼前美景而禁伐樹木，一則在盛怒之下大肆砍伐，喜怒不同，行爲更完全相反。從史料價值上説，禁伐樹木詔是當時人抄録當時的詔令條文，絕非虛言，而以信史著稱的《史記》，所載伐樹赭山之事應該也有所本。對於喜怒無常的秦始皇而言，無論做出哪一種行爲，都符合他的性格。"⑧胡平生則認爲嶽麓簡所録的這則詔書，非始皇所爲，他根據《史記》所記秦始皇二十八年怒伐湘山林木之事，不認爲兩年之後，又會做出保護湘山林木的事情。⑨其實，不論是于振波還是胡平生，對於保護湘山林木詔書的認識，都有很大的推測成分在內。在没有拿出更確鑿的史料證據前，我們覺得還是暫且相信簡牘所載更好一些。

---

① 孫詒讓：《周禮正義》，第4分冊，第1449頁。
② 段玉裁：《説文解字注》，第319頁。
③ 孔穎達：《尚書正義》，第191頁。
④ 杜預：《春秋經傳集解》，上海古籍出版社1988年版，第1031頁。
⑤ 王念孫：《廣雅疏證》，上海古籍出版社2016年版，第1090頁。
⑥ 焦延壽：《易林》，鳳凰出版社2017年版，下冊，第678頁。
⑦ 司馬遷：《史記》，第1分冊，第314頁。
⑧ 于振波：《嶽麓書院藏秦簡始皇禁伐樹木詔考異》，《湖南大學學報》2018年第3期，第45頁。
⑨ 胡平生：《史遷不采〈秦記〉始皇詔書説——也説嶽麓秦簡〈秦始皇禁伐湘山樹木詔〉》，《簡帛》第25輯，第103—111頁。

簡文大意

二十六年四月己卯,丞相狀、綰接受皇帝命令於湘山之上:自從我平定天下以來,親身安撫海内,南至蒼梧郡,越過洞庭之水,登上湘山、屏山,樹木廣袤蔥鬱,再遥望駱翠山以南,樹木更加秀麗,都應加以保護,禁止砍伐。下臣狀、下臣綰請示:這些被封禁的林木都應按照禁苑的林木那樣加以保護,命令蒼梧郡對駱翠山以南的山林加以封禁,禁止砍伐。下臣謹以請示。皇帝批復:可以。　廿七。

簡1125＋0968＋0964（059—061）:

●制詔御史[1]:聞獄多留或至數歲不決,令無皋者久殹(繫)而有皋者久留[2],甚不善,其[3]舉留獄上059之└[4]。御史請:至計[5],令執灋上寂(最)[6]者,各牒書上其餘獄不決者一牒[7],署不決歲月日[8]及殹(繫)者人數,爲060寂(最),偕上御史,御史奏之[9]。其執灋不將計[10]而郡守丞[11]將計者,亦上之。制曰:可。　・卅六[12]061。

【1】制詔御史

[疏證]

制詔御史:命令御史。此處的"御史",當爲御史大夫的省稱。據《史記・秦始皇本紀》,皇帝的命令有專門的稱呼,"命爲'制',令爲'詔'",①故"制詔"即"命令"。

【2】無皋者久殹(繫)而有皋者久留

[疏證]

無皋者久殹(繫)而有皋者久留:意思是監獄中拘繫的犯罪嫌疑人久拖不決,致使無罪的人長期被無辜關押,有罪的人長期逍遥法外不加審訊,從而得不到應有的懲罰。《嶽麓伍》簡078—081、326都記載針對"久繫而不決"的處置規定,可比較參看。②

秦代監獄中這種久繫不決的情況在很長的一段時期内大概是始終存在的。因此不但嶽麓簡此處有這樣的法律規定,在睡虎地秦簡中也有所提及。睡虎地秦簡《秦律十八種》簡135—136《司空律》:"所弗問而久殹(繫)之,大嗇夫、丞及官嗇夫有罪。"③《法律答問》簡33—34:"士五(伍)甲盗,以得時直(值)臧(贓),臧(贓)直(值)過六百六十,吏弗直(值),

---

① 司馬遷:《史記》,第1分冊,第300頁。
② 陳松長主編:《嶽麓書院藏秦簡(伍)》,第65—66、207頁。
③ 睡虎地秦墓竹簡整理小組編:《睡虎地秦墓竹簡》,釋文部分第51頁。

其獄鞫乃直(值)臧(贓),臧(贓)直(值)百一十,以論耐,問甲及吏可(何)論?甲當黥爲城旦;吏爲失刑罪,或端爲,爲不直。"簡35—36:"士五(伍)甲盜,以得時直(值)臧(贓),臧(贓)直(值)百一十,吏弗直(值),獄鞫乃直(值)臧(贓),臧(贓)直(值)過六百六十,黥甲爲城旦,問甲及吏可(何)論?甲當耐爲隸臣,吏爲失刑罪。甲有罪,吏智(知)而端重若輕之,論可(何)殹(也)?爲不直。"①《法律答問》所反映的正是監獄中犯罪嫌疑人久繫不決的情況。由於盜竊犯被抓獲之後久繫不決,結果最後到審訊判決的時候贓物的物價早已發生了變化,原來贓值高的盜竊案,由於長時間未加以審訊,真正到審訊判決時,該贓物市場價值下跌;原來贓值低的案件,則由於時間的延長,審訊時贓物的市場價值上漲了好幾倍。這種情況進一步直接影響了對犯人的量刑處罰,導致了判罰的不公平。

針對司法部門存在的案件"久繫而弗決"的情況,秦朝政府還是采取了一些督促措施的。如《嶽麓肆》簡283:"☐下縣道官而弗治,毄(繫)人而弗治,盈五日,貲一盾;過五日到十日,貲一甲;過十日到廿日,貲二甲,後有盈十日,輒駕(加)一甲。"②目前還不清楚,這項規定是在御史的對策之前還是對策之後出台的。

留:滯留,拖延。《墨子·非儒下》:"於是厚其禮,留其封,敬見而不問其道。"③《史記·廉頗藺相如列傳》:"今以秦之彊而先割十五都予趙,趙豈敢留璧而得罪於大王乎?"④

【3】其

[整理小組注]

其:指上奏者。⑤

[疏證]

整理小組説不確。此處的"其"當爲表示希望、要求的語氣副詞。陳偉也認爲這裏的"其"爲副詞,不過他舉《詞詮》"殆也。于擬議不定時用之"的説法不確,嶽麓簡此處不是表示"擬議不定",而是表示希望、建議甚至是要求的意思。他所舉的《嶽麓伍》簡093—094"其勿令衣傅之",也是表示希望、要求的語氣。⑥

【4】舉留獄上之

[疏證]

舉:檢舉,揭發。《荀子·不苟篇》:"正義直指,舉人之過,非毀疵也。"⑦《史記·秦始皇本紀》:"吏見知不舉者與同罪。"⑧留獄:久拖不決的案件。上:上奏,向朝廷上報。舉

---

① 睡虎地秦墓竹簡整理小組編:《睡虎地秦墓竹簡》,釋文部分第101—102頁。
② 陳松長主編:《嶽麓書院藏秦簡(肆)》,第162頁。
③ 孫詒讓:《墨子閒詁》,中華書局2001年版,第301頁。
④ 司馬遷:《史記》,第8分冊,第2945頁。
⑤ 陳松長主編:《嶽麓書院藏秦簡(伍)》,第77頁。
⑥ 陳偉:《〈嶽麓書院藏秦簡(伍)〉校釋》,《出土文獻與法律史研究》第7輯,第6—7頁。
⑦ 王先謙:《荀子集解》,中華書局1988年版,上冊,第41頁。
⑧ 司馬遷:《史記》,第1分冊,第322頁。

留獄上之：把案件久拖不決的情況上奏朝廷。

【5】至計

[整理小組注]

至計：到上報賬目時。睡虎地秦簡《秦律十八種·效律》："至計而上廥籍内史。"①

[疏證]

整理小組"至計：到上報賬目時"之說，不是特別準確。"計"當解釋爲"上計"爲宜。嶽麓秦簡整理小組的解釋是參考了睡虎地秦簡整理小組的說法，②其實睡虎地秦簡整理小組的解釋也不是多麽合適，不過睡虎地秦簡那條材料說的是《倉律》的規定，與財務有關，因此解釋爲"賬目"可以說得過去。嶽麓簡此處說的是上報各地司法機關對案件久拖不決的情況，解釋爲"賬目"就未必合適。上計制度是全國各級機關的年度工作情況匯報，不僅僅是"賬目"考核。

【6】上冣（最）

[整理小組注]

上冣（最）：上報簿籍綱要。《漢書·嚴助傳》："願奉三年計最。"顏師古注引晋灼曰："最，凡要也。"③

[疏證]

計最：其實就是簡明扼要的總結性報告，也屬於簿籍，而非單純的"綱要"。故《周禮·天官·小宰》"聽出入以要會"，鄭司農稱之爲"計最之簿書"。④孫詒讓曰："凡經典之言計最、會最、最目、殿最者，皆冣之借字，音義並與聚同。故《公羊傳·隱元年》云'會猶最也'，何注云：'最，聚也。最之言聚，若今聚民爲投最。'今並讀如字，非也。《漢書·嚴助傳》'願奉三年之計最'，顏注云：'最，凡要也。'《史記·周勃世家》索隱云：'最，都凡也。'是計最者，總聚事物而算校其名數之言。計最則有簿書，故此注釋要會爲計最之簿書也。"⑤鄭司農、孫詒讓的解釋，算是比較到位了。陳偉也不同意嶽麓秦簡整理小組把"冣"解釋爲"簿籍綱要"，他說："'上最'的'最'，是各地統計資料的匯總，即計簿。"⑥

【7】餘獄不決者一牒

[疏證]

餘獄：即留獄，指尚未審理判決的案件。一牒：嶽麓秦簡整理小組原屬下讀，作"一牒署不決歲月日及縠（繫）者人數"，今從何有祖說，改爲屬上讀，作"各牒書上其餘獄不

---

① 陳松長主編：《嶽麓書院藏秦簡（伍）》，第77頁。
② 睡虎地秦墓竹簡整理小組編：《睡虎地秦墓竹簡》，釋文部分第59頁。
③ 陳松長主編：《嶽麓書院藏秦簡（伍）》，第77頁。
④ 孫詒讓：《周禮正義》，第1分冊，第205頁。
⑤ 同上注，第213頁。
⑥ 陳偉：《〈嶽麓書院藏秦簡（伍）〉校釋》，《出土文獻與法律史研究》第7輯，第7頁。

决者一牒"。① 不過,這裏的"一牒"恐怕未必是純粹數量上的一枚牒,而是專門書寫同類内容的一個簿籍。"一牒"只是一種代稱而已。參見本書《嶽麓伍》簡112"物一牒"疏證。

【8】不決歲月日

[疏證]

不決歲月日:指案件的滯留時間。

【9】御史奏之

[疏證]

"御史奏之"之後,整理小組原標點爲逗號,今改爲句號。"御史奏之"之前,說的都是由各郡執灋負責統計本郡積壓案件並在上計時隨同計簿上報的事。"御史奏之"之後則是對前者的補充說明,説如果執灋不負責上計而由郡的守丞負責上計,統計積壓案件的工作也要按時上報。用句號將兩者隔開,更便於讀者理解上下文意和段落層次。

之所以強調如果守丞負責上計,也要按時上報案件積壓情況,可能是因爲刑獄案件本由執灋專職負責,統計上報案件滯留情況比較方便。如果守丞負責上計,他並不負責刑獄,期間會産生滯礙,故特意強調。

【10】將計

[整理小組注]

將計:主持上計。②

[疏證]

執灋不將計而郡守丞將計者:似乎是説上計本應由執灋負責,但有時亦可由郡守丞負責。從《嶽麓肆》所收録的秦律來看,刑獄案件和上計是執灋的兩項重要職責。如《嶽麓肆》簡027"咸陽及郡都縣恒以計時上不仁邑里及官者數獄屬所執灋",③《嶽麓肆》簡346"縣官上計執灋,執灋上計冣(最)皇帝所",④《嶽麓肆》簡354"上其校獄屬所執灋,執灋各以案臨計",⑤等等。

【11】郡守丞

[疏證]

郡守丞:即郡丞。《嶽麓伍》簡051有"守丞",即"郡守丞"之省稱。⑥可參看相關疏證。

---

① 何有祖:《〈嶽麓書院藏秦簡(伍)〉讀記(一)》,武漢大學簡帛網2018年3月10日。
② 陳松長主編:《嶽麓書院藏秦簡(伍)》,第77頁。
③ 陳松長主編:《嶽麓書院藏秦簡(肆)》,第47頁。
④ 同上注,第209頁。
⑤ 同上注,第212頁。
⑥ 陳松長主編:《嶽麓書院藏秦簡(伍)》,第55頁。

【12】卅六

　　[整理小組注]

　　史達認爲此簡後應接0081＋0932簡（已刊於《嶽麓書院藏秦簡（肆）》）。①

　　[疏證]

　　嶽麓秦簡整理小組注所謂"0081＋0932簡"，即《嶽麓肆》簡353"▎廷内史郡二千石官共令・第己・今辛"，可參看。②

簡文大意

　　皇帝下命令給御史：聽聞刑獄案件多有拖延，有的甚至於數年得不到判決，致使無罪之人長期被關押而有罪之人長期得不到應有的懲處，這種情況很不好，盡快把有關案件積壓的情況報上來。御史請示：到上計的時候，命令各郡執灋負責上呈計最者，各自把本郡案件尚未結案的情況，包括案件積壓的日期和涉案被拘繫人數，單獨形成報告，一同上呈給御史，御史轉呈給皇帝。如執灋不負責上計，而郡守丞負責上計者，也要把案件積壓情況按規定上報。皇帝回復：可以。　卅六。

簡0081＋0932（062）：

　　■廷内史郡二千石官共令[1]。　・第己。　・今辛[2]₀₆₂。

【1】内史郡二千石官共令

　　[疏證]

　　陳松長曰："我們認爲，所謂'共令'也許並不是一個詞，而應該分開理解，'共'者，提供也，'共'也就是一個介詞，只是它的賓語前置罷了。這樣，簡文中的'食官共令'就是供食官遵守使用的令。所謂的'内史郡二千石官共令'也不是内史、郡二千石官共同使用的令，而應該是供内史、郡兩千石官所遵守使用的令。"③

【2】第己。今辛

　　[疏證]

　　陳松長曰："現在看來，我們固然尚未發現魏晉以後才出現的所謂法典，但嶽麓秦簡

---

① 陳松長主編：《嶽麓書院藏秦簡（伍）》，第77頁。
② 陳松長主編：《嶽麓書院藏秦簡（肆）》，第212頁。
③ 陳松長：《嶽麓秦簡中的幾個令名小識》，《文物》2016年第12期，第60頁。

中的很多材料已足够證明,秦代的律令文獻都是在不同程度上進行過校對、編輯和整理的。如(圖二):'廷内史郡二千石官共令·第己·今辛(0081+0932)廷内史郡二千石官共令·第庚·今壬(1131)',這兩條'共令'在簡尾分別標注了'今辛''今壬'兩個字,且其書體也與前面的完全不同,很顯然,這是在編輯整理過程中標注的更正記錄。應該是在編輯整理的過程中,發現這批共令的排序有錯,即原來編排爲'第己''第庚'的兩批令應歸入第辛、第壬的序列内,所以在後面標注'今辛''今壬'。有意思的是,現在僅存的這兩枚'廷内史郡二千石官共令'的排序正好是連着的,前者是'第己''第庚',改序後是'今辛''今壬',兩者正好是有序地向後移兩位,說明這批'廷内史郡二千石官共令'肯定是進行過編輯整理和調整的。"①法令序號的變更,確實如陳松長所說,表明了秦朝官府對律令文獻的不斷編輯和整理。不過,原來的"第己"變爲現在的"今庚",不一定就是此前的順序排錯了,也有可能是隨着新法令的不斷頒布和加入,有關部門對已有律令文件的順序和分類,進行了新的調整。這種情況是完全可能的。

缺簡 03

缺簡 04

簡0899+C10-3-2-1+1035(063—065):

●受制詔以使者或下劾吏[1],吏治之[2]。劾節(即)不讎[3],或節(即)徵逯使者└[4]。請:自今以來受制詔以使,其所舉劾[5]₀₆₃☐書具言不讎過誤狀,署☐₀₆₄之。 ·三——[6]₀₆₅。

【1】或下劾吏

[疏證]

或:表示假設語氣。楊樹達《詞詮》:"表態副詞。《墨子·小取篇》云:'或也者,不盡然也。'《廣韻》云:'或,不定也。'《易·恒》:'不恒其德,或承之羞。'《左傳》:'天或啓之,必將爲君。'"②

下劾吏:"劾"與"吏"之間省略了介詞"於",即"下劾於吏"。這句話有兩種理解,

---

① 陳松長:《嶽麓秦簡中的幾個令名小識》,《文物》2016年第12期,第60—61頁。
② 楊樹達:《詞詮》,上海古籍出版社2013年版,第111頁。

一種是劾別人,另一種是被別人劾。我們在此暫取前一種理解。劾:控告,此處爲名詞,作"控告書"理解,也就是所謂的"劾狀"。

【2】吏治之

[疏證]

吏治之:因爲使者把控告他人的劾狀下發到有關官吏手中,所以該官吏立即着手處理此案件。"吏治之"與下文"劾節(即)不讎"之間,嶽麓秦簡整理小組原標點爲逗號,今改爲句號。

【3】劾節(即)不讎

[整理小組注]

劾:劾狀,一種文書形式。①

[疏證]

節(即):如果。《左傳·昭公十二年》:"南蒯枚筮之,遇《坤》䷁之《比》䷇,曰'黃裳元吉',以爲大吉也。示子服惠伯,曰:'即欲有事,何如?'"楊伯峻注:"即,假設連詞,若也。"②

讎:應驗。《史記·封禪書》:"五利妄言見其師,其方盡,多不讎。上乃誅五利。"司馬貞索隱引鄭德云:"相應爲讎,謂其言語不相應,無驗也。"③《史記·魏其武安侯列傳》:"於是上使御史簿責魏其所言灌夫頗不讎,欺謾。"司馬貞正義:"讎音市周反,對也。"④

劾節(即)不讎:經審查後,劾書上舉報內容如果不實。

【4】或節(即)徵逮使者

[疏證]

或節(即)徵逮使者:可能會立即徵召使者(對質)。逮:及也。因爲有關部門根據使者的舉報,經過調查後發現舉報內容不實,所以要馬上把作爲舉報者的"使者"找來,再次核實情況。這裏的"節(即)"與前一個"節(即)"用法不同,此處是表示語氣或狀態的副詞。"節(即)徵逮使者"之後,嶽麓秦簡整理小組原標點爲逗號,今改爲句號。

【5】舉劾

[疏證]

舉劾:舉報告劾。舉,亦劾也,即檢舉、揭發。參見《嶽麓伍》簡059—060"舉留獄上之"之"舉"疏證。

---

① 陳松長主編:《嶽麓書院藏秦簡(伍)》,第77頁。
② 楊伯峻:《春秋左傳注》,第5分冊,第1482頁。
③ 司馬遷:《史記》,第4分冊,第1668頁。
④ 同上注,第9分冊,第3431頁。

【6】——

[整理小組注]

簡末數字後的長綫,在本卷出現多次,當爲校讎符號。①

簡文大意

接受皇帝命令出使的使者,如果告劾他人,官吏接到劾狀進行處理。一旦劾狀所言與事實不符,有時會立即徵召使者進行對質。請示:自今以來接受皇帝命令出使的使者,他所舉報控告……書面説明舉報與事實不符的原因,署明……　三。

簡1009+1008+1000（066—068）：

●制詔御史┕：吏上奏當[1]者,具傅[2]所以當者律令、比行事[3],固有令[4]。以令當[5]各署其所用律令、比行事066曰：以此當某。今多弗署者,不可案課[6]。却問之[7],乃曰：以某律令、某比行事當之[8]。煩留而不應令[9]。今其令[10]067皆署之如令。　·五068。

【1】當

[疏證]

當：判決意見,這裏指判決文書。②

【2】傅

[疏證]

傅：著也。《漢書·高帝紀上》：“蕭何發關中老弱未傅者悉詣軍。”顏師古注：“傅,著也。言著名籍,給公家徭役也。”③具傅所以當者律令、比行事：詳細著録“當”所依據的律令或比行事。張家山247號漢墓竹簡《奏讞書》中的一些案例報告中,判罰時附録所依據法律條文的表述格式非常典型,特移録在此,以爲參考。

案例第十四“安陸丞忠劾獄史平舍匿無名數大男子種”案：

---

① 陳松長主編：《嶽麓書院藏秦簡（伍）》,第77頁。
② 朱紅林：《〈嶽麓書院藏秦簡（肆）〉疏證》,第351頁。
③ 班固：《漢書》,第1分冊,第38頁。

鞠：平智（知）種無名數，舍匿之，審。當：平當耐爲隸臣，錮，毋得以爵當、賞免。令曰：諸無名數者，皆令自占書名數。令到縣道官，盈卅日，不自占書名數，皆耐爲隸臣妾，錮，勿令以爵、賞免，舍匿者與同罪，以此當平。（《奏讞書》簡064—067）

案例第十五"醴陽令恢盜縣官米"案：

鞠：恢，吏，盜過六百六十錢，審。當：恢當黥爲城旦，毋得以爵減、免、贖。律：盜臧（贓）直（值）過六百六十錢，黥爲城旦；令：吏盜，當刑者刑，毋得以爵減、免、贖，以此當恢。（《奏讞書》簡071—073）

案例第十六"淮陽守行縣掾新郪獄"案：

鞠（鞫）之：蒼賊殺人，信與謀，丙、贅捕蒼而縱之，審。敢言之：新郪信、擊長蒼謀賊殺獄史武，校長丙、贅捕蒼而縱之，爵皆大庶長。律：賊殺人，棄市。以此當蒼。律：謀賊殺人，與賊同法。以此當信。律：縱囚，與同罪。以此當丙、贅。當之：信、蒼、丙、贅皆當棄市，瞉（繫）。（《奏讞書》簡090—096）

案例第十八"南郡卒史蓋廬、摯、朔，叚（假）卒史瞗復攸庫等獄簿"案：

鞠之：義等將吏卒新黔首毄（擊）反盜，反盜殺義等，吏、新黔首皆弗救援，去北。當遷筦，傳詣脩（攸），須來以別黔首當捕者。當捕者多別離相去遠，其事難，未有以捕章捕論。庫上書言獨財（裁）新黔首罪，欲縱勿論，得，審。令：所取荆新地多群盜，吏所興與羣盜遇，去北，以儋乏不鬭律論；律：儋乏不鬭，斬。篡遂縱囚，死罪囚，黥爲城旦，上造以上，耐爲鬼薪，以此當庫。當之：庫當耐爲鬼薪。庫瞉（繫）。（《奏讞書》簡155—159）①

【3】比行事

[整理小組注]

比：《禮記·王制》，"疑獄，氾與衆共之；衆疑，赦之。必察大小之比以成之"。鄭玄注："已行故事曰比。"②

[疏證]

比行事：或與睡虎地秦簡所謂"廷行事"爲同一類東西。"比行事"與下文"固有令"之間，嶽麓秦簡整理小組原標點爲句號，將"固有令"屬下讀。今部分采納陳偉的意見，將"固有令"屬上讀，但陳偉的意見是將"比行事"與"固有令"連讀，我們覺得在它們之間以逗號斷讀更好。③

---

① 彭浩、陳偉、[日]工藤元男主編：《二年律令與奏讞書——張家山二四七號漢墓出土法律文獻釋讀》，第351、353、355、365頁。
② 陳松長主編：《嶽麓書院藏秦簡（伍）》，第77頁。
③ 陳偉：《〈嶽麓書院藏秦簡（伍）〉校釋》，《出土文獻與法律史研究》第7輯，第7頁。

【4】固有令

[疏證]

固：本來。固有令：本來就有法令。此處的意思是說，"吏上奏當者，具傅所以當者律令、比行事"，即吏上奏當時要在文書中同時附上所依據的律令或比行事條文，這種行文規定原本法令就是有要求的，但是在實際工作中很多官吏都忽視不附，只是在呈文被駁回之後，才予以補充。簡066—068嶽麓秦簡整理小組原標點把"固有令"屬下讀，與"以令當"云云連讀，今從陳偉說改爲屬上讀，在"固有令"與"以令當"之間以句號斷讀。①

【5】以令當

[疏證]

以令：根據這項法令。指"吏上奏當者，具傅所以當者律令、比行事"的法律規定。當：應當。此處的"當"之含義與前文"所以當者律令"及下文"以此當某"之"當"含義不同。"所以當者律令"及下文"以此當某"之"當"的意思是"判決"，而"以令當"在此則是"根據法令應當如何做"的意思。

"以令當"與"各署其所用律令"之間，嶽麓秦簡整理小組原標點爲逗號，今從陳偉說，删掉逗號，將二者連讀。②"各署其所用律令、比行事曰：以此當某"云云，都是以令應當做的内容。

【6】案課

[疏證]

案課：案驗審核。地方司法部門在上報結案卷宗時，因多不著録判決所依據的法令或比行事，上級部門往往無法對判決結果進行判斷。"案課"之後，嶽麓秦簡整理小組原標點爲逗號，今從陳偉說改爲句號。③

【7】却問之

[疏證]

却問之：上呈的審案報告被上級退回，並責問判決結果爲何未附上所依據的法律法令或比行事。

文書諸要素表述不全，就屬於上報卷宗"不具"的表現，所以在經上級部門審核不合格後，被退回。《嶽麓伍》簡048"監御史下劾郡守，縣官已論，言决（決）郡守，郡守謹案致之，不具者，輒却，道近易具"，說的就是這種情況。④

---

① 陳偉：《〈嶽麓書院藏秦簡（伍）〉校釋》，《出土文獻與法律史研究》第7輯，第7頁。
② 同上注。
③ 同上注。
④ 陳松長主編：《嶽麓書院藏秦簡（伍）》，第54頁。

【8】以某律令、某比行事當之

[疏證]

以某律令、某比行事當之：根據某項律令、某項比行事對其進行判罰。

嶽麓秦簡整理小組原把"某律令""某比行事"連讀，今以頓號斷開。且嶽麓秦簡整理小組在"以某律令某比行事當之"與"煩留而不應令"之間，原以逗號斷讀，今從陳偉說改爲句號。①"乃曰"的內容是"以某律令某比行事當之"，"煩留而不應令"是對官吏奏當時行動遲緩，以及不同時附上所依據的律令或比行事等行爲的批評，意思是説奏當的官員屢次延誤工作，不附錄所依據的律令或比行事，這種做法是不符合法令精神的。不屬於"乃曰"的內容。

【9】煩留而不應令

[疏證]

煩留而不應令：經常滯留結案報告，不按照規定的要求上交。煩：頻繁。《釋名·釋言語》："煩，繁也，物繁則相雜撓也。"王先慎曰："《大戴·少間篇》：'列五王之德，煩煩如繁諸乎？'注：'煩，衆也。如繁者，言如萬物之繁蕪也。'煩、繁義相因。《一切經音義》十四引《字林》：'撓，擾也。'"②留：滯留。《易·旅》象曰："君子以明，慎用刑而不留獄。"孔穎達正義："火在山上，逐草而行，勢不久留，故爲旅象。又上下二體，艮止離明，故君子象此，以靜止明察，審慎用刑，而不稽留獄訟。"③《嶽麓伍》簡059–060："制詔御史：聞獄多留或至數歲不决，令無皋者久毄（繫）而有皋者久留，甚不善，其舉留獄上之。"④簡067之"煩留"當即簡059之"多留"。

不應令：不符合法律規定。應：適合，符合。里耶秦簡8-157："正月戊寅朔丁酉，遷陵丞昌却之啓陵：廿七户已有一典，今有（又）除成爲典，何律令應？"⑤"何律令應"即"應何律令"。這是遷陵縣丞在針對下轄的啓陵鄉申請要求在成里設立里典的質詢，質問説成里有二十七户人家，已經有了一個里典了，爲什麼又要設置一個里典？提出這個申請是根據哪條律令？

【10】今其令

[疏證]

今其令：現在要求。其：表示希望、要求的語氣副詞。令：命令，要求。"今其令"與下文"皆署之如令"之間，嶽麓秦簡整理小組原標點爲逗號，今從陳偉説删除逗號，將二

---

① 陳偉：《〈嶽麓書院藏秦簡（伍）〉校釋》，《出土文獻與法律史研究》第7輯，第7頁。
② 王先謙：《釋名疏證補》，中華書局2008年版，第129頁。
③ 十三經注疏整理委員會整理：《周易正義》(十三經注疏繁體版)，北京大學出版社2000年版，第269頁。
④ 陳松長主編：《嶽麓書院藏秦簡（伍）》，第58頁。
⑤ 陳偉主編：《里耶秦簡牘校釋（第1卷）》，第94頁。

者連讀。① "皆署之如令" 實爲 "今其令" 之 "令" 的賓語。

簡文大意

命令御史：官吏上奏結案報告時，要詳細著録所依據的法令或比行事，這本就是有專門法令要求的。根據規定，處理結果都要分別署明所依據的律令、比行事，然後才寫上裁決結果：根據此律令（或比行事）判處某某。如今很多官吏不在卷宗中著録所依據的法令、比行事，從而使案件無法覆核，等到把卷宗退回原單位時，才署明：以某律令、某比行事判處此案。官吏經常拖延案件的審理，不按照規定書寫結案報告，這是不符合法令精神的。如今再次重申命令，上報案件卷宗，都要按照法令規定著録所依據的律令和比行事。　五。

簡0857+0871+0866+0873+1102+1126（069—071）：

●諸佩入門衛木久[1]者節（即）鼓（繫）[2]，皆自言吏歸久╚[3]。鼓（繫）盈一日不自言吏歸久[4]者，皆耐╚[5]。其奠皋當耐以上[6]₀₆₉，駕（加）皋一等╚[7]。吏治者見其佩久鼓（繫）[8]，及雖弗見或告[9]，而弗奪[10]，亦耐之╚[11]；弗見及莫告，貲二甲╚。令₀₇₀、丞貲各一甲。　·九₀₇₁。

【1】佩入門衛木久

[整理小組注]

佩入門衛木久：見《龍崗秦簡》五："關合符，及以傳書閱入之，及諸佩〈佩〉入司馬門久（？）☒"整理者注："佩，疑指佩戴標誌。秦漢時官吏都佩有印信綬帶，疑本簡中的'佩'爲入關門後發的一種佩戴的標誌物，如後世入宮時發給牙牌之類。"②

[疏證]

"入門衛木久"，亦見於張家山漢簡《二年律令》簡52《賊律》："亡書，笴〈符〉券，入門衛〈衛〉木久，寒（塞）門、城門之蘥（鑰），罰金各二兩。"彭浩等編《二年律令與奏讞書》注：

整理小組："久，讀爲'記'。"專修大學《二年律令》研究會認爲是木製通行證。三國時代出土文字資料研究班認爲，"木久"是"木灸"，即"灸有烙印的木製符

---

① 陳偉：《〈嶽麓書院藏秦簡（伍）〉校釋》，《出土文獻與法律史研究》第7輯，第7頁。
② 陳松長主編：《嶽麓書院藏秦簡（伍）》，第77頁。

契"。王三峽認爲,張家山漢簡和睡虎地秦簡中的"久",不少用於"灸灼"義。秦漢時盛行"久刻職(識)物"。對'入門衛木久'的看法同三國研究班。今按:《睡虎地秦墓竹簡·法律答問》一四六號簡:"亡久書、符券、公璽、衡累。""久"與"入門衛〈衛〉木久"近似。另,可參考下述文獻:《龍崗秦簡》五號簡"入司馬門久(?)";《續漢書·百官志》"凡居官中者,皆有口籍於門之所屬。宮名兩字,爲鐵印文符,案省符乃内之",胡廣曰:"符用木,長尺二寸,鐵印以符之。"①

綜上所述,"佩入門衛木久"之"佩"當爲動詞,意爲"佩戴"。嶽麓秦簡整理小組在此把"佩"理解爲名詞"標誌物"云云,是不合適的。"入門衛木久"才是"佩"的賓語,即標誌物或憑證。

《漢官解詁》"衛尉"條曰:

> 衛尉主宮闕之内,衛士于垣下爲廬,各有員部。〔凡〕居官中者,皆施籍于門,案其姓名。若有醫巫僦人當入者,本官長吏爲封啓傳,審其印信,然後内之。人未定,又有籍,皆復有符。符用木,長二寸,以當所屬兩字爲鐵印,亦太卿炙符,當出入者,案籍畢,復齒符,乃引内之也。其有官位得出入者,令執御者官,傳呼前後以相通。從昏至晨,分部行夜,夜有行者,輒前曰:"誰!誰!"若此不解,終歲更始,所以重慎宿衛也。②

所謂"醫巫僦人當入者,本官長吏爲封啓傳"云云,指的是一般臨時出入的下層人羣,這類人由所屬部門長官開具臨時憑證以出入;所謂"人未定,又有籍,皆復有符"云云,這類人應該屬於在宮中服役的工作人員,或官署就設在宮中的官員,他們需要長期出入宮中,只是"人未定"一句難解,傳寫或有訛誤。這類人在宮中出入,管理機構是有備案的,也就是所謂的"有籍"。他們同時也配發有長期出入有效的通行憑證,即"符用木,長二寸,以當所屬兩字爲鐵印"云云;第三類是臨時出入宮中辦事辦公的官員,即所謂"有官位得出入者",這類人由宮中執事人員直接引進及送出。秦制所規定當與《漢官解詁》相近,簡牘所言佩"入門衛木久"者屬於第二類長期出入宮中者。

【2】節(即)毄(繫)

[疏證]

節(即):如果。毄(繫):此處指拘繫。意思是説,因犯罪被拘繫者,如果佩戴有官府證件,這些證件要及時主動交還官府。

---

① 彭浩、陳偉、[日]工藤元男主編:《二年律令與奏讞書——張家山二四七號漢墓出土法律文獻釋讀》,第110–111頁。
② 孫星衍等輯:《漢官六種》,中華書局1990年版,第14頁。

【3】歸久

[疏證]

歸久：歸還所佩官方的通行證件。因爲當事人涉及獄訟被逮捕，所以要歸還上交所持官方通行證件。此規定與《嶽麓伍》簡123—127所言官吏有罪，要及時收繳其所持官印，其道理有相似之處。① "歸久"之後，整理小組原標點爲逗號，今改爲句號。

【4】不自言吏歸久者

[疏證]

不自言吏歸久者：不主動向官吏説明情況並上交所持證件。"不自言吏歸久者"之後，整理小組原與"皆耐"連讀，今以逗號斷開。

【5】皆耐

[疏證]

皆耐：皆處以耐刑。"皆耐"之後，原爲逗號，今改爲句號。

【6】奠皋當耐以上

[整理小組注]

奠：定。或認爲是"真"字的訛寫。②

[疏證]

奠皋當耐以上：確認犯罪處罰在耐刑以上。"奠皋當耐以上"與下文"駕（加）皋一等"之間，省略了"盈一日不自言吏歸久者"。

【7】駕（加）皋一等

[疏證]

駕（加）皋一等：在其因所犯罪行被判罰的基礎上，加罪一等。這是針對有罪者因罪被官府抓捕之後不主動上繳其所持官方通行證件而言的。

【8】見其佩久馘（繫）

[疏證]

佩：此處爲名詞，指所佩戴的官府證件。馘（繫）：佩戴。見其佩久馘（繫）：處理案件的官員發現涉案者被抓獲之後仍然長時間佩戴或持有官方證件（却不及時予以收繳）。

---

① 陳松長主編：《嶽麓書院藏秦簡（伍）》，第108—110頁。
② 同上注，第77頁。

【9】雖弗見或告

嶽麓秦簡整理小組原把"雖弗見或告"與"而弗奪"連讀,今以逗號隔開。"雖弗見或告"與前文"見其佩久敹(繋)"是並列的兩種行爲,"見其佩久敹(繋)"是説處理案件的官員本人看見犯人被抓獲之後仍然佩戴着官方的證件却不及時予以收繳,"雖弗見或告"是説辦案官吏即使自己没有發現犯人被抓之後仍然佩戴或持有官府證件,但有人向他匯報了這件事,他仍然没有及時收繳犯人的證件。"而弗奪"是針對前兩種行爲而應采取的措施,故當以逗號斷開爲宜。

【10】奪

[疏證]

奪:剥奪,收繳。《周禮·天官·大宰》以八柄詔王馭羣臣,"六曰奪,以馭其貧"。鄭玄注:"奪謂臣有大罪,没入家財者。"孫詒讓曰:"《説文·奞部》云:'奪,手持隹失之也。'又《攴部》云:'敓,彊取也。'此奪即敓之借字。《淮南子·本經訓》高注云:'奪,取也。'臣有大罪,没取其家財入官,亦謂之奪。劉敞云:'奪者,削其田邑禄職。'惠士奇云:《左傳·莊十九年》:'惠王奪子禽、祝跪與詹父田,而收膳夫之秩。'奪田收秩,所謂奪以馭其貧也。'"①

【11】亦耐之

[疏證]

"亦耐之"與"弗見及莫告"之間,嶽麓秦簡整理小組原標點爲句號,今改爲分號。因爲"見其佩久敹(繋),及雖弗見或告,而弗奪,亦耐之"與"弗見及莫告,貲二甲",是並列的兩種行爲,其主語都是"諸佩入門衛木久者"。故當以分號斷讀爲宜。

簡文大意

那些佩戴用於進入門衛的木製憑證的人,如果被拘繫,都要主動向官吏説明情況,歸還木製憑證。被拘繫超過一天而不主動向官吏説明歸還證件者,都要處以耐刑。如果他的本罪處罰在耐刑以上,不及時歸還證件,罪加一等。主管官吏看見被拘繫者佩戴官府出入憑證,或雖然没親眼看見但有人向他告發,他仍不没收被拘繫者的證件,也要處以耐刑;没看見,也没人告訴他,主管官吏貲二甲。令、丞受其連坐,貲罰各一甲。 九。

---

① 孫詒讓:《周禮正義》,第1分册,第88、91頁。

缺簡₀₅

簡1128+C4-1-11（072）：

☒亡[1]，皆駕（加）其臯一等[2]。其前令亡者[3]，以此令論之。　·十一━━072。

【1】亡

[疏證]

亡：逃亡。嶽麓秦簡整理小組原把"亡"與"皆駕（加）"云云連讀，今以逗號隔開。

【2】駕（加）其臯一等

[疏證]

駕（加）其臯一等：罪加一等。"駕（加）其臯一等"與"其前令亡者"之間，嶽麓秦簡整理小組原標點爲逗號，今改爲句號。

【3】其前令亡者

[疏證]

此處的"亡"字或通"無"。其前令亡者：舊法令没有（涉及此）的。

簡文大意

……逃亡者，皆罪加一等。舊法令中没有對此作出規定的，按照此法令論處。　十一。

簡1114+0918+1935（073—075）：

●泰山守[1]言：新黔首[2]不更昌等夫妻盜[3]，耐爲鬼新（薪）[4]白粲，子當爲收[5]。皴（彼）有嬰兒未可事[6]，不能自食[7]₀₇₃，别傳輸之[8]，恐行死[9]。議[10]：令寄長[11]其父母及[12]親所，勿庸[13]别輸。丞相議[14]：年未盈八歲者令寄長其₀₇₄父母、親所[15]，盈八歲輒輸之如令。琅邪（琊）郡比[16]。　·十三。☒₀₇₅。

【1】泰山守

　　[疏證]

　　泰山守:"泰山"在此究竟是郡名、縣名抑或是山名,諸家説不一,未有定論,暫且存疑。①

【2】新黔首

　　[疏證]

　　魯西奇曰:"泰山郡轄區是齊國故地,'昌'有秦的爵('不更'),仍被稱爲'新黔首',當是被征服齊地的土著民。"②

【3】夫妻盜

　　[疏證]

　　夫妻盜:夫妻共同盜竊作案。"夫妻盜"在此處似乎是一個專門的罪名。睡虎地秦簡《法律答問》簡14:"夫盜千錢,妻所匿三百,可(何)以論妻? 妻智(知)夫盜而匿之,當以三百論爲盜;不智(知),爲收。"簡15—16:"夫盜三百錢,告妻,妻與共飲食之,可(何)以論妻? 非前謀殹(也),當爲收;其前謀,同罪。夫盜二百錢,妻所匿百一十,可(何)以論妻? 妻智(知)夫盜,以百一十爲盜;弗智(知),爲守臧(贓)。"簡17:"削(宵)盜,臧(贓)直(值)百一十,其妻、子智(知),與食肉,當同罪。"③這些都屬於與"夫妻盜"有關的法律規定。

【4】新(薪)

　　[疏證]

　　新:嶽麓秦簡整理小組原釋作"薪",今從陳曼曼説釋作"新",讀爲"薪"。④

【5】子當爲收

　　[疏證]

　　子當爲收:子女應當被没入官府。收:没收。"子當爲收"與"被(彼)有嬰兒未可事"之間,嶽麓秦簡整理小組原標點爲逗號,今改爲句號。

【6】未可事

　　[疏證]

　　事:使也。未可事:即"未可使",不具備勞動能力。這裏的"未可事"指的是"小未可事"。也就是説,兒童在還未達到成丁年齡時,可區分爲有部分勞動能力者和完全

---

① 于振波、朱錦程:《出土文獻所見"新黔首"爵位問題》,《湖南社會科學》2017年第6期,第179頁。
② 魯西奇:《秦統治下人民的身分與社會結構》,《中華文史論叢》2021年第1期,第31頁。
③ 睡虎地秦墓竹簡整理小組編:《睡虎地秦墓竹簡》,釋文部分第97頁。
④ 陳曼曼:《讀〈嶽麓書院藏秦簡(伍)〉筆記六則》,武漢大學簡帛網2018年8月16日。

没有勞動能力者,又被稱爲"小可使者"和"未可使者",與已經具備完全勞動能力的成丁相區别。從下文的記載來看,這裏的"小未可事"的最低年齡應該是八歲。睡虎地秦簡《秦律十八種》簡48《倉律》:"妾未使而衣食公,百姓有欲叚(假)者,叚(假)之,令就衣食焉,吏輒柀事之。"睡虎地秦簡整理小組注:"居延漢簡中未成年男女多標明使或未使。未使最高年齡是六歲,如'子未使女解事年六'、'子未使女足年六';使最低年齡是七歲,如'子使男望年七'。使,役使,七歲以上兒童可以受使作一定的工作。未使,其年齡不滿七歲。"①

【7】不能自食

[疏證]

不能自食:不能獨立生活。

【8】別傳輸之

[疏證]

别:分别,另行。《説文·冎部》:"别,分解也。"段玉裁注:"分别、離别皆是也。"②《廣雅·釋詁一》:"别,分也。"③

别傳輸之:另行分配到其他地方去。

【9】行死

[疏證]

行:行程,指單獨傳輸過程中。行死:在行進過程中死亡。

【10】議

[疏證]

議:此處指泰山守匯報完不更昌的犯罪事實後提出的處置意見或建議。稱之爲"議",意在強調所提處置措施僅僅是建議,是否成爲定論,最終由皇帝決定。《史記·秦始皇本紀》:"博士齊人淳于越進曰:'臣聞殷周之王千餘歲,封子弟功臣,自爲枝輔。今陛下有海内,而子弟爲匹夫,卒有田常、六卿之臣,無輔拂,何以相救哉?事不師古而能長久者,非所聞也。今青臣又面諛以重陛下之過,非忠臣。'始皇下其議。"④"始皇下其議",就是説始皇把淳于越的提議下放到羣臣中間去討論。這個"議"指的是淳于越的提議。嶽麓簡此處的"議"及下文的"丞相議"都屬於此類情況。

---

① 睡虎地秦墓竹簡整理小組編:《睡虎地秦墓竹簡》,釋文部分第32頁。
② 段玉裁:《説文解字注》,第293頁。
③ 王念孫:《廣雅疏證》,第95頁。
④ 司馬遷:《史記》,第1分册,第321頁。

【11】寄長

[整理小組注]

寄長：寄，託付。長，成長。①

[疏證]

寄長：交予父母或親友處撫養。嬰兒之父母因爲犯罪被判耐爲鬼薪白粲，而耐爲鬼薪白粲的刑徒一般都可能被分別轉送到各處去勞作，隨之被官府連坐没收的子女也會被官府分別處置，不會與父母在一起。但由於罪犯的子女還屬於嬰兒，無法獨立生活，所以官府特殊處理，允許嬰兒暫時交予父母或親友撫養，故稱"寄長"。睡虎地秦簡《法律答問》簡116記載了關於此類問題的討論："'隸臣將城旦，亡之，完爲城旦，收其外妻、子。子小未可別，令從母爲收。'可(何)謂'從母爲收'？人固買(賣)，子小不可別，弗買(賣)子母謂殹(也)。"②《法律答問》所謂的"子小未可別，令從母爲收"，就屬於嶽麓簡所謂"寄長"的情況。

另外，嶽麓秦簡的規定可以補充我們對年齡幼小的徒隸的年齡界限的認識，那就是以八歲爲界。在這裏，八歲似乎是小徒隸勞作的最低年齡。也就是説，睡虎地秦簡的"子小未可別"是有年齡限制的，小徒隸達到一定年齡就必須離開父母，被官府另行安置了。睡虎地秦簡《秦律十八種》簡109《工人程》説"小隸臣妾可使者五人當工一人"，③整理小組注："可使，據居延漢簡指七歲以上兒童。"④或許可據嶽麓秦簡，亦以八歲爲宜。

【12】及

[疏證]

及：這裏表示選擇關係，可理解爲"或"。

【13】勿庸

[疏證]

勿庸：無須。

【14】丞相議

[疏證]

丞相議：丞相的意見或建議。

【15】親所

[疏證]

親所：除父母之外的其他親人之所。

---

① 陳松長主編：《嶽麓書院藏秦簡(伍)》，第77頁。
② 睡虎地秦墓竹簡整理小組編：《睡虎地秦墓竹簡》，釋文部分第121頁。
③ 同上注，釋文部分第45頁。
④ 同上注，釋文部分第46頁。

【16】琅邪(琊)郡比

[疏證]

琅邪(琊)郡比：琅琊郡也比照此令行事。

簡文大意

泰山守上言：新黔首不更昌等人夫妻合伙作案盜竊，被判處耐爲鬼薪白粲，按律其子女也應當被没入官府。但他們的兒子還只是個嬰兒，没有勞動能力，不能獨自生活，如果單獨發送到别的地方，恐怕在途中就會死去。郡守府議：讓他繼續跟隨父母生活或者寄養到其他親人處生活，無須另行輸送他處。丞相府合議：年未滿八歲（被没入官府）者，令其繼續跟着父母或其他親人生活，滿八歲之後就按照規定輸作。琅琊郡比照此令行事。　十三。

缺簡 06

簡0082（076）：

死皋。——076。

缺簡 07

簡0901（077）：

☐從人家吏、舍人可(何)以☐[1]三族從人[2]者？・議：令縣治三族從人者，必[3] 077

【1】☐

[整理小組注]

原簡僅存"言"形，疑是"論"。①

---

① 陳松長主編：《嶽麓書院藏秦簡(伍)》，第77頁。

【2】三族從人

[疏證]

三族從人,周海鋒説:"'三族從人'在嶽麓秦簡中僅見於此令條,其爲從人一種無疑。"這當然没有問題。但他據里耶秦簡 9-1701 "主三族從人譴☐",推測:"此'三族'或是'夷三族'之省,'三族從人'指那些罪大惡極當夷三族的從人。"[①] 這一推測在未得到進一步證實之前,只能算是可備一説。

【3】必

[整理小組注]

此簡是關於從人的相關規定,其内容應與第三、四卷層簡的内容有密切關係,但無法拼綴,故暫置於此。[②]

缺簡 08

簡 1034 + 1007 + 1006 + 0999(078—081):

●皐人久殹(繫)留不決[1],大費[2]殹(也)。·諸執灋、縣官[3]所治而當上奏當[4]者:·其皐當[5]耐以下,皆令先決 078 論[6]之,而上其奏夬(決)[7]。·其都吏[8]及諸它吏所自受詔治[9]而當先決論者,各令其治所縣官以灋決論 079 之[10],乃以其奏夬(決)聞[11]。·其已前上奏當而未報[12]者,亦以其當[13]決論之。·其奏決有物故[14],却而當論[15]者,以 080 後却當更論之[16]。·十六 081。

【1】久殹(繫)留不決

[疏證]

留:滯留。《嶽麓伍》簡 067 "煩留而不應令"之"留",亦同此義。可參看。[③] 決:判決。

犯人被抓進監獄之後,長時間不予審訊處置,致使人犯滯留獄中,這種現象秦簡中多次記載。從睡虎地秦簡《秦律十八種》簡 135—136、《法律答問》簡 33—36,到《嶽麓

---

① 周海鋒:《〈里耶秦簡(貳)〉初讀(一)》,武漢大學簡帛網 2018 年 5 月 15 日。
② 陳松長主編:《嶽麓書院藏秦簡(伍)》,第 77 頁。
③ 同上注,第 61 頁。

肆》簡283、《嶽麓伍》簡059—061、簡078—081等，都從不同角度反映了這一情況。我們在《嶽麓伍》簡059—061的相關疏證中已有所總結，可以參看。這一方面反映了秦律的嚴酷，吏民動輒得罪，監獄里人滿爲患，因此律令中才多次提及針對這類現象的處理辦法；另一方面，也反映了秦代司法系統的腐敗和效率低下，導致積案疊加。

《漢書》中對於秦代的暴政酷法多次加以批評。如《漢書·刑法志》曰："至於秦始皇，兼吞戰國，遂毀先王之法，滅禮誼之官，專任刑罰，躬操文墨，晝斷獄，夜理書，自程決事，日縣石之一。而奸邪並生，赭衣塞路，囹圄成市，天下愁怨，潰而叛之。"①《漢書·食貨志》董仲舒抨擊秦制："故貧民常衣牛馬之衣，而食犬彘之食。重以貪暴之吏，刑戮妄加，民愁亡聊，亡逃山林，轉爲盜賊，赭衣半道，斷獄歲以千萬數。"②《漢書·賈山傳》："至秦則不然。貴爲天子，富有天下，賦斂重數，百姓任罷，赭衣半道，羣盜滿山，使天下之人戴目而視，傾耳而聽。"③"赭衣塞路""赭衣半道"正可與"皋人久毄（繫）留不決"相互印證，可見《漢書》所言非虛。

嚴刑酷法導致了大量的案件積壓，如山的案件導致了秦王朝司法系統的崩潰。司法系統的崩潰，又反過來導致司法效率的低下。就這樣惡性循環，終於使秦王朝在天下揭竿而起的憤怒中二世而亡。

【2】大費

[整理小組注]

大費：在傳世文獻中有用作耗費大或付出多之意。如《韓非子·南面》："今大費無罪而少得爲功，則人臣出大費而成小功，小功成而主亦有害。"簡中的大費是否同於傳世文獻還不十分確定。嶽麓秦簡0910簡有"少費"，可與此相比對。④

[疏證]

大費：當如整理小組所説，爲耗費巨大之意。這裏具體指的是因犯人不能及時判決，導致監獄方面管理人力和財力費用增加，同時也不能盡快利用這些已經在控制之中的勞動力爲經濟建設和軍事活動服務，屬於變相浪費勞動力資源。從簡文的上下文意來看，這項法案可能是針對某一時段案情積壓嚴重而采取的特殊措施。從中我們可以看出，法令規定了數種可以"先斬後奏"的制度，要求有關司法機構，盡快先把所積壓案件審結並執行判決，然後再把結案卷宗上報。

【3】執瀘、縣官

[疏證]

"縣官"指的是縣級行政單位，"執瀘"列於"縣官"之前，或許指的就是郡級的行政單

---

① 班固：《漢書》，第4分冊，第1096頁。
② 同上注，第1137頁。
③ 同上注，第8分冊，第2327—2328頁。
④ 陳松長主編：《嶽麓書院藏秦簡（伍）》，第77頁。

位。這也使我們有時候懷疑"執灋"可能就是郡級行政單位長官"郡守"的另一種稱呼。嶽麓秦簡中"執灋"一職的職責太廣泛了,很多時候很難當作一個專職的司法職官來理解。

【4】當上奏當

[疏證]

當上奏當:第一個"當"意爲"應當",第二個"當"指的是記錄案件審理結論的"奏當"文書。段玉裁曰:"處分其罪以上聞曰'奏當'。"① 馬力曰:"令文的'當'意爲'犯罪應處以刑罰',相當於定罪量刑意見。向上級機關報告定罪量刑意見,並請求批示的程序就是'奏當',通常適用於重大或疑難案件。"② "奏當"一詞,亦見於《嶽麓伍》簡066"吏上奏當者,具傅所以當者律令、比行事。固有令,以令當,各署其所用律令、比行事"。③

【5】皋當

[疏證]

皋當:此處作名詞解,即前文之"奏當",也就是據所犯罪行作出的判決結論,故又稱"皋當"。這裏的"皋",是"處罰"的意思。

【6】決論

[疏證]

決論:作出最終判決,並實施判決決議。這就是說,對於耐罪以下的案件,國家授予"執灋、縣官"等地方司法機關最終的裁定權力,並且可以先實施判決,事後再上報奏知即可,反映了秦朝政府急於清理積壓案件的迫切思想。

【7】奏夬(決)

[疏證]

奏夬(決):記錄有案件審判結果的奏章,即上文所謂的"奏當"文書。

【8】都吏

[疏證]

都吏:中央或郡派出到地方審查案件或巡視工作的官吏。"都吏"與"都官"有所不同,"都吏"作爲中央或郡派出人員,是帶着特定任務的,完成任務後即返回復命,"都官"則是中央或郡派駐到地方的常設機關。參見《嶽麓肆疏證》簡028"都吏"疏證。④

---

① 段玉裁:《説文解字注》,第867頁。
② 馬力:《〈嶽麓書院藏秦簡(伍)〉舉留獄上計詔初讀》,《簡帛研究二〇一九(春夏卷)》,廣西師範大學出版社2019年版,第117頁。
③ 陳松長主編:《嶽麓書院藏秦簡(伍)》,第60頁。
④ 朱紅林:《〈嶽麓書院藏秦簡(肆)〉疏證》,第39頁。

【9】自受詔治

[疏證]

自受詔治：直接受皇帝的指令辦案。

【10】以瀘決論之

[整理小組注]

以瀘決論之：常見的行文是"以律令論之"，但張家山漢簡中也有旁例，如《奏讞書》七八："復（覆）其奸詐（詐）及智（知）縱不捕賊者，必盡得，以瀘論。"①

[疏證]

以瀘決論之："決""論"此處同義，皆爲"論處"之義。

【11】聞

[疏證]

聞：上聞，向朝廷匯報，使朝廷知聞。《淮南子·主術》："是故號令能下究，而臣情得上聞。"高誘注："聞猶達也。"②《鶡冠子·王鈇》："柱國不政，使下情不上聞，上情不下究，謂之綠政，其誅柱國，滅門殘疾。"黃懷信曰："上聞，向上報告。"③《漢書·谷永傳》："臣聞王天下有國家者，患在上有危亡之事，而危亡之言不得上聞。"④晋李密《陳情表》："臣不勝犬馬怖懼之情，謹拜表以聞。"⑤

【12】報

[疏證]

報：上級司法機關對下級司法機關所上報案件量刑建議的批復。《說文·卒部》："報，當辠人也。"段玉裁注："司馬彪《百官志》曰：'廷尉掌平獄，奏當所應。凡郡國讞疑罪，皆處當以報。'《史記·張釋之列傳》曰：'廷尉奏當，一人犯蹕，當罰金。'又曰：'廷尉當。'是也。又路溫舒上書曰：'奏當之成。'司馬貞引崔浩云：'當謂處其罪也。'按，當者漢人語；報亦漢人語。《漢書·張湯傳》曰：'訊鞫論報。'蘇林注《蘇建傳》曰：'報，論也。斷獄爲報。'是則處分其罪以上聞曰'奏當'，亦曰報也。引申爲報白，爲報復。"⑥秦簡曰"上奏當而未報"，很明顯"報"是對"奏當"或者說"當"的批復。因此，"當"與"報"散文則通，皆可釋爲"斷獄"；對文則異，"當"只是審判官的量刑建議，"報"才是最終裁決。古人對此區分有時並不明顯，值得注意。

---

① 陳松長主編：《嶽麓書院藏秦簡（伍）》，第77頁。
② 何寧：《淮南子集釋》，第657頁。
③ 黃懷信：《鶡冠子校注》，中華書局2014年版，第179頁。
④ 班固：《漢書》，第11分冊，第3458頁。
⑤ 蕭統：《文選》，上海古籍出版社1986年版，第1696頁。
⑥ 段玉裁：《說文解字注》，第867頁。

【13】當

[疏證]

當：指已經上報但尚未被批復的量刑建議。此處令文的意思是説，根據最新命令，爲加快清理獄中被拘押的久繫未決者，此前已經上報處置建議者，不必等待上級批復，可按照上報的量刑建議執行。

【14】物故

[整理小組注]

物故：事故，變故。《墨子·號令》："即有物故，鼓，吏至而止，夜以火指鼓所。"孫詒讓《閒詁》："物故，猶言事故，言有事故則擊鼓也。"或以爲"物故"即死亡。①

[疏證]

此處"物故"含義，當以"事故，變故"解爲是，引申爲"原因"。如《嶽麓肆》簡078+065："匿户弗事、匿敖童弗傅，匿者及所匿，皆贖耐。逋傅，貲一甲。其有物故，不得會傅，以故逋，除。"其有物故，即出於某種原因的意思。②

【15】却而當論

[疏證]

却而當論：奏決文書被上級駁回，重新擬定處理意見。《嶽麓陸》簡214："郵書過縣廷，縣廷各課其畍〈界〉中，留者輒却論，署徽〈檄〉曰某縣官課之。已却論☐。"③嶽麓秦簡整理小組注："却論：即却之而再論處。《里耶秦簡（壹）》簡8-657：'告琅邪守固留費，且輒却論吏當坐者。'"④

【16】以後却當更論之

[疏證]

以後却當更論之：以被駁回之後重新擬定的判決意見來處理。後却當：被駁回之後重新擬定的判決意見。馬力説同。⑤

簡文大意

罪人長時間羈押在監獄中滯留而不加以判決，對國家財政是一種很大的浪費。各

---

① 陳松長主編：《嶽麓書院藏秦簡（伍）》，第77頁。
② 朱紅林：《〈嶽麓書院藏秦簡（肆）〉疏證》，第81頁。
③ 陳松長主編：《嶽麓書院藏秦簡（陸）》，上海辭書出版社2020年版，第167頁。
④ 同上注，第183頁。
⑤ 馬力：《〈嶽麓書院藏秦簡（伍）〉舉留獄上計詔初讀》，《簡帛研究二〇一九（春夏卷）》，第117頁。

地執瀘、縣官所處理案件按程序上奏判決文書者：處罰在耐刑以下者，都可以先行判決執行，然後再上報判決文書。如果是都吏及其他官吏直接受皇帝命令處理案件，按規定可以不再請示先行論處者，各自命令所在地縣官依法處理，然後上報其判決文書。如果是之前已經上報判決文書，但尚未收到朝廷的批復，也可以按照原來上報的量刑建議執行判決。若是上奏的判決文書由於某種原因被退回重新審判，可以依照重新審判的結果執行判決（然後再上報朝廷）。　十六。

簡0864＋2193＋0865（082—084）：

●諸相與奸亂而罷（遷）者，皆別[1]罷（遷）之，勿令同郡[2]。其女子當罷（遷）者∟，東郡∟、參川∟、河內∟、潁（潁）川∟、請（清）河 082、河間∟、蜀巴∟、漢中∟[3]。□☑083 亂[4]。不從令者，貲二甲。　·十七──084。

【1】別

[疏證]

別：分別，分開。參見《嶽麓伍》074"別傳輸之"疏證。

【2】勿令同郡

[疏證]

勿令同郡：不能讓奸亂的男女雙方同處一郡之中。"令"之後省略"之"或"其"指代用語。

【3】漢中

[疏證]

陳偉曰："今按：83號簡'漢中'之下，並非墨鉤，而是墨點，當是另一層意思的提示符。因而，'其女子當遷者'所列諸郡至此結束，下文則應是講述男子當遷之郡。墨點下一筆，或是'其'字之殘。"① 今從其說，故將"漢中"之後頓號改爲句號。

【4】亂

[疏證]

"亂"字之後，嶽麓秦簡整理小組原標點爲逗號，今改爲句號。秦漢律令往往先從正面做出規定，要求受衆必須如何如何去做，然後再從反面規定懲治措施，規定受衆如果不遵照

---

① 陳偉：《〈嶽麓書院藏秦簡（伍）〉校釋》，《出土文獻與法律史研究》第7輯，第8頁。

執行,將會受到怎樣的懲罰。律令簡文中此類前後對立的兩層內容相輔相成,故當以句號斷開,更易於分清層次,理解文意。當前簡牘整理著作,遇到此類情況,有的以句號斷開,有的以分號,不同的著作斷句方式各有不同,即使同一部著作,也不統一。這是值得注意的。

簡文大意

那些因相互通奸淫亂而被處以遷刑者,雙方要分別遷往不同的地方,不能同處一郡之中。其中女子被處以遷刑者,遷往東郡、叁川、河內、潁川、清河、河間、蜀巴、漢中諸郡。……亂。不遵守法令者,貲罰二甲。　十七。

簡2155+C8-1-2+1103(085—086):

【●諸】吏有案行[1]官,官[2]而[3]獨有令曰有問其官必先請之者[4],令案行其官者盡先封閉其所當案行 085 官府及券書[5];它不可封閉者,財(裁)[6]令人謹守衛[7]。須其官自請[8],請報到[9]乃以從事[10]。　·十八──086。

【1】案行

[整理小組注]

案行:巡視。《漢書·蓋寬饒傳》:"寬饒初拜為司馬……冠大冠,帶長劍,躬案行士卒廬室,視其飲食居處。"①

【2】官

[整理小組注]

官:原簡有重文號。此"官"應該指官府機構,兩"官"之間可作斷讀。或疑此重文號是衍文。②

[疏證]

整理小組"官府機構"說是。《嶽麓肆》簡171:"諸官縣料各有衡石羸(纍)、斗甬(桶),期足,計其官,毋叚(假)黔首。不用者,平之如用者。""諸官",即各級官府機構。③《漢語大字典》:"官,官署;任所。《禮記·玉藻》:'凡君召以三節,二節以走,一節以趨,在官不俟屨,在外不俟車。'鄭玄注:'官,謂朝廷治事之處也。'《晉書·祖逖傳》:'東海王越以逖為典兵

---

① 陳松長主編:《嶽麓書院藏秦簡(伍)》,第78頁。
② 同上注。
③ 朱紅林:《〈嶽麓書院藏秦簡(肆)〉疏證》,第201—202頁。

參軍、濟陰太守,母喪不之官。'宋王安石《上田正言書二》:'安石五月還家,八月抵官。'"①

【3】而

[疏證]

而:表示假設的連詞,相當於"如果"。楊樹達《詞詮》卷十"而部":"而,假設連詞,用同如。《左傳》襄公二十九年:'且先君而有知也,毋寧夫人,而焉用老臣?'又《左傳》襄公三十年:'子產而死,誰其嗣之?'"②

【4】獨有令曰有問其官必先請之者

[疏證]

請:向上級請示。

"獨有令曰"與"有問其官必先請之者"之間,整理小組原標點爲冒號,今刪除,改爲連讀。"有問其官必先請之"是"令"的內容,意思是説,在上級部門派員到下級所屬部門進行例行巡視時,如果被巡視的部門有單獨或者説特別規定,巡視人員需要特別批准,也就是專門向上級請示,方可對該部門進行調查詢問。"必先請之者"之後的內容,説的是在上級批准的指示下達之前,對被審查對象所采取的前期措施,以及被審查部門的應對措施。

【5】及券書

[疏證]

"及券書"云云,嶽麓秦簡整理小組原標點爲"令案行其官者,盡先封閉。其所當案行官府及券書它不可封閉者"。這部分標點明顯有問題。從"令案行其官者"至"令人謹守衛",實際上説的是巡視人員在得到上級部門特別同意之前,對所要審查對象所采取的前期措施。這類措施分爲兩個部分,一部分是把所要審查部門的相關資料或設施器物等等能夠采取封存措施的,盡量先封存起來,另一部分是針對出於各種原因不能先行封存的資料、器物或設施等,安排專人嚴加看管。所以恰當的標點應該是"令案行其官者盡先封閉其所當案行官府及券書"。"盡先封閉"之後,整理小組原標點爲句號,今改爲分號。

盡先封閉:盡量先行封存。

【6】財(裁)

[疏證]

財(裁):裁度,酌情考慮安排。又見於《嶽麓肆》簡170"財(裁)爲池宫旁"、簡179"財(裁)爲置將吏而皆令先智(知)所主"。③又作"材"。睡虎地秦簡《秦律十八

---

① 漢語大字典編輯委員會編纂:《漢語大字典(第2版)》,第988頁。
② 楊樹達:《詞詮》,第410頁。
③ 陳松長主編:《嶽麓書院藏秦簡(肆)》,第124、127頁。朱紅林:《〈嶽麓書院藏秦簡(肆)〉疏證》,第214—215頁。

種》簡120—121《徭律》"其近田恐獸及馬牛出食稼者,縣嗇夫材興有田其旁者"、①《嶽麓伍》簡278—279"病篤不能視事,材(裁)令治病",②亦作"裁度,酌情考慮"解。睡虎地秦簡整理小組注:"材,古書或作財、裁等,酌量。"③

嶽麓秦簡整理小組原在"財(裁)"與"令人謹守衛"之間標點逗號,今刪去逗號,改爲連讀。從我們所舉嶽麓秦簡、睡虎地秦簡相關例子來看,整理者亦均將"裁"與下文連讀。

【7】令人謹守衛

[疏證]

令人謹守衛:安排人員認真看守。"令人謹守衛"之後,整理小組原標點爲逗號,今改爲句號。因爲"令人謹守衛"之前,是巡視人員對被審查部門所采取的先期限制措施。"令人謹守衛"之後,是被審查部門采取的應對措施,即向上級部門請示是否允許來人進行審查,或者對審查一事進行再次求證確認。這是兩方面各自的行動,所以中間用句號斷開。

【8】須其官自請

[疏證]

須:等待。其官:指被審查的部門。其官自請:被審查的部門親自向上級請示是否接受審查。

【9】請報到

[整理小組注]

請報到:請示批覆到達後。④

[疏證]

"請報"爲名詞,即"請之報",也就是提交申請後得到的回復。睡虎地秦簡《秦律十八種》簡184—185《行書律》曰:"行傳書、受書,必書其起及到日月夙莫(暮),以輒相報殹(也)。書有亡者,亟告官。隸臣妾老弱及不可誠仁者勿令。書廷辟有曰報,宜到不來者,追之。"⑤其中的兩處"報"字,均當作"回復"解。⑥

【10】乃以從事

[疏證]

乃以從事:於是按照上級批復辦理。"以"與"從事"之間省略了"之",即"請報",

---

① 睡虎地秦墓竹簡整理小組編:《睡虎地秦墓竹簡》,釋文部分第47頁。
② 陳松長主編:《嶽麓書院藏秦簡(伍)》,第190—191頁。
③ 睡虎地秦墓竹簡整理小組編:《睡虎地秦墓竹簡》,釋文部分第48頁。
④ 陳松長主編:《嶽麓書院藏秦簡(伍)》,第78頁。
⑤ 睡虎地秦墓竹簡整理小組編:《睡虎地秦墓竹簡》,釋文部分第61頁。
⑥ 陳偉主編,彭浩、劉樂賢等撰著:《秦簡牘合集:釋文注釋修訂本(壹、貳)》,第134頁。

也就是上級對於是否接受巡視的批復指示。

簡文大意

　　官吏巡視審查時，如果被巡視部門有特殊規定，只有得到上級主管部門的明確指示才能接受巡視，這種情況下，可以先行對被巡視部門的巡視目標，能封存的盡量封存；如果有的機構及檔案記錄出於某種原因不能封存，可以先安排專人認真看管。等候該部門自行向上級請示，批復下達後，按照指示行事。　十八。

簡1129+1130（087—088）：

　　●制詔丞相斯└：所召[1]博士得與議[2]者└，節（即）[3]有逮、告劾[4]└，吏治者輒請[5]之，盡如宦顯大夫[6]逮└。斯言：罷[7]087博士者，請輒除其令088。

【1】詔

　　[疏證]

　　召：召集。《漢語大字典》："召，徵召。《漢書·賈捐之傳》：'元帝初繼位，上疏言得失，召待詔金馬門。'唐韓愈《後漢三賢贊三首》之三：'(仲長統)州郡會召，稱疾不就。'《紅樓夢》第一百一十四回：'昨蒙聖恩召取來京。'"①

【2】得與議

　　[整理小組注]

　　得與議：能够參與議事。②

　　[疏證]

　　"所召博士得與議者"至"盡如宦顯大夫逮"，爲參與議政的博士所享受的有罪先請的司法特權。《史記·李斯列傳》："始皇三十四年，置酒咸陽宫，博士僕射周青臣等頌稱始皇威德。齊人淳于越進諫曰：'臣聞之，殷、周之王千餘歲，封子弟功臣自爲支輔。今陛下有海内，而子弟爲匹夫，卒有田常、六卿之患，臣無輔弼，何以相救哉？事不師古而能長久者，非所聞也。今青臣等又面諛以重陛下過，非忠臣也。'"③即博士議政之例。

---

① 漢語大字典編輯委員會編纂：《漢語大字典（第2版）》，第622頁。
② 陳松長主編：《嶽麓書院藏秦簡（伍）》，第78頁。
③ 司馬遷：《史記》，第8分册，第3074—3075頁。

【3】節（即）

［疏證］

節（即）：如果。楊樹達《詞詮》："即，假設連詞，若也。《左傳》昭十二年：南蒯枚筮之，遇《坤》之《比》。示子服惠伯，曰：'即欲有事，何如？'《公羊傳》莊三十二年：'莊公病，將死，謂季子曰："寡人即不起此病，吾將焉致乎魯國？"'又僖三十三年：'百里子與蹇叔子送其子而戒之曰："爾即死，必於殽之嶔巖。"'又襄二十七年：'甯殖病，將死，謂喜曰："黜公者，非吾意也。孫氏爲之。我即死，女能固納公乎？"'《孟子·梁惠王上》：'即不忍其觳觫而就死地，則牛羊何擇焉？'"①

【4】逮、告劾

［整理小組注］

逮：逮捕。②

［疏證］

獄麓秦簡整理小組原把"逮"與"告劾"連讀，今將二者以頓號斷開。雖然"逮"與"告劾"都牽涉到刑獄之事，但"逮"意指逮捕，"告劾"則指的是控告，二者的區別還是很明顯的。即使是"告"與"劾"，在具體使用過程中也有所區別，"告"多指民間私人提出控告，"劾"多指官方提出控告，而且被"劾"者身份也多爲官吏。

里耶秦簡有幾處提到"某某有逮"的情況，如里耶秦簡9-25"尉未有逮"、9-986"高里士五（伍）順小妾壐餘有逮"、9-1078"二人有逮：裒、敬"、9-2289"四人有逮"等等。《里耶秦簡牘校釋（第2卷）》把"有逮"解釋爲"指有逮捕文書或被捕"。③其實解釋爲"被捕"就很恰當，"有逮捕文書"則容易產生歧義，大可不必。《史記·項羽本紀》"項梁嘗有櫟陽逮"，索隱曰："按：逮訓及。謂有罪相連及，爲櫟陽縣所逮錄也。故漢史每制獄皆有逮捕也。"④"有逮"即"有逮捕"。

【5】請

［疏證］

請：請示上級。意思是奉詔參與朝廷議事的博士，如果其身牽涉到獄訟之事，如被控告或需逮捕等，有關司法部門需要先向上級請示，得到批准後方可執行，即享有"有罪先請"的特權。

---

① 楊樹達：《詞詮》，第257頁。
② 陳松長主編：《獄麓書院藏秦簡（伍）》，第78頁。
③ 陳偉主編：《里耶秦簡牘校釋（第2卷）》，武漢大學出版社2018年版，第37、236—237、250、455頁。
④ 司馬遷：《史記》，第1分冊，第376頁。

【6】宦顯大夫

[疏證]

宦顯大夫，即"宦者顯大夫"。睡虎地秦簡《法律答問》簡191："可（何）謂'宦者顯大夫'？宦及智（知）於王，及六百石吏以上，皆爲'顯大夫'。"整理小組注："《漢書·惠帝紀》：'爵五大夫、吏六百石以上，及宦皇帝而知名者，有罪當盜械者皆頌繫。'與本條可參看。"①《嶽麓伍》簡304亦載："令曰：治獄有遝宦者顯大夫若或告之而當徵捕者，勿擅徵捕，必具以其遝告聞，有詔乃以詔從事。"②可見這類人享有"有罪先請"的法律特權。參見本書簡053—055[疏證]第2條。張家山漢簡《二年律令》簡184《襍律》："吏六百石以上及宦皇帝，而敢字貸錢財者，免之。"③閻步克認爲，睡虎地秦簡的"宦及知於王"與《二年律令》的"宦皇帝者"屬類似概念，爲不擔任行政職務而專門侍奉皇帝的人。④參見《嶽麓伍》簡036"宦者出宦"疏證。

【7】罷

[疏證]

罷：遣歸。此處指博士在參加完畢朝廷組織的議政活動之後離開朝廷被遣歸原所在處。《漢語大字典》："罷，遣歸；遣去。《廣雅·釋詁二》：'罷，歸也。'《國語·吳語》：'我既執諸侯之柄，以歲之不穫也，無有誅焉，而先罷之，諸侯必說。'韋昭注：'罷，遣諸侯令先歸。'《史記·高祖本紀》：'遂不使治病，賜金五十斤罷之。'《新唐書·張説傳》：'故時，邊鎮兵贏六十萬，説以時平無所事，請罷二十萬還農。'"⑤

簡文大意

命令丞相李斯：朝廷所徵召博士參與朝廷議事者，如果他們牽涉案件須被逮捕或被告劾，有關司法官吏要先向上級請示，完全比照宦者顯大夫牽涉獄訟那樣的處理方式。李斯上言：所召博士在被取消議政資格或參加完議政之後，請同時撤銷相關的司法保護特權。

缺簡 09

---

① 睡虎地秦墓竹簡整理小組編：《睡虎地秦墓竹簡》，釋文部分第139頁。
② 陳松長主編：《嶽麓書院藏秦簡（伍）》，第199頁。
③ 張家山二四七號漢墓竹簡整理小組編著：《張家山漢墓竹簡〔二四七號墓〕（釋文修訂本）》，第33頁。
④ 閻步克：《從爵本位到官本位：秦漢官僚品位結構研究》，生活·讀書·新知三聯書店2009年版，第90—91頁。
⑤ 漢語大字典編輯委員會編纂：《漢語大字典（第2版）》，第3120頁。

簡2168（089）：

當[1]不當[2]，當上夬（決）[3]。匿弗上，令、丞、史（吏）[4]主者，皆耐。其[5]非匿之殹（也），貲各二甲。 ·廿──089。

【1】當

[疏證]

當：判決，亦可指代判決結果。《說文·田部》："當，田相值也。"段玉裁注："值者，持也。田與田相持也。引申之，凡相持相抵皆曰當。報下曰當，皋人也，是其一耑也。"①《史記·張釋之馮唐列傳》："廷尉奏當，一人犯蹕，當罰金。"司馬貞索隱曰："案：崔浩云'當謂處其罪也'。案：《百官志》云'廷尉掌平刑罰，奏當所應。郡國讞疑罪，皆處當以報之'也。"②《漢書·賈誼傳》："夫望夷之事，二世見當以重法者，投鼠而不忌器之習也。"顏師古注引如淳曰："決罪曰當。"③

【2】不當

[疏證]

當：適合，恰當。《正字通·田部》："事理合宜也。"④《禮記·樂記》："夫古者，天地順而四時當，民有德而五穀昌。"鄭玄注："當謂樂不失其所。"⑤

不當：不恰當，不準確。"不當"之後，嶽麓秦簡整理小組原標點爲句號，今從陳偉説改爲逗號。⑥

【3】當上夬（決）

[疏證]

當上夬（決）：當，應當。上，向上級提交。決，結案報告。《嶽麓伍》簡048"監御史下劾郡守，縣官已論，言夬（決）郡守"，其中的"夬（決）"亦作"結案報告"解。⑦

"當上夬（決）"與下文"匿弗上"之間，嶽麓秦簡整理小組原標點爲逗號，今改爲句號。

---

① 段玉裁：《説文解字注》，第1211頁。
② 司馬遷：《史記》，第9分册，第3315頁。
③ 班固：《漢書》，第8分册，第2256頁。
④ 張自烈、廖文英：《正字通》，中國工人出版社1996年版，第701頁。
⑤ 孔穎達：《禮記正義》，中册，第1533頁。
⑥ 陳偉：《〈嶽麓書院藏秦簡（伍）〉校釋》，《出土文獻與法律史研究》第7輯，第9頁。
⑦ 陳松長主編：《嶽麓書院藏秦簡（伍）》，第54頁。

【4】史（吏）

[疏證]

史（吏）：嶽麓秦簡整理小組據秦簡類似文例，把"史"讀爲"吏"，是没有問題的。秦漢時期案件的審理工作，獄史往往是最直接的操作者，但是在程序上一般還需要再掛上縣令、縣丞的名字，所以此處的"吏"其實就是獄史。嶽麓簡此處説"令、丞、吏主者，皆耐"，説的也正是案件判決不當，縣令、縣丞和直接負責審理此案的獄史，要共同承擔責任。睡虎地秦簡《法律答問》簡94："贖罪不直，史不與嗇夫和，問史可（何）論？當貲一盾。"①意思是説，判處贖刑不合理，這是因爲負責審案的獄史没有與其他審案成員如嗇夫等協商溝通，所以獄史應當被處罰一盾。里耶秦簡8-754記録了縣丞、獄史因案件處理不當被處罰的事例：

卅年□月丙申，遷陵丞昌，獄史堪【訊】。昌辤（辭）曰：上造，居平□，侍廷，爲遷陵丞。□當詣貳春鄉，鄉【渠、史獲誤詣它鄉，□失】道百六十七里。即與史義論貲渠、獲各三甲，不智（知）劾云貲三甲不應律令。故皆毋它坐。它如官書。②

"史義"即名叫義的獄史。王彦輝説：

當時的獄事雖然重要，所謂秦始皇"專任獄吏"，但其級别却很低，不能與司空、倉、庫等同列。正因如此，縣獄直接隸屬於縣丞，《續漢書·百官志》在述及縣丞之職時，本注曰："丞署文書，典知倉獄。"當然，在一些大縣或郡府所在，也往往另設獄丞專典獄訟，嚴耕望就指出居延漢簡中便有"禄福獄丞""陽翟獄丞"，西漢末東海郡屬縣亦有設置"獄丞"的，《東海郡吏員簿》記郯縣吏員即云："郯，吏員九十五人。令一人，秩千石。丞一人，秩四百石。尉二人，秩四百石。獄丞一人，秩二百石。"可知"獄丞"的秩級低於縣丞，但高於獄史。③

其實，不論是縣丞典獄，還是再專設獄丞一職，獄史都是處理獄事的最直接的操作者。關於這個問題，筆者做過一些探討，可參看。④

【5】其

[疏證]

其：表示假設關係的連詞。《漢語大字典》："表示假設關係，相當於'若''如果'。清王引之《經傳釋詞》卷五：'其，猶若也。'《詩·小雅·小旻》：'謀之其臧，則具是違；

---

① 睡虎地秦墓竹簡整理小組編：《睡虎地秦墓竹簡》，釋文部分第115頁。
② 陳偉主編：《里耶秦簡牘校釋（第1卷）》，第216頁。
③ 王彦輝：《秦漢户籍管理與賦役制度研究》，中華書局2016年版，第31頁。
④ 朱紅林：《史與秦漢時期的決獄制度》，《社會科學輯刊》2017年第1期，第150—155頁。

謀之不臧,則具是依。'《史記·范雎蔡澤列傳》:'今夫韓、魏,中國之處而天下之樞也,王其欲霸,必親中國以爲天下樞,以威楚、趙。' 按:《戰國策·秦策三》作'王若欲霸'。唐封演《封氏聞見記·詮曹》:'及注擬不盡,即用三考二百日闕;通夏不了,又用兩考二百日闕;其或未能處置,即且給公驗。'"①

王引之《經傳釋詞》:"其,猶'若'也。《詩·小旻》曰:'謀之其臧,則具是違。謀之不臧,則具是依。'《禮記·文王世子》曰:'公族其有死罪,則磬于甸人。其刑罪則纖剸,亦告于甸人。'僖九年《左傳》曰:'其濟,君之靈也。不濟,則以死繼之。'"②

簡文大意

判決不當。應當提請上級裁決,但隱匿不上報,縣令、縣丞、直接負責此事的官吏,都要處以耐刑。如果不是故意隱瞞,則各自貲罰二甲。 廿。

缺簡₁₀

簡2166+2169(090):

□□□徑請[1]。制[2]曰:此等[3]令[4]各請[5]屬所執灋,執灋請之。·廿一 ₀₉₀。

【1】徑請

[疏證]

徑請:直接請示。此處指不按既定程序溝通而越級請示。徑:徑直。《嶽麓伍》簡216–217:"令曰:吏徙官而當論者,故官寫劾,上屬所執灋,執灋令新官亟論之。執灋【課其留者,以】發徵律論之。【不】上屬所執灋而徑告縣官者,貲一甲。以爲恒。"③簡216–217的意思是,吏調任其他單位之後,原單位發現他在任職期間有問題。這時候,按照程序,應該是原單位寫出詳細情況說明,把這個說明上呈所屬執灋,由執灋轉呈吏所在的新單位,由其新單位處理此事。但如果原單位沒有向所屬執法匯報,而是徑直與吏所在的新單位溝通,就屬於越級行動,是違反規定的,所以要受處罰。張家山漢簡《二

---

① 漢語大字典編輯委員會編纂:《漢語大字典(第2版)》,第123頁。
② 王引之:《經傳釋詞》,第107頁。
③ 陳松長主編:《嶽麓書院藏秦簡(伍)》,第140頁。

年律令》簡219—220《置吏律》:"縣道官有請而當爲律令者,各請屬所二千石官,二千石官上相國、御史,相國、御史案致,當請,請之,毋得徑請,徑請者者,罰金四兩。"① 可爲參考。

請:請示。睡虎地秦簡《秦律十八種》簡188《内史雜》:"有事請殹(也),必以書,毋口請,毋羈(羈)請。"②

【2】制

[疏證]

制:制書。《史記·秦始皇本紀》:"命爲'制',令爲'詔'。"集解引蔡邕曰:"制書,帝者制度之命也,其文曰'制'。詔,詔書。詔,告也。"正義曰:"制詔三代無文,秦始有之。"③

【3】此等

[疏證]

此等:此類情況。《廣韻·等韻》:"等,類也。"④ 如《嶽麓伍》簡053—055:"定陰忠言,律曰:'顯大夫有皋當廢以上勿擅斷,必請之。'今南郡司馬慶故爲冤句令,詐(詐)課,當廢官,令以故秩爲新地吏四歲而勿廢,請論慶。制書曰:"諸當廢而爲新地吏勿廢者,即非廢。已後此等勿言。"⑤ "已後此等毋言",以後這類事情就不用再匯報了。

【4】令

[疏證]

令:使,讓。《廣雅·釋詁一》:"令,使也。"⑥

【5】請

[疏證]

請:請求。《廣雅·釋詁三》:"請,求也。"⑦

簡文大意

……直接越級請示。皇帝命令説:此類情況讓有關部門(或官吏)向所屬執灋匯報,執灋則進一步向朝廷請示。 廿一。

---

① 張家山二四七號漢墓竹簡整理小組編著:《張家山漢墓竹簡〔二四七號墓〕(釋文修訂本)》,第38頁。
② 睡虎地秦墓竹簡整理小組編:《睡虎地秦墓竹簡》,釋文部分第62頁。
③ 司馬遷:《史記》,第1分册,第301頁。
④ 蔡夢琪:《廣韻校釋》,第711頁。
⑤ 陳松長主編:《嶽麓書院藏秦簡(伍)》,第56—57頁。
⑥ 王念孫:《廣雅疏證》,第200頁。
⑦ 同上注,第507頁。

缺簡 11

簡1033（091）：

它隱除[1]犯令者，坐日六錢爲盜[2]，盜比隸臣不守其所葆職∟[3]。吏令者[4]，以請寄人瀘[5]論之。 ——091

【1】隱除

[疏證]

隱除：從上下文義而言，可能指的是隱官，受過肉刑而後被宣布無罪的徒隸。"隱除"一詞還見於《嶽麓伍》簡251"令曰：縣官□□官（？）作徒隸及徒隸免復屬官作□□徒隸者自一以上及居隱除者"，①《嶽麓肆》簡268"勿令居隱除"，簡272"居隱除者"②等。

"居隱除"之説與睡虎地秦簡中的"處隱官"很相似。睡虎地秦簡《法律答問》簡125-126："'將司人而亡，能自捕及親所智（知）爲捕，除毋（無）罪；已刑者處隱官。'可（何）罪得'處隱官'？羣盜赦爲庶人，將盜戒（械）囚刑罪以上，亡，以故罪論，斬左止爲城旦，後自捕所亡，是謂'處隱官'。它罪比羣盜者皆如此。"③"居""處"義相近或相同，"居隱除"或許指的就是"處隱官"。隱官雖然有一定的行動自由，但並不能脱離原來所屬的官府部門。嶽麓秦簡這裏所説的隱官犯令的情况，從下文的意義來看，當是擅自脱離了原工作崗位，很可能是逃亡了，所以被抓獲之後，按照每日六錢的贓值以盜竊罪論處。不過，"隱官"何以稱作"隱除"，尚難以解釋圓滿。

《嶽麓肆》簡259原釋文有"隱官、斡官人"，"斡"，陳偉改釋作"除"，説："嶽麓肆簡268、272有'隱除'，未知與'隱官、除官'是否有關。"④把"除官"作爲一種機構或機構中從事活動的人，亦難解。

齊繼偉認爲，"居隱除"主要是"針對官府的徒隸及司寇，具體則是指'隱'和'除'的兩類對象，前者主要是官府針對一類刑徒（受過肉刑）的補償或照顧，後者則主要針對隸臣妾和司寇（多具有特殊才能，供職於某項崗位）"。他把"隱"理解爲"隱官"，把"除"解釋爲"除有爲者"，指"已被官府除任而有所擔當的人"。⑤我們認爲，他的結論推測成分不少，尤其是關於"除"的解釋。除非將來能有進一步的證據和説明，目前只能是可備一説。

---

① 陳松長主編：《嶽麓書院藏秦簡（伍）》，第181頁。
② 陳松長主編：《嶽麓書院藏秦簡（肆）》，第157、158頁。
③ 睡虎地秦墓竹簡整理小組編：《睡虎地秦墓竹簡》，釋文部分第123頁。
④ 陳偉：《嶽麓秦簡肆校商（三）》，武漢大學簡帛網2016年3月29日。
⑤ 齊繼偉：《秦漢賦役制度叢考》，湖南大學2019年博士學位論文，第149-150頁。

《嶽麓肆》簡271—273記載了一段與"居隱除"相關的律文：

　　　　□□□□□城旦。司寇勿以爲僕、養、守官府及除有爲殹（也）。有上令除之，必復請之。徒隸毄（繫）城旦舂、居貲贖責（債）而敢爲人僕、養、守官府及視臣史事若居隱除者，坐日六錢爲盜。吏令者，耐。①

内容與《嶽麓伍》此處的内容，關係非常密切。齊繼偉正是據此把《嶽麓伍》此處的"隱除"理解爲動詞，他説："所謂'它隱除犯令者，坐日六錢爲盜'是説有不當'隱'及不當'除'的犯令行爲，如上述令徒隸繫城旦舂、居貲贖債者擔任僕、養，當事人以每日六錢爲盜懲處，犯令的吏員則以'請寄人法'論處。"②其説可從。

【2】坐日六錢爲盜

[整理小組注]

坐日六錢爲盜：《嶽麓書院藏秦簡（肆）》1430、1421簡："毄（繫）城旦舂、居貲贖責（債）而敢爲人僕、養、守官府及視臣史事若居隱除者，坐日六錢爲盜。"③

[疏證]

簡1430、1421爲嶽麓秦簡原始編號，這兩支簡在《嶽麓肆》整理復原編號爲簡272、273。④"盜"下重文符號或爲衍文。《嶽麓肆》簡017—018亦有隸臣妾逃亡，按照每日六錢來計算贓值者，如："及諸當隸臣妾者亡，以日六錢計之，及司寇冗作及當踐更者亡，皆以其當冗作及當踐更日，日六錢計之，皆與盜同灋。"⑤隸臣妾等人群逃亡，當然也屬於擅離職守的範圍，故陳運影引之以爲證。⑥另外，之所以按照每日六錢計，是因爲秦律有規定，如果不提供飲食，徒隸每天的勞動價值按照每日六錢計算，這在睡虎地秦簡中有記載，《秦律十八種》簡133《司空律》："有罪以貲贖及有責（債）於公，以其令日問之，其弗能入及賞（償），以令日居之，日居八錢；公食者，日居六錢。"⑦

【3】葆職

[整理小組注]

葆職：服役人員之職責。⑧

---

① 陳松長主編：《嶽麓書院藏秦簡（肆）》，第158頁。
② 齊繼偉：《秦漢賦役制度叢考》，第150頁。
③ 陳松長主編：《嶽麓書院藏秦簡（伍）》，第78頁。
④ 陳松長主編：《嶽麓書院藏秦簡（肆）》，第158頁。
⑤ 同上注，第44頁。
⑥ 陳運影：《〈嶽麓書院藏秦簡（伍）〉第一組集釋及相關問題研究》，第48頁。
⑦ 睡虎地秦墓竹簡整理小組編：《睡虎地秦墓竹簡》，釋文部分第51頁。
⑧ 陳松長主編：《嶽麓書院藏秦簡（伍）》，第78頁。

[疏證]

葆：通"保"。這裏理解爲負責、擔任。《廣韻·晧韻》："保，任也。安也。守也。"①葆職：即任職、守職。《説文·宀部》："守，守官也。"段玉裁注："《左傳》曰：'守道不如守官。'《孟子》曰：'有官守者，不得其職則去。'"②"葆職"，亦見於里耶秦簡9-2165+9-2176："☐☐☐棄去葆職不伐幹殹（也）。棄去菜（葆）職不伐幹☐。"校釋者亦引《嶽麓伍》簡091爲互證，不過將"它隱除犯令者"中的"它"字，改釋爲"已"，說："《漢書·天文志》'主葆旅事'顏師古注引宋均曰：'葆，守也。'葆職似指所主守的職事。"③陳運影曾引《廣雅·釋詁三》"葆，本也"，釋"葆職"爲"本職"。④從上下文義來看，雖然大致不錯，但"所葆職"云云，"所"字之後，所跟的詞一般爲動詞，所以不如釋"葆"爲"保"更合適。

【4】吏令者

[疏證]

吏令者：如果是官吏指使他這樣做的（擅離職守）。

【5】請寄人瀘

[疏證]

請寄人瀘：有關請寄人口的法律，指針對官吏擅自隱匿人口或指使官府徒隸爲其私人服務謀利的法律條文。"寄人"，這裏作動詞解，意爲使人寄居，隱匿人口。睡虎地秦簡《日書甲種》簡2正貳："結日，作事，不成以祭，聞（昏）。生子毋（無）弟，有弟必死。以寄人，寄人必奪主室。"其中前一個"寄人"爲動詞，整理小組注："寄人，讓人寄居。"⑤用法與嶽麓秦簡此處"寄人"相同。後一個"寄人"爲名詞，指寄居之人。《日書甲種》簡57正叁+58正叁："毋以辛酉入寄者，入寄者必代居其室。己巳入寄者，不出歲亦寄焉。"⑥前三個"寄者"，均指"寄居之人"。最後一個"寄"字爲動詞，作"寄居"解。《嶽麓柒》簡250有"上書臧（藏）室舍，貲各一甲。其寄舍"云云，⑦或與此處所謂的"請寄人瀘"有關。

簡文大意

其他非法居隱除者，按照每日六錢計算，以盜竊罪論處，這種盜竊罪的處罰力度比照隸臣不堅守其工作崗位執行。如果是官吏指使他犯法的，對官吏的處罰以有關請寄人的法規論處。

---

① 蔡夢麒：《廣韻校釋》，第667頁。
② 段玉裁：《説文解字注》，第595頁。
③ 陳偉主編：《里耶秦簡牘校釋（第2卷）》，第427頁。
④ 陳運影：《〈嶽麓書院藏秦簡（伍）〉第一組集釋及相關問題研究》，第48—49頁。
⑤ 睡虎地秦墓竹簡整理小組編：《睡虎地秦墓竹簡》，釋文部分第181頁。
⑥ 同上注，釋文部分第190頁。
⑦ 陳松長主編：《嶽麓書院藏秦簡（柒）》，第166頁。

簡1005(092)：

●工隸臣妾及工當隸臣妾[1]者亡，以六十錢計之[2]，與盜同灋[3]。其自出殹(也)，減辠一等[4] 092。

【1】工隸臣妾及工當隸臣妾

[整理小組注]

工隸臣妾及工當隸臣妾：具體含義不詳。睡虎地秦簡《秦律十八種·軍爵律》："工隸臣斬首及人爲斬首以免者，皆令爲工。其不完者，以爲隱官工。"此處提及工隸臣，僅供參考。①

[疏證]

工隸臣妾及工當隸臣妾：指的是兩種人，一種是工隸臣妾，即專職從事手工業活動的隸臣妾，其身份首先是隸臣妾。另一種是工當隸臣妾，也就是説其身份不是隸臣妾，是普通黔首，其職務是工，現在的工作狀態相當於隸臣妾。工當隸臣妾，可能是工爲了贖免親人而去以隸臣妾的身份勞作，或是其他原因包括被處罰而暫時以隸臣妾的身份勞作。陳運影把此處的"當"理解爲"相當，似就工作效率而言"，這是不合適的。②這裏説的不是工的工作效率相當於隸臣妾，而是説工按照隸臣妾的待遇或者説管理方式去工作。

【2】以六十錢計之

[疏證]

以六十錢計之：其逃亡的贓值按照每日六十錢計算，根據與盜同灋的原則來論處。因爲這些人的身份特殊，是具有手工業技能者，所以其經濟價值要遠高於每日六錢的普通逃亡犯罪。普通逃亡犯罪，一般按照每日六錢計算，合計贓值，坐贓爲盜，按照與盜同灋原則論處。如《嶽麓伍》簡091"它隱除犯令者，坐日六錢爲盜"，③《嶽麓肆》簡017—019"及諸當隸臣妾者亡，以日六錢計之，及司寇冗作及當踐更者亡，皆以其當冗作及當踐更日，日六錢計之，皆與盜同灋。不盈廿二錢者，貲一甲。其自出殹(也)，減罪一等"。④當然，我們也不能排除嶽麓秦簡此處"六十錢"之"十"爲衍文的可能性，畢竟逃亡其間每日按照六十錢計算贓值的案例目前僅此一見。

---

① 陳松長主編：《嶽麓書院藏秦簡(伍)》，第78頁。
② 陳運影：《〈嶽麓書院藏秦簡(伍)〉第一組集釋及相關問題研究》，第49—50頁。
③ 陳松長主編：《嶽麓書院藏秦簡(伍)》，第69頁。
④ 陳松長主編：《嶽麓書院藏秦簡(肆)》，第44—45頁。

【3】與盜同灋

[疏證]

"與盜同灋"之後，整理小組原標點爲逗號，今改爲句號。"其自出殹（也）"云云，是對前文所描述逃亡罪的一種補充説明，故以句號斷開，更容易理解文意。

【4】減辠一等

[整理小組注]

此簡與1128簡内容聯繫密切，似可編聯，但據背後反印文與劃綫等信息兩者無法編聯。①

[疏證]

嶽麓秦簡整理小組注所謂1128簡，即《嶽麓伍》簡072，與簡C4-1-11編聯之後爲："☐亡皆駕（加）其辠一等，其前令亡者，以此令論之。　・十一 ——"②

簡文大意

工隷臣妾以及工當隷臣妾者逃亡，逃亡贓值按照每日六十錢計算，按照盜竊罪處置原則論處。如果逃亡其間能夠自首，減罪一等。

簡1003+0998+C10-4-13（093—094）：

●制詔御史：聞反者子年未盈十四歲[1]，有辠[2]爲城旦舂者，或[3]嬰兒（殹）也，尚抱負及虁（繦）能行，縣官[4]₀₉₃即皆令衣傳[5]城旦舂具[6]。其[7]勿令衣傳之。丞相、御史[8]請：諸年未盈十四歲而有辠爲城旦舂者₀₉₄

【1】未盈十四歲

[疏證]

未盈十四歲：未滿十四歲。十四歲可能是刑事責任年齡的一個界限，有可能屬於半刑事責任年齡。《嶽麓肆》簡24—26有："亡不仁邑里、官，毋以智（知）何人殹（也），中縣道官詣咸陽，郡〖縣〗道詣其郡都縣，皆縠（繫）城旦舂，榑作倉，苦，令舂勿出，將司之如

---

① 陳松長主編：《嶽麓書院藏秦簡（伍）》，第78頁。
② 同上注，第62頁。

城旦舂。其小年未盈十四歲者,樗作事之,如隸臣妾然。"①這裏對於亡不仁邑里、官者,本來是按照繫城旦舂來處罰的,但對於其中年未盈十四歲者却按照隸臣妾的規範從輕進行處罰,其中顯然是考慮到了年齡的因素。又《嶽麓肆》簡102:"道徼中蠻夷來誘者,黥爲城旦舂。其從誘者,年自十四歲以上耐爲隸臣妾,奴婢黥顏(顏)頯,畀其主。"②年十四歲以上耐爲隸臣妾,那麽十四歲以下顯然是從輕處理的。《嶽麓肆》簡196:"行書律曰:毋敢令年未盈十四歲者行縣官恒書,不從令者,貲一甲。"③可見,十四歲也是行爲能力的一個年齡界限。

【2】有辠

［疏證］

有辠:此處的有罪,當指受連坐而言,並非本人直接犯罪。因爲此處提到的有罪人群爲十四歲以下,包括尚在繈褓中的嬰兒以及剛剛能夠行走的幼兒,後兩者一般情況下是不具備犯罪行爲能力的。

【3】或

［疏證］

或:有的。

【4】縣官

［疏證］

縣官:這裏是對國家管理部門的統稱。

【5】衣傅

［疏證］

衣傅:穿着佩戴。或作"傅衣",如《嶽麓伍》簡222:"主將者擅弗令傅衣服,及智(知)其弗傅衣服而弗告劾論,皆以縱自爵辠論之。弗智(知),貲二甲。告劾,除。"④

【6】城旦舂具

［疏證］

城旦舂具:城旦舂所佩戴的刑具。"城旦舂具"之後,整理小組原標點爲逗號,今改爲句號。"城旦舂具"之前,説的是皇帝聽説的情況,即地方官府或司法部門,對於被抓獲的造反者的子女,因連坐而獲城旦舂罪者,即使還是嬰兒或幼兒,都施加刑具的做法。

---

① 陳松長主編:《嶽麓書院藏秦簡(肆)》,第46—47頁。
② 同上注,第72頁。
③ 同上注,第133頁。
④ 陳松長主編:《嶽麓書院藏秦簡(伍)》,第142頁。

"城旦舂具"之後,説的是皇帝的指示,即要求停止這種不人道的做法。前後是兩個層次的意思,當以句號斷開,更宜於理解文意。

【7】其

[疏證]

其:楊樹達《詞詮》:"命令副詞。王氏云:'其猶尚也,庶幾也。'《書·益稷》:'帝其念哉!'又《盤庚》:'其克從先王之烈!'又《洛誥》:'女其敬識百辟享。'又《無逸》:'嗣王其監于兹!'又《君奭》:'君肆其監于兹!'《詩·衛風·伯兮》:'其雨其雨,杲杲出日。'《左傳》隱三年:'吾子其無廢先君之功!'《周語》:'王其祗祓,監農不易!'"①

【8】丞相、御史

[疏證]

嶽麓秦簡整理小組原把"丞相"與"御史"連讀作"丞相御史",今以頓號斷開。

簡文大意

命令御史:聽聞造反者的子女還不到十四歲,有罪被判爲城旦舂者,有的還是嬰兒,還在繈褓之中,或者剛剛能走路,縣官就讓他們全都佩戴上城旦舂的刑具(這種做法是很不妥當的)。不能讓這些人戴那些刑具。丞相、御史請示:那些年齡未滿十四歲而有罪爲城旦舂的人……

缺簡₁₂

簡2156+1133+1152-2+缺簡₁₃+1132+1131+1134(095—099):

☐有蔺(鹵)淳濕[1]者,輒稍[2]善治之[3]。有以不譱(善)治之故,壞敗癥[4]殺人,匠、辨長[5]皆 095 ☐☐令史貲各二甲,廢。其壞及傷人 ┕,匠、辨長贖 096(缺簡₁₃)【縣】官[6]及宫〈官〉[7]嗇夫、吏主者,貲各二甲,令、丞、令史各一甲[8] 097。■廷內史郡二千石官共令。 ·第庚。 ·今壬 098。

☐第甲 ┕、戊 ┕、己 ┕、庚四篇[9]。

---

① 楊樹達:《詞詮》,第144頁。

【1】菌(鹵)淳濕

[整理小組注]

菌淳濕:菌讀作鹵,指食鹽。《史記·貨殖列傳》:"山東食海鹽,山西食鹽鹵。"《廣雅·釋詁二》:"淳,漬也。"睡虎地秦簡《日書·甲種》38—39背壹:"其上旱則淳,水則乾。"菌淳濕,即鹽鹵潮濕漬物。這裏可能是説鹽受潮後會使屯鹽的建築墻體受到滲透浸漬而潮濕朽敗,因此需要及時繕治。如果不及時繕治,墻體毁壞壓死人,那匠辨長都要受到相應懲罰。①

【2】稍

[疏證]

稍:這裏作副詞用,漸也。意思是只要建築物有損壞,不論損壞程度大小,隨時修繕。楊樹達《詞詮》卷五:"稍,表態副詞,漸也,頗略也。《左傳》昭公十年:'子尾多受邑而稍致諸君。'《史記·吴王濞傳》:'吴王之棄其軍亡也,軍遂潰,往往稍降太尉梁軍'。又《梁孝王世家》:'上怒稍解,因上書請朝。'又《趙禹傳》:'上以爲能,稍遷至大中大夫。'又《項羽本紀》:'項王乃疑范增與漢有私,稍奪之權。'又《主父偃傳》:'上以德施,實分其國,不削而稍弱矣。'又《萬石君傳》:'及慶死後,稍以罪去,孝謹益衰矣。'又《封禪書》:'陛下必欲上,稍上,即無風雨,遂上封矣。'又《河渠書》:'其後漕稍多,而渠下之民頗得以溉田矣。'"②

【3】善治之

[疏證]

善治:修繕。善:通"繕",修繕。睡虎地秦簡《秦律雜抄》簡15:"禀卒兵,不完善(繕),丞、庫嗇夫、吏貲二甲,法(廢)。"③"善治之"與"有以不譱(善)治之故"之間,嶽麓秦簡整理小組原標點爲逗號,今改爲句號。

【4】瘱

[疏證]

瘱:壓。陳偉曰:"瘱,當讀爲'壓'。《漢書·元帝紀》:'二月戊午,地震於隴西郡,毁落太上皇廟殿壁木飾,壞敗豲道縣城郭官寺及民室屋,壓殺人衆。'《續漢志·五行志一》注引《古今注》曰:'十七年,洛陽暴雨,壞民廬舍,壓殺人,傷害禾稼。'"④

---

① 陳松長主編:《嶽麓書院藏秦簡(伍)》,第78頁。
② 楊樹達:《詞詮》,第206頁。
③ 睡虎地秦墓竹簡整理小組編:《睡虎地秦墓竹簡》,釋文部分第82頁。
④ 陳偉:《〈嶽麓書院藏秦簡(伍)〉校釋》,《出土文獻與法律史研究》第7輯,第10頁。

【5】匠、辦長

[疏證]

簡文中兩處"匠、辦長"，嶽麓秦簡整理小組皆讀作"匠辦長"，今改讀作"匠、辦長"。《漢語大字典》："辦，同'辨'。《說文·刀部》：'辨，判也。'《正字通·辛部》：'辦，同辨。與辨分爲二，又分辨、辯爲一。按：經史辨、辦、辯並通。'""辦，《說文新附》：'辦，致力也。从力，辡聲。'鈕樹玉新附考：'辦即辦之俗體。'《字彙》：'从力與从刀者不同，刀取判別之義，……力取致力之義。'"①

陳安然曰："匠、辦長是兩種不同的工作，此處句讀作'匠、辦長'似乎更合適。"②因爲簡文"匠辦長"下接"皆"云云，故推知"匠辦長"不應是一種人，確實有可能是兩種不同的職務。然"辦長"究竟何指，陳無說。睡虎地秦簡《秦律十八種》簡 123—124："度攻(功)必令司空與匠度之，毋獨令匠。"③嶽麓秦簡"匠"與"辦長"的關係或許與睡虎地秦簡"匠"與"司空"的關係相似，"匠"屬於技術人員，"司空""辦長"屬於行政官員。當然，"辦長"的級別有可能遠低於"司空"，有可能是一種最基層的組織者。李蓉雖然將"匠辦長"理解爲一種職務，但亦推測其"當是基層小吏，可能是負責監督治理某類工程的小官"。④

【6】【縣】官

[疏證]

"官"字之前，嶽麓秦簡整理小組補釋"縣"字，恐不妥。因爲"及宮嗇夫、吏主者，貲各二甲"之後，下文接着說"令、丞、令史各一甲"，這些職務本身都屬於"縣官"的範疇，所以"及宮嗇夫"之前不太可能出現"縣官"這一表述。目前尚未發現這樣的文例。

【7】宮

[疏證]

宮：或爲"官"之誤。

【8】令、丞、令史各一甲

[整理小組注]

史達認爲此簡應下接1131簡，該簡已刊布於《嶽麓書院藏秦簡(肆)》。⑤

---

① 漢語大字典編輯委員會編纂：《漢語大字典(第2版)》，第4307頁。
② 陳安然：《嶽麓秦簡"令"集釋》，吉林大學2023年碩士學位論文，第201—202頁。
③ 睡虎地秦墓竹簡整理小組編：《睡虎地秦墓竹簡》，釋文部分第47頁。
④ 李蓉：《〈嶽麓書院藏秦簡(伍)〉集釋及相關專題研究》，第75頁。
⑤ 陳松長主編：《嶽麓書院藏秦簡(伍)》，第78頁。

[疏證]

嶽麓秦簡整理小組注所謂"1131簡",即下文《嶽麓伍》簡098,内容爲"廷内史郡二千石官共令　·第庚　·今壬"。

【9】▢第甲、戊、己、庚四篇

[疏證]

嶽麓秦簡整理小組原來這句話未加標點,今補充。陳松長曰:"由於簡首殘缺,我們尚不確定這'四篇'是指哪四篇,但簡文中以天干分篇的意思是很清楚的。"①

簡文大意

鹽鹵潮濕損壞建築物者,要及時對相關建築物進行修補。如果有因爲不及時修補,致使建築物坍塌傷人者,匠、辦長都要……令史每人貲罰二甲,撤職永不敘用。如果致使倉庫倒塌壓傷了人,匠、辦長贖……官、官嗇夫及主管官吏貲罰各二甲,縣令、縣丞及令史貲罰各一甲。廷内史郡二千石官共令。　第庚。　今壬。▢第甲、戊、己、庚四篇。

---

① 陳松長:《嶽麓秦簡中的幾個令名小識》,《文物》2016年第12期,第61頁。

第二組簡

第三部門

簡1679+1673+1667（100—101）：

●令曰：制書下及受制有問議[1]者，皆爲薄（簿）[2]，署初到、初受所[3]及上年日月[4]、官別留[5]日數、傳留[6]狀[7]，與對[8]皆（偕）上。不₁₀₀從令，貲一甲。 ・辛令[9]乙五₁₀₁。

【1】問議

[整理小組注]

問議：制書提出的徵詢。《漢書・循吏傳》："後詔使丞相御史問郡國上計長吏守丞以政令得失，或對言前膠東相成僞自增加，以蒙顯賞，是後俗吏多爲虛名云。"①

[疏證]

議：此處指有關部門或有關人員針對制書所提出的問題進行研究討論。武大讀簡會曰："按，'問議'一語或應斷讀，分爲'問'與'議'二事。'問'偏重'詢問'。"②其實"問議"雖爲二事，然密不可分，無需斷讀，讀者亦能理解其義。因此，嶽麓秦簡整理小組的句讀是妥當的。同時，從《嶽麓伍》所收錄的秦令來看，"議"的內容多爲臣下議論的結果，上呈皇帝請求批覆。

【2】爲薄（簿）

[疏證]

爲薄（簿）：建立登記冊。簿，《廣韻・姥韻》："簿，簿籍。"③這裏"簿"的作用，類似於日志類文書，具有按時間及類別順序記錄的特點。《嶽麓伍》簡251—254：

令曰：縣官□□官（？）作徒隸及徒隸免復屬官作□□徒隸者自一以上及居隱除者，黔首居☑及諸作官府者，皆曰勢薄（簿）之，上其廷，廷日校案次編，月盡爲冣（最），固臧（藏），令可案殹（也）。不從令，丞、令、令史、官嗇夫吏主者，貲各一甲。稗官去其廷過廿里到百里者，日薄（簿）之，而月壹上廷，恒會朔日。過百里者，上居所縣廷，縣廷案之，薄（簿）有不以實者而弗得，坐如其稗官令。內史倉曹令甲卌。④

---

① 陳松長主編：《嶽麓書院藏秦簡（伍）》，第152頁。
② 武漢大學簡帛研究中心秦漢簡讀書會：《〈嶽麓書院藏秦簡（伍）〉讀札（三）》，武漢大學簡帛網2018年4月3日。
③ 蔡夢琪：《廣韻校釋》，第572頁。
④ 陳松長主編：《嶽麓書院藏秦簡（伍）》，第181—182頁。

"日劵""日校""日簿"就表明了此類簿籍文書强調按時間順序記録工作内容的特點。

吴方基把"簿"與下文"留"結合起來,並舉里耶秦簡有關"簿留"的文字記録,斷定"簿留"是一種"單獨書簡",並對其内涵進行了深入挖掘,觀點甚是新奇。不過,我們從嶽麓簡上下文及吴説所論來看,暫時還是持保守意見,認爲"簿留"就是以簿籍的形式記録文書的存留包括滯留等情况。① 至於吴説,在没有進一步的證據之前,算是可備一説。

【3】初到、初受所

[疏證]

初到、初受所:制書最初到達及接受者最初接受的地點(和時間)。嶽麓秦簡整理小組原把"初到""初受所"連讀,今以頓號斷開。文書最初到達的地方,不一定就是當事人最初接受的地方,故當以頓號斷開。

【4】上年日月

[疏證]

上:上奏,上呈。上年日月:官員應答制書的奏章發往朝廷的具體年月日。

【5】別留

[整理小組注]

別留:指分别在各官署停留。②

【6】傳留

[整理小組注]

傳留:傳送及滯留。③

【7】狀

[整理小組注]

狀:情狀。④

【8】對

[整理小組注]

對:對制詔徵詢的回覆文書。《漢書·公孫弘傳》:"敢問子大夫:天人之道,何所本

---

① 吴方基:《新出秦簡所見"簿留"考》,《出土文獻》2020年第2期,第87—92頁。
② 陳松長主編:《嶽麓書院藏秦簡(伍)》,第152頁。
③ 同上注。
④ 同上注。

始？……其悉意正議，詳具其對，著之於篇，朕將親覽焉。"①

【9】卒令

［疏證］

卒令：適用於二千石級別的官府機構的法令。陳偉在研究睡虎地秦簡《秦律十八種》簡179—180《傳食律》中的"卒人"一職時，認爲"卒人"指二千石級別的官員。②有學者在此基礎上研究，認爲嶽麓秦簡中的"卒令"也是關於二千石官署的法令。

曹旅寧曰："關於'卒'的含義，學界尚有争論，大家大都忽略了陳偉先生在《秦簡牘合集》中指出的意見：由睡虎地秦簡及張家山《傳食律》對讀可知，卒即爲郡守在内的二千石官，卒令爲二千石官署共同遵循之令。張家山漢簡《置吏律》：二千石掌上請立法權，故文書郵傳與之密切關聯。郡卒令諸條内容多涉及郡守職掌，尉郡卒令諸條涉及爵及除人及從軍者私利事，正與張家山漢簡《置吏律》中郡守、郡尉職掌相合。嶽麓書院藏秦簡（四）中'尉卒律'涉及爵位削除事項，估計也與郡尉職掌相關。律名中'尉卒'當指'郡尉'，郡尉秩比二千石。'廷卒令'與'廷令'多與司法文書決獄相涉，當與廷尉及官署有關。本來，郡廷、縣廷、都官廷都可謂之廷，嶽麓秦簡伍中'廷内史郡二千石官共令・第己・令辛''廷内史郡二千石官共令・第庚・令辛''第甲戊己庚四篇'中廷尉、内史、郡守並舉，且有重新匯編之舉，正好爲我們上述的推測提供了參證。還需要說明的是秦簡中所見詔書可分兩種。第一種是嶽麓秦簡所見秦代施行詔書編成的令集尾端均有編號；第二種爲當今皇帝（今上）下行詔書多附各種行下之辭如益陽兔子山所出秦二世元年詔書是也。"③

周海鋒以陳偉説爲出發點，認爲"秦簡的'卒人'相當於漢簡的'諸二千石官'"，嶽麓秦簡中"廷卒令""郡卒令""尉郡卒令""卒令"等令名中的"卒"爲"卒人"之省，"'卒令'即'卒人之令'，適用於所有二千石官的令文。'廷卒令'指適用於中央、内史諸二千石官的令文。'郡卒令'指適用於各郡守的令文。'尉郡卒令'指適用於各郡尉、郡守的令文。這種解釋的可行性能得到具體令文得以佐證。"④

以上研究都是很有意義的。

簡文大意

令曰：制書下達以及接受制書問詢的情況，都要建立簿籍詳細記錄，記清楚制書初到、被問詢者初次接受以及回復文書上呈的具體年月日、文書傳遞過程中在各級部

---

① 陳松長主編：《嶽麓書院藏秦簡（伍）》，第152頁。
② 陳偉：《"令史可"與"卒人可"》，武漢大學簡帛網2015年7月4日。陳偉主編，彭浩、劉樂賢等撰著：《秦簡牘合集・釋文注釋修訂本（壹、貳）》，第132頁。
③ 曹旅寧：《嶽麓秦簡令名試解》，武漢大學簡帛網2018年3月26日。
④ 周海鋒：《嶽麓秦簡〈卒令丙〉研究》，《出土文獻與法律史研究》第9輯，法律出版社2020年版，第123頁。

門停留的時間、傳遞狀況等，與回復文書一起上呈朝廷。不按照此令執行者，貲罰一甲。　卒令乙五。

簡1877（102）：

●令曰：御史[1]、丞相、執灋以下有發徵[2]及爲它事，皆封[3]其書，毋以檄[4]。不從令，貲一甲。　·卒令乙八[5] 102。

【1】御史

[疏證]

此處的"御史"，當爲"御史大夫"之省稱。嶽麓秦簡中出現的"御史"一詞，有時指"御史大夫"，有時指"御史大夫"的屬員"侍御史"。同時，在簡文的表述中，"御史"有時還出現在"丞相"之前，或出現"御史下丞相"，或"丞相上御史"之類的情況，周海鋒對這種現象進行過分析和歸納，他的論述對我們理解嶽麓簡中的御史很有幫助。現摘錄如下：

> 嶽麓秦簡律令中常見御史、丞相並稱現象，此御史顯然是御史大夫之省，如0662號"御史、丞相，尉布"，1877號"御史、丞相、執灋以下"，0339號"御史、丞相"。上述嶽麓秦簡律令所見之御史爲御史大夫之省無疑，細察簡文，當御史、丞相並列時，御史常列於丞相之前，這是頗值得注意的。又，嶽麓秦簡1662號"論之，上奪爵者名丞相，丞相上御史"，1593號簡"廿四年十一月丙辰御史下丞相"，以上材料中的"御史"當指侍御史，侍御史常伴君側，上呈下達，是君王意願之傳聲筒。侍御史秩級不高，唯六百石，權限確極重，畢竟是內廷和外朝的聯絡者。御史大夫作爲侍御史的統帥，是皇帝最爲依賴的職官，一些詔令常同時下發給丞相和御史大夫，甚至先發給御史大夫，再由他轉發丞相，如1593簡所見"廿四年十一月丙辰御史下丞相"。
>
> "御史下丞相"並非意味着御史大夫的地位比丞相高。《漢書·百官公卿表》言御史大夫"掌副丞相"，御史大夫協助丞相料理政事，其地位顯然低於丞相。又據《史記·秦始皇本紀》二世元年，胡亥"東行郡縣"，刻石並鐫所從大臣名，丞相李斯、馮去疾列於御史大夫德之前。文書所見御史大夫列於丞相之前的情況，大概是因爲御史大夫直接負責皇帝詔命的下達和臣下奏議文書之上傳，御史大夫與最高權力者空間距離更近。①

---

① 周海鋒：《秦官吏法研究》，西北大學出版社2021年版，第214—215頁。

【2】發徵

[疏證]

發徵：調集徵召。武大讀簡會根據秦漢簡牘及傳世文獻的記載，認爲秦漢時期的"發徵"至少包括三類内容：①

一是徭役徵發。如睡虎地秦簡《秦律十八種》簡115《徭律》："御中發徵，乏弗行，貲二甲。"②張家山漢簡《二年律令》簡270《行書律》："發徵及有傳送，若諸有期會而失期，乏事，罰金二兩。"③

二是徵調官吏前往指定地區或機構執行公務。如《嶽麓伍》簡128—130："令曰：御史節發縣官吏及丞相、御史、執灋發卒史以下到縣官佐、史，皆毋敢名發。其發治獄者官必遣嘗治獄二歲以上。不從令，皆貲二甲，其丞、長史、正、監、守丞有（又）奪各一攻（功），史與爲者爲新地吏二歲。御史名發縣官吏□書律者，不用此令。　卒令丙九。"④

三是政府發布政令，徵求百姓集會。如《史記·貨殖列傳》："故待農而食之，虞而出之，工而成之，商而通之。此寧有政教發徵期會哉？"⑤

【3】封

[疏證]

封：封緘。汪桂海關於漢代官文書封緘的論述，可以作爲參考："漢代官文書的封緘方法，是在簡牘之上加一板，以繩縛之。板名曰檢，大小約與牘相近，用來掩蓋住官文書上的文字内容。檢上刻槽，稱印齒，又名印窠，即封泥槽，是緘束官文書的束繩通過和打結的地方，封泥即捺於槽内繩結之上，加印官印。封泥硬固之後，非破封泥或割斷封繩則文書不是輕易打得開的，所以《釋名·釋書契》説：'檢，禁也。禁閉諸物使不得開露也。'這是簡牘時代保證官文書不被私自拆看的一種方法。在封檢上題寫收受文書者的名字，謂之署，《説文》：'檢，書署也。'《釋名·釋書契》也説：'書文書檢曰署。署予也，題所予者官號也。'"⑥

【4】檄

[整理小組注]

檄：一種文書。懸泉置遺址出土有西漢的檄。此處之檄當指不封之檄。⑦

---

① 武漢大學簡帛研究中心秦漢簡讀書會：《〈嶽麓書院藏秦簡（伍）〉讀札（三）》，武漢大學簡帛網2018年4月3日。
② 睡虎地秦墓竹簡整理小組：《睡虎地秦墓竹簡》，釋文部分第47頁。
③ 彭浩、陳偉、[日]工藤元男主編：《二年律令與奏讞書——張家山二四七號漢墓出土法律文獻釋讀》，第202頁。"發徵"之"徵"，整理本原釋作"致"（張家山二四七號漢墓竹簡整理小組編著：《張家山漢墓竹簡〔二四七號墓〕（釋文修訂本）》，第46頁），本書據圖版和紅外綫影像改釋作"徵"。
④ 陳松長主編：《嶽麓書院藏秦簡（伍）》，第110—111頁。
⑤ 司馬遷：《史記》，第10分册，第3922頁。
⑥ 汪桂海：《漢代官文書制度》，廣西教育出版社1999年版，第128頁。
⑦ 陳松長主編：《嶽麓書院藏秦簡（伍）》，第152頁。

[疏證]

嶽麓簡此處强調説"封其書,毋以檄",當然説明此處"檄"是不加封緘的。徐望之據檄文之功用,分爲六種:"一曰討敵,如陳琳作討曹操檄。二曰威敵,如耿恭移檄烏絲,示漢威德。三曰徵召,如漢申屠嘉爲檄召鄧通。四曰曉諭,如司馬相如諭巴蜀檄。五曰辟吏,如漢毛義聞府檄當守令,捧檄持以白母。六曰激迎,《釋名》:'檄,激也。下官所以激迎其上之文書也。'漢《范丹傳》,少爲縣吏,奉檄迎督郵,即其例也。"①六種檄書中,"徵召"亦爲檄書内容之一種。因而此處嶽麓簡曰"有發徵及爲它事,皆封其書,毋以檄","發徵"云云與"徵召"同類。因此整理小組的解釋並没有説清楚此處"書"與"檄"在内容上的區別,也就是説没有解釋爲何不用"檄"。

張家山漢簡《二年律令》提到了一種被稱爲"送檄"的文書,其内容及作用與傳統意義上的"檄書"有所不同。《二年律令》簡275《行書律》曰:"書以縣次傳,及以郵行,而封毁,過縣輒劾印,更封而署其送檄曰:封毁,更以某縣令若丞印封。"彭浩曰:"無論采用何種形式傳送公文,都有一套嚴密的手續,以保證文書交接、傳遞的安全。公文發出前須加封印(即封泥)。公文上另有'送徵(檄)',注明起訖地及沿途各站收付時間。睡虎地秦簡《行書》律云:'行傳書、受書,必書其起及到日月夙莫(暮),以輒相報。'在居延漢簡中也能見到内容與秦律規定相類的送檄。送檄的作用除記録文書的傳送過程外,還是考核郵人、郵吏功勞和處罰的依據。加在公文上封印是容易毁損的,如有毁損,需由當地縣廷驗核後更换新封印,並在送檄上寫明'封毁,更以某縣令若丞印封'。兩郵交接文書時,郵吏必須'居界過書'。居延漢簡的'過書刺'係文書交接記録,如'南書二封,皆都尉章·詣張掖太守府·甲校 六月戊申夜大半三分,執胡卒常受不侵卒樂;己酉平旦一分,付誠北卒良。'《二年律令》對危及公文安全和延誤文書送達等行爲的處罰有具體的規定。私改送檄被認定'爲僞書'罪。"②

武大讀簡會對嶽麓秦簡此處提到的"檄"做了兩種可能的推測:一種可能指的就是張家山漢簡《行書律》提到的所謂的"送檄",另一種可能是"單獨傳遞,記載具體事宜的檄"。分析説,如果此處的"檄"爲"送檄",那麽令文的意思就是"用封書傳遞,不再另外附加記録其行書情況的'檄'";如果此處的"檄"爲"徵調"性質的文書,那麽令文的意思就是,儘管以前曾經用不加封的"檄書"的形式傳遞過,但現在統一采用"'封其書'的形式傳遞,不要用'檄'傳遞"。③我們覺得這兩種分析推測考慮得很全面,只要今後找到進一步的證據,即可最終確定哪一種是最終的答案。我們在此暫且從前一種觀點。

---

① 徐望之:《公牘通論》,檔案出版社1988年版,第12—13頁。
② 彭浩:《讀張家山漢簡〈行書律〉》,《文物》2002年第9期,第56頁。
③ 武漢大學簡帛研究中心秦漢簡讀書會:《〈嶽麓書院藏秦簡(伍)〉讀札(三)》,武漢大學簡帛網2018年4月3日。

【5】卒令乙八

[疏證]

　　金秉駿說:"縮略後的詔書需要再次被官吏們學習。爲了能經常參與現場事務當中,需要以一定的方式進行綜合和重新分類。張家山漢簡《二年律令》中的津關令是挑選與津關業務相關的事務後製作而成的令。嶽麓秦簡中的'內史戶曹令第甲'、'內史郡二千石官共令第戊'、'卒令乙八'等的令名也是這樣分類整理的結果。"①問題是,我們目前所見到的這些分類是誰製作的?是法令製作部門,還是法令使用部門,抑或是抄手本人?每一種可能都是存在的。而弄清楚這一點,則直接關係到我們對秦漢時期法律體系的構成以及法典的編纂認識,具有至關重要的意義。

簡文大意

　　令曰:御史、丞相及執灋以下的官員,如有發徵及其他事務(需要下發文書時),要把下發文書封緘起來傳送,無需再隨同附上記錄文書傳遞情況的檄書。不遵守此項規定者,貲罰一甲。　卒令乙八。

簡1755+1772(103—104):

　　●令曰:諸傳書,其封毀[1],所過縣官【輒復封以令、丞印】[2]。封纏解[3],輒纏而封其上,毋去故封。不從令,貲丞、令、【令】[4]₁₀₃史一甲。　·卒令乙十一₁₀₄。

【1】其封毀

[整理小組注]

　　封:封泥。②

[疏證]

　　其封毀:如果封泥損毀。文書傳遞過程中,外包裝上面的封泥損毀,除了需要在所過地及時補加官府印章之外,有時候可能還會在封泥上注明損毀情況。如《居延漢簡

---

① 金秉駿:《從嶽麓秦簡律令看秦代詔令的初期整理過程》,《通過簡牘材料看古代東亞研究國際論壇會議資料集》,2018年12月,第302頁。轉引自高婷婷:《〈嶽麓書院藏秦簡(伍)〉第二組集釋及相關問題研究》,武漢大學2019年碩士學位論文,第9頁。
② 陳松長主編:《嶽麓書院藏秦簡(伍)》,第152頁。

釋文合校》20·1封檢文字:"印破。肩水候官吏馬馳行。☐十二月丙寅金關卒外人以來。"①可爲參考。

【2】印

[整理小組注]

印:此處字跡漫漶,據嶽麓秦簡1610簡補。②

[疏證]

嶽麓秦簡整理小組注所謂"1610簡",收錄於《嶽麓陸》,在該書中編號218,內容爲"諸傳書,其封毀,所過縣官輒復封以令、丞印。封纏解輒纏☐而封其上,毋去故封。不從令,貲丞、令、令",③可參考。另外,《嶽麓伍》"令、丞印"與下文"封纏解"之間,整理小組原標點爲逗號,亦當如《嶽麓陸》那樣改爲句號。

【3】封纏解

[整理小組注]

纏:索,封檢用的麻繩。《淮南子·道應》:"臣有所與供儋纏采薪者九方堙。"高誘注:"纏,索也。"④

[疏證]

封纏解:封泥和捆紮的繩索鬆解或損毀。解:鬆散,脫落,破損。《廣雅·釋詁三》:"解,散也。"⑤《逸周書·時訓》:"夏至之日,鹿角解。"解,脫落。陳逢衡云:"鹿,形小山獸也,以陽爲體,以陰爲末。角,末也,故應陰而隕。"⑥

睡虎地秦簡中有關於官府束縛文書所用繩索的具體記載。《秦律十八種》簡131—132《司空律》:"令縣及都官取柳及木楘(柔)可用書者,方之以書;毋(無)方者乃用版。其縣山之多荓者,以荓纏書;毋(無)荓者以蒲、藺以枲蘺(檾)之。各以其槫〈穫〉時多積之。"⑦睡虎地秦簡整理小組注:"荓,疑讀爲菅(音尖),一種柔韌可製繩索的草。蒲,蒲草;藺,類似莞而較細的草,兩者都可用來編席。"⑧

【4】【令】

[整理小組注]

令:"令"字之下殘缺,當有重文號,與下文連讀爲"令史"。⑨

---

① 謝桂華、李均明、朱國炤:《居延漢簡釋文合校》(上),文物出版社1987年版,第32頁。
② 陳松長主編:《嶽麓書院藏秦簡(伍)》,第152頁。
③ 陳松長主編:《嶽麓書院藏秦簡(陸)》,第168頁。
④ 陳松長主編:《嶽麓書院藏秦簡(伍)》,第152頁。
⑤ 王念孫:《廣雅疏證》,第569頁。
⑥ 黃懷信:《逸周書彙校集注(修訂本)》,上海古籍出版社2007年版,第595頁。
⑦ 睡虎地秦墓竹簡整理小組編:《睡虎地秦墓竹簡》,釋文部分第50頁。
⑧ 同上注,釋文部分第51頁。
⑨ 陳松長主編:《嶽麓書院藏秦簡(伍)》,第152頁。

簡文大意

文書傳遞過程中,如果上面的封泥損毀,所過縣要及時再次加蓋令、丞的官印;如果封泥和纏束文書的繩索鬆解或損毀,要及時在原封緘的基礎上再次纏束並封緘,不要去掉原封緘。不遵守此規定者,貲罰縣令、縣丞和主管令史各一甲。　卒令乙第十一。

簡1876(105):

●令曰:上事,散書[1],取急用者上[2],勿謂剌[3]。不從令,貲一甲。·卒令乙廿三 105。

【1】散書

[整理小組注]

散:拆散。①

[疏證]

嶽麓秦簡整理小組把此處"散"解釋爲"拆散",是不準確的,甚至理解起來還會有歧義。比如,武漢高校讀簡會就據"拆散"之義,把"散書"理解爲把文書拆散。其文曰:

"上事,散書,取急用者上,勿謂剌,不從令,貲一甲。·卒令乙廿三"(220)中"散書",謝曉來指出可能爲秦簡中可見對"急事"的特殊處理,製作文書也是如此,即可控制字數,也可令君主便於處理,因此要把原本的文書拆掉,把其中急需批復的內容重新編簡再上書;也由於撰寫者在寫完之前不能清楚到底會寫出多少字、用多少牒,因此爲了拆掉重新編簡的時候不影響閱讀和內容合理性,必須有意保證單條簡內容的相對完整,方便拆散後重編,所以"散書"也有先將牒散開寫,寫完後再抽取其中急需批復處理的內容再編起來的意思。②

這段分析對"散書"的含義進行了兩個可能性推測,基本上都是受整理小組注"拆散"說影響而引發的。

---

① 陳松長主編:《嶽麓書院藏秦簡(伍)》,第152頁。
② 武漢高校讀簡會:《讀〈嶽麓書院藏秦簡(陸)〉札記》,《華中國學·2020年秋之卷》,華中科技大學出版社2022年版,第180—181頁。

先説第一個，認爲是把寫完並編聯成册的文書拆散，把其中重要的重新編聯在一起上呈上級部門甚至是皇帝。這種推測屬於典型的望文生義，把嚴肅的文書行政工作視同兒戲。一篇公文不論長短都是上下緊密相連的，豈能把竹簡拆散後像積木組合似的隨機組合一部分，没頭没尾就上呈領導批示？

再説第二個，這次不是拆散，而是先在單簡書寫，等把一篇奏章寫完之後，針對"散簡"狀態的這篇文書，作者然後"去粗取精"，編聯成册上呈領導。這個推測比第一個好一點，就是不再過分强調"拆散"，而是注意到了"分散"。但二者實質上是一樣的，就是從原來的文書簡册中硬生生抽出一部分來，没頭没尾地上交。這也是不現實的。

實際上"散書"就是分類書寫。這篇令文强調的是官吏上呈奏章是要主題集中，不同的事不要雜糅在一起，要一事一奏。這才是"散書"的真正含義。所以這個"散"，首先應該是記録内容的"散"，其次才是記録載體的"散"。這樣才能做到重要的文書優先傳遞。至於有學者以《嶽麓伍》簡112—113所謂的"其一事而過百牒者，别之，毋過百牒而爲一編，必皆散取其急辝（辭）"云云，把"散"理解爲"拆散"，[1]恐怕也不是那個意思，而是强調行文表述要盡量選用簡明扼要的語言。至於把"散書"理解爲與"制書""傳書"等相對應的一種文書，那就更是離譜了。

我們仔細審視一下《嶽麓伍》簡112—115的内容：

> 諸上對、請、奏者，其事不同者，勿令同編及勿連屬，事别編之。有請，必物一牒，各劈（徹）之，令易〈易〉智（知）。其一事而過百牒者，别之，毋過百牒而爲一編，必皆散取其急辝（辭），令約具别白易〈易〉智（知）殹（也）。其獄奏殹（也）。各約爲鞠審，具傳其律令，令各與其當比編而署律令下曰：以此當某某，及具署辠人轂（繫）不轂（繫）。雖同編者，必章□之，令可别報、𩰲却殹（也）。[2]

其實這段簡文的主旨就是要求上報各種文書時，盡量單獨編聯，所謂"其事不同者，勿令同編及勿連屬，事别編之"，已經説得很明白了。這就是所謂的"散書"。一旦出現表述囉嗦長篇大論的報告，即所謂"一事而過百牒者"，將被駁回重新修訂，將内容進一步細化，分類書寫，"别之，毋過百牒"就是這個意思。將内容分成幾項單獨成文，自然每編的簡牘數就不會超過百牒了。同時表述的語言要盡量簡明扼要，所謂"散取其急辝（辭）"，説的就是這個意思。"散取"就是選取，"急辝（辭）"指的是簡明扼要的語言。

【2】上

[疏證]

上：上奏，此處指優先上報。

---

[1] 高婷婷：《〈嶽麓書院藏秦簡（伍）〉第二組集釋及相關問題研究》，第9—10頁。
[2] 陳松長主編：《嶽麓書院藏秦簡（伍）》，第105—106頁。

【3】勿謂刺

[整理小組注]

刺：一種文書。《漢書·外戚傳下》："今皇后有所疑，便不便，其條刺，使大長秋來白之。"顔師古注："條謂分條之也。刺謂書之於刺板也。"①

[疏證]

刺，李均明稱之爲"用於稟報的實錄文書"，他在對已有秦漢簡牘整理的基礎上，把"刺"類文書分爲名刺、入官刺、廪食月别刺、出俸刺、表火出入界刺、郵書刺等。②

勿謂刺：不要稱之爲"刺"，不要按照"刺"類文書處置。大概是這種内容緊急的文書因需要加急傳遞，與"刺"類文書的處置方式有所不同，故在此予以强調。睡虎地秦簡和嶽麓秦簡中有關文書傳遞的律文中，都有標注文書加急的信息，或可提供參考。《秦律十八種》簡183《行書律》："行命書及書署急者，輒行之；不急者，日觱（畢），勿敢留。留者以律論之。"③《嶽麓肆》簡192—193："傳行書，署急輒行，不輒行，貲二甲。不急者，日觱（畢）。留三日，貲一盾；四日【以】上，貲一甲。二千石官書不急者，毋以郵行。"④"勿謂刺"也許就是説不要在文書的封檢上將其標注爲"刺"。

"勿謂刺"這句話的關鍵，首先是要明確其字面含義，也就是説這句話是什麽意思，其次就是要解釋清楚爲什麽要"勿謂刺"。學界對此多語焉不詳，我們的解釋也只是一種推測罷了，還需要進一步研究。武漢高校讀簡會對此也有一個推測：

> 其後"勿謂刺"中的"刺書"大體上還是爲了申報亦或是爲了回應上級詢查，從而將已有材料進行抄録，又或是將大體情况的基本要素進行抽取撰文而成，既不進行討論，也不對事情的處理提出意見，亦並非要求上級進行核覆，並且内容僅限於對事務的處理過程進行要素抽取，而非對事務處理的方式、程序、方法進行討論，這是與請書最本質的區别。因此，"勿謂刺"應當精確解釋爲"不要製作成刺書"，即不要只抄録或記録基本要素，而是要把要請求上級或君主批文的事務及處理意見都具備於請書之中。⑤

這段論述中對於"刺書"的推測看似煞有介事，但毫無證據，實不可取。但其中有一句話還是值得重視的，即"'勿謂刺'應當精確解釋爲'不要製作成刺書'"。是不是屬於"精確解釋"不好説，但肯定是屬於一種可能性的解釋，這一思路是好的。但由於並未有根有據地提供"刺書"本身的特點，其結論完全是臆測。

---

① 陳松長主編：《嶽麓書院藏秦簡（伍）》，第152頁。
② 李均明：《秦漢簡牘文書分類輯解》，文物出版社2009年版，第416—425頁。
③ 睡虎地秦墓竹簡整理小組編：《睡虎地秦墓竹簡》，釋文部分第61頁。
④ 陳松長主編：《嶽麓書院藏秦簡（肆）》，第131—132頁。
⑤ 武漢高校讀簡會：《讀〈嶽麓書院藏秦簡（陸）〉札記》，《華中國學·2020年秋之卷》，第181頁。

簡文大意

上書言事，如果上奏的事很多，要分類書寫，先挑重要的事務上奏。傳送時不要稱之爲"刺"。不遵守此規定者，貲罰一甲。　卒令乙第廿三。

簡1907（106）：

●令曰：諸所上而爲令[1]，詔曰可，皆以書下日定其奏日[2]下之[3]；其當以時下[4]，各以下時定之。　・卒令乙廿七[5] 106。

【1】諸所上而爲令

[疏證]

諸所上而爲令：各種通過上書奏事而成爲法令的規章制度。張家山漢簡《二年律令》簡219–220《置吏律》："縣道官有請而當爲律令者，各請屬所二千石官，二千石官上相國、御史，相國、御史案致，當請，請之，毋得徑請。"①

諸，楊樹達《詞詮》卷五："諸，數量形容詞，表示不定之多數。《一切經音義》二十引《倉頡篇》云：'諸，非一也。'《廣雅・釋詁》云：'諸，衆也。'"②

【2】以書下日定其奏日

[整理小組注]

書下日：詔書頒布的日子。奏日：請令文書上奏的日子，涉及決獄時的律令適用。參見嶽麓秦簡1888簡的規定。③

[疏證]

定：確定，確認。《禮記・王制》："司馬辨論官材，論進士之賢者，以告於王，而定其論。論定然後官之，任官然後爵之，位定然後禄之。"④ "定"字之後，整理小組原標點作"皆以書下日定，其奏日下之"，用逗號將"皆以書下日定"與"其奏日下之"分爲兩部分。今從陳偉說刪掉逗號，合爲一句，"其奏日"作"定"之賓語。

陳偉曰："今按：恐當斷讀作：'・令曰：諸所上而爲令，詔曰可，皆以書下日定其奏日下之；其當以時下，各以下時定之。'上奏之日可能早於'詔曰可'之日，但大概是出於

---

① 張家山二四七號漢墓竹簡整理小組編著：《張家山漢墓竹簡〔二四七號墓〕（釋文修訂本）》，第38頁。
② 楊樹達：《詞詮》，第179頁。
③ 陳松長主編：《嶽麓書院藏秦簡（伍）》，第152頁。
④ 孫希旦：《禮記集解》，中華書局1989年版，第367頁。

便於稱述的考慮,在頒布詔令時,將'詔曰可'亦即'書下日'作爲上奏之日表述。如果需要標署頒布時間的詔令,將'詔曰可'亦即'書下時'作爲上奏之時表述。"①這一斷句及分析是很有道理的,故從之。

與陳偉論述相似的還有陶磊,他也説:"定者正也,意思是説以書下日爲其奏日,這意味着嶽麓簡諸多官吏請立之令(《亡律》中多見),所言'自今以來'、'今'不是其奏請之日,而是令文正式下達之日,令文開始講的某年某月某日是經訂正過的。"②這對於我們深入理解秦漢律令詔書是非常有幫助的。

嶽麓秦簡整理小組所謂"1888簡",即指下文《嶽麓伍》編號107簡:"新律令下,皆以至其縣、都官廷日決。故有禁,律令後爲皋名及減益皋者,以奏日決。卒令乙卅二。"

【3】下之

[疏證]

下之:下,頒布。之,可理解爲湊足音節的助詞,無義;亦可理解爲所請之令。"下之"之後,嶽麓秦簡整理小組原標點爲逗號,今從高婷婷説改爲分號。③

【4】其當以時下

[疏證]

其當以時下:如果頒布法令的詔書中需要標注時間。當:應當,應該,此處意爲客觀需要。

【5】卒令乙廿七

[疏證]

卒令乙廿七:"七",齊繼偉、高婷婷皆據圖版釋作"九"。④

簡文大意

各類經上奏申請而成爲法令的奏章,在得到皇帝的批准後,在正式下達的詔書中,皆以詔書下達的日期來表述奏章上奏的日期;如果下達的詔書中需要注明下達的具體日期,則以詔書下達的日期作爲奏章上奏的日期來表述。 卒令乙廿七。

---

① 陳偉:《〈嶽麓書院藏秦簡(伍)〉校釋》,《出土文獻與法律史研究》第7輯,第10頁。
② 陶磊:《讀〈嶽麓書院藏秦簡(伍)〉札記》,武漢大學簡帛網2018年7月1日。
③ 高婷婷:《〈嶽麓書院藏秦簡(伍)〉第二組集釋及相關問題研究》,第6頁。
④ 齊繼偉:《讀〈嶽麓書院藏秦簡(伍)〉札記(二)》,武漢大學簡帛網2018年3月9日。

簡1888(107)：

●新律令下，皆以至其縣、都官廷[1]日決[2]。故有禁[3]，律令[4]後爲皋名[5]及減益皋[6]者，以奏日決[7]。 ·辛令乙卅二 107。

【1】縣、都官廷

[整理小組注]

縣、都官廷：指縣官與都官兩類官署所在處所。①

[疏證]

都官：中央派駐地方縣道的直轄機構。此處強調"縣廷""都官廷"這種具體地點，或許不僅僅是表示法令從中央傳達到地方，更可能表示"縣廷""都官廷"是地方縣道公布新法令的地方。也就是說，新律令下達到地方，以正式在縣廷、都官廷公布於衆的日子，爲在當地正式生效的日子。《周禮》一書記載了戰國時期國家法律在地方各級組織逐級傳播的過程，上起鄉、州、縣，下至族、黨、閭，都有定時集中公布傳播國家政策法令的制度，而傳播的地點就在各級行政機關及閭里組織的辦公場所。這一記載基本上是符合歷史依據的。②《周禮·天官·小宰》："乃退，以宮刑憲禁于王宫。"鄭玄注說："憲謂表縣之，若今新有法令云。"③可見簡牘中所記載的秦漢律令的傳播途徑與方式，大致也是如此。

《嶽麓陸》簡221內容與此簡完全相同，只是《嶽麓伍》簡107"皆以至其縣"之"其"，在《嶽麓陸》簡221中誤作"某"。④

【2】決

[整理小組注]

決：決獄、判決。⑤

[疏證]

決：定，確定。《莊子·天下》："以法爲分，以名爲表，以參爲驗，以稽爲決，其數一二三四是也。"⑥《三國志·蜀志·諸葛亮傳》："權勃然曰：'吾不能舉全吴之地，十萬

---

① 陳松長主編：《嶽麓書院藏秦簡（伍）》，第152頁。
② 朱紅林：《戰國時期國家法律的傳播》，《法制與社會發展》2009年第3期，第119–125頁。
③ 孫詒讓：《周禮正義》，第1分冊，第229頁。
④ 陳松長主編：《嶽麓書院藏秦簡（陸）》，第169頁。
⑤ 陳松長主編：《嶽麓書院藏秦簡（伍）》，第152頁。
⑥ 郭慶藩：《莊子集釋》，中華書局2004年版，下冊，第1066頁。

之衆,受制於人。吾計決矣!'"①其中的"決"皆當作"定"解。嶽麓簡此處亦當理解爲"定",指法律正式生效。也就是説,新律令在各地具體生效時間以下發到各地司法部門並在當地正式公布的時間爲準。

【3】故有禁

[整理小組注]

禁:禁令。《周禮·秋官·司寇》:"使帥其屬而掌邦禁。"鄭玄注:"禁,所以防奸者也。""故有禁",指新律令頒行之前已有的禁令。②

[疏證]

故:原來,舊時。此處指新律令頒布之前,與下文"律令後爲辠名"相對。

【4】律令

[整理小組注]

律令:應是"新律令"的省文。③

【5】辠名

[整理小組注]

辠名:刑罰的名稱。④

【6】減益辠

[整理小組注]

減益辠:減輕、加重刑罰。⑤

[疏證]

減益罪:意思是説,新法令針對原有罪名的量刑有所增減,有的處罰有所減輕,有的處罰有所加重。

【7】以奏日決

[疏證]

以奏日決:按照文書上奏時的現行制度執行。奏日,指的是《嶽麓伍》簡106所説的向皇帝上奏有關決獄法令的上奏日期。意思是説,新法令頒布之前發生的案件,以上奏時原有的規定執行。

---

① 陳壽:《三國志》,中華書局1962年版,第4分冊,第915頁。
② 陳松長主編:《嶽麓書院藏秦簡(伍)》,第152頁。
③ 同上注。
④ 同上注。
⑤ 同上注。

簡文大意

新律令頒布，皆以其下發到當地縣道的具體日期開始生效。如果原來已有相關的禁令，新律令頒布時對其中的辠名及處罰有所增減，那麼新律令頒布之前已經發生的案件判決仍按照原有的禁令執行。　卒令乙卅二。

簡1173（108）：

●恒署書[1]皆以郵行。　·卒令丙二 108。

【1】恒署書

[整理小組注]

恒署書：一種文書。因其內容重要而"皆以郵行"。《里耶秦簡》8-1073："□下恒署書曰事不參。"①

[疏證]

恒署書：嶽麓秦簡整理小組把"恒署書"解釋爲"一種文書"，原因之一可能是受了《里耶秦簡牘校釋(第1卷)》校釋者的影響。里耶秦簡8-1073"恒署書"，校釋曰："恒署書，文書的一種。嶽麓書院秦簡1173號簡云：'恒署書皆以郵行。'應是重要或緊急文書。"②

陳松長曾把"恒署書"讀作"恒、署書"，也就是"恒書"和"署書"。③

"恒書"即"常書"，即官府普通文書。恒，即常也。睡虎地秦簡有"恒書"。《封診式》簡48-49："今鋈丙足，令吏徒將傳及恒書一封詣令史，可受代吏徒，以縣次傳詣成都，成都上恒書太守處，以律食。法(廢)丘已傳，爲報，敢告主。"睡虎地秦簡整理小組把"恒書"解釋爲"解送文書"，當是就事論事，針對具體問題作出的具體解釋。④"恒書"就是通常情況下官府的一般文書，與"署書"這類特殊的文書相區別。《嶽麓肆》簡196亦有"恒書"，睡虎地秦簡《秦律十八種》簡11《田律》有"恒籍"、簡122《徭律》有"恒事"，里耶秦簡8-152中有"恒程"，張家山漢簡《奏讞書》簡127《南郡卒史蓋廬、摯田、朔、叚(假)卒史鷗復攸庫等獄簿》中有"恒馬及船"均當作"常"解。⑤

"署書"則是由於文書內容性質特殊而在封檢上做有特殊標注的文書。"書署急者"

---

① 陳松長主編：《嶽麓書院藏秦簡(伍)》，第152頁。
② 陳偉主編：《里耶秦簡牘校釋(第1卷)》，第274頁。
③ 陳松長：《嶽麓書院藏秦簡中的行書律令初論》，《中國史研究》2009年第3期，第34-35頁。
④ 睡虎地秦墓竹簡整理小組編：《睡虎地秦墓竹簡》，釋文部分第155頁。
⑤ 朱紅林：《〈嶽麓書院藏秦簡(肆)〉疏證》，第235-236頁。

就屬於"署書"的一種。睡虎地秦簡《秦律十八種》簡183《行書律》:"行命書及書署急者,輒行之;不急者,日觱(畢),勿敢留。留者以律論之。"①《嶽麓肆》簡192《行書律》:"傳行書,署急輒行,不輒行,貲二甲。"②"署書"因爲是專門强調了其特殊性,所以一般情况下都要加急傳遞。

"恒書"則不一樣,有關部門會視情况不同而選擇不同的傳遞方式。睡虎地秦簡《秦律十八種》簡1—3《田律》:"雨爲澍〈澍〉,及誘(秀)粟,輒以書言澍〈澍〉稼、誘(秀)粟及狼(墾)田暘毋(無)稼者頃數。稼已生後而雨,亦輒言雨少多,所利頃數。早〈旱〉及暴風雨、水潦、螽(螽)蚰、羣它物傷稼者,亦輒言其頃數。近縣令輕足行其書,遠縣令郵行之,盡八月□□之。""近縣令輕足行其書,遠縣令郵行之",可見這種匯報一般性事務的文書並非皆用郵傳。③《嶽麓肆》簡192—193《行書律》亦有"二千石官書不急者,毋以郵行"的規定。④這可能是嶽麓秦簡整理小組選擇把"恒署書"理解爲一種文書而不是兩種文書的又一原因。

另外,從廣義上來説,"署書"也可以算是"恒書"的一種,在當時並不少見,類似今天的特快專遞,在文書傳遞中也屬於一類數量不少的文書,因此也可以稱作"恒署書"。周海鋒也曾討論過"恒署書",但並没得出具體的結論,可參看。⑤

簡文大意

署明加急的文書,都要用郵傳傳遞。　卒令丙二。

簡1162+1169(109—110):

●令曰[1]:書當以郵行,爲檢[2]令高可以旁見[3]印章[4],堅約[5]之,書檢上應署[6],令幷[7]負以疾走。不從令,貲一甲。　・卒109令丙三110。

【1】令曰

[疏證]

簡109—110内容,亦見於《嶽麓陸》簡222"書當以郵行,爲檢令高可以旁見印章;堅約之,書檢上癃(應)署,令幷負以疾走,不從令,貲一甲。卒令丙三",句首唯少"令

---

① 睡虎地秦墓竹簡整理小組編:《睡虎地秦墓竹簡》,釋文部分第61頁。
② 陳松長主編:《嶽麓書院藏秦簡(肆)》,第131頁。
③ 睡虎地秦墓竹簡整理小組編:《睡虎地秦墓竹簡》,釋文部分第19頁。
④ 陳松長主編:《嶽麓書院藏秦簡(肆)》,第131—132頁。
⑤ 周海鋒:《嶽麓秦簡〈卒令丙〉研究》,《出土文獻與法律史研究》第9輯,第125—129頁。

曰"二字。①

【2】檢

[疏證]

檢：封檢。孫慰祖曰："檢，是貨物或文書封緘後須在外面標明數量名稱或題署收發者姓名等等的標誌物，一般爲竹、木牌的形式，類似一塊較寬的簡牘。在漢代，這種檢上開始出現刻有缺口的'印齒'或凹陷的方槽用以放置封泥，而不像此前直接封泥於繩結或平檢。這樣使得封泥不至於輕易脱落。在檢的下部留有用以題署的部分。《説文解字》：'檢，書署也。'徐鉉注曰：'書函之蓋三刻其上繩緘之，然後填以泥，題書其上而印之也。'"②

【3】旁見

[整理小組注]

見：現。③

[疏證]

見，此處用作被動義，被看見。旁見：從旁邊可以被看見。陳松長解釋説："檢是書函之蓋，《急就篇》顏師古注：'檢之言禁也，削木施於物上所以禁閉也，使不得輒開露也。'簡文中的'爲檢令高'，就是用於封函的檢蓋要高，高到可以從旁邊看到封泥上所加蓋的印章。"④陳偉在早期的研究中曾有類似的看法，他針對"爲檢令高"解釋説："這裏是説檢的形制，其高、即厚度必須達到可以看清楚印章的程度。"⑤但在後來的研究中，他對此問題的研究有了新變化：

> 我們猜想，嶽麓秦簡1162、1169所記的"檢"，亦即里耶所見帶有封泥槽、整理者稱作"封檢"者，並不是將書寫面（即整理者所説"背面"）平貼在文書的平面，然後再加捆縛（在這種情形下，書寫面當然不可視）。而是先把文書捆縛好，再用打結後的繩頭（也可能未完成打結）把"檢"栓繫起來，繼而封泥、鈐印。在這種情形下，"檢"並未與文書固定爲一體，而是有一定遊移餘地，從而使得封印面與書寫面均大致可視。從這個角度出發，嶽麓秦簡1162、1169所説的"旁見印章"，可以得到比較合理的解釋，即從側面可以看到封泥上的印文。⑥

這一解釋確實使得"旁見印章"更方便，因爲"檢"被繫在行書的包裹上，像掛在旁邊的標籤，自然是看起來很清楚。但這種狀態能不能算"爲檢令高"，恐怕還值得進一步解

---

① 陳松長主編：《嶽麓書院藏秦簡（陸）》，第169頁。
② 孫慰祖：《封泥：發現與研究》，上海書店出版社2002年版，第6—7頁。
③ 陳松長主編：《嶽麓書院藏秦簡（伍）》，第153頁。
④ 陳松長：《嶽麓書院藏秦簡中的行書律令初論》，《中國史研究》2009年第3期，第35頁。
⑤ 陳偉：《嶽麓書院秦簡行書律令校讀》，武漢大學簡帛網2009年11月21日。
⑥ 陳偉：《秦簡牘整理與研究》，第15頁。

釋。這就涉及文書具體所用封檢的形制特點及其使用方法,等等。① 在這個問題弄明白之前,我們覺得不如原來的"厚度"說更令人容易接受。

【4】印章

[整理小組注]

章:文。印章,印文。②

【5】堅約

[整理小組注]

堅約:堅固地捆束。③

[疏證]

約:即約束,捆束。《嶽麓肆》簡365有"以枲堅約兩敦(檃),勿令解絶"的記載,"堅約"亦"堅固地捆束"義。④

【6】書檢上應署

[疏證]

書檢上應署,有三種可能的理解:一、把"書檢上應署"理解爲"書於檢上應署之處",二、把"書檢上應署"理解爲"書寫檢上應當書寫的內容",三、把"書檢上應署"理解爲"書寫檢上與此對應的內容"。

首先說第一種,"書於檢上應署之處",即在封檢上用於題寫之處書寫相關的文書信息。應:適合,適應。署,《嶽麓伍》簡111"封書,毋勒其事於署",⑤ 整理小組注:"指封檢上題寫文字之處。"⑥ 應署:適合題寫文字之處。秦簡中常有"應律""應令"之類的表述。"應律""應令"指行爲或事件適合或適用於哪條律令,此處"應署"之"應"含義與之相類似。《嶽麓伍》簡066—068:"制詔御史:吏上奏當者,具傅所以當者律令、比行事。固有令,以令當,各署其所用律令、比行事曰:以此當某。今多弗署者,不可案課,却問之,乃曰:以某律令某比行事當之,煩留而不應令。今其令,皆署之如令。"⑦ 據李均明的研究,秦漢文書檢上的書寫文字至少包括兩方面的內容:一是印章文,二是文書送達時間及送達人,有的還署有收件人,等等。⑧

---

① 王國維原著,胡平生、馬月華校注:《簡牘檢署考校注》,上海古籍出版社2004年版,第92—107頁。程鵬萬:《簡牘帛書格式研究》,上海古籍出版社2017年版,第294—307頁
② 陳松長主編:《嶽麓書院藏秦簡(伍)》,第153頁。
③ 同上注。
④ 陳松長主編:《嶽麓書院藏秦簡(肆)》,第216頁。
⑤ 陳松長主編:《嶽麓書院藏秦簡(伍)》,第104頁。
⑥ 同上注,第153頁。
⑦ 同上注,第60—61頁。
⑧ 李均明:《秦漢簡牘文書分類輯解》,第446頁。

第二種,"書寫檢上應當書寫的內容"。陳偉也曾考慮過把"書檢上應署"理解爲"(在)檢上書寫應該標記的内容",①但最終否定了這一想法,選擇了第三種推論。他説:

> 不過,前述對於嶽麓秦簡1162、1169"應署"的理解,可能並不正確。因爲在秦簡中,往往可見的"應",並未見"應當"的用法,而通常是"符合""呼應"一類意思。如里耶秦簡8-8"毋應此里人名者",8-648"今以初爲縣卒癘死及傳楬書案致,毋應此人名者。"8-754+8-1007"不智(知)劾云貲三甲不應律令",8-768"今牒書應書者一牒上",睡虎地秦簡《法律答問》簡38"貲一盾應律",《封診式·賊死》:"其襦北(背)直痏者,以刀夬(決)二所,應痏。"《日書甲種》簡34背叁:"一室中有鼓音,不見其鼓,是鬼鼓,以人鼓應之,則已矣。"放馬灘日書乙種簡332"和應神靈"。如果嶽麓秦簡1162、1169"書檢上應署"的"應"如此作解,則其後的"署",便不當是書寫義……似當是指整理者稱爲"檢"的平板狀物件。它可能复(引者按:覆)蓋在文書之上,寫有收件、發件等要素,起着指示傳遞的作用。"書檢上應署",是説在帶有封泥槽的"檢"上書寫與平板狀的"署"對應的内容。②

其實,第二種推論被否定並不奇怪。書寫本來就應該寫"應該寫的東西",總不能寫不應該寫的東西,這不用説也知道,無須令文專門規定。第一種和第三種推論則都是有可能的,把"應"作"符合"義理解時,亦可用於第一種推論,即"書寫於符合書寫要求的地方",當然也可以理解爲"書寫於應當書寫之處",並不矛盾。

【7】并

[疏證]

并:楊樹達《詞詮》:"連詞,且也。《漢書·高帝紀》:'殷叛楚,以舒屠六,舉九江兵迎黥布,並行屠城父。'"③

簡文大意

令曰:文書應當以郵傳遞者,文書上加蓋封檢,使其厚度可以從旁邊看見封檢上的文字,同時要束縛堅固,在封檢題書之處書寫相關的文書接收方信息,命人慎重背負好迅速傳遞。不服從規定者,貲罰一甲。 卒令丙三。

---

① 陳偉等:《秦簡牘整理與研究》,第15頁。
② 同上注,第17—18頁。
③ 楊樹達:《詞詮》,第11頁。

簡1141（111）：

●令曰：封書，毋勒[1]其事於署[2]∟。書以郵行及以縣次傳[3]送行者，皆勒[4]▢111

【1】勒

[整理小組注]

勒："勒書"之省。①

[疏證]

勒：刊刻，書寫。《禮記·月令》："物勒工名，以考其誠。"鄭玄注："勒，刻也。"②《玉篇·革部》："勒，刻也。"③

【2】署

[整理小組注]

署：此作名詞，指封檢上題寫文字之處。④

[疏證]

署，《釋名·釋書契》："書文書檢曰署。署，予也，題所予者官號也。"王先謙曰："畢沅曰：'《漢書·蘇武傳》："上思股肱之美，乃圖畫其人於麒麟閣，法其形貌，署其官爵姓名，唯霍光不名，凡十一人。"'王啓原曰：'"書文書檢"者，題文書封面也，二書字異義，文書，公文之名。謂公文既封，而題署所予之人，檢猶今之緘封，題所予者官號，若漢世祖與公孫述書，署曰"公孫皇帝"是也。'畢引與本書義別。"⑤"署"本爲動詞，義爲在文書封檢上題寫接收方人員的個人信息，嶽麓簡此處指的是封緘上題寫收信人信息之處，故整理小組說"在此作名詞"。"署"字之後，嶽麓秦簡整理小組原標點作逗號，今改爲句號。

【3】以郵行及以縣次傳

[疏證]

"以郵行"與"以縣次傳"之間，最大的區別就是，"以郵行"相當於快件直達，"以縣

---

① 陳松長主編：《嶽麓書院藏秦簡（伍）》，第153頁。
② 孔穎達：《禮記正義》，上册第725頁。
③ 王平、劉元春、李建廷：《〈宋本玉篇〉標點整理本：附分類檢索》，上海書店出版社2017年版，第420頁。
④ 陳松長主編：《嶽麓書院藏秦簡（伍）》，第153頁。
⑤ 王先謙：《釋名疏證補》，第208頁。

次傳"則屬於不同縣道依次接力傳遞。陳松長對此做過較詳細的探討。他説:

> 作爲一種官府文書的傳遞方式,"以郵行"到底與"以次傳"有什麼區别呢? 高敏先生曾指出,"以次傳",也就是《睡虎地秦簡·封診式》中"以縣次傳詣成都"中的"以縣次傳"的意思,而"郵行"則是由驛馬於驛道傳遞。按,這種解釋,也許並不準確。因爲在《張家山漢簡·行書律》中明確規定:"書不當以郵行者,爲送告縣道,以次傳行之。"接着又有:"書以縣次傳,乃以郵行……"注釋曰:"傳,驛傳。"如果注釋不誤的話,所謂由驛馬於驛道傳遞乃是指"以縣次傳",而不是"郵行"。根據現在已知的秦漢簡牘文獻記載,"郵行"應該是專人"疾走"傳送的。如"嶽麓秦簡"中注明是要"負以疾走",而《張家山漢簡》中更規定:"郵人"要"一日一夜行二百里",按常理推斷,只有步行,這才是一個强度比較大的里程規定,如果是用驛馬或驛車傳遞,那顯然不是什麼難事。因此,我們理解,"以郵行"應該是由專人限時送達的,中間不可延遲和開啓文書。這類似於我們今天所説的機要快件。而"以次傳"則應是不限時間,可依次開啓、發布文書内容的一種普通的傳遞方式。①

【4】勒

[整理小組注]

勒:本簡在"勒"字之後殘斷,後面的簡文據嶽麓秦簡1160簡可補爲:"書郡名于署。不從令,貲一甲。卒令丙四。"②

[疏證]

整理小組注所謂"嶽麓秦簡1160",收録於《嶽麓陸》,該書簡號223:"封書毋勒其事於署,書以郵行及以縣次傳送行者,皆勒書郡名于署,不從令,貲一甲。卒令丙四 重。"③可以看出,"卒令丙四"即本書此簡的"令曰"。聯想到《嶽麓肆》中的"律曰"書於簡首與睡虎地秦簡律名署於簡末,我們有必要思考,我們現在所見到的簡牘律令名稱的書寫位置,句首與句末,哪一種書寫方式才是當時律令的官方書寫方式,抑或是兩種都可能是。

簡文大意

令曰:封緘文書,不要在檢署處書寫文書内容。文書以郵傳遞及通過縣依次傳遞者,都要勒書……

---

① 陳松長:《嶽麓書院藏秦簡中的行書律令初論》,《中國史研究》2009年第3期,第36—37頁。
② 陳松長主編:《嶽麓書院藏秦簡(伍)》,第153頁。
③ 陳松長主編:《嶽麓書院藏秦簡(陸)》,第170頁。

缺簡 14

簡 1698 + 1707 + 1712 + 1718 + 1729 + 1731 + 1722 + 1814 + 1848 + 1852 + 1702（112—122）：

●諸上對、請、奏[1]者，其事不同者，勿令同編[2]及勿連屬[3]∟，事別編之[4]。有請，必物一牒[5]，各勞（徼）[6]之，令易〈易〉智（知）。其一事 112 而過百牒者∟，別之[7]，毋過百牒而爲一編，必皆散取[8]其急辤（辭）[9]，令約具[10]別白[11]易〈易〉智（知）殹（也）。其獄奏[12]殹（也），各約爲鞫 113 審[13]，具傅其律令[14]，令各與其當[15]比編[16]而署律令下曰：以此當某某[17]，及具署皋人嗀（繫）不嗀（繫）[18]。雖同編者，必章片[19] 114 之，令可別報[20]、縈却[21]殹（也）。

用牘者[22]，一牘毋過五行[23]。五行者，牘廣一寸九分寸八[24] 115；四行者，牘廣一寸泰半寸；·[25]三行者，牘廣一寸半寸。·皆謹調謹〈護〉[26]好浮[27]書之[28]。尺二寸牘一行毋過廿六字[29]，·尺 116 牘一行毋過廿二字。書過一章[30]者，章次[31]之∟。辤（辭）所當止皆殹[32]之，以別易〈易〉智（知）[33]爲故[34]。書却[35]，上對而復與却書及 117 事俱上者，縈編之，過廿牒[36]，阶（界）其方[37]，江（空）[38]其上而署之曰：此以右若左[39]若干牒，前對、請若前奏[40]。·用疏[41]者，如故[42] 118。不從令及牘廣不中[43]，過[44]十分寸一，皆貲二甲[45] 119。

請：自今以來，諸縣官上對、請書[46]者，牘厚毋下十分寸一∟，二行牒[47]厚毋下十五分寸一[48]。厚過程者，毋得各過 120 其厚之半。爲程，牘、牒各一[49]∟。不從令者，貲一甲∟。御史上議：御牘[50]尺二寸∟，官券牒尺六寸[51]。·制曰：更尺一寸牘 121、牒[52]。·卒令丙四 122。

【1】對、請、奏

[疏證]

對、請、奏：三種文書。陳松長認爲："這三種文書或因其都有向皇上呈遞的特點,故可稱之爲'上對''上請''上奏'文書,但就文書的性質而言,其本體應該就是'對''請''奏'。"①其實,此處把"上"理解爲動詞,"對、奏、請"理解爲三種文書即可。

對,對策,指臣下應對皇帝所問或要求的文書。《漢書·公孫弘傳》:"其悉意正議,詳具其對,著之于篇,朕將親覽焉,靡有所隱。"②《文心雕龍·議對》曰:"又對策者,應詔而陳政也;射策者,探事而獻説也。"③陳松長曰:"嶽麓秦簡:'●令曰:制書下及受制有問議者,皆爲薄(簿),署初到初受所及上年日月、官別留日數、傳留狀,與對皆(偕)上。不從令,貲一甲。·卒令乙五',簡文中的'與對皆(偕)上'就是要將'對'這種文書與'簿'一起向上呈遞。《漢書·董仲舒傳》記載'前所上對,條貫靡竟,統紀不終,辭不別白,指不分明,此臣淺陋之罪也',這裏所説的'上對',就是向上呈遞的'對'書,與前引簡文的語義相同。其實,'對'這種文書本身就是從先秦文獻中臣子或謀士回答主公或國君所提出的問題或接續對話時的一個專用語詞引申而來的,其本義也就是對話的'對',如《漢書·公孫弘傳》'敢問子大夫:天人之道,何所本始……其悉意正議,詳具其對,著之于篇,朕將親覽焉'。臣子或謀士將對話的内容記録下來上呈給主公或國君,成爲一種專門的文書。"④

請,即《嶽麓伍》簡120所謂的"請書"。李均明、劉軍把這種文書稱爲"請詔書",意思是"請求皇帝就有關問題作批復的報告書"。⑤張榮强曰:"'請',是臣下的請詔,張家山漢簡《二年律令·津關令》中就收録了多篇相國、御史大夫以請詔的方式被皇帝批准後形成的令文。上引'卒令'没有如《津關令》中皇帝'制曰可'的内容,顯然是書手抄録時省略掉了。"⑥陳松長亦曰:"與'對'有别的'請'則是另一種專門請求君主批復的報告文書,在秦代法律文獻中多徑稱爲'請',如嶽麓秦簡記載,'節(即)吏有請若上書者有言殹(也),其所請言節(即)已行而後有(又)有請言,其等者必盡具寫其前所已行,與奏偕上。以爲恒。·廷卒乙。'這條令中出現了三個'請',其中第一個'有請'與'上書'並列,顯然已不單是一個請示的動作,而是一種請示的報告書,後面的兩個'請言'當是請示報告的具體內容。令文的末尾强調'與奏偕上',也就是説,所謂'有請若上書者有言',要與'奏'一起向皇上呈遞。"⑦里耶秦簡9-1874提到了一份"御史請書",可參看:

> 廿六年十一月甲申朔壬辰,遷陵邦候守建敢告遷陵主:令史下御史請書曰:自今以來,毋(無)傳叚(假)馬以使若有吏(事)縣中,及逆傳車馬而以載人、避見人若

---

① 陳松長:《嶽麓秦簡中的對、請、奏文書及相關問題探論》,《文物》2020年第3期,第70頁。
② 班固:《漢書》,第9分册,第2614頁。
③ 楊明照:《增訂文心雕龍校注》,中華書局2000年版,第333頁。
④ 陳松長:《嶽麓秦簡中的對、請、奏文書及相關問題探論》,《文物》2020年第3期,第70頁。
⑤ 李均明、劉軍:《簡牘文書學》,廣西教育出版社1999年版,第217頁。
⑥ 張榮强:《中國古代書寫載體變與户籍制度的演變》,《武漢大學學報》2019年第3期,第93頁。
⑦ 陳松長:《嶽麓秦簡中的對、請、奏文書及相關問題探論》,《文物》2020年第3期,第70頁。

有所之,自一里以上,皆坐所乘車馬臧(贓),與盜同灋。①

"令史下御史請書",當是御史請書經皇帝批准後成爲法令,下發各地,遷陵縣令史也轉發了這份請書。

奏,奏書,這裏當指與"對""請"兩種文書相區別,以主動匯報事情爲特點上呈皇帝的文書。陳松長曰:"所謂的上奏文書,一般的理解有廣義和狹義之分,廣義的上奏文書包括所有上呈皇帝的文書,而狹義的則指單獨的上奏報告。這種報告當有特定的格式和要求,可以是簡單的說明,而上奏的具體內容則會以附件的形式附在報告書後一起上奏。如秦漢出土文獻中常見的'奏讞書'中的'讞書',其本身就是報請郡以上官府審核論斷的所謂'乞鞫'的案例或司法文書,它並不是上奏文書本身,而僅僅是上奏文書的一個附件,或者說一個組成部分。其實,與一般理解不同的是,本令文中所說的'奏'書並不是一般意義的上奏文書,而是專門有所指的所謂'獄奏'文書。簡文特别注明'其獄奏殹(也)',其目的很顯然,就是要說明令文中所說的'奏'書並不是一般意義的上奏文書,而是'獄奏'文書,也就是各種獄案論決而需上奏的文書。"②我們認爲,"吏上奏、對、請者"中的"奏",恰恰指的是狹義上的一般意義的上奏文書,正因爲如此,下文才對其中的"獄奏文書"進行了專門的强調。而且關於"獄奏文書"的專門說明,僅限於從"其獄奏殹(也),各約爲鞫審,具傅其律令,令各與其當比編而署律令下曰:以此當某某,及具署皋人毄(繫)不毄(繫)"數語,屬於對"上奏文書"的選擇性舉例說明,並非通篇都是關於獄書的規定。

【2】同編

[疏證]

同編:同在一編。編,此處作量詞用,相當於篇、卷。《史記·留侯世家》:"出一編書,曰:'讀此則爲王者師矣。'"裴駰集解引徐廣曰:"編,一作'篇'。"③

【3】連屬

[整理小組注]

連屬:連接不斷。《史記·梁孝王世家》:"大治宫室,爲複道,自宫連屬於平臺三十餘里。"④

[疏證]

屬:連接。《周禮·地官·州長》"各屬其州之民而讀灋",鄭玄注曰:"屬猶合也,聚

---

① 陳偉主編:《里耶秦簡牘校釋(第2卷)》,第381頁。
② 陳松長:《嶽麓秦簡中的對、請、奏文書及相關問題探論》,《文物》2020年第3期,第70頁。
③ 司馬遷:《史記》,第6分册,第2459頁。
④ 陳松長主編:《嶽麓書院藏秦簡(伍)》,第153頁。

也。"①前文强調"勿同編",此處强調"勿連屬",二者有所區别。"勿同編"强調的是不同内容的報告不要編聯在同一編簡册之中,"勿連屬"則是强調不同内容的報告,不要連寫在同一支簡上。也就是説敘事完畢之後,即使最後一支簡還剩餘有很多空白之處,也不要接着記述另一件事情。

"勿令同編及勿連屬",高婷婷認爲説的是"對、請、奏"這些體例和性質不同種類的文書不能同編、不能連屬。②我們不同意這種看法。我們認爲説的是就"對、請、奏"這些文書中每一種文書而言,如果陳述的不是同一件事,就不要寫在同一篇文書當中,陳述不同事件的文書不要編聯在一起,更不能寫在同一支簡上。"勿令同編及勿連屬",强調的重點是一事一編,一事一篇,而不是説不同體裁的文書不能同編,不能連屬。

【4】事别編之

[整理小組注]

别:分。③

[疏證]

事别編之:按照事項内容不同分類編聯。别:分類。編:此處作動詞使用,編聯。《説文·系部》:"編,次簡也。"段玉裁注:"以絲次弟竹簡而排列之曰編。孔子讀《易》:'韋編三絶。'册字下曰:'象其札,一長一短,中有二編之形。'然則駢比其簡,上下用絲編二,是以有得青絲編《考工記》者也。《禮》之編茅爲鼎羃,《周禮》王后之編列髮爲之,亦猶是法也。"④"其事不同者,勿令同編及勿連屬,事别編之。有請,必物一牒,各劈〈徹〉之,令易〈易〉智(知)"即《嶽麓伍》簡105所謂的"散書"的特點。⑤

【5】物一牒

[整理小組注]

物:具體的事物。物一牒,每一類事物用一牒。⑥

[疏證]

物一牒:一物一牒,即每件事單獨成篇編聯,不相混雜。此處的"牒"當是一種借代的表述方法,"一牒"指的是單獨成篇,並非實指一支簡。周海鋒也説"很多情況下,'一牒'並非指容納兩行字或一行字的竹木簡,而是指一份文書",並對秦漢簡牘中涉及"某牒"表述的實指與虚指現象進行了分析,值得參考。⑦

---

① 孫詒讓:《周禮正義》,第3分册,第1039頁。
② 高婷婷:《〈嶽麓書院藏秦簡(伍)〉第二組集釋及相關問題研究》,第15頁。
③ 陳松長主編:《嶽麓書院藏秦簡(伍)》,第153頁。
④ 段玉裁:《説文解字注》,第1143—1144頁。
⑤ 陳松長主編:《嶽麓書院藏秦簡(伍)》,第102頁。
⑥ 同上注,第153頁。
⑦ 周海鋒:《嶽麓秦簡〈卒令丙〉研究》,《出土文獻與法律史研究》第9輯,第131—134頁。

陳松長也有類似的看法，他説：

> 所有的對、請、奏文書，都必須一事一報，凡事有不同者，不能同編或聯屬上報，必須根據所報呈的事項分别編聯。凡有請書，也必須一事一牒，各自分列清楚，務求明了易知。所謂"其事不同者，勿令同編及勿連屬，事别編之"，這應是對"獄奏"文書的基本要求，凡爲獄案，自當一事一份"獄奏"文書，不能混雜。這裏值得注意的是，令文接著將"請"書單列，並規定爲"有請，必物一牒，各劈（徹）之，令易〈易〉智（知）"，即凡有請書，必須一物一牒，各自羅列清楚，令其容易知曉。①

因爲這篇令文在下面提到了"其獄奏也"云云，陳松長把整篇令文中的"奏"書都理解爲是有關獄奏文書的規範，這是我們不能同意的。我們認爲這篇令文是關於所有"對、奏、請"文書的統一的寫作規範要求，其核心精神就是强調一事一議，一物一牒。有關"獄奏"令文只是被單獨拿出來强調了一下而已。因此，除有關"獄奏"文書的認識之外，陳説關於一事一牒的分析和討論，我們都是很贊同的。

可以説，此處"物一牒"的"一牒"就屬於周海鋒所謂的"虛指"，具體指的是一份文書；而下文的"一事而過百牒"的"百牒"則屬於"實指"，具體指的是組成文書的實際簡牘的數量。

【6】劈（徹）

[整理小組注]

劈（徹）：列，羅列。《方言》卷三："班、徹，列也。北燕曰班，東齊曰徹。"②

[疏證]

獄麓秦簡整理小組釋"劈"爲"羅列"是有道理的。這裏的"羅列"强調的是層次分明，條理清晰，而不僅僅是簡單地指羅列。這與上下文義結合起來看就很容易理解了。這篇令文主要是提倡各種上呈的文書一定要主題集中，明了易知。爲此，令文要求上呈的文書盡量要一事一議，一事一牒。而具體到一份文書裏面，也要求層次清晰，簡明扼要，所謂"各劈之"就是這個意思。李蓉也有類似的看法，她説：

> 就意義言之，整理者認爲"劈"讀作"徹"與"列"義同可從，但釋作"羅列"可進一步申説。《説文・刀部》："列，分解也。"從簡文文意觀之，"徹"强調將載於一牒的一類事件當中的每件事務都要分别開來，做到事與事之間不混同。實際，更確切説就是要分門别類地排列簡文，這裏的"徹"側重"列"的本義"分解""分開"，而非"列"的引申義"羅列"。③

---

① 陳松長：《嶽麓秦簡中的對、請、奏文書及相關問題探論》，《文物》2020年第3期，第71頁。
② 陳松長主編：《嶽麓書院藏秦簡（伍）》，第153頁。
③ 李蓉：《〈嶽麓書院藏秦簡（伍）〉集釋及相關專題研究》，第90頁。

當然，李蓉所説把"一類事件當中的每件事務都要分别開來"云云，我們覺得還值得商榷。我們覺得這裏强調的是一件事中的敍述層次要井井有條層次分明。因爲整篇令文强調的是一事一牒，不是"一類一牒"，這點應該没有疑問。

周海鋒對於"劈"字則另有新解。他説：

> "劈"，指洞開，如《爲獄等狀四種》"猩、敞知盗分贓案"："發冢一歲矣！今劈（徹），敞乃來，不可與敞。"令文當指在牒上開一個小洞，便於栓繫繩子，木楬上多見。選擇一牒，寫上所請内容之概要，將此牒繫在成卷的文書之外，人一望即知卷册内容，且便於分類收藏。①

周海鋒把"劈"解釋爲鑽洞，意思是選一支簡爲標籤，上面簡明扼要寫上本簡册的主題，然後在標籤簡上鑽個小孔穿繩子，繫在簡册報告的外面，這樣文書主題一目了然。如此解釋，巧則巧矣，但我們認爲增字解經的成分過多，恐不可取。

【7】别之

[疏證]

别之：將其分開。别：分開。之：指"一事過百牒者"之文書報告。因爲文書的内容實在過長，一編所用簡已過百牒，這時就要求分爲兩編，也可能更多，標準是每編用簡不得超過百牒。

【8】散取

[整理小組注]

散：參見嶽麓秦簡1876簡，"散書，取急用者上。"②

[疏證]

散取：選取。意思是揀重要的内容説，不要事無巨細都陳述。嶽麓秦簡整理小組注所謂"1876簡"，即《嶽麓伍》簡105："令曰：上事，散書，取急用者上，勿謂刺。不從令，貲一甲。　卒令乙廿三。"

周海鋒把"散取"解釋爲"擇取"，但他是從把"物一牒"云云理解爲選擇製作標籤的思路來解釋的，所以他説："'必皆散取其急獘（辭），令約具别白易〈易〉智〈知〉殹（也）'，擇取概要，令簡約完備，分别上報。實際上就是文書的摘抄本，爲了快速了解文書内容，提升行政效率。每天向上呈送的文書數量巨大，不可能每一份都詳細閲讀，且事有輕重緩急，處理自然要分先後。"③雖然我們不同意他的"標籤説"，但是他把"散取"解釋爲"擇取"，意思與我們所持觀點相同。

---

① 周海鋒：《嶽麓秦簡〈卒令丙〉研究》，《出土文獻與法律史研究》第9輯，第131頁。
② 陳松長主編：《嶽麓書院藏秦簡（伍）》，第153頁。
③ 周海鋒：《嶽麓秦簡〈卒令丙〉研究》，《出土文獻與法律史研究》第9輯，第131頁。

【9】急辟（辭）

[疏證]

急辟（辭）：重要内容。急：緊急。王力《古漢語字典》："急，緊急，迫切。《孟子·滕文公下》：'未嘗聞仕如此其急。'引申爲急需。《韓非子·和氏》：'夫珠玉人主之所急也。'"①

【10】約具

[整理小組注]

約：簡約。②

[疏證]

約具：簡明扼要，詳略得當。

約，《漢語大字典》："精明；簡要。《吴子·論將》：'約者，法令省而不煩。'《史記·屈原賈生列傳》：'其文約，其辭微，其志絜，其行廉。'清章學誠《文史通義·博約下》：'博而不雜，約而不漏。'"又曰："簡縮；省略。《史記·十二諸侯年表》：'約其辭文，去其煩重。'司馬貞索隱：'言約史記脩《春秋》，去其重文也。'《漢書·文帝紀》：'漢興，除秦煩苛，約法令。'顔師古注：'約，省也。'《三國志·蜀志·諸葛亮傳評》：'諸葛亮之爲相國也，撫百姓，示儀軌，約官職。'"③

具：全面，完備。《漢語大字典》："具備；完備。《管子·明法》：'百官雖具，非以任國也。'"④

【11】別白

[整理小組注]

別白：辨別明白。《漢書·董仲舒傳》："前所上對，條貫靡竟，統紀不終，辭不別白，指不分明，此臣淺陋之罪也。"⑤

[疏證]

別白：清晰明白。

別：辨別，引申爲清晰之義。《漢語大字典》："明辨；區分。《方言》卷三：'別，治也。'戴震疏證：'辨別不淆紊，故爲治之義。'《正字通·刀部》：'別，辨也。'《書·畢命》：'旌別淑慝。'孔傳：'言當識別頑民之善惡。'《荀子·宥坐》：'有父子訟者，孔子拘之，三月不別。'楊倞注：'別，猶決也，謂不辨別其子之罪。'"⑥

---

① 王力主編：《王力古漢語字典》，中華書局2000年版，第310頁。
② 陳松長主編：《嶽麓書院藏秦簡（伍）》，第153頁。
③ 漢語大字典編輯委員會編纂：《漢語大字典（第2版）》，第3586—3587頁。
④ 同上注，第124頁。
⑤ 陳松長主編：《嶽麓書院藏秦簡（伍）》，第153頁。
⑥ 漢語大字典編輯委員會編纂：《漢語大字典（第2版）》，第360頁。

白：明白。《漢語大字典》："清楚；明白。如：真相大白；不白之冤。《玉篇·白部》：'白，明也。'《荀子·王霸》：'三者明主之所謹擇也，仁人之所務白也。'楊倞注：'白，明白也。'"①

【12】其獄奏

[整理小組注]

獄奏：獄案的上奏文書。②

[疏證]

其：表示假設關係的連詞。

其獄奏：如果是獄奏文書。"其獄奏"云云，從上下文義來看，此處是把獄奏文書特地拿出來舉例說明文書上報時有關的寫作注意事項。但陳松長却據此認爲說的是令文起始"諸上對、請、奏者"之"奏"。他對此作了專門的說明：

> 而所謂的上奏文書，一般的理解有廣義和狹義之分，廣義的上奏文書包括所有上呈皇帝的文書，而狹義的則指單獨的上奏報告。這種報告當有特定的格式和要求，可以是簡單的説明，而上奏的具體內容則會以附件的形式附在報告後一起上奏。如秦漢出土文獻中常見的"奏讞書"中的"讞書"，其本身就是報請郡以上官府審核論斷的所謂"乞鞫"的案例或司法文書，它並不是上奏文書本身，而僅僅是上奏文書的一個附件，或者説一個組成部分。
>
> 其實，與一般理解不同的是，本令文中所說的"奏"書並不是一般意義的上奏文書，而是專門有所指的所謂"獄奏"文書。簡文特別注明"其獄奏殹（也）"，其目的很顯然，就是要說明令文中所說的"奏"書並不是一般意義的上奏文書，而是"獄奏"文書，也就是各種獄案論決而需上奏的文書。③

其實"獄奏"只是本令文所說的各種"奏"之一，所謂"諸"云云，已經說得很明白了。

陳偉曰："對秦漢奏讞類文獻中的'奏'，存在不同認識。張建國先生針對張家山漢簡《奏讞書》的書名指出：'我們現在所看到的這部《奏讞書》似乎是一個合成詞，也就是說，除了讞的部分案例外，還有奏的部分文案，也許我們可以分別稱它們爲"奏書"和"讞書"，所以不妨在理解上將它們視爲兩類。'看到這條秦令，可知張建國先生對奏書的理解是正確的。"④陳偉此處對"奏書"的討論，只是針對"獄奏"而發出的，只是說"獄奏"文書名稱的出現表明"奏讞書"確是"奏書"與"讞書"的組合，並不涉及對"諸上對、請、奏"之"奏"類文書的研討，與陳松長的研究還是有所區別的。

---

① 漢語大字典編輯委員會編纂：《漢語大字典（第2版）》，第2828頁。
② 陳松長主編：《嶽麓書院藏秦簡（伍）》，第153頁。
③ 陳松長：《嶽麓秦簡中的對、請、奏文書及相關問題探論》，《文物》2020年第3期，第70頁。
④ 陳偉：《論嶽麓秦簡法律文獻的史料價值》，《武漢大學學報》2019年第3期，第114頁。

【13】約爲鞫審

[整理小組注]

鞫：指以"鞫"字起首的一種刑案文書。張家山漢簡《奏讞書》71、72："鞫：恢，吏，盜過六百六十錢，審。"①

[疏證]

約：此"約"爲動詞，意思是簡約，精簡，其賓語爲"鞫審"文書。前文"令約具別白易知"之"約"爲形容詞，意思是獄奏文書要撰寫得詳略得當，通俗易懂，其中"約"爲形容詞。二者是有區別的。

鞫審：即"鞫"，原指案件偵辦過程中的正式審問階段，這裏指記錄案件的卷宗中有關庭審部分的文書記錄。因爲"鞫"這部分内容，一般皆以"審"結尾，故又稱"鞫審"。

約爲鞫審：簡明扼要地撰寫鞫審文書。

【14】傅其律令

[整理小組注]

傅其律令：將相關的律令附於定罪的案卷文書中。②

[疏證]

傅：附也。《韓非子·難勢》："故《周書》曰：'毋爲虎傅翼，將飛入邑，擇人而食之。'"梁啓雄曰："'傅'借爲'附'。《廣雅·釋詁》：'附，益也。'"③

【15】當

[整理小組注]

當：指以"當"字起首的論罪文書。張家山漢簡《奏讞書》72："當：恢當黥爲城旦，毋得以爵減、免、贖。"④

[疏證]

當：判罰，此處指結案報告中論罪判罰部分的文書。《漢語大字典》："當，判處（罪）。《字彙·田部》：'當，斷罪曰當，言使罪法相當。'《史記·張釋之馮唐列傳》：'廷尉奏當，一人犯蹕，當罰金。'司馬貞索隱引崔浩云：'當，謂處其罪也。'《漢書·賈誼傳》：'夫望夷之事，二世見當以重法者，投鼠而不忌器之習也。'顏師古注引如淳曰：'決罪曰當。'"⑤

---

① 陳松長主編：《嶽麓書院藏秦簡（伍）》，第153頁。
② 同上注。
③ 梁啓雄：《韓子淺解》，中華書局2009年版，第392頁。
④ 陳松長主編：《嶽麓書院藏秦簡（伍）》，第153頁。
⑤ 漢語大字典編輯委員會編纂：《漢語大字典（第2版）》，第2727頁。

【16】比編

[整理小組注]

比編：比，相接。見《漢書·諸侯王表》："諸侯比境，周匝三垂，外接胡越。"顏師古注："比謂相接次也。"比編，編次而使之相接。①

[疏證]

具傅其律令，令各與其當比編：意思是説，結案報告中要附上斷案所依據的法律法令，並將其與判罰結果編聯在一起。

【17】以此當某某

[整理小組注]

以此當某某：即以此律令來對某某定罪量刑。張家山漢簡《奏讞書》93："律：賊殺人，棄市。·以此當蒼。"②

【18】轂（繫）

[整理小組注]

轂（繫）：拘繫。張家山漢簡《奏讞書》96："當之：信、蒼、丙、贅皆當棄市，繫。"③

【19】片

[疏證]

片：嶽麓秦簡整理小組原無釋，今從陳偉釋爲"片"或"枥"。陳偉説：

"章"下之字，因簡面左側殘去，雖右側清晰，整理者未釋。今按，此字筆畫或未缺，乃"片"字。《説文》："片，判木也，从半木。"段注："謂一分爲二之木。片、判以疊韻爲訓。判者，分也。《周禮·媒氏》'掌萬民之判'《喪服傳》曰'夫妻胖合也'胖當作片，片即《媒氏》判字。鄭注《周禮》云：'判，半也。得耦爲合，主合其半成夫婦也。'按夫婦各半而合。故取象于合薹。《漢書》'一半冰'，亦叚半爲片字。木字之半也。"章片，猶分章。

在此基礎上，還有一種可能。此字也許在左邊殘去"木"旁，原爲"枥"。《楚辭·九章·惜誦》"令五帝以枥中兮"，王逸注："枥，猶分也。"洪興祖補注："枥，與析同。"④

---

① 陳松長主編：《嶽麓書院藏秦簡（伍）》，第153頁。
② 同上注。
③ 同上注。
④ 陳偉：《〈嶽麓書院藏秦簡（伍）〉殘字試釋》，《江漢考古》2018年第4期，第122頁。

高婷婷説："從簡文來看，'雖同編者，必章片之'即指編在一起的文書內容，也需要按章來分開書寫它。這樣或會使文書更爲清晰，這與前文'事別編之'、'必物一牒'、'令約具別白易〈易〉智（知）殹（也）'等要求相吻合。"[1] 這個分析是有道理的。

【20】別報

[整理小組注]

別報：分别回覆。[2]

【21】縈却

[整理小組注]

縈：聚攏。《玉篇·糸部》："縈，聚也，垂也。"却：駁回。縈却，聚攏卷册而一併駁回，與"別報"相對。[3]

[疏證]

"別報""縈却"，應該是針對上文强調文書上奏最好分開書寫，同一件事同一層次的内容最好集中在一章（或幾章），這樣上級在回復的時候，可以有針對性地回復或駁回某一部分内容。

【22】用牘者

[疏證]

用牘者：關於使用牘作爲書寫載體的規定。此前限於資料，程鵬萬曾認爲"牘上容字没有規定可言"。[4] 嶽麓秦簡此處關於不同牘的形制及字數之規定，可補此前研究之不足。張榮强説：

> 事實上，討論簡牘的形制涉及兩個不同的維度，形制的寬窄與書寫的行數也並非完全正相關。我們在各地出土的秦漢簡牘中，經常見到形制較寬的簡牘上書寫的行數反而不及窄者的情形。上引請詔開頭説"自今以來諸縣官上對、請書者"，似乎説這些形制的規定主要針對的是地方上呈中央的文書，對其他機構之間尤其是地方基層往來的文書不作嚴格要求。看來，我們不能把秦漢時期簡牘形制的規定看得太死，不同級别的公文書執行規定的力度勢必有很大差異，大致説來，行政機構級别越高執行就越嚴格。[5]

---

[1] 高婷婷：《〈嶽麓書院藏秦簡（伍）〉第二組集釋及相關問題研究》，第19頁。
[2] 陳松長主編：《嶽麓書院藏秦簡（伍）》，第153頁。
[3] 同上注。
[4] 程鵬萬：《簡牘帛書格式研究》，第241頁。
[5] 張榮强：《中國古代書寫載體與户籍制度的演變》，《武漢大學學報》2019年第3期，第93頁。

他説得很對。這就是理論和實踐的關係。理論上的規定在具體實踐中出現偏差是很正常的現象。這就需要我們根據具體情況去判斷究竟是理論或者説制度設計的不足,還是正常情況下實踐者的臨機變通,抑或是文字記載的失誤。

【23】一牘毋過五行

[疏證]

一牘毋過五行:一塊簡牘上容納文字行數不得超過五行。這是對簡牘容字行數的最大限制。"一牘毋過五行"之後,"五行者,牘廣一寸九分寸八,四行者,牘廣一寸泰半寸,三行者,牘廣一寸半寸"云云,是對前者的進一步具體解釋,前後可以説是並列的關係。"一牘毋過五行"之後,嶽麓秦簡整理小組原標點爲逗號,今改爲句號。

【24】八

[整理小組注]

八:原簡此字之後有一段空白,有被刮削的痕跡。①

[疏證]

"五行者,牘廣一寸九分寸八""四行者,牘廣一寸泰半寸"之間,嶽麓秦簡整理小組原標點爲逗號,今改爲分號。張榮強曰:"令文謂'五行者,牘廣一寸九分寸八;四行者,牘廣一寸泰半寸;三行者,牘廣一寸半寸',秦漢時期一尺約23.1 cm,以此標準計,其寬度依次爲4.36 cm、3.85 cm及3.47 cm。請詔中提到與牘並列的'二行牒',也就是簡。結合以上'卒令'的信息,可以看出秦對公文簡、牘書寫行數的規定,即簡最多寫兩行,牘可以寫三行以上,但不能超過五行。東漢蔡邕《獨斷》卷上説'文多用編兩行,文少以五行',木牘以'五行'爲限,超過這一標準就要用兩行簡編成的簡册。看來,兩漢的官文書制度也是源自秦代。"②

【25】•

[疏證]

周海鋒曰:"根據内在體例,三行牘、尺牘前均有•,在'四行'和'尺二寸牘'前也當有。1729簡簡首殘損,或本有•符;'尺二寸牘'前的•當是書手漏抄。我們之所以能判定•是抄寫時加上的,是因爲同一個書手抄録的同一則令文中,•佔有的空間不一且常大於一字所佔空間。若是校讀時留下,絶不會出現這種現象。牘之寬度,因行數不同而有異,尺二寸牘和尺牘應是兩行書寫,寬度當爲一寸。現在看來,秦代對簡和牘的區分已很明顯,書寫兩行文字以上的均稱爲牘,一行文字者爲簡。'卒令丙四'中的•顯然有分層作用,將同一則條文中涉及的不同方面加以區分。"③

---

① 陳松長主編:《嶽麓書院藏秦簡(伍)》,第153頁。
② 張榮强:《中國古代書寫載體與户籍制度的演變》,《武漢大學學報》2019年第3期,第93頁。
③ 周海鋒:《秦律令文本形態淺析》,《簡帛》第24輯,第176頁。

【26】調謹〈護〉

[整理小組注]

調謹〈護〉：妥善地辦治。①

[疏證]

調謹〈護〉：本義爲調教維護，嶽麓秦簡整理小組在此解釋爲"妥善地辦治"，甚是。里耶秦簡9-169"田官不勉力調護勸勉作"，②校釋者注："調護，調教輔佐。《史記·留侯世家》：'上曰："煩公幸卒調護太子。"'"③

【27】浮

[整理小組注]

浮：或讀爲桴，意爲捆紮、編聯。④

【28】書之

[疏證]

"書之"之後，嶽麓秦簡整理小組原標點爲逗號，今改爲句號。陳偉說亦同。⑤

【29】廿六字

[疏證]

"廿六字"之後，嶽麓秦簡整理小組原標點爲句號，今改爲逗號。

【30】章

[疏證]

《説文·音部》："章，樂竟爲一章。"段玉裁注："歌所止曰章。"⑥引申爲詩、文的一段或一篇，亦稱一章。《禮記·曲禮下》："讀樂章。"孔穎達疏："樂章，謂樂書之篇章，謂詩也。"⑦《漢書·刑法志》："漢興，高祖初入關，約法三章曰：'殺人者死，傷人及盜抵罪。'蠲削煩苛，兆民大説。其後四夷未附，兵革未息，三章之法不足以禦奸，於是相國蕭何攈摭秦法，取其宜於時者，作律九章。"⑧

---

① 陳松長主編：《嶽麓書院藏秦簡（伍）》，第154頁。
② 陳偉主編：《里耶秦簡牘校釋（第2卷）》，第80頁。
③ 同上注，第81頁。
④ 陳松長主編：《嶽麓書院藏秦簡（伍）》，第154頁。
⑤ 陳偉：《〈嶽麓書院藏秦簡（伍）〉校讀（續四）》，武漢大學簡帛網2018年3月31日。
⑥ 段玉裁：《説文解字注》，上册，第184頁。
⑦ 孔穎達：《禮記正義》，上册，第150頁。
⑧ 班固：《漢書》，第4分册，第1096頁。

【31】次

[整理小組注]

□：據殘存筆畫，似可隸定爲"次"。①

[疏證]

次：嶽麓秦簡整理小組的釋文作"□"，今從其注逕改。學者們也多據圖版釋作"次"，並各有其解說，高婷婷曾做匯總。②今摘録如下：

何有祖：該字圖版與嶽麓（伍）簡111中"次"形同。引張家山漢簡《奏讞書》簡152"亂視氏所言籍居一笥中者，不署前後發，毋章，朵不可智（知）。"說明"毋章"或許是指原即未編章次，可與此處"書過一章者，章次之"合觀。陳偉：次，《莊子·田子方》載："喜怒哀樂不入於胸次。"陸德明釋文引李云："次，中也。"陳劍：《奏讞書》"毋章"中的"章"當屬"區别、條理"一類義，即古書"上下有章""雜亂無章"等之"章"意；此文之"章"意指文書中的具體章節段落，二者大不相同。"書過一章者，章次之"是指"文書内容超過一章的，需要按章來排列它們"，其實際意思就是每章都需另提行書寫而不連寫，以此來凸出章與章之間的分隔與次序。

我們以爲，諸説之中陳劍説最優，觀點明確，最符合嶽麓簡此篇令文的上下文義。

【32】朕

[整理小組注]

朕：讀爲"綴"，標記。或讀爲"輟"。③

[疏證]

朕：《説文·肉部》："挑取骨間肉也。"④此處引申爲間隔。"辟（辭）所當止皆朕之，以别易〈昜〉智（知）爲故"，意思是説，句子該停頓的地方都要及時停頓間隔，以讓人明白易懂爲要。整理小組注所謂的做標記，也是從此引申而出的義項，亦可通。

陳偉從嶽麓秦簡整理小組釋"綴"義出發，理解爲："簡文是説在存在分章的場合，各章内行文，即使遇到語意中止的情形，也連續書寫；以免與各章之間留白轉行混淆。"⑤此説難通。魯家亮、⑥陳劍都贊同嶽麓秦簡整理者的意見，二位論述觀點相近。今録陳劍説如下，以爲參考：

---

① 陳松長主編：《嶽麓書院藏秦簡（伍）》，第154頁。
② 高婷婷：《〈嶽麓書院藏秦簡（伍）〉第二組集釋及相關問題研究》，第19—20頁。
③ 陳松長主編：《嶽麓書院藏秦簡（伍）》，第154頁。
④ 段玉裁：《説文解字注》，第314頁。
⑤ 陳偉：《〈嶽麓書院藏秦簡（伍）〉校讀（續四）》，武漢大學簡帛網2018年3月31日。
⑥ 魯家亮：《〈嶽麓書院藏秦簡（伍）〉零拾一則》，中國社會科學院簡帛研究中心等編：《第四屆簡帛學國際學術研討會暨謝桂華先生誕辰八十周年紀念座談會會議論文集》，重慶，2018年，第246—249頁。

我認爲原整理者的斷讀理解並無太大問題。'朡'則當讀爲"亅"。

《説文・亅部》："亅，鉤識也。从反亅。讀若捕鳥罬。"小徐本作"讀若竅"。段玉裁注謂："鉤識者，用鉤表識其處也。褚先生補《滑稽傳》，東方朔上書，'凡用三千奏牘'，'人主從上方讀之，止，輒乙其處，讀之二月乃盡。'此非甲乙字，乃正亅字也。今人讀書有所鉤勒，即此。"

清代説文學家多主此説。如朱駿聲《通訓定聲》、桂馥《義證》、王筠《句讀》、錢坫《斠詮》等，説皆與段注略同。徐灝《説文段注箋》："鉤識者，亅而識之，與、而識之同意。今百工度物，至其所欲止，則鉤勒識之，亦不獨讀書用鉤勒也。"桂馥《義證》、王筠《句讀》亦皆引《説文・、部》"有所絕止，、而識之"云云，與此互證爲説(以上皆見《説文解字詁林》第5709頁)。段注所舉褚少孫補《史記・滑稽列傳》之文，注者亦多信從"乙"係"亅"字之誤字之説。《太平御覽》卷六百六引作"輒記其處"，王叔岷先生謂"'鉤識'猶言'鉤記'，故《御覽》引乙作記"。

簡文"朡"字與《説文》"讀若"字之"罬"或"竅"，皆从"叕"得聲，讀"朡"爲"亅"是非常直接的。出土簡帛文獻中常見的標於文字右下方代表或大或小之停頓的"└"類形符號，應即所謂"用鉤表識其處"之"鉤識"符。此類符號現所見數據中最早出現於戰國早期，秦漢簡牘帛書中極爲常見。前舉嶽麓簡文的規定，意謂文書中辭意應停止處，皆標上"└"號(當然，從出土秦文書簡牘的實際情況來看，此令並未真正被全面貫徹)；此與上文的"章次之"合在一起，皆以能夠區別開上下文、容易使讀者理解爲原則("以別易知爲故"句承上要管到"書過一章者")。簡文"辭所當止，皆朡(亅)之"，與《滑稽列傳》"止，輒乙其處〈亅〉其處"，二者極爲接近，"亅"皆爲"以鉤識符號'└'標識"義。略有不同者，無非前者係就寫者而言，而後者係就讀者而言。①

【33】別易〈易〉智(知)

[整理小組注]

別：或以爲此處當斷讀。易〈易〉：此字上半部似"白"字，參考1707簡的"加'令約'具別白易〈易〉智(知)殹(也)"，此處"易〈易〉"字之前似漏抄一個"白"字。②

[疏證]

嶽麓秦簡整理小組注所謂"1707簡"，即《嶽麓伍》簡113"而過百牒者，別之，毋過百牒而爲一編，必皆散取其急辟(辭)，令約具別白易〈易〉智(知)殹(也)。其獄奏殹(也)。各約爲鞠"。③通過對比可知，整理小組注"加'令約'具別白易〈易〉智(知)殹(也)"一句表述有誤，整理者將其解釋語言"加'令約'"誤入引文，令人不知所云。其

---

① 陳劍：《〈嶽麓簡(伍)〉"朡"字的讀法與相關問題》，四川大學歷史文化學院、四川大學古文字與先秦史研究中心編：《紀念徐中舒先生誕辰120周年國際學術研討會論文集》，巴蜀書社2022年版，第639—640頁。
② 陳松長主編：《嶽麓書院藏秦簡(伍)》，第154頁。
③ 同上注，第105頁。

實,徑直説參考1707簡"令約具別白易〈易〉智(知)"即可説明問題。"別白易知",即明白易懂的意思。

【34】爲故

[疏證]

爲故:即爲務。故:事理,準則。《廣雅·釋詁三》:"故,事也。"① 《易·繫辭上》:"仰以觀於天文,俯以察於地理,是故知幽明之故。" 孔穎達疏:"故謂事也。故以用易道,仰觀俯察,知無形之幽,有形之明,義理事故也。"②"以別易〈易〉智(知)爲故",即以清晰易懂爲務,或者説以清晰易懂爲目的。

陳安然提出了一條《嶽麓陸》中的新佐證,她説:"按,嶽麓陸簡109有'以清絜(潔)爲故',此處也在'爲故'之後斷開爲好,從整理者2017的第一種意見。"③按《嶽麓陸》簡109爲殘簡,内容爲"☐令肉污,以清絜(潔)爲故,次誤及不從令者,皆貲二甲。 廿二"。④ 可能和祭祀品或官方庖廚宴飲食品有關,大意當爲"不可使肉沾染污穢或腐敗,必須保持乾淨,排列錯誤或有其他不符合規定的行爲,都要貲罰二甲"。"以清絜(潔)爲故"即"以清絜(潔)爲務",以肉食乾淨爲目標。

其實,《嶽麓陸》中還有一則與此相關而且内容完整的令文,可資比較。《嶽麓陸》簡096—098:

> 泰官言:共縣所以給假食官器席及簪、箕、籩除(篠)者,恒弗別異、異臧(藏),與它官更器,器不絜(潔)清。請:自今以來,令共縣所以給假食官器者,謹爲職(識)別異、異臧(藏),以絜(潔)請(清)爲故。行至請室,循行舉不從令者,貲 縣 丞、令、令史、官嗇夫、吏各二甲。 ·二⑤

這條律令要求,地方官府提供的飲食器具必須"以絜(潔)請(清)爲故",也就是務必乾淨。所以把"爲故"解釋爲"爲務",應該是比較恰當的。

李蓉對"爲故"也提出了一種解釋:

> "故"衆所周知有"緣由""緣故"義,簡文"爲故"表示"這麼做的緣故",簡文大意是説,言辭當停止時則停止,這麼做是爲了使人能加以區别且容易知曉的緣故。⑥

---

① 王念孫:《廣雅疏證》,第545頁。
② 孔穎達:《周易正義》,第312—313頁。
③ 陳安然:《嶽麓秦簡"令"集釋》,第224頁。
④ 陳松長主編:《嶽麓書院藏秦簡(陸)》,第102頁。
⑤ 同上注,第97—98頁。
⑥ 李蓉:《〈嶽麓書院藏秦簡(伍)〉集釋及相關專題研究》,第96頁。

此解似乎有些勉强,但大致意思還是能够理解的,故可備一説。

【35】書却

[疏證]

書却:上呈的文書被退回。陳松長曰:"所謂'書却',即上奏的獄書被退回,而簡文中的'却書'也就是被退回的獄書。這裏規定的是,當上奏的獄書因種種原因被退回之後,如果要重新上奏,就要有'對書',並且要與退回來的獄書和補充修改的事項一起再上奏,且要編聯好,如果超過了20牒,就要題署這份奏書的右邊或左邊的若干牒是以前的對書、請書或獄奏之書。由此也可印證前面的推斷,即簡文中所講的'對書'並不是一般意義上的上對之書,而是就獄案審核過程中直接回答皇帝就獄案有關問題進行詢問的答復之書。"① 如果把陳松長强調的獄奏之書换成一般意義上的文書,我們基本上同意他的解説。

【36】過廿牒

[疏證]

過廿牒:指被退回的文書("前請、對、奏")、退書説明("却書")以及修改補充後再次上呈的文書"事"等三種文書中任何一種文書單獨數量超過廿牒的情況,而不是三種文書編在一起時,每廿牒就設一標誌簡來做區分。否則的話,甲文書最後一支簡如果是第二十或二十的倍數,就會和下接的乙文書的簡分爲一組,這樣就失去了區分不同文書的目的。曹旅寧、高婷婷等都把"過廿牒"理解爲"每過廿牒"就設一簡來區分,恐怕就是這種誤解。②

【37】阶(界)其方

[整理小組注]

方:版也。《史記·張丞相列傳》:"秦時爲御史,主柱下方書。"裴駰《集解》引如淳曰:"方,版也,謂書事在版上者也。"③

[疏證]

阶(界):劃分界限,區分。

方:本指作爲書寫載體的木方,此處當指文書報告所使用的竹木簡。睡虎地秦簡《秦律十八種》簡131《司空律》:"令縣及都官取柳及木楺(柔)可用書者,方之以書;毋(無)方者乃用版。"整理小組注:"方,動詞,制成書寫用的方。《史記·酷吏列傳》集解引《漢書音義》:'觚,方。'王國維《流沙墜簡》考釋認爲'并則爲方,析則爲觚,本是一物。'"④

---

① 陳松長:《嶽麓秦簡中的對、請、奏文書及相關問題探論》,《文物》2020年第3期,第72頁。
② 曹旅寧:《嶽麓秦簡與秦律令行用問題》,武漢大學簡帛網2018年3月29日。高婷婷:《嶽麓書院藏秦簡(伍)》第二組集釋及相關問題研究》,第22頁。
③ 陳松長主編:《嶽麓書院藏秦簡(伍)》,第154頁。
④ 睡虎地秦墓竹簡整理小組編:《睡虎地秦墓竹簡》,釋文部分第50—51頁。

阶（界）其方：區分同一編中不同内容的簡。因爲上呈的文書被上級退回之後，經修改補充後再次上報時，上報的内容至少包括原來被退回的文書（"前請、對、奏"）、退書説明（"却書"）以及修改補充後再次上呈的文書"事"等三部分，這三部分内容編聯在一起所用簡數量就會很大。按規定超過百牒者要一分爲二，即使不超過百牒，也難以區分。在這種情况下，法令又進一步規定，作爲各組成部分的文書，該文書數量超過廿牒時，在文書結尾要設一作爲説明的簡，表示本部分結束或下一部分起始，不是説每廿牒就設一簡"界其方"。有的學者就有此誤解。比如，曹旅寧就此解釋説："文書上報須署牒數。前對、請或奏被退回再次上報時，須重編入新文書中，廿牒爲一方，界定清白，空白處須署自右或左起牒數爲前對、請或奏。張家山漢簡《奏讞書》有'上奏七牒''爲奏廿二牒'字樣。"①

還有一個需要弄清楚的問題就是，所謂"界其方"是"界於其方"還是"以其方爲界"。"界於其方"就是在不同部分文書之間設界，這裏的"方"指的是"界"之兩邊不同文書的文書簡；"以其方爲界"，這個"方"則是作爲界限的簡本身。

魯家亮對"界其方"有一種解釋。他就認爲"阶（界）其方"是"以方爲界"，在二十牒"簡"之後假如有一塊與衆不同的"方"，區分的效果更明顯。具體論述如下：

> 從簡文來看"書却上對"可能涉及多份文書，當至少包括最早的"請、對、奏"文書、被駁回時的"却書"、再次上對的文書3種，這些文書再次上對時需要"縈編"，115號簡則稱其爲"縈却"，與"別報"相對。由於涉及的文書較多，且内容也可能出現重複，這些文書編成在一起時，就會出現不易區分、查找的情况。因此，簡文提及超過20牒時，需要對最早的"對、請、奏"文書（簡文稱其爲"前對、請若前奏"）進行提示、區分。具體的方式包括如下幾個方面：第一，用方在牒之間劃分界限，這是通過書寫載體的形制加以區分；第二，對方"江其上"；第三，在方上書寫文字，文字的内容又包括兩個小類，分別是數量和名稱。數量即"此以右若左若干牒"，有計結的意味；名稱即"前對、請若前奏"，可看作是一種標題，這是用文字從内容上進行的區分。②

但是在魯家亮所舉的簡册實例中不但有"以方爲界"的情况，也有"界於其方"的情况。前者如：

> 與嶽麓秦簡簡文描述的内容更爲接近的實例則見於漢代簡册之中。一類爲遣策中的所謂小結簡，如馬王堆一號、三號墓的遣策、謝家橋一號墓等。馬王堆一號墓遣策153號簡云"右方種五牒，布囊十四"，謝家橋一號墓遣策云"右方木器卅六

---

① 曹旅寧：《嶽麓秦簡與秦律令行用問題》，武漢大學簡帛網2018年3月29日。
② 魯家亮：《戰國秦漢簡牘文獻中簡首塗黑源流考》，[韓]慶北大學等編：《通過簡牘材料看古代東亞史研究國際論壇會議資料集》，慶北大學2018年，第309—310頁。

牒",均包含了對其右側所用牒數的計結,並標明了右側牒書的主要内容。但應注意的是,這些小結簡均與牒在形制上一致,並非方。而馬王堆三號墓遣策的小結簡則用的是"方",與嶽麓秦簡所述的要求一致。①

後者如:

> 另外一類則是其他類型文獻中的小結簡,如阜陽雙古堆漢簡《詩經》尾題、謝家橋一號漢墓的告地書、松柏漢簡中的"右方除書"等等。(中略)所謂的"右方除書"對應的當是木牘所載"周偃的功勞記録",從已經公布的松柏木牘來看,這些木牘更像是"方",而作爲標題的木簡更類似"牒",這與我們看到的一般情況正好相反。②

這就是説,簡册編聯制度中的"界其方"其主旨主要是强調同一編簡册之中不同部分的文書之間要設立具有區分説明功能的界限簡,其字面本義或許就是"以方爲界",但只要能起到區分説明的作用,即使是"界於其方"亦無不可,實踐與理論總是有變通的。

【38】江(空)

[疏證]

江(空),魯家亮讀"江"爲"杠",説:"'杠其上'其義爲在方的上部劃一條横杠,其直觀的視覺效果即我們在標題簡中普遍看到的簡首塗黑現象。""所謂'簡首塗黑'只是一種一般性的描述,並不準確。秦代將簡首塗黑爲'江(杠)其上'。杠指牀桯。'杠其上'就是指在方上劃横杠,其直觀的效果就是簡首塗黑。因此,將'簡首塗黑'稱爲墨横或墨杠更爲準確。"③

【39】以右若左

[整理小組注]

以右若左:以右或以左。④

[疏證]

簡牘中的資料説明性文字,意思是説從此以右或以左的記載都是某方面的内容。如敦煌懸泉月令詔條第20行"右孟春月令十一條",意思是説右邊的十一條記載的都是孟春月令的内容;第28行"右中春月令五條",意思是説右邊五條記載的都是仲春月令的内容;第33行"右季春月令四條",意思是説右邊四條記載的都是季春月令的内容;等等。⑤

---

① 魯家亮:《戰國秦漢簡牘文獻中簡首塗黑源流考》,[韓]慶北大學等編:《通過簡牘材料看古代東亞史研究國際論壇會議資料集》,第312頁。
② 同上注,第315頁。
③ 同上注,第312—313、320頁。
④ 陳松長主編:《嶽麓書院藏秦簡(伍)》,第154頁。
⑤ 中國文物研究所、甘肅省文物考古研究所編:《敦煌懸泉月令詔條》,中華書局2001年版,第5頁。

【40】前奏

[整理小組注]

前奏：與"前對、請"並列。①

[疏證]

此以右若左若干牒，前對、請若前奏：意思是說，作爲區分標誌的那支簡上應該寫明此簡以右或以左若干牒的內容，屬於"前對""前請"或"前奏"。

【41】疏

[整理小組注]

疏：一種文書。《後漢書·張純傳》："章奏不能敘心，願對中常侍疏奏。"李賢注："疏猶條錄也。"②

[疏證]

此處"用疏者"，上文有"用牘者"，但"用疏者"似乎並不是與"用牘者"相對而言的，因爲"用牘者"說的是文書載體，而"用疏者"說的是文書體裁，兩者不是一回事。"用疏者"當是與令文開頭所說的"對、請、奏"相對而言的。李蓉似乎注意到了這個問題，她說：

> "疏"表示分條陳述、分條記錄的形式或以此方法寫成的奏章或上書。《漢書·蘇建傳附蘇武》："初上官桀、上官安與大將軍霍光爭權，數疏光過失予燕王，令上書以告之。"顏師古注："疏，謂條錄之。"且整理者所引李賢注"猶條錄也"，二者意思無別，都是表逐條記錄。據簡文上下文義判斷，此處"疏"更有可能表示以分條陳述的形式寫奏章。③

儘管如此，我們並沒有從中看出"疏"與"對、請、奏"的區別。因此，此處的"用疏"云云，還值得進一步研究。

【42】如故

[疏證]

如故：如之，即上文所提到的提交"對、請、奏"等文書的寫作規範。類似用法還見於《嶽麓肆》簡165—166："倉律曰：毋以隸妾爲吏僕、養、官【守】府，隸臣少，不足以給僕、養，以居貲責（債）給之；及且令以隸妾爲吏僕、養、官守府，有隸臣，輒伐〈代〉之，倉

---

① 陳松長主編：《嶽麓書院藏秦簡（伍）》，第154頁。
② 同上注。
③ 李蓉：《〈嶽麓書院藏秦簡（伍）〉集釋及相關專題研究》，第98頁。李蓉引《漢書》文有誤。《蘇建傳附蘇武》"傳"李原誤作"轉"，"桀、安"誤作"上官桀、上官安"。本書引用李文論述時作了相應改正。

廚守府如故。"①《嶽麓肆》"如故"意思也不是"跟原來一樣",而是"如前文提到的其他部門的用人規則一樣"。②嶽麓秦簡這兩處的"如故"之"故",或當理解爲"今",即表述語境中剛剛提到過的内容。《爾雅·釋詁下》:"故,今也。"郭璞注:"故亦爲今。"③這種含義在傳世文獻中甚是少見。

傳世文獻中"如故"的解釋一般多爲"跟原來的一樣"或"按照原來的規則辦事"。如《史記·秦始皇本紀》:"故幸宦者參乘,所至上食、百官奏事如故,宦者輒從轀涼車中可其奏事。"④《漢書·張湯傳》:"天子以爲有讓,乃徙封平原,并一國,户口如故,而租税減半。"⑤

【43】中

[疏證]

中:符合標準。整理小組原把"中"與後面的"過"連讀,作"牘廣不中過十分寸一",今以逗號隔開,"中"屬上讀,"過"屬下讀,更便於理解上下文意。

【44】過

[疏證]

過:本義爲"超過",這裏長短誤差超過規定限度,也就是上文所謂的"不中"。也就是說,這裏的"過",不僅有超過的意思,還有不足的意思,所謂"過猶不及"即此。

【45】甲

[整理小組注]

甲:原簡此字之後留白。⑥

【46】上對、請書

[疏證]

上對、請書:與簡112相對比,"上對、請書"之"請"之後,或許脱"奏"字,也有可能"請書"之"請"乃"奏"之誤寫。

【47】二行牒

[疏證]

牒:即簡也,札也。《説文·竹部》:"簡,牒也。"段玉裁注:"《片部》:'牒,札也。'《木部》:

---

① 陳松長主編:《嶽麓書院藏秦簡(肆)》,第122—123頁。
② 朱紅林:《〈嶽麓書院藏秦簡(肆)〉疏證》,第193頁。
③ 郝懿行:《爾雅義疏》,中華書局2017年版,上册,第152頁。
④ 司馬遷:《史記》,第1分册,第331—332頁。
⑤ 班固:《漢書》,第9分册,第2653—2654頁。
⑥ 陳松長主編:《嶽麓書院藏秦簡(伍)》,第154頁。

'札,牒也。'按,簡,竹爲之；牘,木爲之；牒、札,其通語也。"① 《漢書·路温舒傳》："父爲里監門。使温舒牧羊,温舒取澤中蒲,截以爲牒,編用寫書。"顔師古注："小簡曰牒,編聯次之。"②

二行牒：可以書寫兩行字的牒,又稱爲"兩行"。《後漢書·光武帝紀》注引《漢制度》："策者,編簡也,其制長二尺,短者半之,篆書,起年月日,稱皇帝,以命諸侯王。三公以罪免亦賜策,而以隸書,用尺一木,兩行,唯此爲異也。"③

通過本書簡 115—116 的記載,結合此處的"兩行牒",我們至少可以得出這樣的認識：當時秦制,牘的寬度是容字三到五行,牒的寬度是容字一至兩行。牘、牒的長度也存在不同規格。蔡邕《獨斷》説,漢代羣臣上表時,"文多用編兩行,文少以五行"④,或許就是針對牒、牘此類書寫載體而言的,文多者用編聯成册的兩行牒,文少者干脆就用一塊五行牘即可。

【48】十五分寸一

[疏證]

"十五分寸一"之後,嶽麓秦簡整理小組原標點爲逗號,今改爲句號。

【49】爲程,牘、牒各一

[疏證]

爲程,牘、牒各一：牒、牘各自有本身的規格標準。爲：此處用作語氣助詞,其强調的作用。各一：各不相同。嶽麓秦簡整理小組原把"牘牒"連讀,今以頓號斷開,下簡122"牘牒"亦同。

【50】御牘

[整理小組注]

御牘：御,供奉皇帝之物。御牘,或是供皇帝專用的牘。⑤

[疏證]

陳松長不同意嶽麓秦簡整理小組把"御牘"解釋爲"皇帝御用之牘"的觀點,他説："這可能還不是確解,皇帝應該主要是批閱牘牒而已,没有必要使用所謂'御牘'。其實,這條令文中所強調的是'獄奏'所用牘的形制規定,令文最後作爲'制曰'的對象,也應是指這類'獄奏'文書的牘牒規範,因此,頗懷疑這個'御'字是'獄'字的誤寫,古音中'御'是魚部疑母字,'獄'是屋部疑母字,兩字的聲母相同,韻部是陰入對轉的關係,古音很近,抄寫者因音近而誤抄的可能性也存在。因此,如果我們將'御牘'理解爲

---

① 段玉裁：《説文解字注》,第339頁。
② 班固：《漢書》,第9分册,第2367—2368頁。
③ 范曄：《後漢書》,第1分册,第24頁。
④ 蔡邕：《獨斷》,日本早稻田大學藏吉林吉左衛門刊本（和刻）。
⑤ 陳松長主編：《嶽麓書院藏秦簡（伍）》,第154頁。

'獄牘'之誤,那簡文內容的上下銜接也就自然得多,其令文的解讀也就更曉暢一些。"①

【51】官券牒尺六寸

[疏證]

官券牒尺六寸:官府通用的券牒的長度爲尺六寸。里耶秦簡9-1624有"各以【尺六寸牒】苐(第)當令者"。何有祖研究之後認爲:"秦始皇廿九年遷陵縣所見上行的官牒中仍存在沒有變更之前的'尺六寸牒'這一規格。這可爲判斷嶽麓書院藏秦簡伍121、122號簡《卒令丙四》的時間提供綫索。"②

【52】更尺一寸牘、牒

[整理小組注]

尺一寸牘:見《史記·匈奴列傳》:"漢遺單于書,牘以尺一寸,辭曰:'皇帝敬問匈奴大單于無恙'。"③

[疏證]

嶽麓秦簡整理小組原把"牘牒"連讀,今以頓號隔開,作"牘、牒"。更尺一寸牘、牒:統一更改成尺一寸的牘、牒。更:更改,這裏指針對前面御史所提出的"御牘尺二寸,官券牒尺六寸"長度的建議,制書的批復是統一更改爲尺一寸。牘、牒:指的就是御牘和官券牒。

簡文大意

諸種上對、請、奏文書,內容不同,不要編在同一編,也不要在一支簡上連接着寫,按照內容分別編聯。如有請書,一定要一事一篇,分層陳述,使簡明易知。關於一件事的文書超過百牒者,就要分成兩編,每編編聯簡牘不能超過百牒,言辭要抓住重點,陳述要詳略得當,明了易懂。如果是獄奏文書,鞫審部分的文書用語尤其要簡練,詳細附上所依據的法令,使其與判罰結果連在一起,在律令下寫明:以此來判處某某。同時寫清楚罪人是否需要拘繫。即使是同一編的卷宗,也必須分章書寫,使上級可以分別回覆,或有針對性地駁回某一部分的內容。

如果文書載體用牘,一塊牘上書寫最多不得超過五行,五行牘的牘寬爲一寸九分寸之八;如果是四行牘,牘寬一寸三分之二寸;如果是三行牘,牘寬一寸半。各型牘都要認真製作然後加以書寫。長一尺二寸的牘,一行不能超過二十六個字。長一尺的牘一行不得超過二十二個字。書寫超過一章者,每章要單獨起始,不與它章連寫在同一支簡上。每句話結束之處,要標注停頓符號,以便於理解爲目標。文書被退回之後,修改補充後再次上呈時,此前被退回的文書和上級退書時的批復以及本次的文書需要同時編

---

① 陳松長:《嶽麓秦簡中的對、請、奏文書及相關問題探論》,《文物》2020年第3期,第73頁。
② 何有祖:《里耶秦簡所見官牒的尺寸》,武漢大學簡帛網2018年8月10日。
③ 陳松長主編:《嶽麓書院藏秦簡(伍)》,第154頁。

聯在一起，同時上報，每編用牘超過二十牒者，要在不同文書之間設置一枚表示分界的方，方的上部劃墨行，其下書寫："此簡以右或以左若干支簡爲此前的應對書、請書或奏書。"采用疏的形式上奏者，書寫方式同樣按照以上制度撰寫。不遵從規定以及簡牘寬度不合乎標準，誤差超過十分之一寸者，都要貲罰二甲。

請求：自今以來，凡是縣官上對書、請書者，所使用牘的厚度不得低於十分之一寸，如果用兩行牒，牒的厚度不低於十五分之一寸。厚度超過標準者，分別不得超過標準厚度的二分之一。書寫載體的標準，牘和牒各不相同。不遵守此規定者，貲罰一甲。御史上呈合議的結果：皇帝御用牘的長度爲一尺二寸，官府常用券和牒的長度爲一尺六寸。制書批復曰：統一用一尺一寸的牘、牒。　卒令丙四。

簡1174+1161+1151+1142+1875（123—127）：

●令曰：吏有論毄（繫）[1]，二千石，治者[2]輒言御史[3]，御史遣御史[4]與治者雜[5]受印，在郡[6]者，言郡守、郡監[7]、守丞[8]、尉丞[9]與治 123 者雜受印，以治所縣官令[10]若丞印封印[11]，令卒史上御史；千石到六百石，治者與治所縣令若丞雜受，以令若丞 124 雜受[12]，以令若丞印封，令吏[13]上御史：五【百】[14]以下印行郡縣[15]者，治者受印，以治囗囗 125 所執灋；印不行郡縣[16]及乘車吏[17]以下，治者輒受，以治所[18]令、丞印封印，令吏囗囗 126 囗當以縣次駕到官[19]。及吏歸印御史[20]，以次駕舍郡邸（邸）[21]及咸陽中它官[22]，咸陽[23]當爲駕送到官[24]。及到御史而毋 127

【1】論毄（繫）

[整理小組注]

論毄（繫）：論罪而拘繫。①

[疏證]

有論繫：有判罰而被拘繫，亦見於《嶽麓肆》簡252"勿聶（躡）囗囗論毄（繫），除毄（繫）日繇（徭）戍，以出日俾（使）之"。②另外，《嶽麓伍》簡336"諸黔首有論"，③《嶽麓肆》簡230"有獄論"，④《嶽麓陸》簡074"有逜（迕）宦者顯大夫"⑤等，皆此類。

---

① 陳松長主編：《嶽麓書院藏秦簡（伍）》，第154頁。
② 陳松長主編：《嶽麓書院藏秦簡（肆）》，第151頁。
③ 陳松長主編：《嶽麓書院藏秦簡（伍）》，第210頁。
④ 陳松長主編：《嶽麓書院藏秦簡（肆）》，第144頁。
⑤ 陳松長主編：《嶽麓書院藏秦簡（陸）》，第72頁。

這條令説的是官吏因犯罪被刑事處罰拘繫時,如何收繳其所持官印的規定。這是此前秦漢印制研究中所未見到過的新材料,非常珍貴。儘管由於殘簡的原因,還不能明晰其全部内容,但基本層次還是清晰的。法令按照行政區劃,把收繳對象分爲中縣道和普通郡縣兩部分,又按照官吏的俸禄級别,將其分爲二千石、千石至六百石、五百石以下印行郡縣者及印不行郡縣者及乘車吏。對於不同級别的官吏違法犯罪,收繳其官印的程序和人員也有相應等級的變化。法令還對收繳上來的官印的封存及上繳作了相應的規定。

【2】治者

[整理小組注]

治:治獄。治者,即治獄之吏。①

[疏證]

整理小組把"治者"解釋爲"治獄之吏",還不够清晰。具體來説,此處的"治者"指的是負責經辦被論繫案件的主管官員。

【3】御史

[整理小組注]

御史:御史大夫。②

[疏證]

《漢書·百官公卿表》:"御史大夫,秦官,位上卿,銀印青綬,掌副丞相。有兩丞,秩千石。一曰中丞,在殿中蘭臺,掌圖籍祕書,外督部刺史,内領侍御史員十五人,受公卿奏事,舉劾按章。"應劭曰:"侍御史之率,故稱大夫云。"臣瓚曰:《茂陵書》御史大夫秩中二千石。"③

【4】御史

[整理小組注]

御史:指御史大夫官署下屬的御史。④

[疏證]

此"御史"即相當於《漢書·百官公卿表》"御史大夫"所領的"侍御史員十五人"。

【5】雜

[整理小組注]

雜:共。⑤

---

① 陳松長主編:《嶽麓書院藏秦簡(伍)》,第154頁。
② 同上注。
③ 班固:《漢書》,第3分册,第725頁。
④ 陳松長主編:《嶽麓書院藏秦簡(伍)》,第154頁。
⑤ 同上注。

[疏證]

"雜"作"共"解，睡虎地秦簡已屢見。如《秦律十八種》簡21《倉律》："入禾倉，萬石一積而比黎之爲户。縣嗇夫若丞及倉、鄉相雜以印之。"《秦律十八種》簡172—173《效律》："倉嗇夫及佐、史，其有免去者，新倉嗇夫、新佐、史主廥者，必以廥籍度之，其有所疑，謁縣嗇夫，縣嗇夫令人復度及與雜出之。禾贏，入之，而以律論不備者。"①"雜出"，即多人共同參與糧食出倉。

【6】在郡

[整理小組注]

在郡：可知前句針對中縣道。②

[疏證]

如嶽麓秦簡整理小組所説，"在郡"是指與"中縣道"相對的其他設郡的行政區域，如《嶽麓肆》簡024有"中縣道官詣咸陽，郡〖縣〗道詣其郡都"云云，可參看。③但據嶽麓簡記載，當時的秦王朝的行政區劃中，不但有"中縣道""郡縣道"，還有與之並列的"隴西縣道"，如《嶽麓肆》簡093有"告子居隴西縣道及郡縣道者，皆毋得來之中縣道官"云云。④有的學者指出，"隴西縣道"的表述表明隴西地區當時尚未設郡。⑤果真如此的話，此處涉及二千石之官的情況，或與"隴西縣道"無涉，但下文有關千石以下官吏涉案須收繳印信時，就應包含隴西縣道了。

【7】郡監

[整理小組注]

郡監：見《史記·秦始皇本紀》："郡置守、尉、監。"⑥

[疏證]

《嶽麓伍》簡048記載郡有"監御史"，⑦當即此"郡監"。

【8】守丞

[整理小組注]

守丞：見《漢書·百官公卿表上》："郡守……有丞。"⑧

---

① 睡虎地秦墓竹簡整理小組編：《睡虎地秦墓竹簡》，釋文部分第25、58頁。
② 陳松長主編：《嶽麓書院藏秦簡（伍）》，第154頁。
③ 陳松長主編：《嶽麓書院藏秦簡（肆）》，第46頁。
④ 同上注，第69頁。
⑤ 鄒水傑：《秦代屬邦與民族地區的郡縣化》，《歷史研究》2020年第2期，第53頁。
⑥ 陳松長主編：《嶽麓書院藏秦簡（伍）》，第154頁。
⑦ 同上注，第54頁。
⑧ 同上注，第154頁。

【9】尉丞

[整理小組注]

尉丞：見《漢書·百官公卿表上》："郡尉……有丞，秩皆六百石。"①此處"郡守、郡監"派遣"守丞、尉丞"與治獄者共同辦理涉及二千石吏的案件，類似前文御史大夫派遣御史。②

【10】治所縣官令

[疏證]

治所縣官令：處理此事的機構所在縣的縣令。"官"，在此處指官府。《嶽麓伍》簡078—080："皋人久毄（繫）留不決，大費殹（也）。諸執灋、縣官所治而當上奏當者：其皋當耐以下，皆令先決論之，而上其奏夬（決）。其都吏及諸它吏所自受詔治而當先決論者，各令其治所縣官以灋決論之，乃以其奏夬（決）聞。"③

當然《嶽麓伍》簡124此處"治所縣官"的"官"字也有可能爲衍文，因爲"治所縣官"後接"令"字，而下文皆言"治所縣令、丞""治所令、丞"云云。

【11】封印

[疏證]

封印：封緘之後加蓋璽印。這裏説的是涉案官吏被抓捕之後，其所持官方配發印鑒被收繳之後裝進專用的皁囊，對皁囊封緘並在封泥之上加蓋相關部門的印鑒。

【12】以令若丞 雜 受

[整理小組注]

雜：據殘筆及上下文義隸定。④

[疏證]

以令若丞 雜 受：南玉泉認爲屬衍文。⑤李蓉亦曰："簡124—125'以令若丞 雜 受'前已言明'治者與治所縣令若丞雜受'，不可能出現治所縣令或縣丞再次'雜受'，因此前者當是衍文。"⑥

【13】令吏

[疏證]

"令吏上御史"與簡124"令卒史上御史"相對，我們推測"吏"或當讀作"史"，即

---

① 陳松長主編：《嶽麓書院藏秦簡（伍）》，第154頁。
② 同上注。
③ 同上注，第65頁。
④ 同上注，第154頁。
⑤ 南玉泉：《嶽麓秦簡"治者雜受印"小考》，《出土文獻與法律史研究》第10輯，第33頁。
⑥ 李蓉：《〈嶽麓書院藏秦簡（伍）〉集釋及相關專題研究》，第101頁。

"令史上御史"。因爲"令卒史上御史"是處理二千石級別官吏的官印,屬於郡級長官,所以運送官印的官吏"卒史"也是郡級吏員;同理,處理"千石到六百石"級別官吏的官印,屬於縣級長官,所以運送官印的吏員當與執行同類任務郡級吏員當爲同一類別,我們推測當爲"令史"。我們認爲《嶽麓伍》簡125此處的"令吏(史)上御史"的"吏(史)"爲"令史"之省稱,前面的"令"字,爲"命令"之義。簡126"令吏"之"吏"亦當作此解。

【14】五【百】

[整理小組注]

百:據上下文判斷,此處當是"百"字。①

[疏證]

南玉泉據上下文判斷,"五"字下有可能是"百石"二字。②

【15】印行郡縣

[疏證]

印行郡縣:指官吏所持有的印鑒可以在郡縣行政事務中適用。據漢簡記載,漢代官府行政事務中除了使用官方印鑒之外,有時也可以使用官吏的私人印鑒。"漢代官印可分爲兩大類,一爲吏員印,一爲官署印。吏員印是二百石以上官吏佩戴使用的官印,專官專印。官署印則是各個官署所有掾史等百石以下少吏共同使用的官印,這種印應是由專門的監印官吏監管,使用時陳請,用畢交回。"③秦制當與漢制相仿佛。④里耶秦簡中也保存了不少以私印行公事的記載。⑤《嶽麓陸》簡029有"將吏毋縣官印及印不行縣官者"云云,"縣官印"即指官方配發官員的專用印鑒。⑥從本書簡123-127通篇文義來判斷,其中所收繳的印鑒主要是官方配發給官吏的專用印鑒。居延漢簡中就有官吏因犯罪被收繳官印的記載。EPT59·36:"長秩官吏員,丞相請許臣收罷官印,上御史,見罔自調。臣昧死以聞。制曰:可。"⑦敦煌第497簡:"六月戊午,府下制書曰:安衆侯劉崇與相張紹等謀反,已伏辜。崇季父蒲反、令縈解印綬,肉袒自護。書丁卯日入到。"⑧

【16】印不行郡縣

[疏證]

南玉泉曰:"'印不行郡縣'者,則是只在本部門文書上加蓋印信之官吏,他們加蓋印

---

① 陳松長主編:《嶽麓書院藏秦簡(伍)》,第155頁。
② 南玉泉:《嶽麓秦簡"治者雜受印"小考》,《出土文獻與法律史研究》第10輯,第33頁。
③ 汪桂海:《秦漢簡牘探研》,(臺)文津出版社2009年版,第56-62頁。
④ 王人聰、葉其峯:《秦漢魏晉南北朝官印研究》,香港中文大學文物館1990年版,第9頁。
⑤ 張潤鍇:《秦代官印制度考述》,《綿陽師範學院學報》2021年第9期。
⑥ 陳松長主編:《嶽麓書院藏秦簡(陸)》,第57頁。
⑦ 中國簡牘集成編輯委員會編:《中國簡牘集成》,敦煌文藝出版社2001年版,第11分冊,第181頁。蕭從禮:《居延新簡集釋(五)》,甘肅文化出版社2016年版,第381-382頁。
⑧ 張德芳:《敦煌馬圈灣漢簡集釋》,甘肅文化出版社2013年版,第505頁。

信只起簽收作用,這種官吏的權力與責任顯然比'印行郡縣者'要小。"①

【17】乘車吏

[疏證]

乘車吏:出行配備專屬車輛的官吏。是否配有乘車,是官吏待遇級別的表現之一。《漢舊儀》記載漢承秦爵二十等,從第四級爵位享有者始配乘車,"賜爵四級爲不更,不更主一車四馬","賜爵五級爲大夫,大夫主一車,屬三十六人",云云。②睡虎地秦簡《法律答問》簡175:"以其乘車載女子,可(何)論?貲二甲。以乘馬駕私車而乘之,毋論。"整理小組注:"乘車,《尚書大傳》'乘車輴輪。'注:'安車也。'即一種可以坐乘的小車。《禮記·曲禮上》:'大夫七十而致事,……適四方,乘安車。'在封建國家中,乘坐安車是一種特殊待遇,所以本條規定不能用這種車乘載婦女。"③張家山漢簡《二年律令》多處記載了有關"乘車吏"的待遇問題,如簡237《傳食律》:"諸吏乘車以上及宦皇帝者,歸休若罷官而有傳者,縣舍食人、馬如令。"簡470《秩律》:"都官之稗官及馬苑有乘車者,秩各百六十石,有秩毋乘車者,各百廿石。"簡471—472《秩律》:"輕車司馬、候、厩有乘車者,秩各百六十石;毋乘車者,及倉、庫、少内、校長、髳長、發弩、衛〈衛〉將軍、衛〈衛〉尉士吏,都市亭厨有秩者及毋乘車之鄉部,秩各百廿石。"④《嶽麓伍》簡134有"吏毋乘車者",亦可參看。⑤

【18】治所

[整理小組注]

治所:"治所縣官"之省。⑥

[疏證]

治所:當爲"治所縣"之省,無"官"字。簡124"治所縣官令"疏證已指出,其中"官"字可能爲衍文。

【19】以縣次駕到官

[疏證]

以縣次駕:以縣爲次序,逐縣傳遞到官府。駕:傳遞、傳播。《廣雅·釋詁一》:"駕,行也。"王念孫疏證:"駕者,《法言·學行篇》云:'仲尼,駕說者也。如將復駕其所說,則莫若使諸儒金口而木舌。'是'駕'爲'行'也。"⑦《法言·學行篇》:"仲尼駕說者也,不

---

① 南玉泉:《嶽麓秦簡"治者雜受印"小考》,《出土文獻與法律史研究》第10輯,第34頁。
② 孫星衍等輯:《漢官六種》,第51頁。
③ 睡虎地秦墓竹簡整理小組編:《睡虎地秦墓竹簡》,釋文部分第134頁。
④ 張家山二四七號漢墓竹簡整理小組編著:《張家山漢墓竹簡〔二四七號墓〕(釋文修訂本)》,第40、80頁。
⑤ 陳松長主編:《嶽麓書院藏秦簡(伍)》,第112頁。
⑥ 同上注,第155頁。
⑦ 王念孫:《廣雅疏證》,第62頁。

在兹儒乎？"李軌注："駕，傳也。"①睡虎地秦簡《語書》簡8："以次傳；別書江陵布，以郵行。"②睡虎地秦簡整理小組注："以次傳，指本文書在郡中各縣、道依次傳送。漢簡多云'以次傳'，見《流沙墜簡》烽燧類。"③

嶽麓秦簡整理小組原把"以縣駕次到官"與"及吏歸印御史"連讀，今以句號斷開。高婷婷引凡國棟説亦認爲當斷讀，但標點爲逗號。④不過，真正需要弄清楚的是，"以縣駕次到官"，到的是哪個官府？南玉泉似乎認爲是辦案官吏所在的官署。他説：

> 官印被收繳後，當駕車依次沿縣送達官署，吏員將印章歸還御史時亦依次駕車抵郡公館或咸陽中它官府，咸陽首府官吏應爲護送官印者駕送到官及御史寺而不能〔違令〕。⑤

我們也認爲收繳的官印首先是被從案發地運送到辦案者所在官署。

【20】歸印御史

[疏證]

歸印御史：繳納印鑒於御史大夫。從簡123—127的記載來看，秦朝官吏的官印主要由御史大夫所屬的機構來管理。《漢舊儀》説御史大夫屬員中，"二人尚璽"，當與此有關。⑥上引居延漢簡EPT59·36説收繳的官吏印鑒要"上御史"也是一個證明。《漢書·百官公卿表》載"少府"屬下有"符節令"一職，⑦有學者認爲也是負責管理官印。⑧現在據嶽麓秦簡的記載來看，"符節令"的職能也許與璽印的管理還是有所區別的。

嶽麓秦簡整理小組原把"歸印御史"與下文"以次駕舍郡邸"云云連讀，今以逗號隔開。

【21】郡柢（邸）

[疏證]

郡柢（邸）：地方各郡設在京師的辦事機構。《説文·邑部》："邸，屬國舍。"段玉裁注：

> 《文帝紀》曰："入代邸。"顔注曰："郡國朝宿之舍，在京師者率名邸。邸，至也。言所歸至也。"按，今俗謂旅舍謂邸。經典假借邸爲柢，如《典瑞》"四圭有邸"

---

① 汪榮寶：《法言義疏》，中華書局1987年版，第6頁。
② 睡虎地秦墓竹簡整理小組編：《睡虎地秦墓竹簡》，釋文部分第13頁。
③ 同上注，釋文部分第15頁。
④ 高婷婷：《〈嶽麓書院藏秦簡（伍）〉第二組集釋及相關問題研究》，第25頁。
⑤ 南玉泉：《嶽麓秦簡"治者雜受印"小考》，《出土文獻與法律史研究》第10輯，第35頁。
⑥ 孫星衍等輯：《漢官六種》，第63頁。
⑦ 班固：《漢書》，第3分冊，第731頁。
⑧ 張潤鍇：《秦代官印制度考述》，《綿陽師範學院學報》2021年第9期。

是也。《釋器》"邸謂之柢"當作"柢謂之邸"。《釋言》曰:"柢,本也。"鄭司農引作"邸,本也"可證。①

【22】咸陽中它官

[疏證]

咸陽中它官:咸陽中的其他機構。這裏的"它官"當是與前面的"郡柢(邸)"相對而言的,指與前來送官印的郡有一定關聯的機構。不論是"郡柢(邸)"還是"咸陽中它官",在這裏的都是起一個中轉的作用。

【23】咸陽

[疏證]

咸陽:咸陽方面。這裏指的是前面的"郡柢(邸)及咸陽中它官"。

【24】到官

[疏證]

到官:到指定機構。官,官府。其實"到官"在這裏還比較難解。從全文來看,收繳犯罪被拘繫官員的官印是由御史府負責的,那麽從常理推測,收繳上來的官印最終也應收繳到御史府中才對。那麽這裏的"到官"就應該是到達御史府與御史府所屬或指定的機構才對。但在簡文的表述中,"到官"之後又接有"及到御史"云云,因此我們是否可以把"到官"理解爲"到御史府"云云就很有疑問了。

考慮到在上面的簡文句讀中,我們把"以縣次駕到官及吏歸印御史"讀爲"以縣次駕到官。及吏歸印御史",此處亦可以把"咸陽當爲駕送到官及到御史而毋"讀作"咸陽當爲駕送到官。及到御史而毋"。儘管後半句殘缺,"及到御史"云云另起一句應該是沒有問題的。此處的"御史"當然是指御史府了。至於"到官"與"御史"之間是何關係,是互相指代,還是兩種機構,目前暫且存疑。

簡文大意

令曰:官吏因罪被處罰並拘繫,如果是中縣道二千石級別的官員,處理案件的官員要及時上報御史大夫,御史大夫會指派御史會同辦案官員共同去收繳被拘繫者的官印;如果在普通郡縣二千石級別官員,辦案者要及時向郡守和郡監報告,由守丞、尉丞會同辦案官員共同前往收繳被拘繫者的官印,用案發地所在縣縣令或縣丞的官印進行封印,然後交由卒史攜帶上交御史大夫;如果是千石至六百石之間的官吏被處罰拘繫,辦案官員要會同案發地所在縣縣令或縣丞共同前往收繳被拘繫官員的官印,以縣令或縣丞的

---

① 段玉裁:《説文解字注》,第500頁。

官印加以封印，派令史携帶上交御史大夫；五百石以下的官吏被處罰拘繫，辦案官員可以直接收繳其官印，以治所……所執灋；官吏所使用的官印不在郡縣通行（只是在小範圍內使用）以及乘車吏級别以下的官吏，辦案官員可以隨時收繳被拘繫者的官印，以案發地縣令、丞的官印加以封印，指派令史……當以縣爲次傳遞到主管官府。及官吏上繳官印給御史大夫府，逐級傳遞到郡駐咸陽辦事機構或設在咸陽的其他機構，咸陽方面則派人傳送到指定部門。到達御史大夫府而無……

缺簡15

簡1689＋1914＋1887（128—130）：

●令曰：御史節[1]發縣官吏及丞相、御史、執灋發卒史以下到縣官佐、史，皆毋敢名發[2]。其發治獄者[3]，官[4]必遣128嘗治獄二歲以上。不從令，皆貲二甲[5]，其丞、長史[6]、正、監[7]、守丞有（又）奪各一攻（功）[8]，史與[9]爲者爲新地吏二歲[10]。御史129名發縣官吏□書律[11]者，不用此令。　·辛令丙九130。

【1】節

[疏證]

節：假設連詞，作"即""如果"講。睡虎地秦簡《秦律十八種》簡25《倉律》："後節（即）不備，後入者獨負之。"① 整理小組注："即，如果。"② 張國艷的研究成果表明："'節'作假設連詞，先秦文獻僅見2例，出自《墨子·備城門》以下諸篇，漢代及漢代以後的傳世文獻中均不見它的這種用法。我們所見的字典辭書都没有收録'節'的假設連詞用法，目前學界一般認爲'節'的這種用法通'即'。'節'的假設連詞用法到底是通過與'即'通假而來，還是在某個時段或某個地域自身所固有的用法，尚需討論。"③

【2】名發

[整理小組注]

名發：具名徵發。④

---

① 睡虎地秦墓竹簡整理小組編：《睡虎地秦墓竹簡》，釋文部分第25頁。
② 同上注，釋文部分第26頁。
③ 張國艷：《居延漢簡虛詞研究》，中華書局2012年版，第143頁。
④ 陳松長主編：《嶽麓書院藏秦簡（伍）》，第155頁。

[疏證]

獄麓秦簡整理小組注"名發：具名徵發"者,陶磊認爲,這裏的"具名",指的是被徵發者具名,屬於"點名徵發",而不是指徵發者具名。[1]可從。不具名徵發,而以能力爲選拔標準,秦朝政府這樣做的目的,就是避免任人唯親。

【3】治獄者

[疏證]

治獄者：治理刑獄的官員。這句話的意思是説,如果御史等上級部門徵調處理刑獄的官員,被徵調部門要派出具有兩年以上治獄經驗的官員。整理小組原把"其發治獄者"與下文"官必遣嘗治獄二歲以上"云云連讀,今改以逗號隔開。李蓉斷句亦同。[2]

【4】官

[疏證]

官：官府,這裏指被徵調部門。

【5】皆貲二甲

[疏證]

皆貲二甲：包括徵調方和被徵調方。徵調方説的是"御史""丞相""執灋"等需要從地方部門徵調吏員的機構,它們向地方部門徵調所需人才的時候不能實名徵調,這恐怕是爲了避免徇私舞弊,大概只能提出選拔的條件；被徵調方指的是地方各級部門,它們應實事求是調取有經驗的人才向上推薦,恐怕也是爲了防止濫竽充數,或任人唯親。所以"不從令,皆貲二甲"是針對雙方而言的。接下來簡文又是分開論述的,"其丞、長史、正、監、守丞有(又)奪各一攻(功)"説的是徵調方違反吏員徵調規定應受的處分,"史與爲者爲新地吏二歲"説的是被徵調方違反吏員徵調規定應受的處分。

【6】丞、長史

[整理小組注]

丞、長史：指"丞相、御史"官署的高級屬吏,如御史中丞、丞相長史等。見《漢書·百官公卿表上》。[3]

[疏證]

案,《漢書·百官公卿表》,丞相"有兩長史,秩千石",御史大夫,"有兩丞,秩千石。一曰中丞,在殿中蘭臺,掌圖籍祕書,外督部刺史,内領侍御史員十五人,受公卿奏事,舉

---

[1] 陶磊：《讀〈獄麓書院藏秦簡(伍)〉札記》,武漢大學簡帛網2018年7月1日。
[2] 李蓉：《〈獄麓書院藏秦簡(伍)〉集釋及相關專題研究》,第102頁。
[3] 陳松長主編：《獄麓書院藏秦簡(伍)》,第155頁。

劾按章。"①

【7】正、監

[疏證]

正、監：秦漢時期的兩種職官。《漢書·百官公卿表》："廷尉，秦官，掌刑辟，有正、左右監，秩皆千石。"②張家山漢簡《奏讞書》簡184有"廷尉毄、正始、監弘、廷史武"，③張家山二四七號漢墓竹簡整理小組注："正，廷尉正。監，廷尉監。均係廷尉屬官。"④里耶秦簡8-141＋8-668有"長、丞、正、監"，⑤其中的"正、監"屬於縣道機構下的屬官。張家山漢簡《二年律令》簡444《秩律》有"丞相長史、正、監"，⑥張家山二四七號漢墓竹簡整理小組及彭浩等都把"丞相長史"與"正、監"連讀，解釋説："丞相長史正、監，丞相長史下屬。"⑦閻步克認爲"正、監"非丞相長史屬官，而是指廷尉正、廷尉監，故把"丞相長史"與"正、監"用頓號斷開。⑧其實，從里耶秦簡的資料來看，"正、監"未必是廷尉正、廷尉監的專稱，地方縣道機構也有"正、監"。那麽《二年律令·秩律》中的"正、監"也有可能就是丞相府的屬官。不過閻步克把他們與"丞相長史"用頓號斷開，筆者還是贊同的。嶽麓秦簡此處的"長、史"的理解也應與之相似。

【8】一攻（功）

[疏證]

一攻（功）：據胡平生的研究，漢代一功相當於勞四歲。⑨秦代的勞績制度當與之相類似。

【9】與

[整理小組注]

與：參與。史與爲者，指參與辦理此事的史。⑩

[疏證]

史與爲者：縣廷中的史多爲"令史"，簡稱"史"；郡府中的史多爲"卒史"，少見簡稱"史"者。嶽麓秦簡此處説"史與爲者"，或許專指被徵調人員所在的縣級機構，故稱

---

① 班固：《漢書》，第3分册，第725頁。
② 同上注，第730頁。
③ 張家山二四七號漢墓竹簡整理小組編著：《張家山漢墓竹簡〔二四七號墓〕（釋文修訂本）》，第108頁。
④ 同上注，第109頁。
⑤ 陳偉主編：《里耶秦簡牘校釋（第1卷）》，第81頁。
⑥ 張家山二四七號漢墓竹簡整理小組編著：《張家山漢墓竹簡〔二四七號墓〕（釋文修訂本）》，第70頁。
⑦ 同上注，第71頁。彭浩、陳偉、[日]工藤元男主編：《二年律令與奏讞書——張家山二四七號漢墓出土法律文獻釋讀》，第262頁。
⑧ 閻步克：《從爵本位到官本位：秦漢官僚結構研究》，第424頁。
⑨ 胡平生：《居延漢簡中的"功"與"勞"》，《文物》1995年第4期。《胡平生簡牘文物論集》，中西書局2012年版，第165頁。
⑩ 陳松長主編：《嶽麓書院藏秦簡（伍）》，第155頁。

"史與爲者"。我們曾經對縣級機構行政過程中的合議行政模式進行過初步的探討,認爲"史"在其中起着不可或缺的作用。①

【10】爲新地吏二歲

[疏證]

爲新地吏二歲:到新占領的地區擔任官吏兩年。到新占領地區爲吏,條件艱苦且危險,秦故地官吏多不願意前往,因此去新地爲吏,是對犯錯誤的官吏的一種懲罰措施。

【11】書律

[疏證]

書律:抄錄法律。秦代各級政府有定期到指定機關抄錄及校對本機構所使用法律的制度。睡虎地秦簡《秦律十八種》簡186《内史雜》:"縣各告都官在其縣者,寫其官之用律。"寫,抄寫,②與嶽麓簡此處"書律"含義相同。御史掌管律令,故有徵調地方人員前往御史府抄錄律令的命令。睡虎地秦簡《秦律十八種》簡199《尉雜》:"歲讎辟律於御史。"③是説廷尉府的有關官吏每年要定期到御史府校訂本部門此前所抄錄的法律條文,亦可爲御史府掌管律令的證據之一。

簡文大意

令曰:御史如果徵調地方縣官吏,以及丞相、御史、執灋徵調卒史以下至縣官佐、史之類的人員,都不得具名徵調。如果是徵調處理刑獄的官吏,有關部門必須派出具有兩年以上治獄工作經驗者前往。不遵守此規定者,皆貲罰二甲,其中御史丞、丞相長史、廷尉正、廷尉監、郡守丞等官吏還要各自奪去一功的勞績,參與此事的史官,要罰去新地爲吏兩年。御史徵調地方官吏抄錄法律者,不受此法令限制。　卒令丙第九。

簡1864+1790(131—132):

●令曰:諸軍人、漕卒[1]及黔首、司寇、隸臣妾有縣官事[2]不幸死,死所令縣將吏[3]劾〈刻〉其郡名[4]楬[5]及署送書[6]₁₃₁,可以毋誤失道[7]回留[8]。

・卒令丙卅四 ₁₃₂。

---

① 朱紅林:《史與秦漢時期的決獄制度》,《社會科學輯刊》2017年第1期。
② 睡虎地秦墓竹簡整理小組編:《睡虎地秦墓竹簡》,釋文部分第62頁。
③ 同上注,釋文部分第64頁。

【1】漕卒

[疏證]

漕卒：從事水路運輸的役卒。《漢書·食貨志》："宜糴三輔、弘農、河東、上黨、太原郡穀足供京師，可以省關東漕卒過半。"①

【2】縣官事

[疏證]

縣官事：公事。里耶秦簡8-461："王室曰縣官。公室曰縣官。"②張家山漢簡《二年律令》中關於"縣官""縣官事"指代公家、公事的律文很多。如《二年律令》簡46—47《賊律》："以縣官事毆若詈吏，耐。所毆詈有秩以上，及吏以縣官事毆詈五大夫以上，皆黥爲城旦舂。長吏以縣官事詈少吏☐者，亦得毋用此律。"《二年律令》簡183《襍律》："捕罪人及以縣官事徵召人，所徵召、捕越邑里、官市院垣，追捕、徵者得隨迹出入。"《二年律令》簡267《行書律》："吏有縣官事而無僕者，郵爲炊；有僕者，叚（假）器，皆給水漿。"③

春秋時期，"王室"一般指周天子所在的周王之家或周王朝政權，"公室"多指諸侯國君主之家或諸侯國政權。戰國以來，列國多稱王，"公室"一詞少見，而"王室"多指列國君主之家或列國政權。里耶秦簡此處，説的是秦統一之後，把曾經沿用的用以指代國家政權的"公室""王室"稱呼統一改稱"縣官"。

【3】死所令縣將吏

[疏證]

死所令縣將吏："令縣"或當爲"縣令"的誤倒。死所縣令將吏劫〈刻〉其郡名槥：死亡所在地縣廷命令負責帶隊的官吏把死者郡籍、姓名等刻在槥上。睡虎地秦簡《秦律十八種》簡16《廄苑律》"將牧公馬牛，馬【牛】死者，亟謁死所縣，縣亟診而入之"，④《嶽麓肆》簡364"内史吏有秩以下☐☐☐☐☐☐爲縣官事☐而死所縣官，以縣官木爲槥"，⑤均有類似表述方式，即人或馬牛死於途中，事發地也就是"死所縣"緊接着采取相應措施云云，可爲證。又《嶽麓伍》簡323-325："[郡]守及縣官各以其事難易〈易〉、道里遠近，善爲期。有失期及竊去其事者，自一日以到七日，貲二甲；過七日贖耐；過三月耐爲隸臣。其病及遇水雨不行者，自言到居所縣，縣令獄史診病者令、丞[前]，[病][有][瘳][自][言]瘳所縣，縣移其診牒及病有瘳、雨留日數，告其縣官，縣官以從事診之，

---

① 班固：《漢書》，第4分册，第1141頁。
② 張春龍、龍京沙最早發表時使用的原始編號爲8-455。張春龍、龍京沙：《湘西里耶秦簡8-455號》，《簡帛》，第4輯，第11—25頁。陳偉主編：《里耶秦簡牘校釋（第1卷）》整理編號爲8-461，第156頁。
③ 張家山二四七號漢墓竹簡整理小組編著：《張家山漢墓竹簡〔二四七號墓〕（釋文修訂本）》，第15、33、45頁。
④ 睡虎地秦墓竹簡整理小組編：《睡虎地秦墓竹簡》，釋文部分第24頁。
⑤ 陳松長主編：《嶽麓書院藏秦簡（肆）》，第215頁。

不病,故☐。"① 這條律令説的是服役人員在行進途中遇到下雨天或生病,不能按時趕到服役地點,要及時向停滯所在地縣廷報告,當地縣廷則隨即派人前往查看情況;病人康復之後,也要及時向當地縣廷匯報,病愈所在縣則派人復查之後,行文給派出縣説明情況,等等,都説的是事發地所在縣采取措施,可作爲此處當爲"死所縣令將吏"表述方式的佐證。又,張家山漢簡《二年律令》簡500—501《津關令》"制詔相國、御史,諸不幸死,家在關外者,關發索之,不宜,其令勿索(索),具爲令。相國、御史請關外人宦爲吏若繇(繇)使,有事關中,不幸死,縣道若屬所官謹視收斂,毋禁物,以令若丞印封櫝檟,以印章告關,關完封出,勿索(索)。櫝檟中有禁物,視收斂及封"②云云,亦可參看。

【4】郡名

[整理小組注]

郡名:郡籍、姓名。③

[疏證]

"郡名"之後,當是省略了"於"字。"刻其郡名檟"當爲"刻其郡名於檟",也就是説把郡籍、本人姓名,刻在檟上。

【5】檟

[整理小組注]

檟:小棺材。《漢書·高帝紀下》:"歸其縣,縣給衣衾棺葬具。"臣瓚注:"金布令曰:'不幸死,死所爲檟,傳歸所居縣,賜以衣棺'也。"④

[疏證]

《嶽麓肆》簡364—365對"檟"的形制做了大致的描述:"内史吏有秩以下☐☐☐☐☐爲縣官事☐而死所縣官,以縣官木爲檟,檟高三尺,廣一【尺】八寸,袤六尺,厚毋過二寸,毋木者,爲賣(買),出之,善密緻其檟,以枲堅約兩敦(槨),勿令解絶。"⑤

【6】署送書

[整理小組注]

送書:送,指送歸其故鄉。送書,指與檟同時轉送的文書,又稱"檟書"。《里耶秦簡》8-648:"今以初爲縣卒癘死及傳檟書案致,毋應此人名者。"署送書,署其郡籍、姓名於送書。⑥

---

① 陳松長主編:《嶽麓書院藏秦簡(伍)》,第206頁。
② 張家山二四七號漢墓竹簡整理小組編著:《張家山漢墓竹簡〔二四七號墓〕(釋文修訂本)》,第85頁。
③ 陳松長主編:《嶽麓書院藏秦簡(伍)》,第155頁。
④ 同上注。
⑤ 陳松長主編:《嶽麓書院藏秦簡(肆)》,第215—216頁。
⑥ 陳松長主編:《嶽麓書院藏秦簡(伍)》,第155頁。

【7】失道

[整理小組注]

失道：迷失道路。《史記·李將軍列傳》："因問廣、食其失道狀，青欲上書報天子軍曲折。"①

【8】回留

[整理小組注]

回留：徘徊、滯留。②

[疏證]

回留：因道路不熟悉（失道）而繞遠路耽誤行程。回：繞也。《漢書·李廣傳》："東道少回遠。"顏師古注："回，遠也，曲也。"③

簡文大意

令曰：軍人、漕卒以及黔首、司寇、隸臣妾等人因公而死，殉職所在地官府指示負責官吏在棺材上刻下死者所屬郡的郡名和本人名字，簽署護送靈柩的文書，可以避免護送靈柩的人迷失道路而耽誤行程。　卒令丙卅四。

簡1805（133）：

●令曰：郵人行書[1]，留[2]半日，貲一盾；一日，貲一甲；二日，貲二甲；三日，贖耐；過三日以上，耐。　·卒令丙五十 133。

【1】郵人行書

[疏證]

郵人行書：郵人傳送文書。《嶽麓肆》簡192-193："行書律曰：傳行書，署急輒行，不輒行，貲二甲。不急者，日觱（畢）。留三日，貲一盾；四日【以】上，貲一甲。二千石官書不急者，毋以郵行。"④相互比較可以看出，"郵人行書"的規定比"傳行書"的規定要嚴格得多。此前在討論《嶽麓肆》的這條材料時，對"傳行書"沒有引起足夠的重

---

① 陳松長主編：《嶽麓書院藏秦簡（伍）》，第155頁。
② 同上注。
③ 班固：《漢書》，第8分冊，第2447頁。
④ 陳松長主編：《嶽麓書院藏秦簡（肆）》，第131-132頁。

視,甚至認爲"傳"可能是衍文,現在看來,還是有些武斷了。① "傳行書"的"傳"並非可有可無,與"郵人行書"的"郵人"一樣,它是"行書"的一種方式。《嶽麓伍》簡111曾提到過文書傳遞中的"以郵行"與"以縣次傳"兩種方式,《嶽麓肆》簡192—193所謂的"傳行書"應該就是"以次傳"。而"郵人行書"則屬於陳松長所說的機要快件的直達傳遞了。②

【2】留

[疏證]

留:延誤滯留。里耶秦簡9-2283 "急事不可留"、③《嶽麓肆》簡"其急不可留",④ "留"字均爲"延誤滯留"之義。《漢語大字典》:"留,稽留;留滯。《龍龕手鑑·田部》:'留,徐也。'《易·旅》:'君子以明慎用刑,而不留獄。'孔穎達疏:'明察審慎用刑,而不稽留獄訟。'《荀子·大略》:'無留善,無宿問。'王先謙集解:'有善即行,無留滯。'《論衡·物勢》:'利劍長戟,手足健疾者勝;頓刀長矛,手足緩留者負。'明方以智《物理小識·鳥獸類上·雞》:'卵留二三月,即伏不出矣。'"⑤

簡文大意

令曰:郵人傳遞文書,文書滯留半日,貲罰一盾;滯留一日,貲罰一甲;滯留二日,貲罰二甲;滯留三日,郵人要被處以贖耐的處罰;滯留三日以上,處以耐刑。　卒令丙五十。

簡1903+1905(134—135):

【●】令曰:吏歲歸休[1]卅日,險道[2]日行八十里,易〈易〉道[3]百里。諸吏毋乘車[4]者,日行八十里,之官[5]行五十里└。吏└告當行[6]及擇(釋)[7]134歸居家,皆不用此令。　·卒令丙五十一135。

【1】歲歸休

[整理小組注]

歸休:指吏回到故里休假,與在視事地的休沐日不同。張家山漢簡《二年律令·傳

---

① 朱紅林:《〈嶽麓書院藏秦簡(肆)〉疏證》,第232—233頁。
② 陳松長:《嶽麓書院藏秦簡中的行書律令初論》,《中國史研究》2009年第3期,第36—37頁。
③ 陳偉主編:《里耶秦簡牘校釋(第2卷)》,第448頁。
④ 朱紅林:《〈嶽麓書院藏秦簡(肆)〉疏證》,第174頁。
⑤ 漢語大字典編輯委員會編纂:《漢語大字典(第2版)》,第2716頁。

食律》:"諸吏乘車以上及宦皇帝者,歸休若罷官而有傳者,縣舍食人、馬如令。"①

[疏證]

歲歸休:年度休假。歸休四十日,從上下文義來看,應該是從到達家鄉之後算起,直到離家之日結束,純粹的休假時間爲四十天,路上往返時間都不計算在四十天之內,來回往返時間需要另行計算。也就是說,吏休假四十天,實際上他離開工作崗位的時間不止四十天,還包括了他從工作崗位到家鄉的往返時間。正因爲如此,需要根據休假者家鄉與供職所在地的距離給予往返時間,所以法令才會規定往返途中每日的行程速度。

楊勇曾認爲,嶽麓簡此處的四十日假期"似包含往返時長"。②這點我們不同意。如果往返時長包含在假期之內,離家太遠的往返時長甚至可能都不夠,就沒必要休假了。除非這種規定是單獨針對離家距離在一定範圍內的官吏制定的,除去往返時間,還能在家待幾天。即使如此,也沒必要官方規定往返者的往返速度。休假者要是想在規定的時間內多在家待幾天,往返途中自然會盡量加快行進速度,用不着別人提醒。所以把往返時長計算在四十天假期內的這種可能性恐怕很小。只有往返時長不計算在內,官府又需要另行給予休假者途中往返的時間,但也不能任由休假者在往返途中任意停留,那樣就無法給予限定的時間,所以需要確定一個平均的行進速度來核算出這個時間。

《嶽麓柒》中有關官吏歸休時道路的選擇,其實也是出於計算行程所需時日的目的。《嶽麓柒》簡066—068:

> 丞相上廬江叚(假)守書言:廬江莊道時敗絕不補〈通〉,節(即)莊道敗絕不通而行水道,水道異遠莊道者,假船徒,不致令。議:吏徒以縣官事往來繇(徭)使及吏歸休、徙官,當行莊道,莊道敗絕不通者,令行水道,水道異遠莊道者,使假船徒送,比行水道通者。 它有等比。 十一。③

這條秦令是把官吏出差與休假放在一起論述的,說官吏出差時如果陸路官道不通,就需要走水路,改變行程就涉及出差全過程所用時間的長短變化,這也更證明了官吏休假時往返行程所需時間是需要專門計算的,它與官吏的居家時間加在一起,決定了官吏往返工作崗位期間的最終時長。

其實,《嶽麓肆》中相關的律文已爲此提供了很好的說明。《嶽麓肆》簡278—279:

> □律曰:冗募羣戍卒及居貲贖責(債)戍者及冗佐史、均人史,皆二歲壹歸,取衣用,居家卅日,其□□□以歸寧,居室卅日外往來,初行,日八十里,之署,日行

---

① 陳松長主編:《嶽麓書院藏秦簡(伍)》,第155頁。
② 楊勇:《秦簡牘所見秦代吏民的休假》,《簡帛研究二○二一(秋冬卷)》,廣西師範大學出版社2022年版,第115頁。
③ 陳松長主編:《嶽麓書院藏秦簡(柒)》,第83頁。

七十里。當歸取衣用,貧,毋(無)以歸者,貸日,令庸以遺。①

《嶽麓伍》的"歸休卅日"正與《嶽麓肆》"居家卅日"或"居室卅日"性質相同,指的就是"居家卅日"。楊勇也注意到了《嶽麓肆》《嶽麓柒》中的相關史料,只是没注意它們與《嶽麓伍》"歸休卅日"之間存在的聯繫罷了。②

【2】險道

[疏證]

險道:阻礙難行之道。《説文·𨸏部》:"險,阻難也。""阻,險也。"③《易·習坎》:"象曰:地險,山川丘陵也。"孔穎達疏:"言地以山川丘陵而爲險也,故使地之所載之物保守其全。"④《周禮·夏官·大司馬》:"險野,人爲主;易野,車爲主。"⑤險野,險阻之地,車輛難行,故步兵在前;易野,平坦之地,便於衝鋒,故戰車在前。《大戴禮記·曾子制言上》:"雖有險道,循行達矣。"王聘珍解詁:"險道者,傾危難測之道。"⑥

"險道日行八十里,易〈易〉道百里",從下文"諸吏毋乘車者"云云來看,這是對吏乘車者的日行進速度的規定。因爲是乘車而非步行,所以令文只針對路況的險易不同確定日行進速度。而"諸吏毋乘車者"只能步行了,步行速度却有往返不同的規定。"往"指的是由官署回鄉,行進速度較快。"返"指的是由家鄉返回工作崗位。不論是《嶽麓肆》的"律",還是《嶽麓伍》的"令",回鄉的日行進速度都要高於返崗的日行進速度。至於爲何往返的日行進速度有所不同,沈剛認爲"比較費解",故"將其作爲兩個不相干的事情看待"。⑦我們則認爲整理小組的看法是對的,往返速度毫無疑問說的是同一件事,也就是"吏歸休"。往返速度之所以不同,我們推測法律法令的制定者或許是考慮到了吏返鄉時思鄉之情迫切,故速度快;而離鄉之情難舍,故返崗時速度慢。因爲是步行,心情當然會影響速度,所以這種推測未必全是臆測。

【3】易〈易〉道

[疏證]

易〈易〉道:平坦的道路。睡虎地秦簡《爲吏之道》簡30肆"道傷(易)車利",睡虎地秦簡整理小組注:"易,《淮南子·兵略》注:'平地也。'道易,道路平坦。"⑧銀雀山漢簡《孫臏兵法·八陣》:"易則多其車,險則多其騎,厄則多其弩。"整理小組注:

---

① 陳松長主編:《嶽麓書院藏秦簡(肆)》,第160頁。
② 楊勇:《秦簡牘所見秦代吏民的休假》,《簡帛研究二○二一(秋冬卷)》,第115—116頁。
③ 段玉裁:《説文解字注》,第1271頁。
④ 孔穎達:《周易正義》,第154頁。
⑤ 孫詒讓:《周禮正義》,第7分册,第2819頁。
⑥ 王聘珍:《大戴禮記解詁》,中華書局1983年版,第91頁。
⑦ 沈剛:《徭使與秦帝國統治:以簡牘資料爲中心的探討》,《社會科學》2019年第5期,第146頁。
⑧ 睡虎地秦墓竹簡整理小組編:《睡虎地秦墓竹簡》,釋文部分第173頁。

"易,平地。"①

【4】乘車

[整理小組注]

乘車:指吏的級別待遇。張家山漢簡《二年律令·秩律》:"有乘車者,秩各百六十石,有秩毋乘車者,各百廿石。"②

[疏證]

乘車:此處爲名詞,所乘坐之車。有無"乘車",顯示了吏的級別待遇。既然此處説"毋乘車者"云云,那麽相對而言,前文説的當是"有乘車者"的往返速度。本書簡126有"乘車吏",《嶽麓陸》簡138-140有"乘車以下吏",③可參看。

【5】之官

[整理小組注]

之官:回官署。④

[疏證]

《嶽麓肆》簡318:"丞相議:吏歸治病及有它物故,免,不復之官者,令其吏舍人、僕【庸】行囗。"⑤張家山漢簡《二年律令》簡377《置後律》:"父母及妻不幸死者已葬卅日,子、同産、大父母、大父母之同産十五日之官。"⑥"之官"又作"之署"。《嶽麓肆》簡278-279:"囗律曰:冗募羣戍卒及居貲贖責(債)戍者及冗佐史、均人史,皆二歲壹歸,取衣用,居家卅日,其囗囗囗以歸寧,居室卅日外往來,初行,日八十里,之署,日行七十里。當歸取衣用,貧,毋(無)以歸者,貸日,令庸以逋。"⑦

【6】告當行

[整理小組注]

告當行:告,吏因功等所獲的休假,異於"吏歲歸休"。《漢書·高帝紀上》:"高祖嘗告歸之田。"孟康注:"古者名吏休假曰告。告又音嚳。漢律,吏二千石有予告,有賜告。予告者,在官有功最,法所當得也。賜告者,病滿三月當免,天子優賜其告,使得帶印綬將官屬歸家治病。"當行,指根據律令當歸家休假。⑧

---

① 銀雀山漢墓竹簡整理小組:《銀雀山漢墓竹簡(壹)》,文物出版社1985版,第61頁。
② 陳松長主編:《嶽麓書院藏秦簡(伍)》,第155頁。
③ 陳松長主編:《嶽麓書院藏秦簡(陸)》,第112頁。
④ 陳松長主編:《嶽麓書院藏秦簡(伍)》,第155頁。
⑤ 陳松長主編:《嶽麓書院藏秦簡(肆)》,第200頁。
⑥ 張家山二四七號漢墓竹簡整理小組編著:《張家山漢墓竹簡〔二四七號墓〕(釋文修訂本)》,第60頁。
⑦ 陳松長主編:《嶽麓書院藏秦簡(肆)》,第160頁。
⑧ 陳松長主編:《嶽麓書院藏秦簡(伍)》,第155頁。

【7】擇(釋)

[整理小組注]

擇:通"釋"。睡虎地秦簡《日書·乙種》194簡:"凡人有惡夢,覺而擇(釋)之。"①

[疏證]

擇(釋):免除,廢棄。官吏釋歸,當指被免職歸家。《玉篇·采部》:"釋,廢也,放也,解也,除也。"②"釋歸居家不用此令",很好理解。既然都已經被免職了,也就不存在返崗工作的約束,歸途之中,走多快多慢當然隨心所欲了。"吏告當歸不用此令",可能是因功獲假,從優處置。

簡文大意

令曰:官吏每年回故鄉休假四十天,(乘車)險道每日行八十里,易道每日行百里。那些沒有乘車的官吏,返鄉時,每日行八十里;從家中返回工作崗位時,每日行五十里。官吏由於被賜告歸家或免職歸家,不適用此令。 卒令丙五十一。

簡1674(136):

令曰:守[1]以下行縣[2],縣以傳馬[3]、吏乘[4]給不足,毋賃[5]黔首馬。犯令及乘者[6],貲二甲[7],廢。 ·郡卒令己十二 136。

【1】守

[疏證]

守:郡守。《史記·秦始皇本紀》:"分天下以爲三十六郡,郡置守、尉、監。"③《漢書·百官公卿表》:"郡守,秦官,掌治其郡,秩二千石。"④

【2】行縣

[疏證]

行縣:巡視地方縣道。《戰國策·趙策二》"王立周紹爲傅"章"寡人始行縣",范祥

---

① 陳松長主編:《嶽麓書院藏秦簡(伍)》,第155頁。
② 王平、劉元春、李建廷編著:《〈宋本玉篇〉標點整理本:附分類檢索》,第455頁。
③ 司馬遷:《史記》,第1分冊,第303頁。
④ 班固:《漢書》,第742頁。

雍箋證:"行縣,巡視郡縣。"①何建章注:"行,巡,巡視,巡察。"②楊寬在論述戰國時期中央集權的政治體制及其重要制度時提到,當時各國在對地方官吏實行年終考績的同時,"還有一套自上而下的視察和監察地方行政的制度。國王、相國、郡守都必須經常到所屬的縣,巡視和考察,叫做'行縣'","國王、相國和郡守這樣到所屬的縣,巡視和考察,訪問著名人物,具有考核地方行政和了解民情的作用。"③

【3】傳馬

[疏證]

傳馬:驛傳所用之馬。睡虎地秦簡《秦律十八種》簡47《倉律》:"駕傳馬,一食禾。"④整理小組注:"驛傳駕車用的馬。"⑤《漢書·昭帝紀》"以補邊郡三輔傳馬",張晏曰:"傳馬,驛馬也。"⑥

【4】吏乘

[整理小組注]

吏乘:供吏乘用之馬。⑦張家山漢簡《二年律令·津關令》:"其買騎、輕車馬、吏乘、置傳馬者。"

[疏證]

據《嶽麓肆》簡111的記載,乘馬有私家乘馬和縣官乘馬之分。⑧此處的"吏乘"之後,或脫"馬"字,"吏乘馬"屬於官方提供的馬匹,與"縣官乘馬"同義。

【5】賃

[疏證]

賃:租賃。《廣雅·釋詁二》:"賃,借也。"王念孫疏證曰:"賃者,《穆天子傳》'賃車受載',郭璞注云:'賃,猶借也。'今俗語猶謂以財租物曰'賃'矣。"⑨

【6】犯令及乘者

[疏證]

犯令:當指地方縣道租賃黔首馬匹的違法行爲。乘者,巡縣者使用地方縣道租用黔首馬者,亦屬於違法行爲。

---

① 范祥雍:《戰國策箋證》,上海古籍出版社2011年版,第3分冊,第1070頁。
② 何建章:《戰國策注釋》,中華書局1990年版,第698頁。
③ 楊寬:《戰國史》,上海人民出版社2016年版,第237頁。
④ 睡虎地秦墓竹簡整理小組編:《睡虎地秦墓竹簡》,釋文部分第31頁。
⑤ 同上注,釋文部分第32頁。
⑥ 班固:《漢書》,第228頁。
⑦ 陳松長主編:《嶽麓書院藏秦簡(伍)》,第155頁。
⑧ 朱紅林:《〈嶽麓書院藏秦簡(肆)〉疏證》,第110頁。
⑨ 王念孫:《廣雅疏證》,第303頁。

【7】貲二甲

[疏證]

貲二甲：" 貲二甲" 指的是 " 犯令及乘者" 兩種情況，故當作 " 貲各二甲"。也就是說，" 貲" 字之後，很可能脱一 " 各" 字。

簡文大意

令曰：郡守以下的官員巡行地方縣道，官府即使不能够提供足够的傳馬、乘馬，也不得租用黔首的馬。（地方縣道）違反此令（擅自租用黔首馬）及（巡縣官吏）乘用者，貲罰（各）二甲，撤職並永不叙用。 郡卒令已十二。

簡1680（137）：

●令曰：郡守有覆治[1]及縣官事[2]當案行[3]及尉事不□者，□□□□□及給（？）。 ·郡卒令已十三 137。

【1】覆治

[疏證]

覆治：深入調查案情。《嶽麓肆》簡28：" 且令都吏時覆治之，以論失者，覆治之而即言請（情）者，以自出律論之。"① 張家山漢簡《二年律令》簡113《具律》：" 治獄者，各以其告劾治之。敢放訊杜雅，求其它罪，及人毋告劾而擅覆治之，皆以鞫獄故不直論。"② 睡虎地秦簡《封診式》文書簡13—14記録了稱爲 " 覆" 的文書格式，可參看：" 覆 敢告某縣主：男子某辭曰：'士五（伍），居某縣某里，去亡。' 可定名事里，所坐論云可（何），可（何）罪赦，【或】覆問毋（無）有，幾籍亡，亡及逋事各幾可（何）日，遣識者當騰，騰皆爲報，敢告主。"③ 韓厚明説：" 都吏覆治並不是讓都吏再次審理，而是説都吏要時常審核案件，糾察錯誤。"④ 其説近是。

【2】縣官事

[疏證]

縣官事：此處指 " 覆治" 之外的其他公事。

---

① 陳松長主編：《嶽麓書院藏秦簡（肆）》，第48頁。
② 張家山二四七號漢墓竹簡整理小組編著：《張家山漢墓竹簡〔二四七號墓〕（釋文修訂本）》，第24頁。
③ 睡虎地秦墓竹簡整理小組編：《睡虎地秦墓竹簡》，釋文部分第150頁。
④ 韓厚明：《張家山漢簡字詞集釋（下編）》，吉林大學2018年博士學位論文，第176頁。

【3】案行

[整理小組注]

案行: 此指郡守巡視出行其屬縣。《後漢書·卓茂列傳》:"太守不信, 自出案行, 見乃服焉。"①

[疏證]

嶽麓秦簡整理小組所言值得商榷。此處的"案行"不是一般例行公事的巡察, 而是帶着"有覆治及縣官事"的特定目的的巡察。

簡文大意

郡守有覆治及其他公務需要巡察, 以及郡尉事務不……者…… 郡卒令己十三。

簡1168+1192+1140+C8-1-12+2130+1692+1862+1863+1789+1804+1878(138—145):

●令曰: 吏及黔首有貲贖萬錢以下而謁解爵[1]一級以除[2]、【及】[3]當爲疾死[4]、死事[5]者後[6], 謁毋受爵 ∟[7], 以除貲贖[8]₁₃₈, 皆許之。其所除貲贖[皆許之其所除貲贖][9]過萬錢而謁益【解】爵[10]、【毋受爵者, 亦許之, 一級除貲贖毋過萬】[11]₁₃₉錢, 其皆謁以除親及它人及并自爲除, 毋過三人。貲贖不盈萬錢以下, 亦皆【許之。

其年過卅五以上者, 不得解】[12]₁₄₀爵、毋受爵, 毋免以除它人[13]。年睆老[14]以上及罷癃(癃)[15]不事[16]、從睆老事、及有令終身不事、疇吏[17]解爵而當復₁₄₁疇[18]者, 皆不得解爵以自除、除它人。

鼎者[19]勞盜〈盈〉[20]及諸當捼(拜)爵而即[21]其故爵如鼎及捼(拜)後爵者, 皆不₁₄₂得解其故爵之當即者以除貲贖。

爲人除貲贖者, 内史及郡各得爲其畍(界)中人除, 毋得爲它郡人除 ∟。【中】[22]縣₁₄₃、它郡人爲吏它郡者[23], 得令所爲吏郡黔首爲除貲贖。屬邦與内史通[24]相爲除。爲解爵者, 獨得除貲₁₄₄贖。令七牒[25]。 ·尉郡卒令第

---

① 陳松長主編:《嶽麓書院藏秦簡(伍)》, 第155頁。

乙七十六145。

【1】解爵

[疏證]

解爵：放棄爵位，即向官府申請放棄自己所擁有的一定級數爵位的方式來免除債務。

解，《漢語大字典》："解開；脱掉。《廣韻·蟹韻》：'解，脱也。'《墨子·公輸》：'子墨子解帶爲城。'《韓非子·難一》：'桓公解管仲之束縛而相之。'《禮記·曲禮上》：'解履不敢當階。'孔穎達疏：'解，脱也。'"①嶽麓秦簡此處的"解"，引申爲放棄之義。

睡虎地秦簡中作"歸爵"。《秦律十八種》簡155—156《軍爵律》："欲歸爵二級以免親父母爲隸臣妾者一人，及隸臣斬首爲公士，謁歸公士而免故妻隸妾一人者，許之，免以爲庶人。工隸臣斬首及人爲斬首以免者，皆令爲工。其不完者，以爲隱官工。"②"謁歸公士"，即"謁歸公士爵"，也就是嶽麓簡此處所謂的"謁解爵"情況之一。

【2】除

[疏證]

除：此處指免除"貲贖萬錢以下"的債務。這也符合當時爵位一級值萬錢的價格。如《嶽麓伍》簡173—175："能捕以城邑反及智（知）而舍者一人，捧（拜）爵二級，賜錢五萬，詗吏，吏捕得之，購錢五萬。諸已反及與吏卒戰而（缺簡）受爵者毋過大夫，所□雖多□□□□□□□□□□及不欲受爵，予購級萬錢，當賜者，有（又）行其賜。·廷卒乙廿一。"③另外，張家山漢簡《二年律令》簡150—151《捕律》："捕從諸侯來爲間者一人，捧（拜）爵一級，有（又）購二萬錢。不當捧（拜）爵者，級賜萬錢，有（又）行其購。數人共捕罪人而當購賞，欲相移者，許之。"④《二年律令》簡393《爵律》："諸當賜受爵，而不當捧（拜）爵者，級予萬錢。"⑤可以看出，《嶽麓伍》"不欲受爵，予購級萬錢，當賜者，有（又）行其賜"云云，與《二年律令》"不當捧（拜）爵者，級賜萬錢，有（又）行其購"，表述方式和内容如出一轍，因此《二年律令》這些漢初律令的規定，亦可作爲繼承秦制的證據。

【3】【及】

[整理小組注]

及：據嶽麓秦簡0378簡判斷，此處當是"及"字。⑥

---

① 漢語大字典編輯委員會編纂：《漢語大字典（第2版）》，第4182頁。
② 睡虎地秦墓竹簡整理小組編：《睡虎地秦墓竹簡》，釋文部分第55頁。
③ 陳松長主編：《嶽麓書院藏秦簡（伍）》，第125—126頁。
④ 張家山二四七號漢墓竹簡整理小組編著：《張家山漢墓竹簡〔二四七號墓〕（釋文修訂本）》，第29頁。
⑤ 同上注，第62頁。
⑥ 陳松長主編：《嶽麓書院藏秦簡（伍）》，第155頁。

[疏證]

嶽麓秦簡整理小組所謂"0378簡",收録於《嶽麓柒》,整理後編號025"自今以來,吏及黔首有貲贖萬錢以下而謁解爵一級以除,及當爲疾死、死事者後謁毋受爵以除",可參考。

【4】疾死

[疏證]

疾死:因疾病而死亡。睡虎地秦簡《秦律十八種》簡16—17《廄苑律》:

> 將牧公馬牛,馬【牛】死者,亟謁死所縣,縣亟診而入之,其入之其弗亟而令敗者,令以其未敗直(值)賞(償)之。其小隸臣疾死者,告其□□之;其非疾死者,以其診書告官論之。①

這是説官府的小隸臣在放牧途中因病而死的事。小隸臣在放牧途中因病而死,領隊的官吏要及時上報當地有關部門,後者則會派人驗明死因並反饋給小隸臣所屬部門。

張家山漢簡《二年律令》簡367—368《置後律》:

> 疾死置後者,徹侯後子爲徹侯,其毋適(嫡)子,以孺子□□□子。關内侯後子爲關内侯,卿侯〈後〉子爲公乘,【五大夫】後子爲公大夫,公乘後子爲官大夫,公大夫後子爲大夫,官大夫後子爲不更,大夫後子爲簪裊,不更後子爲上造,簪裊後子爲公士,其毋適(嫡)子,以下妻子、偏妻子。②

《二年律令》説的則正是疾死置後的事。漢初二十等爵,不同爵級的人疾死之後,其繼承人繼承的爵位也依次存在相應的等級差别。

嶽麓秦簡此處"疾死"與"死事"並列,"死事"指因公殉職,可知"疾死"並非因公。

【5】死事

[疏證]

死事:因公而死。張家山漢簡《二年律令》簡142《捕律》:"死事者,置後如律。"張家山二四七號漢墓竹簡整理小組注:"死事,死於戰事。《吴子·勵士》:'有死事之家,歲使使者勞賜其父母,著不忘心。'"③這個解釋不能算是特别準確。此處的"死事"是在抓捕盗賊的過程中可能是與盗賊搏鬥而死,嚴格來説算不上是"戰事","戰事"一般當指戰爭而言,故説"因公而死"比較恰當。《二年律令》中類似的情況還有不少,如:

---

① 睡虎地秦墓竹簡整理小組編:《睡虎地秦墓竹簡》,釋文部分第24頁。
② 張家山二四七號漢墓竹簡整理小組編著:《張家山漢墓竹簡〔二四七號墓〕(釋文修訂本)》,第59頁。
③ 同上注,第28頁。

簡369—371《置後律》："□□□爲縣官有爲也，以其故死若傷二旬中死，皆爲死事者，令子男襲其爵。毋爵者，其後爲公士。毋子男以女，毋女以父，毋父以母，毋母以男同產，毋男同產以女同產，毋女同產以妻。諸死事當置後，毋父母、妻子、同產者，以大父，毋大父以大母與同居數者。"①

簡373《置後律》："☒及（？）爵，與死事者之爵等，各加其故爵一級，盈大夫者食之。"②

《二年律令》中還記載了一種情況，與"死事"相近，但有所細微區別，如：

簡284—285《賜律》：千石至六百石吏死官者，居縣賜棺及官衣。五百石以下至丞、尉死官者，居縣賜棺。官衣一，用縵六丈四尺，帛裹，毋絮；常（裳）一，用縵二丈。③

"死官"，彭浩等解釋説："今按：指死於任上。《漢書·何並傳》'死雖當得法賻，勿受'如淳注：'公令，吏死官，得法賻。'《漢書·原涉傳》：'涉父哀帝時爲南陽太守。天下殷富，大郡二千石死官，賦斂送葬皆千萬以上，妻子通共受之，以定產業。'"④"死官"亦屬於因公而死，但與"死事"有所區別。"死官"指死於任上，一般針對的是有一定級别的官吏而言；而"死事"更多情況下指死於某項具體的工作或行動中，可以是官吏，也可以是普通的服役百姓乃至官府徒隸。

【6】後

[疏證]

後：後子，繼承人。睡虎地秦簡《秦律十八種》簡153—154《軍爵律》："從軍當以勞論及賜，未拜而死，有罪法耐䙴（遷）其後；及法耐䙴（遷）者，皆不得受其爵及賜。其已拜，賜未受而死及法耐䙴（遷）者，鼠（予）賜。"《法律答問》簡70—71："士五（伍）甲毋（無）子，其弟子以爲後，與同居，而擅殺之，當棄市。'擅殺、刑、髡其後子，讞之。'可（何）謂'後子'？官其男爲爵後，及臣邦君長所置爲後大（太）子，皆爲'後子'。"⑤

《秦簡牘合集·釋文注釋修訂本（壹）》曰：

整理者：即後子，《荀子·正論》注："後子，嗣子。"羅開玉（1983）：後子，不一定全是嫡嗣的長子，但確實是户主爵位的繼承人，是不再分家出去的那個兒子或繼

---

① 張家山二四七號漢墓竹簡整理小組編著：《張家山漢墓竹簡〔二四七號墓〕（釋文修訂本）》，第59頁。
② 同上注，第60頁。
③ 同上注，第48頁。
④ 彭浩、陳偉、[日]工藤元男主編：《二年律令與奏讞書——張家山二四七號漢墓出土法律文獻釋讀》，第209頁。
⑤ 睡虎地秦墓竹簡整理小組編：《睡虎地秦墓竹簡》，釋文部分第55、110頁。

子。張建國(1997):根據張家山漢簡《奏讞書》案例21,"後"是繼承人之意,不限於嗣子,至少包括死者最親近的親屬。今按:簡文"後"指按照血緣、婚姻關係確定的繼承户主、爵位、財産的次序,可參閱《二年律令·置後律》。①

我們認爲秦漢簡牘中這類的"後",解釋爲"繼承人"最爲正解,《釋文注釋修訂本》所謂"'後'指按照血緣、婚姻關係確定的繼承户主、爵位、財産的次序"不可從。"後"不是"次序",不論其具有什麽樣的特點,最終還是"人"。

【7】謁毋受爵

[疏證]

謁毋受爵:請求不接受爵位。嶽麓簡此處説的是,因病去世或因公殉職者的繼承者,他本來可能繼承殉職者原來的爵位或政府因其殉職而賞賜給繼承者的爵位,這位繼承者欠國家的貲贖債務,他想以爵位抵債,故提出不接受所要繼承的爵位。

謁:請求。《説文·言部》:"謁,白也。"段玉裁注:"《廣韻》曰:'白,告也。'按,謁者,若後人書刺,自言爵里姓名,並列所白事。"②睡虎地秦簡《秦律十八種》簡188《内史雜》:"有事請殹(也),必以書,毋口請,毋羈(羈)請。"③因此,這裏的"請"很可能爲書面申請。

【8】以除貲贖

[整理小組注]

"死事"之後據1192簡釋,1192簡首是重文號,應是對1168簡末"死"字的標注。"疾死、死事者"與嶽麓簡0378、0581簡相符。④

[疏證]

以除貲贖:以免除貲贖。嶽麓秦簡整理小組注所引簡0378、0581,收錄於《嶽麓柒》,編號025"自今以來,吏及黔首有貲贖萬錢以下而謁解爵一級以除,及當爲疾死、死事者後謁毋受爵以除"、026"貲贖,皆許之。其所【除】貲贖過萬錢而謁益解爵、毋受爵者,亦許之。一級除貲贖毋過萬錢。其",可參看。⑤

【9】[皆許之其所除貲贖]

[整理小組注]

贖:通過對比嶽麓秦簡0581簡相關内容,可知此處"皆許之其所除貲贖"是衍文。⑥

---

① 陳偉主編,彭浩、劉樂賢等撰著:《秦簡牘合集·釋文注釋修訂本(壹、貳)》,第123–124頁。
② 段玉裁:《説文解字注》,第160頁。
③ 睡虎地秦墓竹簡整理小組編:《睡虎地秦墓竹簡》,釋文部分第62頁。
④ 陳松長主編:《嶽麓書院藏秦簡(伍)》,第155頁。
⑤ 陳松長主編:《嶽麓書院藏秦簡(柒)》,第69頁。
⑥ 陳松長主編:《嶽麓書院藏秦簡(伍)》,第156頁。

[疏證]

　　整理小組所謂"嶽麓秦簡0581簡",收錄於《嶽麓柒》,該書編號026,內容爲"貲贖,皆許之。其所【除】貲贖過萬錢而謁益解爵、毋受爵者,亦許之。一級除貲贖毋過萬錢。其",可參看。①

【10】益【解】爵

[整理小組注]

　　解:據嶽麓秦簡0581簡判斷,此處當是"解"字。②

[疏證]

　　【解】爵:解,即解除、放棄。益解爵,交出更多級爵位。

【11】萬

[整理小組注]

　　萬:本簡在"爵"字之後殘斷,後文據嶽麓秦簡0581簡補。③

【12】其年過卌五以上者,不得解

[整理小組注]

　　解:本簡在"皆"字之後殘斷,後文據嶽麓秦簡J21簡補。④

[疏證]

　　整理小組注所謂"嶽麓秦簡J21",收錄於《嶽麓柒》簡027"皆謁以除親及它人及并自爲除,毋過三人。貲贖不盈萬錢以下,亦皆許之。其年過卌五以上者,不得解爵、毋",可參看。

　　"解爵"與"毋受爵"雖然都是要以爵位免除貲贖應上繳的金錢,但還是有所區別的。"解爵"是要把已有的爵位交出去來換取免除貲贖應繳納的金錢;"毋受爵"是把即將要接受的爵位推辭掉,換取免除貲贖應繳納的金錢。

　　這裏其實還有一個問題很值得探討,那就是爲什麽四十五歲以上的有爵者不得以解爵或不受爵的方式除它人?這個年齡限制在這裏意味着什麽?我們並沒有找到直接的綫索。推測或許四十五歲以上者有爵或獲得爵位的機會要遠大於四十五歲以下者,國家爲了限制動輒以爵位贖免貲贖的現象,提高以爵贖免的門檻,增加爵位的含金量,故出此政策也未可知。這是一個有趣的很值得研究的問題,但限於目前材料有限,只能做一臆測而已。

---

① 陳松長主編:《嶽麓書院藏秦簡(柒)》,第69頁。
② 陳松長主編:《嶽麓書院藏秦簡(伍)》,第156頁。
③ 同上注。
④ 同上注。

【13】毋免以除它人

[疏證]

毋免：毋免爵，重複指代前面"不得解爵"和"不得毋受爵"兩種情況。毋免以除它人：不得通過免去自己爵位以換取免除他人的罪過或贖金。還有一種可能，就是嶽麓簡此處的"毋免"爲衍文，當與上文連讀，爲"不得解爵、毋受爵以除它人"亦通。

【14】睆老

[疏證]

睆老：秦漢時期養老制度中次於"免老"年齡的一個年齡界限。張家山漢簡《二年律令》簡357《傅律》："不更年五十八，簪褭五十九，上造六十，公士六十一，公卒、士五（伍）六十二，皆爲睆老。"① 可以看出，不同爵位者的睆老年齡是不一樣的，爵位越高，睆老的年齡界限就越低。這是對有爵位者的一種優撫措施。秦代的睆老年齡當與之相差不遠。

"年睆老以上及罷癃（癃）不事、從睆老事、及有令終身不事、疇吏解爵而當復疇者，皆不得解爵以自除、除它人。"這裏再次提到了不得以爵贖免的問題。前文說的只是年齡在四十五歲以上不得以爵免除他人的貲贖，這裏則說"年睆老以上"等，不但不能以爵贖免他人，也不能自贖。這句令文的句讀問題很複雜，我們爲此進行了新的調整。嶽麓秦簡整理小組原來的句讀方案爲："年睆老以上及罷癃（癃）不事從睆老事及有令終身不事、疇吏解爵而當復疇者，皆不得解爵以自除、除它人。"朱錦程依據整理者的句讀，給出了自己的理解：

> 年齡在睆老以上、罷癃者及有特殊技藝者的爵位只能使用一次，爵除後再次獲得的爵位，不能用於抵償貲贖。②

這個理解是把"解爵而當復疇"作爲"年睆老以上及罷癃（癃）不事從睆老事及有令終身不事、疇吏"這個組合主語的謂語來解釋了，然後再把"年睆老以上及罷癃（癃）不事、從睆老事、及有令終身不事、疇吏解爵而當復疇者"這個整體作爲一個主語，以"皆不得解爵以自除、除它人"作爲謂語，來陳述説明。但他對於"年睆老以上及罷癃（癃）不事從睆老事及有令終身不事、疇吏"這個組合主語中的各個組成部分並沒有逐一解釋，而是選取了"睆老以上""罷癃""疇吏"幾個主要字眼進行了解讀，而對於組合中"不事從睆老事及有令終身不事"則略過不言，所以這個解讀也還是有問題的。比如說，既然四十五歲以上者都已經規定不能"解爵、毋受爵以除它人"了，"年睆老以上者"肯定在

---

① 張家山二四七號漢墓竹簡整理小組編著：《張家山漢墓竹簡〔二四七號墓〕（釋文修訂本）》，第57頁。
② 朱錦程：《秦制新探》，湖南大學2017年博士學位論文，第76頁。

四十五歲以上,怎麽還能使用爵位除貲贖一次呢?

我們的新句讀方案是把"年睆老以上及罷癃(癃)不事""從睆老事""有令終身不事""疇吏解爵而當復疇者"作爲四個並列的對象組成一個聯合主語,以"不得解爵以自除、除它人"作謂語來陳述説明。我們這麽斷句的理由是,這四種人的爵位對於他們用來免除賦役的作用已經不大甚至不存在,因爲他們多數都可以免役或半役了,所以他們的爵位很容易被用於爲自己免除貲贖或爲他人所用,出於限制濫用爵位貲贖、提高爵位貲贖難度的考慮,國家出台法令對這類人以爵貲贖進行限制。

【15】罷瘁(癃)

[整理小組注]

罷瘁(癃):參見張家山漢簡《二年律令·徭律》408簡:"金痍、有□病,皆以爲罷瘁(癃),可事如睆老。"①

[疏證]

瘁:嶽麓秦簡整理小組原釋作"庠",今從陳曼曼説,改釋作"瘁"。②

【16】不事

[疏證]

不事:即不使,可以免除兵役徭役。這是一個專業術語。"年睆老以上及罷瘁(癃)不事",即"年睆老以上不事"和"罷癃不事"兩種情況。"年睆老以上不事"與後面"從睆老事"屬兩種情況。松柏漢墓木牘"南郡罷癃簿"中,把南郡登記在册的罷癃人員分爲兩種情況,一種情況是"罷癃可事",一種情況是"罷癃不可事",即是如此,可參考。③另外,我們參考《嶽麓柒》簡028對《嶽麓伍》此句簡文標點進行了相應調整,在"罷癃不事""從睆老事"之後,分別加逗號。"年睆老以上及罷癃不事""從睆老事""有令終身不事""疇吏解爵而當復"云云,是幾種並列的情況,統一用頓號斷開,更容易理解文意。

【17】疇吏

[疏證]

疇吏:疇官。張家山漢簡《二年律令》簡365《傅律》:"疇官各從其父疇,有學師者學之。"注:"疇,世業。《史記·曆書》集解引如淳曰:'家業世世相傳爲疇。律:年二十三傅之疇官,各從其父學。'"④

---

① 陳松長主編:《嶽麓書院藏秦簡(伍)》,第156頁。
② 陳曼曼:《讀〈嶽麓書院藏秦簡(伍)〉筆記六則》,武漢大學簡帛網2018年8月16日。
③ 朱紅林:《紀南松柏漢墓35號木牘研究》,《吉林師範大學學報》2012年第3期。
④ 張家山二四七號漢墓竹簡整理小組編著:《張家山漢墓竹簡〔二四七號墓〕(釋文修訂本)》,第59頁。

【18】疇

[疏證]

嶽麓秦簡整理小組此處原作"爵"字,今據《嶽麓柒》簡029改。《嶽麓柒》簡028—029與此相關內容爲:"年睆老以上及罷癃(癃)不事,從睆老事,及有令終身不事者,叞(疇)吏解爵而當復疇者,皆不得解爵以自除、除它人。"①可參看。

復疇:仍舊從事原來的職業。按照規定,疇吏這類世傳職業的專業技術人才,即使解爵也不能免於服役,因此不允許他們走解爵以自除或除他人的途徑,這裏的"它人"也當是同類的疇人。

【19】鼎者

[疏證]

鼎者:這一稱謂甚是突兀,令人費解,學界少有研究。趙斌曾做過一簡單的解釋:"《廷卒令》1892簡記載'受爵者毋過大夫',據此條規定,'鼎者'應當是指爵位達到大夫之人。"②這一解釋也很突兀,沒能結合上下文把問題講清楚、說通順,因此同樣令人不知所云。

【20】勞盜〈盈〉

[整理小組注]

勞盜〈盈〉:勞,按時間計算的勞績。盈,滿。勞盈,勞績已滿足論爵條件。③

【21】即

[整理小組注]

即:就。"當拜爵而即其故爵",似指按律令應拜爵而因不欲受爵等原因未受爵的人,這類人依然是"故爵"身份。④

【22】【中】

[整理小組注]

中:據嶽麓秦簡0389簡判斷,此處當是"中"字。⑤

---

① 陳松長主編:《嶽麓書院藏秦簡(柒)》,第70頁。
② 趙斌:《秦簡"卒"相關律令研究》,湖南大學2019年碩士學位論文,第16頁。
③ 陳松長主編:《嶽麓書院藏秦簡(伍)》,第156頁。
④ 同上注。
⑤ 同上注。

【23】它郡

[整理小組注]

兩個"它郡"所指不同,第二個"它郡"是指爲吏之人的原籍郡之外的郡。①

【24】通

[整理小組注]

通：共、皆。②

【25】令七牒

[整理小組注]

令七牒：在令文末尾申明此令正文共7枚簡,它不是令文,而是令文頒下時的格式記録。③

[疏證]

令七牒：令文内容所用牒數爲七牒。嶽麓秦簡整理小組的解釋,表明整理者也認爲"令七牒"指的是令文正本對於令文内容所用簡牘數量的記録,而不是此處嶽麓秦簡的抄手抄録此令時所用簡牘的數量。當然,類似情況也不排除抄手抄録時所用簡牘數量正好與正本所用簡牘數量相同的情況。蘇俊林對此處"令七牒"記録的研究也分析了這兩種可能性。他説：

> 此令的最後有"令七牒"字樣,應是説書寫此令用了7枚牒。此處將"牒"作所用簡牘數量解,應能成立。雖然現在所見此令用了8枚簡,但整理者已經指出,"皆許之其所除赀贖"可能是衍文,是抄手誤寫所致。如果除去這些内容,"七牒"書寫此令並非完全没有可能。"令七牒"所包含的内容目前並不清楚。如果其不包括"·尉郡卒令第乙七十六",則"七牒"書寫此令完全没有問題。去掉衍文"皆許之其所除赀贖"可以空出8字的空間,完全可以書寫"贖令七牒"4字。但如果"·尉郡卒令第乙七十六"也在"令七牒"所指範圍之内,去掉衍文空出8字的空間,"贖令七牒·尉郡卒令第乙七十六"已有13字,還有1墨點,即便"贖令七牒"與"·尉郡卒令第乙七十六"之間的留白不計,寫下這些字似有難度。不過,《卒令丙四》中規定,尺牘每行字數不超過22字即可。按此規定,二尺牒可以書寫到44字。若最先書寫此令時按照每簡40字以上書寫,則該令276字完全能夠寫在"七牒"之上。④

---

① 陳松長主編：《嶽麓書院藏秦簡（伍）》,第156頁。
② 同上注。
③ 同上注。
④ 蘇俊林：《秦簡牘中"牒"字的使用及含義》,《簡帛》第20輯,上海古籍出版社2020年版,第166—167頁。

蘇俊林的討論可劃分爲兩部分，"寫下這些字似有難度"之前，説的是抄手抄錄時所用牒數的情況，"不過，《卒令丙四》中規定"説的則是令文正本所用牒數的情況。這兩種可能在實踐中都是可能出現的，但我們更傾向於"令七牒"説的是正本文書的記録。

簡文大意

　　令曰：吏和黔首欠官府的赀贖錢在萬錢以下者，如果提出交出一級爵位以免除赀贖錢，以及作爲因疾病而死、因公而死者的繼承人，請求不繼承爵位，以免除應繳的赀贖錢，都是可以的。如果所要免除的赀贖錢超過萬錢，希望捐出多級爵位或不再接受新授予的多級爵位，也可以。一級爵位免除的赀贖錢不能超過萬錢。以爵位免除赀贖錢者，包括本人、親人及其他人在内，不得超過三人。應繳赀贖錢在萬錢以下，也可以爵位來贖。

　　年齡超過四十五歲者，不得以捐出已有爵位或不接受即將授予的爵位的方式來免除赀贖錢，也不得以自己的爵位免除他人的赀贖錢。年齡在睆老年齡以上者以及疲癃者被免於徭賦役事者、從事睆老的工作者以及有規定可以終身不服役者、疇吏曾經以爵免赀贖後又再次獲得賜爵的機會從而達到此前的爵級者，都不能（再次）以爵除赀贖，也不能爲別人除赀贖。

　　鼎者勞盗〈盈〉及諸當捀（拜）爵而即其故爵如鼎及捀（拜）後爵者，皆不得解其故爵之當即者以除赀贖。爲人免除赀贖，内史轄區以及普通郡縣轄區的人，都可以爲本郡之人以爵位免除，但不能爲他郡之人免除。

　　中縣道、普通郡縣的人在其他郡縣爲吏者，允許所任職地區的人爲之以爵除赀贖。屬邦和内史轄區之間的人，可以互相以爵位免除彼此的赀贖錢。爲免除他人而解除爵位的情況，只能用於免除赀贖錢。

　　本法令共寫於七支簡上。　　尉郡卒令第乙第七十六條。

簡1880+1879+1171+1906+1769+1669+1666+缺簡₁₆+1163（146—153）：

　　●令曰：吏從軍治粟將[1]漕、長輓者[2]，自敦長[3]以上到二千石吏，居軍治粟漕、長輓所┘，得賣（買）所歙（飲）食、衣服物及所以歙（飲）₁₄₆食[4]居處及給事器兵[5]┘。買此物而弗歙（飲）食、衣服用給事者[6]，皆爲私利[7]。毋重車[8]者，得買以給事[9]。舍[10]，毋過[11]□₁₄₇□□人。

　　丞相、御史言：前軍軍吏[12]治粟將曹（漕）、長輓，吏或不給吏事[13]而務爲私利，侵苦[14]卒┘。吏[15]已請行其罰。爲₁₄₈牛車┘[16]若一輒車[17]，數者[18]皆爲私利。與卒、官屬[19]同舍,同舍者鹵(鹵)[20]、所歙(飲)食物└[21],得與歙(飲)食之[22]及得傳(使)爲所以給舍事149者物└[23]。非此物[24],皆爲私利。諸不在此令中而買爲之,及雖在令中買爲而□□[25],皆爲私【利】[26]。

□□□錢以上[27],皆毋150行其勞論└、賜[28]。其毋勞論而有賜及毋勞論、賜者[29],皆罰戍故徼四歲,有(又)毋行其賜而皆没入其所爲私利151縣官[30]。爲私利,私利者[31]與同皋└。軍初到,車軍[32]治粟曹(漕)、長輓到[33]官治粟,皆用此令└。軍罷去,車軍治粟曹(漕)、長152(缺簡16)□軍□[34]爲令。奏。制曰:可。布以爲恒令。　·尉郡卒令乙153

【1】將

[整理小組注]

將:即將司,統領監管。①

[疏證]

將:主持,負責,監領。睡虎地秦簡類似用法很多。《秦律十八種》簡134—135《司空律》:"鬼薪白粲,羣下吏毋耐者,人奴妾居贖貲責(債)於城旦,皆赤其衣,枸櫝欙杕,將司之;其或亡之,有罪。葆子以上居贖刑以上到贖死,居於官府,皆勿將司。"②睡虎地秦墓竹簡整理小組注:"將司,監管。"③《秦律十八種》簡147《司空律》:"仗城旦勿將司;其名將司者,將司之。"④可參看簡222"將吏"疏證。

【2】漕、長輓者

[整理小組注]

漕、長輓者:漕卒、長輓粟徒的統稱。《漢書·食貨志上》:"宜糴三輔、弘農、河東、上黨、太原郡穀足供京師,可以省關東漕卒過半。"長輓粟徒又見《嶽麓書院藏秦簡(肆)》0749簡:"長輓粟徒壹夫身貧毋(無)糧。"⑤

[疏證]

嶽麓秦簡整理小組讀作"漕長輓者",既然"漕"與"長輓"指的是兩種工作方式,故當以頓號斷開爲宜,下同。

---

① 陳松長主編:《嶽麓書院藏秦簡(伍)》,第156頁。
② 睡虎地秦墓竹簡整理小組編:《睡虎地秦墓竹簡》,釋文部分第51頁。
③ 同上注,釋文部分第52頁。
④ 同上注,釋文部分第53頁。
⑤ 陳松長主編:《嶽麓書院藏秦簡(伍)》,第156頁。"《嶽麓書院藏秦簡(肆)》0749簡"云云,是嶽麓書院秦簡整理者所用的原始簡號,本書在使用"《嶽麓書院藏秦簡(肆)》某某簡"時,一般使用《嶽麓肆》本書内的順序編號,這樣便於讀者查詢核對。

漕，船運。輓，車運。《史記·留侯世家》劉敬勸高祖西都關中，曰："諸侯安定，河渭漕輓天下，西給京師；諸侯有變，順流而下，足以委輸。"①"漕輓"，即"委輸"之意。

【3】敦長

[疏證]

"敦長"解釋參見《嶽麓伍》簡045—047"疏證"【9】。

【4】所歓（飲）食、衣服物及所以歓（飲）食

[疏證]

所歓（飲）食、衣服物及所以歓（飲）食：所飲食之物、所用衣物以及所用來製作飲食的器具。"歓（飲）食""衣服物"在此處本用作動詞，與前面的"所"字構成名詞性結構，即"所歓（飲）食之物""所穿着衣物"。"所以歓（飲）食"，所用來製作盛放飲食的器具。

嶽麓秦簡整理小組原把"歓（飲）食""衣服物"連讀，今以頓號斷開，讀作"所歓（飲）食、衣服物及所以歓（飲）食"。下文類似情況皆同樣處理。"食"之後省略"於"字，即"得賣（買）所歓（飲）食衣服物及所以歓（飲）食"於"居處"，意思是可以在居處附近購買所需的衣服、飲食及相關物品。

【5】給事器兵

[疏證]

給事：用於處理事務；辦事。《國語·周語中》："敬所以承命也，恪所以守業也，恭所以給事也，儉所以足用也。以敬承命則不違，以恪守業則不懈，以恭給事則寬於死，以儉足用則遠於憂。"②

給事器兵：工作所需兵器。從上下文意來看，"給事器兵"也屬於吏購買物資的範圍，所以"及給事器兵"在簡文中屬於賓語後置的一部分。"給事器兵"之後，嶽麓秦簡整理小組原標點爲逗號，今改爲句號。因爲下文所謂"買此物而弗歓（飲）食衣服用給事者，皆爲私利"云云，是對吏在工作過程中采購物資行爲的規範和限制，屬於另一層意思。

【6】弗歓（飲）食、衣服用給事者

[疏證]

弗歓（飲）食、衣服用給事者：飲食之物、衣用之物不用於實際工作。"用給事者"，指用於工作，在此作狀語，修飾"歓（飲）食、衣服"這兩種行爲。

---

① 司馬遷：《史記》，第6分册，第2468—2469頁。
② 上海師範大學古籍整理組校點：《國語》，第76頁。

【7】爲私利

[整理小組注]

爲私利：見《韓非子·八説》："明主之國，官不敢枉法，吏不敢爲私利。"①

[疏證]

爲私利：屬於謀取私利。此處的"爲"具有判斷認定的含義，可解釋爲"屬於"。因爲如果吏所購買的衣物、飲食及器兵等，不是用於正常的工作所需，那就很可能出於倒賣牟利，故令文曰"爲私利"。秦律中國家對於官吏利用公家資源謀取私利是嚴厲禁止的。又如睡虎地秦簡《秦律雜抄》簡10—11："吏自佐、史以上負從馬、守書私卒，令市取錢焉，皆罨（遷）。"②

【8】重車

[疏證]

重車：用以運載輜重的車輛，即大車。《嶽麓肆》簡248《徭律》曰："委輸傳送，重車、負日行六十里，空車八十里，徒行百里。"簡文中"重車"與"空車"相對，因此《徭律》所言"重車"是裝載了輜重物資的車輛。參見《嶽麓肆疏證》簡248—252疏證。③但本書簡147曰"毋重車者，得買以給事"，這裏"重車"很明顯是指用於裝載輜重物資的車輛。這種車輛與專門用於載人乘坐的車輛，如軺車、安車等，在形制、堅固程度及馬牛拉載的使用等方面均有所不同。

【9】得買以給事

[疏證]

得買以給事：可以通過購買來滿足工作需要。"得買以給事"之後，嶽麓秦簡整理小組原標點爲逗號，今改爲句號。因爲此前説的都是運輸輜重的隊伍在臨時駐扎時的情況，下文"舍，毋過"云云則當是對臨時駐扎休息時相關行爲規範的規定，所以二者之間當以句號斷開爲宜。

【10】舍

[疏證]

舍：住宿，隊伍駐扎。

【11】毋過

[疏證]

毋過：應是對臨時駐扎時相關事項包括時間、人員數量的規範。

---

① 陳松長主編：《嶽麓書院藏秦簡（伍）》，第156頁。
② 睡虎地秦簡整理小組編：《睡虎地秦墓竹簡》，釋文部分82頁。
③ 朱紅林：《〈嶽麓書院藏秦簡（肆）〉疏證》，第285—289頁。

【12】前軍軍吏

[疏證]

前軍軍吏：此前軍中的軍吏。"前軍"之"軍"下的重文號或爲衍文，當作"前軍吏"。

【13】或不給吏事

[疏證]

或，王引之《經傳釋詞》："或，猶'有'也。《尚書古義》曰：'無有作好，遵王之道。無有作惡，遵王之路。《呂覽》引此"有"作"或"。'（《貴公篇》）高誘注："或，有也。"古"有"字通作"或"。《尚書》曰："殷其弗或亂正四方。"《多士》云："時予乃或言。"傳皆云："或，有也。"鄭康成注《論語》亦云："或之言有也。"（《爲政篇》'或謂孔子曰'注）《韓非子》曰：'無或作利，從王之指。無或作惡，從王之路。'（《有度篇》引'先王之法曰'）文雖異，然亦以"或"爲"有"。'引之按：《易·益》上九曰：'莫益之，或擊之。''或'與'莫'相對爲文。莫者，無也。或者，有也。"①

不給吏事：不從事吏事。這裏指吏不專心從事本職工作。

【14】侵苦

[整理小組注]

侵苦：侵害。《後漢書·王符傳》："猾吏崇奸軌而不被坐，此小民所以易侵苦，而天下所以多困窮也。"②

【15】吏

[疏證]

吏：此"吏"指執法官吏。前文"前軍軍吏"爲"爲私利"的違法之吏。二者不是一回事。

【16】牛車

[疏證]

周海鋒曰："更名木方規定'以大車爲牛車'，意思是改稱'大車'爲'牛車'。大車在睡虎地秦簡中共出現7次，均在律令條文中，然未見牛車這一稱謂。《易·大有》'大車以載'，孔穎達《正義》：'大車，謂牛車也。'里耶秦簡、嶽麓秦簡律令只見'牛車'而不見'大車'。"他認爲，這正屬於秦代"書同文"政策貫徹的結果。③

---

① 王引之《經傳釋詞》，第63頁。
② 陳松長主編：《嶽麓書院藏秦簡（伍）》，第156頁。
③ 周海鋒：《秦律令文本形態淺析》，《簡帛》第23輯，第172頁。

【17】軺車

［整理小組注］

軺車：見《漢書・平帝紀》："立軺併馬。"服虔注："軺音遙，立乘小車也。"此處令文將購買軺車定性爲牟取私利，因爲軺車不是運糧車。①

［疏證］

軺車：達到一定級别的官吏的乘坐之車。不僅有立乘，也有坐乘者。孫機的解説比較全面，可以參考：

> 軺車的定義以《釋車》之説最可取："軺，遥也；遥，遠也。四向遠望之車也。"即是一種四面敞露之車。它可以坐乘，如《説文・車部》和《漢書・食貨志》顔注都説"小車也"。而漢代的小車一般均爲坐乘，已如上述。但它也可以立乘，如《漢書・平帝紀》："立軺併馬。"顔注引服虔曰："軺，立乘小車也。"它可以駕馬，如《國語・齊語》韋注、《史記・貨殖列傳》集解引徐廣説，皆謂："軺，馬車也。"但它也可以駕牛，謝承《後漢書》："徐慶字子伯，家貧，爲郡督郵，乘牛車。鄉里號曰：'軺車督郵。'"（《御覽》卷七七五引）又《隋書・禮儀志》説蕭梁時"二千石四品以上及列侯皆給軺車，駕牛"。然無論坐乘、立乘，駕馬或駕牛，這種車皆以敞露爲特點。②

嶽麓秦簡整理小組注以爲軺車不是運糧車，故購買軺車屬於謀私利。這話沒有説清楚。"爲牛車若一軺車"，實際上是指官吏在賬目上弄虛作假，以購買牛車的名義購買軺車供自己享受，故定性爲違法行爲。齊繼偉説亦同。③

軺車　東漢④

---

① 陳松長主編：《嶽麓書院藏秦簡（伍）》，第156頁。
② 孫機：《漢代物質資料文化圖説》（增訂本），上海古籍出版社2008年版，第113頁。
③ 齊繼偉：《秦簡"勞論及賜"探析》，《簡牘學研究》第8輯，甘肅人民出版社2019年版，第41頁。
④ 《中國畫像磚全集》編輯委員會編：《中國畫像磚全集・四川漢畫像磚》，四川美術出版社2006年版，第17頁。

【18】數者

[疏證]

數者：表示一定數量的群體，相當於"這些""這幾個"。《漢語大字典》："數詞。幾；幾個。如：數年；數人。《孟子·梁惠王上》：'數口之家，可以無饑矣。'宋陸游《暮春》：'數間茅屋鏡湖濱，萬卷藏書不救貧。'又這幾個；這一羣。《古今小說·宋四公大鬧禁魂張》：'數中一個老成的叫做周五郎周宣。'《三國演義》第六十三回：'數內有新降軍士，指道："此處地名落鳳坡。"'"①

【19】官屬

[整理小組注]

官屬：官署屬吏。《後漢書·光武帝紀上》："所到部縣，輒見二千石、長吏、三老、官屬，下至佐史。"②

[疏證]

嶽麓簡此處的"官屬"，指的應該是官府中地位僅高於徒隸的基層辦事人員，這類人員各級部門都有相當數量的配備，他們從事着本部門的各項基礎性的具體工作。睡虎地秦簡和嶽麓秦簡的《置吏律》中都提到"羣官屬"，本書中除簡149之外，還有簡285、簡319以及《嶽麓柒》簡149等。參見《嶽麓肆疏證》簡220疏證。③

【20】鹵（卤）

[整理小組注]

鹵（卤）：鹽鹵。參見嶽麓秦簡2156簡的注釋。④

[疏證]

嶽麓秦簡整理小組注所謂"2156簡"，即《嶽麓伍》簡095"☐有鹵（卤）淳濕者，輒稍善治之，有以不善（善）治之故，壞敗瘀殺人，匠辨長皆"。⑤

【21】所歓（飲）食物

[疏證]

所歓（飲）食物：此處指的是同舍之人個人所飲食之物，與下文"共同所飲食之物"相對。

---

① 漢語大字典編輯委員會編纂：《漢語大字典（第2版）》，第1580頁。
② 陳松長主編：《嶽麓書院藏秦簡（伍）》，第156頁。
③ 朱紅林：《〈嶽麓書院藏秦簡（肆）〉疏證》，第256頁。
④ 陳松長主編：《嶽麓書院藏秦簡（伍）》，第156頁。
⑤ 同上注，第71頁。

【22】得與歙（飲）食之

[疏證]

得與歙（飲）食之：意思是説吏與同舍者共同飲用或食用的東西。

【23】所以給舍事者物

[疏證]

所以給舍事者物：臨時住宿時所需生活用品。"所以給舍事者物"之後，嶽麓秦簡整理小組原標點爲逗號，今改爲句號。"與卒、官屬同舍，同舍者鹵（鹵）、所歙（飲）食物、得與歙（飲）食之及得傳（使）爲所以給舍事者物"與下文"非此物，皆爲私利"相對，也就是説前者不屬於"私利"範疇。故"皆爲私利"之前當爲句號，並且"與卒、官屬同舍，同舍者鹵（鹵）、所歙（飲）食物、得與歙（飲）食之及得傳（使）爲所以給舍事者物"之後或省略"不爲私利"之類的表述。

【24】此物

[整理小組注]

此物：指前句列舉的鹽鹵、食物等物。①

【25】雖在令中買爲而□□

[疏證]

□□：嶽麓秦簡整理小組無釋，齊繼偉釋"與之"，解作"超出規定數量"，意思是"又令中允許買入却多出規定數量的，都爲私利"。②可備一説。高婷婷則認爲"圖版較爲模糊，待考"。③這也屬於審慎的態度。但不論如何，"雖在令中買爲而□□"的大致意思是可以確定的，那就是雖然一方面購買的物資在法令的規定範圍之內，但另一方面還是在某些細節方面違反了法令的要求。所以，齊繼偉的解釋還是有符合簡文旨意可能性的。

【26】【利】

[整理小組注]

利：據文例補。④

【27】□□□錢以上

[疏證]

□□□：嶽麓秦簡整理小組無釋，齊繼偉釋"百一十"，李美娟釋"□直□"，待

---

① 陳松長主編：《嶽麓書院藏秦簡（伍）》，第156頁。
② 齊繼偉：《讀〈嶽麓書院藏秦簡（伍）〉札記（二）》，武漢大學簡帛網2018年3月9日。
③ 高婷婷：《〈嶽麓書院藏秦簡（伍）〉第二組集釋及相關問題研究》，第39頁。
④ 陳松長主編：《嶽麓書院藏秦簡（伍）》，第156頁。

考。① "□□□錢以上"指爲私利的贓值,是對其進行處罰的量刑依據。

【28】勞論、賜

[整理小組注]

勞論、賜:見睡虎地秦簡《秦律十八種·軍爵律》:"從軍當以勞論及賜,未拜而死……皆不得受其爵及賜。"整理者注:"論,論功受爵。賜,賞賜財物。"②

[疏證]

勞論、賜:勞論和勞賜。嶽麓秦簡整理小組采納睡虎地秦簡整理小組的説法,認爲"勞論"爲論功授爵,"勞賜"即賞賜財物。這只是一種觀點。齊繼偉認爲"勞論"指"以勞而爲論","賜"指因勞而得賜。③曹旅寧認爲"勞論"指勞績,"勞賜"爲賞賜。④他們二人的意見相近,即"勞論"就是根據服役者的服役情况,對其工作進行勞績認定,相當於後世所謂的"記工分","勞賜"則相當於表現優秀,給予物質獎勵。但陳安然認爲"勞賜"也有可能指"賜勞",也就是"賞賜勞績"。⑤這當然是有可能的,除對工作情况進行正常的勞績認定之外,額外賜予勞績,也可以是獎勵的內容之一。除了陳安然所舉的張家山336號漢墓竹簡《功令》的例子之外,睡虎地秦簡、居延漢簡中都有。如:

睡虎地秦簡《秦律十八種》簡13—14《廄苑律》:"以四月、七月、十月、正月膚田牛。卒歲,以正月大課之,最,賜田嗇夫壺酉(酒)束脯,爲旱〈皂〉者除一更,賜牛長日三旬;殿者,誶田嗇夫,罰冗皂者二月。其以牛田,牛減絜,治(笞)主者寸十。有(又)里課之,最者,賜田典日旬。殿,治(笞)卅。"睡虎地秦簡整理小組注:"古時勞績常以日計算,有功時即'賜勞'若干日,有過時則罰若干日,如《居延漢簡甲編》一五四二:'共令第卌五:士吏、候長、烽燧長常以令秋試射,以六爲程,過六,賜勞矢十五日。'此處賜日三旬和簡文下面的罰二月等,都指勞績而言。"⑥

睡虎地秦簡《秦律雜抄》簡15—16:"敢深益其勞歲數者,貲一甲,棄勞。中勞律。"睡虎地秦簡整理小組注:"中勞,常見於漢簡,如《居延漢簡甲編》一一四有'中勞二歲',二三五九有'中勞三歲六月五日'。中勞律,應爲關於從軍勞績的法律。"⑦

---

① 齊繼偉:《讀〈嶽麓書院藏秦簡(伍)〉札記(二)》,武漢大學簡帛網2018年3月9日。李美娟:《〈嶽麓書院藏秦簡(伍)〉札記》,武漢大學簡帛網2018年5月19日。
② 陳松長主編:《嶽麓書院藏秦簡(伍)》,第156頁。
③ 齊繼偉:《秦簡"勞論及賜"探析》,《簡牘學研究》第8輯,第40頁。
④ 曹旅寧:《秦和漢初〈功令〉初步研究》,《湖南省博物館館刊》第16輯,嶽麓書社2020年版,第230頁。
⑤ 陳安然:《嶽麓秦簡"令"集釋》,第241頁。
⑥ 睡虎地秦墓竹簡整理小組編:《睡虎地秦墓竹簡》,釋文部分第22—23頁。
⑦ 同上注,釋文部分第83頁。

其實，不論是"勞論"還是"勞賜"，都有可能包括"賜勞"的内容。就目前的材料來看，尚不能準確地界定"勞論""勞賜"的内容是不是有專門所指，也有可能本來就没有固定的用法，而是根據具體語境而言，也就是所謂的"對文則異，散文則通"罷了。

【29】其毋勞論而有賜及毋勞論、賜者

[疏證]

其毋勞論而有賜及毋勞論、賜者：如果没有勞論只有勞賜，或者勞論、勞賜都没有獲得。這句話仍然是針對前面"□□□錢以上"的爲私利者而言的。從這句話來看，至少此處的"勞論"和"勞賜"是有區別的。因爲没有提到"無勞賜而有勞論"會如何處置，所以我們尚不能確定"勞論"和"勞賜"哪個更重要。但我們臆測，哪個代表勞績的認定哪個就更重要。因爲勞績的認定，表明服役時間的有效認定。

【30】毋行其賜而皆没入其所爲私利縣官

[疏證]

毋行其賜而皆没入其所爲私利縣官：不再對其進行原本應給予的賞賜，同時把官吏爲私利所獲的經濟利益收繳於官府。"没入其所爲私利"與"縣官"之間省略了介詞"於"。

【31】私利者

[整理小組注]

私利者：當指接受私利者。①

【32】車軍

[疏證]

車軍：諸家無釋。疑指負責運輸的輜重部隊。《玉篇·車部》："軍，衆也。"②

【33】到

[疏證]

《説文·至部》："到，至也。"段玉裁注："《大雅》曰：'靡國不到。'《論語》兩言'民到于今'。《釋詁》曰：'到，至也。'"③

車軍治粟曹（漕）、長輓到官治粟：這句話較難理解。或可理解爲"從'車軍治粟曹（漕）、長輓'到'官治粟'"，"官治粟"後省略了"曹（漕）、長輓"。齊繼偉把這句話

---

① 陳松長主編：《嶽麓書院藏秦簡（伍）》，第156頁。
② 王平、劉元春、李建廷編著：《〈宋本玉篇〉標點整理本：附分類檢索》，第292頁。
③ 段玉裁：《説文解字注》，第1016頁。

理解爲"車軍中的治粟漕長輓及沿途的縣官治粟運糧",①基本上就是按照這個思路來解釋的。

【34】☐

[整理小組注]

☐:似"布",或釋"不"。②

簡文大意

　　官吏從軍,負責軍糧事務,監管軍糧水陸運輸者,自敦長到二千石官吏,在軍糧運輸地處理運糧事務時,可以在當地采購所需的飲食衣服及相關用品。如果購買這些物資不是出於本身的吃穿用度所需,其行爲都屬於謀取私利。沒有重車的,可以購買以滿足需求。中途住宿,不得超過……人。

　　丞相、御史上言:前軍軍吏處理軍糧運輸事務,不安於本職工作而一心謀私利,侵犯士卒的利益,有關官吏已經向上級請示,對其進行處罰。以購入牛車的名義購入軺車,此類情況都屬於謀取私利。與漕卒、官屬同住一間客舍時,同屋之人購買鹽鹵、所飲食之物、與之共同享用飲食以及共同居住所需的其他物品,都不屬於私利。除此之外,購買其他物資都屬於謀私利。那些不在本法令規定範圍之内而購買的東西,以及雖在法令允許購買的範圍之中,但是……,都屬於謀取私利。

　　……錢以上,有關部門將不對其工作進行勞績認定,不予發放賞賜。那些沒有獲得勞績而獲得了賞賜,以及既沒獲得勞績也沒有獲得賞賜者,都要被罰戍守故徼四年,同時也不再爲其發放賞賜,並没收其謀取私利所得的收入。官吏謀取私利,享受私利者與其同罪。軍隊剛剛到達一地,車軍處理運糧事務包括漕運和陸運以及地方官府處理運糧事務,都適用此法令。軍隊撤去,車軍在處理水路運輸時……起草法令,並上奏皇帝。制書回復說:同意。按照通行法令進行公布。　尉郡卒令乙。

簡1116(154):

　　　☐・廷卒令甲☐154

---

① 齊繼偉:《秦簡"勞論及賜"探析》,《簡牘學研究》第8輯,第41頁。
② 陳松長主編:《嶽麓書院藏秦簡(伍)》,第157頁。

簡1894+1683+1613+1618（155—158）：

　　令[1]曰：都官治獄者[2]，各治其官人之獄[3]，毋治黔首獄[4]。其官人亡若有它論[5]而得，其官在縣畍（界）中[6]₁₅₅而就近自告都官，都官聽，書其告，各移其縣[7]；縣異[8]遠都官旁縣[9]者，移旁縣[10]。其官人之獄有與黔首連者[11]，移₁₅₆黔首縣[12]；黔首縣異遠其旁縣者，亦移旁縣[13]。縣皆亟治論之。有不從令者，貲二甲└。其御史、丞相、執灋[14]所下[15]₁₅₇官，都官所治它官獄者[16]治之。・廷卒甲二₁₅₈。

【1】令

　　[整理小組注]

　　簡首留白，應是刮削後留下的空白。①

【2】都官治獄者

　　[整理小組注]

　　都官治獄者：有治獄職權的都官官署。②

　　[疏證]

　　如果按照嶽麓秦簡整理小組的解釋"都官治獄者"解釋為"有治獄職權的都官官署"，那麼就可能存在着"沒有治獄職權的都官官署"。也就是說，存在着"治獄者"和"不治獄者"兩種都官。但是從令文的上下文義來看，這裏所提到的"都官治獄"，着重強調的是治獄的範圍。因為都官是中央派駐到地方的派出機構，這就涉及它與當地政府在行使司法管轄權時的權限範圍的協調與配合。

　　因此，除嶽麓秦簡整理小組的解釋之外，或許還有另一種可能。從下文來看，這條律令說的是，作為中央或郡的派駐地方機構，都官只能處理本部門內部的涉案人員，無權處理地方人員。因此，解釋"都官治獄者"時，不宜解釋為是否有"治獄職權"的問題，而應解釋為"都官處理案件時"。

【3】各治其官人之獄

　　[整理小組注]

　　官人：都官所轄之人。③

---

① 陳松長主編：《嶽麓書院藏秦簡（伍）》，第157頁。
② 同上注。
③ 同上注。

[疏證]

各治其官人之獄：各自處理本部門人員的案件。官人："官"如果作動詞解，可如嶽麓秦簡整理小組所釋，解釋爲"都官所轄之人"；"官"如作名詞"官署"解，可解釋爲"其官署之人"，此處指都官本部門所轄工作人員，睡虎地秦簡《秦律十八種》簡44《倉律》有"都官吏""都官人"、簡195《内史雜》"非其官人殹（也），毋敢舍焉"可證。① "官"作動詞、名詞二解，均可説得通。張家山漢簡《二年律令》簡216《置吏律》："官各有辨，非其官事勿敢爲，非所聽勿敢聽。"② 此"官"亦作"官署""部門"解。

陶磊説："'官人'，整理者解釋爲都官所轄之人，筆者以爲是庶人在官者，其地位介於黔首與吏之間。"③ 高婷婷吸收了陶磊關於"官人"問題的研究成果，説："《嶽麓伍》簡155中'官人'或是'都官人'之省稱，指都官廷内的差人，其地位可從陶磊先生意見，應介於黔首與吏之間。"④ 其實整理小組在此關於"官人"的解釋就比較穩妥，至於所謂"官人"爲"庶人在官者"及"地位介於黔首與吏之間"云云的探討，有點求之過細，且推測成分較多，於此處嶽麓秦簡的理解並無多大幫助。

《周禮》中"官刑"有一種含義，就是針對本部門内部人員實施的行政處罰，與嶽麓簡此處都官治其官人之獄的情況相類似。《周禮·天官·大宰》以八灋治官府，"七曰官刑，以糾邦治"。鄭司農曾解釋説："官刑謂司刑所掌墨罪、劓罪、宫罪、刖罪、殺罪也。"但是鄭玄不同意這種解釋："玄謂官刑，《司寇》之職五刑，其四曰官刑，上能糾職。"⑤ 賈公彦曰："此是正五刑，施於天下，非爲官中之刑，故後鄭不從之也。"⑥ 意思是説，鄭司農對《大宰》此處的"官刑"解釋不準確，此處的"官刑"是部門内部的行政處罰，與施於天下的作爲刑事處罰的"五刑"不是一回事，所以鄭玄没有采納鄭司農的意見。孫詒讓在此基礎上作了進一步的解釋：

> 云"玄謂官刑，司寇之職五刑，其四曰官刑，上能糾職"者，據《大司寇》文。《宰夫》"官刑"注義同。凡百官府黜陟廢置誅賞，並以此爲斷，與《司刑》"五刑"異也。《書·舜典》云："鞭作官刑。"《史記·五帝本紀》集解引馬融云："官刑，爲辨治官事者爲刑。"案：鞭亦官府輕刑之一也。賈疏云："是專施於官府之中，於義爲當也。"⑦

其中的"官刑"説得很明確，是治官府的"官刑"。《周禮·秋官·大司寇》"四曰官刑，

---

① 睡虎地秦墓竹簡整理小組編：《睡虎地秦墓竹簡》，釋文部分第30、64頁。
② 張家山二四七號漢墓竹簡整理小組編著：《張家山漢墓竹簡〔二四七號墓〕（釋文修訂本）》，第37頁。
③ 陶磊：《讀〈嶽麓書院藏秦簡（伍）〉札記》，武漢大學簡帛網2018年7月1日。
④ 高婷婷：《〈嶽麓書院藏秦簡（伍）〉第二組集釋及相關問題研究》，第41頁。陶磊：《德禮·道法·斯文重建：中國古代政治文化變遷之研究》，浙江大學出版社2016年版，第215—216頁。
⑤ 孫詒讓：《周禮正義》，第1分册，第76—77頁。
⑥ 同上注，第81頁。
⑦ 同上注。

上能糾職",説的就是這種"官刑"。"上能糾職"就是針對各級官署內部的工作人員而言的,表彰工作成績突出的,就是"上能";處罰工作中出現失誤的,就是"糾職"。再比如説《周禮·天官·宰夫》説"掌治法以考百官府、群都縣鄙之治,乘其財用之出入。凡失財用物辟名者,以官刑詔冢宰而誅之",就是説官府部門出現財務問題時,將根據官刑追究責任。當然,這種作爲行政處罰的"官刑"只是在一定範圍和一定程度內實施的,一旦官府工作人員所犯錯誤的性質超過行政處罰的權限,將移交司法部門處理。《周禮》中屢次提到的"其附於刑者歸於士",就是這個意思。

《嶽麓肆》簡116:"金布律曰:諸亡縣官器者,必獄治;臧(贓)不盈百廿錢,其官自治,勿獄。"其中的"獄治"和"其官自治",也是區分了刑事處罰和行政處罰。工作人員或徒隸,弄丟了縣官的器物,價值在百二十錢以下者,本部門行政處罰即可,即"其官自治";價值在百二十錢以上者,則移交司法機關處理,即"獄治"。①

【4】黔首獄

[疏證]

黔首獄:與都官所處理的"官人之獄"相對。"官人之獄"指涉及都官官署內部人員的案件。"黔首獄"指涉及當地百姓的地方案件。也就是説,一般情況下,都官無權干涉地方司法活動。"毋治黔首獄"之後,嶽麓秦簡整理小組原標點爲逗號,今改爲句號。下文就分述了只限於都官部門內部的"官人之獄"和牽連到地方黔首的"官人之獄",也就是"其官人之獄有與黔首連者",兩種情況。

【5】它論

[整理小組注]

它論:逃亡罪之外的犯罪應該論處的。②

【6】其官在縣盼(界)中

[疏證]

其官在縣盼(界)中:嶽麓秦簡整理小組把"其官在縣盼(界)中"與簡156"而就近自告都官"連讀,作"其官在縣盼(界)中而就近自告都官",句意甚是難解。如果把"其官"理解爲都官,在此處就成了都官向都官自告。可能出於這個原因,陶磊對這句話的句讀提出了質疑,他説:"'其官人亡若有它論而得,其官在縣界中而就近自告都官',標點也不妥,當作'其官人亡若有它論,而得其官在縣界中,而就近自告都官',是講官人逃亡,恰好碰上其都官也在其逃亡之縣界,所以有自告之説。"③高婷婷雖然不同意陶磊

---

① 朱紅林:《〈嶽麓書院藏秦簡(肆)〉疏證》,第122—123頁。
② 陳松長主編:《嶽麓書院藏秦簡(伍)》,第157頁。
③ 陶磊:《讀〈嶽麓書院藏秦簡(伍)〉札記》,武漢大學簡帛網2018年7月1日。

之説，堅持整理者的意見，但並未提出更合理的解釋。① 關鍵是那個"其官在縣界中"的"其官"如何理解。如果我們把"其官"理解爲都官分布在它處的下屬機構或者説分支機構，這個問題可能就容易理解了。秦簡中所見的都官一般都是生産經營性質的機構，往往有很多分支機構分布在各地。簡文中的"都官"相當於我們現在所説的公司總部，分支機構相當於各地的分公司，秦簡中稱之爲"離官"。《嶽麓伍》簡319—321有關"居室"的規定或可提供綫索："居室言：徒隸作官，宮別離居它縣眅（界）中，遠。請：居室徒隸、官屬有辠當封，得作所縣官，作所縣官令獄史封，其得它縣官當封者，各告作所縣官，作所縣官□□□移封牒居室。·御史請：許泰倉徒及它官徒別離□如此而有辠當封者比。""居室"在這裏就是一個都官機構。嶽麓秦簡整理小組注："居室：少府屬官，掌管在宮中服役的刑徒，或作爲臨時羈押罪犯的處所。"從簡文的具體內容來看，"居室"就是少府屬下負責宮殿建築的一個建築部門。其中"得作所縣官""其得它縣官"云云，説的就是"居室"屬下的徒隸及管理人員在本縣界内或它縣界内犯罪被抓的具體處置措施。簡文中所提到的"居室徒隸、官屬有罪當封"，也印證了我們所論證的都官"官人"不僅包括所謂的庶人在官者，也包括徒隸在內的結論，是正確的。

【7】移其縣

[疏證]

移其縣：把相關的案件報告移交當地縣廷司法機關處理。前文説官人因逃亡或其他案件被抓獲，並被上報給其所屬都官，都官"書其告"，也就是把相關的案件原因及進展做了書面記錄。因爲"官人"逃亡在外，或其他原因，可能牽涉在地方司法機關的管理權限之內，所以需要移交地方司法機關處理。"其"字之後當是省略了"告於"二字，"告"爲名詞，案件報告，"於"爲介詞，至、給的意思。

"移其縣"之後，嶽麓秦簡整理小組原標點爲句號，今改爲分號。

【8】縣異

[疏證]

縣異：都官屬員所牽涉的案件發生地與都官駐地不在同一個縣。

【9】都官旁縣

[疏證]

都官旁縣：實際上是指都官所在的縣。嶽麓簡説了兩種情況：一種情況是案發地是在本縣，也就是簡文所謂的"其官在縣界中"，這種情況下，都官直接與駐地所在縣聯繫並移交案件。另一種情況是官人跑到了外縣，在外縣被抓獲，這時案件也就需要交由外縣處置，所謂"縣異"就是抓獲犯人不是在本縣。

---

① 高婷婷：《〈嶽麓書院藏秦簡（伍）〉第二組集釋及相關問題研究》，第41頁。

都官所在縣與案發地所在縣較遠，前者相對於後者，就稱爲"旁縣"。《嶽麓肆》簡143—144："置典、老，必里相誰（推），以其里公卒、士五（伍）年長而毋（無）害者爲典、老，毋（無）長者令它里年長者爲它里典、老。"①陳偉曰："文中前一個'它里'是指'毋長者'之里以外的里，後一個'它里'則是指'毋長者'之里。因爲從前一個'它里'選出的典、老是到並非自己原在的里任職，這個里對他而言也屬於'它里'。"②"它里"的用法與此處"旁縣"相似。這個"旁縣"指的是都官所在縣，下文"移旁縣"之"旁縣"，就是與都官所在縣相異的案發地所在縣。前後兩個"旁縣"不是一回事，這是需要注意的。

【10】移旁縣

［疏證］

移旁縣：（把案件移交給）案發地所在縣。

【11】其官人之獄有與黔首連者

［整理小組注］

連：牽連。③

［疏證］

"其官人之獄有與黔首連者"與前文提到的"官人之獄"是相對的。前文所謂的"官人之獄"是都官管理範圍內部發生的案件，不涉及部門外人員。而"官人之獄有與黔首連者"，則是說案件牽涉到都官本部門之外的當地地方黔首。由於都官只能處理本部門內部的案件，所以涉及地方黔首的案件，則需要移交地方縣廷處理。

即使如此，這條令文還是有難通之處。前文說到純粹的"官人之獄"時，"其官在縣界中"，都官在書其告之後，"各移其縣"；案發地不在都官駐地所在縣時，則"移其旁縣"。似乎說明都官最終還是把案件的處理任務和權限交到了地方縣廷的手中。那麼，所謂都官治其官人之獄究竟體現在何處呢？或許都官在各地有自己的管轄範圍，都官內部的官人之獄發生在本部門管轄區域之內，則由都官自行處理；如果發生在都官管轄範圍之外，所駐縣縣界之內，則"移其縣"，即移交到當地縣政府處理；至於與地方黔首有牽連的案件，自然也是移交給地方政府去處理。當然，這一切推測的成分不少，還需要進一步研究證明。

【12】黔首縣

［疏證］

黔首縣：與都官轄下官人之案件有牽連的黔首所在的縣。這裏的"黔首縣"可分爲兩種情況：一種情況是涉案黔首與都官官人同屬一個縣，另一種情況是涉案黔首與都官官人不屬於同一個縣。"黔首縣"之後，嶽麓秦簡整理小組原標點爲逗號，今改爲分

---

① 陳松長主編：《嶽麓書院藏秦簡（肆）》，第115頁。
② 陳偉：《秦簡牘校讀及所見制度考察》，武漢大學出版社2017年版，第286頁。
③ 陳松長主編：《嶽麓書院藏秦簡（伍）》，第157頁。

號。這與上文處理單純的"官人之獄"做法是一樣的,如果涉案黔首被抓獲地點就在其户籍所在縣,則案件直接移交户籍所在縣縣廷處理,也就是所謂的"黔首縣";但如果涉案黔首被抓獲地點遠離其户籍所在縣,則交由抓獲地縣廷處理,也就是所謂的"旁縣"。二者之間爲並列關係,故應以分號斷開。

【13】旁縣

[疏證]

旁縣:此處指涉案黔首在本縣之外被抓獲之地所在縣。"旁縣"之後,嶽麓秦簡整理小組原標點爲逗號,今改爲句號。因爲後面的"縣皆亟治論之",是針對前面單純的都官系統内部的"官人之獄"及牽涉地方黔首的"官人之獄"的各種情況共同而言的,以句號斷開,可以在文意上避免產生誤解。

【14】執灋

[疏證]

此處的"執灋",曹旅寧認爲當與前文"丞相"連讀,並且認爲嶽麓秦簡中的"御史""丞相""執灋"並列時,"執灋"都應與前面的職官連讀,作"御史、丞相執灋""丞相、御史執灋",意爲"御史、丞相"之"執灋"或"丞相、御史"之"執灋"。他把"執灋"一職理解爲丞相或御史的派出機構。[①]鑒於嶽麓秦簡中出現的"執灋"一職的表現,我們目前還不能認可這一説法。

【15】下

[疏證]

"下"有兩種可能的含義:一是指上級向下級下派任務。所謂"下都官",指把案件交由都官審理。二是指把涉案者下獄。所謂"下都官",指把涉案的都官案件交由相關部門審理。

另外,值得注意的是"其御史、丞相、執灋所下都官"中的"所"的理解,我們認爲理解時"所"當屬上讀,意爲"處所",即"御史、丞相、執灋之所"下都官,而不是意屬下讀,作御史、丞相、執灋"所下"都官。

【16】都官所治它官獄者

[疏證]

都官所治它官獄者,可能是指都官系統中區別於涉案者所屬部門以外的其他部門。上文說御史、丞相、執灋把有關都官的案件下放到都官本系統處理,都官系統在接到上級轉交的案件後,出於避嫌的目的,把案件交由涉案者所屬部門以外的部門處理。

---

① 曹旅寧:《説嶽麓秦簡(伍)中的"執法"》,武漢大學簡帛網2019年1月26日。

簡文大意

令曰：都官處理案件，只能處理本部門人員內部犯罪的案件，不能處理普通黔首的案件。如果都官所屬人員逃亡或涉及都官之外其他案件被抓獲，當地相關部門應就近向都官報告，都官聽取報告之後，記錄內容形成卷宗，移交地方管理部門處理。如果案件發生在其他縣，遠離都官，在旁縣，移交旁縣處理。如果都官屬員案件與地方黔首有關聯，移交地方處理。如果黔首所屬縣與案件發生地遙遠，在他縣，則移交他縣處理。地方縣道接到此類案件後，要及時處置。有不遵守此令者，貲罰二甲。如果是御史、丞相、執灋所下發的關於都官的案子，由都官系統中區別於涉案者所屬部門以外的其他部門審理。　廷卒令甲第二。

缺簡 17

簡 1178（159）：

☐・廷卒甲八☐ 159

缺簡 18

簡 1739（160）：

勿更。・廷卒甲十一 160。

缺簡 19

簡1727（161）：

廷卒甲十六。　·廷卒甲。十六₁₆₁。

缺簡₂₀

簡1601（162）：

☐年八月戊寅下[1]。　廷卒甲廿二₁₆₂。

【1】下

[整理小組注]

下：頒下。此句是令文頒下的年月日的記録。①

簡1795+1699-1（163—164）：

☐☐敢[1]令其奴婢、私屬免婢[2]市販馬牛犢爲賈[3]。不從令[4]者，黥奴婢、私屬免婢爲城旦舂，黥其【顔（顏）頯】[5]☐₁₆₃禁市販。　·廷卒甲廿七₁₆₄

【1】☐☐敢

[疏證]

據文例，這種情況下"敢"字之前一般是表示否定的副詞，或可補"毋"字。

【2】私屬免婢

[疏證]

嶽麓秦簡整理小組原標點作"私屬、免婢"，今從高婷婷之說改爲連讀，下同。② "私屬免婢"與"奴婢"相對，據張家山漢簡《二年律令》簡162—163《亡律》的規定可知，漢

---

① 陳松長主編：《嶽麓書院藏秦簡（伍）》，第157頁。
② 高婷婷：《〈嶽麓書院藏秦簡（伍）〉第二組集釋及相關問題研究》，第42—43頁。

初奴婢被主人免除奴婢身份後，奴被稱爲"私屬"，婢被稱爲"庶人"，但都依附於主人，並非完全的自由人。① 婢被稱爲"免婢"，表示她已經被免除了"婢"的身份。《嶽麓叁》簡126《識劫䢵案》有"沛免䢵爲庶人，即書户籍曰：免妾"。② "免妾"與"免婢"含義相同，都是指被免除奴婢或臣妾身份的女子，都屬於庶人。

【3】爲賈

［疏證］

爲賈：從事商業活動。"爲賈"之後，嶽麓秦簡整理小組原標點爲逗號，今改爲句號。

【4】不從令

［整理小組注］

據彩色圖版隸定。③

【5】䫇

［整理小組注］

䫇：據嶽麓秦簡《亡律》辭例補。④

簡文大意

……不得讓他的奴婢、私屬免婢販賣牛馬。如果不遵守這項法令，奴婢、私屬免婢將被判處城旦舂的刑罰，並在其面部施以黥刑。……禁止販賣。　廷卒令甲第廿七。

簡1706＋1784（165）：

●自今以來，禁[1]毋以壬、癸哭臨[2]、葬（葬）、以報囚[3]。犯令者，貲二甲。　·廷卒乙十七 165

【1】禁

［疏證］

禁：表示強調之意。《禮記·緇衣》："君子道人以言而禁人以行。"鄭玄注："禁，猶謹

---

① 張家山二四七號漢墓竹簡整理小組編著：《張家山漢墓竹簡〔二四七號墓〕（釋文修訂本）》，第30頁。
② 朱漢民、陳松長主編：《嶽麓書院藏秦簡（叁）》，第159頁。
③ 陳松長主編：《嶽麓書院藏秦簡（伍）》，第157頁。
④ 同上注。

也。"孔穎達正義:"禁,猶謹也。言禁約謹慎人以行,使行顧言也。"①

【2】以壬、癸哭臨

[整理小組注]

壬、癸:壬日、癸日。哭臨:見《漢書·文帝紀》:"無發民哭臨宮殿中。殿中當臨者,皆吕旦夕各十五舉音,禮畢罷。"②

[疏證]

臨:哭泣弔唁。《左傳·宣公十二年》:"十二年春,楚子圍鄭。旬有七日,鄭人卜行成,不吉。卜臨于大宫,且巷出車,吉。國人大臨,守陴者皆哭。"杜預注:"臨,哭也。"③《漢書·高帝紀》:"於是,漢王爲義帝發喪,袒而大哭,哀臨三日。"顔師古曰:"衆哭曰臨。"④嶽麓秦簡整理小組原讀作"自今以來,禁毋以壬、癸哭臨,葬以報囚",今從陳偉説讀作"自今以來,禁毋以壬、癸哭臨、葬、以報囚"。⑤

此類《月令》類律令,傳世文獻與秦漢簡中常見記載,學者們多有探索,值得注意。⑥

【3】報囚

[整理小組注]

報日:秦漢日書中的一種特定的日子,即辛亥、辛卯、壬午三日。孔家坡漢簡《日書》3063簡:"辛亥、辛卯、壬午不可以寧人及問疾,人必反代之。利以賀人,人必反賀之,此報日也。"⑦

[疏證]

囚,嶽麓秦簡整理小組原釋作"日"。賀璐璐曰:"'報日'又稱爲'複日',其並没有特定的吉凶屬性。該日所做之事會重複、返回到做事者身上,其日利爲吉事,宜賀人、畜畜;忌爲凶事,忌寧人、問疾、安葬。簡文大意是説:自今起,不得在壬、癸日哭臨,不得在'報日'安葬死者。'報日'安葬死者會造成死者親人的再死亡,並且壬、癸又同屬'報日'所值天干,所以此條律令的目的應釋爲了避免因不遵守擇吉規定而引發的死亡。秦律令如此規定説明了當時社會上人口消亡過多,而秦統治者則把部分原因歸於民衆壬、癸哭臨,'報日'安葬等不遵守數術規定的行爲。"可備一説。⑧

今從陳偉説改釋爲"囚"。陳説曰:"相關文句應改釋作:'●自今以來,禁毋以壬、

---

① 孔穎達:《禮記正義》,上海古籍出版社2008年版,下册,第2108頁。
② 陳松長主編:《嶽麓書院藏秦簡(伍)》,第157頁。
③ 杜預:《春秋經傳集解》,第582—583頁。
④ 班固:《漢書》,第1分册,第35頁。
⑤ 陳偉:《〈嶽麓書院藏秦簡(伍)〉校讀(續五)》,武漢大學簡帛網2018年4月12日。
⑥ 邢義田:《月令與西漢政治》,《治國安邦:法制、行政與軍事》,中華書局2011年版,第125—179頁。楊振紅:《月令與秦漢政治——兼論月令源流》,《出土簡牘與秦漢社會》,廣西師範大學出版社2009年版,第187—233頁。
⑦ 陳松長主編:《嶽麓書院藏秦簡(伍)》,第157頁。
⑧ 賀璐璐:《嶽麓秦簡所見"報日"條律令及相關問題研究》,《第七届出土文獻與法律史研究學術研討會論文集》,湖南大學,2017年11月,第443頁。

癸哭臨、葬、以報囚。'《後漢書・章帝紀》元和二年七月詔曰：'律十二月立春，不以報囚。《月令》冬至之後，有順陽助生之文，無鞠獄斷刑之政。朕咨訪儒雅，稽之典籍，以爲王者生殺，宜順時氣。其定律，無以十一月、十二月報囚。'所引述之律和所定之律與這條秦令，雖然規定的日期不同，但立意應有相通處。"① 我們從陳偉説。

簡文大意

自今以來，不得在壬日、癸日哭泣吊唁、不得下葬、報囚。違反此令者，貲罰二甲。　廷卒令乙第二十。

簡1786+1713（166—167）：

●數[1]言赦，不便[2]。請：自今以來，節（即）爲令若有議爲殹（也），而當以赦爲根[3]者，皆以其赦令出之明日爲根[4]，曰：某年某月某166日以來。[5]　・廷卒乙廿167。

【1】數

[疏證]

數：屢次。《爾雅・釋詁上》："數，疾也。"郝懿行義疏："數者，與'屢'同意，今人言'數數'，猶言'屢屢'也。'屢、數'有迫促之意，故同訓爲'疾'。"②

【2】不便

[疏證]

便：通"辨"。辨析；明晰。《莊子・秋水》："夫精小之微也，垺大之殷也，故異便。"高亨箋："便借爲辨。《説文》：'辨，判也。'《小爾雅・廣言》：'辨，別也。'異辨猶云分別耳。《書・堯典》'平秩東作'，《史記・五帝本紀》作'便程東作'，《尚書大傳》作'辯秩東作'，此便、辯通用之證。辯、辨古常通用，則便、辨古亦通用，明矣。"③ 秦簡此處意思是説，不同人或不同部門出於各種原因，對赦令生效的起始日期，經常出現理解偏差。所以此處的"便"，可理解爲"分辨"。這種情況，也許是針對"自今以來"這類表述的法令而作出的修正改進措施。

---

① 陳偉：《〈嶽麓書院藏秦簡（伍）〉殘字試釋》，《江漢考古》2018年第4期，第123—124頁。
② 郝懿行：《爾雅義疏》，上册，第110頁。
③ 高亨：《諸子新箋》，收入《高亨著作集林》，清華大學出版社2004年版，第6分册，第88頁。

【3】根

[整理小組注]

根：根據。或讀爲限，指赦令的期限。①

[疏證]

當以整理小組"根據"説爲是，具體指赦令生效的起始時間。

【4】以其赦令出之明日爲根

[疏證]

以其赦令出之明日爲根：以赦令頒布的第二天爲起始時間。《廣雅·釋詁》："根，始也。"②

【5】某年某月某日以來

[疏證]

某年某月某日以來：根據上文赦令的生效時間爲"赦令出之明日"，那麽這裏的"某年某月某日"也應當就是"赦令出之明日"。

簡文大意

（現在）經常提到赦令，（時間）表達很不清晰。請求：自今以來，如果制定法令或廷議涉及赦令爲依據，則以赦令發出的第二天爲生效起始時間，曰："某年某月某日以來。" 廷卒乙廿。

缺簡21

簡1728＋1730（168−169）：

□□□□[1]□。有不從[2]律令者，都吏[3]監者□舉劾[4]。問其人，其人不亟以實占吏其名吏（事）官[5]⌒，吏三問之而不以請（情）168實占吏者，行其所犯律令皋[6]，有（又）駕（加）其皋一等。 ·廷卒乙廿一169。

---

① 陳松長主編：《嶽麓書院藏秦簡（伍）》，第157頁。
② 王念孫：《廣雅疏證》，第5頁。

【1】□

　[整理小組注]
　　□：據殘筆，此字從西。①

【2】從

　[疏證]
　　從：遵從，遵守。《漢語大詞典》："聽從；依順。《書·益稷》：'予違汝弼，汝無面從，退有後言。'孔傳：'無得面從我違，而退後有言我不可弼。'《墨子·號令》：'不從令者斬。'《史記·廉頗藺相如列傳》：'臣從其計。'"②

【3】都吏

　[整理小組注]
　　都吏：二千石官署的一類屬吏，赴縣道覆治案件是其職掌之一。張家山漢簡《二年律令·具律》："气（乞）鞫者各辭在所縣道，縣道官令、長、丞謹聽，書其气（乞）鞫，上獄屬所二千石官，二千石官令都吏覆之。"③

　[疏證]
　　嶽麓秦簡整理小組的解釋過於拘泥。"都吏"是一種上級相對下級的稱呼。"都吏"與"都官吏"不是一個概念。"都吏"是一種臨時性的稱呼，官吏被上級派到下級執行臨時的監督或其他任務時，被下級稱爲或者説視爲"都吏"。"都官"是一種是中央派駐到地方的常設機構，往往與所在地方的縣道機關屬於平級單位，其中的吏員稱爲"都官吏"，没有監督地方政務的特權。

【4】□舉劾

　[疏證]
　　□舉劾：從文意而言，"□"或爲"輒"字。"□舉劾"之後，嶽麓秦簡整理小組原標點爲逗號，今改爲句號。

【5】名吏（事）官

　[整理小組注]
　　名吏（事）官：名，姓名；事，身份，如黔首、刑徒；官，管轄的官署。④

---

① 陳松長主編：《嶽麓書院藏秦簡（伍）》，第157頁。
② 漢語大字典編輯委員會：《漢語大字典（第2版）》，第891頁。
③ 陳松長主編：《嶽麓書院藏秦簡（伍）》，第157頁。
④ 同上注。

[疏證]

嶽麓秦簡整理小組把"名吏(事)官"之"吏(事)"解釋爲"身份,如黔首、刑徒",值得商榷。事,當解釋爲"職務""職業"。睡虎地秦簡《封診式》簡6—7《有鞫》:

敢告某縣主:男子某有鞫,辭曰:"士五(伍),居某里。"可定名事里,所坐論云可(何),可(何)罪赦,或復問毋(無)有,遣識者以律封守,當騰,騰皆爲報,敢告主。

睡虎地秦簡整理小組注:"事,《説文》:'職也。'名事里,姓名、身份、籍貫。居延漢簡三九·四六有'鞫繫,書到,定名縣爵里'。參看《秦律十八種》中《倉律》'入禾倉'條注(一七)。"①"身份"的含義很廣泛,嶽麓秦簡整理小組此處是從把"身份"解釋爲"黔首、刑徒"的角度來理解的;而睡虎地秦簡整理小組《封診式》注則是從職業的角度看來理解的。

睡虎地秦簡《秦律十八種》簡25《倉律》:"後節(即)不備,後入者獨負之;而書入禾增積者之名事邑里於廥籍。"睡虎地秦簡整理小組注:"名事邑里,秦簡《封診式》作名事里,意爲姓名、身份、籍貫,與《漢書·宣帝紀》'名縣爵里'意近。"②可以看出,睡虎地秦簡整理小組此處又是從爵位的角度看來理解"身份"。總而言之,睡虎地秦簡整理小組使用了一個含義較爲廣泛的詞"身份"來解釋"事",導致在進一步具體定位的時候搖擺不定,一會兒説"職業",一會兒説"爵位",而這種解釋直接影響到了對嶽麓秦簡此處"事"的解釋。

嶽麓秦簡的研究者在涉及此處的"事"的解釋時,或曰"身份",或曰"爵位",很可能就是受了睡虎地秦簡整理小組的影響。本來,職業是職業,爵位是爵位,是兩回事,但都屬於"身份"的範疇,用"身份"來解釋"名事里"之"事"就把問題搞模糊了,一旦細究,就會出問題。所以直接把"名事里""名事官"之"事"按照《説文》解釋爲"職業"可以了,用不着無限延伸。

另外,嶽麓秦簡整理小組把"官"解釋爲"管轄的官署",不如解釋爲"所屬部門或官署",更爲明了。

【6】行其所犯律令辠

[疏證]

行其所犯律令辠:按照其所違反律令的性質實施處罰。行:實施。《嶽麓伍》簡174—175"有(又)行其賜"之"行",亦同此義。③辠:同"罪",此處爲"刑罰""處罰"義。《漢語大字典》:"懲罰;治罪。《篇海類編·器用類·網部》:'罪,罰曰罪。'《書·舜典》:'流共工於幽州,放驩兜於崇山,竄三苗於三危,殛鯀於羽山,四罪而天下咸服。'《韓非子·內儲説上》:'有過不罪,無功受賞,雖亡不亦可乎?'《史記·田叔列傳》:'趙有敢

---

① 睡虎地秦墓竹簡整理小組編:《睡虎地秦墓竹簡》,釋文部分第148頁。
② 同上注,釋文部分第26頁。
③ 陳松長主編:《嶽麓書院藏秦簡(伍)》,第126頁。

隨張王,罪三族。'"①

簡文大意

……有不遵守律令者,負責監察的都吏要及時進行指控,訊問當事人。其人如果不盡快以實情相告,坦承其姓名、職業、所屬部門,三次盤問之後仍不以實相告,將根據其實際所犯律令定罪,並加罪一等。　廷卒乙廿一。

簡1792＋1813＋1855（170-172）：

●捕以城邑反[1],及非從興殹(也)[2]而捕道故塞徼外蠻夷[3]來爲閒,賞毋律⌐[4]。今爲令[5]:謀以城邑反及道故塞徼外170蠻夷來欲反城邑者,皆爲以城邑反[6]。智(知)其請(情)而舍之[7],與同皋[8];弗智(知)[9],完爲城旦舂⌐。以城邑反及舍者之室人171存者[10],智(知)請(情),與同皋[11];弗智(知),贖城旦舂⌐。典、老、伍人智(知)弗告,完爲城旦舂[12];弗智(知),貲二甲。　·廷卒乙廿一[13]172。

【1】以城邑反

[疏證]

以城邑反：據城邑反叛。張家山漢簡《二年律令》簡1-2《賊律》：

以城邑亭障反,降諸侯,及守乘城亭障,諸侯人來攻盜,不堅守而棄去之若降之,及謀反者,皆要(腰)斬。其父母、妻子、同產,無少長皆棄市。其坐謀反者,能偏(徧)捕,若先告吏,皆除坐者罪。②

可爲理解嶽麓秦簡"以城邑反"律文之參考。"捕以城邑反"之後,嶽麓秦簡整理小組原與下文"非從興殹(也)"連讀,今從陳偉説,以逗號斷開。③從這句令文的内容來看,"捕"的對象有兩個,一個是"以城邑反"者,另一個是在"非從興殹(也)"的情況下"捕道故塞徼外蠻夷來爲閒"者。

---

① 漢語大字典編輯委員會編纂：《漢語大字典(第2版)》,第3116頁。
② 張家山二四七號漢墓竹簡整理小組編著：《張家山漢墓竹簡〔二四七號墓〕(釋文修訂本)》,第7頁。
③ 陳偉：《〈嶽麓書院藏秦簡(伍)〉校釋》,《出土文獻與法律史研究》第7輯,第11頁。

鄒水傑認爲,《嶽麓伍》簡170—172、176—178、181、182等令文,"處罰的是'道故塞徼外蠻夷來爲間'、'來盜略人'及'以城邑反'等行爲,既契合秦統一後秦匈關係的緊張局面,也符合匈奴劫略人口的特性。""這些令條應是秦二世時針對内部謀反和匈奴侵擾寇邊的内外形勢而頒發。"①

【2】從興殹(也)

[疏證]

興:徭役和兵役徵發。因爲令文説的是抓捕爲間者,所以知道此處所言"興"指的是軍興。《周禮·地官·旅師》:"平頒其興積。"鄭玄注:"縣官徵聚物曰興,今之'軍興'是也。"②從興:即從軍興,參加軍事行動。《嶽麓肆》簡181:"有興而用之,毋更置。其有死亡者,時補之,從興有缺,縣補之。有卒者毋置。"③《嶽麓肆》及《嶽麓伍》這兩處的"從興",從上下文來看,都是"從軍興"。

但嶽麓簡也有不少地方"興"就是指一般的徭役徵發活動的。如:《嶽麓肆》簡244—247:

縣(繇)律曰:歲興縣(繇)徒,人爲三尺券一,書其厚焉。節(即)發縣(繇),鄉嗇夫必身與典以券行之。田時先行富有賢人,以閒時行貧者,皆月券書其行月及所爲日數,而署其都發及縣請(情)。其當行而病及不存,署于券,後有縣(繇)而聶(躡)行之。節(即)券縣(繇),令典各操其里縣(繇)徒券來與券以畀縣(繇)徒,勿徵贅,勿令費日。其移徙者,輒移其行縣(繇)數徙所,盡歲而更爲券,各取其當聶(躡)及有贏者日數,皆署新券以聶(躡)。④

《繇律》所言"興繇"當指年度例行徭役徵發,與戰時的徭役兵役徵發當有所不同。

"從興殹(也)"之後,嶽麓秦簡整理小組原標點爲逗號,今從陳偉説,改爲與下文連讀。⑤

【3】故塞徼外蠻夷

[疏證]

鄒水傑曰:"'故塞徼外蠻夷'是指原昭襄王長城之外的匈奴與戎羌等少數民族,這些區域在秦始皇三十三年前並非秦屬之地。睡虎地秦簡中稱該區域的少數民族政權爲'外臣邦'。相應地,昭襄王長城之内的少數民族就是'故塞徼中蠻夷',原爲屬邦之下

---

① 鄒水傑:《秦代屬邦與民族地區的郡縣化》,《歷史研究》2020年第2期,第56頁。
② 彭林整理:《周禮注疏》,上海古籍出版社2010年版,上册,第576頁。
③ 陳松長主編:《嶽麓書院藏秦簡(肆)》,第128頁。
④ 同上注,第149—150頁。
⑤ 陳偉:《〈嶽麓書院藏秦簡(伍)〉校釋》,《出土文獻與法律史研究》第7輯,第11頁。

的'臣邦'統轄。"①

【4】賞毋律

[疏證]

賞毋律：法律沒有針對此類情況的賞賜規定。《嶽麓伍》簡176—178：

> 吏捕告道徼外來爲閒及來盜略人、謀反及舍者，皆勿賞。隸臣捕道徼外來爲閒者一人，免爲司寇，司寇爲庶人。道故塞徼外蠻夷來盜略人而得者，黥剄（劓）斬其左止（趾）以爲城旦。前令獄未報者，以此令論之。斬爲城旦者，過百日而不死，乃行捕者賞。縣道人不用此令。　廷卒乙廿一。②

從《廷卒乙》第二十一條的規定來看，官吏和縣道平民抓捕到徼外來爲閒者都是没有賞賜的，只有官府控制下的徒隸抓捕到爲閒者才有賞賜。

【5】今爲令

[整理小組注]

今爲令：現在制定令文。③

【6】皆爲以城邑反

[疏證]

皆：指"以城邑反"和"道故塞徼外蠻夷來欲反城邑者"兩種情況。這兩種情況，根據新法令，都按照以城邑反論處。

前文説"捕以城邑反，及非從興殹（也）而捕道故塞徼外蠻夷來爲閒，賞毋律"，爲了彌補"賞毋律"的不足，此處説"今爲令：謀以城邑反及道故塞徼外蠻夷來欲反城邑者，皆爲以城邑反"，可知此處的"道故塞徼外蠻夷來欲反城邑者"與前文的"故塞徼外蠻夷來爲閒"，應當是指同一類敵對破壞勢力。

爲：表示判斷的動詞，屬於。

【7】舍之

[疏證]

"舍"此處有兩種可能的理解。

一種是"舍匿"，爲之提供容身之所。如《嶽麓肆》簡053—058：

---

① 鄒水傑：《秦代屬邦與民族地區的郡縣化》，《歷史研究》2020年第2期，第57頁。
② 陳松長主編：《嶽麓書院藏秦簡（伍）》，第126—127頁。
③ 同上注，第157頁。

郡及襄武、上雒、商、函谷關外人及罷(遷)郡、襄武、上雒、商、函谷關外男女去，闌亡、將陽，來入之中縣、道，無少長，舍人室，室主舍者，智(知)其請(情)，以律罷(遷)之。典、伍不告，貲典一甲，伍一盾。不智(知)其請(情)，主舍，貲二甲，典、伍不告，貲一盾。舍之過旬乃論之，舍，其鄉部課之，卒歲，鄉部吏弗能得，它人捕之，男女無少長，伍(五)人，辟鄉部嗇夫；廿人，貲鄉部嗇夫一盾；卅人以上，貲鄉部嗇夫一甲，令丞辟，鄉部吏主者，與鄉部嗇夫同罪。其亡居日都官、執灋屬官、禁苑、園、邑、作務、官道畛(界)中，其嗇夫吏、典、伍及舍者坐之，如此律。免老、小未傅、女子未有夫而皆不居償日者，不用此律。①

又如《嶽麓肆》簡60—64：

盜賊籓(遂)者及諸亡坐所去亡與盜同灋者當黥城旦舂以上及命者、亡城旦舂、鬼薪、白粲舍人室、人舍、官舍，主舍者不智(知)其亡，贖耐。其室人、舍人存而年十八歲者及典、田典不告，貲一甲。伍不告，貲一盾。當完爲城旦舂以下到耐罪及亡收、司寇、隸臣妾、奴婢闌亡者舍人室、人舍、官舍，主舍者不智(知)其亡，貲二甲。其室人、舍人存而年十八歲以上者及典、田典、伍不告，貲一盾。②

另一種可能的理解是"舍棄"，也就是說，知道對方是罪犯，但不采取措施舉報或抓捕，不聞不問。如《左傳·僖公二十八年》："宋人告急，舍之則絕，告楚不許。""舍之"，即放棄宋國，不予救援。

以上兩種解釋就這條令文而言，都是説得通的。但考慮到嶽麓簡的多數類似表述中"舍之"的用法，我們再次暫且采取第一種理解，即"舍匿"説。

【8】與同辠

[疏證]

與同辠：此"與同辠"指的是收留"以城邑反者"之家的户主接受與"以城邑反者"同樣的處罰。下文的"與同辠"指的是"以城邑反者"之家人以及收留"以城邑反者"之家的户主的家人，這兩類人知情不報，將接受與"以城邑反者"同樣的處罰。

兩處"與同辠"之後，嶽麓秦簡整理小組原標點皆爲句號，今都改爲分號。

【9】弗智(知)

[疏證]

弗智(知)：即"弗智(知)情而舍之"之省。

---

① 陳松長主編：《嶽麓書院藏秦簡(肆)》，第56—58頁。
② 同上注，第58—60頁。

【10】室人存者

[疏證]

室人存者：室人在現場者。室人：家人。秦簡中把當時的核心家庭稱爲室，核心家庭的成員，稱爲"室人。"睡虎地秦簡《法律答問》簡201：

> 可(何)謂"室人"？可(何)謂"同居"？"同居"，獨户母之謂殹(也)。"室人"者，一室，盡當坐罪人之謂殹(也)。

睡虎地秦簡整理小組注："室人，《禮記·昏義》注：'謂女姑女叔諸婦也。'"①這個解釋明顯與簡文文義風馬牛不相及。《釋文修訂本(壹)》收錄了一些學者對此的研究，也都不同程度地對整理者的注釋提出了批評：

> 陳玉璟(1985)：指"全家""一家人"。《詩·邶風·北門》："我入身外，室人交徧讁我。"鄭玄箋："在室之人。"蔡鏡浩(1988B)："整理者引文是針對新婚婦人而言，與簡文不合。從秦律看，'室人'似指妻子、兒女。《答問》多次提到罪及妻子，如簡17、簡116。高恒(1993)：'室'即房屋。'室人'即房屋内的人。同一室的人，不一定是親屬，更非'諸婦也'。"②
>
> 一室，張世超(1989A)：等於説一户。③

陳玉璟的"家人"説、蔡鏡浩的"妻子、兒女"説都比較近接秦簡"室人"的含義，但張世超的"一室等於一户"的解釋更準確。秦自商鞅變法以來，大力推行分大家立小家的户籍制度，新立户的家庭多以核心小家庭爲主。所以"一室等於一户"，説得還是比較到位的。高恒的説法雖然在某種意義上也説得通，但不符合簡文本身的含義。具體點説，不同家庭的人具體到一個房屋裹，如果其中有人犯罪，同屋的人當然有連坐的責任，但這種情況顯然不是《法律答問》此處要解釋的意思。

《嶽麓肆》中"室人""室人存者"此類的表述很多，都是指"家人""家人在現場"這樣的意思，非常明顯。除上文已舉《嶽麓肆》簡053—058、060—064的例子外，又如《嶽麓肆》簡003—005《亡律》：

> 主匿亡收、隸臣妾，耐爲隸臣妾，其室人存而年十八歲者，各與其疑同灋，其奴婢弗坐，典、田典、伍不告，貲一盾，其匿□□歸里中，貲典、田典一甲，伍一盾，匿罪人雖弗敝(蔽)貍(埋)，智(知)其請(情)，舍其室，□□□吏遣，及典、伍弗告，貲二甲。④

---

① 睡虎地秦墓竹簡整理小組編：《睡虎地秦墓竹簡》，釋文部分第141頁。
② 陳偉主編，彭浩、劉樂賢等撰著：《秦簡牘合集·釋文注釋修訂本(壹、貳)》，第259頁。
③ 同上注，第260頁。
④ 陳松長主編：《嶽麓書院藏秦簡(肆)》，第39—40頁。

所以秦簡中的"室人"多指"家人",也就是以核心家庭爲特點的家庭成員而言,應該是没有問題的。

其實,自春秋以來,"室"的含義已經逐漸向核心家庭轉化了。《左傳·桓公二年》說:"故天子建國,諸侯立家,卿置側室,大夫有貳宗,士有隸子弟,庶人、工、商,各有分親,皆有等衰。""家"指卿大夫的家族或者說宗族,"側室"則指的是卿大夫家族中的各個分支,故稱"側室"。① 儘管這個"室"可能比戰國以來的核心家庭要大得多,但已經朝着這個方向轉化了。如《左傳·成公七年》載:"及共王即位,子重、子反殺巫臣之族子閻、子蕩及清尹弗忌及襄老之子黑要,而分其室。子重取子閻之室,使沈尹與王子罷分子蕩之室,子反取黑要與清尹之室。"楊伯峻注:"室,家財。"② 所以這些"室"指代的是卿大夫之"家",而不僅僅是他家的房子。

【11】與同皐

[疏證]

"與同皐"之後,嶽麓秦簡整理小組原標點爲逗號,今改爲分號。

【12】完爲城旦舂

[疏證]

"完爲城旦舂"後,嶽麓秦簡整理小組原標點爲逗號,今改爲分號。

【13】廷卒乙廿一

[疏證]

陳偉對《嶽麓伍》所收録題名"廷卒乙廿一"的五條令文進行了綜合分析排比,他說:

> 在文末題名"廷卒乙廿一"的五條令文,按整理者排定的順序大致分别是168—169號、170—172號、173—175號、176—178號、181—184號。整理者列在第二位的170—172號簡記云:"・捕以城邑反及非從興殹(也)而捕道故塞徼外蠻夷來爲閒賞毋律。今爲令:謀以城邑反及道故塞徼外蠻夷來欲反城邑者,皆爲以城邑反。智(知)其請(情)而舍之,與同皐;弗智(知),完爲城旦舂。以城邑反及舍者之室人存者,智(知)請(情),與同皐;弗智(知),贖城旦舂。典、老、伍人智(知)弗告,完爲城旦舂;弗智(知),貲二甲。・廷卒乙廿一。"其中開頭一句交代令文制定的背景,爲其他各條所無。其後對"以城邑反"以及連坐者予以界定,構成其他相關令條的前提。因而這條令文很可能是同名五條令文的首條,其他四條記述具體規定的令文接於其後。

---

① 楊伯峻:《春秋左傳注》,第1分册,第101—102頁。
② 同上注,第3分册,第911頁。

同一份令文而分成至少五條書寫,存在兩種可能。一是令文頒布時即是如此,二是傳抄者出於某種目的而分開抄録。無論如何,這對令文編纂、命名、傳達的研究,乃是十分重要的現象。①

陳説深刻。不過,他認爲170—172號簡可能爲五條令文之首的説法,尚需進一步驗證。目前只能説可備一説。

簡文大意

抓捕到以城邑反叛的人,及在非軍事行動中抓捕了從故塞徼外來爲間諜的人,法律中没有規定相應的賞賜辦法。如今制定法令:陰謀以城邑反叛以及從故塞徼外蠻夷之處前來想在城邑造反者,都視爲以城邑造反。了解實情却爲之提供容身之所者,與之同罪;不了解情況而爲之提供容身之所者,完爲城旦春。以城邑造反者之家人及爲造反者提供容身處者之家人,如果在事發現場而知情不報者,與之同罪;不知情者,判處贖城旦春的刑罰。里典、里老及同伍之人知情不報,完爲城旦春;如果不知情,貲罰二甲。 廷卒乙廿一。

簡1849+缺簡₂₂+1892+1684(173—175):

●能捕以城邑反及[1]智(知)而舍者[2]一人,撩(拜)爵二級,賜錢五萬[3];詞吏[4],吏捕得之,購錢五萬。諸已反及與吏卒戰而173(缺簡22)受爵者毋過大夫[5]㇄。所□雖多[6],□□□□□□□□□及不欲受爵,予購級萬錢[7]。當賜者,有(又)行174其賜。 ·廷卒乙廿一175。

【1】及

[疏證]

及:相當於"或"。《嶽麓伍》簡170説"捕以城邑反,及非從興殹(也)而捕道故塞徼外蠻夷來爲間,賞毋律",而此處簡173—175却正是關於"能捕以城邑反及智(知)而舍者"的具體賞賜規定。所以我們推測,這應該是這批簡的使用者把不同時期的同類律令收集編輯在一起的結果。

---

① 陳偉:《論嶽麓秦簡法律文獻的史料價值》,《武漢大學學報》2019年第2期,第112—113頁。

【2】智(知)而舍者

　　[疏證]

　　　智(知)而舍者：知道對方爲"以城邑反"者却仍然加以收留的人。"捕"的對象有兩個，一是"以城邑反"者，一是"智(知)而舍者"者。

【3】賜錢五萬

　　[疏證]

　　　"賜錢"與下文的"購錢"同義，皆爲獎勵賞賜金錢。另外，"賜錢五萬"之後，嶽麓秦簡整理小組原標點爲逗號，今改爲分號。因爲此前後説的是兩種情况，前者説的是舉報者能親自抓捕造反者，後者説的是向官吏提供綫索，由官府實施抓捕。原標點逗號，易使讀者誤解。

【4】詗吏

　　[疏證]

　　　詗：窺伺，探聽。《説文·言部》："詗，知処告言之。"段玉裁注："《史》《漢》，《淮南傳》：'王愛陵，多予金錢，爲中詗長安。'孟康曰：'詗音偵。西方人以反間爲偵，王使其女爲偵於中也。'服虔亦云：'偵，伺之也。'如淳曰：'詗音朽政反。'按，《説文》無偵字，則從服、孟説詗即偵是也。"①

　　　詗吏：刺探官府機密。《周禮·秋官·士師》掌士之八成，"一曰邦汋"。"邦汋"即"國汋"。鄭玄注："國汋者，斟汋盜取國家密事，若今時刺探尚書事。"②邦汋，即刺探國家機密，與嶽麓簡"詗吏"同義。

【5】受爵者毋過大夫

　　[疏證]

　　　受爵者毋過大夫：指的是一般情况下對吏民的爵位賞賜，受賜者最高不得超過大夫。這裏的"大夫"當爲二十級爵中的第五級爵位。張家山漢簡《二年律令》簡148《捕律》："能産捕群盜一人若斬二人，捧(拜)爵一級。其斬一人若爵過大夫及不當捧(拜)爵者，皆購之如律。"整理小組注："大夫，西漢二十級爵的第五級。"③張家山二四七號漢墓竹簡整理小組對"大夫"進行注釋，顯然是也注意到了此處"大夫"是賜爵的一個界限，也就是説，在某些情况下，對某類人群來説，賜爵是不能超過大夫的。如果這部分人按照所應得爵級，累積已經超過了大夫，那麽超過的爵級將按照每級萬錢的獎勵額度進行金錢獎勵。楊振紅解釋説：

---

① 段玉裁：《説文解字注》，第180頁。
② 孫詒讓：《周禮正義》，第8分册，第3359頁。
③ 張家山二四七號漢墓竹簡整理小組編著：《張家山漢墓竹簡〔二四七號墓〕(釋文修訂本)》，第29頁。

傳世文獻表明漢代二十等爵存在官民爵的劃分，五大夫以上爲官爵，公乘以下爲民爵。民爵者，原則上不能升格爲官爵，即劉劭《爵制》所謂"吏民爵不得過公乘者，得賞與子若同産"。但是，張家山漢簡《二年律令》簡148"爵過大夫……購之如律"、簡373"盈大夫者食之"以及嶽麓秦簡174/1892"受爵者毋過大夫"的法律規定，則意味着秦及漢初民爵的上限爲第五級大夫爵，大夫爵是吏民不可逾越的界限。其他材料可以佐證這一判斷，例如，秦及漢初修繕城塞陞障、"發傳送"等勞役均由大夫爵以下者負擔；"大夫"不入"君子"之列；在名田宅、享受傳食、接受賞賜等待遇時，大夫爵也與官大夫以上存在明顯的分界。①

大通上孫家寨漢簡也有關於賜爵限制的規定：

上孫家寨簡068、375："各二級，毋過左庶長。斬首捕虜，拜爵各一級。車千□□□□□斬捕首虜二級，拜爵各一級；斬捕五級，拜爵……"356、243、340號簡："各二級；斬捕八級，拜爵各三級；不滿數，賜錢級千。斬首捕虜，毋過人三級，拜爵皆毋過五大夫，必頗有主以驗不從法狀。"342號簡："捕虜拜爵滿五大夫，欲先罷者，許之。"

從上孫家寨漢簡的記載可以看出，"左庶長""五大夫"都是賜爵的界限，很可能是針對不同人群而言的。②

"受爵者毋過大夫"之後，嶽麓秦簡整理小組原標點爲逗號，從上下文義及類似句例來看，當改爲句號。

【6】所□雖多

[整理小組注]

□：此字左側"言"旁清晰。③

[疏證]

陳偉釋"所"字後殘字爲"詞"，可備一説。④結合上下文來看，這句話大意應爲，出於某種原因，應該受到多級爵位的賞賜，但即使級數再多，最終爵位也不得超過大夫。故"所□雖多"之後，似可標點逗號。

【7】予購級萬錢

[疏證]

予購級萬錢：給予獎勵，每級爵位按萬錢計算。這似乎表明，當時爵位的價格，平均

---

① 楊振紅：《從新出簡牘看二十等爵制的起源、分層發展及其原理——中國古代官僚政治社會構造研究之三》，《史學月刊》2021年第1期，第51頁。
② 朱紹侯：《軍功爵制考論》，商務印書館2008年版，第337—338頁。
③ 陳松長主編：《嶽麓書院藏秦簡（伍）》，第157頁。
④ 陳偉：《〈嶽麓書院藏秦簡（伍）〉殘字試釋》，《江漢考古》2018年第4期，第122—123頁。

一級爵位價值萬錢。漢初制度，似乎也繼承了這一點。張家山漢簡《二年律令》簡150《捕律》："捕從諸侯來爲閒者一人，捧（拜）爵一級，有（又）購二萬錢。不當捧（拜）爵者，級賜萬錢，有（又）行其購。"[①]可證。

"予購級萬錢"之後，嶽麓秦簡整理小組原標點爲逗號，今改爲句號。

簡文大意

能够抓捕以城邑造反或知情不報者一人，賜兩級爵位，賜予五萬錢；偷窺官吏的事務，官吏抓捕了他們，獎勵五萬錢。那些已經造反及與吏卒交戰而……受獎勵爵位不得超過大夫。所應受爵位即使再多，……以及不願接受爵位，每級爵位獎勵萬錢。同時應當給予其他方面賞賜者，另行給予賞賜。　廷卒令乙廿一。

簡1596+2151+1166（176—178）：

●吏捕告[1]道[2]徼外來爲閒及來盜略人[3]、謀反及舍者[4]，皆勿賞。·隸臣捕道徼外來爲閒者一人，免爲司寇[5]；司寇爲176庶人[6]。道故塞徼外蠻夷來盜略人而得者[7]，黥剌（劓），斬其左止（趾）以爲城旦[8]。前令獄未報者[9]，以此令論之└。斬爲城177旦者[10]，過百日而不死[11]，乃行捕者賞[12]。縣道人[13]不用此令。　·廷卒乙廿一178。

【1】捕告

[疏證]

捕告：抓捕被舉報告發者。"告"在這裏作被動用法，用來修飾後面的"道徼外來爲閒及來盜略人、謀反及舍者"。即抓捕被舉報從徼外來作諜者、謀反者以及收留或窩藏他們的人。如《嶽麓伍》簡21："同居、室人、典老、伍人見其挾舍匿之，及雖弗見，人或告之而弗捕告，皆與挾舍匿者同皋。"[②] "人或告之而弗捕告"，就是說有人舉報或相告，而"同居、室人、典老、伍人"却不去抓捕這些被舉報者。

【2】道

[疏證]

道：從也。楊樹達《詞詮》："道。介詞，由也，從也。表動作之起點。"[③] "道徼外

---

① 張家山二四七號漢墓竹簡整理小組編著：《張家山漢墓竹簡〔二四七號墓〕（釋文修訂本）》，第29頁。
② 陳松長主編：《嶽麓書院藏秦簡（伍）》，第45頁。
③ 楊樹達：《詞詮》，第41頁。

來""道故塞徼外蠻夷來",即"從徼外來""從故塞徼外蠻夷來"。張家山漢簡《二年律令》簡338—339《户律》:"令毋敢遂(逐)夫父母及入贅,及道外取其子財。"整理者注:"道,由。"①

簡404《興律》:"乘徼,亡人道其署出入,弗覺,罰金□☒。"整理小組注:"道其署,由其崗位。"彭浩等曰:"'亡人道其署出入',逃亡者由其看守的地段進出邊徼。"②《嶽麓肆》簡102"道徼中蠻夷來誘者,黥爲城旦舂","道"亦作"從""由"解。③

有的學者把此處的"道"讀作"導",解釋爲"引導",那麼對簡文的理解就大相徑庭了。④"道徼外來爲間及來盗略人、謀反及舍者"之"道",如作"從""由"解,整句簡文說的是"來爲間及來盗略人、謀反及舍者"本人;如作"引導"解,說的則是引導他們的人。這是兩回事。我們認爲作"引導"解的認識是不合適的。參見《嶽麓肆》簡102"道徼中蠻夷來誘者,黥爲城旦舂"疏證。⑤

【3】盗略人

[疏證]

盗略人:劫掠人口。盗:搶掠,劫持。《列子·說符》:"遂共盗而殘之。"⑥《史記·田叔列傳》:"是時孟舒坐虜大入塞盗劫,雲中尤甚,免。"⑦略:掠奪,強取。張家山漢簡《二年律令》簡66《盗律》"略賣人若已略未賣",整理者注:"略,《方言》二:'求也。就室曰搜,於道曰略。略,強取也。'"⑧張家山漢簡《二年律令》簡194《雜律》:"強略人以爲妻及助者,斬左止(趾)以爲城旦。"⑨"強略"與"盗略"義相近。陳湘圓曾提出嶽麓秦簡此處的"盗略人"當讀作"盗、略人",⑩恐怕不妥。"略人"還說得通,"盗人"則少見於記載。

【4】舍者

[疏證]

舍者:爲其提供住所者。"舍"與"匿"相對。"舍"指的是在不知情的情況下,爲犯罪嫌疑人提供住所。"匿"則指的是在明知犯罪嫌疑人或罪犯身份的情況下,爲其提供藏身之處。《嶽麓肆》簡75:"取罪人、羣亡人以爲庸,智(知)其請(情),爲匿之;不智(知)其請(情),取過五日以上,以舍罪人律論之。"⑪

---

① 張家山二四七號漢墓竹簡整理小組編著:《張家山漢墓竹簡〔二四七號墓〕(釋文修訂本)》,第55頁。
② 彭浩、陳偉、[日]工藤元男主編:《二年律令與奏讞書——張家山二四七號漢墓出土法律文獻釋讀》,第245頁。
③ 朱紅林:《〈嶽麓書院藏秦簡(肆)〉疏證》,第97頁。
④ 武漢高校讀簡會:《〈嶽麓書院藏秦簡(伍)〉研讀記錄(三)》,武漢大學簡帛網2018年7月5日。
⑤ 朱紅林:《〈嶽麓書院藏秦簡(肆)〉疏證》,第97頁。
⑥ 楊伯峻:《列子集釋》,中華書局1979年版,第247頁。
⑦ 司馬遷:《史記》,第9分册,第3342頁。
⑧ 張家山二四七號漢墓竹簡整理小組編著:《張家山漢墓竹簡〔二四七號墓〕(釋文修訂本)》,第18頁。
⑨ 同上注,第34頁。
⑩ 陳湘圓:《讀〈嶽麓書院藏秦簡(伍)〉札記一則》,武漢大學簡帛網2019年2月17日。
⑪ 陳松長主編:《嶽麓書院藏秦簡(肆)》,第63頁。

【5】免爲司寇

[疏證]

免爲司寇：作爲獎勵，隸臣的身份被免爲司寇。"免爲司寇"之後，嶽麓秦簡整理小組原標點爲逗號，今改爲分號。前面說的是隸臣抓捕"道徼外來爲間者一人"立下功勞，作爲獎勵，官府把其身份減免爲司寇；後面說的是如果是司寇抓捕"道徼外來爲間者一人"立下功勞，作爲獎勵，官府則把其身份減免爲庶人。二者是並列關係，故當以分號斷讀。

【6】司寇爲庶人

[整理小組注]

爲："免爲"之省。①

[疏證]

司寇爲庶人：這句話全文當爲"司寇捕道徼外來爲間者一人，免爲庶人"，此處當承前文省略了"捕道徼外來爲間者一人，免"諸字。意思是說，如果舉報或抓捕者身份原爲司寇，作爲獎賞，則免爲庶人。司寇是刑徒中身份較高的階層，已經與庶人階層非常接近，因此司寇的身份再次提高，就有可能進入庶人階層。張家山漢簡《二年律令》所載漢初法律中，司寇與隱官均可受田宅，並單獨立戶。儘管其所受田宅僅爲庶人的一半，亦可證明其身份已經很接近庶人了。《二年律令》簡312《戶律》："公卒、士五（伍）、庶人各一頃，司寇、隱官各五十畝。"②《二年律令》簡316《戶律》："公卒、士五（伍）、庶人一宅，司寇、隱官半宅。欲爲戶者，許之。"③司寇、隱官之子與士伍之子一樣，皆列入"士伍"的行列，也可證明司寇地位比較接近庶人。《二年律令》簡364—365《傅律》："公士、公卒及士五（伍）、司寇、隱官子，皆爲士五（伍）。"④秦代司寇的身份當與之相似。

【7】得者

[疏證]

得者：被抓獲者。得：此處爲被動用法，意思是被抓獲。

【8】黥劓（劓），斬其左止（趾）以爲城旦

[疏證]

黥劓（劓），斬其左止（趾）以爲城旦：嶽麓秦簡整理小組原把"黥劓"與"斬其左止（趾）以爲城旦"連讀，作"黥劓（劓），斬其左止（趾）以爲城旦"，今在"黥劓"與"斬其左

---

① 陳松長主編：《嶽麓書院藏秦簡（伍）》，第157頁。
② 張家山二四七號漢墓竹簡整理小組編著：《張家山漢墓竹簡〔二四七號墓〕（釋文修訂本）》，第52頁。
③ 同上注，第52頁。
④ 同上注，第58頁。

止(趾)以爲城旦"之間以逗號斷開。把"黥""劓""斬左趾"三種肉刑與城旦勞役刑結合在一起同時用在針對一種犯罪行爲的處罰上,這種嚴厲的處罰在秦漢簡牘的記載中甚是罕見。

一般情況下,多爲"黥爲城旦舂""斬爲城旦舂"單獨使用。"黥爲城旦舂"者再次犯罪,從重處罰,則加劓刑,又犯罪,再施以斬趾刑等,依次疊加。張家山漢簡《二年律令》簡88《具律》:"有罪當黥,故黥者劓之,故劓者斬左止(趾),斬左止(趾)者斬右止(趾),斬右止(趾)者府(腐)之。"① 漢初的肉刑刑罰序列大致如此,漢承秦制,秦刑罰制度亦當相仿佛。

不過在睡虎地秦簡中,黥、劓、斬趾三種肉刑中的兩種同時與城旦舂徒刑結合使用的例子,還是有的。如《法律答問》簡1—2:

"害盗別徼而盗,駕(加)罪之。"可(何)謂"駕(加)罪"?五人盗,臧(贓)一錢以上,斬左止,有(又)黥以爲城旦;不盈五人,盗過六百六十錢,黥劓(劓)以爲城旦;不盈六百六十到二百廿錢,黥爲城旦;不盈二百廿以下到一錢,遷(遷)之。求盗比此。②

張家山漢簡《二年律令》簡62《盗律》:"盗五人以上相與功(攻)盗,爲群盗。""群盗"是漢初法律定性的五人以上的具有武裝盗竊搶劫性質的犯罪團伙。法律對於"群盗"是從重處罰的。睡虎地秦簡的規定表明,秦代對於五人以上的盗竊團伙也是從重處罰的,因此漢初法律對於"群盗"的概念也是沿襲了秦代的規定。《法律答問》此處對於"五人盗"的處罰正是體現了"從重"的特點,即"斬左止,有(又)黥以爲城旦",與嶽麓秦簡的"黥劓(劓),斬其左止(趾)以爲城旦",僅少了"劓"刑。可見,嶽麓秦簡的規定也說明秦朝政府對於"道故塞徼外蠻夷來盗略人"者是從重處罰的。另外,睡虎地秦簡"斬左止,有(又)黥以爲城旦"簡文表述及整理者的句讀,也可以證明我們關於嶽麓秦簡"黥劓(劓),斬其左止(趾)以爲城旦"的句讀是合理的。

【9】前令獄未報者

[整理小組注]

報:判決。《説文·幸部》:"報,當罪人也。"③

[疏證]

前令獄未報者:在舊法令適用期内尚未判決的案件。"前令"與"此令"相對,指舊法令。獄:案件。《漢語大字典》:"獄,訴訟案件。《易·賁》:'君子以明庶政,無敢折獄。'鄭玄注:'折,斷也。'《左傳·莊公十年》:'小大之獄,雖不能察,必以情。'杜預注:'必盡

---

① 張家山二四七號漢墓竹簡整理小組編著:《張家山漢墓竹簡〔二四七號墓〕(釋文修訂本)》,第21頁。
② 睡虎地秦墓竹簡整理小組編:《睡虎地秦墓竹簡》,釋文部分第93頁。
③ 陳松長主編:《嶽麓書院藏秦簡(伍)》,第157頁。

己情。察,審也。'《南史·何承天傳》:'獄貴情斷,疑則從輕。'章炳麟《秦政記》:'淮南之獄,案誅長吏不發封者數人。'"①

【10】斬爲城旦者

[疏證]

斬爲城旦者:即上文"黥剽(剠),斬其左止(趾)以爲城旦"者之省。

【11】過百日而不死

[疏證]

過百日而不死:抓獲的犯人在被處以斬城旦之刑後百日內仍然存活。這句話透露了兩點信息:一是從處罰力度來看,抓獲犯人的犯罪性質爲重刑犯;二是反映了當時犯人被處以斬趾刑之後,很可能常出現死亡現象,故法律有此規定。

【12】行捕者賞

[疏證]

行捕者賞:授予捕者賞賜。行:實施。具體到此處,意爲授予。《韓非子·難一》:"歸而行爵,先雍季而後舅犯。"②《漢書·高帝紀下》:"且法以有功勞者行田宅。"顏師古注引蘇林曰:"行音行酒之行,猶付與也。"③"行"的這種用法《嶽麓伍》中多見,如簡148"吏已請行其罰"、簡151"行其勞論、賜"、"有(又)毋行其賜"、簡169"行其所犯律令皋"、簡190"毋行其賞"等等。④

【13】縣道人

[整理小組注]

縣道人:非"故塞徼外蠻夷"之類的人。⑤

[疏證]

整理小組的解釋是把"縣道人"作爲被舉報抓捕的對象來說的,可通。但"縣道人"是不是也可能指的是舉報者或抓捕者,也未可知。更確切的結論,恐怕還需要進一步研究。如"武漢高校讀簡會"就認爲:

> 對於"縣道人",整理者注:非"故塞徼外蠻夷"之類的人。我們以爲,此處理解有誤。如前文所論,這一條令文所針對的對象爲在抓捕行動中有功的隸臣與司

---

① 漢語大字典編輯委員會編纂:《漢語大字典(第2版)》,第1464頁。
② 陳奇猷:《韓非子新校注》,第840頁。
③ 班固:《漢書》,第1分冊,第56頁。
④ 陳松長主編:《嶽麓書院藏秦簡(伍)》,第117、118、124、131頁。
⑤ 同上注,第157頁。

寇,罪犯百日不死爲其行賞的前提條件,但是這一前提條件只適用於隸臣與司寇,後面所加的"縣道人不用此令",是表明此令不適用與(按:當爲"於"之誤)縣道之庶人,並非故塞徼外蠻夷之外的人。①

簡文大意

官吏抓捕被舉報的從徼外來爲間諜、來劫掠人口、謀反者以及收留他們的人,都不予以賞賜。隸臣抓捕從徼外來進行間諜活動者一人,作爲獎勵,其身份由隸臣免爲司寇;如果抓捕者身份原爲司寇,作爲獎勵,其身份減免爲庶人。那些從故塞徼外蠻夷來劫掠人口而被抓獲的人,要被施以臉上刺字、割去鼻子,並斬去左脚,服城旦刑。在舊法令適用期內類似案件尚未判決者,新法令頒布後,按照新法令處置。這些被處以城旦刑的人能夠超過百日仍然存活,官府才會給予抓捕他們的人應得之獎賞。如果被抓捕的是縣道之人,則不適用此法令中相關的賞賜規定。   廷卒乙廿一。

簡1156+1908+缺簡₂₃+1615+缺簡₂₄+1606+1619+缺簡₂₅+0934+1602-1+1602-2(179—184):

●隸臣捕道故徼外來誘而舍者[1]一人,免爲司寇[2];司寇爲庶人[3]。其捕數人者,以□□₁₇₉●數人共捕道[4]故塞徼外蠻夷來爲間及來盜略人╰、以城邑反及舍者[5],若詗告[6],皆共其賞[7]╰。欲相移[8],許之₁₈₀。(缺簡₂₃)●告[9]道故塞徼外蠻夷來爲間及來盜略人╰、以城邑反及舍者,令、丞必身聽其告辭(辭)[10],善求請(情)[11],毋令史₁₈₁[12](缺簡₂₄)治[13]。道故塞徼外蠻夷來爲間及來盜略人╰、以城邑反及[14]舍者,死皋不審[15],耐爲司寇;城旦舂皋不審,貲[16]₁₈₂(缺簡₂₅)鬼薪白粲皋、耐若罷(遷)□□₁₈₃□罷(遷)皋不審論。 ·廷卒乙廿一₁₈₄。

【1】來誘而舍者

[疏證]

來誘而舍者:來引誘者或收留這些來引誘者的人。

誘:引誘他人逃亡。《獄麓肆》簡99—102:"□□主,不自出而得,黥顏(顔)頯,

---

① 武漢高校讀簡會:《〈嶽麓書院藏秦簡(伍)〉研讀記錄(三)》,武漢大學簡帛網2018年7月5日。

畀其主。之亡徼中蠻夷而未盈歲，完爲城旦舂。奴婢從誘，其得徼中，黥顔（顏）頯；其得故徼外，城旦黥之；皆畀主。誘隸臣、隸臣從誘以亡故塞徼外蠻夷，皆黥爲城旦舂；亡徼中蠻夷，黥其誘者，以爲城旦舂；亡縣道，耐其誘者，以爲隸臣。道徼中蠻夷來誘者，黥爲城旦舂。其從誘者，年自十四歲以上耐爲隸臣妾，奴婢黥顔（顏）頯，畀其主。"

而：字書多解釋爲表示並列關係的連詞"和""與"等，其實解釋爲"或"更恰當。秦簡中這類用法的連詞很多，如"及""若"等，往往表示"其中之一"的意思。《嶽麓伍》簡180有"數人共捕道故塞徼外蠻夷來爲閒及來盜略人、以城邑反及舍者"，簡181有"告道故塞徼外蠻夷來爲閒及來盜略人、以城邑反及舍者"，簡179"隸臣捕道故徼外來誘而舍者"與前兩者句式相類似，表述亦屬同一性質的内容，"來誘而舍者"與"以城邑反及舍者"相對，可證"而"在此處理解爲"及"，也就是"和""與"等意思。王引之《經傳釋詞》卷七："而，猶'與'也，'及'也。《論語·雍也篇》曰：'不有祝鮀之佞，而有宋朝之美，難乎免於今之世矣。'言有祝鮀之佞，與宋朝之美也。《墨子·尚同篇》曰：'聞善而不善，皆以告其上。'言善與不善也。《韓子·説林篇》曰：'以管子之聖而隰朋之智。'言管仲與隰朋也。'而''與'聲之轉，故《莊子·外物篇》'與其譽堯而非桀'，《大宗師篇》'與'作'而'。"①

【2】免爲司寇

[疏證]

隸臣因抓捕從故徼外來引誘者或者收留這些引誘者的人有功，身份免爲司寇。"免爲司寇"之後，整理小組原標點爲逗號，今改爲分號。這樣做是因爲前後是兩層意思，前面是説如果實施抓捕者身份是隸臣，立功之後身份免爲司寇，後面是説如果實施抓捕者身份是司寇，那麼立功之後身份則免爲庶人。故兩者之間以分號點斷，易於理解。

【3】司寇爲庶人

[疏證]

如果實施抓捕者身份爲司寇，抓捕立功之後，身份免爲庶人。這裏的"司寇"指的是實施抓捕的人。"司寇"之後，承前文省略了"捕道故徼外來誘而舍者一人"的表述。"從隸臣捕道故徼外"至"司寇爲庶人"，與《嶽麓伍》簡176—177句式相同，只是針對對象有別，簡176—177説的是"徼外來爲閒及來盜略人、謀反及舍者"，此處針對的是"故徼外來誘而舍者"。其中的不同，一是"徼外"與"故徼外"，不知"故"字的有無，是有意爲之，還是無意失誤；另一個是兩則令文都提到了"舍者"。這都值得我們注意。

---

① 王引之：《經傳釋詞》，第142頁。

【4】道

[疏證]

道：從也。

【5】舍者

[疏證]

舍：容留。"舍者"與"訵告"之間，整理小組原連讀，今以逗號隔開。"捕道故塞徼外蠻夷來爲閒及來盜略人"是一種行爲，"訵告"是另一種行爲，中間以逗號隔開，更容易理解簡文含義及層次。

【6】訵告

[疏證]

訵告：告密。參見《嶽麓伍》簡173"訵吏"疏證。

【7】共其賞

[疏證]

共其賞：所有的舉報人共同享有其賞賜。共：共享。此"共"爲動詞，與前文"共捕"之"共"義有不同，前者爲副詞，義爲"共同"。

【8】相移

[疏證]

相移：相互轉移，轉交，這裏指把自己本應得的一份賞賜轉讓給別人。睡虎地秦簡《秦律雜抄》簡38《捕盜律》："捕人相移以受爵者，耐。"① 張家山漢簡《二年律令》簡150—151《捕律》："捕從諸侯來爲閒者一人，捧（拜）爵一級，有（又）購二萬錢。不當捧（拜）爵者，級賜萬錢，有（又）行其購。數人共捕罪人而當購賞，欲相移者，許之。"②

移：贈予，傳授。《廣雅·釋言》："移、脫，遺也。"王念孫曰："'移'爲'遺與'之'遺'，'脫'爲'遺失'之'遺'。《漢書·武帝紀》'受爵賞而欲遺賣者，無所流貤'，應劭注云：'貤，音移，言無所移與也。''移''貤'聲義並同。"③

【9】告

[疏證]

告：告發，舉報。"道故塞徼外蠻夷來爲閒及來盜略人、以城邑反及舍者"是"告"

---

① 睡虎地秦墓竹簡整理小組編：《睡虎地秦墓竹簡》，釋文部分第89頁。
② 張家山二四七號漢墓竹簡整理小組編著：《張家山漢墓竹簡〔二四七號墓〕（釋文修訂本）》，第29頁。
③ 王念孫：《廣雅疏證》，第725頁。

的内容。

【10】身聽其告辟(辭)

[疏證]

身聽其告辟(辭):親自聽取其告發之辭。身:親自。參見《嶽麓肆》簡139"身臨之"疏證。①

【11】善求請(情)

[疏證]

善求請(情):想盡辦法探求實情。

善:好好地,穩妥地。楊樹達《詞詮》卷五:"善,表態副詞,今言'好好地'。"②《論語·雍也》:"閔子騫曰:'善爲我辭焉!如有復我者,則吾必在汶上矣。'"③

請(情):實情。《左傳·哀公八年》:"叔孫輒對曰:'魯有名而無情,伐之必得志焉。'"杜預注:"有大國名,無情實。"④楊伯峻注:"情,實也。"⑤

【12】毋令史

[疏證]

"毋令史"之後當有"獨治"之類的内容。秦簡資料顯示,郡縣行政機構實行着類似的"合議"制度,縣令、縣丞、令史組成行政組合,縣尉、士吏、尉史組成軍事管理組合,實行合議基礎上的長官負責制。但在實際操作過程中,很多事務可能往往交予史職類官吏獨自處理,這是不符合規定的。⑥因此,國家也制定了相關法律條文對這類現象進行限制和懲處。如睡虎地秦簡《法律答問》簡94:"贖罪不直,史不與嗇夫和,問史可(何)論?當貲一盾。"⑦《嶽麓肆》簡139:"尉卒律曰:縣尉治事,毋敢令史獨治,必尉及士吏與,身臨之,不從令者,貲一甲。"⑧這兩條材料都是對史職類官吏違反規定而單獨治事進行懲處的例子。

嶽麓秦簡整理小組認爲簡181與簡182之間有缺簡,恐怕未必。簡182起首"治道故塞徼外蠻夷來爲閒"云云,正好與簡181相聯。簡181前半部分簡文說"令、丞必身聽其告辟(辭),善求請(情)",是要求縣令、縣丞對此類案件必須親自審理,簡末"毋令史"與簡182"治"相聯之後,意思是說不能讓獄史(或令史)單獨審訊。上下文義通順。當

---

① 朱紅林:《〈嶽麓書院藏秦簡(肆)〉疏證》,第157頁。
② 楊樹達:《詞詮》,第207頁。
③ 程樹德:《論語集釋》,中華書局1990年版,第380頁。
④ 杜預:《春秋經傳集解》,下册,第1755頁。
⑤ 楊伯峻:《春秋左傳注》,第6分册,第1838頁。
⑥ 朱紅林:《史與秦漢時期的決獄制度》,《社會科學輯刊》2017年第1期,第150—155頁。
⑦ 睡虎地秦墓竹簡整理小組編:《睡虎地秦墓竹簡》,釋文部分第115頁。
⑧ 陳松長主編:《嶽麓書院藏秦簡(肆)》,第114頁。

然，"毋令史"之"令史"之前或之後很可能脱"獨"字。如果"令史"之後脱"獨"字，那麽這個字可能位於簡181之末，也有可能位於簡182之首，當然，也有可能是殘掉了。按照正規的程序，類似案件一般要求令、丞、史三者共同參加，而以前兩者爲主。但在實際過程中，可能往往是由史類官吏單獨處理了。這當然是違反規定的。所以法令中時常會出現禁止此類做法的戒令。

【13】治

[疏證]

治：治獄，審理案件。"治"前當有"獨"字，可能抄手脱漏，也可能簡文殘斷，整理者未釋。嶽麓秦簡整理小組原把"治"與"道故塞徼外蠻夷來爲閒"云云連讀，今以句號斷開。因爲前文説對於"告道故塞徼外蠻夷來爲閒及來盜略人、以城邑反及舍者"這類的案件，令、丞必須親自參與審理，所以此處只强調"毋令史（獨）治"即可，没有必要再重復一遍案件的内容，即無須再提"道故塞徼外蠻夷來爲閒"等。簡182所謂的"道故塞徼外蠻夷來爲閒"是連下文，另起一層意思的。

【14】及

[疏證]

及：和。這個"及"字與前一個"及"字連接的範圍有所不同。前一個"及"字，連接的是"道故塞徼外蠻夷來爲閒"與"來盜略人"兩種情況，這個"及"字連接的則是"道故塞徼外蠻夷來爲閒""來盜略人""以城邑反"與"舍者"等四種情況。

【15】死辠不審

[疏證]

死辠不審：死罪之鞫不真實準確。因爲《嶽麓伍》簡181開頭就説"告盜故塞徼外蠻夷來爲閒及來盜略人、以城邑反及舍者"，這都是"告"的内容，接着要求縣令、縣丞必須親自出馬參與審訊，一定要弄清實情，確定舉報者所告内容的真實性，所以下文説的就是針對審訊没有審出實情從而導致誤判，而采取的種種處罰措施，比如説死刑案案情不實，應當如何處理辦案官吏；城旦舂刑案案情不實，應當如何處理辦案官吏；鬼薪白粲刑案、耐刑或遷刑案案情不實，應當如何處理辦案官吏，等等。

"死罪""城旦舂罪""鬼薪白粲罪"之"罪"，均作"刑罰"解。案件審理的四個步驟"訊""鞫""論""報"，其中"鞫"就是對案情真實過程的認定。只有確定案情的真實過程，才能定罪量刑。所以已經結案的完整卷宗中，一定會有"鞫"的這一部分，並且"鞫"文的末尾，一定會注明"審"，即真實無誤，稱爲"鞫審"。如：

《嶽麓叁》簡037—039"尸等捕盜疑購案"：
鞫之：尸等産捕治、閻等，告羣盜盜殺傷好等。治等秦人，邦亡荆；閻等荆人。

亡,來入秦地,欲歸葌(義),悔,不詣吏。以京州降爲秦後,羣【盜盜殺傷好】等。皆審。①

《嶽麓叁》簡044—046"猩敞知盜分贓案":

●廿(二十)三年四月,江陵丞文敢讞(讞)之:廿(二十)三〔二〕年九月庚子,令下,劾:捸(錄)江陵獄:上造敞、士五(伍)猩智(知)人盜叔豕,分臧(贓)。得。敞當耐鬼薪,猩黥城旦。逯戌午赦(赦),爲庶人。鞫審,讞(讞)。②

《嶽麓叁》簡060—061"猩敞知盜分贓案":

●鞫之:達等叔豕,不與猩、敞謀,【得】衣器告;猩、敞受分,臧(贓)過六百六十錢。得。猩當黥城旦,敞耐鬼薪。逯戌午赦(赦)。審。③

《嶽麓伍》簡113—114:

其獄奏殹(也)。各約爲鞫審,具傳其律令,令各與其當比編而署律令下曰:以此當某某,及具署皋人敷(繫)不敷(繫)。④

所以我們認爲,"死罪不審""城旦舂罪不審"的"審"指的就是"鞫審"。"鞫"不審,就會導致死罪、城旦舂罪判處不當,定罪量刑不準確,因此有關官吏要受處罰。

當然,嶽麓秦簡此處的"審",還有一種可能,指的是"告不審"。就是説,官吏在對舉報者的舉報進行甄別時,即已經發現舉報内容不真實。在這種情況下,如果按照舉報者本來的舉報内容,被舉報者應該被處以死刑,那麽這種虛假的舉報就屬於"死罪不審",同理,"城旦舂罪不審"也是如此理解。比如,睡虎地秦簡《法律答問》簡048:"告人曰邦亡,未出徼關亡,告不審,論可(何)殹(也)?爲告黥城旦不審。""告黥城旦不審"即"作爲控告應判黥城旦的罪不實",當然也可以説是"黥城旦罪不審"了。

兩種可能,我們傾向於第一種,即官吏辦案中的"鞫"之不審。因爲根據已知秦簡牘中的記載,如果是告不審,對原告的處罰相對來説,要重於官吏斷案不當的處罰。同時,從上下文義而言,一再強調辦案官吏要重視案件的審理,強調縣令、縣丞必須親自參與,不能只讓獄史獨斷,也都傾向於對審理者的要求,因此"死罪不審""城旦舂罪不審"可能更強調審理者的原因。在這種情況下,"鞫"之不審就是較好的解釋。

當然,這個判斷也有很大的臆測成分在内,尚需進一步研究。

【16】貲

[整理小組注]

據殘筆釋。⑤

---

① 朱漢民、陳松長主編:《嶽麓書院藏秦簡(叁)》,第115頁。
② 同上注,第119頁。
③ 同上注,第124頁。
④ 陳松長主編:《嶽麓書院藏秦簡(伍)》,第105頁。
⑤ 同上注,第157頁。

簡文大意

隸臣捕獲從故徼外來引誘者或者收留這些引誘者的人中的一個人，免除其隸臣身份，改爲司寇；如果是司寇抓獲，其身份則免爲庶人。如果一人抓獲多人，則按照……

多人共同捕獲從故塞徼外蠻夷來從事間諜活動、來劫掠人口者、據城邑謀反者以及收留他們的人，或者告發他們，都共同分享相應的獎賞。如果想把自己的那份功勞（或應得的賞賜）轉移給他人，是可以的。

告發從故塞徼外蠻夷來從事間諜活動以及來劫掠人口者、以城邑謀反者以及收留他們的人，縣令、縣丞一定要親自聽取控告人的告辭，仔細探究實情，不能讓令史官（獨自）審理。從故塞徼外蠻夷來從事間諜活動和來劫掠人口的案子、以城邑謀反的案子以及收留上述犯罪人員者的案子，如果對死罪案審理不實，治獄官吏要被耐爲司寇；如果對耐爲城旦舂罪案審理不實，治獄官吏要被貲罰……鬼薪白粲罪、耐罪或遷罪案……遷罪案不實論處。　廷卒令乙廿一。

簡1737（185）：

●制曰：吏上請└、對└、奏者[1]，皆傅牒牘數[2]。節（即）不具[3]而却[4]，復上者，令其牒牘毋與前同數[5]。以爲恒[6]。　•廷卒乙185。

【1】吏上請、封、奏者

［疏證］

吏上請、對、奏者：官吏在上呈請、對、奏這三類文書的時候。請、對、奏文書，參見《嶽麓伍》簡112"奏、請、對"疏證。

【2】傅牒牘數

［疏證］

傅牒牘數：附記本次上奏所用牒牘的數量。如《嶽麓叁》簡169："一人。爲奏十六牒，上。"① 《嶽麓伍》簡145："贖。令七牒。尉郡卒令第乙七十六。"② 張家山漢簡《奏讞書》簡68："八年四月甲辰朔乙巳，南郡守強敢言之，上奏七牒，謁以聞，種縣論，敢言之。"簡98："爲奉〈奏〉當十五牒上謁，請謁報，敢言之。"簡227－228："今獄史舉闖得微

---

① 朱漢民、陳松長主編：《嶽麓書院藏秦簡（叁）》，第191頁。
② 陳松長主編：《嶽麓書院藏秦簡（伍）》，第116頁。

難獄,爲奏廿二牒,舉關毋害,謙(廉)絜(潔)敦愨(愨),守吏也,平端,謁以補卒史,勸它吏,敢言之。"① 里耶秦簡9-59:"臣上請四牒,臣眛(昧)死請。"②

【3】不具

[疏證]

不具:不備。

【4】却

[疏證]

却:被退回。

【5】毋與前同數

[疏證]

毋與前同數:修改後再次上呈的文書不得與此前上呈文書所使用的牒牘數量相同。這大概是爲了督促官吏認真對被退回的文書進行實質性的修改補充。

【6】以爲恒

[疏證]

恒:長久,固定不變。《説文·二部》:"常也。"段玉裁注:"常,當作'長'。古長久字衹作長。"③

以爲恒:即"以爲常",《嶽麓伍》簡153作"布以爲恒令"。④秦漢法律文書常用語。參見《嶽麓肆》簡344疏證。⑤

簡文大意

制曰:官吏上呈請書、對書、奏書的時候,文書中都要附記所用牒牘的數量。如果没有記載牒牘數量而被退回,再次上書的時候,所用牒牘數量不能與上次相同。這項規定作爲常制執行。　廷卒令乙。

缺簡 26

---

① 張家山二四七號漢墓竹簡整理小組編著:《張家山漢墓竹簡〔二四七號墓〕(釋文修訂本)》,第97、99、111頁。
② 陳偉主編:《里耶秦簡牘校釋(第2卷)》,第58頁。
③ 段玉裁:《説文解字注》,第1184頁。
④ 陳松長主編:《嶽麓書院藏秦簡(伍)》,第118頁。
⑤ 朱紅林:《〈嶽麓書院藏秦簡(肆)〉疏證》,第366頁。

簡1794+1856-1+1785（186—187）：

☐節（即）吏有請若上書者有言殹（也）[1]，其所請、言節（即）已行而後有（又）有請、言其等者，必盡具寫其前所已行186，與奏偕上。以爲恒。　·廷卒乙187。

【1】有言殹（也）

　　[疏證]

嶽麓秦簡整理小組讀作："☐節（即）吏有請若上書者，有言殹（也）。"陳偉認爲："'上書者有言殹'當連讀，隨後恐當用逗號。下文'所請、言'，即分別指'有請'和'上書者有言'二事。"①這個理解是有道理的，今從之改。張家山漢簡《二年律令》簡12《賊律》："諸上書及有言也而謾，完爲城旦舂。其誤不審，罰金四兩。"②亦可證"上書"與"有言也"當連讀。及，連接前後兩個部分的連詞，相當於"至於"，如《禮記·樂記》："樂極則憂，禮粗則偏矣。及夫敦樂而無憂，禮備而不偏者，其唯大聖乎！"③故"諸上書及有言也而謾"，"及"作爲連詞，其後所連接的"有言也而謾"，是對"上書"這種行爲的進一步表述。嶽麓秦簡"上書者有言殹"一句或許是省略了"及"，作"諸上書有言也而謾"，亦不影響句意。

簡文大意

如果官吏有所請示及上書有所陳述，他請示或陳述之後，又有所請示和陳述要上奏的，一定要把此前已經上奏過的與本次將要上奏的寫在一起，一同上奏。此項規定定爲常制。　廷卒令乙。

簡1099+1087（188—189）：

●十三年三月辛丑以來，取（娶）婦嫁女必參辨券└[1]。不券而訟，乃勿聽[2]，如廷律└[3]。前此令不券訟者[4]，治之如內史188律[5]。·謹布令，令

---

① 陳偉：《〈嶽麓書院藏秦簡（伍）〉校釋》，《出土文獻與法律史研究》第7輯，第11頁。
② 張家山二四七號漢墓竹簡整理小組編著：《張家山漢墓竹簡〔二四七號墓〕（釋文修訂本）》，第9頁。
③ 孫希旦：《禮記集解》，下冊，第991頁。

黔首明智（知）。 ·廷卒□[6]189。

【1】三辨券

[疏證]

三辨券：此處的三辨券是表示婚姻關係確立的法律憑證。男女雙方需到官府登記，由官府發放表示確立婚姻關係的三辨券，男女雙方各置一辨，官府留一辨。三辨券由官府頒發，意味着男女雙方的婚姻關係得到了法律的確認，正因爲如此，這項制度確立之後，由此產生的獄訟，官府才予以受理。如果沒有三辨券，屬於無效婚姻，官府則不予受理。《周禮·地官·媒氏》："掌萬民之判。凡男女，自成名以上，皆書年月日名焉。令男三十而娶，女二十而嫁。凡娶判妻入子者，皆書之。"①就表明了戰國時期存在着婚姻登記制度。睡虎地秦簡《法律答問》簡166："女子甲爲人妻，去亡，得及自出，小未盈六尺，當論不當？已官，當論；未官，不當論。"睡虎地秦簡整理小組注："官，疑指婚姻經官府認可。"②也就是説，如果女子甲雖然未到結婚的法定年齡，但如果結婚時到官府登記過，那麼這樁婚姻就受到法律的認可與保護，她的逃婚行爲就會受到法律的懲罰。但如果她結婚時沒有登記，婚姻關係未得到法律的承認，自然也就不受法律的保護。那麼，她雖然逃婚，法律自然也不予追究。又《法律答問》簡169："'棄妻不書，貲二甲。'其棄妻亦當論不當？貲二甲。"睡虎地秦簡整理小組注："書，指報告登記。"③可見，婚姻登記不僅要求結婚時要報告登記，離婚時也要報告登記。隨着婚姻登記制度的確立，三辨券作爲婚姻關係的憑證可能就隨之產生了。

【2】不券而訟，乃毋聽

[疏證]

不券而訟，乃毋聽：不能提供作爲結婚憑證的三辨券而提起的婚姻訴訟，官府不予受理。此規定與睡虎地秦簡《法律答問》簡166所載官府針對女子甲逃婚時的態度"已官，當論；未官，不當論"或許可以相互印證。睡虎地秦簡整理小組注："官，疑指婚姻經官府認可。"④我們可以推測，也許官府對男女雙方婚姻關係認可的書面材料就是發放三辨券之類的憑證。

【3】如廷律

[疏證]

如廷律：按照廷律執行。

如，《漢語大字典》："順從，依照。《説文·女部》：'如，從隨也。'段玉裁注：'從隨即

---

① 孫詒讓：《周禮正義》，第3分冊，第1244—1251頁。
② 睡虎地秦墓竹簡整理小組編：《睡虎地秦墓竹簡》，釋文部分第132頁。
③ 同上注，釋文部分第133頁。
④ 同上注，釋文部分第132頁。

隨從也。'《左傳·宣公十二年》：'有律以如己也。' 杜預注：'如，從也。'《史記·項羽本紀》：'項王使人致命懷王。懷王曰："如約。"'《三國演義》第一百一十四回：'髦乃應曰："敢不如命?"'"①

廷律，亦見於《嶽麓肆》簡301-302："十三年六月辛丑以來，明告黔首：相貸資緡者，必券書吏，其不券書而訟，乃勿聽，如廷律。前此令不券書訟者，爲治其緡，毋治其息，如内史律。"② 而且可以看出，《嶽麓伍》簡188-189與《嶽麓肆》301-302這兩條律令雖然所針對的對象不同，但表述方式卻極爲相似，都是説如無券書作爲憑證，則依照"廷律"處理，而且還説，本法令頒布之前發生的案件，則依照"内史律"處理。那麼，"廷律"具體所指以及它與"内史律"的關係，就很值得關注了。從"内史"這一機構的級別來推測，屬於中央機構，所以與"内史律"同級別的"廷律"或許指的是"廷尉律"也未可知。如果這樣，"廷尉律"又與《説文·敘》提到的"尉律"拉上了關係。③一般認爲《説文·敘》所謂的"尉律"就是"廷尉律"。凡此種種推測，都需要在今後的研究中進一步驗證。

【4】前此令不券訟者

[疏證]

前此令不券訟者：指的是在此令頒布之前，已經確立了婚姻關係的男女雙方在新法令令頒布之後，他們的婚姻發生糾紛而訴訟。因爲這些人在締結婚姻時，法律還没要求簽署三辦券，因此他們的婚姻訴訟屬於"不券訟者"。

【5】内史律

[疏證]

内史律：與内史相關的各種法律條文。參見《嶽麓肆》簡302"内史律"疏證。④

【6】□

[整理小組注]

□：疑是"乙"字。⑤

簡文大意

十三年三月辛丑以來，娶婦嫁女一定要取得三辦券。日後如果男女雙方在婚姻問題上產生訴訟，沒有三辦券，官府依律不予受理。在此令頒布之前而形成的婚姻關係，由此產生的無券婚姻訴訟，依據内史律處理。正式發布此法令，要求黔首都明確地了

---

① 漢語大字典編輯委員會：《漢語大字典》，第1099頁。
② 陳松長主編：《嶽麓書院藏秦簡（肆）》，第194-195頁。
③ 段玉裁：《説文解字注》，第1345頁。
④ 朱紅林：《〈嶽麓書院藏秦簡（肆）〉疏證》，第334頁。
⑤ 陳松長主編：《嶽麓書院藏秦簡（伍）》，第158頁。

解。廷卒令乙。

簡1616(190)：

諸當[1]以賞免除皋人[2]，獄已斷[3]盈六月而弗以[4]免除人[5]者，止，毋行其賞[6]。・廷甲190。

【1】當

[疏證]

當：可以、能够。楊樹達《詞詮》："當，宜也，應也。今言'該當''應當'。"① 嶽麓秦簡爲法令條文，故"當"此處指根據法律規定，有權利這樣做。

【2】以賞免除皋人

[疏證]

以賞免除皋人：以放棄應得賞賜的方式，來免除對官府對自己或他人犯罪的處罰。睡虎地秦簡《秦律十八種》簡155-156《軍爵律》："欲歸爵二級以免親父母爲隸臣妾者一人，及隸臣斬首爲公士，謁歸公士而免故妻隸妾一人者，許之，免以爲庶人。工隸臣斬首及人爲斬首以免者，皆令爲工。其不完者，以爲隱官工。"② 其中"工隸臣斬首及人爲斬首以免者"云云，即屬於以賞除罪的例子。

【3】獄已斷

[疏證]

獄已斷：罪人所涉案件正式宣判之後。

【4】以

[疏證]

"以"後省略"賞"字。

【5】人

[疏證]

人：此處指案件判決之日起六個月之内的罪人。

---

① 楊樹達：《詞詮》，第44頁。
② 睡虎地秦墓竹簡整理小組編：《睡虎地秦墓竹簡》，釋文部分第55頁。

【6】止,毋行其賞

[疏證]

止,毋行其賞:罪人的案件判決之後滿六個月,應受賞者仍沒有履行以其賞賜免除罪人處罰的手續,官府有關部門將不再允許贖免,並且也不再發放原先允諾的賞賜。

止:停止其以賞免除罪人的權利。

簡文大意

那些可以賞賜免除罪人處罰者,罪人案件判決之後滿六個月,仍然沒有完成以賞賜免除罪人的手續,免罪程序將被終止,並且官府也不再給他發放賞賜。　廷甲。

簡1909（191）:

【●】[1]五年十一月戊寅,令耐皋以下獄已斷[2]而未過六包〈旬〉者[3],得以賞除。過六旬不得除。其戍,雖已行,環（還）之[4]。過六旬 191

【1】【●】

[整理小組注]

●:此處殘留墨迹,據曆譜推算,"五年"前不會有數字,故應是令文起首的"●"符號。①

[疏證]

高婷婷曰:"今按:據曆譜推算,'五年十一月戊寅'應是指秦王政五年十一月二十四日,秦王政十五年、二十五年十一月皆無'戊寅'日。故'五年'前不會有數字,當是令文起首的'●'符號,整理者意見可從。"②

【2】斷

[疏證]

斷:裁決。

【3】六包〈旬〉者

[疏證]

此簡言"六旬",簡190言"六月",二者都是關於以賞除罪的法令,彼此之間的關係

---

① 陳松長主編:《嶽麓書院藏秦簡（伍）》,第158頁。
② 高婷婷:《〈嶽麓書院藏秦簡（伍）〉第二組集釋及相關問題研究》,第52頁。

如何,還值得進一步探討。簡190以賞除罪的規定沒有限定罪名,贖免時限爲六個月,而此簡令文的規定不論是贖罪的範圍還是贖罪的時限,都大爲縮短。不知是令文確實發生了變化,還是抄手抄録的文字有誤。

【4】其戍,雖已行,環(還)之

[疏證]

其戍,雖已行,環(還)之:應是指六旬以内以賞除罪的情況。在被判處罰戍的判決下達之日起,如果在六旬之内以賞除罪,那麽被除罪之人即使已經前往踐行罰戍任務,也可以因此而返回。

環(還)之:使之還。

簡文大意

五年十一月戊寅,允許耐罪以下的案件,自判決之日起六旬以内者,可以用賞賜免於處罰;超過六個月,將不再能以賞除罪。凡已完成履行以賞除罪手續者,即使在此期間罪人已經被罰戍派出,也可以返回。超過六旬……

缺簡 27

簡1891+1685(192—193):

☐司寇,及有辠耐爲司寇,獄已斷過六旬不得以賞除者[1],或亡及有它辠耐爲隸臣以 192【下】[2]而因以獄斷未過六旬以賞除免爲庶人者,皆當各復故吏(事)[3],不得爲庶人[4]。各以計楬籍[5]逐[6]之。 ·廷甲四 193。

【1】獄已斷過六旬不得以賞除者

[疏證]

以賞除:秦漢律中犯罪嫌疑人或者正在服刑的刑徒減免處罰的一種途徑,即當事人因有立功表現而應受到官府的賞賜表彰,他可以通過不接受這些賞賜表彰,來換取減免正在接受或即將接受的處罰,這就是所謂的"以賞除"。在某些情況下,有的立功受獎者也可以通過免受賞賜的方式,免除其親友因犯罪而所受處罰,這也屬於"以賞除"的範疇。

【2】【下】

［整理小組注］

下：據文義當是"下"字。①

［疏證］

嶽麓秦簡整理小組注説是"據文義"推斷當是"下"字，不知據何文義。

一般情況下，按照秦法令規定，案件判決之日起六旬之内，被判決之人可以賞除罪。而按照現在的簡文編聯來看，"亡及有它辠耐爲隸臣以【下】"者即使具備以賞除罪的條件，也達不到目的。這肯定是有特殊原因的。如果簡192與簡193的編聯没有問題的話，那我們根據有限的上下文義推測，這個"下"或許應該是"上"更合適。因爲"耐爲隸臣以上"可以包括各種重罪，或許超出一定標準的重刑犯，將不再享受以賞除罪的權利。但如果是"耐爲隸臣以下"，則基本上屬於輕罪，這樣的人都不能享受以賞除罪的權利，不知道以賞除罪還可以適用於哪些判罰。

當然，我們的想法也屬於臆測。或許簡192與193的編聯有問題，亦或許簡192之前還有其他相關條文的規定導致了"以賞除罪不得爲庶人"的結果，這都是可能的。

【3】復故吏（事）

［整理小組注］

復故吏（事）：指恢復被免前的刑徒身份，如前文的"耐爲司寇"。②

【4】不得爲庶人

［疏證］

不得爲庶人：身份不得恢復爲庶人。"不得爲庶人"之後，嶽麓秦簡整理小組原標點爲逗號，今改爲句號。因爲"不得爲庶人"只是針對"以獄斷未過六旬以賞除免爲庶人者"而言的，前文所謂"獄已斷過六旬不得以賞除者"本來就不是庶人了，當然不再存在"不得爲庶人"一説。而下文"各以計楬籍逐之"則是針對"不得以賞除者"和"以賞除但不得免爲庶人"兩種情況而言的。

【5】以計楬籍

［整理小組注］

以計：當是"以計時"之省。楬籍：一種文書名。"楬"見嶽麓秦簡《爲吏治官與黔首》1530簡："移徙上楬。"③

---

① 陳松長主編：《嶽麓書院藏秦簡（伍）》，第158頁。
② 同上注。
③ 同上注。

[疏證]

嶽麓秦簡整理小組把"以計"理解爲"以計時"之省，這是不合適的。"以計楬籍"，如果把"以計"解爲"以計時"，而"楬籍"又被解釋爲名詞"一種文書"，兩者相連，顯然是讀不通的。高婷婷也認爲整理小組"以計"解釋不合理，但她把"計楬籍"理解爲一個文書名，說："'各以計楬籍逐之'即按照政府每年上呈計簿'逐之'上述簡文提到的幾類人。"① 我們贊同高婷婷關於整理者對於"以時"解釋的質疑，她引用里耶秦簡有關"楬"這種文書的史料是關鍵的，但不同意她關於"計楬籍"的解釋。因爲她沒有說清楚"計楬籍"是一種什麼樣的簿籍，也沒有解釋"逐之"是什麼意思。我們的理解是"計"爲動詞，統計、錄入之意。"楬籍"具體意義雖尚不明確，但作爲一種專門的簿籍文書，則是沒有問題的。

《嶽麓伍》整理者在解釋"楬籍"之"楬"時，引《爲吏治官及黔首》1530 簡"移徙上楬"，收錄於《嶽麓壹》簡 072，整理者當時讀爲"端"，② 並未做進一步的解讀。現在看來，這個"楬"字很可能也指的是一種文書名稱，與《嶽麓伍》"楬籍"相類似。我們看，《嶽麓壹》簡 071 第二欄爲"案户定數"，簡 072 第二欄爲"移徙上楬"，二者連讀，說的正是户籍統計方面的內容，"移徙上楬"是說，人口遷移，相關的文書手續也要及時上報。

同時，我們有必要再次抄錄一下里耶簡 9-651+9-2470 的內容來比較分析：

卅一年十月己酉朔癸酉，遷陵將計段（假）丞枯敢言之：僕馬一匹，以卅一年死，今爲楬一牒上，謁除籍。敢言之。

校釋者解釋說："楬，疑讀爲'專'，《說文》：'六寸簿也。'"③ 校釋者的解釋是就文書形制而言，沒有從文書內容上解釋"楬籍"這種文書的特點。但里耶簡的這條記載與嶽麓秦簡的記載仍然有可資比較之處。里耶簡說的是官府的一匹馬死亡之後，有關部門上書向上級說明情況，注銷了這匹馬的在册名籍。所以里耶簡"謁除籍"的"除"是注銷、消除之意。而《嶽麓伍》193 號簡也說的是通過"楬籍"對刑徒的身份進行處置或調整的意思。二者是有相似之處的。至於"以楬籍逐之"的"逐之"作何解，恐怕一時還難以確定。

李蓉則把嶽麓簡此處的"楬籍"解釋爲"除籍"，也算是可備一說。現摘錄如下：

嶽麓秦簡《爲吏治官與黔首》簡 1530："臧（藏）盍（蓋）不濾，移徙上楬"整理者注："楬，讀作'端'，或疑該字當如本字解。"里耶秦簡 9-651+9-2470："卅一年十月己酉朔癸酉，遷陵將計段（假）丞枯敢言之：僕馬一匹，以卅一年死。今爲楬一牒上，謁除籍。"校釋："楬，疑讀爲'專'，《說文》：'六寸簿也。'"此處"楬"或當讀

---

① 高婷婷：《〈嶽麓書院藏秦簡（伍）〉第二組集釋及相關問題研究》，第 52 頁。
② 朱漢民、陳松長主編：《嶽麓書院藏秦簡（壹）》，上海辭書出版社 2010 年版，第 141 頁。
③ 陳偉主編：《里耶秦簡牘校釋（第 2 卷）》，第 172 頁。

作"劖"表示删除、删削。《說文·木部》:"楬,桀也,从木曷聲,一曰楬度也,一曰劖也。"段玉裁注:"刀部曰劖,刊也。'楬'與'劖'雙聲。""楬"端母元部,"劖"端母月部,韻部對轉,二字可通。簡文"楬(劖)籍"就是除籍,删除簿籍。①

嶽麓簡此處"以計楬籍"之"楬籍",但從有限的上下文義而言,按照名詞解釋爲專有文書可通;按照動詞解釋爲"除籍"亦可通。但是里耶秦簡"爲楬一牒"中的"楬"作爲專有的文書名稱却是没有疑問的。如結合里耶秦簡之"楬"來探討嶽麓簡之"楬籍",再解釋爲表示删除行爲的動詞"除籍",就需要考慮了。

【6】逐

[疏證]

"逐"字在此能講得通的有兩個義項:一個義項是"附"。《漢語大字典》:"逐:隨,跟隨。《玉篇·辵部》:'逐,從也。'《史記·匈奴列傳》:'而單于之庭直代、雲中:各有分地,逐水草移徙。'"②"逐水草移徙"即"隨水草移徙"。"從""隨"皆可引申爲"依附"義。"以計楬籍逐之",大意爲在編製楬籍時把刑徒或者説徒隸身份變更後的情況附於其中。另一個義項是"消除"。《漢語大字典》:"逐:驅逐,放逐。《廣韻·屋韻》:'逐,驅也。'《篇海類編·人事類·辵部》:'逐,放也。'《楚辭·九章·哀郢》:'信非吾罪而棄逐兮,何日夜而忘之?'《史記·李斯列傳》:'不問可否,不論曲直,非秦者去,爲客者逐。'唐柳宗元《弔屈原文》:'後先生蓋千祀兮,余再逐而浮湘。'""放逐""驅逐"皆可引申爲"消除"義。③"以計楬籍逐之",可理解爲通過楬籍説明情況,對其原先的身份進行調整。

睡虎地秦簡《秦律十八種》簡16—19《廄苑律》的內容,可以拿來與上引里耶秦簡9-651+9-2470的內容相比較,現摘錄如下:

> 將牧公馬牛,馬【牛】死者,亟謁死所縣,縣亟診而入之,其入之其弗亟而令敗者,令以其未敗直(值)賞(償)之。其小隸臣疾死者,告其□□之;其非疾死者,以其診書告官論之。其大廄、中廄、宮廄馬牛殹(也),以其筋、革、角及其賈(價)錢效,其人詣其官。其乘服公馬牛亡馬者而死縣,縣診而雜賣(賣)其肉,即入其筋、革、角,及索(索)入其賈(價)錢。錢少律者,令其人備之而告官,官告馬牛縣出之。④

《廄苑律》規定,如果公馬牛在放牧過程中死亡,放牧者要及時向當地縣廷報告,由縣裏派出相關人員對公馬牛死因進行勘察,然後形成診斷報告向有關部門匯報,同時對馬牛

---

① 李蓉:《〈嶽麓書院藏秦簡(伍)〉集釋及相關專題研究》,第129頁。
② 漢語大字典編輯委員會編纂:《漢語大字典(第2版)》,第4094頁。
③ 同上注。
④ 睡虎地秦墓竹簡整理小組編:《睡虎地秦墓竹簡》,釋文部分第24頁。

尸體進行最大限度的利用,馬牛肉能食用者要及時賣掉,回收資金減少損失,馬牛的皮毛筋骨也要上交官府,放牧者要對死亡的馬牛作出賠償,如果馬牛尸體能夠作出有效處理,減少損失,放牧者只賠償馬牛原價值的差價即可。所有這一切完成之後,都要形成報告提交馬牛管理部門,管理部門則會據此在所管理的馬牛名册上注銷死亡馬牛的名籍。這種情況説明報告與里耶秦簡提到的"楬籍"的用途相同。

另外,睡虎地秦簡還有兩條內容可以用來作爲參考。一條是《秦律十八種》簡15《廄苑律》:

叚(假)鐵器,銷敝不勝而毀者,爲用書,受勿責。①

另一條是《秦律十八種》簡125《司空律》:

縣、都官用貞(楨)、栽爲俯(棚)楡,及載縣(懸)鐘虡〈虞〉用輨(膈),皆不勝任而折;及大車轅不勝任,折軸上,皆爲用而出之。②

簡15説的是在使用官府鐵器時,使用過程中如果是因爲工具質量問題而損壞,那麽使用者只要寫個情況説明,即所謂的"用書",上報給有關部門即可,無需賠償。簡125所説的情況與之相同。"爲用而出之","用"即指"用書",寫個情況説明提交上去,有關部門則會在庫存名單上注銷這件工具的存在記錄。簡15與簡125可以説是互文見義,前者省略了"出之",即注銷鐵器名籍一事,後者省略了"受勿責"一事。

簡文大意

……司寇,及有罪被耐爲司寇,案件已判决超過六十天者,不能再通過放棄賞賜的方式免除處罰;逃亡或者有其他罪過被判處耐爲隸臣以下的處罰,由於案件判决不超過六十天而通過繳納賞賜而免爲庶人的,都要各自回歸從事原來的工作,不得編入庶人户籍;以上兩種情況都要編入楬籍。　廷甲四。

簡2151盒-7-3(194):

　　　　□□廢[1];弗智(知),典及父母、伍₁₉₄

---

① 睡虎地秦墓竹簡整理小組編:《睡虎地秦墓竹簡》,釋文部分第23頁。
② 同上注,釋文部分第49頁。

【1】廢

[疏證]

廢：廢黜，撤職永不再敘用。"廢"之後，嶽麓秦簡整理小組原標點爲逗號，今改爲分號。這句簡文雖然殘缺嚴重，但通過其中"弗智（知）"一詞，可以很明顯將殘句含義分爲兩層，"弗智（知）"之前很可能說的是如果知情，應當如何處理；相應對的才是"弗智（知）"，即不知情，應當如何處理云云。所以"知情"與"不知情"兩種情況之間當用分號斷開爲宜。如《嶽麓伍》簡170—172：

> 捕以城邑反及非從興殹（也），而捕道故塞徼外蠻夷來爲閒，賞毋律。今爲令：謀以城邑反及道故塞徼外蠻夷來欲反城邑者，皆爲以城邑反。智（知）其請（情）而舍之，與同辠。弗智（知），完爲城旦舂。以城邑反及舍者之室人存者，智（知）請（情），與同辠，弗智（知），贖城旦舂。典、老、伍人智（知）弗告，完爲城旦舂，弗智（知），貲二甲。　廷卒乙廿一。①

嶽麓秦簡整理小組原標點在"知"與"弗知"兩句之間，標點逗號，我們都統一調整爲分號。可參看前面相關簡文的整理。

簡1889（195）：

【人】貲各二甲，鄉嗇夫及令、丞、尉貲各一甲，而免[1]鄉嗇夫　。或[2]能捕死辠一人，購金七兩。　·廷甲　十195。

【1】免

[疏證]

免：免職。

【2】或

[疏證]

或：有也。《經傳釋詞》："《易·乾·文言》曰：'或之者，疑之也。'《管子·白心篇》曰：'夫或者何？若然者也。'《墨子·小取篇》曰：'或也者，不盡然也。'此常語也。或，

---

① 陳松長主編：《嶽麓書院藏秦簡（伍）》，第124—125頁。

猶'有'也。《尚書古義》曰：'無有作好，遵王之道。無有作惡，遵王之路。《吕覽》引此"有"作"或"。《貴公篇》高誘曰："或，有也。"古"有"字或通作"或"。《商書》曰："殷其弗或亂正四方。"《多士》云："時予乃或言。"傳皆云："或，有也。"鄭康成注《論語》亦云："或之言有也。"（《爲政篇》"或謂孔子曰"注）《韓非子》曰："無或作利，從王之指。無或作惡，從王之路。"（《有度篇》引"先王之法"曰）文雖異，然亦以"或"爲"有"。'"①

簡文大意

每人貲罰二甲，鄉嗇夫以及縣令、縣丞、縣尉各貲罰一甲，同時免去鄉嗇夫職務。如果有能抓獲死刑犯一人者，獎勵黃金七兩。　廷甲　十。

簡1686+1621+1620（196−198）：

　　律曰：黔首不田作，市販出入不時[1]，不聽父母[2]，笱若[3]與父母言[4]，父母、典、伍弗忍告[5]」。令鄉嗇夫數[6]謙（廉）問[7]，捕毄（繫）196【獻廷[8]。其辠當完城旦以上，其父母、典、伍弗先告，貲其父若母二甲，典、伍各一甲。鄉嗇夫弗得，貲一甲，令、丞一盾。有[9]197【犯律者[10]輒以律論及其當坐者[11]。鄉嗇夫弗得，以律論[12]，及其令、丞，有（又）免鄉嗇夫。　·廷甲　十一198。

【1】黔首不田作，市販出入不時

　　[整理小組注]

　　參見《爲吏治官及黔首》第13簡："黔首不田作不孝"，第25簡："出入不時"。據新簡序連讀，對應此處簡文。②

　　[疏證]

　　此律内容亦見於《嶽麓陸》簡194−197。③

　　陳偉標點作"黔首不田作、市販，出入不時"，④把"田作""市販"均理解爲動詞，屬於兩種經濟活動，其主語都是"黔首"。按照這種斷句，這句話的意思是黔首不願意從事農業生産，也不好好經營商業買賣。"出入不時"可以理解爲黔首日常行爲反常。之所以把"市販"理解爲動詞，作爲"黔首"的又一謂語，或許還有一個原因，那就是認爲

---

① 王引之：《經傳釋詞》，第63頁。
② 陳松長主編：《嶽麓書院藏秦簡（伍）》，第158頁。
③ 陳松長主編：《嶽麓書院藏秦簡（陸）》，第149−150頁。
④ 陳偉：《〈嶽麓書院藏秦簡（伍）〉校釋》，《出土文獻與法律史研究》第7輯，第12頁。

一般情況下"黔首"的範圍包括了士農工商,此處如把"市販"單列出來與"黔首"並列,有重複之嫌,難以接受,所以把"市販"作爲謂語動詞列於"黔首"之後。

武漢高校讀簡會對比了嶽麓秦簡整理小組注與陳偉説兩種讀法之後,采取了嶽麓秦簡整理小組的觀點。他們的研讀記録説:"經討論,讀書會成員們認爲此句斷讀應從整理者説。'市販'當爲與'黔首'對應的表示身份的一類人,此處作'出入不時'的主語,而非'黔首'的謂語。郭濤老師提供了《二年律令·田律》中的一條材料:'市販匿不自占租,坐所匿臧(贓)爲盗,没入其所販賣及賈錢縣官,奪之列。'證明確有'市販'作主語的表達。同時,整理者的斷句方式也更爲對稱。"①案,《二年律令》的這條材料屬於《關市律》,非《田律》。讀書會所言或爲筆誤。

不過,我們認爲武漢高校讀簡會的讀法也不是没有問題。因爲下文"出入不時"之後的"不聽父母,笱若與父母言"云云,顯然是針對前面的主語而言的。如果主語只有一個"黔首",那與"不聽父母,笱若與父母言"連讀起來就比較通順;如果主語有兩個,即"黔首"和"市販",與"不聽父母,笱若與父母言"連讀,語氣就很明顯不通順,是有問題的。因此,陳偉的讀法也還是有其道理的。

其實,我們只要多關注一下《嶽麓肆》中有關商業活動的律文,這個問題的爭論也許就可以迎刃而解了。簡124—126《金布律》:

金布律曰:市衢術者,没入其賣殹(也)于縣官,吏循行弗得,貲一循〈盾〉。縣官有賣殹(也),不用此律。有販殹(也),旬以上必於市,不者令續〈贖〉罨(遷),没入其所販及賈錢于縣官。典、老、伍人見及或告之而弗告,貲二甲。有能捕告贖罨(遷)皋一人,贖金一兩。賣瓦土瓾〈墼〉糞者,得販賣室中舍中,租如律令。

"有販殹(也),旬以上必於市",這就是説,旬以下的販賣行爲可以不在市場内經營,我們認爲這種情況很可能針對的是一般農民出售自家的農産品,而非專職商販,因此不可能長期經營,所以國家的管理就比較寬鬆。②又"典、老、伍人見及或告之而弗告,貲二甲"云云,也説明即使是專職的商販,他們也是在鄉村邑里的編制之中,也屬於普通的黔首之列。

再看《嶽麓肆》簡198—206:

金布律曰:黔首賣馬牛勿獻(讞)廷,縣官其買殹(也),與和市若室,勿敢强。買及賣馬牛、奴婢它鄉、它縣,吏爲(?)取傳書及致以歸及(?)免(?),弗爲書,官嗇夫吏主者,貲各二甲,丞、令、令史弗得,貲各一甲。其有事關外,以私馬牛羊行而欲行賣之及取傳賣它縣,縣皆爲傳,而欲徙賣它縣者,發其傳爲質。黔首

---

① 武漢高校讀簡會:《〈嶽麓書院藏秦簡(伍)〉研讀記録(四)》,武漢大學簡帛網2018年7月6日。
② 朱紅林:《〈嶽麓書院藏秦簡(肆)〉疏證》,第137頁。

賣奴卑(婢)、馬牛及買者,各出廿二錢以質市亭。皇帝其買奴卑(婢)、馬,以縣官馬牛羊貿黔首馬牛羊及買,以爲義者,以平賈(價)買之,輒予其主錢。而令虛質、毋出錢、過旬不質,貲吏主者一甲,而以不質律論。黔首自告,吏弗爲質,除。黔首其爲大隃取義,亦先以平賈(價)直之。質奴婢、馬、牛者,各質其鄉,鄉遠都市,欲徙(缺簡)老爲占者皆罨(遷)之。舍室爲里人盜賣馬、牛、人,典、老見其盜及雖弗見或告盜,爲占質,黥爲城旦,弗見及莫告盜,贖耐,其伍、同居及一典,弗坐。賣奴卑(婢)、馬、牛者,皆以帛書質,不從令者,貲一甲。賣半馬半牛者,毋質諸鄉。①

我們看,簡198-206敘述商業活動經營者時只言"黔首",通篇未提"市販""商賈"之類的字眼。這就説明,《嶽麓伍》中黔首作爲"田作""市販"兩個動詞的主語是没有問題的,當時的稱呼中這種現象很正常。

秦簡中關於"田作"的相關記載常見。如睡虎地秦簡《封診式》簡37-38《告臣》:"爰書:某里士五(伍)甲縛詣男子丙,告曰:'丙,甲臣,橋(驕)悍,不田作,不聽甲令。謁買(賣)公,斬以爲城旦,受賈(價)錢。'"②《嶽麓陸》簡146:"來書名數者以屬其典、伍,令謹居家室,勉田作,非有縣官事殹(也),毋敢之咸陽。"等等。③

"出入不時"不止針對出入市場的商販,就是普通的鄉村邑里,也講究出入有時。

戰國秦漢時期的官方控制的市場,一般實行封閉式管理,由類似市亭之類的市場管理機構負責,有開市和閉市的時間規定。以《周禮》爲例,其《地官》部分中有一系列市場管理方面的職官,如司市、質人、廛人、胥師、賈師、司虣、司稽、胥、肆長、泉府等等,其規定嚴密,大部分内容具有很高的參考價值。《司市》所謂"大市,日昃而市,百族爲主;朝市,朝時而市,商賈爲主;夕市,夕時而市,販夫販婦爲主"並非全是虛言。④

據嶽麓秦簡,當時的鄉村也多爲封閉式管理,因此,"出入有時"也是對村民的一項基本要求。《嶽麓肆》記載:

簡295-296:
諸故同里里門而别爲數里者,皆復同以爲一里。一里過百而可隔垣益爲門者,分以爲二里。□□□□出歸里中、里夾、里門者,□車馬,衷爲門介(界),更令相近者,近者相同里。⑤

簡297-300:
廿年二月辛酉内史言:里人及少吏有治里中,數晝閉門不出入。請:自今以來

---

① 陳松長主編:《嶽麓書院藏秦簡(肆)》,第133—136頁。
② 睡虎地秦墓竹簡整理小組編:《睡虎地秦墓竹簡》,釋文部分第154頁。
③ 陳松長主編:《嶽麓書院藏秦簡(陸)》,第114頁。
④ 孫詒讓:《周禮正義》,第4分册,第1276頁。
⑤ 陳松長主編:《嶽麓書院藏秦簡(肆)》,第192—193頁。

敢有□來□□□□畫閉里門，擅貲僞□□□□□□□□□者，縣以律論之。鄉嗇吏智（知）而弗言，縣廷亦論。鄉嗇夫吏令典、老告里長，皆勿敢爲。敢擅畫閉里門，不出入□□，貲鄉嗇夫吏，智（知）弗言，縣廷貲☑　內史戶曹令　第甲。①

可以看出，當時的里實行的是封閉式管理，周圍是設有專門的里門以爲出入通道的。

再看張家山漢簡《二年律令》簡305—306《户律》記載的漢初鄉村：

自五大夫以下，比地爲伍，以辨券爲信，居處相察，出入相司。有爲盜賊及亡者，輒謁吏、典。田典更挾里門籥（鑰），以時開；伏閉門，止行及作田者；其獻酒及乘置乘傳，以節使，救水火，追盜賊，皆得行，不從律，罰金二兩。②

可以看出，漢初的鄉村邑里之中百姓的出入都受到里中管理人員的管理，不按時出入、行爲舉止異常者隨時有可能受到舉報和監視。《漢書・食貨志》也記載了春秋戰國以來鄉村邑里的管理秩序：

在壄曰廬，在邑曰里。五家爲鄰，五鄰爲里，四里爲族，五族爲黨，五黨爲州，五州爲鄉。鄉，萬二千五百戶也。鄰長位下士，自此以上，稍等一級，至鄉而爲卿也。於〔是〕里有序而鄉有庠。序以明教，庠則行禮而視化焉。春令民畢出在壄，冬則畢入於邑。其《詩》曰："四之日舉止，同我婦子，饁彼南畮。"又曰："十月蟋蟀，入我牀下，嗟我婦子，聿爲改歲，入此室處。"所以順陰陽，備寇賊，習禮文也。春，（秋）〔將〕出民，里胥平旦坐於右塾，鄰長坐於（右）〔左〕塾，畢出然後歸，夕亦如之。入者必持樵薪，輕重相分，班白不提挈。冬，民既入，婦人同巷，相從夜績，女工一月得四十五日。必相從者，所以省費燎火，同巧拙而合習俗也。男女有不得其所者，因相與歌詠，各言其傷。③

這同樣說明了里中百姓的活動是受到嚴格管理的。因此，"出入不時"是對所有百姓而言的。

【2】不聽父母

[疏證]

不聽父母：嶽麓秦簡整理小組原與下文連讀，不準確。因爲下文是辱罵父母，與不聽父母話是兩件事，故當以逗號斷開爲宜。陳偉說同。④

---

① 陳松長主編：《嶽麓書院藏秦簡（肆）》，第193—194頁。
② 張家山二四七號漢墓竹簡整理小組編著：《張家山漢墓竹簡〔二四七號墓〕（釋文修訂本）》，第51頁。
③ 班固：《漢書》，第4分冊，第1121頁。
④ 陳偉：《〈嶽麓書院藏秦簡（伍）〉校釋》，《出土文獻與法律史研究》第7輯，第13頁。

【3】笱若

[整理小組注]

笱：通"詬"。《玉篇·言部》："詬，罵也。"①

[疏證]

笱若：輕率不禮貌的樣子。陳偉曰："今按：'笱'當爲'苟'。《漢書·賈誼傳》記上書即云：'頑頓亡恥，𠏉詬亡節，廉恥不立，且不自好，苟若而可，故見利則逝，見便則奪。'顔注：'若猶然。''苟'有草率義。《國語·魯語下》'則苟而賦'韋昭注：'苟，苟且也。'當今學者用'苟且'解釋'苟若'，大致當是。'笱（苟）若與父母言'，意思是草率、粗魯地跟父母説話。"②

【4】言

[整理小組注]

言：當指怨言。《國語·周語上》："王不聽，於是國莫敢出言。"③

【5】父母、典、伍弗忍告

[疏證]

"父母、典、伍弗忍告"之後，整理小組原標點爲逗號，今改爲句號。因爲"父母、典、伍弗忍告"説的是對於子女的不當行爲父母鄰里不忍心告發他，下文"令鄉嗇夫數謙（廉）問，捕毄（繫）【獻廷】"則是説官府對這種行爲則堅決以懲處，是截然相反的兩種態度，故以句號斷開，文意層次更加分明。

伍：伍人，同伍之人。《嶽麓伍》簡21–22："同居、室人、典、老、伍人見其挾舍匿之，及雖弗見，人或告之而弗捕告，皆與挾舍匿者同皋。其弗見及人莫告，同居、室人，皋減焉一等。典、老、伍人皆贖耐，挾舍匿者人奴婢殹（也），其主坐之如典老、伍人。"睡虎地秦簡《秦律雜抄》簡32–33《傅律》："匿敖童，及占癃（癃）不審，典、老贖耐，百姓不當老，至老時不用請，敢爲酢（詐）偽者，貲二甲；典、老弗告，貲各一甲；伍人，戶一盾，皆䙴（遷）之。"睡虎地秦簡整理小組注："伍人，《漢書·尹賞傳》注：'五家爲伍，伍人者，各其同伍之人也。'《史記·商君列傳》：'令民爲什伍，而相收司連坐。'伍人亦即四鄰，見《法律答問》'何謂四鄰'條。"④

【6】數

[整理小組注]

數：疾速。《爾雅·釋詁下》："數，疾也。"《禮記·曾子問》："不知其已之遲數。"鄭

---

① 陳松長主編：《嶽麓書院藏秦簡（伍）》，第158頁。
② 陳偉：《〈嶽麓書院藏秦簡（伍）〉校釋》，《出土文獻與法律史研究》第7輯，第13頁。
③ 陳松長主編：《嶽麓書院藏秦簡（伍）》，第158頁。
④ 睡虎地秦墓竹簡整理小組編：《睡虎地秦墓竹簡》，釋文部分第87頁。

玄注:"數,讀爲速。"①

【7】謙(廉)問

[整理小組注]

謙(廉)問:張家山漢簡《奏讞書》第210簡:"訮(研)詗謙(廉)問不日作市販。"《嶽麓書院藏秦簡(叁)》第148簡:"洋以智訮(研)詗謙(廉)求而得之。"整理者注:"廉,通覝,考察、查訪。"②

[疏證]

嶽麓秦簡整理小組此處的注釋序號有誤,原本應該記載"謙(廉)問"之後,實際卻加在了"逋殿(繫)"之後,今據實際注釋內容改正。

【8】【獻廷】

[整理小組注]

獻廷:據嶽麓秦簡1994簡補字。③

[疏證]

按,"嶽麓秦簡1994"收錄於《嶽麓書院藏秦簡(陸)》,《嶽麓陸》編號195,內容爲:"部嗇夫數謙(廉)問,捕殿(繫)獻廷,其罪當完城旦舂以上,其父母、典、伍弗先告,貲其父若母二甲。"

"【縣廷】"之後,嶽麓秦簡整理小組原標點爲逗號,今改爲句號。"令鄉嗇夫數謙(廉)問,捕殿(繫)【獻廷】",説的是鄉嗇夫了解情況後抓捕不好好勞作及不孝順父母者的行動,下文説的是對抓捕到的違反法令人員定罪量刑的內容。這屬於兩個層次,故當以句號斷開。

【9】有

[整理小組注]

有:嶽麓秦簡2052簡"有"之前是"·自今以來"。④

[疏證]

按,"嶽麓秦簡2052簡"收錄於《嶽麓書院藏秦簡(陸)》,《嶽麓陸》編號196,內容爲:"典、伍各一甲,鄉部嗇夫弗得,貲一甲,令、丞一盾。·自今以來,有犯律者輒以律論。及其當。"

---

① 陳松長主編:《嶽麓書院藏秦簡(伍)》,第158頁。
② 同上注。
③ 同上注。
④ 同上注。

【10】【犯律者】

[整理小組注]

犯律者：據嶽麓秦簡2052簡補字。①

[疏證]

犯律者：觸犯刑律。我們說過，秦律已經區分了行政處罰和刑事處罰。如果沒有犯律，就按照行政處罰處理；如果犯了律，就按照刑事處分處理。"以律論之"就屬於刑事處分，又稱爲"獄治"。《嶽麓肆》簡116："金布律曰：諸亡縣官器者，必獄治，臧（贓）不盈百廿錢，其官自治，勿獄。""獄治"就是由司法機關處理，屬於刑事處罰；"勿獄"就是不獄治，由相關行政部門自行處理，屬於行政處罰。②

【11】當坐者

[疏證]

當坐者：應當受到連坐的人。"當坐者"之後，嶽麓秦簡整理小組原標點爲逗號，今改爲句號。"有【犯律者】輒以律論及其當坐者"，說的是如果抓到罪犯，則按律論處違反法律的人及受其連坐人員。下文"鄉嗇夫弗得"云云，說的則是如果鄉嗇夫沒有發現或抓到罪犯，對鄉嗇夫及其受連坐的上級應當如何處罰。前後屬於兩個層次，故當以句號隔開。但昌武說："'有【犯律者】輒以律論及其當坐者'之前當爲律文内容，此句及之後當爲令文内容，或可爲我們理解律令關係提供新的資料。"③這種判斷不一定準確，只能是可備一説。不過，確實是指出了這條令文的特殊之處。令文以"律曰"開頭，通篇具有律的特色，却被編入令中，其主體部分毫無疑問吸收了律的内容，但究竟如何融於令中，還值得進一步研究。另外，從嶽麓簡這條令文中引用律的内容來看，似乎屬於《户律》的可能性大些。

【12】以律論

[疏證]

嶽麓秦簡整理小組原把"以律論"與"及其令丞"連讀，今以逗號隔開。"以律論"首先針對的是"鄉嗇夫"，"令丞"只是負連帶責任。如果將二者連讀，容易理解成以律"論及"令丞。

簡文大意

律曰：黔首不從事農業生產，從事販賣不按時出入市場，不聽從父母的話，平時對

---

① 陳松長主編：《嶽麓書院藏秦簡（伍）》，第158頁。
② 朱紅林：《〈嶽麓書院藏秦簡（肆）〉疏證》，第122—124頁。
③ 武漢高校讀簡會：《〈嶽麓書院藏秦簡（伍）〉研讀記録（四）》，武漢大學簡帛網2018年7月6日。

父母講話很不禮貌,父母、里典、同伍之人不忍心向官府告發他。(官府一旦得知此類情況,)由鄉嗇夫迅速查清此事,把相關黔首緝拿歸案,上交縣廷處置。如果黔首罪行當判處完城旦以上者,他的父母、里典、同伍之人事先没有告發,要貲罰父親或母親二甲,里典、同伍之人各一甲。鄉嗇夫没有發現,貲罰一甲,縣令、縣丞貲罰各一盾。黔首觸犯法律者,以律論處當事人及相關連坐人員。鄉嗇夫不知情,以律論處,並連坐令、丞,同時免除鄉嗇夫職務。　廷甲　十一。

簡1165＋缺簡₂₈＋1189＋C4-1-9(199—200):

●黔首或[1]事父母孝,事兄姊忠敬,親弟(悌)[2]茲(慈)愛,居邑里長老[3]衛(率)黔首爲善[4]。有如此者,牒書[5]☒199(缺簡₂₈)☐[6]別之,衛(率)[7]之千户毋過上一人[8]。上之必謹以實[9]。當上弗上,不當上而上☐[10]☐☒200

【1】或

[疏證]

或:有也。《左傳·哀公七年》:"曹人或夢衆君子立于社宫而謀亡曹",《史記·曹世家》"或"作"有"。王引之《經傳釋詞》卷三:"或,猶'有'也。"①

【2】親弟悌

[疏證]

弟:讀如字。整理小組原讀"弟"爲"悌",作"弟(悌)",但簡文上文已言及"父母""兄姊",下文續言"弟"亦無不可。此"弟"不但包括男弟(弟),亦包括女弟(妹)。

【3】長老

[疏證]

長老:年長有德行之人。這裏的"長老"可以有兩種理解,一種理解是名詞動用,主語仍爲簡首的"黔首",即"黔首居邑里爲長老"云云,另一種理解是"長老"爲主語,即"居住於邑里之長老"云云。兩者皆可通。本書暫從前者。

居邑里長老率黔首爲善:憑自身的品行成爲所在邑里德高望重的人,率領當地黔首爲善行。

---

① 王引之:《經傳釋詞》,第63頁。

【4】爲善

［疏證］

嶽麓秦簡整理小組原在"爲善"之後標點逗號，今改爲句號。"爲善"云云說的是里中百姓品行出衆者的種種表現，下文"有如此者"是對上文的概括和總結，故前後文之間當以句號斷開爲宜。

嶽麓秦簡《爲吏治官及黔首》簡85—86所載對於"爲吏者"的品行要求，可與此相參看：

> 爲人君則惠，爲人臣【則】忠，爲人父則茲（慈），爲人子則孝，爲人上則明，爲人下則聖，爲人友則不爭，能行此，終日視之，簍（屢）勿舍，風（諷）庸（誦）爲首，積（精）正守事，勸毋失時，攻（功）成爲保，審用律令，興利除害，終身毋咎。①

【5】牒書

［疏證］

牒書：此處作動詞用，當是指記錄在牒書之上然後上報。此類用法秦簡中多見。如睡虎地秦簡《秦律十八種》簡35—36《倉律》："稻後禾孰（熟），計稻後年。已獲上數，別粲、穤（糯）秥（黏）稻。別粲、穤（糯）之襄（釀），歲異積之，勿增積，以給客，到十月牒書數，上內【史】。"②《嶽麓肆》簡178："黔首老弱及癃（癃）病，不可令奔敬（警）者，牒書署其故，勿予符。"③《嶽麓肆》簡347—348："上攻（功）當守六百石以上，及五百石以下有當令者，亦免除。攻勞皆令自占，自占不□□實，完爲城旦。以尺牒牒書，當免者人一牒，署當免狀，各上。"④《嶽麓伍》簡060："御史請：至計，令執灋上寂（最）者，各牒書上其餘獄不決者。"⑤《嶽麓柒》簡014："郡獻者，泰守府牒書所盇（齎）物一牒，上御史。"⑥

鄉里組織的管理者，定期把本轄區的按照一定標準選拔的優秀人才記錄在案，然後上報，這是中國古代早期人才選拔的一種措施。

《國語·齊語》：

> 正月之朝，鄉長復事。君親問焉，曰："於子之鄉，有居處好學、慈孝於父母、聰慧質仁、發聞於鄉里者，有則以告。有而不以告，謂之蔽明，其罪五。"有司已於事而竣。桓公又問焉，曰："於子之鄉，有拳勇股肱之力秀出於衆者，有則以告。有而不以告，謂之蔽賢，其罪五。"有司已於事而竣。桓公又問焉，曰："於子之鄉，有不慈孝

---

① 朱漢民、陳松長主編：《嶽麓書院藏秦簡（壹）》，第147—148頁。
② 睡虎地秦墓竹簡整理小組編：《睡虎地秦墓竹簡》，釋文部分第28頁。
③ 陳松長主編：《嶽麓書院藏秦簡（肆）》，第127頁。
④ 同上注，第210頁。
⑤ 陳松長主編：《嶽麓書院藏秦簡（伍）》，第58頁。
⑥ 陳松長主編：《嶽麓書院藏秦簡（柒）》，第65頁。

於父母、不長悌於鄉里、驕躁淫暴、不用上令者,有則以告。有而不以告,謂之下比,其罪五。"有司已於事而竣。是故鄉長退而修德進賢,桓公親見之,遂使役官。①

可以看出,齊國地方選拔人才的標準包括"居處好學、慈孝於父母、聰慧質仁、發聞於鄉里者",也包括"拳勇股肱之力秀出於衆者",既有學問好的,也有武藝出衆的,既有聰慧仁質的,也有慈孝仁愛的。

《周禮》中的鄉里基層組織也記錄了選拔優秀人才以定期上報的制度。《周禮》"六官"之中,地官司徒掌教法,因此人才選拔制度的記錄集中出現在地官系統的規定之中。

《鄉大夫》:"三年則大比,考其德行道藝,而興賢者能者。"

《州長》:"各掌其州之教治政令之法。正月之吉,各屬其州之民而讀法,以考其德行道藝而勸之,以糾其過惡而戒之。"

《族師》:"各掌其族之戒令政事。月吉,則屬民而讀邦法,書其孝弟睦姻有學者。"

《閭胥》:"既比,則讀法,書其敬、敏、任、恤者。"

《司諫》:"掌糾萬民之德而勸之朋友,正其行而强之道藝,巡問而觀察之,以時書其德行道藝,辨其能而可任於國事者。"

《國語》多反映春秋時期的制度,《周禮》則具有鮮明的戰國時期的風格。這兩部典籍中有關人才選拔的制度,可以看作是中國先秦時期人才選拔的基本途徑之一,尤其是低層次人才的選拔。嶽麓秦簡的記載,證明了秦代國家也繼承了這一制度,而且忠孝慈愛同樣是選拔的重要標準之一。

【6】□

[整理小組注]

據殘存墨跡疑是"縣"字。②

【7】衛(率)

[整理小組注]

衛(率):參見睡虎地秦簡《法律答問》第198簡:"'衛(率)敖'當里典謂殹(也)。"③

[疏證]

衛(率):嶽麓秦簡整理小組的解釋值得商榷。睡虎地秦簡《法律答問》第198簡"衛(率)敖"之"衛(率)",解釋爲"帥",爲領袖之義。④嶽麓秦簡此處的"衛(率)"意

---

① 上海師範大學古籍整理組校點:《國語》,上册,第233—234頁。
② 陳松長主編:《嶽麓書院藏秦簡(伍)》,第158頁。
③ 同上注。
④ 睡虎地秦墓竹簡整理小組編:《睡虎地秦墓竹簡》,釋文部分第141頁。

爲計算平均率之"率",完全是兩個概念,意爲按照特定標準計算。《漢書·高帝紀》:"令諸侯王、通侯常以十月朝獻,及郡各以口數率,人歲六十三錢,以給獻費。"顔師古注:"率,計也。"① 陳偉釋爲平均,甚是。②

【8】毋過上一人

[疏證]

上:向上級推舉。"毋過上一人"之後,整理小組原標點爲逗號,今改爲句號。因爲前後是兩個層次,前一層説的是具體的上報操作程序,後一層是對上報態度及可能出現的種種問題的預防性限制和監督,當以逗號斷開爲宜。

【9】必謹以實

[疏證]

必謹以實:一定要據實上報。"必謹以實"之後,嶽麓秦簡整理小組原標點爲逗號,今改爲句號。

【10】□

[整理小組注]

據殘存墨跡疑是"或"字。③

簡文大意

黔首有能夠侍奉父母孝順,對待兄姐忠敬,對待弟妹慈愛,居住在邑里能夠成爲德高望重之人,率衆爲善。有這樣的人,(官吏)要以牒記錄(上報)……分類處理,平均每千户不超過一人。官吏上報的時候一定要嚴謹,實事求是,該上報的不上報,不該上報的却上報……

缺簡29

簡1085+1796+1969(201—202):

☐各鄉嗇夫、令史、里[1]即[2]爲讀令[3]。布令不謹[4],吏主者,貲二甲,

---

① 班固:《漢書》,第1分册,第71頁。
② 陳偉:《〈嶽麓書院藏秦簡(伍)〉校釋》,《出土文獻與法律史研究》第7輯,第13頁。
③ 陳松長主編:《嶽麓書院藏秦簡(伍)》,第158頁。

令、丞一甲。已布令後⌐,吏[5]、☐201☐[6]善當此令者[7],輒執[8]論。·後恒以戶時[9]復申[10]令[11]縣鄉吏治前[12]及里治所[13]。☐202

【1】里

[疏證]

"里"之後或脱"典"字,或脱"老"字。"各鄉嗇夫、令史、里","鄉嗇夫"是鄉的行政負責人,代表鄉;"令史"爲縣級吏員,代表縣;"里"作爲村級單位,是讀令制度中最低一級的機構。《周禮》作爲先秦時期的經典著作,其中大部分内容反映了戰國時期的制度,"讀法"制度就是其中之一,正可與秦簡律令相印證。①《周禮·地官·閭胥》:

各掌其閭之徵令。以歲時各數其閭之衆寡,辨其施舍。凡春秋之祭祀、役政、喪紀之數,聚衆庶;既比,則讀灋,書其敬敏任恤者。凡事,掌其比觵撻罰之事。②

在《周禮》一書所載的鄉遂制度中,"閭"與"里"都是村級單位,在鄉曰閭,在遂曰里,"讀法"是其一項重要的公共事務。武漢高校讀簡會的讀簡成果把這句話理解爲鄉嗇夫和令史在里中讀令,質諸《周禮》,恐怕不確。③

《周禮》中顯示了一種戰國以來的宣讀法令的制度,這種制度是層層展開的,從中央到地方,各級政府都有定期的集會讀法規定,京師、鄉、遂、縣、州、族、黨、閭、里莫不如此。類似的制度,《管子》中也有記載。④因此,嶽麓秦簡此處的讀令很可能也是在縣、鄉、里三級地方行政機構分别展開的。

【2】即

[疏證]

即:就也。讀令一般是在某一特定的公開場合。即爲讀令:指到特定場所宣讀法令,具體地點當指下文簡202所謂的"縣鄉吏治前及里治所"。

【3】讀令

[疏證]

讀令:宣讀法令,相當於《周禮》中的"讀法"。從《周禮》的記載可知,戰國時期法令的範圍很廣,從已經發現的内容可知,不僅包括刑事法令,也包括行政法令,乃至生產生活風俗習慣,都在《周禮》"法"的範疇之内。因此,"讀法"並不是多麽高大上的行爲,上至京師中央朝廷,下至地方郡縣、鄉里民間,都存在着讀法讀令的制度。尤其是很

---

① 朱紅林:《戰國時期國家法律的傳播》,《法制與社會發展》2009年第3期,第119—125頁。
② 孫詒讓:《周禮正義》,第3分册,第1066、1068頁。
③ 武漢高校讀簡會:《〈嶽麓書院藏秦簡(伍)〉研讀記録(四)》,武漢大學簡帛網2018年7月6日。
④ 朱紅林:《戰國時期國家法律的傳播》,《法制與社會發展》2009年第3期,第119—125頁。

多生產生活經驗和規範的指導,村規民約的貫徹,都是通過"讀法"的形式,由中央到地方的各級組織者和管理者貫徹到百姓中間的。越是到基層,這種讀法的行爲越是必要,越是有實際效果,《吕氏春秋》和《禮記》中"月令"部分的内容,其實正是當時讀令讀法的記録和總結,在那個時代,它們確實是實實在在的令。那些基層的讀令讀法者,就是第一綫的指導者,不但是法律的傳播者,更是文化和思想的傳播者。在這個意義上講,我們也許會對"以吏爲師"有着更加深刻的理解和敬畏。嶽麓秦簡此處記載的鄉嗇夫、令史與里讀令制度,實際上就是縣鄉里三級讀法制,也許上面還有朝廷和郡級讀法的制度存在,這與《周禮》中的"讀法"制度並無二致。

"讀令"之後,所謂"讀令不謹"云云,是對"讀令"制度的補充説明,屬於另一層意思,所以我們認爲嶽麓秦簡整理小組原標點爲逗號的作法似有不妥,故改爲句號。

【4】布令不謹

[疏證]

不謹:不認真,不嚴謹,不準確。布令不謹:宣讀解釋法令不認真,不嚴謹。這樣容易導致接受者理解出現偏差,理解不準確,從而出現違法犯法的現象。因此,要對布令不謹的讀法者進行懲罰。比如説,《嶽麓肆》簡134:"尉令不謹,黔首失令,尉、尉史、士吏主者貲各一甲,丞、令、令史各一盾。"説的就是這方面的事情,由於尉没有把相關的要求解釋清楚,導致黔首没能很好地遵守相關制度,不但是尉系統的各級官吏要受處分,縣令系統的各級官吏也要受到連坐的處分①。《嶽麓肆》簡134的規定正可與此處的讀令制度相互印證。

據《管子·立政篇》記載,國家新法令在頒布實施之時,各級地方長官都要首先學習並進行考核,考核通過後,再回到各自轄區内,逐級下達傳播:

> 正月之朔,百吏在朝,君乃出令布憲于國。五鄉之師,五屬大夫,皆受憲于太史。大朝之日,五鄉之師,五屬大夫,皆身習憲于君前。太史既布憲,入籍於太府,憲籍分于君前。五鄉之師出朝,遂于鄉官,致于鄉屬,及于游宗,皆受憲。憲既布,乃反致令焉,然後敢就舍。憲未布,令未致,不敢就舍,就舍謂之留令,死罪不赦。五屬大夫,皆以行車朝,出朝不敢就舍,遂行。至都之日,遂於廟,致屬吏,皆受憲。憲既布,乃發使者,致令以布憲之日,蚤晏之時。憲既布,使者以發,然後敢就舍。憲未布,使者未發,不敢就舍,就舍謂之留令,罪死不赦。憲既布,有不行憲者,謂之不從令,罪死不赦。考憲而有不合于太府之籍者,曰侈專制,不足曰虧令,罪死不赦。首憲既布,然後可以布憲。②

五鄉之師、五屬大夫這些官吏在大史那裏接受了新頒布的法令文本之後,回去都要詳加

---

① 朱紅林:《〈嶽麓書院藏秦簡(肆)〉疏證》,第149頁。
② 黎翔鳳:《管子校注》,中華書局2004年版,上册,第65—66頁。

研習，屆時要到君前接受考核。只有通過考核，這些官員才能較好地把法令的內容和精神傳達給下一級接受的聽眾。嶽麓秦簡此處所謂"布令不謹"云云，除了布令官吏工作不認真之外，另一種可能就是其本身對新法令的理解不透徹不到位。因此《管子》的記載並非向壁虛構，而是有一定歷史依據的，很可能是當時國家頒布新法令時的各級官員的培訓程序的某種寫照。

【5】吏

[整理小組注]

吏：據殘筆和内容相似的0136簡釋。①

[疏證]

嶽麓秦簡整理小組注所謂"0136簡"，收錄於《嶽麓陸》，編號簡190，内容為"【者貲二甲】，令、丞一甲，已布令後，吏、典、伍謙（廉）問不 善 當此令者，輒捕論。後恒以户時復申令 縣 鄉部吏治前及里治所"。②

【6】☐

[整理小組注]

本簡首殘斷，前簡之末殘斷，據内容相似的0136簡，殘斷部分是"典、伍謙（廉）問不"。③

【7】善當此令者

善：很好地，妥善地。當：對應，相當。楊樹達《詞詮》："與今口語'相當'同。"④嶽麓秦簡此處引申為遵從、遵守。

據嶽麓秦簡整理小組補釋的内容，當為"典、伍謙（廉）問不善當此令者"。根據上下文意，這句話的意思應該是典、伍調查没有很好地理解或者説遵守此令的人。也就是説，這是官府在讀令之後，對於讀令效果的考察。吏、典和伍長等調查黔首是否掌握了法令的要領，對於領悟差者，更可能是没有嚴格遵守新法令者，即所謂"不善當者"，要"輒執論"，抓起來問罪。

【8】執

[整理小組注]

内容相似的0136簡此處是"捕"字。⑤

---

① 陳松長主編：《嶽麓書院藏秦簡（伍）》，第158頁。
② 陳松長主編：《嶽麓書院藏秦簡（陸）》，第147頁。
③ 陳松長主編：《嶽麓書院藏秦簡（伍）》，第158頁。
④ 楊樹達：《詞詮》，第44頁。
⑤ 陳松長主編：《嶽麓書院藏秦簡（伍）》，第158頁。

【9】户時

[整理小組注]

户時：每年查核户籍之時，漢稱"案户""比户"或"案比之時"。《周禮·地官·小司徒》鄭玄注："鄭司農云……今時八月案比是也。"①

[疏證]

户時：年度户籍調查統計之時，秦漢時期一般是在每年的八月份。張家山漢簡《二年律令》簡328–330《户律》：

> 恒以八月令鄉部嗇夫、吏、令史相襍案户籍，副臧（藏）其廷。有移徙者，輒移户及年籍爵細徙所，并封。留弗移，移不并封，及實不徙數盈十日，皆罰金四兩；數在所正、典弗告，與同罪。鄉部嗇夫、吏主及案户者弗得，罰金各一兩。②

《二年律令》簡345《户律》徑直稱"户時"爲"八月户時"："爲人妻者不得爲户。民欲別爲户者，皆以八月户時，非户時勿許。"③所記正是八月案户的制度，可參看。

結合秦漢律令中有關讀令的資料及《周禮》《管子》傳世文獻中的記載，我們可以看出，戰國秦漢以來國家政令的公布與傳播，除了設置一些專門的場合發布之外，還會利用其他聚集民衆的場合及時發布。比如説嶽麓簡此處提到的每年"户時申令"。年度的户籍統計，不同部門一般會召集範圍不等的相關人員進行動員，宣布相關的部署及注意事項，這時候其他一些相關的政策或事項也會趁機發布，重申近期新發布過的政令就是其中的一項做法。

【10】復申

[整理小組注]

復申：指重申律令。《漢書·食貨志下》："天鳳元年，復申下金銀龜貝之貨，頗增減其賈直。"④

[疏證]

復申令縣鄉吏治前及里治所：在縣、鄉、里的治所重申法令。這三個地方是三級管理者的辦公場所，本身就具有權威的意味，同時也是最合適的公衆聚集地。《周禮》一書設天地春夏秋冬六官，冬官亡佚，其餘五官之中，四官都有關於公布法令的制度規定。

---

① 陳松長主編：《嶽麓書院藏秦簡（伍）》，第158頁。
② 張家山二四七號漢墓竹簡整理小組編著：《張家山漢墓竹簡〔二四七號墓〕（釋文修訂本）》，第54頁。
③ 同上注，第56頁。
④ 陳松長主編：《嶽麓書院藏秦簡（伍）》，第158頁。

《周禮·天官·大宰》:"正月之吉,始和布治于邦國都鄙。乃縣治象之灋于象魏,使萬民觀治象,挾日而斂之。"①

《周禮·地官·司徒》:"正月之吉,始和布教于邦國都鄙。乃縣教象之灋于象魏,使萬民觀教象,挾日而斂之,乃施教灋于邦國都鄙,使之各以教其所治民。"②

《周禮·夏官·司馬》:"正月之吉,始和布政于邦國都鄙,乃縣政象之灋于象魏,使萬民觀政象,挾日而斂之。"③

《周禮·秋官·司寇》:"正月之吉,始和布刑于邦國都鄙,乃縣刑象之灋于象魏,使萬民觀刑象,挾日而斂之。"④

可以看出,《周禮》公布法令的制度是成體系的,也是有計劃有步驟的。有固定的時間,"正月之吉"只是其中一個固定的時間點而已。公布的範圍是各級政權所區域,即"邦國、都、鄙",地點則是"邦國都鄙"轄下各級管理機關所在地,法令就懸掛在治所門外的"象魏"之上,供百姓觀瞻。公布時間是"挾日",也就是十天。《周禮》一書作爲先秦典制的淵源,保留了很多周代的典制,甚至還有夏商的制度。儘管它的成書年代還有爭論,但大部分内容可以得到其他傳世文獻及出土資料的印證,還是值得信賴的。《周禮·地官·乡大夫》説得更明確:"歲終,則令六鄉之吏皆會政致事。正歲令群吏考法于司徒,以退,各憲之於其所治。""憲"即公開、公布之義。"所治"即"治所"。就是説,在對法律令文進行年度校對之後,各部門把相關法律條文懸掛在各自治所以供觀瞻。嶽麓秦簡此處記載的在吏治治所重申法令的記載,再次印證了《周禮》記載是有史實依據的。

申,《漢語大字典》:"説明;申述。《楚辭·九章·抽思》:'道卓遠而日忘兮,願自申而不得。'《禮記·郊特牲》:'大夫執圭而使,所以申信也。'"⑤

【11】令

[疏證]

"令"後省略"於"字。

【12】治前

[疏證]

治前:治所之前。

---

① 孫詒讓:《周禮正義》,第1分册,第143頁。
② 孫詒讓:《周禮正義》,第3分册,第908頁。
③ 同上注,第7分册,第2758頁。
④ 同上注,第8分册,第3320頁。
⑤ 漢語大字典編輯委員會編纂:《漢語大字典(第2版)》,第2704頁。

【13】里治所

[疏證]

里治所：里的辦公之處。《周禮·地官·大司徒》："令五家爲比，使之相保；五比爲閭，使之相受。"①一閭二十五家，相當於秦簡所記載的"里"的户籍數量，據里耶秦簡記載，一里二十七八户，兩者正相近。閭是《周禮》中讀法的最小的基層單位，這一點也與秦簡記載相當。《周禮》中里的治所稱爲"勅"。《周禮·地官·里宰》："掌比其邑之衆寡與其六畜、兵器，治其政令。以歲時合耦于勅，以治稼穡，趨其耕耨，行其秩敘，以待有司之政令，而徵斂其財賦。"鄭玄注："玄謂勅者，里宰治處也，若今街彈之室。於此合耦，使相佐助，因放而爲名。"②魯西奇把"市亭里父老僤買田約束券"中提到的"里治中"作爲里中之治所的專用名稱之一來解，其實完全没必要。③"里治中"很明白就是"里治之中"，怎麽能作爲一個專有名詞或者說固定的名詞呢？不過，他指出《公羊傳》何休注"中里爲校室"的"校室"可能是"里的治事之所"，倒是有道理的。④

簡文大意

……各鄉的鄉嗇夫、縣中的令史、里典都要在治所爲黔首宣讀政令，如果宣讀政令不認真，直接責任人要貲罰二甲，縣令、縣丞貲罰一甲。發布政令之後，(各級官吏、里典、伍人調查發現不)能很好地遵守該政令的人，要抓起來論罪。此後定於每年户籍統計調查時再次重申相關政令於縣鄉里各級政權的治所。……

簡1604＋1598＋1157（203—205）：

【自】今以來，毆泰父母，棄市[1]；奊詢[2]罟之，黥爲城旦舂。毆主母[3]，黥爲城旦舂；奊詢罟之，完爲城旦舂。毆威公[4]，完爲203【舂；奊】[5]詢罟之，耐爲隸妾⌐。奴外妻[6]如婦。毆兄、姊、叚（假）母[7]⌐，耐爲隸臣妾；奊詢罟之，贖黥。同居、典、伍弗告[8]，鄉嗇夫[9]204 ☐ ・廷甲。・十三205。

---

① 孫詒讓：《周禮正義》，第3分册，第909頁。
② 同上注，第4分册，第1394頁。
③ 魯西奇：《中國古代鄉里制度研究》，北京大學出版社2021年版，第191—194頁。
④ 同上注，第194頁。

【1】棄市

[疏證]

"棄市"之後,嶽麓秦簡整理小組原標點爲逗號,今改爲分號。"毆泰父母"與"臬詢罝之"是並列的兩件事,故以分號斷開爲宜。下文"毆主母"與"臬詢罝之"、"毆威公"與"臬詢罝之"、"毆兄、姊、叚(假)母"與"臬詢罝之"之間句讀也作同樣處理。

另外,這條規定似爲漢初律令所繼承並有所變化。張家山漢簡《二年律令》簡35《賊律》:"子牧殺父母,毆詈泰父母、父母、叚(假)大母、主母、後母,及父母告子不孝,皆棄市。"①秦律規定毆泰父母棄市,詈泰父母,完爲城旦舂,漢律則統一處以棄市,刑罰力度明顯加大。同樣,毆叚母,秦律規定耐爲隸臣妾,漢律毆叚大母、後母按照棄市處理,相比秦律,處罰更重。

【2】臬詢

[整理小組注]

臬詢:詈辱。張家山漢簡《二年律令·賊律》第41簡:"其臬詢罝之,贖黥。"②

[疏證]

詢,通"訽"。臬詢,即"臬訽"。《漢語大字典》:"臬訽,也作'謏詬''譤詬'。忍受恥辱。《漢書·賈誼傳》:'頑頓亡恥,臬訽亡節。'顏師古注:'臬訽,謂無志分也。'王先謙補注:'劉台拱曰:"臬本作譤,古字省耳。"《説文》:"譤(訽),恥也。譤或從臬。"《廣雅》:"譤詬,恥也。"'清俞樾《古書疑義舉例七·不達古語而誤解例》:'謏詬,古語也。……臬即謏之或體作譤者之省也。'清陳鶴《明紀·神宗紀》:'然此諸人,豈盡臬詬無節,忍負陛下哉?亦有所懲而不敢耳。'"③

【3】主母

[疏證]

"主母"有幾種解釋:一是指奴婢、姬妾對於女主人的稱呼。《戰國策·燕策一》:"以此事告吾主父,則逐吾主母。"④張家山漢簡《二年律令》簡35《賊律》:"子牧殺父母,毆詈泰父母、父母、叚(假)大母、主母、後母,及父母告子不孝,皆棄市。"張家山二四七號漢墓竹簡整理小組注:"主母,本爲奴婢對女主人之稱,此處疑指名義上有母子關係的女主人。"⑤邢義田據《戰國策·燕策一》史料,解釋説:"是妾也可以主父、主母稱己夫及其

---

① 張家山二四七號漢墓竹簡整理小組編著:《張家山漢墓竹簡〔二四七號墓〕(釋文修訂本)》,第13頁。
② 陳松長主編:《嶽麓書院藏秦簡(伍)》,第159頁。
③ 漢語大字典編輯委員會編纂:《漢語大字典(第2版)》,第582頁。
④ 范祥雍:《戰國策箋證》,第4分册,第1700頁。
⑤ 張家山二四七號漢墓竹簡整理小組編著:《張家山漢墓竹簡〔二四七號墓〕(釋文修訂本)》,第13頁。

妻。"①二是指父之正妻。張家山漢簡《二年律令》簡340《户律》:"諸後欲分父母、子、同產、主母、叚(假)母,及主母、叚(假)母欲分孽子、叚(假)子田以爲户者,皆許之。"李均明解釋説:"主母,父之正妻。即嫡母。"②從《户律》簡"主母"與"孽子"相對應的情況看,李均明的解釋似乎更有道理。

還有一種可能,"主母"或爲"主父母"之誤,"主""母"之間脱"父"字,上文"泰父母"説的是男女雙方,下文"威公"也説的是男女雙方,因此我們有理由推測,夾在中間的"主母"也可能爲"主父母",如下文所引《二年律令》簡133《告律》"奴婢告主、主父母妻子,勿聽而棄告者市",可爲參考。不過嶽麓簡此處或許稍有不同。《二年律令》相關律文主語明確,"子告父母,妻告威公,奴婢告主、主父母妻子"等一目了然,不存在疑問,但嶽麓秦簡此處律文諸句無主語,似乎主語指同一類人,即普通的黔首,因此"主父母"是否應解釋爲"主人之父母"還難説。不過下文又出現了一句"奴外妻如婦",似乎又表明前面的律文也包含了私家奴婢在内。這樣的話,解釋爲"主人之父母"亦無不可。我們暫從後一種推測,並繼續進一步研究。

【4】威公

[整理小組注]

威公:夫之父母。參見張家山漢簡《二年律令·告律》第133簡:"子告父母,婦告威公,奴婢告主、主父母妻子,勿聽而棄告者市。"③

【5】【舂;臾】

[整理小組注]

【舂;臾】:簡首殘斷,據上下文補。④

[疏證]

"舂"與"臾"之間,嶽麓秦簡整理小組原標點爲逗號,今改爲分號。

【6】外妻

[疏證]

外妻:私家奴僕的自由人妻子。睡虎地秦簡《秦律十八種》簡141—142《司空律》:"隸臣有妻,妻更及有外妻者,貲衣。"睡虎地秦簡整理小組注:"有外妻,指其妻身份自由。"⑤我們曾經對睡虎地秦簡中的刑徒"外妻"做過初步的探討,⑥嶽麓秦簡的材料爲進

---

① 邢義田:《地不愛寶:漢代的簡牘》,中華書局2011年版,第194頁。
② 李均明:《張家山漢簡所見規範繼承關係的法律》,《中國歷史文物》2002年第2期,第31頁。
③ 陳松長主編:《嶽麓書院藏秦簡(伍)》,第159頁。
④ 同上注。
⑤ 睡虎地秦墓竹簡整理小組編:《睡虎地秦墓竹簡》,釋文部分第52頁。
⑥ 朱紅林:《試説睡虎地秦簡中的"外妻"》,張德芳主編:《甘肅省第二届簡牘學國際學術研討會論文集》,上海古籍出版社2012年版,第501頁。

一步探討秦代婚姻中的"外妻"現象提供了新的契機。

【7】叚（假）母

[整理小組注]

叚（假）母：指父之後妻。參見張家山漢簡《二年律令·户律》第340簡："諸後欲分父母、子、同産、主母、叚（假）母欲分孽子、叚（假）子田以爲户者，皆許之。"①

[疏證]

叚（假）母：嶽麓秦簡整理小組引《二年律令》簡内容有誤。《二年律令》簡340《户律》原文爲："諸（？）後欲分父母、子、同産、主母、叚（假）母，及主母、叚（假）母欲分孽子、叚（假）子田以爲户者，皆許之。"②可見，整理者引文之"主母、叚（假）母"與"欲分孽子、叚（假）子"之間，後脱"，及主母、叚（假）母"。

【8】弗告

[疏證]

此處的"弗告"，據上下文意，當爲"智（知）弗告"，即知情不報。

【9】同居、典、伍弗告，鄉嗇夫

[疏證]

同居、典、伍弗告，鄉嗇夫：《嶽麓伍》簡203—204説的是子女不孝，禍害家庭的法律懲處措施，其中規定鄉里負責人及四鄰都是有連帶責任的。"同居、典、伍弗告，鄉嗇夫"之後，下文缺失。我們認爲，簡196—198説的是子女不聽從父母教訓，不安心從事農業生産或商業活動，父母四鄰及里負責人有舉報之責，鄉嗇夫也有過問的責任人。簡196—198：

> 律曰：黔首不田作，市販出入不時，不聽父母笱若與父母言，父母、典、伍弗忍告，令鄉嗇夫數謙（廉）問，捕繫（繫）【獻廷】，其皋當完城旦以上，其父母、典、伍弗先告，貲其父若母二甲，典、伍各一甲。鄉嗇夫弗得，貲一甲，令、丞一盾。有【犯律者】輒以律論及其當坐者，鄉嗇夫弗得，以律論及其令、丞，有（又）免鄉嗇夫。 ·廷甲 十一。③

這些規定可與簡203—204相互印證啓發，簡203—204"鄉嗇夫"之後缺失的内容，或許與此相仿佛。

---

① 陳松長主編：《嶽麓書院藏秦簡（伍）》，第159頁。
② 張家山二四七號漢墓竹簡整理小組編著：《張家山漢墓竹簡〔二四七號墓〕（釋文修訂本）》，第55頁。
③ 陳松長主編：《嶽麓書院藏秦簡（伍）》，第133—134頁。

簡文大意

　　自今以來,毆打泰父母者,棄市;辱罵者,黥爲城旦舂。奴婢毆打主母,黥爲城旦舂;辱罵主母,完爲城旦舂。兒媳毆打公婆,完爲舂;辱罵公婆,耐爲隸妾。奴的自由人妻子按照兒媳的禮節侍候主人。毆打兄、姊、義母者,耐爲隸臣妾;辱罵他們者,判處贖黥之刑。同居、里典、伍人知情不報者,鄉嗇夫……　廷甲　十三。

簡1910+缺簡$_{30}$+1901(206—207):

　　□[1]諸犯令者,其同【居】[2]、典、伍或□[3]告相除,除其當坐者;同居、典、伍弗□告,鄉嗇夫得之,除鄉嗇夫及令、丞$_{206}$,(缺簡$_{30}$)□論其典、伍□□┕,鄉【部嗇夫】[4]……論其鄉部嗇夫及同居、典、伍。　·廷甲十四$_{207}$。

【1】□

　　[整理小組注]
　　□:簡首略有殘損,疑爲令首的"●"符號。①

【2】【居】

　　[整理小組注]
　　居:據下文,當是"居"字。②

【3】□

　　[整理小組注]
　　□:此字及本簡後一個未釋字當相同,或以爲"捕"字。③
　　[疏證]
　　《嶽麓伍》簡024有"當坐者或偏捕告,其所當坐者皆相除"的規定,可參考。④陳偉亦曰:"'或'下之字,看殘畫和文意,疑爲'偏'。"⑤偏,同"徧",即遍,盡也。

---

① 陳松長主編:《嶽麓書院藏秦簡(伍)》,第159頁。
② 同上注,第159頁。
③ 同上注,第159頁。
④ 同上注,第46頁。
⑤ 陳偉:《〈嶽麓書院藏秦簡(伍)〉校釋》,《出土文獻與法律史研究》第7輯,第14頁。

【4】【部嗇夫】

[整理小組注]

夫：據上下文補"部嗇夫"。①

[疏證]

嶽麓秦簡整理小組注"夫：據上下文補'部嗇夫'"開頭的"夫"字顯然有誤，據上下簡文，當爲"鄉"字，即"鄉：據上下文補'部嗇夫'"。

鄉部嗇夫即"鄉部官嗇夫"的省稱。《嶽麓伍》簡023有"鄉官嗇夫"，恐怕也是"鄉"之後漏掉了"部"字所致。②

簡文大意

凡是違反法令者，他的同居之人、所屬里典、同伍之人，如有舉報抓捕犯令之人者，則免除其本當連坐之人的罪過；同居、里典、同伍之人如果無人舉報抓捕犯令者，而鄉嗇夫却抓獲了犯令者，則免除鄉嗇夫以及縣令、縣丞。……處罰其里典、伍人……鄉部嗇夫……處罰其鄉部嗇夫、里典、同居和伍人。廷甲十四。

簡1179＋1694（208—209）：

黔首有子而更取（娶）妻[1]，其子非不孝殹（也），以其後妻故，告殺、罷（遷）其子[2]。有如此者，盡傳[3]其所以告[4]。☐208吏自佐[5]以上[6]毋敢罰黔首。不從令者貲二甲，免。　十七209。

【1】黔首有子而更取（娶）妻

[整理小組注]

黔首：據殘筆和1943簡補。③

[疏證]

黔首有子而更取（娶）妻：這是在其子之母已亡故的前提下而言的。嶽麓秦簡整理小組注所謂"1943簡"，收錄於《嶽麓陸》，該書編號185，內容爲："黔首有子而更取（娶）妻，以其子非不孝殹（也），以其後妻故告殺、罷（遷）其子，有如此者，盡傳

---

① 陳松長主編：《嶽麓書院藏秦簡（伍）》，第159頁。
② 同上注，第46頁。
③ 同上注，第159頁。

其所以告。"①

【2】告殺、羣(遷)其子

[疏證]

告殺、羣(遷)其子：向官府提出請求，請官府殺死其子或對其子除以遷刑。睡虎地秦簡《封診式》簡46—49《羣(遷)子》：

> 爰書：某里士五(伍)甲告曰："謁鋈親子同里士五(伍)丙足，羣(遷)蜀邊縣，令終身毋得去羣(遷)所，敢告。"告法(廢)丘主：士五(伍)咸陽才(在)某里曰丙，坐父甲謁鋈其足，羣(遷)蜀邊縣，令終身毋得去羣(遷)所論之，羣(遷)丙如甲告，以律包。今鋈丙足，令吏徒將傳及恒書一封詣令史，可受代吏徒，以縣次傳詣成都，成都上恒書太守處，以律食。法(廢)丘已傳，爲報，敢告主。②

《封診式》簡50—51《告子》：

> 爰書：某里士五(伍)甲告曰："甲親子同里士五(伍)丙不孝，謁殺，敢告。"即令令史已往執。令史已爰書：與牢隸臣某執丙，得某室。丞某訊丙，辭曰："甲親子，誠不孝甲所，毋(無)它坐罪。"③

從睡虎地秦簡的記載來看，當時家長要求官府處罰子女的主要原因往往是子女不孝，這個理由也最容易得到官府的支持。因此，嶽麓簡此處提到，如果不是因爲子女不孝，而是因爲後娶之妻的原因，向官府提出處死或遷移前妻所生子女，官府將不予考慮，並將對原告采取反制措施。

【3】傳

[疏證]

傳：以傳輸作，一般是針對刑徒而言的。《嶽麓伍》簡016—018即記載了以傳輸作的例子：

> 【妻】子、同產、舍人及子已傳嫁者，已論輪〈輸〉其完城旦舂洞庭，洞庭守處難亡所苦作，謹將司，令終身毋得免赦，皆盜戒(械)膠致桎傳之。其爲士五(伍)、庶人者，處蒼梧，蒼梧守均處少人所，疑亡者，戒(械)膠致桎傳之，其夫妻子欲

---

① 陳松長主編：《嶽麓書院藏秦簡(陸)》，第146頁。
② 睡虎地秦墓竹簡整理小組編：《睡虎地秦墓竹簡》，釋文部分第155頁。
③ 同上注，釋文部分第156頁。

……與,皆許之。有等比。①

《嶽麓伍》簡208此處的意思顯然是說,如果娶後妻而故意陷害前妻所生子,如找藉口要求官府殺死或遷送前妻之子,都將受到輸作的處罰。

【4】所以告

[疏證]

"所以告"與"所告"相對,當指"原告",即丈夫與後妻。"盡傳其所以告"之後,嶽麓秦簡整理小組原接殘簡符號,今據《嶽麓陸》簡185簡文,"告"字後、殘簡號之前,加句號。也許《嶽麓伍》此處也應把殘簡號去掉。

【5】佐

[整理小組注]

佐:佐史。②

[疏證]

此簡內容亦收錄於《嶽麓陸》和《嶽麓柒》。《嶽麓陸》簡205:"●吏自佐史以上毋敢罰黔首,不從令者,貲二甲,免。它如律令。 ·十七。"③《嶽麓柒》簡263 "·吏自佐以上毋敢罰黔首",下殘缺。簡1694+C7.2-11-1:"吏自佐以上毋敢罰黔首。不從令者貲二甲,免。 ·十七。"④據《嶽麓陸》簡205記載來看,《嶽麓伍》簡209"佐"後脱"史"字,整理者無需把"佐"解釋爲"佐史"。但《嶽麓陸》簡263及1694+C7.2-11-1兩處簡文均無"史",所以"佐"之後是否真脱"史",還真不好説。

【6】上

[疏證]

此處"自佐以上"云云的表述,確實令人一時難以理解。陶磊爲此提出了一個解釋,他把《嶽麓伍》簡208與209編聯在一起讀,作:

(黔首)有子而更取(娶)妻,其子非不孝殹(也),以其後妻故,告殺、䙴(遷)其子。有如此者,盡傳其所以告……吏自佐以上毋敢罰黔首。不從令者貲二甲,免。

陶磊解釋説:

---

① 陳松長主編:《嶽麓書院藏秦簡(伍)》,第44頁。
② 同上注,第159頁。
③ 陳松長主編:《嶽麓書院藏秦簡(陸)》,第153頁。
④ 陳松長主編:《嶽麓書院藏秦簡(柒)》,第170、205頁。

"吏自佐以上毋敢罰黔首",中間當斷開,作"吏自佐以上,毋敢罰黔首",作一句讀,語義不合邏輯,若想限制部分官吏不可以罰黔首,應該是自佐以下,這裏自佐以上,當是接着前簡"傳其所以告"講的,是説將黔首不當謁殺或遷其子的情況從佐開始逐級上報,在没有批復之前,不可擅自罰黔首。①

將二者編聯在一起解讀,也許確實是一個思路。但是我們看不出"吏自佐以上毋敢罰黔首"與"從佐開始逐級上報"之間有什麽關係。或者説,我們看不出從哪裏可以確定"吏自佐以上毋敢罰黔首"是因爲需要"逐級上報"的。因此,陶磊的解釋尚需進一步斟酌。

另外,"佐史"大概是最低級別的"吏"了,所以説吏自"佐史以下"還有没有意義,還真不好説。"佐史"以上云云,秦簡中常見。如:

睡虎地秦簡《秦律雜抄》簡10—11:"吏自佐、史以上負從馬、守書私卒,令市取錢焉,皆遷(遷)。"②

《嶽麓伍》簡030—032:"廿六年正月丙申以來,新地爲官未盈六歲節(即)有反盗,若有敬(警),其吏自佐史以上去繇(徭)使私謁之它郡縣官,事已行,皆以彼(被)陳(陣)去敵律論之。吏遣許者,與同辠。以反盗敬(警)事故,繇(徭)使不用此令。 ·十八。"③

但"佐史"以上,在嶽麓秦簡此處又很難理解。暫且存疑。

簡文大意

黔首已有子女,又再次娶妻,前妻所生的子女如果不是因爲不孝,而僅僅是因爲後妻不喜歡的緣故,就請求官府殺死或遷移其子女,有提出這樣要求的黔首,官府要把他們拉去輸作。……官吏職務級別在佐史以上者,不得擅自處罰黔首。不遵守此令者貲罰二甲,免去職務。 第十七。

簡1782+C-7-10-2+1736(210—211):

●禁毋敢爲旁錢[1]。爲旁〖錢〗[2]者,貲二甲而廢。縣官可以爲作【務

---

① 陶磊:《讀〈嶽麓書院藏秦簡(伍)〉札記》,武漢大學簡帛網2018年7月1日。
② 睡虎地秦墓竹簡整理小組編:《睡虎地秦墓竹簡》,釋文部分第82頁。"佐史",睡虎地秦簡整理小組原讀作"佐、史",今改讀作"佐史"。
③ 陳松長主編:《嶽麓書院藏秦簡(伍)》,第48—49頁。

產錢者，免，爲上計如】[3]律。徒隸輓稟以輓日之$_{210}$庸（傭），吏[4]收錢爲取就（僦）[5]，不爲旁錢。　·廷甲　十九$_{211}$。

【1】旁錢

[整理小組注]

旁錢：指旁人之錢，即其他收入。《韓非子·顯學》："今夫與人相若也，無豐年旁入之利，而獨以完給者，非力則儉也。"①

[疏證]

旁錢：整理小組釋爲"其他收入"，甚是。此處指非正規渠道收入。"旁"與"正"相對而言的，嶽麓簡此處又以"旁錢"爲法律所禁止，所以我們把它理解爲非正規渠道收入，也就是非法收入。

嶽麓秦簡整理小組所引"旁入"一語亦見於《管子》和《鹽鐵論》。

《管子·禁藏》：

> 夫民之所生，衣與食也。食之所生，水與土也。所以富民有要，食民有率。率三十畝而足於卒歲，歲兼美惡，畝取一石，則人有三十石。果蓏素食當十石，糠粃六畜當十石，則人有五十石。布帛麻絲，旁入奇利，未在其中也。

"旁入奇利"指的是人均五十石收入之外的其他收入。②《鹽鐵論·禁藏篇》：

> 共其地，居是世也，非有災害疾疫，獨以貧窮，非惰則奢也；無奇業旁入，而獨以富給，非儉則力也。

王利器校注曰："奇業，謂非正業。《漢書·刑法志》：'奇請它比。'師古曰：'奇請，謂常文之外，主者別有所請以定罪也。奇音居宜反。'奇字義與此同。"③"旁入奇利""奇業旁入"義相近，"旁""奇"義相近，均指與"正業""正入"相對的"它業""它入"。

北大秦簡所收木觚M-015有"沽酒，旁一錢"，陳侃理解釋說："'旁'，指在工錢、米價外另行計算，數量是'一錢'。"④正可與嶽麓秦簡"旁錢"相對應。

嶽麓秦簡此處的"旁錢"既然爲法律所禁止，當爲非正常收入，或者說非法收入。"禁毋敢爲旁錢"主要是爲了防止官吏不務正業，假公濟私，爲本部門及私人創造灰色收入。"禁毋敢爲旁錢"之後，嶽麓秦簡整理小組原標點爲逗號，今改爲句號。因爲開頭這句話是總論，下面則進一步展開論述，前後是總分關係，故標點句號爲宜。

---

① 陳松長主編：《嶽麓書院藏秦簡（伍）》，第159頁。
② 黎翔鳳：《管子校注》，中冊，第1025頁。
③ 王利器：《鹽鐵論校注》，中華書局1992年版，上冊，第424頁。
④ 陳侃理：《北京大學藏秦代傭作文書初釋》，《出土文獻研究》第14輯，中西書局2015年版，第11頁。

【2】爲旁〚錢〛

[整理小組注]

錢:據文義補。簡文的"錢"字下無重文號,當是漏加。①

【3】【務產錢者,免,爲上計如】

[整理小組注]

據内容相近的嶽麓簡0179、0189簡綴合、補字。②

[疏證]

嶽麓秦簡整理小組注所謂簡0179、0189收録於《嶽麓陸》,《嶽麓陸》編號爲簡206、207。簡206:"●禁毋敢爲旁錢,爲旁錢者,貲二甲而廢。縣道官可以爲作婺(務)產錢者,免,爲上計如律。 ·廿一。"簡207:"●徒隸輓橐以輓日出庸吏(事)收錢爲取就(僦),不爲旁。"③從相同内容在《嶽麓伍》與《嶽麓陸》簡末的不同原始編號可以看出,兩者應是經過重新編輯歸類的,不是誰在前誰在後。

作務產錢:作務獲得的收入,或通過作務獲得收入。里耶秦簡8-495有"作務產錢課"。④里耶秦簡9-710有"爲作務產錢自給"。⑤產:生也。產錢,即挣錢,通過付出勞動獲得收入。官府爲作務產錢,就是官府通過對外勞務輸出,也就是出租勞動力,從而獲得收入。⑥

免:免於處罰。從里耶簡、嶽麓秦簡及張家山漢簡的記載來看,當時官府爲作務以產錢的情況常見,不算違規行爲。

【4】庸(傭),吏

[整理小組注]

庸(傭)吏(事):指受雇傭從事勞役。《後漢書·虞詡列傳》:"以人僦直雇借傭者。"⑦

[疏證]

嶽麓秦簡整理小組原把"吏"讀作"事",且"庸吏"連讀作"庸吏(事)"。陳偉曰:"今案:這條禁取旁錢的令文,是針對官吏而言。'吏'當如字讀,簡文應讀作:'徒隸挽橐以挽日之庸(傭),吏收錢爲取就(僦),不爲旁錢。'"⑧陳説有理,今從之改。

---

① 陳松長主編:《嶽麓書院藏秦簡(伍)》,第159頁。
② 同上注。
③ 陳松長主編:《嶽麓書院藏秦簡(陸)》,第153頁。
④ 陳偉主編:《里耶秦簡牘校釋(第1卷)》,第169頁。
⑤ 陳偉主編:《里耶秦簡牘校釋(第2卷)》,第185頁。
⑥ 張伯元:《出土法律文獻研究》,商務印書館2005年版,第303頁。陳偉:《里耶秦簡牘校釋(第1卷)》,第416—417頁。陳偉:《秦簡牘校讀及所見制度考察》,第193—194頁。陳偉:《里耶秦簡牘校釋(第2卷)》,第186頁。朱紅林:《〈嶽麓書院藏秦簡(肆)〉疏證》,第131頁。
⑦ 陳松長主編:《嶽麓書院藏秦簡(伍)》,第159頁。
⑧ 陳偉:《〈嶽麓書院藏秦簡(伍)〉校釋》,《出土文獻與法律史研究》第7輯,第14頁。

【5】就（僦）

［整理小組注］

就（僦）：見睡虎地秦簡《效律》："百姓或之縣就（僦）及移輸者"。整理者注："《史記‧平準書》索隱引服虔云：'雇載云僦。'《商君書‧墾令》：'令送糧無取僦。'與本條相合。"①

［疏證］

從嶽麓秦簡整理小組注引睡虎地秦簡《效律》及《商君書‧墾令》的內容來看，秦國在某一段歷史時期，是反對運糧取僦的。但是嶽麓秦簡此處的規定，却似乎認可了運糧取僦的行爲。"徒隸輓稟以輓日之庸（傭），吏收錢爲取就（僦），不爲旁錢"，説的應當就是官府有關部門出租勞動力以收取佣金的事。前後政策之間的轉變，其中原因尚需進一步研究。孫玉榮的研究在涉及這句話的理解時説："徒隸受僱傭從事拉車運輸稟食等勞役，可按日數獲得報酬，不爲'旁錢'。可見僱用取錢是包括隸臣妾在内的徒隸的經濟來源之一。"②這種理解是有問題的，當是受簡文的句讀的影響所致，當以陳偉句讀解讀爲是。按照陳偉的解讀，這裏的收取佣金是官府方面而非徒隸本人，此時的徒隸是受官府支配的，是無權收取佣金的。

簡文大意

嚴禁獲取非法收入，官吏擅自獲取非法收入者，貲罰二甲，廢黜職務。縣官可以通過對外輸出勞作獲取收入者，免於處罰，按照規定上計。縣官徒隸拉車運輸糧食，按照運糧的時間收取佣金屬於取僦，不屬於旁錢。　廷甲　十九。

簡1696+1708（212—213）：

□縣爲候館[1]市旁[2]，置給吏（事）具[3]，令吏徒守治以舍吏[4]殹（也）。·自今以來，諸吏及都大夫[5]行往來者，皆得舍焉，它$_{212}$【不】[6]得。·有不當舍而舍焉及舍者[7]，皆以大犯令[8]律論之└。令、丞弗得，貲各一甲。　·廷甲　廿$_{213}$。

---

① 陳松長主編：《嶽麓書院藏秦簡（伍）》，第159頁。
② 孫玉榮：《秦及漢初簡牘中的"外妻"》，《史學月刊》2020年第3期，第8頁。

【1】候館

［整理小組注］

候館：見《周禮·地官·遺人》："五十里有市，市有候館，候館有積。"鄭玄注："候館，樓可以觀望者也，一市之間，有三廬一宿。"①

［疏證］

嶽麓秦簡整理小組引《周禮·地官·遺人》所載候館之制證秦制，再次證明了《周禮》制度與秦漢律的密切關係。②按照《遺人》的記載：

> 凡賓客、會同、師役，掌其道路之委積。凡國野之道，十里有廬，廬有飲食；三十里有宿，宿有路室，路室有委；五十里有市，市有候館，候館有積。③

《周禮》道路交通沿途所設驛站類設施，由低級到高級，是成體系的。"十里有廬，廬有飲食"，廬是最簡單的臨時休息場所，只能短暫休息，不能住宿，所謂的"廬"很可能只是小亭子之類的建築，只能遮雨，不能擋風；"宿"就要好一些，很可能有圍牆，且設有房屋，可以住宿；"候館"設施最好，設於市場之中，當屬交通要衝之地，不但可以住宿，而且物資供應也很豐富。所謂飲食供應，戰國秦漢時期的驛站，一般情況下條件估計不會很好。從秦漢簡牘的相關記載來看，很多情況下驛站住宿者需要自己生火做飯，驛站只是提供一些必要的炊具及糧食及佐餐的醬品而已，特殊身份的宿客才由驛站提供做好的食物。嶽麓簡這條律文也提到"給吏（事）具"，也是説候館提供炊具，很可能也是需要住宿客人自己解決吃飯問題的。

【2】市旁

［整理小組注］

市旁：市場之旁。爲候館市旁：在市場之旁設置候館。④

［疏證］

"市旁"之前，省略了"於"字。設候館於市旁，是因爲候館中的不少物資需要通過市場來提供。秦漢律令中有關驛站的規定顯示，有些客人的飲食製作需要自理，住宿期間的所需用品需要從驛站購買。設候館於市旁，也許提示我們客人所需的物品實際是從候館旁邊的市場購買的。市場上物資供應當有一部分來自官方的經營。

《嶽麓肆》記載了官吏歸休途中在沿途所過縣購買乘馬所需飼料的内容，現在看

---

① 陳松長主編：《嶽麓書院藏秦簡（伍）》，第159頁。
② 李學勤：《竹簡秦漢與〈周禮〉》，《法律史研究》編委會編：《中國法律史國際學術討論會論文集》，陝西人民出版社1990年版，第147—156頁。
③ 孫詒讓：《周禮正義》，第3分冊，第1192頁。
④ 陳松長主編：《嶽麓書院藏秦簡（伍）》，第159頁。

來,有可能就購自所住候館附近的市場。《嶽麓肆》簡111—113:

> 田律曰:吏歸休,有縣官吏乘乘馬及縣官乘馬過縣,欲貣芻稾、禾、粟、米及買荻者,縣以朔日平賈(價)受錢,先爲錢及券,缿以令、丞印封,令、令史、賦主各挾一辨,月盡發缿令、丞前,以中辨券案雖(雜)錢,錢輒輸少內,皆相與摩(磨)除封印,中辨臧(藏)縣廷。①

可以看出,過往的官府人員不但有"貸"的行爲,還有"買"的行爲,供應方在接受價錢及相關券契時也有一系列處置手續,包括加封令丞印及定期上報等。這都表明市場的供貨方至少有相當一部分是由官方經營的。

回過頭來,我們再審視《周禮》中的市場,也具有這方面的職能。除了上面嶽麓秦簡整理小組所引《周禮·地官·遺人》的記載之外,《周禮·地官·泉府》詳細記載了當時官府通過商業手段對市場進行調控的功能,可爲我們理解候館之市的作用提供啓發:

> 泉府掌以市之征布,斂市之不售貨之滯於民用者,以其賈買之,物楬而書之,以待不時而買者。買者各從其抵,都鄙從其主,國人郊人從其有司,然後予之。凡賒者,祭祀無過旬日,喪紀無過三月。凡民之貸者,與其有司辨而授之,以國服爲之息。凡國事之財用取具焉,歲終,則會其出入而納其餘。②

《周禮》泉府通過經濟手段對市場商品價格進行調控,正是通過官府商業經營機構的買進賣出實施的,其中還包含了借貸行爲。同一書中《遺人》部分記載的候館之市當然也具有這方面的職能。再與嶽麓簡的候館之市相比較印證,嶽麓秦簡候館之市的借貸及買賣行爲就不難理解了。因此,候館之市這種市場或許與候館之間存在着某種隸屬關係或協作關係,這是毫無疑問的。

【3】置給吏具

[整理小組注]

給吏具:指館中供住宿的吏員使用的器具,如食具。③

[疏證]

嶽麓秦簡整理小組在紅外綫圖版釋文中把"吏"讀作"事",故釋文隸定爲"吏(事)",但實際上在注釋中仍讀作"吏"之本字,把"吏具"解釋爲"供住宿的吏員使用的器具"。翁明鵬也指出了這一點。④高婷婷、李蓉等學者的集釋中都采納了讀"吏"本

---

① 陳松長主編:《嶽麓書院藏秦簡(肆)》,第104—105頁。
② 孫詒讓:《周禮正義》,第4分册,第1317—1323頁。
③ 陳松長主編:《嶽麓書院藏秦簡(伍)》,第159頁。
④ 翁明鵬:《統一後秦簡牘中一些用爲{事}的"吏"字再議》,武漢大學簡帛網2020年4月14日。

字的意見。①讀"吏"本字可從。

置給吏(事)具：配備供住宿官吏所用的各種生活器具。《嶽麓肆》簡109—110：

> 田律曰：侍茇郵、門，期足，以給乘傳晦行求燭者。郵具二席及斧、斤、鑿、錐、刀、罋、鬵，置梗(綆)井旁，吏有縣官事使而無僕者，郵為飰，有僕，叚(假)之器，勿為飰，皆給水醬(漿)。②

《田律》所言種種器具，就是候館中配備的供客人所使用的各種工具。

【4】吏徒守治以舍吏

[疏證]

吏徒守治以舍吏：吏徒在候館值守，為往來經過的吏員安排住宿。前一個"吏"指的是在候館擔任管理工作的吏員。後一個"吏"指的是往來經過在候館住宿的官吏。

徒：即徒役，指在候館擔任具體服務的徒隸。

守：值守，值班。

治：《王力古漢語字典》："治所。王都或地方官署所在地。北魏酈道元《水經注·江水》：'巫山在縣西南，而今縣東有巫山，將郡縣居治無恒故也。'"③此處指工作崗位。

舍：提供住宿。

【5】都大夫

[疏證]

"都大夫"一詞，曾見於銀雀山漢簡《孫臏兵法》簡240《擒龐涓》："孫子曰：'都大夫孰為不識事？'"銀雀山漢簡整理小組注："都大夫，治理都的長官。"④但嶽麓簡此處的"都大夫"未必屬此含義。秦漢簡牘記載中有"都官""都吏"，都是指上級派下來的官員而言，筆者推測"都大夫"可能屬於類似的稱呼。

【6】【不】

[整理小組注]

不：據內容類似的嶽麓簡0769簡補。⑤

[疏證]

嶽麓秦簡整理小組注所謂"簡0769"收錄於《嶽麓陸》，該書編號209："焉，它不得。

---

① 高婷婷：《〈嶽麓書院藏秦簡(伍)〉第二組集釋及相關問題研究》，第63—64頁。李蓉：《〈嶽麓書院藏秦簡(伍)〉集釋及相關專題研究》，第140頁。
② 陳松長主編：《嶽麓書院藏秦簡(肆)》，第104頁。
③ 王力主編：《王力古漢語字典》，第580頁。
④ 銀雀山漢墓竹簡整理小組編：《銀雀山漢墓竹簡〔壹〕》，第46頁。
⑤ 陳松長主編：《嶽麓書院藏秦簡(伍)》，第159頁。

有不當舍[舍]而舍焉及舍者,皆以大犯令律論之。令、丞弗得,貲各一甲。 ·廿二。"①

【7】不當舍而舍焉及舍者

[疏證]

不當舍而舍焉:不應當在候館住宿却去住宿,指的是住宿的客人。焉:代詞,指候館。舍者:同意客人住宿的人,指候館的管理人員。

【8】大犯令

[整理小組注]

大犯令:犯令分大犯令、小犯令。參見嶽麓秦簡《爲獄等狀四種》0039簡:"暨坐八劾:小犯令二,大誤一,坐官、小誤五。"②

[疏證]

睡虎地秦簡對"犯令""廢令"有較詳細的解釋。《法律答問》簡142:"可(何)如爲'犯令'、'法(廢)令'？律所謂者,令曰勿爲,而爲之,是謂'犯令';令曰爲之,弗爲,是謂'法(廢)令'殹(也)。廷行事皆以'犯令'論。"③也就是說,法令不允許做的事却做了,就是"犯令";而法令要求做的事却不做,就是"廢令",一般情況下兩者都按照"犯令"論處。

簡文大意

縣在市場旁邊設立候館,配備供住宿官吏所需的各種生活器具,安排吏徒進行管理,招待往來住宿的官府人員。從現在開始,凡是官吏及都大夫出行經過者,都可以在候館住宿,其他人員不得住宿。如果有不該住宿却在候館住宿的情況,住宿者以及允許其住宿的候館管理人員都將按照嚴重違反法令的規定處理。縣令、縣丞没有察知此類情況者,貲罰各一甲。 廷甲 廿。

簡J27+J52(214—215):

●令曰:制所遣(譴)[1]而當論[2]者,皆貲二甲。辠重于遣(譴)[3],以律令論之。吏所舉劾【以聞】[4]及上書者有言[5]殹(也),其所劾、言者,節

---

① 陳松長主編:《嶽麓書院藏秦簡(陸)》,第154頁。
② 陳松長主編:《嶽麓書院藏秦簡(伍)》,第159頁。
③ 睡虎地秦墓竹簡整理小組編:《睡虎地秦墓竹簡》,釋文部分第126頁。

(即)₂₁₄當治論[6]，皆毋以譴（譴）論[7]。　・廷甲　第廿一₂₁₅。

【1】制所遣（譴）

［整理小組注］

遣（譴）：指對吏的一種懲戒，不同於刑罰。《後漢書・虞詡列傳》："數以此忤權戚，遂九見譴考，三遭刑罰。"①

［疏證］

遣（譴）：譴責，責問。《說文・言部》："譴，謫問也。"②《廣雅・釋詁一》："譴，責也。"③

制所遣（譴）：皇帝下制書譴責。制所譴屬於較高級別的行政處罰。里耶秦簡8-461："王譴曰制譴。"④睡虎地秦簡中有一種與之類似行政處罰，稱爲"誶"，常見於基層官吏的處置。《秦律十八種》簡13-14《廄苑律》："以四月、七月、十月、正月膚田牛。卒歲，以正月大課之，最，賜田嗇夫壺酉（酒）束脯，爲旱〈皂〉者除一更，賜牛長日三旬；殿者，誶田嗇夫，罰冗皂者二月。"⑤誶，睡虎地秦簡整理小組釋曰："申斥。"⑥《秦律十八種》簡115《徭律》："御中發徵，乏弗行，貲二甲。失期三日到五日，誶；六日到旬，貲一盾；過旬，貲一甲。"⑦《釋文修訂本（壹）》收集了學術界一些專家的觀點，摘錄如下：

劉海年（1981）:《說文》："責讓也。"是對犯貲罪以下的官吏的一種懲治。因爲它是一種刑罰，一旦被誶，便是受了刑事處分，便算有了"前科"，如果再犯罪就必然會受到加重處罰。秦律《封診式》的許多"爰書"中，都標明了"無它坐罪"，就是回答被告人過去是否犯過罪。朱紹侯（1988，82頁）：誶是一種嚴厲的訓斥，有批評教育的意思。"誶"與"貲"的對象性質是相同的，均是根據違法程度不同采取的兩種不同的形式。徐富昌（1993，348頁）："誶"大都是官吏在行政上的處罰。⑧

官吏一旦被"誶"，確實算是有了前科，但"誶"並不是刑事處罰。我們同意徐富昌"行政處罰"的判定。

【2】論

［整理小組注］

論：論罰。⑨

---

① 陳松長主編：《嶽麓書院藏秦簡（伍）》，第159頁。
② 段玉裁：《說文解字注》，第179頁。
③ 王念孫：《廣雅疏證》，第1分冊，第158頁。
④ 陳偉主編：《里耶秦簡牘校釋（第1卷）》，第156頁。
⑤ 睡虎地秦墓竹簡整理小組編：《睡虎地秦墓竹簡》，釋文部分第22頁。
⑥ 同上注，釋文部分第23頁。
⑦ 同上注，釋文部分第47頁。
⑧ 陳偉主編，彭浩、劉樂賢等撰著：《秦簡牘合集・釋文注釋修訂本（壹、貳）》，第51頁。
⑨ 陳松長主編：《嶽麓書院藏秦簡（伍）》，第160頁。

【3】皋重于遣（譴）

[疏證]

皋重于遣（譴）：官吏所犯錯誤實際應受的處分重於譴責。官吏之所以被皇帝下制書譴責，無疑是本身犯了錯誤。一般情況下，凡是受制書譴責者，都要再被貲罰二甲。制書譴責以及貲二甲，都屬於行政處罰。令文說如果官吏所犯的錯誤應受的處罰超出了制書譴責的處分，那麼制書譴責之後，不再實施貲罰，而是按相關律令論處，這種表述與《周禮》"附於刑者歸於士"相似，也就是說將移交司法機關處理，接受刑事處罰了。

【4】【以聞】

[整理小組注]

以聞：據內容類似的嶽麓秦簡1993簡補。①

[疏證]

嶽麓秦簡整理小組注所謂"嶽麓簡1993簡"收錄於《嶽麓書院藏秦簡（陸）》，編號210。《嶽麓陸》簡210—211所載內容：

御史請：制所譴（譴）而當論者，皆貲二甲。罪重于譴（譴），以律論之。制曰：吏所舉劾以聞及上書者，有言殹（也），其所劾言者節（即）當治論皆毋以譴（譴）。它如請。　廿三。②

可以看出，《嶽麓陸》簡210—211的文本在先，《嶽麓伍》簡214—215的文本在後，後者是在前者的基礎上編輯整理而成的。

【5】上書者有言

[疏證]

上書者有言：上書有所陳述。"吏所舉劾以聞及上書者有言也"與下文"其所劾、言者"相對應，故"有言"的主體是"上書者"。整理小組原標點為"吏所舉劾【以聞】及上書者，有言也"，把"有言者"單獨斷開，會讓人理解為"有言也"是對"舉劾"與"上書"的共同描述，這是不合適的。陳偉亦主張此處"上書者有言殹（也）"連讀。③故我們對標點做了重新調整。

---

① 陳松長主編：《嶽麓書院藏秦簡（伍）》，第160頁。
② 陳松長主編：《嶽麓書院藏秦簡（陸）》，第154—155頁。
③ 陳偉：《〈嶽麓書院藏秦簡（伍）〉校釋》，《出土文獻與法律史研究》第7輯，第14頁。

【6】其所劾、言者,節(即)當治論

[整理小組注]

治論:治獄以論罪。即前文"以律令論之"。①

[疏證]

"其所劾、言者,節(即)當治論"有兩種理解。一種是"所劾、言"的對象當治論。如果是這樣的話,那就說明吏所劾、所言之事没有問題,是正確的。另一種是"所劾、言"的這種行為當治論,這則表示吏的這種行為有問題,有可能是所"劾、言"不實,也有可能是其他問題,這時候就是"所劾、言"行為的發起者當治論。從上下文義來看,當以後一種理解為是。因為令文開頭"制所譴"說的就是皇帝對官吏的訓誡,結尾"當治論,皆毋以譴"亦當是針對官吏而言的。

【7】以譜(譴)論

[整理小組注]

以譜(譴)論:即以前文規定的"貲二甲"論處。②

[疏證]

這或許是秦制中關於文書犯罪的處罰規定,即官吏在上書皇帝時,如果在皇帝回復中被譴責,那麽上書的官吏都要就此受到處分,一般情況下是被貲罰二甲。但如果上書所產生的實際法律後果重於貲罰的處分,那麽將不再按照"被制書譴責,貲二甲"的原則處理,而是以實際犯罪的性質進行論處。

簡文大意

令曰:被皇帝制書所譴責而應該受處罰者,都貲罰二甲。如果被譴責者實際罪過應受的處罰重於譴責,(則不再對其實施貲罰)按照法律所規定的處罰進行論處。官吏有所告劾或上書奏言,如果他因為所告劾或奏言的內容而應受到法律處罰,都不得按照"被制書譴責,貲二甲"的規定處罰(而應以實際犯罪論處)。　廷甲　第廿一。

簡1661+1760(216—217):

●令曰:吏徙官[1]而當論者,故官[2]寫劾,上屬所執灋[3],執灋令新官[4]

---

① 陳松長主編:《嶽麓書院藏秦簡(伍)》,第160頁。
② 同上注。

亟論之。執灋【課其留者，以】[5]發徵律[6]論之。【不】[7]₂₁₆上屬所執灋而徑[8]告縣官[9]者，貲一甲。以爲恒[10]。　□□□第廿二₂₁₇。

【1】徙官

[疏證]

徙官：官吏工作調動。官吏從原工作單位調離之後，被發現在原單位工作期間犯有錯誤或罪行，這種情況還是會被追究責任。睡虎地秦簡《法律答問》簡143："法（廢）令、犯令，遷免、徙不遷？遷之。"①説的就是這種情況。

【2】故官

[疏證]

故官：官吏原來所在的官署。睡虎地秦簡《秦律十八種》簡82-83《金布律》："官嗇夫免，復爲嗇夫，而坐其故官以貲賞（償）及有它責（債），貧窶毋（無）以賞（償）者，稍減其秩、月食以賞（償）之，弗得居；其免殹（也），令以律居之。"②這條律令的意思是説，官嗇夫被免職之後又被啓用擔任嗇夫，他在前一任職過程中因工作欠有貲責債務，這次雖然又擔任嗇夫，還是要償還上一任期中的債務。《秦律十八種》簡159-160《置吏律》："除吏、尉，已除之，乃令視事及遣之；所不當除而敢先見事，及相聽以遣之，以律論之。嗇夫之送見它官者，不得除其故官佐、吏以之新官。"③這條律令的意思是説，官吏調任時，不得把原工作單位的僚屬隨自己一同調往新工作單位。

【3】上屬所執灋

[疏證]

上屬所執灋：上呈劾狀給本部門所屬的上級部門執灋。"上"與"屬所執灋"之間，承前文"故官寫劾"而省略了"劾於"二字。

【4】新官

[疏證]

新官：官吏新調任的工作單位。執灋令新官亟論之：執灋在接到調任官吏原單位的案情調查報告後，指示官吏所赴任的新單位立即處理此事。

---

① 睡虎地秦墓竹簡整理小組編：《睡虎地秦墓竹簡》，釋文部分第126頁。
② 同上注，釋文部分第39-40頁。
③ 同上注，釋文部分第56頁。

【5】以

[整理小組注]

以：據嶽麓秦簡1948簡補。①

[疏證]

嶽麓秦簡整理小組此注有脱字，當作"課其留者，以：據嶽麓秦簡1948簡補"。嶽麓秦簡1948簡收録於《嶽麓陸》，該簡編號212："●自今以來，吏徙官而論者，故官寫劾，上屬所執灋，執灋令新官亟論之，執灋課其留者，以發。"② 由此看來，《嶽麓伍》簡216是在《嶽麓陸》簡212基礎上編輯整理而成。

課其留者：監督對於案件滯留遲誤的現象。這裏說的當是，吏徙官者被發現有問題時，相關部門不及時跟進處理的，執灋要進行督辦。

【6】發徵律

[疏證]

發徵律：有關徵發調撥賦役及各類物資的法律。發徵之事，要求的時效性比較嚴格，多要求在指定的時間和地點範圍内完成任務，否則將會受到懲處。如睡虎地秦簡《秦律十八種》簡115《徭律》："御中發徵，乏弗行，貲二甲。失期三日到五日，誶；六日到旬，貲一盾；過旬，貲一甲。"③ 又如《嶽麓伍》簡299："令曰：縣官相付受，道遠不能以付受之，歲計而隤計者，屬所執法輒劾窮問，以留乏發徵律論坐者。"④

【7】不

[整理小組注]

不：據文義補。⑤

【8】徑

[整理小組注]

徑：徑直。張家山漢簡《二年律令·置吏律》："縣道官有請而當爲律令者，各請屬所二千石官，二千石官上相國、御史，相國、御史案致，當請，請之，毋得徑請。"⑥

【9】縣官

[疏證]

縣官：縣廷。這裏説的當是，官吏在調離本單位到他單位上任之後，原任職單位發

---

① 陳松長主編：《嶽麓書院藏秦簡（伍）》，第160頁。
② 陳松長主編：《嶽麓書院藏秦簡（陸）》，第155頁。
③ 睡虎地秦墓竹簡整理小組編：《睡虎地秦墓竹簡》，釋文部分第47頁。
④ 陳松長主編：《嶽麓書院藏秦簡（伍）》，第197頁。
⑤ 同上注，第160頁。
⑥ 同上注。

現已調離的官吏有問題,本應該上報本單位的上級部門也就是"執灋"這個部門,由執灋通知調離者新任職的部門對其進行處理。但是原任職單位沒有這樣做,而是直接通知了調離官吏的新任職部門。這是違反程序的,因此要對違反程序者給予貲一甲的處罰。

【10】以爲恒

[疏證]

以爲恒:秦漢律令中的習慣用語。往往置於律令的末尾,用以強調律令的穩定持久性。《嶽麓伍》中如:

> 簡153:"□軍□爲令。奏。制曰:可。布以爲恒令。尉郡卒令乙。"
> 簡185:"制曰:吏上請、對、奏者,皆傳牒牘數。節(即)不具而却,復上者,令其牒牘毋與前同數。以爲恒。·廷卒乙。"
> 簡186—187:"☒節(即)吏有請若上書者,有言殹(也)。其所請、言節(即)已行而後有(又)有請、言其等者,必盡具寫其前所已行,與奏偕上。以爲恒。廷卒乙。"①

這種表述習慣可能出現得很早,《左傳》中已有類似的表述方式。《左傳·文公六年》:"宣子於是乎始爲國政,制事典,正法罪,辟獄刑,董逋逃,由質要,治舊洿,本秩禮,續常職,出滯淹。既成,以授大傅陽子與大師賈佗,使行諸晉國,以爲常法。"②"以爲常法"與秦簡所謂的"以爲恒令"句式含義基本相同。

簡文大意

官吏工作調動應該被處罰的,原所在單位寫劾狀,上呈所屬的執灋,執灋命令調任者的新任職單位對其進行及時迅速處理。對於在此類事件中遲滯拖延者,執灋會嚴格督查,按照發徵律處理。如果調任者原任職單位發現調任者有問題後,不及時向所屬執灋匯報,而是徑直告知調任者的新任職部門縣廷,原任職單位的相關責任人要被貲罰一甲。此令以爲定制。　……第廿二。

簡1758+1923(218—219):

●令曰:諸有案行[1]縣官,縣官敢屏匿其所案行事[2]及壅塞[3]止辭

---

① 陳松長主編:《嶽麓書院藏秦簡(伍)》,第118、129、130頁。
② 楊伯峻編著:《春秋左傳注》,第2分冊,第595—597頁。

(辭)[4]者,皆耐之⌐。所屏匿皋當黿(遷)若耐以上,以其218所屏匿皋論之,有(又)駕(加)其皋一等。 ·廷丁廿一219。

【1】案行

[疏證]

案行：巡察,巡視。案行縣官：巡視地方,即所謂的"行縣"。《漢書·蓋寬饒傳》:"寬饒初拜爲司馬,未出殿門,斷其襌衣,令短離地,冠大冠,帶長劍,躬案行士卒廬室,視其飲食居處,有疾病者身自撫循臨問,加致醫藥,遇之甚有恩。"①《三國志·魏志·陳矯傳》:"車駕嘗卒至尚書門,矯跪問帝曰：'陛下欲何之？'帝曰：'欲案行文書耳。'"②

【2】屏匿其所案行事

[整理小組注]

屏：蒙蔽。《左傳·昭公二十七年》:"屏王之耳目,使不聰明。"③

[疏證]

屏匿其所案行事：遮掩藏匿上級官吏所要案察的事情。

【3】壅塞

[整理小組注]

壅塞：指隔絕溝通渠道。《韓非子·内儲説上》:"觀聽不參則誠不聞,聽有門户則臣壅塞。"④

[疏證]

壅塞：堵塞上級巡查者調查了解情況的渠道。

【4】止辟(辭)

[整理小組注]

止辟(辭)：制止對方的言辭。《左傳·隱公五年》:"公怒,乃止辭使者。"⑤

[疏證]

止辟(辭)：制止他人向巡視者反映情況。

另,嶽麓秦簡整理小組所引《左傳·隱公五年》文斷句不當。原文是這樣的：

宋人取邾田。邾人告於鄭曰："請君釋憾於宋,敝邑爲道。"鄭人以王師會之,

---

① 班固：《漢書》,第10分册,第3244頁。
② 陳壽：《三國志》,第3分册,第644頁。
③ 陳松長主編：《嶽麓書院藏秦簡(伍)》,第160頁。
④ 同上注。
⑤ 同上注。

伐宋，入其郛，以報東門之役。宋人使來告命。公聞其入郛也。將救之，問於使者曰："師何及？"對曰："未及國。"公怒，乃止。辭使者曰："君命寡人同恤社稷之難，今問諸使者，曰'師未及國'，非寡人之所敢知也。"①

《左傳》的原意是説，魯隱公對於宋國使者的通報不滿意，認爲使者没有説實話，所以生氣了。"乃止"，意思是停止發兵救援；"辭使者"，意思是"拒絕了使者的請求"。因此，引文斷句當爲："公怒，乃止，辭使者。"也就是説這個引文不能用來説明嶽麓秦簡的内容。

簡文大意

令曰：凡是上級下來巡查縣道官，縣道官膽敢屏蔽藏匿上級所巡查的事情真相，或阻撓巡視者了解情況的渠道，阻撓他人反映情況者，皆處以耐刑。所要掩蓋的罪過在遷刑或耐刑以上者，按照所藏匿掩蓋的罪過量刑，並罪加一等。　廷丁廿一。

簡1922+1764+1671+缺簡₃₁+1797（220—223）：

●諸當衣赤衣，冒襢（氈）[1]，枸櫝[2]杖[3]及當鉗及當盜戒（械）[4]，而擅解衣物以上弗服者，皆以自爵[5]律論之[6]。其皋鬼₂₂₀薪白粲以上，有（又）駕（加）皋一等。以作暑[7]故初[8]及卧、沐浴而解其赤衣襢（氈）者，不用此令[9]。敢爲人解去此一物[10]，及吏徒₂₂₁主將者[11]擅弗令傅衣服[12]，及智（知）其弗傅衣服而弗告劾論[13]，皆以縱自爵皋論之[14]。弗智（知），貲二甲。告劾[15]，除。徒出₂₂₂（缺簡₃₁）將吏[16]坐之，居吏[17]弗坐。諸當鉗枸櫝杖者，皆以錢〈鐵〉[18]。當[19]盜戒（械），戒（械）者皆膠致桎梏。不從令，貲二甲。　·廷戊十七₂₂₃。

【1】襢（氈）

[整理小組注]

襢（氈）：氈子。②

[疏證]

嶽麓秦簡整理小組原把"衣赤衣""冒襢（氈）"連讀，今據睡虎地秦簡《秦律十八

---

① 楊伯峻編著：《春秋左傳注》，第1分册，第50—51頁。
② 陳松長主編：《嶽麓書院藏秦簡（伍）》，第160頁。

種·司空律》和嶽麓秦簡《司空律》中的相關律文,將其以逗號斷開。

冒擅(氈):"冒"後當漏"赤"字。冒赤氈:帶着紅色氈巾。《嶽麓肆》簡167—168:"司空律曰:城旦舂衣赤衣,冒赤氈,枸櫝杕之。諸當衣赤衣者,其衣物毋(無)小大及表裏盡赤之,其衣裘者,赤其裏而反衣之。"①睡虎地秦簡《秦律十八種》簡147—148《司空律》:"城旦舂衣赤衣,冒赤氊(氈),拘櫝欙杕之。"整理小組注:"冒,頭上覆蓋。"②徐世虹認爲:"秦城旦舂刑徒頭戴赤巾,想必是髮異於常人而加以遮蓋。又據《漢書》卷五一《賈山傳》載,文帝時賈山借秦爲喻言治亂之道,其中談到:'陛下即位,……赦罪人,憐其亡髮,賜之巾;憐其衣赭,書其背,……是以元年膏雨降,五穀登,此天之所以相陛下也。'知文帝即位之年赦罪人,罪人無髮,故賜巾遮蓋。此罪人當即刑徒,文帝元年去秦未遠,距《二年律令》行用的年代更近,由此推測,秦及漢初的部分刑徒是髡髮的。"她認爲,"在秦簡中,城旦舂與鬼薪白粲刑徒均着赤衣,戴刑具",所以"冒赤氈"是二者的唯一區别。③

我們已經知道,秦代有關刑徒的囚服及刑具配置,睡虎地秦簡《司空律》已有專門規定,而嶽麓秦簡廷令此處再次出現,很明顯是對《司空律》有關律文的補充和加强。從中我們可以看出秦律與秦令之間的密切關係。

與《嶽麓伍》簡220—223相同的類容,亦收録於《嶽麓陸》簡037—042,二者内容基本相同,但文末編號不同,一爲"廷戊十七",一爲"十五",顯示出這則令文是經過了不同時期或部門的編輯處理的。現摘録如下,以資比較:

> 諸當衣赤衣冒擅(氈)【枸櫝杕及當鉗及當盗戒(械),而擅解衣物以上弗服者,皆以自爵律】論之,其皐鬼薪白粲以上,有(又)駕(加)其皐一等。以作暑故初及臥、沐浴而解其赤衣擅(氈)者,不用此令。敢爲人解去此一物及吏徒主將者擅弗令傳衣服及智(知)其弗傳衣服而弗告劾論,皆以縱自爵皐論之,弗智(知),貲二甲,告劾論之,除。徒出繇(徭),將吏弗坐。有能捕犯令而當刑爲城旦舂者一人,購金二兩,完城旦舂、鬼薪白粲皐一人,購金一兩。諸當鉗枸櫝杕者,皆以鐵,當盗戒(械),戒(械)者皆膠致其桎梏。不從令者,貲二甲。　十五——④

【2】枸櫝

[整理小組注]

枸櫝:加在囚徒身上的械具。睡虎地秦簡《秦律十八種·司空律》:"枸櫝欙杕。"⑤

[疏證]

枸櫝:"枸櫝"之後或脱"欙"字。睡虎地秦簡整理小組注:"枸櫝應爲木械,如枷或

---

① 朱紅林:《〈嶽麓書院藏秦簡(肆)〉疏證》,第193頁。
② 睡虎地秦墓竹簡整理小組編:《睡虎地秦墓竹簡》,釋文部分第54頁。
③ 徐世虹:《秦及漢初的城旦刑》,張中秋主編:《中華法系國際學術研討會文集》,中國政法大學出版社2017年版,第200、202頁。
④ 陳松長主編:《嶽麓書院藏秦簡(陸)》,第59—61頁。
⑤ 陳松長主編:《嶽麓書院藏秦簡(伍)》,第160頁。

桎梏之類。纍，讀爲縲（音雷），係在囚徒頸上的黑索。"①

【3】釱

[整理小組注]

釱：一般指套在刑徒足上的鐵鉗，傳世文獻中常作鈦。《急就篇》："鬼薪白粲鉗釱髠"，顏師古注："以鐵鋸頭曰鉗，以鐵鋸足曰釱。"②

[疏證]

劉海年認爲："釱即鈦。字形書寫的變化，表明刑具用料發生了變化。這種刑具可能由最初的以鐵爲之，改爲後來的以木爲之，或者鐵木交互使用。"③這種推測是有道理的，可補整理小組注之不足。整理小組注引《急就篇》顏師古注，以區別"鉗"與"釱"用刑部位之不同。《漢書·陳咸傳》："或私解脫鉗釱，衣服不如法，輒加罪笞。"顏師古注亦曰："鉗在頸，釱在足，皆以鐵爲之。"④亦可證。

【4】盜戒（械）

[疏證]

盜戒（械）：戴刑具。睡虎地秦簡《法律答問》簡125—126："羣盜赦爲庶人，將盜戒（械）囚刑罪以上，亡，以故罪論，斬左止爲城旦，後自捕所亡，是謂'處隱官'。"睡虎地秦簡整理小組注："盜械，施加刑械，《漢書·惠帝紀》注：'盜者逃也，恐其逃亡，故著械也。'"⑤陳偉認爲："盜械的含義一直不明朗。《説文》：'梏，手械也。''桎，足械也。'聯繫簡文看，似可認爲'械'是指桎梏以及用以約束手足。'盜械'則是以'膠致桎梏'，使之更加堅固。"⑥

嶽麓秦簡整理小組原把"盜戒（械）"與下文"而擅解衣物"云云連讀，今以逗號斷開。因爲前文所説是刑徒應該佩戴各種刑具，下文所説則是如果擅自解開所佩刑具的種種處罰，是兩回事，從中斷句，簡文含義層次分明。

【5】自爵

[整理小組注]

自爵：自封爵位。《白虎通義·爵》："明爵者天子之所有，臣無自爵之義。"⑦

---

① 睡虎地秦墓竹簡整理小組編：《睡虎地秦墓竹簡》，釋文部分第51頁。
② 陳松長主編：《嶽麓書院藏秦簡（伍）》，第160頁。
③ 劉海年：《戰國秦代法制管窺》，法律出版社2006年版，第101頁。
④ 班固：《漢書》，第9分册，第2901頁。
⑤ 睡虎地秦墓竹簡整理小組編：《睡虎地秦墓竹簡》，釋文部分第123頁。
⑥ 陳偉：《論嶽麓秦簡法律文獻的史料價值》，《武漢大學學報》2019年第2期，第113頁。
⑦ 陳松長主編：《嶽麓書院藏秦簡（伍）》，第160頁。

【6】論之

[疏證]

"論之"之後，嶽麓秦簡整理小組原標點爲逗號，今從陳偉、高一致、高婷婷等人句讀，改爲句號。①

【7】作暑

[整理小組注]

作暑：在暑熱天勞作。《荀子·賦篇》："冬日作寒，夏日作暑。"②

[疏證]

作暑：即"作於暑"。

【8】初

[整理小組注]

初：見《廣雅·釋詁》，"初，舒也"。此可作解開衣服繫帶講。③

【9】不用此令

[疏證]

"不用此令"之後，嶽麓秦簡整理小組原標點爲逗號，今改爲句號。"不用此令"之前，說的是刑徒應該穿特定囚衣佩戴專用的刑具，除非特定情況，不得擅自解除囚衣與刑具。"不用此令"之後，則是說違反此令者應當如何懲罰云云。這是一個問題的兩個方面，因此當以句號斷讀爲宜，便於讀者閱讀理解。上引《嶽麓陸》簡038—039此句，亦是以句號點斷。

【10】敢爲人解去此一物

[疏證]

敢爲人解去此一物：這裏說的是其他人如果擅自替刑徒解除其身上的刑具或爲其脫去囚衣。此一物："此"指的是刑徒所穿囚服及所戴刑具，"一物"，指其中的任何一種東西，如脫去囚服、不戴赤氈、解除桎梏等等。

【11】吏徒主將者

[疏證]

吏徒主將者：負責監管刑徒的吏和徒。"主""將"含義相近，二者對文則異，散文則

---

① 高婷婷：《〈嶽麓書院藏秦簡（伍）〉第二組集釋及相關問題研究》，第68頁。
② 陳松長主編：《嶽麓書院藏秦簡（伍）》，第160頁。
③ 同上注。

通。"主"意爲負責,"將"意爲監領。一定要細分的話,"將"更接近於直接監管或率領的意思,"主"者有時也可以作爲"將者"的上級管理者。

【12】傅衣服

[疏證]

傅衣服:指穿刑徒衣服。

【13】告劾論

[疏證]

告劾論:舉報及論處。

【14】以縱自爵皋論之

[疏證]

以縱自爵皋論之:按照縱自爵罪論處玩忽職守的負責官吏,這指的主要是那些擅自直接允許或默許刑徒不穿囚服戴刑具的管理者。縱:放縱。

"以縱自爵皋論之"之後,嶽麓秦簡整理小組原標點爲逗號,今改爲句號。因爲說的是針對玩忽職守的官吏進行的處罰措施,後面說的則是如果官吏不知情,或發現問題後采取了糾正措施,則從輕或免予處罰。前後說的也是兩個問題,或一個問題的兩個方面。因此,"以縱自爵皋論之"之後,當改爲句號,便於讀者分清層次,閱讀理解。

【15】告劾

[整理小組注]

告劾:內容相近的嶽麓秦簡1444簡此處爲"告劾論之,除"。①

[疏證]

嶽麓秦簡整理小組注所謂"嶽麓秦簡1444簡",收錄於《嶽麓陸》,《嶽麓陸》編號040"皆以縱自爵皋論之,弗智(知),貲二甲,告劾論之,除。徒出繇(徭),將吏弗坐。有能捕犯令而當刑爲 城旦 ",可參看。②

【16】將吏

[整理小組注]

將吏:內容相近的嶽麓秦簡1444簡此處爲"徒出繇(徭),將吏弗坐"。據此,簡1671與簡1797之間有缺簡。③

---

① 陳松長主編:《嶽麓書院藏秦簡(伍)》,第160頁。
② 陳松長主編:《嶽麓書院藏秦簡(陸)》,第60頁。
③ 陳松長主編:《嶽麓書院藏秦簡(伍)》,第160頁。

[疏證]

嶽麓秦簡整理小組注所謂"嶽麓秦簡1444簡"指《嶽麓陸》簡040。"簡1671與簡1797之間",指《嶽麓伍》簡222與223之間。

實際上問題還比較複雜。《嶽麓陸》簡040記載説"徒出繇(徭),將吏弗坐",很難理解。徒出徭,如果出現問題,一般情況下當然要由隨行負責監管的"將吏"負責,而簡文却説"將吏弗坐",因此是有問題的。《嶽麓伍》簡222"徒出"之後,雖然整理者説有缺簡,但結合《嶽麓陸》簡040的記載,《嶽麓伍》簡222"徒出"之後只要補上一個"徭"字,即可與簡223曰"將吏坐之,居吏弗坐"相連接,"徒出徭,將吏坐之,居吏弗坐",意思是徒隸或者説刑徒外出勞作,如果發生了擅自脱掉囚服或解除刑具的事,由隨行監管的管理負責,而留守官署的官吏没有責任。如此理解,文從字順。因此,《嶽麓陸》簡040的抄録很可能有脱文,而《嶽麓伍》簡222與223之間或許不是有缺簡,而是有缺字。這個缺字可能是在222簡末,也可能在223簡首。

【17】居吏

[整理小組注]

居吏:居於官署之吏,相對於監管徒隸的"將吏"。"居吏"也見於睡虎地秦簡《秦律十八種·效律》。①

[疏證]

案,睡虎地秦簡《秦律十八種》簡162-163《效律》原文爲:

> 實官佐、史柀免、徙,官嗇夫必與去者效代者。節(即)官嗇夫免而效,不備,代者【與】居吏坐之。故吏弗效,新吏居之未盈歲,去者與居吏坐之,新吏弗坐;其盈歲,雖弗效,新吏與居吏坐之,去者弗坐,它如律。②

可以看出,睡虎地秦簡的"居吏"指的是繼續在原官署留任的官吏,與之相對的是離任官吏,包括免職的和調走的官吏。而嶽麓秦簡此處的"居吏"指的是留在官署内工作的官吏,相當於現在所説的内勤人員;與之相對的"將吏",屬於直接到一綫或者説下基層工作的官吏,相當於現在所説的外勤人員。因此嶽麓秦簡此處的"居吏"與睡虎地秦簡《效律》所説的"居吏"名同而實異。這是需要注意的。

【18】皆以錢〈鐵〉

[疏證]

皆以錢〈鐵〉:都用鐵來製造。陳偉曰:"整理者釋文以'皆以錢〈鐵〉'與下文

---

① 陳松長主編:《嶽麓書院藏秦簡(伍)》,第160頁。
② 睡虎地秦墓竹簡整理小組編:《睡虎地秦墓竹簡》,釋文部分第57頁。

連讀,並把'錢〈鐵〉'下的'當'讀爲'鐺',頗費解。幾個'當'字層次分明,應斷讀。這讓我們得知,當時鉗枸櫃杕這些刑具,都規定用鐵製作。"① 我們贊同並采納陳偉的説法。

【19】當

[疏證]

當:嶽麓秦簡整理小組讀作"鐺",今從陳偉説讀本字。②

簡文大意

那些應當穿紅色囚衣戴(紅色)氈巾、施加木械、黑索和脛鉗者,以及當鉗頸、戴刑具者,如果擅自脱去囚服、不戴刑具,都按照自我封爵的法律懲處。如果是鬼薪白粲以上的刑徒,又加罪一等。如果是暑天勞作解衣帶乘涼或睡覺、洗浴等原因而脱去紅色囚衣和氈巾者,不在此令限制範圍。如果有人敢替犯人解去囚衣或所戴刑具中的一件物事,以及負責監管囚徒的人擅自允許囚徒不穿囚衣,或知道囚徒未穿囚衣而不加報告處理,都按照放縱自我封爵的罪名論處;如果監管者不了解情況,貲罰二甲。如果監管者發現情況後,及時舉報處理,免罪。徒隸外出……外出監管的將吏承擔責任,留居官府的官吏不承擔責任。那些應當戴頸鉗、桎梏、脚鐐的人,都要戴上鐵製刑具,刑具要束縛堅固。不遵從命令者,貲罰二甲。 廷戊十七。

缺簡 32

簡 1927(224):

□□者。 ·廷戊廿七 224。

缺簡 33

---

① 陳偉:《論嶽麓秦簡法律文獻的史料價值》,《武漢大學學報》2019年第2期,第113頁。
② 同上注。

簡 2013＋1964（225—226）：

　　史各一甲[1]，有（又）令獄佐史均[2]故徼一歲[3]。其故徼縣獄佐史，均地遠故徼[4]。其新地縣獄佐史有約日[5]者，奪日[6]₂₂₅一歲而勿均。　·廷己八₂₂₆。

【1】史各一甲

　　[疏證]

　　"史各一甲"前有闕文，說的當是被貲罰原因，包括"史"的具體身份。從現有的令文內容來看，此"史"或指的是"獄佐史"的上級主官，故"獄佐史"受其連坐，被"均故徼一歲"。從上下文義看，這段有限的令文似乎包含了三個不同地區的獄政。"史各一甲，有（又）令獄佐史均故徼一歲"所在地區的政治地位要高於其後的"故徼縣獄佐史"和"新地縣獄佐史"。

【2】均

　　[疏證]

　　均：平也，引申爲治理。《周禮·天官·冢宰》曰："乃立天官冢宰，使帥其屬而掌邦治，以佐王均邦國。"孫詒讓曰："《詩·小雅·節南山》云'秉國之均'，毛傳云：'均，平也。'"① 嶽麓秦簡此處的"均故徼""均地遠故徼"之"均"字，高婷婷釋"徇"，李蓉、曹旅寧釋"均勻"，其實都是從"均平""治理"的含義引申而出。因爲治理天下的最高境界是天下平均，各階層各地區各得其所，這種和諧共存的局面就叫"均"，所以《周禮》把"佐王治邦國"叫作"佐王均邦國"。嶽麓秦簡的"均故徼""均地遠故徼"中"均"的用法與"均邦國"並無二致，只不過"均"的對象大大縮小了而已。至於《嶽麓伍》簡017所謂的"其爲士五（伍）、庶人者，處蒼梧，蒼梧守均處少人所"，也容易理解，因爲我們已經說過，治理天下的最高境界就是"均"，使各得其所各安其處，"均處少人所"正是把犯人服役者分配到缺乏人手的地方。所以即使此處把"均"解釋爲"調往"，也是應有的引申之義，與其"治理""平均"之本義並不矛盾。

【3】一歲

　　[疏證]

　　"一歲"之後，嶽麓秦簡整理小組原標點爲逗號，今改爲句號。

---

① 孫詒讓：《周禮正義》，第1分册，第19頁。

【4】均地遠故徼

[疏證]

"均地遠故徼"之後,嶽麓秦簡整理小組原標點爲逗號,今改爲句號。前文説"令獄佐史均故徼一歲",彼處的獄佐史當很明顯不是故徼的獄佐史,也不是下文所説的"新地縣獄佐史",那麼就應該是中縣道或普通郡縣的獄佐史,這些地方的獄佐史犯了錯,作爲懲罰,被調到故徼任職一年。"其故徼縣獄佐史,均地遠故徼",意思應該是如果故徼縣的獄佐史犯了上文所言類似的錯誤,則會被調到更遠的地方去任職。

【5】約日

[疏證]

約日:規定的日期。里耶秦簡8-1563:"廿八年七月戊戌朔癸卯,尉守竊敢之:洞庭尉遣巫居貸公卒安成徐署遷陵。今徐以壬寅事,謁令倉貸食,移尉以展約日。敢言之。"《校釋》曰:"約日,疑指署遷陵的日期。"① 羅昭善曰:"對於已在秦新地擔任縣獄佐史的犯罪者,此前已有'約日',不必前往故徼,'奪日一歲'即可。'奪日一歲'是指在原本約定的供役期限上增加一年,處罰方式類似於秦漢時期的奪勞,是指通過延長供役期限來懲罰罪犯。故秦簡中的'約日'並非某一時間節點。'約日'即與官府約定的日期,'展約日'應理解爲延長約定的期限。"② 《嶽麓柒》簡021"有貲贖責(債)貧當戍者,皆以其錢數雇戍日,爲書約",羅昭善認爲"書約"的内容就是前文的"戍日",也就是所謂的"約日"。其説可從。③ 新地縣的獄佐史犯錯而"毋均",改爲"奪日一歲",我們推測這是因爲新地本來就缺乏官吏,新地吏即使犯錯,只要在可容忍的範圍内,國家不可能把他們調出新地,而是會想盡辦法把他們留在新地繼續服務。故新地獄佐史犯錯只是"奪日"而勿均,就是例證之一。

【6】奪日

[疏證]

奪日:扣除勞績日數,即奪勞。

簡文大意

……史(貲罰)各一甲,又令獄佐史繼續任職故徼一年。如果是故徼縣的獄佐史,任職地區要遠離故徼治所。如果是新地縣的獄佐史,有特定任期者,要被奪勞一年,不用遠徙它地服役。 廷己八。

---

① 陳偉主編:《里耶秦簡牘校釋(第1卷)》,第361頁。
② 羅昭善:《嶽麓秦簡所見秦代'冗爵'制度考論》,《古代文明》2023年第1期,第84頁。
③ 同上注,第87頁。

缺簡 34

簡 1759（227）：

☐鹽[1]皐一人，購金一兩。其所署書[2]能捕若訽告之，購如它人捕訽者。　・廷己廿七 227。

【1】☐鹽

[整理小組注]

鹽：前文殘缺，當是"輸縣鹽"之類。①

[疏證]

從下文意思來看，當是捕訽逃亡的輸縣鹽罪一人，購金一兩。

【2】所署書

[疏證]

署書：本指文書封緘上作特別標記或文字，以便加急傳遞，這裏或許是指被指名看管的罪犯。這些人如能告發或抓捕逃亡者，也將按照普通人告發抓捕逃亡犯予以賞賜。

簡文大意

……（舉報抓捕）輸縣鹽罪犯一人，獎勵黃金一兩。如果被指名看管的罪犯能舉報抓捕輸縣鹽罪犯，也按照其他人抓捕罪犯的待遇予以賞賜。　廷己廿七。

缺簡 35

---

① 陳松長主編：《嶽麓書院藏秦簡（伍）》，第160頁。

簡J49（228）：

當聞[1]者名，請其執瀍，執〚瀍〛[2]請之[3]。 ·廷己卅七228。

【1】聞

[疏證]

聞：上聞。《淮南子·主術訓》："是故號令能下究，而臣情得上聞。"高誘注："聞猶達也。"① 參見《嶽麓伍》簡080 "乃以其奏夬（決）聞" 疏證。"當聞者名" 云云，當有前文。據《嶽麓伍》簡053曰 "定陰忠言，律曰'顯大夫有罪當廢以上勿擅斷，必請之'"，簡304亦曰 "令曰：治獄有逯宦者顯大夫若或告之而當徵捕者，勿擅徵捕，必具以其逯告聞，有詔乃以詔從事"，② 可以推測，簡228似乎說的是有關基層司法部門把涉案抓捕需要向朝廷請示的人員的名單上報執瀍，由執瀍向朝廷匯報。

【2】〚瀍〛

[整理小組注]

瀍：原簡 "瀍" 字下無重文號，據文義補。③

【3】請之

[疏證]

請之：向朝廷請示此事。之：指 "當聞者名"。

簡文大意

（有關部門匯總）需要上朝廷請示的人員的名單，向執瀍匯報，執瀍再將其向朝廷請示。 廷己卅七。

---

① 何寧：《淮南子集釋》，中冊，第657頁。
② 陳松長主編：《嶽麓書院藏秦簡（伍）》，第56、199頁。
③ 同上注，第160頁。

簡1605＋1617＋1603-1＋1603-3＋1597＋1146＋1167＋1164＋1098＋1086（229—236）：

　　自今以來，治獄[1]以所治之故，受人財及有賣買焉而故少及多其賈（價），雖毋枉[2]殹（也），以所受財及其貴賤賈（價）[3]，與【盜】[4]229【同】[5]灋╹。叚（假）[6]╹貴賤〈錢〉金[7]它物[8]其所治[9]、所治之親所智（知）[10]……叚（假）賃費、貴賤〈錢〉金它物其息[11]之數，與盜同灋╹。叚（假）貣230錢金它物[12]其所治、所治之室人、室〖人〗[13]父母妻子同産，雖毋枉殹（也），以所叚（假）賃費、貣錢金它物其息之數，與盜231【同】灋。

　　吏治獄，其同居或以獄事故受人財及有賣買焉故少及多其賈（價），以告治者，治〖者〗[14]弗[15]【言吏，受者，治】[16]232者以所受財及其貴賤賈（價），與盜同灋╹。叚（假）貣錢金它物，爲告治者，治〖者〗[17]爲枉事，以所叚（假）賃費、貣錢金它物233其息之數，受者、【治者】[18]與盜同灋[19]；不告治者╹，受者獨坐，與盜同灋╹。叚（假）貣錢金【它物】[20]□234母妻子同産，以告治者[21]，治者雖弗爲枉事，以所叚（假）賃費、貣錢金它物其息之數，受者[22]、治者與盜同灋[23]；不235【告】[24]治者╹，受者獨坐，與盜同灋。告治者，治者即自言吏[25]，毋辠╹。受者，其及〈父〉毋〈母〉[26]殹（也），以告□□□236。

【1】治獄

　　［整理小組注］

　　治獄：指治獄的官吏。①

　　［疏證］

　　"治獄"之後，或脫"吏"字，下文簡232有"吏治獄"可證。簡229—236所述，主要是關於懲處負責刑獄的官吏在處理案件時收受賄賂的規定。從受賄主體而言，可分爲兩個部分。一個部分是以負責辦案的官吏爲受賄主體的規定，另一個部分是以負責辦案官吏的親屬爲受賄主體的規定。從受賄方式來分，分爲兩種情況，一種是直接受賄，接受涉案者本人及其親屬賄賂的金錢財物，另一種是間接受賄，也就是通過不正常的商業交易，包括治獄者一方通過向涉案者一方實施高利金錢借貸、物資租賃及賤買貴賣等

---

① 陳松長主編：《嶽麓書院藏秦簡（伍）》，第160頁。

方式,間接獲得非法的利益輸送。

　　治獄者因受賄而徇私枉法,法律的判處是"與盜同灋",即以受賄金額大小按照盜竊罪論處。這其中包括治獄者本人受賄以及其親屬受賄,向治獄者請託。如果親屬受賄,治獄者不知情,則治獄者無罪,只處理受賄親屬。

　　從律文的表述來看,重複的地方不少。造成這種情況的原因,除了編聯的可能之外,另一種情況可能是,這幾條律文是被抄手從不同的地方匯集在一起的,並非律令的原始版本。

【2】枉

　　[整理小組注]

　　枉:"枉事"之省,指官吏辦事違反律令。《史記·日者列傳》:"事私利,枉主法,獵農民;以官爲威,以法爲機,求利逆暴。"①

　　[疏證]

　　"雖毋枉也"云云,意思是説,治獄者憑借自身職權的有利條件,直接或間接收取涉案者的好處,雖然治獄者最終沒有因之而枉法,但仍然要受到"與盜同灋"的處罰。結合下文"言吏"云云,可知此處治獄者雖受賄而未枉法,但最終却仍然受到法律懲處,是因爲他沒有向官府主動上報自己受賄一事。下文"治者"身邊的親人借以受賄,治者雖未接受其請託而枉法,但仍然被處罰,也是這個原因。

【3】貴賤賈(價)

　　[整理小組注]

　　貴賤賈(價):見《漢書·景帝紀》:"它物,若買故賤,賣故貴,皆坐贓爲盜,没入贓縣官。"②

　　[疏證]

　　貴賤賈(價):在商品買賣中通過故意提高或降低商品價格非法獲利。

【4】【盜】

　　[整理小組注]

　　盜:據文義補。③

【5】【同】

　　[整理小組注]

　　同:據文義,當是"同"字。④

---

① 陳松長主編:《嶽麓書院藏秦簡(伍)》,第160頁。
② 同上注,第161頁。
③ 同上注。
④ 同上注。

【6】叚（假）

[整理小組注]

叚(假)：租賃。《漢書·酷吏傳》："乃貰貸陂田千餘頃，假貧民，役使數千家。"顏師古注："假，謂雇賃也。"①

【7】賤〈錢〉金

[整理小組注]

賤〈錢〉金：金錢。《史記·平準書》："所過賞賜，用帛百餘萬匹，錢金以巨萬計，皆取足大農。"②

【8】它物

[疏證]

"它物"之後，當省略"於"字。

【9】所治

[整理小組注]

所治：治獄涉及的人。③

【10】親所智（知）

[整理小組注]

智(知)：又稱"知識"，指相識的人。張家山漢簡《奏讞書》："黨有與爭鬥、相愬(怨)，及商販、葆(褓)庸、里人、智(知)識、弟兄貧窮，疑盜傷婢者。"整理者注："知識，相識的人。"④

[疏證]

親所智(知)：從《嶽麓伍》簡229—236所載律令文字的表述來看，"親所智(知)"與"父母妻子同產"的區別還是很明顯的。如果是"親所智(知)"接受涉獄者及其親友行賄而向治獄者請託說情，只要治獄者不爲之枉法，治獄者就無罪；但如果是治獄者之"父母妻子同產"等接受賄賂而向治獄者請託說情，即使治獄者不爲之枉法，也要按照其"父母妻子同產"的受賄金額，"與盜同灋"。因此，秦律所謂的"親所智(知)"的内涵範圍，還是值得進一步探討的。

---

① 陳松長主編：《嶽麓書院藏秦簡(伍)》，第161頁。
② 同上注。
③ 同上注。
④ 同上注。

【11】息

[整理小組注]

息：利息，《史記·孟嘗君列傳》："貸錢者多不能與其息。"《索隱》："息，猶利也。"①

[疏證]

嶽麓秦簡整理小組將此處及下文簡231、233、235中的"叚（假）賃費貣錢金它物"連讀是不合適的，當如《嶽麓伍》簡040整理小組斷句，讀作"叚（假）賃費、貣錢金它物"。

【12】叚（假）貣錢金它物

[疏證]

"叚（假）貣錢金它物"之後，當省略了"於"字。就是説，辦案官吏借貸金錢它物等給涉案人及其親朋故舊等。這種情況下，即使不存在非法的利益輸送，也是不允許的。

【13】其所治、所治之室人、室〖人〗

[整理小組注]

此處"所""治""室"重文符號清晰，"之"重文符號痕跡略淡，或爲刮削所致，"人"無重文符號。據文例補第二個"人"字。②

【14】治〖者〗

[整理小組注]

者："者"字右下殘，不知是否有重文號，據文義應該有，因此補第二個"者"字。③

【15】弗

[整理小組注]

弗：據殘筆及上下文義當是"弗"字。之後殘缺，據上下文補"言吏，受者、治"。④

【16】弗【言吏，受者、治】

[疏證]

弗言吏：治者沒有向官府匯報其親屬受賄之事。

---

① 陳松長主編：《嶽麓書院藏秦簡（伍）》，第161頁。
② 同上注。
③ 同上注。
④ 同上注。

【17】治〘者〙

[整理小組注]

〘者〙：原簡"者"下無重文號，此據文義補。①

【18】【治者】

[疏證]

治者：根據上下文意所補。既然親友受賄請託，並且治者答應了請託爲之枉法，那麼應當與請託的人，也就是所謂"受者"，共同受到處罰。故在"受者"之後補充"治者"二字。

【19】與盜同灋

[疏證]

"與盜同灋"之後，嶽麓秦簡整理小組原標點爲逗號，今改爲分號。根據上下文意可知，受請託者"告治者"與"不告治者"是兩種並列的情況。

【20】【它物】

[整理小組注]

它物：字跡漫漶，據文例當是"它物"。②

【21】治者

[整理小組注]

治者：治獄的吏。③

【22】受者

[整理小組注]

受者：接受賄賂者，此處不指官吏本人，而是與官吏有關而能夠轉達行賄者請託的人。④

【23】與盜同灋

[疏證]

"與盜同灋"之後，嶽麓秦簡整理小組原標點爲逗號，今改爲分號。

---

① 陳松長主編：《嶽麓書院藏秦簡(伍)》，第161頁。
② 同上注。
③ 同上注。
④ 同上注。

【24】告

[整理小組注]

告:據文義,當是"告"字。①

【25】自言吏

[整理小組注]

自言吏:自己向官府報告。張家山漢簡《二年律令·盜律》:"其叚(假)別在它所,有(又)物故毋道歸叚(假)者,自言在所縣道官,縣道官以書告叚(假)在所縣道官收之。"②

【26】其及〈父〉毋〈母〉

[整理小組注]

毋:當是"毋受"之省。③

[疏證]

嶽麓秦簡整理小組此注容易產生誤解。整理者在釋讀時既然已經指出"及毋"乃"父母"之訛誤,那麼在注釋中當說"'毋'當是'毋〈母〉受'之省",或者更明確一點說"'其及〈父〉毋〈母〉毆(也)'當是'其及〈父〉毋〈母〉受毆(也)'之省"。

簡文大意

自今以來,治獄的官吏因爲所處理案件的緣故,接受別人的錢財,以及在(涉案人相關的)商業交易中少付或多收價錢,即使治獄者沒有在案件判決中枉法,也將因爲與涉案人員之間私受財物及賤買貴賣,被按照與盜竊罪同樣的法律論處。借貸金錢及其他財物給所處理案件中的涉案人員、涉案人員的親戚朋友……(根據)借貸金錢及租賃物品所收取的高額利息及租賃費數額,按照與盜竊罪相同的法律論處。借貸金錢及其他財物給所處理案件中的涉案人員、涉案人員同室之人、其父母妻子與兄弟姐妹(以此謀取利益),辦案官吏即使沒有在案件處理中徇私枉法,也將根據借貸金錢的利息數額及租賃其他財物所收取的租賃費數額,按照與盜竊罪相同的法律進行論處。

官吏處理刑獄案件,他的同户之人如果因此收受涉案人員財物或在(涉案人員相關的)商業交易中降低或抬高價錢獲利,(獲利者把此事)告知了辦案官吏(並爲涉案者請託),而辦案的官吏却沒有向上級匯報此事,直接受賄者及辦案官吏都會以所受財物及非法商業交易獲利金額,按照與盜竊罪同樣的法律論處。如果辦案官吏的親人把借貸金錢他物給涉案人以獲利的事告訴了辦案官吏,辦案官吏因而在辦案過程中徇私舞弊,將根據

---

① 陳松長主編:《嶽麓書院藏秦簡(伍)》,第161頁。
② 同上注。
③ 同上注。

借貸金錢及他財物所獲利息金額,與獲利者一起,按照與盜竊罪同樣的法律論處。如果辦案官吏的親人沒有把私下借貸以獲利的事告訴辦案人員,那麼只處理獲利者本人,按照與盜竊罪同樣法律論處。借貸金錢及他財物……(父)母妻子兄弟姐妹,把(借貸獲利之事)告訴了辦案人員,辦案人員即使沒有因此而徇私枉法,也將根據借貸利息及租賃獲利金額,與獲利者一起,按照與盜竊罪同樣的法律論處。如果獲利者沒有把借貸獲利之事告訴辦案人員,則獲利者單獨接受處罰,按照與盜竊罪同樣的法律論處。如果告訴了辦案人員,而辦案人員立即向上級管理匯報此事,則辦案人員無罪。獲利者及其父母,以告……

缺簡 36

缺簡 37

簡 1750＋1695＋1783＋1793＋1801＋缺簡 38＋1697＋1711＋1710＋1717＋0833＋1732＋1723＋1815＋1847＋1851（237—250）:

　　▢以所受財及其貴錢〈賤〉賈(價),與盜同 237 灋。爲請[1],治者爲[2]・枉事,得,皆耐,其臮[3]重于耐者,以重者論╚,盜律論受者[4]。其告治者[5],治者弗爲枉事,【治者】[6] 238 毋臮。

　　治獄者親及所智(知)弗與同居,以獄事故受人財及有賣買焉【而故少及多其賈(價),弗爲請而謾】[7]▢239 謂已爲請╚,受者貲二甲[8];不告治者及弗謾,毋臮。

　　治獄以所治故受人酒▢[9] 240(缺簡 38)以枉事[10],及其同居或以獄事故受人酒肉食,以告治者,治者爲枉事,治者、受者皆與盜同灋[11]。

　　受人酒肉食,弗 241 以枉事,以盜律論╚[12]。同居受人酒肉食,以告治者,治者弗爲枉事,治者貲二甲[13],受者以盜律論。不告治者,受 242 者獨坐,與盜同灋。

　　治獄者親及所智(知)弗與同居,以獄事故受人酒肉食,弗爲請而謾[14]謂已爲請,以盜律 243【論】[15]。不告治者,受者獨坐,與盜同灋。

　　治獄者親及所智(知)弗與同居,以獄事故受人酒肉食,弗爲請而謾 244【謂】[16]已爲請,以盜律論╚[17]。爲請治者,治者爲枉事,得,皆耐,其臮重于耐者,以重者論,以盜律論受者[18];其告 245 治者,治者弗爲枉事,受者貲二甲[19];不告治者及弗謾,毋臮╚。

治獄受人財酒肉食、叚（假）貣人錢金它物及有賣₂₄₆買焉而故少及多其賈（價），以其故論獄不直[20]，不直皋重，以不直律論之[21]；不直皋輕，以臧（贓）[22]論之。

有獄論、有獄論[23]，₂₄₇親所智（知）以獄事故，以財酒肉食遺及以錢金它物叚（假）貣治獄、治獄者親所智（知）及有賣買焉而故少及多₂₄₈【其】[24]賈（價），已受之而得，予者[25]毋皋。

有獄者、有獄者親所智（知）以財酒肉食遺治獄者、治獄者親所智（知）⌐，弗受而告吏，以盜₂₄₉【律】[26]論遺者，以臧（贓）賜告者[27]。臧（贓）過四千錢者，購錢四千，勿予臧（贓），入縣官[28]。予人者，即能捕所予及它人或能捕之₂₅₀

【1】爲請

[整理小組注]

請：請託，指行賄官吏之請託。《後漢書·蔡邕列傳》："璜遂使人飛章言邕、質數以私事請託於邰，邰不聽。"①

[疏證]

爲請：受賄者爲行賄者向治者請託。"爲請"的主語是受賄者，是與辦案人員關係密切之人，而非辦案者本人。"爲"後應省略了"之"，即"爲之請"。

簡237至簡250所載，與簡229—236仍屬於同一類内容，講的都是關於處理涉案人員與負責辦案的司法人員及其親友之間行賄受賄的法律規定，内容多有重複。大致是説，受賄者向司法人員請託，如果對方爲之徇私枉法，該如何處置，如果對方沒有爲之徇私枉法，又該如何處置；另一種情况是，受賄者雖受賄，却沒有向辦案人員請託，而欺騙行賄者説已經爲之請託，或者受賄者雖受賄却不辦事，不向辦案人員請託，也沒有欺騙行賄者，該如何處置。

【2】爲

[疏證]

"爲"後省略"之"字。治者爲枉事：即"治者爲之枉事"，治者因爲請託之人的請託而歪曲事實，沒有依法斷案。

【3】皋

[整理小組注]

皋：指因爲枉法而應處以"論獄不直"罪的刑罰。參見嶽麓秦簡1723簡："以其故

---

① 陳松長主編：《嶽麓書院藏秦簡（伍）》，第161頁。

論獄不直,不直皋重,以不直律論之,不直皋輕,以臧(贓)論之。"①

[疏證]

整理小組的解釋不準確。此處的"皋"指的是官吏因枉法而產生的實際犯罪後果所應受的處罰。一般情況下,官吏枉法按照"論獄不直"處理。假設"論獄不直"的處罰是"貲二甲",但如果官吏由於枉法而致人死亡,而工作失誤致人死亡應當處以"黥爲城旦","黥城旦舂"當然遠重於"貲二甲",這時候就應該對枉法官吏按照致人死亡罪處以"黥爲城旦"的處罰,而不是按照枉法罪"貲二甲"。

【4】盜律論受者

[疏證]

受者:接受賄賂而爲他人請託的人。"受者"之後,整理小組原標點爲逗號,今改爲句號。因爲之前說的是受賄者受賄而爲他人請託,辦案官吏接受請託,枉法辦案。後面說的則是辦案官吏沒有接受請託,沒有徇私枉法。二者之間是兩種不同的情況,故當以句號斷開爲宜。

盜律論受者:以盜竊罪的法律論處受賄者,即"與盜同灋"。

【5】告治者

[疏證]

告治者:即爲行賄者向辦案人員請託。

【6】【治者】

[整理小組注]

治者:字跡漫漶,據上下文當是"治者"。②

【7】【而故少及多其賈(價),弗爲請而謾】

[整理小組注]

賈(價):"焉"字之後殘缺,據文例補。③

【8】受者貲二甲

[疏證]

"受者貲二甲"之後,嶽麓秦簡整理小組原標點爲逗號,今改爲分號。

---

① 陳松長主編:《嶽麓書院藏秦簡(伍)》,第161—162頁。
② 同上注,第162頁。
③ 同上注。

【9】受人酒☐

[疏證]

受人酒：據上下文意，"受人酒"之後所殘斷處當爲"肉食"二字。

【10】以枉事

[疏證]

"以枉事"當與上文簡240"治獄以所治故受人酒☐"連接，即"治獄以所治故受人酒☐以枉事"。嶽麓秦簡整理小組原把"以枉事"與"及其同居或以獄事故受人酒肉食"連讀，不確，當以逗號斷開。

【11】治者、受者皆與盜同灋

[疏證]

治者、受者皆與盜同灋：意思是治獄者的同居接受涉案者的行賄，爲之向治獄者請託説情，在這種情況下，治獄者及其同居"皆與盜同灋"。其實如果細分，"受者"包括兩種情況，一種是治獄者直接受賄，另一種是治獄者間接受賄，也就是説他本人没有直接接受賄賂，但他的同居接受了賄賂，並爲之向其請託。

【12】以盜律論

[疏證]

以盜律論：按照處理盜竊的相關法律論處。其含義盖與"與盜同灋"相同。如果治獄者接受了涉獄者提供的酒肉食，即使没有爲之枉法，也要按照盜竊罪從重處理。

【13】治者貲二甲

[疏證]

治者貲二甲：這裏的規定與簡239—240所載有所不同。此處説的是，治獄者之同居因受賄而向治獄者請託説情，如果治獄者没有答應，那麼法律對治獄者從輕發落，僅進行行政處罰"貲二甲"。上文簡239—240説的則是治獄者之親及親所知因爲没有與治獄者同居，所以雖然接受涉案者行賄而向治獄者請託，只要治獄者没有爲之枉法，則"無罪"。這其間的區别是值得我們注意的。

【14】弗爲請而謾

[整理小組注]

謾：欺誑。《里耶秦簡》9-981："令居貲目取船，弗予，謾曰亡，【亡】不定言。論及謾問，不亡，定謾者訾遣詣廷。"[1]

---

[1] 陳松長主編：《嶽麓書院藏秦簡（伍）》，第162頁。

【15】【論】

[整理小組注]

論：據上下文補①。

[疏證]

"論"之後，整理小組原標點爲逗號，今改爲句號。

周海鋒指出此處"不告治者，受者獨坐，與盜同灋。治獄者親及所智（知）弗與同居，以獄事故受人酒肉食，弗爲請而謾謂已爲請，以盜律【論】"一段文字爲衍文。他説："衍文一般是由於抄寫者一時疏忽而多抄寫的文字。以上所引衍文的造成，與條文中反復出現相同的術語以及規範對象區別甚微有關。'同居受人酒肉食'爲違法行爲，但又可區分爲'以告治者''不告治者'和'爲請治者'，三種情況所面臨的處罰是有輕重之分的。'不告治者，受者獨坐，與盜同灋。治獄者親及所智（知）弗與同居，以獄事故受人酒肉食，弗爲請而謾謂已爲請'一段，文字前後均有'以盜律論'四字，這或許是導致誤衍的最爲直接的原因。"②

【16】【謂】

[整理小組注]

謂：據上下文補。③

【17】以盜律論

[疏證]

此處"治獄者親及所智（知）弗與同居，以獄事故受人酒肉食，弗爲請而謾【謂】已爲請，以盜律論"與前文相同。這種情況的産生，有可能是抄手誤抄，也有可能官府律令原文就是如此。因爲這句話的下文分別連接的簡文，都是針對這句律文中不同方面做出的相應補充，這些補充的令文並不重複。説得再明確一點，就是説主體令文完全可以出現一次，下面補充的規定依次展開即可。但我們所見到的簡文中主體令文出現了兩次。

【18】以盜律論受者

[疏證]

"以盜律論受者"之後，整理小組原標點爲逗號，今改爲分號。原因是此處前後又分爲兩層意思，前面説的是執法者受請託而枉法，後面説的則是受賄者雖向執法者請託，但執法者並未爲之枉法。

---

① 陳松長主編：《嶽麓書院藏秦簡（伍）》，第162頁。
② 周海鋒：《秦律令文本形態淺析》，《簡帛》第23輯，第186頁。
③ 陳松長主編：《嶽麓書院藏秦簡（伍）》，第162頁。

【19】受者赀二甲

[疏證]

"受者赀二甲"之後,整理小組原標點爲逗號,今改爲分號。原因是此處前後又分爲兩層意思,前面說的是行賄者向治者請託或沒有向治者請託而欺騙行賄者說已經請託,後面說的則是受賄者雖然受賄,却並未向治者請託,也沒有欺騙行賄者,也就是說赤裸裸的光收錢不辦事。前後也是兩層對立的意思,故兩者之間以分號斷句爲宜。

【20】以其故論獄不直

[整理小組注]

不直:睡虎地秦簡《法律答問》:"論獄可(何)謂'不直'?……辠(罪)當重而端輕之,當輕而端重之,是謂'不直'。"[1]

[疏證]

以其故論獄不直:即"爲枉事"。

【21】以不直律論之

[疏證]

"以不直律論之"之後,嶽麓秦簡整理小組原標點爲逗號,今改爲分號。

【22】以臧(贓)

[整理小組注]

以臧(贓):以贓與盗同灋。[2]

【23】有獄論

[疏證]

第二個"有獄論"當爲衍文。整理小組原把兩個"有獄論"與下文連讀,今改爲在第二個"有獄論"之後,以逗號斷開。

【24】【其】

[整理小組注]

其:據上下文補。[3]

---

[1] 陳松長主編:《嶽麓書院藏秦簡(伍)》,第162頁。
[2] 同上注。
[3] 同上注。

【25】予者

[整理小組注]

予者：指行賄者。①

【26】【律】

[整理小組注]

律：據上下文補。②

【27】以臧（贓）賜告者

[疏證]

以臧（贓）賜告者：把行賄的贓物作爲獎勵賞賜給舉報的人。"以臧（贓）賜告者"之後，嶽麓秦簡整理小組原標點爲逗號，今改爲句號。

【28】勿予臧（贓），入縣官

[疏證]

勿予臧（贓），入縣官：嶽麓秦簡整理小組原標點將二者連讀，今從陳偉説改。陳偉曰："今按：'勿予臧（贓）''入縣官'爲二事，其間應用逗號斷開。當'臧（贓）過四千錢'時，對告者'購錢四千'，所以不再'以臧（贓）賜告者'，而作爲公家收入。"③其説甚是。

簡文大意

……以所受財物及賤買貴賣獲利金額，與盜竊罪同樣法律論處。受賄者爲之向辦案者請託，辦案者因此徇私枉法，被發現之後，行賄者、受賄者、辦案者皆處以耐刑。如果辦案者徇私枉法罪重於耐刑者，按照實際所犯罪刑論處，按盜律論處受賄者。如果受賄者告知辦案者，辦案者沒有爲之枉法，辦案者無罪。

辦案者親人及朋友與辦案者不是同一家人，因爲案件的緣故，收受他人財物及在賣買過程中賤買貴賣收取利益，沒有爲行賄者請託而欺騙行賄者説已經爲之請託，受賄人貲罰二甲；如果沒有向辦案人請託，也沒有欺騙行賄者，無罪。

辦案人員因爲手頭案子而接受他人酒食……以徇私枉法，以及辦案官吏的同户之人如果因爲案件而接受他人的宴請，並把此事向辦案人員説明，辦案人員因此徇私枉法，辦案者、受賄者都按照與盜竊罪同樣的法律論處。

接受他人宴請，但沒有因之而徇私枉法，按盜竊的法律論處。同户之人接受他人宴

---

① 陳松長主編：《嶽麓書院藏秦簡（伍）》，第162頁。
② 同上注。
③ 陳偉：《〈嶽麓書院藏秦簡（伍）〉校釋》，《出土文獻與法律史研究》第7輯，第15頁。

請，把此事告知辦案人員，辦案人員沒有因此徇私枉法，辦案人員貲罰二甲，但受賄者按照盜竊律論處。如果受賄者沒有請託辦案人員，受賄者獨自承擔責任，與盜竊按照同樣的法律論處。

　　辦案人員的親人及其朋友，不與辦案者同一户籍，因爲辦案人員處理相關案件而接受别人的宴請，但並没有向辦案人員請託，却欺騙對方已向辦案人員請託，受賄者按照盜竊律論處。受賄者不向辦案者請託，受賄者獨自承擔責任，與盜竊罪按照同樣的法律論處。

　　辦案人員的親屬及其朋友，不與辦案者爲同一户籍，因爲案件而接受他人宴請，没有向辦案人員請託，而欺騙行賄者説已經爲之請託，按照盜竊律論處；如果爲之向辦案人員請託，辦案人員因此而徇私枉法，發現之後，都處以耐刑，如果造成的後果重於耐刑，按照從重的法律論處，以盜竊律論處受賄者；如果向辦案人員請託，辦案人員没有爲之徇私，受賄者貲罰二甲；不向辦案人員請託，也没有欺騙行賄者，受賄者無罪。

　　辦案人員受人宴請、借高利貸給涉案人員金錢財物，或通過與涉案人員賤買貴賣的交易以獲利，因此而斷案不公正。如果斷案不公正的罪重，則按照斷案不公正罪論處。如果斷案不公正的罪輕，則按照受賄贓值論處。

　　有案件要處理，涉案人員的親友因爲案件，而宴請或以金錢財物行賄辦案人員及其親友，或通過賣買交易價格的差異行賄對方，對方接受之後被發現，行賄者無罪。

　　涉案人員、涉案人員的親友宴請辦案人員及其親友，對方不接受，並向官府舉報，按照盜竊罪論處行賄者，並把贓物獎勵給舉報者。贓物數額超過四千錢者，最多獎勵四千錢，不再把贓物賜予舉報者，而是上繳官府。行賄者如果能及時抓捕受賄人或他人能幫助抓捕……

缺簡 39

第三組簡

簡 2142+1854+1925+1921（251—254）：

●令曰：縣官□□官（？）作徒隸[1]，及徒隸免復屬官作[2]，□□徒隸者[3]，自一以上[4]及居隱除者[5]，黔首居☐251及諸作官府者，皆日券薄（簿）之[6]。上其廷，廷日校案次編[7]，月盡爲冣（最）[8]，固臧（藏）[9]，令[10]可案[11]殹（也）。不從令，丞、令、令史、官嗇夫[12]、吏252主者，貲各一甲。稗官[13]去其廷[14]過廿里到百里者，日薄（簿）之[15]，而月壹上廷，恒會朔日[16]。過百里者，上居所縣廷[17]，縣廷案之253，薄（簿）有不以實者而弗得，坐如其稗官令[18]。 ·內史倉曹令[19]甲卅254。

【1】作徒隸

[疏證]

作徒隸：使用徒隸勞作。"作徒隸"之後，嶽麓秦簡整理小組原與下文連讀，今以逗號斷開。

【2】徒隸免復屬官作

[疏證]

徒隸免復屬官作：秦漢簡牘的記載表明，徒隸在被官府免除"徒隸"身份之後，並不是就成了行動完全自由的普通百姓，而是仍然隸屬於原來的官府機構，接受管理，故稱"免復屬官作"。① 如《嶽麓肆》簡7-9："佐弋隸臣、湯家臣，免爲士五（伍），屬佐弋而亡者，論之，比寺車府。內官、中官隸臣妾、白粲以巧及勞免爲士五（伍）、庶人、工、工隸隱官而復屬內官、中官者，其或亡☐……□□論之，比寺車府。"簡33-36："寺車府、少府、中府、中車府、泰官、御府、特庫、私官隸臣，免爲士五（伍）、隱官，及隸妾以巧及勞免爲庶人，復屬其官者，其或亡盈三月以上而得及自出，耐以爲隸臣妾，亡不盈三月以下而得及自出，笞五十，籍亡不盈三月者日數，後復亡，斱數盈三月以上得及自出，亦耐以爲隸臣妾，皆復付其官。"② 簡文中提到的這些機構中的徒隸，即使他們的徒隸身份被免除，但仍然不得離開該機構，否則將被視爲逃亡，被法律追究責任。

"徒隸免復屬官作"之後，嶽麓秦簡整理小組原與下文連讀，今嘗試以逗號斷開。其實自"皆日券薄（簿）之"之前的內容皆爲主語部分，包括"縣官□□官（？）作徒隸及

---

① 朱紅林：《〈嶽麓書院藏秦簡（肆）〉疏證》，第48頁。
② 陳松長主編：《嶽麓書院藏秦簡（肆）》，第41、49-50頁。

徒隸免復屬官作""□□徒隸者自一以上及居隱除者""黔首居☒及諸作官府者"等三個並列義項,"皆日劈薄(簿)之"爲其共同的謂語。

嶽麓秦簡的簡文中,經常出現主語部分特別長的現象,如果不適度地將其點斷分離,對於讀者的理解會產生很大的困難,導致歧義頻出。當然,正確的句讀也不容易,需要很高的學術造詣才能少出錯誤。本書中還有多處相關的操作,只是嘗試而已,拋磚引玉,供學界參考。

【3】徒隸者

[疏證]

嶽麓秦簡整理小組原把"徒隸者"與下文"自一以上"連讀,今以逗號隔開。我們推測,"自一以上"是針對前面"縣官□□官(?)作徒隸""徒隸免復屬官作""□□徒隸者"這三種情況而言的。也就是說,以上三種徒隸中的任何一種,只要是一人以上,就應當如何如何。

【4】自一以上

[疏證]

自一以上:一人以上。嶽麓秦簡整理小組原把"自一以上"與下文"及居隱除者"連讀,今以逗號斷開。"自一以上"之前說的三種人都屬於徒隸,是身份不自由的人,"自一以上"之後提到的"居隱除者""黔首""諸作官府者"則屬於身份自由的人,前後屬於兩類人,故以逗號斷開爲宜。當然,隱官的身份也未必真的自由,他們雖然已經免除了官府徒隸的身份,但仍然是爲官府服務的。

【5】居隱除者

[疏證]

隱除,或即隱官。居隱除,相當於"處隱官",意爲以隱官的狀態工作。參見《嶽麓伍》簡091"它隱除犯令者"疏證。

【6】日劈薄(簿)之

[整理小組注]

劈:分條記錄,相當於《里耶秦簡牘校釋(壹)》8-1517中提及的"疏書"。[①]

[疏證]

劈:《嶽麓伍》簡112"各劈(徹)之",嶽麓秦簡整理小組注:"劈(徹):列,羅列。《方言》卷三:'班、徹,列也。北燕曰班,東齊曰徹。'"[②] 也就是說,"劈"在此是分條、分項的

---

① 陳松長主編:《嶽麓書院藏秦簡(伍)》,第212頁。
② 同上注,第153頁。

意思。"薄（簿）"，在此作動詞，記錄於簿。"日剺薄（簿）之"，就是按日爲序，逐條記錄在案的意思，其實就是按日記錄的作徒簿，相當於《周禮》所謂的"日成"。《莊子》中稱爲"日計"。《莊子·庚桑楚》曰："今吾日計之而不足，歲計之而有餘。"①漢代亦沿用"日計"之説。《周禮·天官·宰夫》"三曰司，掌官濾以治目"，鄭玄注："治目，若今日計也。"②《後漢書·章帝紀》元和二年詔曰："安静之吏，悃愊無華，日計不足，月計有餘。"③

整理小組所引里耶秦簡所謂"疏書"，亦見於張家山漢簡《二年律令》簡256《田律》："官各以二尺牒疏書一歲馬、牛它物用稟數，餘見芻稟數，上內史，恒會八月望。"張家山二四七號漢墓竹簡整理小組注："疏，分項書寫。《漢書·杜周傳》'後主所是疏爲令'注：'疏謂分條也。'"④

"日剺薄（簿）之"之後，嶽麓秦簡整理小組原標點爲逗號，今改爲句號。

【7】廷日校案次編

[整理小組注]

校案次編：校勘、案察後按照一定次序編排。⑤

[疏證]

廷日校案次編：縣廷每日對呈交上來的記錄進行審核，編排整理。由此可見，一綫生產部門報告的每日工作記錄上報之後，至少是要經過簡單審核的，然後才被按次序保存歸檔。這種工作報告就是按日統計的作徒簿，里耶秦簡中常見。如里耶秦簡8-663正面及背面記載的一個關於"倉"的作徒簿：

二人付□□□。

一人付田官。

一人付司空：枚。

一人作務：臣。

一人求白翰羽：章。

一人廷守府：快。

其廿六付田官。

一人守園：壹孫。

二人司寇守：囚、婢。

二人付庫：恬、擾。

二人市工用：餿、亥。

---

① 郭慶藩：《莊子集釋》，下冊，第769頁。
② 孫詒讓：《周禮正義》，第1分冊，第237頁。
③ 范曄：《後漢書》，第1分冊，第148頁。
④ 張家山二四七號漢墓竹簡整理小組編著：《張家山漢墓竹簡〔二四七號墓〕（釋文修訂本）》，第44頁。
⑤ 陳松長主編：《嶽麓書院藏秦簡（伍）》，第212頁。

二人付尉□□。☐
五月甲寅倉是敢言之：寫上。敢言之。☐①

《周禮·天官·宰夫》："歲終則令群吏正歲會，月終則令正月要，旬終則令正日成，而以攷其治。治不以時舉者，以告而誅之。""正"，鄭玄注曰"正猶定也"，②其實就是嶽麓簡此處所說的"校案編次"。

【8】月盡爲冣（最）

[整理小組注]

冣（最）：總計，總匯。《里耶秦簡牘校釋（壹）》8-1559："上五月作徒簿及冣（最）卅牒。"③

[疏證]

月盡爲冣（最）：月終形成月度統計報告，相當於《周禮》所謂的"月要"。冣：同"最"。參見《〈嶽麓書院藏秦簡（肆）〉疏證》簡346"計冣（最）"疏證。④

【9】固臧（藏）

[整理小組注]

固：堅牢。"固藏"即收藏好，猶言"謹藏"。張家山漢簡《二年律令·賊律》："毒矢謹臧（藏）。"⑤

【10】令

[疏證]

令：使也。《説文·卪部》："令，發號也。"段玉裁注："号部曰：'號者，嘑也。'口部曰：'嘑者，號也。'發號者，發其號嘑，以使人也，是曰令。人部曰：'使者，令也。'義相轉注。"⑥《廣雅·釋詁一》："令，使也。"⑦

【11】案

[疏證]

案，《漢語大字典》："考查；研求。《正字·通木部》：'案，考也。通作按。'《戰國策·趙策二》：'臣竊以天下地圖案之，諸侯之地，五倍於秦。'《論衡·問孔》：'案聖賢之

---

① 陳偉主編：《里耶秦簡牘校釋（第1卷）》，第196頁。
② 孫詒讓：《周禮正義》，第1分冊，第257頁。
③ 陳松長主編：《嶽麓書院藏秦簡（伍）》，第212頁。
④ 朱紅林：《〈嶽麓書院藏秦簡（肆）〉疏證》，第367-368頁。
⑤ 陳松長主編：《嶽麓書院藏秦簡（伍）》，第212頁。
⑥ 段玉裁：《説文解字注》，第753頁。
⑦ 王念孫：《廣雅疏證》，第200頁。

言,上下多相違。'《後漢書·黨錮傳·賈彪》:'驅車北行,案驗其罪。'"①

【12】官嗇夫

[疏證]

　　嶽麓秦簡整理小組原把"官嗇夫"與"吏主者"連讀,這是不合適的。"官嗇夫"與"吏主者"是兩個人。"官嗇夫"是基層部門的負責人,"吏主者"是直接的當事人。嶽麓秦簡和張家山二四七號墓漢簡中屢有"官嗇夫""鄉嗇夫""嗇夫"等與"吏主者"共同出現的情況,整理者的標點都不統一,同一部書中,有時斷開,有時連讀,甚是令人不解。其實應該統一用頓號斷開。

【13】稗官

[整理小組注]

　　稗官:小官。睡虎地秦簡《秦律十八種·金布律》:"令與其稗官分。"②

[疏證]

　　睡虎地秦墓竹簡整理小組注:"稗官,屬下的小官,《漢書·藝文志》注:'稗官,小官。'"③趙岩、張世超經過對所見秦漢簡具體分析,認爲:"睡虎地秦簡中的'稗官'指官嗇夫的佐、史、士吏等職官,地位在令史以下,龍崗秦簡中的'稗官'可能指鄉嗇夫或其屬吏,漢簡中的'都官之稗官'俸祿爲一百六十石,大致與官嗇夫、鄉嗇夫相當。且'稗官'之'稗'在秦漢皆含有'別'的義素,因'別'而產生'小'的意義,'稗官'的使用與秦漢簡帛文獻'從大數到小數'的稱數法有關,這種稱數法在漢代之後近於消失,是'稗官'一詞不再使用的原因之一。"④其結論大致不錯。

【14】廷

[疏證]

　　去其廷:遠離本縣縣廷。

【15】日薄(簿)之

[整理小組注]

　　日薄(簿):每天記錄。⑤

[疏證]

　　薄(簿):造冊記錄或清查。此處指前者。《嶽麓肆》簡010有"☐少府均輸四司空,

---

① 漢語大字典編輯委員會編纂:《漢語大字典(第2版)》,第1293頁。
② 陳松長主編:《嶽麓書院藏秦簡(伍)》,第212頁。
③ 睡虎地秦墓竹簡整理小組編:《睡虎地秦墓竹簡》,釋文部分第40頁。
④ 趙岩、張世超:《論秦漢簡牘中的"稗官"》,《古籍整理研究學刊》2010年第3期,第90頁。
⑤ 陳松長主編:《嶽麓書院藏秦簡(伍)》,第212頁。

得及自出者,吏治必謹訊,簿其所爲作務"云云,其中"簿"之用法,與此"薄(簿)"相同。參見《〈嶽麓書院藏秦簡(肆)〉疏證》簡010疏證。①

【16】恒會朔日

[疏證]

恒會朔日:每月朔日集中上報。會:報到。

【17】居所縣廷

[疏證]

居所縣廷:勞作場所所在地的縣廷。這就是説,稗官所主持或監領徒隸及黔首勞作的場所不在本縣,而是在他縣。嶽麓秦簡中所見的"居所縣"或"作所縣",有時往往指當事人沿途所經或外出工作所在的其他縣。如《嶽麓伍》簡319"居室言:徒隸作宫,宫别離居它縣畍(界)中,遠。請:居室徒隸、官屬有臯當封,得作所縣官"、簡324云外出服徭者,途中"其病及遇水雨不行者,自言到居所縣,縣令獄史診病者令、丞前"云云。②簡319所述情形尤其與簡253此處"居所縣廷"描述的情形相似,可以相互比較印證。

【18】稗官令

[整理小組注]

稗官令:針對稗官而制定的令。③

【19】内史倉曹令

[整理小組注]

内史倉曹令:令名,適用於内史倉曹的令。④

[疏證]

内史倉曹:内史屬下倉曹。這就涉及此時内史的職能權限與機構設置問題。在有關秦内史的研究中,内史與治粟内史之間的關係一直是一個焦點。《漢書·百官公卿表》曰:"内史,周官,秦因之,掌治京師。"又曰:"治粟内史,秦官,掌穀貨,有兩丞。"⑤工藤元男關於秦内史與治粟内史之間關係的探討,可作爲一個參考。他説:"商鞅變法後的統治體制是以縣爲單位組織起來的耕戰制度,中央政府爲統領其財政部門而改組了春秋内史,於是内史開始掌管財政。到了戰國後期,秦擴大了占領地,戰國内史的管轄範圍

---

① 朱紅林:《〈嶽麓書院藏秦簡(肆)〉疏證》,第19—20頁。
② 陳松長主編:《嶽麓書院藏秦簡(伍)》,第204、206頁。
③ 同上注,第212頁。
④ 同上注。
⑤ 班固:《漢書》,第3分册,第731、736頁。

也隨之擴大，內史的職掌也複雜化了，因此將財政部門從內史割出，組建了統領太倉和大內的獨立財政機構（治粟內史），而改組原來的內史爲掌治京師的官。"①工藤元男關於內史職能與機構設置的演變大致是沒有問題的，《漢書·百官公卿表》的記載其實也說明了內史與治粟內史之間的先後關係。問題是嶽麓秦簡這裏提到的"內史倉曹"指的是"治粟內史"出現之前的"內史"，還是"治粟內史"出現之後的"內史"，或者說這裏的"內史"指的就是"治粟內史"？這都是需要進一步研究的。還有就是此處的"倉曹"及"倉曹令"是針對京師而言的還是針對全國而言的？也需要進一步研究。從簡文的表述來看，似乎是針對全國範圍而言的。總而言之，新材料的出現，有利於我們進一步深入探討秦內史的職能與設置。

簡文大意

令曰：縣官……作徒隸，及徒隸被免除徒隸身份仍在官府勞作，……徒隸者，一人以上，以及居隱除者，黔首居……以及各種在官府勞作者，都每天分別記錄在簿，上呈縣廷，縣廷按日審核整理，月底形成總結報告，妥善保管，以便有案可查。不遵守制度者，縣令、縣丞、令史、該部門官嗇夫及直接負責此事的官吏，貲罰各一甲。稗官工作崗位離開縣廷超過二十里至百里時，要每日記錄其工作內容，每月上報一次縣廷，時間定在每月的初一。距離超過百里者，其每日工作記錄上報到距離最近的縣廷，由該縣廷審核。記錄不實，稗官沒有發現問題者，按照所屬稗官令處置。　內史倉曹令甲卅。

簡1670+1780（255—256）：

●令曰：毋以隸妾及女子居貲贖者[1]爲吏僕、養、老[2]、守府[3]，及毋敢以女子爲葆（保）庸[4]，令炊養[5]官府寺舍[6]。不從令255，貲二甲，廢。丞、令、令史、官嗇夫弗得，貲二甲。　·內史倉曹令弟（第）乙六256。

【1】女子居貲贖者

［疏證］

女子居貲贖者：居貲贖債的女子。這裏的"女子"身份與"隸妾"相對，當爲普通的女性黔首。

---

① ［日］工藤元男著，［日］廣瀨薰雄、曹峰譯：《睡虎地秦簡所見秦代國家與社會》，上海古籍出版社2010年版，第38頁。

【2】老

[整理小組注]

老：當爲某類僕役。①

[疏證]

《嶽麓肆》簡030有"入僕、養、老"，嶽麓秦簡整理小組當時的解釋爲"吏的家僕"，②不確。謝坤研究認爲是"走"之誤寫。③釋作"走"確實通順。④不過，一次誤寫可以理解，兩次誤寫這值得注意了。我們有必要進一步研究，這裏的"老"字是不是真的誤寫了。

【3】守府

[整理小組注]

守府：看守官府的僕役。《里耶秦簡牘校釋(壹)》8-756："令曰：吏僕、養、走、工、組織、守府門、劓匠及它急事不可令田。"⑤

[疏證]

"守府"，《嶽麓肆》有"官守府""倉厨守府""守官府"，當與此處"守府"爲同類職役。如：

《嶽麓肆》簡165-166："倉律曰：毋以隸妾爲吏僕、養、官【守】府，隸臣少，不足以給僕、養，以居貲責(債)給之；及且令以隸妾爲吏僕、養、官守府，有隸臣，輒伐〈代〉之，倉厨守府如故。"⑥

《嶽麓肆》簡271-273："司寇勿以爲僕、養、守官府及除有爲殹(也)。有上令除之，必復請之。徒隸穀(繫)城旦舂、居貲贖責(債)而敢爲人僕、養、守官府及視臣史事若居隱除者，坐日六錢爲盜。"⑦

【4】毋敢以女子爲葆(保)庸

[疏證]

葆(保)庸：即保傭。《史記·季布欒布列傳》："欒布者，梁人也。始梁王彭越爲家人時，嘗與布游。窮困，賃傭於齊，爲酒人保。"裴駰集解引《漢書音義》曰："酒家作保傭

---

① 陳松長主編：《嶽麓書院藏秦簡(伍)》，第212頁。
② 陳松長主編：《嶽麓書院藏秦簡(肆)》，第76頁。
③ 謝坤：《讀嶽麓秦簡〈內史倉曹令〉札記》，武漢大學簡帛網2018年3月10日。
④ 朱紅林：《〈嶽麓書院藏秦簡(肆)〉疏證》，第41-42頁。
⑤ 陳松長主編：《嶽麓書院藏秦簡(伍)》，第212頁。
⑥ 陳松長主編：《嶽麓書院藏秦簡(肆)》，第122-123頁。
⑦ 同上注，第158頁。

也。可保信,故謂之保。"①

毋敢以女子爲葆(保)庸:不得僱用女子到官府勞作。

【5】炊養

[疏證]

炊養:擔任炊養工作,即做飯。"炊養"與"官府寺舍"之間省略了"於"字。

【6】官府寺舍

[疏證]

寺舍,《漢語大字典》曰:"官署名。《説文·寸部》:'寺,廷也。'朱駿聲通訓定聲:'朝中官曹所止理事之處。'《廣雅·釋宮》:'寺,官也。'王念孫疏證:'皆謂官舍也。'《左傳·隱公七年》:'發幣于公卿'晋杜預注:'詣公府卿寺。'孔穎達疏:'自漢以來,三公所居謂之府,九卿所居謂之寺。'《新唐書·百官志一》:'其官司之別,曰省、曰臺、曰寺、曰監、曰衛、曰府,各統其屬,以分職定位。'清顧炎武《日知録》卷二十八:'寺,自秦以宦者任外廷之職,而官舍通謂之寺。'"②

官府寺舍:嶽麓秦簡整理小組原把"官府寺舍"用頓號斷開,讀作"官府、寺舍"。其實"寺舍"即官府之辦公場所,把"官府""寺舍"分爲二事,反倒不好理解,故改爲連讀。"寺舍"之後,嶽麓秦簡整理小組原標點爲逗號,今改爲句號。

簡文大意

令曰:不能用隸妾以及居貲贖債的女子擔任官吏的僕、養、老和守府,不能僱傭女子爲官府寺舍做飯。不遵守此法令者,貲罰二甲,撤職永不敘用。縣令、縣丞、令史以及相關部門的官嗇夫没有發現此類情況,貲罰二甲。 內史倉曹令弟(第)乙六。

簡1663+1779+1913(257—259):

●令曰:諸乘傳[1]、乘馬、傳(使)馬[2]傳(使)及覆獄[3]、行縣官,留過十日者,皆勿食縣官[4],以其傳稟米[5],叚(假)䉤[6]甗[7]炊之[8]。其257【有】[9]走[10]、僕[11]、司御[12]偕者,令自炊。其毋(無)走、僕、司御者,縣官叚(假)人爲炊[13]。而皆勿給薪采[14]。它如前令[15]。 ·內史倉曹令258第丙冊六259。

---

① 司馬遷:《史記》,第8分册,第3292頁。
② 漢語大字典編輯委員會編纂:《漢語大字典(第2版)》,第546頁。

【1】乘傳

[整理小組注]

傳：傳車。《漢書·高帝紀下》："橫懼，乘傳詣雒陽。"顏師古注："傳者，若今之驛，古者以車，謂之傳車。"①

[疏證]

"乘傳"之"乘"爲動詞，其後的賓語實爲"傳、乘馬、傳（使）馬"。"乘乘馬"見於《嶽麓肆》簡111"有縣官吏乘乘馬及縣官乘馬過縣"，就是説，縣官吏乘坐的馬分爲"乘馬"和"縣官乘馬"兩種情況，前者推測可能指"私人乘馬"。②

【2】傳（使）馬

[整理小組注]

傳（使）馬：駕車之馬。張家山漢簡《二年律令·金布律》："傳馬、使馬、都廄馬日匹叔（菽）一斗半斗。"③

[疏證]

嶽麓秦簡整理小組把"傳（使）馬"釋爲"駕車之馬"，或許是采用了《二年律令與奏讞書》一書中的觀點，後者在"今按"中説："'使馬'或同'乘馬'，即駕車之馬。參見《睡虎地秦墓竹簡·秦律十八種·田律》一一號簡'乘馬服牛稟'整理小組注：'駕車的牛馬。'"④但嶽麓簡此處"乘馬"與"使馬"並列，恐怕二者之間還是有所區別的。

【3】覆獄

[整理小組注]

覆獄：重新核查、審判案件。《里耶秦簡牘校釋（壹）》8-492："覆獄沅陵獄佐己治在所洞庭。"⑤

[疏證]

"傳（使）""覆獄""行縣官"是三件事，故"覆獄"與"行縣官"之間當用頓號斷開。"覆獄"一般指上級司法機關派員對下級司法機關所完成的案件進行審核；"行縣官"也稱"行縣"，是指中央或郡派員對縣級行政區域進行巡視。⑥兩者都有上級巡視下級工作的特點，但後者的範圍要廣泛得多。

上級巡視下級工作，所至之處下級部門會提供相關的車馬服務，故秦律在這方面多有記載。

---

① 陳松長主編：《嶽麓書院藏秦簡（伍）》，第212頁。
② 朱紅林：《〈嶽麓書院藏秦簡（肆）〉疏證》，第110頁。
③ 陳松長主編：《嶽麓書院藏秦簡（伍）》，第212頁。
④ 彭浩、陳偉、［日］工藤元男主編：《二年律令與奏讞書——張家山二四七號漢墓出土法律文獻釋讀》，第253頁。
⑤ 陳松長主編：《嶽麓書院藏秦簡（伍）》，第212頁。
⑥ 楊寬：《戰國史》，第237頁。

《嶽麓肆》簡313—314:"縣官毋得過駗乘,所過縣以律食馬及禾之。御史言,令覆獄乘恒馬者,日行八十里,請,許。如有所留避,不從令,貲二甲。"①

《嶽麓伍》簡261—262:"令曰:叚(假)廷史、廷史、卒史覆獄乘傳(使)馬,及乘馬有物故不備,若益駗駟者。議:令得與書史、僕、走乘,毋得駗乘。它執灋官得乘傳(使)馬覆獄、行縣官及它縣官事者比。 ·内史旁金布令第乙九。"②

《嶽麓伍》263—264:"令曰:叚(假)廷史、諸傳(使)有縣官事給殹(也),其出縣肸(界)者,令乘傳(使)馬,它有等殹(也)。卒史、屬、尉佐□乘比叚(假)廷史、卒史覆獄乘傳(使)馬者,它有等比。 ·内史旁金布令第乙十八。"③

從《嶽麓肆》《嶽麓伍》的材料來看,所謂官吏出行乘馬,多數情況還是指乘坐馬車,並非騎馬,否則就不會提及"毋得駗乘""益駗駟"云云了。

【4】食縣官

[疏證]

食縣官:即"食於縣官",指享受縣官所提供的現成的飯菜,與下文"以其傳稟米"相對。也就是說,前面所說的這些"使及覆行縣官"的使者,在沿途所經各縣停留的時間是有限制的,在規定的時間內,由當地縣官提供飲食,超出規定的時間,就需要領口糧自己做飯了。甚至如果使者隨從衆多的話,一開始就需要團隊自己做飯,當地政府就不再管飯了。張家山漢簡《二年律令》簡234—235《傳食律》:"使者非有事,其縣道界中也,皆毋過再食。其有事焉,留過十日者,稟米令自炊。"④説的也是官府只在有限的時間內對過往的使者管飯,超出時間者,就需要領米自己做飯。這條規定可與秦律相互印證。⑤

【5】以其傳稟米

[疏證]

以其傳稟米:根據使者所持有的傳,發給他粟米。根據秦漢律的規定,使者所持有的傳的級別權限不一樣,在沿途所過驛站所享受的待遇也不一樣。有的傳可據以向所經過驛站索取飲食供應,有的則無權取得供給。如睡虎地秦簡《秦律十八種》簡45:"有事軍及下縣者,齎食,毋以傳貣(貸)縣。"⑥張家山漢簡《二年律令》簡213—214《置吏律》:"郡守二千石官、縣道官言邊變事急者,及吏遷徙、新爲官、屬尉、佐以上毋乘馬者,皆得爲駕傳。"彭浩等在《二年律令與奏讞書》的"今按"中説:"可參考《漢書·平

---

① 陳松長主編:《嶽麓書院藏秦簡(肆)》,第198—199頁。
② 陳松長主編:《嶽麓書院藏秦簡(伍)》,第184頁。
③ 陳松長主編:《嶽麓書院藏秦簡(伍)》,第185頁。
④ 張家山二四七號漢墓竹簡整理小組編著:《張家山漢墓竹簡〔二四七號墓〕(釋文修訂本)》,第40頁。
⑤ 謝坤:《秦簡牘所見倉儲制度研究》,上海古籍出版社2021年版,第227—228頁。
⑥ 睡虎地秦墓竹簡整理小組編:《睡虎地秦墓竹簡》,釋文部分第31頁。

帝紀》注引如淳曰：'律，諸當乘傳及發駕置傳者，皆持尺五寸木傳信，封以御史大夫印章。其乘傳參封之。參，三也。有期會纍封兩端，端各兩封，凡四封也。乘置馳傳五封之，兩端各二，中央一也。軺傳兩馬再封之，一馬一封也。'師古曰：'以一馬駕軺車而乘傳。'"①也就是説，持不同級别的"傳"，可以乘坐不同級别的車。《二年律令》簡216《置吏律》："官各有辨，非其官事勿敢爲，非所聽勿敢聽。諸使而傳不名取卒、甲兵、禾稼志者，勿敢擅予。"②"傳不名"云云，就是説使者所持傳，上面没有説明他具有調取"卒、甲兵、禾稼志"的權力時，沿途地方部門不得向他提供這類信息。③

【6】䥽

[整理小組注]

䥽：見《説文·鬲部》："大釜也。一曰鼎大上小下若甑曰䥽。"④

[疏證]

䥽，陸錫興《中國古代器物大詞典（器皿）》："大釜。以陶、銅、鐵製成。馬王堆一號漢墓遣册所稱之陶䥽實物，泥質灰陶，輪製。直頸，鼓腹，平底。肩部有兩道弦紋和兩個附耳。器表磨光，貼錫箔，爲仿金屬的明器。高17、口徑14.5、腹徑26、底徑14釐米。大釜以承甑，所以也稱甑器。《詩·檜風·匪風》：'誰能亨魚，溉之釜䥽。'毛傳：'䥽，釜屬。'《爾雅·釋器》：'鬴謂之䥽，䥽，鍫也。'郝懿行正義：'䥽與甑異，甑有七穿，釜䥽烹魚，必非有穿，毛以爲釜屬是矣。'《説文·鬲部》：'䥽，大釜也。'"⑤

陶䥽　馬王堆一號漢墓

劉尊志曰："釜、甑及釜甑組合在秦漢時期較爲常見。從目前考古資料看，三者的使用皆是對戰國時期用器的繼承。器物的質地有陶、鐵、銅等，有的還爲陶鐵組合，基本是上陶甑，下鐵釜。一般來講，使用陶、鐵質者身份高低都有，使用銅質者的身份一般略高，數量少者地位一般不高，數量多者地位則相對較高。分布地域廣泛，全國很多地區的秦漢墓中皆有發現，有的爲單一品種，有的則是多品種共出，亦體現出相應的等級差異。從時代上看，單體釜從秦至東漢一直普遍使用，單體的甑在東漢時較少見，相對獨立的釜甑組合在西漢晚期開始數量趨少，東漢時已很少使用，但與竈搭配的釜甑組合或

---

① 彭浩、陳偉、[日]工藤元男：《二年律令與奏讞書——張家山二四七號漢墓出土法律文獻釋讀》，第175頁。
② 張家山二四七號漢墓竹簡整理小組編著：《張家山漢墓竹簡〔二四七號墓〕（釋文修訂本）》，第37—38頁。
③ 黄錦前：《張家山漢簡〈二年律令〉之〈置吏律〉〈户律〉〈效律〉〈傅律〉〈置後律〉〈爵律〉校釋》，武漢大學2005年碩士學位論文，第13頁。彭浩、陳偉、[日]工藤元男：《二年律令與奏讞書——張家山二四七號漢墓出土法律文獻釋讀》，第177頁。
④ 陳松長 主編：《嶽麓書院藏秦簡（伍）》，第212頁。
⑤ 陸錫興：《中國古代器物大詞典（器皿）》，河北教育出版社2001年版，第331—332頁。

釜等仍較普遍。"①

【7】甗

[整理小組注]

甗：蒸煮的炊具。②

[疏證]

甗，陸錫興《中國古代器物大詞典（器皿）》："蒸飯器，由上下兩個部分組成，上體盛米，稱甑，下部煮水，爲鬲，煮水的蒸氣經過中間的箅上達於甑。青銅甗始製於商代早期，數量較少，到商代晚期和西周早期才多起來。商西周的甗渾鑄一體，商代的甗甑部較大，立耳，直口，無唇邊，商末周初甑占的比例略小，敞口翻唇，耳立於唇上。西周晚期出現了方形甗，甑呈長方深箱形，腹高深，下爲四足。春秋起，無論方、圓，甑和鬲多分鑄，甑底爲箅，套合在一起使用。至晚到西漢甑鬲結合之甗已經消失，但是'甗'名稱還是存在，指的是釜、甑結合體中的甑。"③

分鑄甗　高王寺戰國窖藏　　　釜甑合成之甗　坪山養殖場一號漢墓

【8】炊之

[疏證]

"炊之"之後，嶽麓秦簡整理小組原標點作逗號，今從陳偉説，改爲句號。④"炊之"之前，屬於總説，即凡是在驛站滯留超過十日的官府公幹人員，驛站方面都不再提供飲

---

① 劉尊志：《物宜人和：考古學視角下的秦漢家庭》，科學出版社2022年版，第595頁。
② 陳松長主編：《嶽麓書院藏秦簡（伍）》，第212頁。
③ 陸錫興：《中國古代器物大詞典（器皿）》，第494頁。
④ 陳偉：《〈嶽麓書院藏秦簡（伍）〉校釋》，《出土文獻與法律史研究》第7輯，第15頁。

食,由出公差者自己做飯。下面分兩種情況進行分説。一種情況是出公差者自己隨行帶有僕從人員,他們可以自己做飯。另一種情況是出公差者自己没有僕從人員,驛站爲其提供人員做飯。

【9】【有】

[整理小組注]

"有"字據上下文補。①

【10】走

[疏證]

僕:《嶽麓叁》簡096—097提到"走偃",整理者注曰:"走,供奔走的僕夫差役。里耶秦簡J1⑧133:'八月癸巳水下四刻,走賢以來。'一説:'走'字下脱'馬'字。走馬,爵位,參看《尸等捕盗疑購案》注三。"②現在看來,非"走馬"之義,當以前説爲是。

【11】僕

[疏證]

僕:侍從人員。睡虎地秦簡《秦律十八種》簡73—74《金布律》:"都官佐、史不盈十五人者,七人以上鼠(予)車牛、僕,不盈七人者,三人以上鼠(予)養一人;小官毋(無)嗇夫者,以此鼠(予)僕、車牛。"其中的"僕",睡虎地秦簡整理小組釋爲"趕車的人",③與嶽麓秦簡此處的"僕"之含義有所不同。此處的"僕"與專職駕車的"司御"並列,故知當指一般的侍從人員而言。

【12】司御

[整理小組注]

司御:負責駕馭馬車者。④

【13】縣官叚(假)人爲炊

[疏證]

縣官叚(假)人爲炊:驛站方面派人爲出公差的居住者提供炊事服務。縣官,此處當指驛站方面的管理機構。嶽麓秦簡整理小組原把"縣官叚(假)人爲炊"與"而皆勿給薪采"連讀,今據陳偉説,以句號斷開。陳偉曰:"'而皆勿給薪采'是針對上述有無

---

① 陳松長主編:《嶽麓書院藏秦簡(伍)》,第212頁。
② 朱漢民、陳松長主編:《嶽麓書院藏秦簡(叁)》,第151頁。
③ 睡虎地秦墓竹簡整理小組編:《睡虎地秦墓竹簡》,釋文部分第38頁。
④ 陳松長主編:《嶽麓書院藏秦簡(伍)》,第212頁。

'走、僕、司御者'兩種情形而言,所以用'皆'字。"①

【14】薪采

[整理小組注]

采:通"菜",睡虎地秦簡《秦律十八種·傳食律》"采羹"三見,均作"菜羹"解。又"采"可通"採",薪采指打柴。②

[疏證]

薪采:"薪"指做飯用的柴火,"采"指蔬菜水果。《左傳·昭公六年》記載,楚公子棄疾訪問晉國時途徑鄭國,隨行使團沿途紀律嚴明,"禁芻牧采樵,不入田,不樵樹,不采蓻,不抽屋,不强匄。誓曰:'有犯命者,君子廢,小人降!'舍不爲暴,主不恩賓。往來如是,鄭三卿皆知其將爲王也。""禁芻牧采樵"概括了後面的"不入田,不樵樹,不采蓻,不抽屋,不强匄"等活動。按照楊伯峻的解釋,"禁芻牧"指的就是"不入田",就是不到農田之中放牧,"禁采樵"指的就是"不樵樹,不采蓻","樵樹"就是砍伐柴火,"采蓻"就是采摘蔬菜水果,"不强匄"就是說前面這些活動也不會通過强買獲得。③《左傳》所謂的"采樵"正相當於秦簡中的"薪采",所以我們認爲秦簡中的"采"當作"菜"解,也就是說,贊同嶽麓秦簡整理小組對"薪采"之"采"的第一種解釋。

《嶽麓肆》簡109—110:"田律曰:侍茝郵、門,期足以給乘傳晦行求燭者,郵具二席及斧、斤、鑿、錐、刀、甕、醬,置梗(綆)井旁,吏有縣官事使而無僕者,郵爲飯,有僕,叚(假)之器,勿爲飯,皆給水醬(漿)。"④從《田律》記載驛站提供的生活器具表明,官府吏員在驛站住宿時,有些情況下,很多需求驛站方面只提供工具,具體是需要住客自己解決的。

【15】前令

[疏證]

前令:此前針對此類情況所頒發的法令。"它如前令",說明這次所頒布的令是對此前相關法令的修改或補充,修正補充之外的情況,仍按照此前的法令規定執行。

簡文大意

令曰:乘傳車、乘馬、使馬出使以及下地方審核刑獄之事、巡行縣道時,所經縣滯留超過十日者,地方縣道不再爲之提供食物。出使官吏只能憑所携帶的傳從驛站領取粟米和器皿,自己做飯,如果出行官吏本身就携帶有走、僕、司御等僕從,一開始就由他們

---

① 陳偉:《〈嶽麓書院藏秦簡(伍)〉校釋》,《出土文獻與法律史研究》第7輯,第15頁。
② 陳松長主編:《嶽麓書院藏秦簡(伍)》,第212頁。
③ 楊伯峻:《春秋左傳注》,第5分冊,第1416—1417頁。
④ 陳松長主編:《嶽麓書院藏秦簡(肆)》,第104頁。

自己做飯。没有携帶走、僕、司御等僕從者,驛站派人幫他們做飯。以上兩種情況,驛站方面都不爲他們提供柴火和蔬菜。其餘如前令所規定。　　內史倉曹令第丙冊六。

簡1768(260):

●令曰:遣吏市者[1],必遣真[2]官嗇夫、吏[3]、令史[4]。不從令,貲各二甲。　·內史旁金布令乙四[5]₂₆₀。

【1】吏市者

[疏證]

遣吏市者:派遣吏采購商品。嶽麓秦簡整理小組原把"遣吏市者"與下文"必遣"云云連讀,今以逗號斷開。

【2】真

[整理小組注]

真:正式除爲吏,與"守""假"相對而言。張家山漢簡《二年律令·具律》:"其守丞及令、長若真丞存者所獨斷治論有不當者。""遣"與"真"之間有空白,疑爲刮削所致。①

【3】官嗇夫、吏

[整理小組注]

官嗇夫吏:各個官署的主事吏,與一般小吏相對而言。秦律令中或稱爲"官嗇夫吏主者"。②

[疏證]

嶽麓秦簡整理小組此處的解釋不準確。

首先,整理者把"官嗇夫吏"連讀,就不合適,當讀作"官嗇夫、吏"。如《嶽麓肆》簡173"不如令,官嗇夫、吏貲各二甲"、簡258"當居弗居者貲官嗇夫、吏各一甲"、簡362"可而弗劾久職(職)者,貲官嗇夫、吏各一盾"及《嶽麓伍》簡023"鄉官嗇夫、吏"、簡097"官嗇夫、吏主者"等,整理者都是斷開讀的。③

其次,整理者説秦律令中"官嗇夫吏"或稱爲"官嗇夫吏主者",把"吏"解釋爲"吏主者"的省稱,這本不錯,但亦當讀作"官嗇夫、吏主者"。嶽麓秦簡和張家山二四七號

---

① 陳松長主編:《嶽麓書院藏秦簡(伍)》,第212頁。
② 同上注。
③ 陳松長主編:《嶽麓書院藏秦簡(肆)》,第125、153、215頁。陳松長主編:《嶽麓書院藏秦簡(伍)》,第46、71頁。

漢墓竹簡中這類稱呼很多,整理者的斷句都很不統一,有時候分開讀,有時候連讀。其實都應該分開讀。"官嗇夫"和"吏主者"是兩個人,不是一個人。所謂"官署的主事吏"解釋,也是不準確的。一定要說"官署的主事吏",那只能是"官嗇夫",没有必要再綴一個"吏主者"的稱呼了。所謂"吏主者"是一個臨時稱呼,就是具體處理某項事務的執行者或直接負責人。如《嶽麓肆》簡107"貲其人及官嗇夫、吏主者各一甲"、簡254"貲鄉嗇夫、吏主者各一甲",整理者原本就是斷開讀的,尤其是律文提到貲罰時明確說"各一甲",更證明了"鄉部嗇夫"與"吏主者"是兩個人。① 張家山漢簡《二年律令》中的情況也是如此。陳偉對此也有過類似的意見。②

【4】令史

[疏證]

令史:"令史"之後,整理小組原標點爲逗號,今改爲句號。

【5】内史旁金布令乙四

[整理小組注]

内史旁金布令:令名,"旁金布令"或爲金布令之補充。③

[疏證]

"旁金布令"之"旁",很可能與漢律"旁章"之"旁"含義相同。"内史旁金布令"當指内史所制定或適用於内史這一機構的與"金布令"内容相近或相配合使用的令。張建國曾經研究過漢律中的"旁章"問題,他說:"所謂的'旁章(傍章)',應是相對於正律而得名。正律九篇是說九章律是漢律的中心或重點,而旁章應當是指所有在正律之外的律。在這個意義上,如果漢代没有正律之說,也就不會有旁章之說,旁章恰是因爲有正律的概念存在而存在的,或者說,旁章的意思相對於正律可以理解爲'旁律',而正律的意思相對於旁章可以理解爲'正章',不過在漢代,從習慣上看來爲了區分僅僅說成'正律'和'旁章'而已。"④ 張建國把漢律中的"九章律"理解爲所謂的"正律",把九章律之外的其他律理解爲"旁章",目的之一就是解釋當時新出現的張家山漢簡《二年律令》中除傳統的"九章律"之外多出的十幾種律令名稱的問題。楊振紅的漢律"二級分類說"基本上也是這個目的。⑤ 這些解釋雖然並不能說服很多人,⑥ 但也算是可備一說。

不過,筆者認爲,"旁章"與"正章"或者說"正律"的關係,也許還有一種比張建國論述的關係更密切的理解,比如說,像嶽麓秦簡此處的"内史旁金布令",它本身並非

---

① 陳松長主編:《嶽麓書院藏秦簡(肆)》,第103、152頁。
② 陳偉:《〈嶽麓書院藏秦簡(伍)〉校釋》,《出土文獻與法律史研究》第7輯,第15—16頁。
③ 陳松長主編:《嶽麓書院藏秦簡(伍)》,第212頁。
④ 張建國:《帝制時代的中國法》,法律出版社1999年版,第66—67頁。
⑤ 楊振紅:《秦漢律篇二級分類說——論〈二年律令〉二十七種律均屬九章》,《歷史研究》2005年第6期,第74—90頁。
⑥ 徐世虹:《說"正律"與"旁章"》,《出土文獻研究》第8輯,上海古籍出版社2007年版,第74—85頁。陳松長:《〈嶽麓書院藏秦簡(伍)〉的內容及分組略說》,《出土文獻研究》第16輯,中西書局2017年版,第97頁。

"金布令",而是内史制定的或者内史所適用的與"金布令"密切相關的令。《嶽麓伍》中有"内史旁金布令乙四""内史旁金布令第乙九""内史旁金布令第乙十八"等,可見所謂的"内史旁金布令"不是只有一條,而是有一批。相對於"金布令"本身來説,它們是"旁令",而金布令對於它們來説,則是"正令"。按照這一分析來看,我們甚至可以説,"正律(章)"與"旁章(律)"這對概念並非漢代才出現的,秦律中就已經出現並且正式使用了。

簡文大意

令曰:派遣官吏采購商品者,一定要派遣正式的官嗇夫、吏和令史前去。不遵守這項規定者,貲罰各二甲。　内史旁金布令乙四。

簡1924+1920(261—262):

●令曰:叚(假)廷史[1]、廷史、卒史[2]覆獄乘傳(使)馬└及乘馬[3],有物故不備[4],若益驂駟[5]者└。議:令得與書史[6]、僕、走乘,毋得$_{261}$驂乘└。它執濩官[7]得乘傳(使)馬覆獄、行縣官[8]及它縣官事者比[9]。　·内史旁金布令第乙九$_{262}$。

【1】廷史

[整理小組注]

廷史:廷尉之史。《史記·酷吏列傳》:"乃請博士弟子治《尚書》《春秋》補廷尉史。"①

[疏證]

《嶽麓叁》簡175有"廷史賜",簡218有"廷史利"。陶安在《嶽麓書院藏秦簡(叁)》的注釋中説:

廷史,有兩種可能性,與前文簡172"廷"字的解釋相應:(1)廷尉史。《漢書·刑法志》"今遣廷史與郡鞫獄,任輕禄薄,其爲置廷平,秩六百石,員四人",顔師古注引如淳曰:"廷史,廷尉史也。"(2)縣屬吏,掌管縣廷總務,不見古書。②

---

① 陳松長主編:《嶽麓書院藏秦簡(伍)》,第213頁。
② 陳松長、朱漢民主編:《嶽麓書院藏秦簡(叁)》,第202頁。

但後來改變了說法,只認爲當作"廷尉史"解。他說:

> 廷史,廷尉屬吏,即廷尉史,多承擔在外地"覆獄"等業務。《漢書·刑法志》"今遣廷史與郡鞫獄,任輕禄薄,其爲置廷平,秩六百石,員四人",顔師古注引如淳曰:"廷史,廷尉史也。"嶽麓秦簡(伍)簡261:"●令曰:叚(假)廷史、廷史、卒史覆獄乘傳(使)馬,及乘馬有物故不備,若益驂駟者(簡文中似有脱文)。"《三十四年質日》簡58:"癸巳,廷史行=(行行)南。"①

其實,嶽麓秦簡此處的"廷史"是否一定就是"廷尉之史",尚需進一步證明。

【2】卒史

[整理小組注]

卒史:郡府之屬吏,協助郡府處理日常事務。《里耶秦簡牘校釋(壹)》8-78:"洞庭叚(假)卒史悍。"②

【3】及乘馬

[疏證]

嶽麓秦簡整理小組原把"及乘馬"屬下讀,與"有物故不備"連讀,恐怕不合適,今將"及乘馬"屬上讀。據《嶽麓伍》簡257"令曰諸乘傳、乘馬、傳(事)馬傳(使)"云云,"乘馬"與"傳(使)馬"似乎是兩種用途有所區別的馬。③故整理小組針對簡261此處的標點"叚(假)廷史、廷史、卒史覆獄乘傳(使)馬,及乘馬有物故不備",似有所不妥,前半句說"乘傳(使)馬",後半句却說"乘馬有物故不備",前後矛盾,除非"傳(使)馬"與"乘馬"是一回事。如果把"及乘馬"屬上讀,則從字面意義上理解,句子就比較通順,意思是官吏需要因公務乘坐使馬或乘馬,但由於某種原因,馬匹供應不足。

【4】有物故不備

[疏證]

有物故不備:由於某種原因,(所需馬匹)準備不足。《嶽麓伍》簡080"其奏決有物故,却而當論者",④及《嶽麓肆》簡078"其有物故,不得會傳"、簡318"吏歸治病及有它物故,免",⑤其中"物故"一詞皆作"原因"解。參見本書簡080疏證及《嶽麓肆》簡078疏證。⑥

---

① [德]陶安:《嶽麓秦簡〈爲獄等狀四種〉釋文注釋(修訂本)》,第142頁。
② 陳松長主編:《嶽麓書院藏秦簡(伍)》,第213頁。
③ 同上注,第183頁。
④ 同上注,第65頁。
⑤ 陳松長主編:《嶽麓書院藏秦簡(肆)》,第64、200頁。
⑥ 朱紅林:《〈嶽麓書院藏秦簡(肆)〉疏證》,第81頁。

【5】驂駰

[整理小組注]

驂：見《説文·馬部》，"驂，駕三馬也"，"駰，一乘也"。①

【6】書史

[整理小組注]

書史：負責文書的小吏，相當於"書佐"。《里耶秦簡牘校釋（壹）》8-137："☐☐毋書史，畜官課有未上。"②

[疏證]

《里耶秦簡牘校釋（壹）》曰："書史，掌文書的吏員。《拾遺記·周穆王》：'穆王……有書史十人，記其所行之地。'"③"書史"亦見於《嶽麓伍》簡300-301：

令曰：南陽守言：興（？）吏捕臯人，報日封診及它諸（？）官☐☐☐☐者，皆令得與書史、隸臣、它所與捕吏徒（缺簡60）☐☐令。·丞相議：如南陽議，它有等比。④

簡300關於"書史"與隸臣等執行抓捕任務的記載，使我們懷疑它與"令史"是否有某種關係，或許就是令史多種職能中的一種。具體論述可與《嶽麓伍》簡300"隸臣"疏證相互參看。

【7】它執灋官

[疏證]

它執灋官：其他的執灋官。這就是説前文所説的"假廷史、廷史、卒史"等屬於"執灋官"的範疇。這也許可以説明"執灋"或許並非一個專門的職官，而是對一類職官的統稱。

【8】行縣官

[疏證]

行縣官：即"行縣"，巡視地方。參見本書簡136"行縣"疏證。

---

① 陳松長主編：《嶽麓書院藏秦簡（伍）》，第213頁。
② 同上注。
③ 陳偉主編：《里耶秦簡牘校釋（第1卷）》，第77頁。
④ 陳松長主編：《嶽麓書院藏秦簡（伍）》，第198頁

【9】比

[疏證]

比：比照執行，參照執行。王可曰："今按：按《嶽麓肆》簡313、314記'縣官毋得過驂乘，所過縣以律食馬及禾之'可知，秦代律令規定了官吏乘馬配備規格，即（叚）廷史、廷史、卒史、執灋官、縣官覆獄行事時都不得過驂乘。"① 這個解說是很有參考意義的。

簡文大意

令曰：代理廷尉史、廷尉史、卒史等執灋官下地方審核刑獄之事乘坐使馬，以及乘馬由於某種原因供給不足，以及需要增加驂馬、駟馬者。經合議：可以與隨行的書史、僕、走等吏員共用乘馬，不得使用驂乘。其他執灋官吏能夠乘坐使馬下地方審核刑獄、巡行縣道以及有其他公務者，比照此處理。　內史旁金布令乙第九。

簡1917＋1899（263—264）：

●令曰：叚（假）廷史、諸傳（使）有縣官事給[1]殹（也），其出縣畍（界）者，令乘傳（使）馬，它有等[2]殹（也）[3]。卒史屬[4]、尉佐☐263乘比叚（假）廷史、卒史覆獄乘傳（使）馬者，它有等比。　·內史旁金布令第乙十八264。

【1】給

[整理小組注]

給：供事，服役。《里耶秦簡牘校釋（壹）》8-197："居吏少，不足以給事。"②

[疏證]

給，《漢語大字典》："供事；服役。《史記·絳侯周勃世家》：'（勃）常為人吹簫給喪事。'《漢書·張湯傳》：'（安世）用善書給事尚書，精力於職，休沐未嘗出。'顏師古注：'於尚書中給事也。給，供也。'"③

---

① 王可：《〈嶽麓書院藏秦簡（伍）〉第三組集釋及相關問題研究》，武漢大學2019年碩士學位論文，第22頁。
② 陳松長主編：《嶽麓書院藏秦簡（伍）》，第213頁。
③ 漢語大字典編輯委員會、漢語大字典編纂處編纂：《漢語大字典（第2版）》，第3618頁。

【2】它有等

[疏證]

它有等：即"它有等比"，其他類似情況比照此辦理。

【3】毆(也)

[疏證]

毆：陳曼曼以爲當釋作"叚"。她的理由是：

> 今按：此字似爲"叚"。從字形上來看，我們翻閱嶽麓伍所有"毆"和"叚"的寫法，發現"毆"左側構件一般稍低於右側構件，如""；"叚"左側構件一般高於右側構件或齊平，如""；此字圖版明顯左側構件高於右側構件，且左側構件上部可以看出有兩長橫殘存筆劃，下側兩短橫殘存筆劃。從文意上來看，按整理者意見，我們疏通文意，"卒史、屬、尉佐乘"（"乘"後省略"傳(使)馬"）比附叚(假)廷史、卒史覆獄乘傳(使)馬者。前面"卒史乘(使馬)"和後面"卒史乘傳(使)馬"相矛盾。因此，我們認爲"毆"應爲"叚"字。改釋後的句子斷讀如下：●令曰：叚(假)廷史、諸傳(使)有縣官事給毆(也)，其出縣界者，令乘傳(使)馬，它有等。叚(假)卒史、屬、尉佐乘比叚(假)廷史、卒史覆獄乘傳(使)馬者，它有等比。①

陳説可備一説，尚需進一步研究。

【4】卒史屬

[疏證]

卒史屬：嶽麓秦簡整理小組原讀作"卒史、屬"。我們考慮到簡263可能與簡264連讀，儘管簡263下部有殘斷，但如果與簡264同屬一條律令的話，"卒史、屬、尉佐☐乘比叚廷史、卒史"云云，就包含了"卒史乘比卒史"，顯然有重複不合理之處，故改讀作"卒史屬"。

簡文大意

令曰：代理廷史、各種有公事需要提供配給的，如果他們出行需要離開本縣界者，可以駕乘使馬，其他類似情況照此辦理。卒史屬、尉佐……乘馬，比照代理廷史、卒史覆核獄事時乘使馬的標準配備。　內史旁金布令第乙十八。

---

① 陳曼曼：《讀〈嶽麓書院藏秦簡(伍)〉筆記六則》，武漢大學簡帛網2018年8月16日。

第三組簡 265—266

缺簡40

簡1867＋1869（265—266）：

　　□□免[1]。縣官不視【事】[2]，若（？）[3]主及曹[4]事有不當及廢[5]、乏[6]、留[7]者，盡坐之[8]。雖有叚（假）代爲行之[9]，病者[10]與共坐，皆如身₂₆₅斷治論[11]及存者之皋[12]。唯謁屬所吏官長歸[13]，乃勿坐。詐（詐）避事，所避唯（雖）毋論[14]，貲二甲，廢。以病故☐₂₆₆

【1】免

　　[疏證]

　　"免"爲嶽麓秦簡整理小組所補釋。如果補釋無誤的話，這種情況下往往作"免職"解，應該是針對"免"字之前的不當行爲所做出的處罰規定。下文"縣官不視事"云云說的則又是另外一種不當行爲。因此"免"字之後整理小組原標點爲逗號是不合適的，當改爲句號。

【2】【事】

　　[整理小組注]

　　事：原字殘泐，據文意補。①

　　[疏證]

　　嶽麓秦簡整理小組原把"事"與下文連讀，今以逗號斷開。

【3】若（？）

　　[疏證]

　　若：表示承接關係的連詞。"縣官不視事"，因而導致"主及曹事有不當及廢之、留者"。

【4】主及曹

　　[疏證]

　　曹：古代官府分科辦事的部門。睡虎地秦簡《語書》簡9"以一曹事不足獨治殹

---

① 陳松長主編：《嶽麓書院藏秦簡（伍）》，第213頁。

（也）"，睡虎地秦墓竹簡整理小組注："曹，古時郡、縣下屬分科辦事的吏，稱爲曹，如賊曹、議曹等；其衙署也稱爲曹，如《漢書·薛宣傳》：'坐曹治事。'一曹事，一處衙署的事務。"①

主及曹：指縣廷下設的各個職能部門。"主"與"曹"相類似，指一種常設或臨時設置的職能部門。以鄒水傑對里耶秦簡遷陵縣廷的研究成果爲例，他説：

> 雖然上列遷陵縣廷令史所署各部門有可稱爲"曹"者，如倉曹、車曹、户曹、吏曹、令曹、司空曹、尉曹、獄東曹、獄南曹、中曹、兵曹、爵曹等，但仍有某些稱爲"主某"的部門，不能以曹名之，如主錢、主責（債）、主計、主簿、主徒、司馬等，似不應稱爲錢曹、債曹、計曹、簿曹、徒曹、司馬曹，而只是臨時主某事務的令史之稱謂；金布亦不名爲曹，但根據"金布計録""報署金布發"和"課上金布副"的記録，實應爲固定設置的機構或部門。②

其實，就里耶秦簡的材料來看，除了那些"主某"與"某曹"從字面意義而言不能對應的情況之外，也有一部分"主某"類機構與"某曹"職能，從字面意義而言，非常相近，如"主户""廷主户"與"户曹""廷户曹"，"主倉""廷主倉"與"倉曹"，"主爵"與"爵曹"，"廷主吏"與"廷吏曹""吏曹"等。我們同樣可以懷疑，這類能對應上的"主某"類機構或職官也許就是與它相對應的"某曹"中具體負責者的稱呼，而非相對獨立的兩個機構。就是那些不能對應上的，也不能完全排除是另一種别稱的可能。當然，我們的分析也屬於推測，還值得進一步探討。

【5】廢

[疏證]

廢：荒廢不作爲。睡虎地秦簡《法律答問》簡142："令曰爲之，弗爲，是謂'法（廢）令'殹（也）。"③

【6】乏

[疏證]

此字嶽麓秦簡整理小組原釋作"之"，今從陳偉說，釋作"乏"，故原簡文句讀"廢之、留者"，相應調整爲"廢、乏、留者"。④睡虎地秦簡《秦律十八種》簡115《徭律》"御中發徵，乏弗行"，整理者注："乏，廢。《急就篇》顔注：'律有乏興之法，謂官有所興發而輒稽留，乏其事也。'"⑤從顔注來看，"廢""乏""留"含義相近，尤其是"廢""乏"，很難

---

① 睡虎地秦墓竹簡整理小組編：《睡虎地秦墓竹簡》，釋文部分第15頁。
② 鄒水傑：《簡牘所見秦代縣廷令史與諸曹關係考》，《簡帛研究二〇一六（春夏卷）》，廣西師範大學出版社2016年版，第142頁。
③ 睡虎地秦墓竹簡整理小組編：《睡虎地秦墓竹簡》，釋文部分第126頁。
④ 陳偉：《〈嶽麓書院藏秦簡（伍）〉殘字試釋》，《江漢考古》2018年第4期，第123頁。
⑤ 睡虎地秦墓竹簡整理小組編：《睡虎地秦墓竹簡》，釋文部分第47頁。

區分。但秦簡令文則表明，它們還是有所區別的，大略爲："廢"指沒有執行或實施上級指派的任務；"乏"雖然實質上也是未執行，但更强調的是缺席了某次任務；"留"則指雖然執行，滯留延誤。

【7】留

[疏證]

留：耽誤，滯留。睡虎地秦簡《秦律十八種》簡183："行命書及書署急者，輒行之；不急者，日觱（畢），勿敢留。留者以律論之。"①《嶽麓肆》簡192—193："行書律曰：傳行書，署急輒行，不輒行，貲二甲。不急者，日觱（畢）。留三日，貲一盾；四日【以】上，貲一甲。二千石官書不急者，毋以郵行。"②《嶽麓肆》簡230—231："具律曰：有獄論，徵書到其人存所縣官，吏已告而弗會及吏留弗告、告弗遣，二日到五日，貲各一盾；過五日到十日，貲一甲；過十日到廿日，貲二甲；後有盈十日，輒駕（加）貲一甲。"③

【8】盡坐之

[疏證]

盡坐之：（相關人員）都要受到連坐。"盡坐之"之後，嶽麓秦簡整理小組原標點爲逗號，今改爲句號。

【9】叚（假）代爲行之

[疏證]

叚（假）代：臨時接替代理者。爲行之：即"爲之行之"，替病者處理公務。"叚（假）代爲行之"是針對下文"病者"而言的。

【10】病者

[疏證]

病者：因生病不能工作而請人代替者。這是針對前一句"雖有叚（假）代爲行之"而言的。官吏因病不能履行職務，其工作請他人暫代，但一旦暫代者工作出現問題，被代者也是要負責任的。從下文"唯謁屬所吏官長歸乃勿坐"的規定來看，生病者請人替代自己履職是私人行爲，並未向上級請示批准。

【11】身斷治論

[疏證]

身斷治論：本人親自處理。張家山漢簡《二年律令》簡104—106《具律》：

---

① 睡虎地秦墓竹簡整理小組編：《睡虎地秦墓竹簡》，釋文部分第61頁。
② 陳松長主編：《嶽麓書院藏秦簡（肆）》，第131—132頁。
③ 同上注，第144頁。

事當治論者,其令、長、丞或行鄉官視它事,不存,及病,而非出縣道界也,及諸都官令、長、丞行離官有它事,而皆其官之事也,及病,非之官在所縣道界也,其守丞及令、長若真丞存者所獨斷治論有不當者,令真令、長、丞不存及病者共坐之,如身斷治論及存者之罪。唯謁屬所二千石官者,乃勿令坐。①

《二年律令》的規定,與《嶽麓伍》簡265—266的內容大致相近,說的都是官吏由於某種原因,不能或者沒有處理本職工作,或請他人代理,或空缺其事,因而發生事故被追究責任的內容。故可相互比照。

【12】存者之皋

[疏證]

存者之皋：意思是說,雖然病者並不在現場,沒有參與公務處理,但因受到連坐,也要按照身在現場的性質來論處。"皋"字之後,整理小組原標點為逗號,今改為句號。

【13】唯謁屬所吏官長歸

[疏證]

唯謁屬所吏官長歸：只有向所屬部門的長官請假歸家(才能免於連帶責任)。

謁：請示,請求。睡虎地秦簡《秦律十八種》簡174—175《效律》："禾、芻稾積廥,有贏、不備而匿弗謁,及者(諸)移贏以賞(償)不備,羣它物當負賞(償)而偽出之以彼(賠)賞(償),皆與盜同法。"②《嶽麓肆》簡132—134："尉卒律曰：緣故徵縣及郡縣黔齒〈首〉、縣屬而有所之,必謁于尉,尉聽,可許者為期日。所之它縣,不謁,自五日以上,緣故徵縣,貲一甲；典、老弗告,貲一盾。非緣故徵縣殹(也),貲一盾；典、老弗告,治(笞)□□。尉令不謹,黔首失令,尉、尉史、士吏主者貲各一甲,丞、令、令史各一盾。"③其中"謁",皆作"請示、匯報"解。"謁"的對象是所屬部門的"吏官長"。

歸：歸家。

嶽麓秦簡整理小組原把"唯謁屬所吏官長歸"與"乃勿坐"連讀,今以逗號隔開。

【14】所避唯(雖)毋論

[疏證]

論：論罪處罰。所避唯(雖)毋論：這裏說的當是官吏遇事就請假逃避,這種行為雖然不是什麽法律明令禁止的具體的犯罪行為,但這種做法屬於態度不端正,所以還是對其做出貲罰並撤職永不敘用的處理。

---

① 張家山二四七號漢墓竹簡整理小組編著：《張家山漢墓竹簡〔二四七號墓〕(釋文修訂本)》,第23頁。
② 睡虎地秦墓竹簡整理小組編：《睡虎地秦墓竹簡》,釋文部分第59頁。
③ 陳松長主編：《嶽麓書院藏秦簡(肆)》,第111—112頁。

簡文大意

……免職。縣官不認真從事本職工作，主管官吏及各部門工作人員有不當行爲，或荒廢事務，或行事遲緩，都要依法治罪。（如果未經請示上級）即使有人代替他工作，但一旦出現問題，生病者與代替者要共同承擔責任，就像生病者本人親身所爲或在現場一樣。只有向所屬部門長官請示後歸家，才可以免除責任。弄虛作假逃避工作，這種逃避行爲雖然算不上犯罪需要處罰，但一律貲罰二甲，撤職永不敘用。因爲生病……

缺簡 41

簡1149+C4-3-7（267）：

□者[1]，以失期[2]不從其事[3]論之└[4]。均□[5]教獄史、內〈冗〉佐[6]居新地者，皆令□□□新地日，其繇（徭）使及病，若有它 267

【1】□者

[疏證]

□者：嶽麓秦簡整理小組原把"□者"與下文"以失期"云云連讀，今以逗號斷開。

【2】失期

[疏證]

失期，《漢語大詞典》："耽誤規定的期限；没按照約定的日期。《史記·陳涉世家》：'會天大雨，道不通，度已失期。失期，法皆斬。'《漢書·公孫敖傳》：'後二歲，以將軍出北地，後票騎，失期當斬，贖爲庶人。'"①

【3】不從其事

[疏證]

不從其事：没有完成任務。從：爲也。《管子·正世》："知得失之所在，然後從事。"

---

① 漢語大詞典編輯委員會、漢語大詞典編纂處編纂：《漢語大詞典（第2卷）》，漢語大詞典出版社1988年版，第1486頁。

尹知章注:"從,爲。"①

【4】論之

[疏證]

"論之"作爲法律常用語,往往是一件案例處理完畢的表述。故"論之"之後,嶽麓秦簡整理小組原標點爲逗號,今改爲句號。

【5】均□

[疏證]

均□:當指秦代的一種職官。睡虎地秦簡《法律答問》有"宮均人",里耶秦簡8-197有"均史佐",8-1277有"均佐",先秦典籍《周禮》中有"均人""土均"等。參見《嶽麓肆疏證》簡278疏證。②陳偉釋"均"字後模糊字爲"吏",相關簡文就讀作"均吏教獄史、冗作居新地者",這也是把"均□"作爲一種職官來認識了。③不過,"均吏教獄史"云云,表述少見而難解。如果"吏教"處二字釋作"故徵",上下文意就通順明晰了。當然這只是臆想,還有待於進一步研究。

【6】内〈冗〉佐

[整理小組注]

内(冗)佐:臨時借調的佐吏。嶽麓秦簡《置吏律》:"除以爲冗佐。"④

[疏證]

整理小組把"冗佐"解釋爲"臨時借調的佐吏",不知所據爲何。睡虎地秦簡中多次出現冠以"冗"字的徒隸及基層吏員的身份或職務名稱,睡虎地秦簡整理小組的解釋或爲"散",或爲"衆""多""羣"⑤。這些解釋有的地方明顯不通,但大部分地方還是說得通的。楊振紅在吸收了山田勝芳、廣瀨薰雄等學者研究成果的基礎上,對秦漢簡中的"冗"字進行了進一步的研究,指出"冗"是與"更"相對的一種服役方式,"冗"指長期服役,"更"指輪番更代。這對於原來秦漢簡中那些用"散""衆"解釋不通的"冗"者之身份是很有利的,如睡虎地秦簡《秦律十八種》簡109《工人程》的"冗隸妾"、張家山漢簡《二年律令》簡479《史律》中的"冗祝"等。但楊振紅同時也説:"需要特別强調的是,就供役方式而言,冗、更是一組相對用語,但是在更大的範疇内,它們又是作爲'員'即國家正式任命的職事官、吏的對立面而存在的。"⑥我們認爲睡虎地秦簡整理小組把"冗"解釋爲散、衆等之所以能在秦漢簡中不少地方講得通,也實

---

① 黎翔鳳:《管子校注》,中册,第919頁。
② 朱紅林:《〈嶽麓書院藏秦簡(肆)〉疏證》,第311—312頁。
③ 陳偉:《〈嶽麓書院藏秦簡(伍)〉殘字試釋》,《江漢考古》2018年第4期,第123頁。
④ 陳松長主編:《嶽麓書院藏秦簡(伍)》,第213頁。
⑤ 睡虎地秦墓竹簡整理小組編:《睡虎地秦墓竹簡》,釋文部分第23、38、57、88頁。
⑥ 楊振紅:《秦漢簡中的"冗""更"與供役方式》,《簡帛研究二〇〇六》,廣西師範大學出版社2008年版,第81—89頁。

際上是從這種角度出發的。嶽麓秦簡此處的"冗佐"也屬於與正式職事官相對而言的佐吏。

簡文大意

……者,按照延誤期限,没有執行既定的任務論處。均……教獄史、冗佐在新地任職者,都命令……新地的日期,如有外出徭使或生病,或有其他……

缺簡 42

簡1926(268):

□□毋敢過壹[1]。隤計[2]過者,令、丞以下均行[3]。詐(詐)避者[4]皆爲新地吏二歲。　·内史官共令[5]第戊册一 268。

【1】過壹

[疏證]

過壹:當與下文"隤計過者"有關。過,超過。壹:可能指一人,也可能是一歲,待考。"過壹"之後,整理小組原標點爲逗號,今改爲句號。

【2】隤計

[疏證]

隤計:下推到下一批統計範圍。《嶽麓肆》簡254《徭律》曰:"䌛(徭)多員少員,積(隤)計後年䌛(徭)戍數。"①隤計後年,即下推到第二年計算。

【3】均行

[疏證]

均行:都要前往。均:等也,同也。《玉篇·土部》:"均,居迍切。平也,等也,偏也。《周禮》曰:均其稍食。注云:均猶調度也。董仲舒曰:五帝之學曰成均。又燕齊之北,賦斂平曰均。"②《國語·楚語下》:"君有二臣,或可賞也,或可戮也。君王均之,群臣懼

---

① 陳松長主編:《嶽麓書院藏秦簡(肆)》,第152頁。
② 王平、劉元春、李建廷編著:《〈宋本玉篇〉標點整理本:附分類檢索》,第17頁。

矣。"韋昭注:"均,同也。言賞罰無別,故懼。"①

"均行"之後,整理小組原標點爲逗號,今改爲句號。

從下文"詐(詐)避者皆爲新地吏二歲"這一處罰措施來看,前文針對的應該是令、丞等官吏。從嶽麓秦簡的記載來看,秦國新占領地區,所謂"新地",亟需大批的基層管理者。爲此秦國也不斷從故地派遣官吏前往。但很可能由於條件艱苦,多數官吏避之唯恐不及,秦國政府一方面采取輪番徵調的方式派遣,另一方面把一些故地犯罪的官吏以懲罰的方式調往新地。這條律令可能就是因爲國家徵調官吏前往新地時,官吏們千方百計找借口拖延,盡量把自己的徵調任務拖延到下一批次,所以采取的限制和懲罰措施。

【4】詐(詐)避者

［疏證］

詐(詐)避者:使用欺詐手段逃避任務者。

【5】内史官共令

［整理小組注］

内史官共令:篇名。"共令"即針對兩個以上官府而制定的令文。②

［疏證］

共令:共同使用的律令。曹旅寧曰:"嶽麓書院藏秦簡伍有'内史官共令'兩條,其一條後署'内史官共令第戊卅一',内容爲官吏失期不從事貶爲新地吏二歲。其二條後僅署'内史官共'字樣,内容爲縣廷官吏循行案舉、都官吏購賞賞債不如令者奪爵貶爲新地吏四歲。由此可知'内史官共令'爲具體令名而非類名,下面直接天干數字序號,且提及新地吏,應爲秦統一後所編令集。嶽麓書院藏秦簡中有其他所謂官共令者如嶽麓書院藏秦簡四中'内史郡二千石官共令'也應爲具體令名而非類名,甚至'内史官共令第戊'有可能就是'内史郡二千石官共令'的組成部分。'共'當爲'共同使用'之意,當爲統一後新匯編的令集。"③

簡文大意

……不能超過一人。推遲統計超過一人者,令、丞以下官員必須先後出發。使詐逃避者一律罰爲新地吏二年。　内史官共令第戊卅一。

---

① 上海師範大學古籍整理組校點:《國語》,上册,第578頁。
② 陳松長主編:《嶽麓書院藏秦簡(伍)》,第213頁。
③ 曹旅寧:《嶽麓秦簡令名試解》,武漢大學簡帛網2018年3月26日。

第三組簡　269—270

缺簡 43

簡 J38+1662（269—270）：

　　□□坐一□,丞、令、令史、官嗇夫、吏主者[1]奪爵各一級,無爵者以(？)官爲新地吏四歲[2]。執灋令都吏 269 循行[3],案舉[4]不如令〖者〗[5],論之,而上奪爵者名[6]丞相,丞相上御史[7]。都官有購賞貲責(債)不出[8]者,如縣[9]。　·内史官共 270。

【1】官嗇夫、吏主者

　　[疏證]

　　嶽麓秦簡整理小組原標點把"官嗇夫"與"吏主者"連讀作"官嗇夫吏主者",不妥。今以頓號斷開,讀作"官嗇夫、吏主者"。

【2】以(？)官爲新地吏四歲

　　[疏證]

　　官,《漢語大字典》:"官職;職位。《字彙·宀部》:'官,職也。'《書·皋陶謨》:'九德咸事,俊乂在官。'《論衡·命禄》:'智慮深而無財,才能高而無官。'"①

　　以官爲新地吏四歲:以原官職調往新地,任職四年。秦故地官吏多不願往新地任職,因此擔任新地吏也是一種懲罰。"四歲"之後,整理小組原標點爲逗號,今改爲句號。參見《嶽麓伍》簡 054 "以故秩爲新地吏四歲"疏證。

【3】循行

　　[整理小組注]

　　循行:巡視,或省稱爲"行"。《里耶秦簡牘校釋(壹)》5-6:"尉書孰循行。"《里耶秦簡牘校釋(壹)》9-20:"丞主下行鄉。"②

　　[疏證]

　　循行:嶽麓秦簡整理小組原把"循行""案舉"連讀,今以逗號隔開。

---

① 漢語大字典編輯委員會編纂:《漢語大字典(第2版)》,第988頁。
② 陳松長主編:《嶽麓書院藏秦簡(伍)》,第213頁。

【4】案舉

[整理小組注]

案舉:考核。《史記·酷吏列傳》:"河南守案舉以爲能,遷爲御史。"①

[疏證]

舉:指控,揭發。嶽麓秦簡整理小組引用《史記·酷吏列傳》"案舉"義項來説明,是不準確的。"案舉以爲能"之"舉",意爲"推薦,選拔",而嶽麓秦簡此處是表述找出問題並處罰的意思,所以舉例不合適。當以《史記·秦始皇本紀》"吏見知不舉者,與同罪"②爲解説,更恰當。

【5】不如令〔者〕

[整理小組注]

不如令者:"者"字據《嶽麓書院藏秦簡(肆)》0668簡增補。③

[疏證]

不如令者:不合乎法令者。如《説文·女部》:"如,從隨也。"段玉裁注:"從隨即隨從也。"④《嶽麓書院藏秦簡(肆)》0668簡在該書整理編號爲338,内容爲:"舉,不如令者,論之,而上奪爵者名丞相,丞相上御史。都官有購賞貲責(債)者,如縣。兵事畢。"⑤

【6】名

[疏證]

名:名單。"名"後省略"於"字。"上奪爵者名丞相",即把應當被奪爵者的名單上報給丞相。

【7】丞相上御史

[整理小組注]

御史:御史大夫之省稱。⑥

[疏證]

丞相上御史:丞相府把應奪爵者名單轉交御史大夫府。

---

① 陳松長主編:《嶽麓書院藏秦簡(伍)》,第213頁。
② 司馬遷:《史記》,第1分册,第322頁。
③ 陳松長主編:《嶽麓書院藏秦簡(伍)》,第213頁。
④ 段玉裁:《説文解字注》,第1079頁。
⑤ 陳松長主編:《嶽麓書院藏秦簡(肆)》,第207頁。簡310"過一月"之"月",整理者原釋作"金",從雷海龍改釋作"月"。朱紅林:《〈嶽麓書院藏秦簡(肆)〉疏證》,第342頁。
⑥ 陳松長主編:《嶽麓書院藏秦簡(伍)》,第213頁。

【8】不出

［疏證］

不出：不能支出。关于縣發放"購賞貰責"的規定，《嶽麓肆》簡308—312：

> 制詔丞相御史：兵事畢矣，諸當得購賞貰責（債）者，令縣皆亟予之。令到縣，縣各盡以見（現）錢，不禁者，勿令巨皋。令縣皆亟予之。丞相御史請：令到縣，縣各盡以見（現）錢不禁者皆亟予之，不足，各請其屬所執灋，執灋調均；不足，乃請御史，請以禁錢貸之，以所貸多少爲償，久易（易）期，有錢弗予，過一金，貲二甲。內史郡二千石官共令。　第戊。①

《嶽麓肆》說縣用於支出"購賞貰責"的資金如果不足，可向所屬執灋申請，由執灋協調解決；再不足，則向御史大夫申請，由御史大夫予以解決。因此，《嶽麓伍》此處"都官有購賞貰責（債）不出者，如縣"，或許是說都官用於購賞貰責的資金如果不足，可參照縣廷的作法向上級部門申請解決支出。"貰責（債）"即借貸，也作爲一種"獎勵"或優惠扶持政策與"購賞"並列，這是值得注意的。此時的"貰責（債）"肯定不是高利貸，當是一種無息或低息的貨幣借貸，用以資助戰後的貧困士卒，促進經濟的復蘇和發展。②具體特點還值得進一步研究。

另外，漢高祖劉邦統一天下之後，也發布過詔書，旨在督促各級部門落實對有功者的賞賜，可與嶽麓秦簡的這項律令條文的內容相比較：

> 帝乃西都洛陽。夏五月，兵皆罷歸家。詔曰："諸侯子在關中者，復之十二歲，其歸者半之。民或前相聚保山澤，不書名數，今天下已定，令各歸其縣，復故爵田宅，吏以文法教訓辨告，勿笞辱。民以飢餓自賣爲人奴婢者，皆免爲庶人。軍吏卒會赦，其亡罪而亡爵及不滿大夫者，皆賜爵爲大夫。故大夫以上賜爵各一級，其七大夫以上，皆令食邑，非七大夫以下，皆復其身及户，勿事。"又曰："七大夫、公乘以上，皆高爵也。諸侯子及從軍歸者，甚多高爵，吾數詔吏先與田宅，及所當求於吏者，亟與。爵或人君，上所尊禮，久立吏前，曾不爲決，甚亡謂也。異日秦民爵公大夫以上，令丞與亢禮。今吾於爵非輕也，吏獨安取此！且灋以有功勞行田宅，今小吏未嘗從軍者多滿，而有功者顧不得，背公立私，守尉長吏教訓甚不善。其令諸吏善遇高爵，稱吾意。且廉問，有不如吾詔者，以重論之。"③

可以看出，秦詔令强調以金錢賞賜爲主，並且提到了救濟性借貸；漢詔令更重視高爵者

---

① 陳松長主編：《嶽麓書院藏秦簡（肆）》，第197—198頁。
② 朱德貴、齊丹丹：《嶽麓秦簡律令文書所見借貸關係探討》，《史學集刊》2018年第2期，68—79頁。
③ 班固：《漢書》，第1分册，第54—55頁。

的利益,強調賞賜田宅。秦漢政策的區别是很明顯的。

【9】如縣

[疏證]

如縣:前往縣(領取購賞賞責)。《嶽麓伍》簡270的相似内容亦見於《嶽麓肆》簡338:"舉不如令者,論之,而上奪爵者名丞相,丞相上御史。都官有購賞賞責(債)者,如縣。"① 相比之下,《嶽麓伍》簡270"都官有購賞賞責(債)"後有"不出"二字,值得注意。有没有"不出"二字,含義是不一樣的。如有"不出"二字,則是説都官也有發放"購賞賞責"的職能,只不過在其資金不足時,才協調地方縣廷配合解決;如果没有"不足"二字,則是説凡是應由都官支出的"購賞賞責",都由所在縣政府代爲解決。

簡文大意

……縣令、縣丞、令史、相關部門的官嗇夫、直接負責的吏,每人奪去爵位一級,如果没有爵位者,則以本官職擔任新地吏四年。執灋派遣都吏巡行地方,審查糾舉不遵守規定者,依法處理,並把應當被奪去爵位者的名單上報丞相,丞相又上報御史大夫。都官治下如果有需要購賞賞責而本機構拿不出賞金者,可到所在縣領取。 内史官共……

缺簡44

缺簡45

簡1775(271):

【不】[1]視事[2]毋過五日[3]。過五日,貲二甲。 ·遷吏令[4]甲廿八₂₇₁。

【1】【不】

[整理小組注]

"不"字據文意補。②

---

① 陳松長主編:《嶽麓書院藏秦簡(肆)》,第207頁。
② 陳松長主編:《嶽麓書院藏秦簡(伍)》,第213頁。

【2】視事

　　［整理小組注］

　　視事：到職治事。睡虎地秦簡《秦律十八種·置吏律》："除吏，尉已除之，乃令視事及遣之。"①

【3】毋過五日

　　［疏證］

　　"毋過五日"之後，嶽麓秦簡整理小組原標點爲逗號，今改爲句號。

【4】遷吏令

　　［整理小組注］

　　遷吏令：令名。主要涉及官員告假、職位變更、行政賞罰等。②

　　［疏證］

　　周海鋒曰："《遷吏令》篇名中的'遷'均從辶，而遷罪之遷均不從辶，直接寫成䙴。由此可見，遷、䙴在秦代本是兩個字，表示官吏職位降黜情況時必須用遷，而官吏被處以遷徙之刑時常常使用䙴，後代䙴被廢棄而一律用遷。"③

簡文大意

　　官吏不履行工作職責不得超過五日。超過五日者，貲罰二甲。　遷吏令甲廿八。

缺簡46

簡2126(272)：

　　☒·遷吏甲卅 ₂₇₂。

---

① 陳松長主編：《嶽麓書院藏秦簡(伍)》，第213頁。
② 同上注。
③ 周海鋒：《嶽麓書院藏秦簡〈遷吏令〉研究》，《簡帛研究二〇一九(春夏卷)》，第104頁。

缺簡 47

簡1774（273）：

以次[1]爲置守、學佴[2]。　·遷吏卅三 273

【1】以次

[疏證]

以次：按照功勞大小順序。周海鋒曰："'次'即'功勞次'之省稱，嶽麓秦簡1886號（筆者按：即《嶽麓伍》簡283）載'以攻（功）勞次除以爲叚（假）廷史'。"其説可從。①

【2】守、學佴

[整理小組注]

學佴：秦漢時期的學官，主管學童相關事宜。張家山漢簡《二年律令·史律》："史、卜、祝學童學三歲，學佴將詣大（太）史、大（太）卜、大（太）祝。"②

[疏證]

守、學佴，陳偉曰："今按：因爲前簡不存，文意不大清楚。秦簡中單獨稱'守'，指郡守，郡守無由與學佴並言，疑當連讀，'守學佴'指代理學佴。"③這當然是一種思路。周海鋒則從整理者的斷句方式來理解，把"守"與"學佴"分爲兩種情況，把"守"理解爲"學官的總負責人"，亦可備一説。④不過這兩種觀點都屬於推測，只能算可備一説，具體還需要進一步論證。

簡文大意

按照功勞大小，爲之設立守官和學佴。　遷吏卅三。

---

① 周海鋒：《嶽麓書院藏秦簡〈遷吏令〉研究》，《簡帛研究二〇一九（春夏卷）》，第108頁。
② 陳松長主編：《嶽麓書院藏秦簡（伍）》，第213頁。
③ 陳偉：《〈嶽麓書院藏秦簡（伍）〉校釋》，《出土文獻與法律史研究》第7輯，第16頁。
④ 周海鋒：《嶽麓書院藏秦簡〈遷吏令〉研究》，《簡帛研究二〇一九（春夏卷）》，第108頁。

缺簡₄₈

簡1143（274）：

臯當廢[1]以上[2]，及唯（雖）不當廢，不視事盈☒₂₇₄

【1】廢

[疏證]

廢：撤職永不敘用。

【2】以上

[疏證]

嶽麓秦簡整理小組原把"臯當廢以上"與"及唯〈雖〉不當廢"連讀，今以逗號斷開。意思爲官吏有罪當廢黜，或即使不廢黜，但如果不履職滿多少日，就要如何處罰云云。

簡文大意

官吏有罪，處分在廢黜以上，或即使不廢黜，不履行職務滿……

缺簡₄₉

簡1091（275）：

☒☒不視事者，皆弗得數[1]。令郡縣☒☒☒₂₇₅

【1】數

[疏證]

嶽麓秦簡整理小組原把"皆弗得數"與下文連讀，今以句號斷開。

數，《說文·攴部》："計也。"①引申爲計算在特定範圍之内的含義。《漢語大字典》："算在數内。《後漢書·文苑列傳·禰衡》：'餘子碌碌。莫足數也。'宋洪邁《容齋隨筆》卷十五：'如河中府鸛雀樓有王之奂（涣）、暢諸二詩。二人皆當時所不數，而後人擅詩名者，豈能及之哉！'"②

皆弗得數：都不能計算在内。從前文"不視事者"一語來看，這句話很可能說的是關於計算勞績的事，因此前文"不視事者"云云，說的當是官吏由於各種原因，没有履行其正常的工作職責，後文則說都不能計算在勞績的範圍之内。張家山三三六號漢墓竹簡《功令》簡33："當上功勞其爲死事者後，所爲後有身斬首爵及捕虜，得數以爲功。"整理者注："數，計。"③"得數以爲功"，意思是都可以計算在功勞範圍之内。

簡文大意

……不履行工作職責者，都不能計算在勞績日數之内。令郡縣……

缺簡 50

簡1865+1791（276—277）：

以上[1]，及唯（雖）不盈三[2]，一歲病不視事盈三月以上者[3]，皆免。病有瘳[4]，令爲新地吏及戍如吏[5]。有適過，廢，免爲新地吏[6]₂₇₆及戍者[7]。遷吏令甲₂₇₇。

【1】以上

[疏證]

嶽麓秦簡整理小組原把"以上"與"及唯〈雖〉不盈三"連讀，今以逗號斷開。從下文"一歲病不視事盈三月以上者，皆免"來看，上下文合起來，有可能是說一年請病假三次以上者，或雖不滿三次，但病假日期總數在三月以上者，就要被免職。因此"以上"與"及唯〈雖〉不盈三"之間以逗號斷開爲宜。楊勇說同。④

---

① 段玉裁：《說文解字注》，第219頁。
② 漢語大字典編輯委員會編纂：《漢語大字典（第2版）》，1579頁。
③ 彭浩主編：《張家山漢墓竹簡〔三三六號墓〕》，文物出版社2022年版，第101頁。
④ 楊勇：《秦簡牘所見秦代吏民的休假》，《簡帛研究二〇二一（秋冬卷）》，第119頁。

【2】三

[疏證]

三：可能指的是三次。

【3】病不視事盈三月以上者

[疏證]

病不視事盈三月以上者：因病不能工作滿三個月以上者。張家山漢簡《功令》簡36："吏及宦皇帝者病不能視事，及有論毄（繫）盈三月者，免之。病有瘳、論事已，及罷官當復用者，皆復用如其故官。"①當是延續了秦制。

【4】瘳

[疏證]

瘳：病愈。《説文·疒部》："瘳，病瘉也。"②

【5】及戍如吏

[疏證]

及：或者。如：按照，依照。及戍如吏：或以吏的身份戍邊。

【6】廢，免爲新地吏

[疏證]

廢，免爲新地吏：本應被廢職，改爲免去原工作職務，調任新地爲吏。廢職是撤職永不敍用，免職則是免去原職，還可以擔任别的職務，或經過一段時期後被再次啓用。

"廢，免爲新地吏"還可以斷句爲"廢、免，爲新地吏"。也就是説，有謫過的人被廢職或免職，可以改爲去擔任新地吏。

謫：通讁，過錯。廢，本指官吏被撤職永不敍用。秦王朝在統一戰爭期間，新占領地區亟需官吏管理，人手不足，因此對於故地被廢職的官吏往往改爲調往新地爲吏。"廢"和"免"是針對官吏犯錯或犯罪的兩種處罰。嶽麓簡此處説的是官吏犯錯或者犯罪之後，本應被廢職或撤職，但是可以根據需要改爲去新地擔任官吏，也就是去做"新地吏"，從而不再執行原來的廢職或免職處罰。

《嶽麓伍》簡053—055記載："定陰忠言：律曰：'顯大夫有辠當廢以上勿擅斷，必請之。'今南郡司馬慶故爲寃句令，詿（詐）課，當廢官，令以故秩爲新地吏四歲而勿廢，請論慶。制書曰：'諸當廢而爲新地吏勿廢者，即非廢。已後此等勿言。'"③由此可知，這

---

① 彭浩主編：《張家山漢墓竹簡〔三三六號墓〕》，上册，第102頁。
② 段玉裁：《説文解字注》，第617頁。
③ 陳松長主編：《嶽麓書院藏秦簡（伍）》，第56—57頁。

種情況下，被派去擔任新地吏的官吏性質上就不算"廢職"或"免職"，這對於官吏的檔案履歷以及相關的考核，甚至將來可能的升遷都是非常重要的。因此"爲新地吏及戍者"應與前面"免"字以逗號隔開，單獨成後半句，"爲"作動詞解，意爲"擔任"。

"有適過廢、免"，可改爲擔任新地吏及"戍如吏"，與前文因病免，病愈之後，亦派往新地擔任新地吏及戍者，屬於秦政府對官吏的兩種處理辦法，在簡文的記載中屬於並列關係。

對於"有適過廢免爲新地吏及戍者"這句話的句讀及理解，陳偉也先後做過探討，他在武漢大學簡帛網上這樣寫道：

> 相關一段簡文原釋文作："有適過，廢，免爲新地吏及戍者。"我們曾認爲：053—054號簡記云："●定陰忠言，律曰：'顯大夫有罪當廢以上勿擅斷，必請之。'今南郡司馬慶故爲冤句令，詐(詐)課，當廢官，令以故秩爲新地吏四歲而勿廢，請論慶。制書曰：'諸當廢而爲新地吏勿廢者，即非廢。'"276—277號簡這段文字的立法意圖當與相同，"廢"宜連上讀，"有適(謫)過廢"，實際上是指犯有罪過依法應當廢官的場合。現在看來，當時考慮未周，廢、免是對"適過"的兩種處分。"免"是一時免職，"廢"則如上條引述睡虎地秦簡整理小組所云，是廢職後永不敘用。二者之間以頓號并列比較好。①

在隨後參加的一次學術研討會上，陳偉重申了這一觀點，不過話有所刪減。他説：

> 今按："廢"與"免"是對"適過"的兩種處分。"免"是一時免職，"廢"則如第二七條引述睡虎地秦簡整理小組所云，是撤職永不敘用。二者之間以頓號並列比較好。②

陳偉把"廢"與"免"理解爲兩種並列的處分，當然沒問題。但我們認爲，還是應該與下文"爲新地吏"以逗號斷開。因爲"廢"是撤職永不敘用，既然已被"永不敘用"，怎麼能再説"爲新地吏"呢？"免爲新地吏"雖然説得通，但在"廢""免"並列的情況下，如果説"免爲新地吏"，那前面的"廢"隨之就要理解爲"廢爲新地吏"了，這很明顯是不可行的。所以，這種情況下將"廢、免"與下文"爲新地吏"用逗號斷開比較好，意思是"被廢職或免職，(改爲)擔任新地吏"云云。"爲新地吏"之"爲"與"廢""免"一樣，作動詞用。

【7】及戍者

[疏證]

及：或者。戍者：戍卒。與前文"戍如吏"相比，"戍者"的身份要低一個層次。前

---

① 陳偉：《〈嶽麓書院藏秦簡(伍)〉校讀(續五)》，武漢大學簡帛網2018年4月12日。
② 陳偉：《〈嶽麓書院藏秦簡(伍)〉校釋》，《出土文獻與法律史研究》第7輯，第17頁。

者是以吏的身份戍邊，後者則是普通的戍卒身份。

簡文大意

……以上，及雖然不滿三次，但一年之內因病不能履職總時間滿三個月以上者，都要免職。（官吏）病愈之後，命令其擔任新地吏或以吏的身份戍邊。有過錯本應被廢職，或免職，這時改爲新地吏或戍邊者。　遷吏令甲。

缺簡 51

簡 1882 + 1881（278—279）：

　　　　□□[1]□[2]言，縣官□書告[3]。爲吏官[4]丞、尉，以告已盡而取（娶）妻，許歸十日，贖[5]以爲後歲告╚。病篤不能視事，材（裁）[6]令 278 治病[7]。父母病篤，歸旬。　·遷吏令□279。

【1】□

　　[整理小組注]
　　此字或釋爲"秦""乘""家"。①
　　[疏證]
　　此字陳偉推測可能是"寧"。②

【2】□

　　[整理小組注]
　　此字或釋爲"臣""民""氏"。③

【3】告

　　[疏證]
　　告：假期。從上下文意判斷，"縣官□書告"與下文"爲吏官"云云當爲不同的兩層

---

① 陳松長主編：《嶽麓書院藏秦簡（伍）》，第213頁。
② 陳偉：《〈嶽麓書院藏秦簡（伍）〉校釋》，《出土文獻與法律史研究》第7輯，第17頁。
③ 陳松長主編：《嶽麓書院藏秦簡（伍）》，第213頁。

含義,整理小組原標點爲逗號,今改爲句號。前面説的是縣官將記錄下有關的請假情況,後面説的是假期用完之後,如有特殊情況,如娶妻等,可以特許給假,計算在下一年的假期中。陳偉亦主張"書告"之後標點爲句號,"書告"之前一字,他推測可能是"致"。①

【4】吏官

[疏證]

官:任職。嶽麓秦簡整理小組原標點以頓號把"吏官"與"丞""尉"並列,其義難解。陳偉讀作"爲吏官丞、尉"云云,意思是説爲吏官至丞、尉等。②可備一説。嶽麓秦簡整理小組原把"爲吏官丞、尉"與下文連讀,現在若按照陳偉的理解,則"爲吏官丞、尉"之後,當標點逗號,更易於理解。

【5】隤

[整理小組注]

隤:見《廣雅·釋詁一》:"下也。"張家山漢簡《二年律令·徭律》:"戍有餘及少者,隤後年。"③

[疏證]

官吏每年有法定的休假天數,此處説官吏當年的休假天數已經用完,但又趕上結婚娶妻,因此法律規定這種情況下可以特許給假十天,然後下推計算到次年的休假天數中。

【6】材(裁)

[疏證]

材(裁):裁度,斟酌。參見《嶽麓肆疏證》簡179疏證④及本書簡086疏證。"材(裁)令治病",根據具體情況,適當給予假期,讓生病者去治病。

【7】治病

[疏證]

"治病"之後,整理小組原標點爲逗號,今改爲句號。此"治病"説的是官吏本人,下文説的是父母病篤,官吏回家探病,是兩層意思。

簡文大意

……縣官……登記請假日期。擔任丞、尉,本年度休假天數已經用完,而本人要結

---

① 陳偉:《〈嶽麓書院藏秦簡(伍)〉校釋》,《出土文獻與法律史研究》第7輯,第17頁。
② 同上注。
③ 陳松長主編:《嶽麓書院藏秦簡(伍)》,第213頁。
④ 朱紅林:《〈嶽麓書院藏秦簡(肆)〉疏證》,第214—215頁。

婚娶妻,允許歸家十天,計算到下一年的休假天數中。官吏病重不能工作,適當給假治病。父母病重,允許歸家十天探望。　遷吏令……

缺簡₅₂

簡 J66-6(280):

☐者。　·遷吏令₂₈₀

缺簡₅₃

簡 1725(281):

☐免之[1]。六百石以上[2]已[3]免,御史以聞[4]。　·遷吏☐₂₈₁。

【1】免之

［疏證］

免之:"免之"之後,整理小組原標點爲逗號,今改爲句號。

【2】六百石以上

［疏證］

六百石以上:六百石秩級以上的官吏,在秦漢時期都屬於"長吏",受到國家的特權保護。這個階層以上的官吏,有罪"先請",即先向朝廷請示,得到朝廷允許後,才能對他們採取法律措施。出土文獻和傳世文獻中這類記載多見。如:

睡虎地秦簡《法律答問》簡191:"可(何)謂'宦者顯大夫'? 宦及智(知)於王,及六百石吏以上,皆爲'顯大夫'。"①

---

① 睡虎地秦墓竹簡整理小組編:《睡虎地秦墓竹簡》,釋文部分第139頁。

《嶽麓伍》簡053:"定陰忠言,律曰:'顯大夫有辠當廢以上勿擅斷,必請之。'"①

《嶽麓伍》簡087:"制詔丞相斯:所召博士得與議者,節(即)有逮告劾,吏治者輒請之,盡如宦顯大夫逮。"②

《嶽麓伍》簡304:"令曰:治獄有逮宦者顯大夫若或告之而當徵捕者,勿擅徵捕,必具以其逮告聞,有詔乃以詔從事"③

《漢書·宣帝紀》:"夏四月,詔曰:'舉廉吏,誠欲得其真也。吏六百石位大夫,有罪先請,秩祿上通,足以效其賢材,自今以來毋得舉。'"④

所以,六百石以上官吏被免職,御史上奏皇帝得知,並不奇怪。周海鋒説同。⑤

【3】已

[疏證]

此處的"已"與"免"同義互指,"已"亦"免"也。《漢語大字典》:"罷免;黜退。《玉篇·已部》:'已,退也。'《論語·公冶長》:'令尹子文三仕爲令尹,無喜色;三已之,無愠色。'皇侃疏:'已,謂黜止也。'《孟子·梁惠王下》:'士師不能治士,則如之何?'王曰:'已之。'趙岐注:'已之者,去之也。'《史記·五帝本紀》:'試不可用而已。'張守節正義引孔安國云:'已,退也。'"⑥

【4】聞

[疏證]

聞:上聞,奏報皇帝知聞。以聞:即"以之聞",省略了中間的代詞"之",也就是"六百石以上以免"這件事。《嶽麓伍》簡080"乃以其奏夬(決)聞",即"以之聞"的具體表現形式。

簡文大意

……免之。六百石以上官吏免職,御史要上奏皇帝知聞。　遷吏……

---

① 陳松長主編:《嶽麓書院藏秦簡(伍)》,第56頁。
② 同上注,第68頁。
③ 同上注,第199頁。
④ 班固:《漢書》,第1分冊,第274頁。
⑤ 周海鋒:《嶽麓書院藏秦簡〈遷吏令〉研究》,《簡帛研究二〇一九(春夏卷)》,第107–108頁。
⑥ 漢語大字典編輯委員會編纂:《漢語大字典(第2版)》,第1074頁。

簡1885+1886+1904（282—284）：

●令曰：有發䌛(徭)事(使)爲官獄史者[1]，大縣必遣其治獄冣(最)久者，縣四人，小縣及都官[2]各二人，乃遣其餘[3]。令到已前282發(？)者[4]，令卒其事[5]，遣詣其縣官，以攻(功)勞次[6]除以爲叚(假)廷史、叚(假)卒史、叚(假)屬者，不用此令。·縣盈萬户以上爲283【大】[7]，不盈萬以下爲小。 ·遷吏歸吏羣除令[8]丁廿八284。

【1】有發䌛(徭)事(使)爲官獄史者

［疏證］

整理小組原把"有發䌛(徭)事(使)"與"爲官獄史者"用逗號斷開，其實没必要。"發䌛(徭)事(使)爲官獄史者"，意思可能是郡或朝廷從各縣道調集官獄史執行某類任務。陳偉亦持這樣的認識。①

【2】小縣及都官

［疏證］

小縣及都官：都官作爲中央派駐到地方的直轄機構，與地方縣道具有平行的地位。從這條法令的規定來看，也證實了這一點。同時我們從中也可以看出，都官被定位在"小縣"的級别上。

【3】乃遣其餘

［疏證］

"乃遣其餘"之後，整理小組原標點爲逗號，今改爲句號。"乃遣其餘"一句是相對前文"大縣必遣其治獄冣(最)久者，縣四人，小縣及都官各二人"而言的。意思是説，在向各縣道徵調官獄史時，大縣的派出人員中必須有四人是本縣最有工作經驗的，小縣和都官機構的派出人員中必須有二人是本縣最有工作經驗的，其餘派出人員可以酌情安排。

【4】令到已前發(？)者

［疏證］

令：指本次發布的對徵調人員有專門要求的法令，即"大縣必遣其治獄冣(最)久

---

① 陳偉：《〈嶽麓書院藏秦簡(伍)〉校釋》，《出土文獻與法律史研究》第7輯，第17頁。

者,縣四人,小縣及都官各二人,乃遣其餘"的規定。

　　令到已前發者:意思是説,本法令發布之前,已經派出的擔任官獄史工作的人。這些人不再適用於這次新頒布的法令,他們將繼續完成各自的指派任務,返回所屬縣後,論功升遷。

【5】令卒其事

　　[疏證]

　　令:使也。"令"後省略"其",指代"令到前已發者"。卒:完成。令卒其事:使其繼續完成原來指定的任務。

【6】以攻（功）勞次

　　[疏證]

　　次,《漢語大字典》:"次序;順序。《玉篇·欠部》:'次,敘也。'《新書·六術》:'六親有次,不可相逾。'《史記·蕭相國世家》:'上已橈功臣,多封蕭何,至位次未有以復難之,然心欲何第一。'"①以攻（功）勞次:以功勞的等次（論功行賞）。

【7】【大】

　　[整理小組注]

　　"大"字據文意補。②

　　[疏證]

　　周海鋒推測:"簡末'縣盈萬户以上爲【大】,不盈萬以下爲小'一段可能並非令條之正文,而是附加的解釋性文字。'・・'起到隔斷正文與解釋性文字的作用,在秦漢簡中也常見此類現象。"③這種可能是存在的。

　　鄒水傑曰:"從令條和摘録的標準可知,秦代已經明確存在大、小縣的劃分,並且是以萬户爲劃分標準的。《史記·商君列傳》載商鞅變法時,'集小鄉邑聚爲縣,置令、丞'。《秦本紀》孝公十二年記爲:'并諸小鄉聚,集爲大縣,縣一令。'《集解》以《漢表》'萬户以上爲令,減萬户爲長'之制注之,然瀧川資言《考證》指出:'集解所述漢時之制,秦孝未必如此。'瀧川氏之語,長期未受研究者重視。從嶽麓秦簡秦令來看,這裏的'大縣'也有可能就是表示大小的大縣,但無論大、小縣,所設皆爲縣令。《商君書·境内》記載:'千石之令,短兵百人;八百之令,短兵八十人;七百之令,短兵七十人;六百之令,短兵六十人。'朱師轍以《漢表》縣令之制注之,閻步克先生也認爲應該就是縣令。這樣一來,秦縣的秩等就有千石、八百石、七百石和六百石四等,雖然區分了大、小縣,但長官全部置縣令。"④

---

① 漢語大字典編輯委員會編纂:《漢語大字典（第2版）》,第2287頁。
② 陳松長主編:《嶽麓書院藏秦簡（伍）》,第213頁。
③ 周海鋒:《嶽麓書院藏秦簡〈遷吏令〉研究》,《簡帛研究二〇一九（春夏卷）》,第111頁。
④ 鄒水傑:《從虎溪山漢簡〈計簿〉看漢初縣屬嗇夫的分化》,《史學月刊》2022年第4期,第11頁。

【8】遷吏歸吏羣除令

[整理小組注]

遣吏歸吏羣除令：令名。有關官吏陞遷、告假和任免等内容的令。①

[疏證]

周海鋒曰："《遷吏令》的全稱或應爲'遷吏歸吏羣除令'，從所見戰國秦漢律令篇名可知,爲了書寫和稱呼的方便,簡稱反而比正式的全稱更爲常見。"②

簡文大意

令曰：有徵發徭役需要擔任官獄史工作者，大縣派遣的人員當中，必須包括最有工作經驗的四人，小縣和都官派遣的人員中，必須包括本縣最有工作經驗的兩人，其餘則酌情派出。如果徵發命令下達到本縣之前，本縣的獄史已經被派出執行任務，則命令他們繼續完成原來的工作，然後返回本縣，根據功勞任命爲假廷史、假卒史、假屬等。這些人不在徵發之列。人口超過萬户者爲大縣，不足萬户者爲小縣。　遣吏歸吏羣除令丁廿八。

簡 1668＋1665＋1660（285—287）：

●令曰：吏及宦者[1]、羣官官屬[2]∟、冗募羣戍卒及黔首繇（徭）使、有縣官事，未得歸，其父母、泰父母不死而 285 譌吏曰死[3]，以求歸者，完以爲城旦；其妻子及同産、親父母之同産不死而譌吏曰死，及父母不病而 286【譌吏】[4]曰病，以求歸，皆䙴（遷）之。　·令辛 287。

【1】宦者

[疏證]

宦者：侍奉皇帝的人。參見《獄麓伍》簡 036 "宦者出宦"、簡 087 "宦顯大夫" 疏證。

【2】羣官官屬

[整理小組注]

羣官官屬：各個官府的屬員。第二個 "官" 爲衍文。睡虎地秦簡《秦律十八種·置

---

① 陳松長主編：《嶽麓書院藏秦簡（伍）》，第213頁。
② 周海鋒：《嶽麓書院藏秦簡〈遷吏令〉研究》，《簡帛研究二〇一九（春夏卷）》，第105頁。

吏律》:"縣、都官、十二郡免除吏及佐、羣官屬,以十二月朔日免除,盡三月而止之。"①

[疏證]

羣官官屬:各部門屬下的僚屬。《周禮・天官・大宰》:"以八灋治官府:一曰官屬,以舉邦治。"鄭司農曰:"官屬謂六官,其屬各六十。若今博士、大史、大宰、大祝、大樂屬大常是也。《小宰職》曰'以官府之六屬舉邦治,一曰天官其屬六十'是也。"②孫詒讓對鄭司農説做了進一步的解説:

> 鄭司農云"官屬謂六官其屬各六十"者,據《小宰》"六屬"文。屬猶言屬别,謂以爵秩尊卑相領隸。《國語・楚語》云"五物之官陪屬萬,爲萬官。"彼據五官言之,義亦同也。凡官屬,有總屬,有分屬,有當官之屬,有冗散之屬。總屬即六官屬各六十,通屬於其正是也。分屬若庖人、内饔、外饔、亨人屬膳夫是也。當官之屬,若官正中下士以下,屬於上士是也。冗散之屬,若四方之以舞仕者屬旄人,國勇力之士屬司右,相犬、牽犬者屬犬人,皆無職名員數是也。四者各以尊卑相隸,通謂之官屬,先鄭舉其大者言之。③

孫詒讓的這個解釋,可以説是包含了"官屬"各個角度下的含義。

陳偉曰:"'羣官官屬',係泛指各官署屬吏。整理者注釋所引《秦律十八種・置吏律》'羣官屬'很可能是'羣官官屬'的省稱,不宜據以認爲'羣官官屬'衍一'官'字。"④這種認識是正確的。又,陳偉認爲"吏及宦者"與"羣官官屬"之間不當有頓號,認爲"'吏及宦者羣官官屬',兼指吏與宦者這兩個系統的'羣官官屬'"。⑤這一認識還可以再斟酌。按照整理者的標點,簡文意思是"吏及宦者"和"羣官官屬"爲並列的三類人群;按照陳説,簡文意思則成爲"吏"之"羣官官屬"及"宦者"之"羣官官屬"兩個群體。在没有進一步的證據或更令人信服的解釋之前,我們暫且還是遵從嶽麓秦簡整理小組的標點。

【3】謾吏曰死

[疏證]

謾吏曰死:欺騙官府説(親人)死亡。嶽麓秦簡整理小組原把"謾吏曰死"與下文"以求歸者"連讀,不妥。因爲"謾吏曰"的内容是"死",不是"死以求歸者","以求歸者"是目的。故在"謾吏曰死"與"以求歸者"之間,以逗號斷開。同理,下文"親父母之同產不死而謾吏曰死"及"父母不病而曰病"之後,都改用逗號斷開。

---

① 陳松長主編:《嶽麓書院藏秦簡(伍)》,第213頁。
② 孫詒讓:《周禮正義》,第1分册,第76頁。
③ 同上注,第78頁。
④ 陳偉:《〈嶽麓書院藏秦簡(伍)〉校釋》,《出土文獻與法律史研究》第7輯,第18頁。
⑤ 同上注。

【4】【謾吏】

[整理小組注]

謾吏:"謾吏"兩字據文意補。①

簡文大意

令曰:官吏、宦者、羣官官屬、招募的戍卒以及黔首服徭役或其他有公務者,不能歸家,他們的父母、祖父母沒有死亡,他們却向官吏謊稱親人死亡,以求歸家,(一旦發現)完爲城旦;他們的妻子子女及兄弟姊妹、親父母的兄弟姐妹沒有死亡,他們却向官吏謊稱親人死亡,以及父母沒有生病,却向官吏謊稱父母生病,以求歸家者,都要處以遷刑。　令辛。

簡1912+1883(288—289):

●令曰:盜賊發[1]不得者,必謹薄(簿)署[2]吏徒追逐疾徐不得狀[3]于獄[4],令可案[5]。不從令,令、丞、獄史主者[6]貲各一甲₂₈₈。　備盜賊令[7]廿三₂₈₉。

【1】發

[疏證]

發:發生,舉事。《呂氏春秋·音律》曰:"林鍾之月,草木盛滿,陰將始刑,無發大事,以將陽氣。"高誘注:"發,起。"陳奇猷曰:"是月陽氣將終,將無舉大事以搖蕩此餘陽。"②

【2】(薄)簿署

[疏證]

(薄)簿署:在簿籍上記録。簿:本爲名詞"簿籍",此處作狀語"在簿籍上"。署:記録。

【3】吏徒追逐疾徐不得狀

[疏證]

吏徒追逐疾徐不得狀:吏徒追捕盜賊的具體情況。疾徐:本義爲"快慢",這裏指

---

① 陳松長主編:《嶽麓書院藏秦簡(伍)》,第214頁。
② 陳奇猷:《呂氏春秋新校釋》,上海古籍出版社2002年版,第335頁。

代追捕盜賊的詳細過程描述。因爲盜賊作亂，有關追捕隊伍没有捕獲，所以要把追捕失利的過程詳細記録在案，以備查詢。狀：情狀。

【4】獄

[整理小組注]

獄：此似指一類文書。①

[疏證]

陳偉據《嶽麓肆》簡135—138中所言"鄉官輒上奔書縣廷，廷轉臧（藏）獄"云云，認爲此處："簡文前面所説'謹薄（簿）'的'簿'即文書，後面説的'獄'則是指這種文書存放的地點。"②可從。參見《嶽麓肆疏證》簡137疏證。③

【5】令可案

[疏證]

令可案：使可以案驗復查。"令可案"之後，嶽麓秦簡整理小組原標點爲逗號，今改爲句號。

【6】獄史主者

[疏證]

獄史主者：縣中司法部門獄史很多，此處指擔任負責率領吏徒追捕盜賊行動的獄史。"獄史主者"是簡牘中常見的"某某吏主者"之一種。

【7】備盜賊令

[整理小組注]

備盜賊令：令名。與追捕盜賊有關。④

[疏證]

備盜賊令：防範盜賊的法令。

簡文大意

令曰：發生盜賊作案，有關部門即使没有抓獲，也一定要詳細記録吏徒追捕盜賊的具體部署措施及没有抓獲的原因，以便有案可查。不遵守此規定者，縣令、縣丞和負責該案的獄史，貲罰各一甲。　備盜賊令廿三。

---

① 陳松長主編：《嶽麓書院藏秦簡（伍）》，第214頁。
② 陳偉：《〈嶽麓書院藏秦簡（伍）〉校釋》，《出土文獻與法律史研究》第7輯，第19頁。
③ 朱紅林：《〈嶽麓書院藏秦簡（肆）〉疏證》，第153頁。
④ 陳松長主編：《嶽麓書院藏秦簡（伍）》，第214頁。

簡1691（290）：

●令曰：諸以傳食、稟、貣[1]者，人馬牛羊有死、亡、廝[2]⌐及別[3]者，將吏[4]輒自言縣官[5]，縣官以實署[6]當稟者數[7]于傳，其 290

【1】以傳食、稟、貣

[疏證]

　　嶽麓秦簡整理小組原讀作"以傳食稟貣"。"以傳食稟貣"有兩種理解。一種理解是"食""稟""貣"爲三種並列的行爲，可以標點作"以傳食、稟、貣"。"以傳食"指憑傳享受現成的飲食，自己不用做飯。"以傳稟"憑傳向沿途驛站領取糧食，自己做飯。"以傳貣"是憑傳向沿途驛站借糧食自己做飯。另一種理解是"傳食"爲一個詞，具體指後面的"稟"和"貣"，可以標點作"以傳食稟、貣"。

　　我們在此暫從第一種理解。因爲憑所持傳享受驛站現成飲食的情況是存在的。如《嶽麓伍》簡257—258：

　　　　令曰：諸乘傳、乘馬、傳（使）馬傳（使）及覆獄行縣官，留過十日者，皆勿食縣官，以其傳稟米，叚（假）𩵾䰞炊之，其【有】走、僕、司御偕者，令自炊。其毋（無）走、僕、司御者，縣官叚（假）人爲炊而皆勿給薪采。它如前令。①

可以看出，此令中的"諸乘傳、乘馬、傳（使）馬傳（使）及覆獄行縣官"者，在驛站住宿時，十天之內，是可以享受驛站提供的現成飲食的，超過十天，就要自己做飯了。甚至如果隨從衆多，一開始就要自己做飯。

　　傳食：即憑所持傳而享受所經驛站提供的現成的飲食。睡虎地秦簡這方面的記載很多。睡虎地秦簡《秦律十八種》簡46《倉律》："月食者已致稟而公使有傳食，及告歸盡月不來者，止其後朔食，而以其來日致其食；有秩吏不止。"睡虎地秦簡整理小組注："傳食，由沿途驛站供給膳食，參看下文《傳食律》。"②現將睡虎地秦簡《傳食律》的相關内容摘錄如下：

　　　　御史卒人使者，食粺米半斗，醬駟（四）分升一，采（菜）羹，給之韭葱。其有爵者，自官士大夫以上，爵食之。使者之從者，食糲（糲）米半斗；僕，少半斗。

---

① 陳松長主編：《嶽麓書院藏秦簡（伍）》，第183頁。
② 睡虎地秦墓竹簡整理小組編：《睡虎地秦墓竹簡》，釋文部分第31頁。

> 不更以下到謀人,粺米一斗,醬半升,采(菜)羹,芻稾各半石。宦奄如不更。
> 上造以下到官佐、史毋(無)爵者,及卜、史、司御、寺、府,糲(糲)米一斗,有采(菜)羹,鹽廿二分升二。①

從《傳食律》現存的這幾條律文來看,"傳食"一般情況下是由驛站提供現成的飲食的。只有隨着超出規定住宿期限的時間,驛站的飲食供應才會發生變化。滯留時間越長,飲食供應越簡單,由領米自炊到借米自炊。

【2】死、亡、嘶

[整理小組注]

嘶:見《爾雅·釋言》:"嘶,離也。"②

[疏證]

嶽麓秦簡整理小組原把"死亡嘶"連讀,今以頓號斷開。"死""亡""嘶"指的是三種情況。"死"指死亡,"亡"指人逃亡或馬牛走失,"嘶"指傷病。

睡虎地秦簡《秦律十八種》簡16—20《廄苑律》的內容與此處嶽麓簡內容相似,記載的是放牧官府馬牛的過程中,馬牛死亡或走失以及放牧的小隸臣死亡的相關處置規定,二者可以相互比較印證。現將睡虎地秦簡的相關內容摘錄如下:

> 將牧公馬牛,馬【牛】死者,亟謁死所縣,縣亟診而入之,其入之其弗亟而令敗者,令以其未敗直(值)賞(償)之。其小隸臣疾死者,告其□□之;其非疾死者,以其診書告官論之。其大廄、中廄、宮廄馬牛殹(也),以其筋、革、角及其賈(價)錢效,其人詣其官。其乘服公馬牛亡馬者而死縣,縣診而雜賈(賣)其肉,即入其筋、革、角,及索(索)入其賈(價)錢。錢少律者,令其人備之而告官,官告馬牛縣出之。今課縣、都官公服牛各一課,卒歲,十牛以上而三分一死;不【盈】十牛以下,及受服牛者卒歲死牛三以上,吏主者、徒食牛者及令、丞皆有罪。內史課縣,大(太)倉課都官及受服者。□□③

可以看出,睡虎地秦簡《廄苑律》中的"死""亡"爲二事。

嘶:嶽麓秦簡整理小組釋作"離",與前面的"亡"有重複之嫌,難解。里耶秦簡9-436+9-464有"運食鄉部卒及徒隸有病及論病者即癃"云云,研究者認爲與嶽麓秦簡此處的"嘶"同義,指傷病。④

---

① 睡虎地秦墓竹簡整理小組編:《睡虎地秦墓竹簡》,釋文部分第60頁。
② 陳松長主編:《嶽麓書院藏秦簡(伍)》,第214頁。
③ 睡虎地秦墓竹簡整理小組編:《睡虎地秦墓竹簡》,釋文部分第24頁。
④ 王可:《〈嶽麓書院藏秦簡(伍)〉第三組集釋及相關問題研究》,第28頁。

【3】別

［疏證］

別：分離。從上下文義看，"別"在此處的意思可能是指將吏所監領的徒隸及馬牛羊等中途有一部分由於某種原因，離開了原來的隊伍，前往他處去了。因爲隊伍人數及馬牛羊數量發生了變化，所需人畜給養數量也隨之發生變化，所以領隊的官吏要及時上報沿途所經縣廷，對其所持作爲沿途通行及取得給養憑證的傳上的信息，進行更改。

【4】將吏

［疏證］

將吏：領隊的官吏，這裏指的是負責監領下文"人馬牛羊"的官吏。

【5】輒自言縣官

［疏證］

輒自言縣官：立即向當地縣廷匯報。縣官：此處指的是"將吏"所監領的人馬牛羊隊伍沿途所經過的縣廷。因爲他所監領的隊伍組成人數或牲畜數發生了變化或需要治療休整等情況，需要所在地縣廷幫助，有的信息也需要在傳上及時體現，所以要及時和當地政府取得聯繫。《嶽麓伍》簡323—325還記載一則服役者在行役途中生病或由於天氣原因滯留而與官府溝通聯繫的規定，可以與簡290此處的規定相互補充。現將相關簡文摘録如下：

> 郡守及縣官各以其事難易〈易〉、道里遠近，善爲期。有失期及竊去其事者，自一日以到七日，貲二甲；過七日，贖耐；過三月耐爲隸臣，其病及遇水雨不行者，自言到居所縣，縣令獄史診病者令、丞 前，病有瘳自言瘳所縣，縣移其診牒及病有瘳、雨留日數，告其縣官，縣官以從事診之，不病，故□①

參看《嶽麓伍》簡323—325疏證。

【6】以實署

［疏證］

以實署：據實記録。

【7】當稟者數

［疏證］

當稟者數："將吏"所監領的需要領取口糧或飼料的實際人馬牛羊的數量。

---

① 陳松長主編：《嶽麓書院藏秦簡（伍）》，第206頁。

簡文大意

憑所持傳沿途領取廩食借貸口糧者,如果所監領的人員及馬牛羊等牲畜有死亡或離散者,負責官吏要及時主動向當地官府説明情況,當地官府按照實際人數及牲畜數量重新記録在他所持有的傳上,其……

缺簡 54

簡1806+1873(291-292):

●令曰:諸從者[1]有賣買而紿人[2],與盜同灋,有(又)駕(加)其辠一等,耐辠以下有(又)䙴(遷)之[3]。從而奸,皆以強與人奸律論之[4]₂₉₁,耐女子爲隸妾[5]。有能捕若詗告一人,爲除貲戍若罰戍四歲以下一人[6];欲以除它人,許之。其舍人、同食[7],見其紿人₂₉₂

【1】從者

[疏證]

從者:隨從。秦簡中的"從者",有時指的是合縱反秦者,但此處似乎不是。從上下文看,似乎是官吏或有地位者之隨從。孟峰亦曰:"據文義,'從者'爲中性詞,之所以加重'從者'犯罪之後的處罰,應是源於其特殊的依附關係。我們懷疑此'從者'似是官員隨從人員的泛稱,包括僕、養、舍人等。"①

【2】有賣買而紿人

[疏證]

整理小組釋文原作"紿(詒)",把"紿"讀作"詒",其實没有必要,讀本字即可,"紿"本身就有欺詐之意。張家山漢簡《二年律令》簡261-262《關市律》:

> 諸詐(詐)紿人以有取,及有販賣買買而詐(詐)紿人,皆坐臧(贓)與盜同法,罪耐以下有(又)䙴(遷)之。有能捕若詗吏,吏捕得一人,爲除戍二歲;欲除它人

---

① 孟峰:《秦簡牘"從人"考論》,《史學月刊》2021年第4期,第22頁。

者,許之。①

可以看出,《二年律令》中的規定與此處的秦令有多處相似:一、兩者都提到買賣中搞欺詐者與盜同法處理;二、耐罪以下又遷之;三、能主動抓捕或向官吏舉報可免除貲戍或罰戍,以此免除他人罪過也可以。同一段律令之中有多處相同或相似的表述,説明二者之間存在着一定的傳承關係。嶽麓秦令是針對"從者"在隨從活動中出現的不法行爲(包括商業行爲)作出的規定,《關市律》是單純針對商業行爲作出的規定。我們推測,在嶽麓秦令所處的時代,專門懲處商業交易中欺詐行爲的法律條款本身就已經存在了,此處有關從者的秦令只是吸收了其相關内容而已。故漢初《關市律》繼承的多半是前朝的《關市律》類的内容,與秦令的巧合只是二者都吸收了相同的内容而已。

【3】罨(遷)之

[疏證]

"罨(遷)之"之後,嶽麓秦簡整理小組原標點爲逗號,今改爲句號。前後是兩種行爲,前者針對的是隨從過程中的商業欺詐行爲,後者("從而奸"至"耐爲隸妾")針對的是隨從過程中的男女奸情,且下文"皆以强與人奸律論之",也只是針對其上文"從而奸"而言。故"從而奸"與之前的"耐皋以下有(又)罨(遷)之"之間,當以句號斷開爲宜。

【4】皆以强與人奸律論之

[疏證]

强與人奸律:有關强與人奸的法律。睡虎地秦簡《法律答問》簡075:"臣强與主奸,可(何)論?比毆主。"②

"皆以强與人奸律論之"之後,嶽麓秦簡整理小組原標點爲句號,今改爲逗號。

【5】耐女子爲隸妾

[疏證]

如果簡292與291編聯無誤的話,那麽"耐女子爲隸妾"應當屬上讀,説的是隨從過程中的男女奸情問題。那麽,"耐女子爲隸妾"之後,整理小組原標點爲逗號屬下讀,就是不合適的,當改爲句號。因爲下文説的是針對以上兩種情況,如能及時舉報或制止,當如何獎勵云云,又是另一層意思。

---

① 彭浩、陳偉、[日]工藤元男主編:《二年律令與奏讞書——張家山二四七號漢墓出土法律文獻釋讀》,第196頁。
② 睡虎地秦墓竹簡整理小組編:《睡虎地秦墓竹簡》,釋文部分第111頁。

【6】爲除貲戍若罰戍四歲以下一人

[疏證]

"爲除貲戍若罰戍四歲以下一人"與下文"欲以除它人"相對,因此此處説的當是立功者本人。意思是説,如果有人能"捕若詗告一人",作爲獎勵,如果應受獎勵者有"貲戍"或"罰戍"四年以下的情況,官府可以免除其貲戍或罰戍。"爲除貲戍若罰戍四歲以下一人"之後,嶽麓秦簡整理小組原標點爲逗號,今改爲分號。

【7】同食

[疏證]

同食:同竈共炊之人,類似後世所謂的"同火(伙)"。睡虎地秦簡《秦律雜抄》簡12–13:"軍人買(賣)禀禀所及過縣,貲戍二歲;同車食、敦(屯)長、僕射弗告,戍一歲。"睡虎地秦簡整理小組注:"同車食,指同屬一車一起領食軍糧的軍人。"①"同車食"與"同食"意義相近,或許"同食"就是"同車食"的省略也未可知。

簡文大意

令曰:吏之隨從人員在買賣活動中有欺詐行爲,按照與盜竊同樣的法律論處,並加罪一等,處罰在耐罪以下者又處以遷刑。隨從過程中發生奸情,都按照强奸罪論處,其中女子耐爲隸妾。同行之人如能抓獲或舉報以上行爲者,可以爲之免除貲戍或罰戍四歲以下處罰一人,想用來免除其他人,也可以。同行的舍人、同食之人看見同行者騙人……

缺簡 55

簡1874+1861(293—294):

●令曰:諸有乘馬者,毋敢步[1]遠行衝道[2]。行衝道過五日〈百〉里[3],貲一甲。吏及守吏[4]六百石以上已受令[5],未有乘車293、僕、養、舍人,毋傳(使)召[6]車馬,舍所官[7]令人爲召車馬[8]。其行官[9]中、寺[10]中或將徒卒

---

① 睡虎地秦墓竹簡整理小組編:《睡虎地秦墓竹簡》,釋文部分第82頁。

行衝道及有它故 行 衝 道 若 謁 ₂₉₄

【1】步

　[疏證]

　步:《説文·步部》:"行也。"① 此處説的對象是"諸有乘馬者",所以這裏的"步"不是指"步行",而是指騎馬行進。

【2】衝道

　[整理小組注]

　衝道:大道。睡虎地秦簡《法律答問》:"盜賊殺傷人衝術。"此處疑指專供六百石以上官吏使用的道路。②

　[疏證]

　"衝道"之後,嶽麓秦簡整理小組原標點爲逗號,今改爲句號。前後爲兩層意思,前面説的是諸有乘馬者不得在衝道上遠行,也就是説不能長時間在衝道上行車,後面説的是如果違反了規定,在衝道上行車超過五百里,將被處罰一甲。

　行衝道:行於衝道。這裏的"行"強調的是一種狀態,在"衝道"上行進。這裏的"衝道"顯然指的是一種特定的道路,並非一般的"大道",不是誰都可以在上面行走的。嶽麓秦簡整理小組解釋爲"疑指專供六百石以上官吏使用的道路",雖然未必正確,但思路是對的,至少算是可備一説。

【3】五日〈百〉里

　[整理小組注]

　五日里:或理解爲五日所走的里程。③

　[疏證]

　嶽麓秦簡整理小組既然在圖版釋文中認爲"日"爲"百"字之誤,却又在注釋中按照"五日里"來解釋,前後矛盾不統一。另外,把"五日里"解釋爲"或理解爲五日所走的里程",這種表述方式甚是少見,還不如解釋爲"五百里"的可能性更大。

【4】守吏

　[疏證]

　守吏:代理職官。

---

① 段玉裁:《説文解字注》,第120頁。
② 陳松長主編:《嶽麓書院藏秦簡(伍)》,第214頁。
③ 同上注。

【5】受令

[疏證]

此"受令"指六百石以上官吏受令外出執行公務。下文"未有乘車、僕、養、舍人",是説受令者没有配備車輛和僕從。

【6】召

[疏證]

召:徵召。這裏指置辦、配備之義。

【7】舍所官

[疏證]

舍所官:即"所舍官",似乎指驛站之官。

【8】車馬

[疏證]

"車馬"之後,嶽麓秦簡整理小組原標點爲逗號,今改爲句號。

【9】官

[疏證]

此字嶽麓秦簡整理小組原釋作"宫",今從陳偉説改。陳偉曰:"原釋文作'宫'。此字(H)左側殘泐,僅憑字形,釋'官'、釋'宫'均有可能。選擇釋'官'的理由有二:其一,秦漢律令中,'官'與'寺'屢相對言,分别指官府和官舍。如嶽麓秦簡伍255號簡:'及毋敢以女子爲葆(保)庸,令炊養官府、寺舍。'張家山漢簡《二年律令》4—5號簡:'賊燔城、官府及縣官積冣(聚),棄市。賊燔寺舍、民室屋廬舍、積冣(聚),黥爲城旦舂。其失火延燔之,罰金四兩,責所燔。……'410號簡:'縣道官敢擅壞更官府、寺舍者,罰金四兩,以其費負之。'其二,'吏及守吏六百石以上已受令未有乘車、僕、養、舍人',其'行官中'屬於常態,'行宫中'則應是特别情形,簡文須有必要的説明。"①

【10】寺

[疏證]

寺:官舍。《嶽麓肆》簡175—176:"内史襎律曰:黔首室、侍(寺)舍有與廥、倉、庫、實官補屬者,絶之,毋下六丈。它垣屬焉者,獨高其侍(置),不從律者,貲二甲。"②嶽麓秦

---

① 陳偉:《〈嶽麓書院藏秦簡(伍)〉殘字試釋》,《江漢考古》2018年第4期,第123頁。
② 陳松長主編:《嶽麓書院藏秦簡(肆)》,第126頁。

簡整理小組注:"侍(寺)舍:官舍。《張家山漢簡·二年律令·徭律》:'縣道官敢擅壞更官府寺舍者,罰金四兩,以其費負之。'"①

簡文大意

令曰:(官吏)有乘馬的,不得在衝道上長途步行,在衝道步行超過五百里,貲罰一甲。官吏和代理官吏六百石以上者,已經接收到上級任務指令需要出發,却没有乘坐的車輛、駕車人員、炊事人員及舍人,不要讓他自己找車馬,由所在驛站爲他配備車馬。其行經官府中、官舍中或帶領徒卒在大道上行走,及由於其他原因在大道上行走,或謁見……

缺簡56

簡1884(295):

●令曰:吏父母死,已篡(葬)一月[1];子、同產[2],旬五日[3];泰父母及父母同產死[4],已篡(葬)五日,之官[5]。官去家五百里以上,父母妻死 295

【1】已篡(葬)一月

[疏證]

已篡(葬)一月:承下文,知"已篡(葬)一月"之後省略"之官"二字。也就是説,吏因父母去世,請假回鄉料理喪事,去世者下葬一個月之後,吏才啓程返回工作崗位。也就是説,葬禮之後,吏還可以在家待一個月。

【2】子、同產

[疏證]

子、同產:即"吏之子、同產死"之省。

【3】旬五日

[疏證]

旬五日:當爲"已葬旬五日,之官"之省。意思是説,如果吏之子女、同產在吏任職

---

① 陳松長主編:《嶽麓書院藏秦簡(肆)》,第169頁。

期間去世,吏返回參與料理喪事,下葬之後還可在家待十五日,然後返回工作崗位。

【4】泰父母及父母同産死

[疏證]

泰父母及父母同産死:即"吏之泰父母及父母同産死"。

【5】已葬(葬)五日,之官

[整理小組注]

之官:猶言到官府報到。張家山漢簡《二年律令·置後律》:"父母及妻不幸死者已葬卅日,子、同産、大父母、父母之同産十五日之官。"①

[疏證]

已葬五日,之官:嶽麓秦簡整理小組原標點作"已葬,五日之官",今改。其實,整理者的句讀前後矛盾。前文已經把"已葬一月"連讀,此處却把"已葬"與"五日"斷讀,這是很明顯的疏忽。

之:動詞,到。《爾雅·釋詁上》:"之,往也。"邵晉涵正義曰:"《説文》云:'之,出也。'《碩鼠》云:'誰之永號。'鄭箋云:'之,往也。'"②

官:官署,任所。《禮記·玉藻》:"凡君召以三節,二節以走,一節以趨,在官不俟屨,在外不俟車。"鄭玄注:"官,謂朝廷治事處也。"③

李蓉、楊勇等人雖然沒有注意到整理者在"已葬五日之官"句讀上的疏忽,但對這句話的理解還是正確的。他們都認爲"之官"是"前往官府",而不是"到達官府"。④楊勇的分析和歸納更全面一些,摘錄如下,可參考:

> 第一,官吏服喪的對象。主要包括直系親屬中的父母、子、泰父母,旁系親屬中的同産、父母同産。相對於五服制度中龐大、複雜的親屬關係,令文所規定的親屬關係則簡略得多,間接反映出秦代的家庭結構和親屬範圍。
>
> 第二,服喪時間。根據文例,"一月""旬五日"後均省略了"之官"二字。如此,則官吏喪假從已葬之後開始計算,喪畢仍要返回原署,操辦喪事的時間不計算在喪假之内。朱錦程認爲之官的時長也包含在喪假之内,"五日之官"即葬後五日内返回官署。此説恐不確。
>
> 第三,喪假分爲三等,時長的確定以親等爲依據。父母之喪,喪假最長,達一個月,而且父喪、母喪所給喪假期限相同。子以及同産兄弟死,吏有十五日喪假。祖父母及父母之兄弟死,吏有五日喪假。這種時限之隆殺即是當時服等的一種反映。

---

① 陳松長主編:《嶽麓書院藏秦簡(伍)》,第214頁。
② 邵晉涵:《爾雅正義》,中華書局2017年版,上册,第30頁。
③ 孔穎達:《禮記正義》,中册,第1226頁。
④ 李蓉:《〈嶽麓書院藏秦簡(伍)〉集釋及相關專題研究》,第174頁。

如然,秦代的服等以及根據服等所制定的服喪時限與儒家所倡導的喪服制度有着明顯的差别。

第四,遠地爲官者在喪假上有所優待。官吏去家五百里以内喪假的對象不包括妻子,五百里以上增加了妻子的喪假,屬於對遠地爲官者的優恤。[①]

這裏面有兩個問題有必要繼續研究。一個就是假期的時長問題。嶽麓秦簡此處提到的"一月""旬五日""五日"等,我們也同意是指葬後算起的休假日期,而非返程時間。但實際上從嶽麓秦簡其他的記載可知,官吏放假往返的時間没有統一的規定,是因爲離家遠近不一,没法統一規定。但往返的每日行進速度却是有明確規定的,這樣實質上同樣算是確定了往返的時長。從這個意義上講,即使把往返時間也計算在放假時間之内,也是可以準確計算出來的。

不過,若按照楊勇所說"操辦喪事的時間不計算在喪假之内",這個假期官府就很難精確管理了。至於是否如此,或秦朝政府還有其他的控制措施,就需要進一步研究了。另外,所謂"根據服等所制定的服喪時限與儒家所倡導的服喪制度有着明顯的差别"等等,似乎是想説不符合儒家思想云云,其實也過於拘泥。儒家經典的記載在具體實踐中因時因地因具體情勢,都會有所不同,何況文獻記載本身就具有一定的理想色彩,我們在具體研究中也應更多地從總體上把握,不宜輕下結論。

簡文大意

官吏的父母死亡,下葬一個月後,返回本官署報到;子女、兄弟姐妹死亡,下葬十五日後返回本官署報到;祖父母及父母的兄弟姐妹死亡,下葬後十五日後返回本官署報到。所任職官署離家五百里以上者,父母妻子死亡,……

缺簡 57

簡 1150+1690+J41(296—298):

●令曰:郡及中縣[1]官吏千石下[2]繇(徭)傳(使)[3],有事它縣官而行,聞其父母死,過咸陽者,自言□□□□296已,復之有事所[4]。其歸而已葬(葬)[5]

---

① 楊勇:《秦簡牘所見秦代吏民的休假》,《簡帛研究二〇二一(秋冬卷)》,第112頁。

者,令居家五日[6],亦之有事所⌐。其不過咸陽者,自言過所縣官[7],縣官聽書 297
言亦遣歸如令[8]。其自言縣官,縣官爲致書[9],自言丞相,丞相爲致書,皆詣其
居縣[10],居縣以案□☒ 298

【1】中縣

[疏證]

中縣:即中縣道。參見《嶽麓肆疏證》簡054注及疏證。①周海鋒推測簡296—289
的內容,可能歸屬於《遷吏令》。②

【2】下

[疏證]

下:以下。

【3】䌛(徭)俥(使)

[疏證]

䌛(徭)俥(使):此處指公幹出差。參見本書簡030"去䌛(徭)使"注及疏證。

【4】有事所

[疏證]

有事所:出差公幹的地方。這裏指前文提到的"有事它縣官"的"它縣官"。官吏
本來是"有事它縣官",也就是在它縣出差,但聽聞家中親人去世,故請假返鄉處理喪
事。在喪事處理完畢之後,又返回原來出差的地方,繼續完成未完成的任務。"復之有事
所"之後,嶽麓秦簡整理小組原標點爲逗號,今改爲句號。

【5】已𦵏(葬)

[疏證]

已𦵏(葬):完成葬禮。"已"在此當作動詞解,"已葬"是説辦完喪事。"已"不當作
副詞"已經"解,不是説官吏回到家的時候,人已經下葬了,葬禮已經辦完了。

【6】居家五日

[疏證]

居家五日:此條令文説得很明白,死者下葬之後,吏可以在家待五天,然後再動身返
回工作崗位。正好對應和解釋了《嶽麓伍》簡295"已葬,五日之官"的説法,證明"五

---

① 朱紅林:《〈嶽麓書院藏秦簡(肆)〉疏證》,第65頁。
② 周海鋒:《嶽麓書院藏秦簡〈遷吏令〉研究》,《簡帛研究二○一九(春夏卷)》,第109頁。

日之官",是五日之後前往官府,而不是五日内到達官府。

【7】過所縣官

[疏證]

過所縣官:即"所過縣官",也就是所經過的縣道,與前文"不過咸陽"相對。東漢以後,"過所"常被用作通關證明文書。① 但嶽麓簡此處顯然不宜作文書名理解。

【8】遣歸如令

[疏證]

"遣歸如令"之後,整理小組原標點爲逗號,今改爲句號。

【9】致書

[疏證]

致書:歸家之憑證文書。睡虎地秦簡《秦律雜抄》簡35:"冗募歸,辭曰日已備,致未來,不如辭,貲日四月居邊。"睡虎地秦簡整理小組注:"致,文券,參看《秦律十八種》中的《田律》'乘馬服牛稟'條注。據簡文,應募到邊境服役的軍士期滿回鄉,照例邊境有關方面應送來證明的文券。"②

【10】居縣

[疏證]

居縣:户籍所在縣。

簡文大意

令曰:地方郡縣及中縣道官吏千石以下者因公出行,到其他縣辦理公事,聽聞其父母死亡,如果是從咸陽經過,本人上書自述……喪事完畢之後,再返回原來出差辦理公事的地方繼續完成工作。官吏返回家鄉,處理完畢喪事,允許其在家停留五日,也要返回到原來出差地繼續完成工作。如果不經過咸陽,則本人向所經過縣道官政府說明情況,縣道官按照他的報告所匯報情況,也會根據規定安排其歸家。官吏出差途中聽聞父母喪事,向所過縣道官打報告,當地縣道官就爲之發放歸家憑證;向丞相打報告,丞相就爲之發放歸家憑證。所發放的歸家憑證文書,都要上交其户籍所在縣,户籍所在縣以案……

---

① 沈剛:《居延漢簡語詞匯釋》,科學出版社2008年版,第75—76頁。
② 睡虎地秦墓竹簡整理小組編:《睡虎地秦墓竹簡》,釋文部分第88頁。

缺簡58

簡1915（299）：

●令曰：縣官相付受[1]，道遠不能以付受之歲計[2]，而隤計[3]者，屬所執灋[4]輒劾窮問[5]，以留乏發徵律[6]論坐者[7]₂₉₉。

【1】相付受

[疏證]

相付受：金錢、物資或數據的相互交付。里耶秦簡中此類記載多見，如里耶秦簡V9-2II-III："今爲錢校券一上，謁言洞庭尉，令不狀署所縣責，以受陽陵司空——司空不名計。問何縣官計付，署計年爲報。"①其中解讀有爭議的地方很多，但强調數據交接統計的年度界限則是毫無疑問的。

【2】以付受之歲計

[疏證]

以付受之歲計：進入當年物資或金錢付受的年度統計。"歲計"整理小組標點原屬下讀，不合適，當以屬上讀爲宜。部門之間因路途遥遠，數據不能及時送達編入本年度統計數據中，即所謂"受之歲計"，因而不得不下推編入次年統計中，故稱"隤計"。

【3】隤計

[疏證]

隤計：延遲統計。《嶽麓肆》簡254："繇（徭）多員少員，積（隤）計後年繇（徭）戍數。"嶽麓秦簡整理小組注："頽，通'隤'。《廣雅・釋詁》：'隤，下也。'頽（隤）計後年，下推到此（案，'此'爲'次'之誤）年計算。《張家山漢簡・二年律令・徭律》：'戍有餘及少者，隤後年。'"②睡虎地秦簡《秦律十八種》簡70-71《金布律》："官相輸者，以書告其出計之年，受者以入計之。八月、九月中其有輸，計其輸所遠近，不能逮其輸所之計，□□□□□□移計其後年，計毋相繆。工獻輸官者，皆深以其年計之。"③"移其計後

---

① 陳偉：《里耶秦簡牘校釋（第2卷）》，第9頁。
② 陳松長主編：《嶽麓書院藏秦簡（肆）》，第174頁。
③ 睡虎地秦墓竹簡整理小組編：《睡虎地秦墓竹簡》，釋文部分第37頁。

年",即"隤計後年"。這就是一個比較典型的因機構之間道路遥遠物資交接不能在年度統計之内完成而移計次年的例子。

【4】執灋

[疏證]

灋：嶽麓秦簡整理小組釋文原作"法"，當爲筆誤。

【5】刼窮問

[疏證]

刼窮問：提出指控，深入調查。刼：告刼。一般是官方提出指控，指控對象也多以官方人員爲主。窮：窮盡，深入。問：調查。

【6】留乏發徵律

[疏證]

留乏發徵律：延誤缺席國家有關徭役賦税徵發事務的法律。留：滯留延誤。乏：缺席。發徵：指賦役徵發。"留乏"在這裏爲動詞，"發徵"在這裏爲名詞，作"留乏"的賓語。睡虎地秦簡《秦律十八種》簡115《徭律》："御中發徵，乏弗行，貲二甲。失期三日到五日，誶；六日到旬，貲一盾；過旬，貲一甲。"説的就是"留乏發徵"的情况。"乏"，睡虎地秦簡整理小組注："乏，廢。《急就篇》顔注：'律有乏興之法，謂官有所興發而輒稽留，乏其事也。'"①"乏弗行"，説的是没有執行"發徵"任務，當然就是"乏"。"失期三日到五日，誶；六日到旬，貲一盾；過旬，貲一甲"，説的則是執行但是延誤了任務進度，没有按時完成，則屬於"留"。

【7】坐者

[疏證]

坐者：這裏指因未能及時交接物資或數據而導致數據不能納入本年度統計的責任者。

簡文大意

令曰：官府之間相互交付接受（物資或數據），如果因爲路途遥遠不能計入本年度的統計數據，而延遲到下一年度統計中，所屬執灋應對此提出彈刼，並深入追究原因，依據滯留空缺發徵的律令處理有關責任人。

---

① 睡虎地秦墓竹簡整理小組編：《睡虎地秦墓竹簡》，釋文部分第47頁。

缺簡₅₉

簡1919+缺簡₆₀+0005（300—301）：

●令曰：南陽[1]守言：發[2]吏捕皋人、報囚[3]、封診[4]及它諸（？）官□□□□者，皆令得與書史[5]、隸臣[6]、它所與捕吏徒[7]₃₀₀（缺簡₆₀）☒□令·丞相議：如南陽議[8]，它有等比。——₃₀₁

【1】南陽

[整理小組注]

南陽：郡名。秦昭王三十五年（前272）年置，治宛縣（今河南南陽）。①

【2】發

[疏證]

發：嶽麓秦簡整理小組原釋作"興"，今從齊繼偉、陳偉說改。② 發，派遣。《戰國策·齊策一》："王何不發將而擊之？"高誘注："發，遣。"③

【3】報囚

[疏證]

報：判決，按律定罪。《說文·幸部》："報，當辠人也。"段玉裁注："司馬彪《百官志》曰：'廷尉掌平獄，奏當所應。凡郡國讞疑罪，皆處當以報。'《史記·張釋之列傳》曰：'廷尉奏當，一人犯蹕，當罰金。'又曰：'廷尉當。'是也。又路溫舒上書曰：'奏當之成。'司馬貞引崔浩云：'當謂處其罪也。'按，當者，漢人語；報亦漢人語。《漢書·張湯傳》曰：'訊鞫論報。'蘇林注《蘇建傳》曰：'報，論也。斷獄為報。'是則處分其罪以上聞曰'奏當'，亦曰報也。引申為報白，為報復。又叚為赴疾之赴，見《少儀》《喪服小記》。今俗云'急報'是也。"④

囚：嶽麓秦簡整理小組原釋作"日"，今從陳偉說改。陳說曰："《漢書·酷吏傳·嚴

---

① 陳松長主編：《嶽麓書院藏秦簡（伍）》，第214頁。
② 齊繼偉：《讀〈嶽麓書院藏秦簡（伍）〉札記（二）》，武漢大學簡帛網2018年3月9日。陳偉：《〈嶽麓書院藏秦簡（伍）〉殘字試釋》，《江漢考古》2018年第4期，第123頁。
③ 劉向：《戰國策》，上海古籍出版社1985年版，上冊，第328頁。
④ 段玉裁：《說文解字注》，第867頁。

延年》：'初，延年母從東海來，欲從延年臘，到雒陽，適見報囚。'顏師古注：'奏報行決也。'作爲司法環節，報囚可與捕、封診並言，相關文句應讀作：'發吏捕辠人、報囚、封診及它諸（？）官□□□者'。"①

【4】封診

[整理小組注]

封診：查封、案驗。睡虎地秦簡有《封診式》。②

[疏證]

陳公柔對《封診式》之"封診"有詳細解釋：

> 封，即封存、封守，以便進一步偵查、審理。封守對象，包括看押有關人犯，犯罪、肇事現場、凶器等等。例如《封診式》："以律封守之，到以書言。"《封診式》："某等皆言曰：甲封具此，毋它當封者。即以甲封付某等，與里人更守之。"又如《洗冤集錄》卷一云："凡行凶器仗，索之少緩，則奸囚之家，藏匿移易，粧成疑獄，可以免死，干係甚重。初受差委，先當急急收索；若早出官，又可參照痕傷大小闊狹，定驗無差。"上述兩種例證，均在於防止移動犯罪現場及有關人犯逃逸，必須首先封死不動。
>
> 診，指勘察、檢驗。一指診視。《說文》："診，視也。"《史記·倉公列傳》"診切其脈"指醫學上的診視。《後漢書·王喬傳》："詔上方診視。"注："診亦視也。"一指診驗。《玉篇》："診，驗也。"《急就篇》卷四："變鬥殺傷捕伍鄰，亭長游徼共雜診。"注云："雜，猶參也。診，驗視也。有被殺傷者，則令亭長與游徼相參而診驗之，知其輕重曲直也。"此診即驗看。《漢書·佞幸傳·董賢》："即日，賢與妻皆自殺，家惶恐夜葬。莽疑其詐死，有司奏請發賢棺，至獄診視。……賢既見發，贏診其屍，因埋獄中。"師古注云："謂發冢取其棺柩也。診，驗也。"董賢死後，王莽令人裸露診屍，此診皆對犯人而言，即《急就篇》所云"亭長游徼共雜診"之診也。《封診式》之診，當屬此義。③

【5】書史

[疏證]

書史：或指專門負責登記的史官。因爲查封罪人家產，需要專門的統計人員，故派"書史"前往。秦漢簡中的"史"類職官多與從事文字工作有關，至少具備這方面的技能。《周禮》一書中各個職能部門下多設有"史"，就是負責文字記錄工作的，這個特點在《周禮》職官設置中很突出。此處的"書史"也許更專業一些，與普通的"史"還是有

---

① 陳偉：《〈嶽麓書院藏秦簡（伍）〉殘字試釋》，《江漢考古》2018年第4期，第123頁。
② 陳松長主編：《嶽麓書院藏秦簡（伍）》，第214頁。
③ 陳公柔：《先秦兩漢考古學論叢》，文物出版社2005年版，第215頁。

所不同。"書史"亦見於《嶽麓伍》簡261—262 "令得與書史、僕、走乘,毋得驂乘"。①

【6】隸臣

[疏證]

隸臣:這裏指參與抓捕的官府徒隸。睡虎地秦簡《封診式》簡50—51《告子》:"爰書:某里士五(伍)甲告曰:'甲親子同里士五(伍)丙不孝,謁殺,敢告。'即令令史己往執。令史己爰書:與牢隸臣某執丙,得某室。丞某訊丙,辭曰:'甲親子,誠不孝甲所,毋(無)它坐罪。'"整理小組注:"牢隸臣,據簡文係在牢獄服役的隸臣。"②"與牢隸臣某執丙",就是説牢隸臣某參與了抓捕任務。嶽麓秦簡此處的"隸臣"亦屬於此類人員。仔細比較之下,我們甚至可以發現,嶽麓秦簡此處的"書史"與《封診式》中負責抓捕任務的"令史"角色亦完全相同。睡虎地秦簡中各級官府中設置的"史"與《周禮》中的官府各部門設置的"史"職責特點相同,都具有從事文字記録的特徵。因此嶽麓秦簡"書史"之稱是專有稱呼還是偶一爲之,還不好説。或許它所謂的"書史"指的就是令史,亦未可知。

【7】它所與捕吏徒

[疏證]

它所與捕吏徒:其他所參與抓捕的吏徒。與:參與。

【8】丞相議:如南陽議

[疏證]

丞相議:如南陽議,丞相府的意見是同意南陽太守上奏的意見。前文説"南陽守言",後文稱之爲"南陽議",其間的轉換表述值得注意。這兩個"議"的含義相同,都是指討論的結果,同時對皇帝而言還具有"建議"的性質,並非"決議",因爲最終的決定權在皇帝的手中。

簡文大意

南陽郡守上言:派遣吏徒抓捕罪人,判決下達之日,查封罪人財産及其他官方……者,都可以與書史、隸臣以及其他參與抓捕的吏徒……丞相府意見:同意南陽的奏議,其他情況照此辦理。——

---

① 陳松長主編:《嶽麓書院藏秦簡(伍)》,第184頁。
② 睡虎地秦墓竹簡整理小組編:《睡虎地秦墓竹簡》,釋文部分第156頁。

簡1954+2141(302—303):

●令曰[1]：河間守言[2]：河間以葦及蔡薪[3]夜[4]。議：令縣官賣葦及蔡薪，入錢縣官□及□□□□□302府夜治書[5]。丞相議：許[6]。它比御史請[7]。諸它所以夜爲燭物[8]而欲賣以責[9]□□□□□□□□☑303

【1】令曰

[疏證]

斟酌上下文義，"令曰"指的應是其後簡302—303所有的内容，也有可能截止到"它比御史請"。"議"針對的是"河間守言"的内容。

【2】河間守言

[整理小組注]

河間：郡名。具體設置時間及郡治未詳。①

[疏證]

嶽麓秦簡整理小組"河間守言"之後原標點爲逗號，按照本書標點慣例，"河間守言"之後當改爲冒號。如《嶽麓伍》簡013"叚（假）正夫言"、簡014"御史言"、簡035"御史言"、簡073"泰山守言"、簡087"斯言"等等。②

【3】蔡薪

[疏證]

蔡：野草。《説文•艸部》："蔡，艸丰也。"段玉裁注："丰，讀若介。丰字本無，今補。四篇曰：'丰，艸蔡也。'此曰'蔡，艸丰也'，是爲轉注。艸生之散亂也。"③上博簡《容成氏》簡18有"田無蔡"，整理者亦以爲指野草。④

薪：作爲燃料的柴草。《漢語大字典》："薪，作燃料的木材。《説文•艸部》：'薪，蕘也。'《玉篇•艸部》：'薪，柴也。'《詩•齊風•南山》：'析薪如之何？匪斧不克。'《左傳•昭公二十年》：'藪之薪蒸，虞候守之。'陸德明釋文：'麤曰薪，細曰蒸。'《禮記•月令》：'（季冬之月）乃命四監收秩薪柴，以共郊廟及百祀之薪燎。'鄭玄注：'大者可析謂之薪，小者合束謂

---

① 陳松長主編：《嶽麓書院藏秦簡（伍）》，第214頁。
② 同上注，第43、50、63、68頁。
③ 段玉裁：《説文解字注》，第69—70頁。
④ 馬承源主編：《上海博物館藏戰國楚竹書（二）》，上海古籍出版社2002年版，第264頁。

之柴。薪施炊爨,柴以給燎。'唐白居易《賣炭翁》:'賣炭翁,伐薪燒炭南山中。'"①

蔡薪:以蔡草作爲燃料。

【4】夜

[整理小組注]

夜:燃燒。睡虎地秦簡《秦律十八種·田律》:"毋敢夜草爲灰。"②

[疏證]

睡虎地秦簡整理小組曾釋"夜草爲灰"之"夜"爲"擇"。陳偉主編的《秦簡牘合集·釋文注釋修訂本(壹)》收録了三種意見,除睡虎地秦簡整理小組的意見之外,還有"燔燒""漬液"兩種意見:

> 夜,整理者:疑讀爲擇。夜草爲灰,意爲取草燒灰,作爲肥料。《禮記·月令》:仲夏月"毋燒灰"。秋非(1989)讀爲"炙",燒也。"夜"與"炙"古音相近。李學勤(1994,121頁)對照張家山竹簡漢律《田律》,認爲"夜"字應爲"燔"或其同義字之誤。陳偉武(1998B):讀爲畬。《廣韻·麻韻》:"畬,燒榛種田。"根據秦簡,知夏季方可實行火耕。《田律》所謂"不夏月,毋敢夜草爲灰",是説除了夏季之月,不敢畬草爲灰。《月令》謂仲夏之月"毋燒灰,毋暴布",與燒草爲灰以肥田自是不同。劉桓(1998)讀爲液,漬液之意。《考工記·弓人》"凡爲弓,冬析幹而春液角",鄭司農云:"液讀爲醳。""夜草"既(案:當爲"即"之誤)讀爲"液草",當釋爲以水殄草的漚肥方法。趙久湘(2011,19頁):"夜"的本字,應是"燔"的同義詞"爇",意思是"燒"。③

現在從嶽麓秦簡的令文文義來看,"夜草"之"夜"當以"燔燒"爲是。

【5】府夜治書

[疏證]

府夜治書:官府晚上作爲燭物點燃照亮,處理文書。"府夜治書"之後,整理小組原標點爲逗號,今改爲句號。

【6】丞相議:許

[疏證]

丞相議:許,整理小組原連讀作"丞相議許",今改爲"丞相議:許"。"許"字之後,整理小組原標點爲逗號,今改爲句號。"丞相議"的內容當包括"河間守言"的內容和其後"議:令縣官賣葦及蔡薪,入錢縣官□及□□□□□府夜治書"等內容。

---

① 漢語大字典編輯委員會編纂:《漢語大字典(第2版)》,第3525頁。
② 陳松長主編:《嶽麓書院藏秦簡(伍)》,第214頁。
③ 陳偉主編,彭浩、劉樂賢等撰著:《秦簡牘合集·釋文注釋修訂本(壹、貳)》,第42-43頁。

【7】它比御史請

[疏證]

它比御史請：其他情況都按照御史所奏請的意見處理。"它比御史請"之後，整理小組原標點爲逗號，今改爲句號。

【8】夜爲燭物

[疏證]

夜爲燭物：作爲燭物點燃使用。

【9】責

[疏證]

責：索取，獲取。《嶽麓肆》簡381—382：

> 材官、趣發、發弩、善士敢有相責（債）入舍錢酉（酒）肉及予者，捕者盡如此令，士吏坐之，如鄉嗇夫。貲丞、令史、尉、尉史各一甲。丞相下，尉布，御史議，吏敢令後入官者出錢財酒肉，入時共分歈（飲）食及出者，皆【貲】二甲，責費。

《嶽麓肆》這條律文是關於懲治當時民間或官場中要求新入職者或有其他新成事者花錢請客這種不正之風的法律，其中"相責入舍錢酉（酒）肉"之"責"，就是"索取"之義，與此處《嶽麓伍》簡303"欲賣以責"義同。"欲賣以責"意思就是計劃賣掉獲取（金錢）的意思，故"責"後當有"錢"或"金錢"之類的內容。《嶽麓肆》簡381"相責"之"責"，整理者當時讀作"債"，釋爲"索取"，現在看來還是不合適的。① "債"之"索取"有償還之義，而"相責入舍錢酉（酒）肉"之"責"並非索債，而是強行索要。

簡文大意

令曰：河間郡守上言：河間郡以蘆葦及蔡薪，燃燒照亮。奏議：令地方縣道出賣蘆葦及蔡薪，所得價錢上交官府……官府以之點燃照亮，製作文書。丞相府合議：同意。其他情況比照御史上請。其他可以作爲燭物燃燒使用而想出賣以獲取（金錢）……

缺簡 61

---

① 朱紅林：《〈嶽麓書院藏秦簡（肆）〉疏證》，第391—395頁。

簡J22(304)：

●令曰：治獄有逮[1]宦者顯大夫[2]，若或告之而當徵捕[3]者，勿擅徵捕，必具以其逮告聞[4]。有詔[5]，乃以詔從事[6]304。

【1】逮

[疏證]

逮：及也。《方言》："迨、逮，及也。東齊曰迨。關之東西曰逮，或曰及。"①

【2】宦者顯大夫

[疏證]

宦者顯大夫，睡虎地秦簡《法律答問》簡191："可(何)謂'宦者顯大夫'？宦及智(知)於王，及六百石吏以上，皆爲'顯大夫'。"睡虎地秦簡整理小組注："宦者，此處意爲仕宦者，即做官的人。及，達到。"②嶽麓秦簡整理小組原把"宦者顯大夫"與下文連讀，今以逗號隔開。《嶽麓伍》簡053定陰忠引秦律曰"顯大夫有皋當廢以上勿擅斷，必請之"，可參看。

"宦者顯大夫"的"宦"，睡虎地秦簡整理小組的解釋是很籠統的，因爲這種解釋並沒有指明"仕宦者"與"六百石吏以上者"的區別，所以很難令人釋懷。閻步克在這方面作了進一步的研究。他説：

> 由此我們就看到了一種特殊的職類觀念：擔任"吏"即擔任行政官吏，是爲"仕"；不擔任國家行政、直接奉侍皇帝，是爲"宦"。後代仕、宦通用，先秦到漢初則不盡然，"宦"有時候是特指，是擔任從官，不一定特指閹人。③

這一解釋較好地區分了"宦者"與"仕者"在狹義角度下的區別，爲陳偉主編的《秦簡牘合集・釋文注釋修訂本(壹、貳)》所收録。④

秦令所言，淵源有自。《周禮》有"八議"，即針對統治階層人士的八項司法特權，其中"三曰議賢之辟"，"六曰議貴之辟"，就是説如果所謂的"賢者""貴者"牽涉到刑獄案件，司法部門要慎重考慮，從輕議處。鄭玄注則以漢代的"有罪先請"制度來比喻解說，

---

① 華學誠：《揚雄方言校釋匯證》，中華書局2006年版，上册，第216頁。
② 睡虎地秦墓竹簡整理小組編：《睡虎地秦墓竹簡》，釋文部分第139頁。
③ 閻步克：《從爵本位到官本位：秦漢官僚本位結構研究》，第91頁。
④ 陳偉主編，彭浩、劉樂賢等撰著：《秦簡牘合集・釋文注釋修訂本(壹、貳)》，第256頁。

就是説那些有聲望者（賢者）或者爵位官銜（貴者）達到一定級別的人,牽涉到刑獄案件,法官不能直接前去逮捕他,而是要先向上級或直接向皇帝請示,按照上級或皇帝的批復行事。漢制官吏"有罪先請"的標準之一就是六百石。① 由此可見,漢制也是繼承了秦制而來的。

【3】徵捕

[疏證]

徵捕：抓捕。徵：追究,責問。《左傳·僖公四年》："爾貢苞茅不入,王祭不共,無以縮酒,寡人是徵。"楊伯峻注："猶言寡人徵是。徵,問罪也。《齊世家》改作'是以來責。'"②

【4】必具以其逯告聞

[疏證]

必具以其逯告聞：一定要把宦者顯大夫的涉案情況詳細上奏皇帝。

具,《漢語大字典》："詳盡,一五一十地。《史記·高祖本紀》：'高祖適從旁舍來,吕后具言客有過,相我子母皆大貴。'宋王安石《答司馬諫議書》：'重念蒙君實視遇厚,於反復不宜鹵莽,故今具道所以,冀君實或見恕也。'明袁宏道《華山別記》：'有數衲自華（山）來,道其險甚具。'"③

告聞：上告使知聞。"告聞"之後,嶽麓秦簡整理小組原標點爲逗號,今改爲句號。

【5】有詔

[疏證]

有詔：有詔書下達指示。嶽麓秦簡整理小組原把"有詔"與"乃以詔從事"連讀,今以逗號隔開。

【6】乃以詔從事

[整理小組注]

本簡中個別字據嶽麓秦簡1971簡釋定,兩者内容相同而字體有別。④

[疏證]

嶽麓秦簡整理小組所謂"1971簡"收録於《嶽麓書院藏秦簡（陸）》。《嶽麓陸》編號074,内容爲"令治獄者自今以來,有逯（逮）宦者顯大夫若或告之而當徵捕者,勿擅徵,必具以其逮告聞,有詔乃",⑤可參看。

---

① 孫詒讓：《周禮正義》,第8分册,第3342頁。
② 楊伯峻編著：《春秋左傳注》,第2分册,第317頁。
③ 漢語大字典編輯委員會纂：《漢語大字典（第2版）》,第124頁。
④ 陳松長主編：《嶽麓書院藏秦簡（伍）》,第214頁。
⑤ 陳松長主編：《嶽麓書院藏秦簡（陸）》,第72頁。

乃以詔從事：就根據詔書旨意行事。以：根據。

簡文大意

處理刑獄涉及宦者顯大夫，或者有人舉報他而需要對他進行抓捕時，不要擅自抓捕，一定要詳細向皇帝匯報，等候詔書下達，按照詔書的旨意行事。

缺簡 62

簡 1986（305）：

令曰：縣、都官獄史[1]毋能治獄計讞（䜦）[2]者而官吏[3]有能治獄計讞（䜦）者，令教其縣[4]，縣萬五千户以上毋過二人[5] 305。

【1】縣、都官獄史

[疏證]

縣、都官獄史：縣及都官屬下的獄史。嶽麓秦簡整理小組原把"縣"與"都官"連讀，今以頓號隔開。

【2】治獄計讞（䜦）

[疏證]

治獄計讞（䜦）：處置疑難案件。計：考察，審核。《管子·八觀》："行其田野，視其耕芸，計其農事，而飢飽之國可以知也。"①

【3】官吏

[疏證]

"官吏"之"吏"，齊繼偉釋作"史"，以爲是"吏"之誤寫，故當作"官史〈吏〉"。② 可從。陳偉認爲讀"史"本字即可。他説：

"官吏"之"史"，原釋文釋爲"吏"。齊繼偉釋爲"史"，以爲"吏"字誤寫。今

---

① 黎翔鳳：《管子校注》，上册，第258頁。
② 齊繼偉：《〈嶽麓書院藏秦簡（伍）〉札記（三）》，武漢大學簡帛網2018年3月9日。

按,這處"史"字恐當如字讀。"官吏"疑指在獄以外官署任職的令史。由於獄史也是令史,這裏稱"官吏"以資區別。①

"官吏有能治獄計讞者"與"獄史毋能治獄計讞者"相對,並且簡文還記載説可以讓"官吏有能治獄計讞者"做教官進行培訓能够"治獄計讞"的人才,這説明"獄史"在此處與"官吏"是有區别的。此處的官吏指的是其他崗位上的官吏,這一點我們與陳偉説相同。不過,"官史"一語簡牘中少見,在未發現進一步證據之前,我們認爲讀"官吏"的可能性更大。

【4】縣

[疏證]

"縣"後當略或脱"都官"二字。

【5】萬五千户以上毋過二人

[疏證]

"上"或爲"下"之誤。"萬五千户以下毋過二人",意思是説人口在萬五千户以下的縣以及其中的都官,所培訓的獄史不得超過兩人。"二人"之後,嶽麓秦簡整理小組原標點爲逗號,今改爲句號。

簡文大意

縣及都官所屬的獄史不能很好地處理疑難案件,而官吏中有擅於處理疑難案件者,則令這些官吏對縣、都官中的獄史進行培訓,一萬五千户以下的縣,培訓吏員不超過二人。

缺簡63

簡2026(306):

●令曰:黔首、徒隸名爲秦者更名之,敢有、有[1]弗更,貲二甲。☐306

---

① 陳偉:《〈嶽麓書院藏秦簡(伍)〉校讀(續五)》,武漢大學簡帛網2018年4月12日。

【1】有、有

[疏證]

前一個"有"指的是此法令頒布之後,還有敢起名爲"秦"者,後一個"有"指的是此法令頒布之前已起名爲"秦"者。

簡文大意

令曰:黔首、徒隸中有人的名字叫"秦"的要改名。現在還敢有以"秦"命名,或此前起名爲"秦"而現在不改名者,貲罰二甲。

簡1170+1172(307):

令曰:縣官所給祠[1],吏、黔首、徒隸給事祠所[2]齋者[3],祠未闋(闋)[4]而敢奸,若與其妻、婢并□[5],皆棄市[6]。其□□ 307

【1】縣官所給祠

[疏證]

縣官所給祠:官府所主辦或認可的祠祀活動。給,《漢語大字典》:"供應;供給。《説文·系部》:'給,相足也。'《玉篇·系部》:'給,足也。'《孟子·梁惠王下》:'春省耕而補不足,秋省斂而助不給。'《漢書·高帝紀下》:'雖日不暇給,規摹弘遠矣。'顔師古注:'給,足也。日不暇足,言衆事繁多,常汲汲也。'"①

楊華認爲,睡虎地秦簡《法律答問》簡25–28所提到的"公祠""王室祠"正相當於秦統一之後所謂的"縣官祠",即"國家官祠"。他認爲,秦漢帝國把官祠的等級,基本上控制在縣一級。②不過,嶽麓秦簡此處所謂的"縣官所給祠",強調的主要是祠的官方性質,並不在於其爲縣級還是郡級。

【2】給事祠所

[疏證]

給事祠所:在祠祀場所服務。給事,《漢語大字典》曰:"供事;服役。《史記·絳侯

---

① 漢語大字典編輯委員會編纂:《漢語大字典(第2版)》,第3618頁。
② 楊華:《秦漢帝國的神權統一——出土簡帛與〈封禪書〉〈郊祀志〉的對比考察》,《歷史研究》2011年第5期,第12頁。

周勃世家》:'(勃)常爲人吹簫給喪事。'《漢書·張湯傳》:'(安世)用善書給事尚書,精力於職,休沐未嘗出。'顔師古注:'於尚書中給事也。給,供也。'"①

嶽麓秦簡整理小組原把"給事祠所"與"齋者"以逗號隔開,這樣斷句是不合適的。下文說在祭祀其間,祭祀者發生奸情云云,指的當然就是前面的"齋者",而"齋者"之前的"吏、黔首、徒隸給事祠所"應該就是作爲定語修飾"齋者"的。也就是说,祭祀期間發生奸情的是那些參與祭祀活動的"吏、黔首、徒隸",否則"吏、黔首、徒隸給事祠所"一句顯得很是突兀,與下文毫無關係,語氣難以連通。所以我們把"給事祠所"與"齋者"連讀。

【3】齋者

[疏證]

齋:齋戒。《漢語大字典》:"古人在祭祀或舉行其他典禮前不飲酒,不茹葷,沐浴別居,清心寡慾,以示虔敬。《論語·述而》:'子之所慎:齋、戰、疾。'《莊子·人間世》:'顔回曰:"回之家貧,唯不飲酒,不茹葷者數月矣,如此則可以爲齋乎?"'《史記·秦始皇本紀》:'二世乃齋於望夷宮,欲祠涇,沈四白馬。'"②

【4】祠未闋(関)

[整理小組注]

祠未闋(関),見睡虎地秦簡《法律答問》:"可(何)謂'祠未闋(関)'?置豆俎鬼前未徹乃爲'未闋(関)'。"③

[疏證]

祠未闋(関):本義爲祭品尚未從供桌上撤除,引申爲説祭祀活動尚未結束。

【5】并□

[疏證]

□,陳偉釋作"牀",曰:"'并牀'蓋猶'同牀',指當事人與其妻妾行房。"④可備一說。

【6】皆棄市

[疏證]

"皆棄市"之後,嶽麓秦簡整理小組原標點爲逗號,今改爲句號。"皆棄市"之後"其□□"當是對違反祭祀行爲及相應處罰措施的補充說明。

---

① 漢語大字典編輯委員會編纂:《漢語大字典(第2版)》,第3618頁。
② 同上注,第5100頁。
③ 陳松長主編:《嶽麓書院藏秦簡(伍)》,第214頁。
④ 陳偉:《〈嶽麓書院藏秦簡(伍)〉殘字試釋》,《江漢考古》2018年第4期,第124頁。

簡文大意

令曰：官府舉行祭祀活動，參與祭祀活動的官吏、黔首和徒隸在祭祀尚未完成，祭品尚未撤除的時候，膽敢發生奸情，或與其妻、婢共同……，皆處以棄市之刑。其……

缺簡 64

簡 1761（308）：

●令曰：吏及臣史[1]有教女子辟（辭），上書[2]，即爲書而受錢財酒肉焉，因反昜〈易〉其言[3]，不用其請（情）實而令其☐308

【1】臣史

[疏證]

臣史：具有徒隸身份的史。參見《嶽麓肆疏證》簡271—275"臣史"疏證。①

【2】教女子辟（辭），上書

[整理小組注]

《史記·高祖功臣侯者年表》："元朔二年，（朝陽）侯當坐教人上書枉法罪，國除。"②

[疏證]

整理小組原把"教女子辟（辭）上書"與下文連讀，今以逗號隔開，並且把"辭"與"上書"之間也以逗號隔開。"辭"指的是訴訟。睡虎地秦簡《法律答問》簡95："'辭者辭廷。'今郡守爲廷不爲？爲殹（也）。'辭者不先辭官長、嗇夫。'可（何）謂'官長'？可（何）謂'嗇夫'？命都官曰'長'，縣曰'嗇夫'。"睡虎地秦簡整理小組注："辭，《説文》：'訟也。'"③"教女子辭"即教唆女子訴訟。"上書"是訴訟行爲的具體實施，即提交訴狀。

【3】反昜〈易〉其言

[疏證]

反昜〈易〉其言：有兩種可能的理解。一種是書寫者欺女子不識字，雖然收受了女

---

① 朱紅林：《〈嶽麓書院藏秦簡（肆）〉疏證》，第306頁。張韶光：《從嶽麓秦簡"主市曹臣史"看秦漢市場管理機構》，《中國社會經濟史研究》2018年第4期，第6頁。
② 陳松長主編：《嶽麓書院藏秦簡（伍）》，第214頁。
③ 睡虎地秦墓竹簡整理小組編：《睡虎地秦墓竹簡》，釋文部分第116頁。

子的財物,但在訴狀中並没有反映女子申訴的實情。這種情况並非不可能出現,嶽麓秦簡中就曾出現過受賄者以爲涉獄者請託爲名,收受涉獄者的賄賂,實際上並没有爲其請託,却欺騙涉獄者説已經爲其辦理請託。另一種情况是書寫者因收受女子賄賂,出於維護女子的利益,故意在上書中歪曲事實。究竟是哪一種情况,要根據下文來决定。

簡文大意

令曰:官吏及臣史教唆女子上書訴訟,通過爲女子寫訴狀而接受女子提供的酒肉,然而却在訴狀中改變女子的原話,没有表達女子的真實想法而使得……

缺簡65

簡1765(309):

□□盗,爲詐(詐)僞,臯完爲城旦以上,已諭〈論〉[1],輒盗戒(械),令鄰(遴)徒、毋害吏[2],謹將傳輸[3]巴縣鹽,唯勿失[4]。其[5]耐 309

【1】已諭〈論〉

[疏證]

已諭〈論〉:已經判决。整理小組原把"已諭〈論〉"與下文連讀,今以逗號斷開。"已諭〈論〉"與"輒盗戒(械)"是具有先後次序的兩個步驟,前者是法律作出判决,後者是據判决結果隨即采取的措施,給犯人戴上刑具。

【2】鄰(遴)徒、毋害吏

[疏證]

鄰(遴):遴選,選拔。前文説的是犯人被判决定罪,隨即被戴上刑具,後文則是説官府因此要選拔隸徒和帶隊的官吏組成押送隊伍,押送犯人去服勞役。

毋害吏:公正無私的官吏,秦漢時習語,參見《嶽麓肆疏證》簡142—146 "毋害" 疏證。①嶽麓秦簡整理小組原把 "毋害吏" 與下文 "謹將傳輸巴縣鹽" 連讀,今以逗號隔開。犯人被判决之後,給犯人戴上刑具,遴選押送犯人的吏徒,押送至巴縣從事鹽礦開采,是依次進行的三種行爲,故其間斷以逗號爲宜。

---

① 朱紅林:《〈嶽麓書院藏秦簡(肆)〉疏證》,第166頁。

【3】傳輸

[疏證]

傳輸：持傳輸送。官府所屬徒隸在不同地區間的調配，監押人員都需要持傳輸送，傳上會記錄徒隸的相關信息，作爲徒隸流動的憑證。睡虎地秦簡《封診式》簡48—49《遷子》："今鋈丙足，令吏徒將傳及恒書一封詣令史，可受代吏徒，以縣次傳詣成都，成都上恒書太守處，以律食。"① 這算是關於傳輸徒隸（刑徒）的一個較爲具體的例子。《嶽麓肆》簡232—236《獄校律》也記載了徒隸傳輸的很多細節，比如說輸送方式、行進速度、沿途交接等等，都是很有價值的。②

【4】唯勿失

[疏證]

唯毋失：一定不要出差錯。唯：表示強調的語氣副詞。楊樹達曰："唯，命令副詞，表希望之時用之。《漢書·外戚·趙后傳》：'陛下未有繼嗣，子無貴賤，唯留意！'"③

"唯勿失"之後，嶽麓秦簡整理小組原標點爲逗號，今改爲句號。

【5】其

[整理小組注]

其：或可讀爲"期"，屬上讀。④

[疏證]

其：整理小組注雖然提出"或可讀爲'期'，屬上讀"，但在簡文中並未調整，也就是說他們認爲"其"屬上讀或屬下讀都有可能，他們采用了後一種句讀方式。由於下文殘斷，整理小組的解釋是合理的。"其"屬下讀，就與它前面"唯勿失"是兩個層次的含義了。"唯勿失"就可以理解爲強調押運輸送徒隸要小心謹慎，毋出紕漏。下面所謂的"其耐"云云，一般情況下是一種補充說明，也許是說對於判處耐刑或耐爲隸臣妾的犯人，應該如何押送或處置。故應把"唯勿失"之後的標點逗號，改爲句號。

簡文大意

……盜，實施欺詐行爲，處罰在完爲城旦以上者，判決之後，立即加戴刑具，選擇徒隸和忠誠可靠的官吏，持傳小心押送到巴縣從事鹽礦開采，沿途一定別出紕漏。其耐……

---

① 睡虎地秦墓竹簡整理小組編：《睡虎地秦墓竹簡》，釋文部分第155頁。
② 朱紅林：《〈嶽麓書院藏秦簡（肆）〉疏證》，第266—271頁。
③ 楊樹達：《詞詮》，第371頁。
④ 陳松長主編：《嶽麓書院藏秦簡（伍）》，第214頁。

缺簡₆₆

簡1766+1763（310—311）：

城旦,已論輸巴縣鹽,有能捕黥城旦皋一人,購金二兩[1]。令臣史相伍,伍人犯令,智(知)而弗告,與同皋[2]；弗智(知),訾₃₁₀一甲[3]。能捕其伍人,除其皋,有(又)購之如令[4]。臣史犯令,史與從事者,令史以上及其丞、嗇夫、守丞、長史、正、監₃₁₁

【1】購金二兩

[疏證]

"購金二兩"之後,嶽麓秦簡整理小組原標點爲逗號,今改爲句號。"購金二兩"之前,說的是論輸巴縣鹽的徒隸,如果能戴罪立功,應該如何獎勵；"購金二兩"之後,說的則是如何對臣史進行管理的事。前後很明顯是兩層意思,故當以句號斷開。

【2】與同皋

[疏證]

與同皋："智(知)而弗告,與同皋"與"弗智(知),訾一甲"相對,兩者之間整理小組原標點爲逗號,今改爲分號。

【3】訾一甲

[疏證]

訾一甲："訾一甲"之後,嶽麓秦簡整理小組原標點爲逗號,今改爲句號。因爲下文"能捕其伍人"至"(又)購之如令",是對前文有關"臣史相伍"管理情況的補充規定,屬於又一層意思。

【4】購之如令

[疏證]

購:嶽麓秦簡整理小組原釋作"贖",今從陳偉說改。① 其實,即使原釋文"贖"字無

---

① 陳偉：《〈嶽麓書院藏秦簡(伍)〉殘字試釋》,《江漢考古》2018年第4期,第124頁。

誤,也當爲"購"之誤寫。抓捕罪人,應該給予獎賞,説"贖之如令"是不通的,當爲"購之如令"。類似情況亦見於張家山漢簡《二年律令》簡152–153《捕律》:

> 捕盜賊、罪人,及以告劾逮捕人,所捕格鬭而殺傷之,及窮之而自殺也,殺傷者除,其當購賞者,半購賞之。殺傷群盜、命者,及有罪當命未命,能捕群盜、命者,若斬之一人,免以爲庶人。所捕過此數者,贖如律。①

從全文來看,文末"贖如律"很明顯亦當爲"購如律"之誤。②

"購之如令"之後,整理小組原標點爲逗號,今改爲句號。因爲下文說的是臣史犯令之後,其同事與上級應負連帶責任者應該如何處罰云云,又是一層意思。

簡文大意

……城旦,已經被判決輸往巴縣從事鹽業開采,但如果能夠抓獲黥城旦罪的罪犯一人,獎勵黃金二兩。規定臣史要按照什伍組織起來,同伍之人違反法令,其他人知情不報者,與之同罪;不知情者,貲罰一甲。如果能抓捕犯罪的伍人,則免除抓捕者本應處分的連坐之罪,並根據相關法令予以獎勵。臣史違反法令,其他與之共事的史官,令史以上以及丞、嗇夫、長史、正、監……

缺簡 67

簡1928(312):

……瀘[1];耐臯以下[2],罷(遷)之[3]。其臣史殹(也)[4],輸縣鹽[5]。能捕若訽告犯令者刑城旦臯以下到罷(遷)臯一人[6],購金二兩[7]₃₁₂。

【1】瀘

[疏證]

瀘:從下文"耐臯以下罷(遷)之"看,"瀘"之前所説亦當爲二次犯罪的處罰,具體當是耐臯以上的刑徒再次犯罪,則"與盜同瀘"。"瀘"字之後,嶽麓秦簡整理小組原標點爲逗號,今改爲分號。

---

① 張家山二四七號漢墓竹簡整理小組編著:《張家山漢墓竹簡〔二四七號墓〕(釋文修訂本)》,第29頁。
② 朱紅林:《〈嶽麓書院藏秦簡(肆)〉疏證》,第25頁。

【2】耐皋以下

[疏證]

耐皋以下：這裏指的是耐罪以下的刑徒再次犯某種罪。嶽麓秦簡整理小組原把"耐皋以下"與"罷之"連讀，今以逗號隔開。前文説的很可能是耐罪以上的刑徒再次犯某種罪時，按照累犯從重的原則，"與盜同灋"；此處説的是耐罪以下的刑徒再次犯某種罪，"罷之"。兩者是相對應的。

【3】罷（遷）之

[疏證]

"罷之"之後，嶽麓秦簡整理小組原標點爲逗號，今改爲句號。前文説的是不同刑等的刑徒再次犯罪，雖然都是從重處罰，但仍然是輕重有别。故"……灋"與"耐皋以下，罷（遷）之"之間用分號斷讀。下文"其臣史殹（也），輸縣鹽"則是對上文系列刑等處罰的補充，與前者並非同一角度的並列關係，故"罷（遷）之"之後，當以句號斷讀。

【4】其臣史殹（也）

[疏證]

"其臣史殹（也）"與上文的"耐皋以下"一樣，其後都承前文省略了犯某種罪的內容。

【5】輸縣鹽

[疏證]

輸縣鹽：嶽麓秦簡中一般指"輸巴縣鹽"。"輸縣鹽"之後，嶽麓秦簡整理小組原標點爲逗號，今改爲句號。

【6】犯令者刑城旦皋以下到罷（遷）皋一人

[疏證]

嶽麓秦簡整理小組原把"犯令者"與"城旦皋以下到罷（遷）皋一人"用逗號斷開，其實將二者連讀更容易理解，故改之。"城旦皋以下到罷（遷）皋一人"實際上是"犯令者"的定語，是説明"犯令者"的具體內容的。意思是説，如果能抓獲或者舉報一個"城旦皋以下到罷（遷）皋"的犯令者，獎勵黄金二兩。

【7】購金二兩

[整理小組注]

1928號簡誤入《亡律》卷册，今調整至此。[①]

---

① 陳松長主編：《嶽麓書院藏秦簡（伍）》，第214頁。

[疏證]

嶽麓秦簡整理小組注所謂"1928號簡",曾收錄於《嶽麓書院藏秦簡(肆)》,編號082。簡文相關標點,我們在《嶽麓肆疏證》簡082疏證的基礎上,又有所調整。①陳偉提出:"312號簡應移置310—311號簡之前。比較可能的情形是,312號簡與310號簡前後相次,其間不存在缺簡。"其觀點可備一説。②

簡文大意

……法;耐罪以下者,除以遷刑;如果是臣史,則輸往巴縣鹽官勞作。能抓捕或告發違反法令,量刑在刑城旦以下至遷刑之間者一人,獎勵黃金二兩。

缺簡 68

簡1609(313):

●令曰:縣官官[1]令、丞、尉[2],毋敢除它縣[3],請(?)執(?)【瀘】□□子以爲其所爲吏之縣官吏及從事[4]。前令除者[5],免之。不從令,貲 313

【1】縣官官

[疏證]

縣官官:縣級政府任命。前一個"官"是名詞,指官府,"縣官"即縣級政府,也有可能用作國家或官府的代稱。後一個"官"是動詞,指任命。《尚書·皋陶謨》:"知人則哲,能官人。"劉起釪注:"'官人'之'官',名詞作動詞用,指以官位授人。"③

【2】令、丞、尉

[疏證]

"令、丞、尉"之後,嶽麓秦簡整理小組願與下文連讀,今以逗號隔開,便於分清層次,理解文意。

---

① 朱紅林:《〈嶽麓書院藏秦簡(肆)〉疏證》,第82—83頁。
② 陳偉:《〈嶽麓書院藏秦簡(伍)〉殘字試釋》,《江漢考古》2018年第4期,第124頁。
③ 顧頡剛、劉起釪:《尚書校釋譯論》,中華書局2005年版,第1分册,第398頁。

【3】毋敢除它縣

[疏證]

毋敢除它縣：不得任命其他縣的人（擔任本縣的令、丞、尉）。《嶽麓肆》簡207—208："置吏律曰：縣除有秩吏，各除其縣中。其欲除它縣人及有謁置人爲縣令、都官長、丞、尉、有秩吏，能任者，許之。"①《嶽麓肆》簡210—211："置吏律曰：縣除小佐毋（無）秩者，各除其縣中，皆擇除不更以下到士五（伍）史者爲佐，不足，益除君子子、大夫子、小爵及公卒、士五（伍）子年十八歲以上備員，其新黔首勿强，年過六十者勿以爲佐。"②從《置吏律》規定可以看出，一般情況下秦朝縣級政府的低級官吏都是從本縣中選拔的，特殊情況下可以任命外縣人。這可以作爲理解《嶽麓伍》這條秦令的參考。

【4】子以爲其所爲吏之縣官吏及從事

[疏證]

子以爲其所爲吏之縣官吏及從事：這句話前面有闕文，大意似乎是說官吏任命或保舉自己的兒子在其任職的縣中擔任官吏或從事活動。"從事"之後，整理小組原標點爲逗號，今改爲句號。"子以爲其所爲吏之縣官吏及從事"之前的"請（？）執（？）【瀧】□□"尚難有確解，但從下文"前令除者，免之"的規定來看，"請（？）執（？）【瀧】□□子以爲其所爲吏之縣官吏及從事"所敘內容應該是被否定的，所以當在前文"毋敢"的範圍之內。

【5】前令除者

[疏證]

前令除者：根據此前法令已經任命的官吏。有可能指的就是任命其子在本縣任職一事。

簡文大意

縣級政府任命縣令、縣丞和縣尉，不得任命其他縣的人，……其子爲其所任職縣的官吏或從事活動。此前據舊法令已經任命的，免職。不服從命令的，貲罰……

缺簡69

---

① 陳松長主編：《嶽麓書院藏秦簡（肆）》，第136—137頁。
② 同上注，第137—138頁。

簡1664（314）：

●令曰：縣官[1]治獄者，令、丞謹承事[2]，有（又）爲囚敼（繫）者篗籍[3]，署所以敼（繫）日月[4]。自擅以數[5]案課獄史治者[6]，以智（知）其 314

【1】縣官

［疏證］

縣官：官府或國家的代稱。

【2】承事

［疏證］

承事：接受使命處理事務。《左傳·僖公三十三年》："出門如賓，承事如祭，仁之則也。"①《左傳·成公十二年》："百官承事，朝而不夕。"②《國語·魯語下》："大夫有貳車，備承事也。"韋昭注："承，奉也。事，使也。"③《漢書·韋玄成傳》："立廟京師之居，躬親承事，四海之內各以其職來助祭。"④

【3】篗籍

［整理小組注］

篗籍：一種記載囚徒拘繫情況的簿籍。⑤

［疏證］

篗籍：陳偉曰："'篗''數'疑是一字異寫。"⑥數籍，即名籍。林少平推測説："疑'篗'字讀作'縷'，作'詳細''詳情'義。《集韻》：'隴主切，音縷。義同。'""故簡文'篗（縷）籍'可理解爲記録囚犯'所以繫日月'的詳細書籍。"⑦這個推測想象成分過多。李蓉認爲："以音求之，疑'篗'讀爲'録'。'篗'，從竹婁聲，'録'，從金彔聲。'婁''彔'聲母同在來母，韻部分别爲'候''屋'兩部，陰入對轉故可相通。又章太炎謂：《説文》：'彔，刻木彔彔，象形。'此爲刻鏤本字，亦記録本字。"可見'彔''婁'關係密切。'篗'通'録'，可表示記録、登記。《墨子·號令》：'城中戍卒，其邑或以下寇，謹備之，數録其

---

① 楊伯峻：《春秋左傳注》，第2分册，第548頁。
② 同上注，第3分册，第937頁。
③ 上海師範大學古籍整理組 校點：《國語》，上册，第196頁。
④ 班固：《漢書》，中華書局1964年版，第10分册，第3117頁。
⑤ 陳松長主編：《嶽麓書院藏秦簡（伍）》，第214頁。
⑥ 陳偉：《〈嶽麓書院藏秦簡（伍）〉校釋》，《出土文獻與法律史研究》第7輯，第20頁。
⑦ 林少平説轉引自陳安然《嶽麓秦簡"令"集釋》，吉林大學2023年碩士學位論文，第348頁。

署。'簡文'錄籍'或表示登記簿籍。"① 可以看出,這幾位學者雖然對"篡籍"的解釋從不同角度做了探討,但進展不大,並没有突破嶽麓秦簡整理小組的解釋範圍。不過,相對來説,陳偉的解釋更實在一些。另外,《嶽麓柒》簡086記載説:"禹故爲獮平獄史,坐不爲囚篡,當均河間故徼一歲。"② 其中的"囚篡"與此處"篡籍"很可能是一回事,值得注意。

【4】毄(繫)日月

[疏證]

毄(繫)日月:被拘繫的時長。"日月"之後,整理小組原標點爲逗號,今改爲句號。

【5】自擅以數

[疏證]

"自擅"一詞難解。數:獄數。《嶽麓伍》簡50—51:"并筭而以夬(決)具到御史者,獄數衛(率)之,嬰筭多者爲殿,十郡取殿一郡奇不盈十到六亦取一郡。☐亦各課縣,御史課中縣官,取殿數如郡。殿者,貲守、守丞、卒史、令、丞各二甲,而令獄史均新地。""自擅以數"之"數",含義或與"獄數"相近。

【6】案課獄史治者

[疏證]

案課獄史治者:這句簡文由於殘斷,其標點還是有些問題。嶽麓秦簡整理小組原在"案課獄史"之後點逗號,"治者以智"屬下讀。考慮到秦律中有規定禁止獄史獨自治獄的行爲,"案課獄史"云云或許與之有關。因此筆者推測,此處有可能"治者"屬上讀,"以智"屬下讀,作"自擅以數案課獄史治者,以智(知)其"。陳偉也有類似看法。他説:"今按:'治者'似當屬上讀,'自擅以數案課獄史治者',即令、丞用自己建立的'篡籍'考核獄史中經辦的人。'篡''數'疑是一字異寫。"③

簡文大意

處理案件,縣令、縣丞要認真對待,爲入獄的囚犯編撰專門的名籍,記録其拘繫時間。如果擅自以辦案數量考課獄史的工作成績,以知……

缺簡 70

---

① 李蓉:《〈嶽麓書院藏秦簡伍〉集釋及相關專題研究》,第182頁。
② 陳松長主編:《嶽麓書院藏秦簡(柒)》,第89頁。
③ 陳偉:《〈嶽麓書院藏秦簡(伍)〉校釋》,《出土文獻與法律史研究》第7輯,第20頁。

簡1916（315）：

令曰：禁□[1]₃₁₅

【1】禁□

[整理小組注]
此則令文似未抄録完畢。①

簡0806（316）：

諸樂人及工若操緡紅[1]└有技能者[2]皆毋得爲臣史佐吏書└[3]，年不盈六十者毋得守鐘└、鼎└[4]。守内爲₃₁₆

【1】緡紅

[整理小組注]
緡：穿錢的繩子。《史記·酷吏列傳》："出告緡令。"②
[疏證]
緡紅：指刺綉手工。嶽麓秦簡整理小組注"緡"謂"穿錢繩子"之説在這裏是不合適的。"緡紅"又作"敃紅"。③睡虎地秦簡《秦律十八種》簡62《倉律》："女子操敃紅及服者，不得贖。"睡虎地秦簡整理小組："敃，讀爲文，指文綉，參閲下《工人程》'隸妾及女子用箴爲緡綉它物'條注〔一〕。紅，女紅。服，衣服。"④《秦律十八種》簡110《工人程》："隸妾及女子用箴（針）爲緡綉它物，女子一人當男子一人。"睡虎地秦簡整理小組注："緡綉，即文綉，《吕氏春秋·仲秋紀》：'文綉有常。'《禮記·月令》作'文綉有恒'，注：'文謂畫也，祭服之製畫衣而綉裳。'但從簡文説用針看，文綉應專指刺綉而言。"⑤

---

① 陳松長主編：《嶽麓書院藏秦簡（伍）》，第214頁。
② 同上注。
③ 陳偉：《〈嶽麓書院藏秦簡（伍）〉校釋》，《出土文獻與法律史研究》第7輯，第20頁。
④ 睡虎地秦墓竹簡整理小組編：《睡虎地秦墓竹簡》，釋文部分第35頁。
⑤ 同上注，釋文部分第46頁。

【2】有技能者

[疏證]

有技能者：有技巧者，又作"有巧"者。睡虎地秦簡《秦律十八種》簡113《均工》："隸臣有巧可以爲工者，勿以爲人僕、養。"睡虎地秦簡整理小組注："巧，技藝。"① 嶽麓秦簡整理小組原把"有技能者"與前文"諸樂人及工若操緒紅"以逗號斷開，今從陳偉説改爲連讀。② "諸樂人及工若操緒紅"都屬於"有技能者"，如同睡虎地秦簡"隸臣有巧可以爲工者"一樣。

【3】爲臣史佐吏書

[疏證]

爲臣史佐吏書：擔任臣史，輔佐吏從事文字工作。嶽麓秦簡整理小組原把"爲臣史"與"佐吏書"以頓號斷開。陳偉曰："'臣史'應是'佐吏書'的主語，應連讀。"③ 其説有理，今從之改。

【4】年不盈六十者毋得守鐘、鼎

[疏證]

年不盈六十者毋得守鐘、鼎：年齡不到六十歲者，不得從事看守鐘鼎等樂器的工作。這一規定可能是對高齡有技能者的優待。《漢舊儀》："秦制二十爵，男子賜爵一級以上，有罪以減，年五十六免。無爵爲士伍，年六十乃免老。"④ 張家山漢簡《二年律令》簡486《史律》："祝年盈六十者，十二更，踐更大祝。"⑤ 張家山漢簡《盜跖》簡39："人上壽百歲，中壽八十，下壽六十。"⑥

"守鐘、鼎"之後，整理小組原標點爲逗號，今改爲句號。

簡文大意

樂人及手工業者以及縫紉刺繡工人，這些有技能的人，都不得擔任臣史，從事輔佐官吏從事文字記錄這類工作。年齡不滿六十歲者，不能承擔看守鐘、鼎的任務。守內爲……

---

① 睡虎地秦墓竹簡整理小組編：《睡虎地秦墓竹簡》，釋文部分第47頁。
② 陳偉：《〈嶽麓書院藏秦簡（伍）〉校釋》，《出土文獻與法律史研究》第7輯，第20頁。
③ 同上注，第20頁。
④ 孫星衍等輯：《漢官六種》，第85頁。
⑤ 張家山二四七號漢墓竹簡整理小組編著：《張家山漢墓竹簡〔二四七號墓〕》（釋文修訂本），第82頁。
⑥ 彭浩主編：《張家山漢墓竹簡〔三三六號墓〕》，第146頁。

缺簡 71

簡1600-1+0851（317—318）：

●諸嘗戰北[1]、奊[2]、故徼外盜不援[3]、有□[4]書不救及有它闌亡□[5]□[6]不□[7]□□□□□□□□上 317 □戰北、奊、故徼外盜不援，以有□ 318

【1】戰北

［整理小組注］

戰北：罪名。在戰場上逃跑。見張家山漢簡《奏讞書》案例一八。①

［疏證］

嶽麓秦簡整理小組注所提到的"張家山漢簡《奏讞書》案例一八"內容摘錄如下，以資比較研究：

南郡卒史蓋廬、摯、朔，叚（假）卒史鵰復攸庫等獄簿。

御史書以廿七年二月壬辰到南郡守府，即下，甲午到蓋廬等治所，其壬寅摯益從治，上治它獄。四月辛卯鵰有論去。五月庚午朔益從治，蓋廬有貲（貲）去。八月庚子朔論去。盡廿八年九月甲午已。凡四百六十九日。朔病六十二日，行道六十日，乘恒馬及船行五千一百卌六里，衛（率）之，日行八十五里，畸（奇）卌六里不衛（率）。除弦（元）、伏不治，它獄四百卌九日，定治十八日。

御史下書別居它笥。今復之：庫曰：初視事，蒼梧守竈、尉徒唯謂庫：利鄉反，新黔首往毄（擊），去北當捕治者多，皆未得，其事甚害難，恐爲敗。庫視獄留，以問獄史氐，氐曰：蒼梧縣反者，御史恒令南郡復。義等戰死，新黔首恐，操其叚（假）兵匿山中，誘召稍來，皆榣（搖）恐，畏其大不安，有須南郡復者即來捕。義等將吏卒毄（擊）反盜，弗先候視，爲驚敗，義等罪也，上書言財（裁）新黔首罪。它如書。竈、徒唯曰：教謂庫新黔當捕者不得，勉力善（繕）備，弗謂害難恐爲敗。唯謂庫久矣，忘弗識。它如庫。

氐曰：刻（劾）下，與佫（攸）守媱、丞魁治，令史駐與義發新黔首往，候視反盜

---

① 陳松長主編：《嶽麓書院藏秦簡（伍）》，第214頁。

多，益發與戰，義死。脩（攸）有（又）益發新黔首往毄（擊）破。凡三輩，虘并主籍。其二輩戰北當捕名籍、副并居一筒中，虘亡不得，未有以別智（知）當捕者。及屯卒備敬（警），卒已罷去移徙，遝之皆未來。好時辟虘有鞠。氐以爲南郡且來復治。庫問，氐以告庫，不智（知）庫上書。它如庫。媱、魁言如氐。

詰氐：氐告庫曰：義等戰死，新黔首恐，操其叚（假）兵匿山中，誘召稍來，皆榣（搖）恐，畏其大不安，有須南郡復者即來捕。吏訊氐，氐曰：虘主新黔首籍三輩，戰北皆并居一筒中，未有以別智（知）當捕者，遝虘未來未捕。前後不同，皆何解？氐曰：新黔首戰北當捕者，與後所發新黔首籍並，未有以別智（知）。虘主，遝未來，獄留須虘。庫爲攸令，失聞。庫別異，不與它令等。義死，黔首當坐者多，皆榣（搖）恐吏罪之，有（又）別離居山谷中，民心畏惡。恐弗能盡偕捕，而令爲敗，幸南郡來復治。庫視事掾獄，問氐，氐即以告庫，恐其怒，以自解于庫，實須虘來別籍，以偕捕之，請（情）也。毋它解。

詰庫：毄（擊）反羣盜，儋乏不鬬，論之有法。庫掾掾獄，見罪人，不以法論之，而上書言獨財（裁）新黔首罪，是庫欲繹（釋）縱罪人也。何解？庫曰：聞等上論奪爵令戍，今新黔首實不安輯，上書以聞，欲陛下幸詔庫以撫定之，不敢擇（釋）縱罪人。毋它解。

詰庫：等雖論奪爵令或〈戍〉，而毋法令，人臣當謹奏〈奉〉法以治。今庫繹（釋）法而上書言獨財（裁）新黔首罪，是庫欲繹（釋）縱罪人明矣。吏以論庫，庫何以解之？庫曰：毋以解之，罪。問：南郡復吏到攸，攸遝虘未來，未有新黔首當捕者名籍。虘來會建〈逮〉曰：義死，自以有罪，棄籍去亡。得，熟視氐所言籍居一筒中者，不署前後發，毋章，求不可智（知）。南郡復吏乃以智巧令脩（攸）誘召冣（聚）城中，譖（潛）訊傅先後以別，捕毄（擊）戰北者。獄留盈卒歲，不具斷。蒼梧守已劾論，□媱、魁各□，氐一甲，虘及吏卒不救援義等去北者頗不具，別奏。它如辤（辭）。

鞠之：義等將吏卒新黔首毄（擊）反盜，反盜殺義等，吏、新黔首皆弗救援，去北。當遝虘，傳詣脩（攸），須來以別黔首當捕者。當捕者多別離相去遠，其事難，未有以捕章捕論。庫上書言獨財（裁）新黔首罪，欲縱勿論，得，審。令：所取荊新地多羣盜，吏所興與羣盜遇，去北，以儋乏不鬬律論。律：儋乏不鬬，斬。篡遂縱囚，死罪囚，黥爲城旦，上造以上耐爲鬼薪，以此當庫。當之：庫當耐爲鬼薪。庫毄（擊）。訊者七人，其一人毄（擊），六人不毄（擊）。不存皆不訊。①

可以看出，《奏讞書》中提到的官府所處理在戰鬬中敗北及不救援同僚的案子，所運用法律法令依據的恐怕就是《嶽麓伍》簡318所記載的或者與之相關的內容。

---

① 彭浩、陳偉、[日]工藤元男主編：《二年律令與奏讞書——張家山二四七號漢墓出土法律文獻釋讀》，第363–365頁。

與《嶽麓伍》這條令內容相關的內容,又見於《嶽麓肆》簡215–216:"置吏律曰:敢任除戰北、奐、故徼外盜不援及廢官者以爲吏及軍吏、御右、把鉦鼓志及它論官者□□□□□調置□□丞、尉□□卒史、有秩吏及縣令除有秩吏它縣者,令任之。"可參看《嶽麓肆疏證》相關部分論述。①

【2】奐

[整理小組注]

奐:罪名"畏奐"之省,臨陣怯懦退縮。"畏奐"見《爲獄等狀四種》案例一五。②

[疏證]

嶽麓秦簡整理小組注所謂"《爲獄等狀四種》案例一五",收錄於《嶽麓叁》簡237–245,簡文內容多有殘缺,現抄錄如下,以資比較研究:

廿(二十)六年九月己卯朔【……】【……】□不敢獨前,畏奐,與偕環(還)走十二步。反寇來追者少,皆止,陳(?),共(?)射(?)【□□□】【……】走可卌(四十)六步□□□□□□……【……】頰、柘。頰、柘等伍束符,卒毋(無)死傷者。【……】敢獨前,誠畏奐而與偕環(還)走可十二步。反寇來追者少,皆止,陳(?),射反寇,反寇敗入笿中。皋(罪)。毋(無)解。診、丈、問:得等環(還)走卌(四十)六步,獠等十二步;術廣十二步,垣高丈。忌等死時,得、縮等去之遠者百步。它如辭(辭)。

鞠之:得、文、怒、慶、縮等與反寇戰,不伍束符,忌以射死,卒喜等【□】短兵死。畏奐,去環(還)走卌(四十)六步。逢包皆致瀘(法)焉。有(又)取卒畏奐㝡(最)先去、先者次(?)十二人,完以爲城旦、鬼薪。有(又)取其次(?)十四人,耐以【……】□□敱(繫)。它縣論。【……】③

《嶽麓叁》簡237–245所記內容,也是關於戰鬥中士卒潰敗如何懲處的法律規定,與上引張家山二四七號漢墓竹簡《奏讞書》中的記載相比,屬於同一類的案例,只是《嶽麓叁》簡237–245在敗退的具體細節方面記錄得更加詳細。

【3】故徼外盜不援

[疏證]

盜:搶掠,劫持。張家山漢簡《二年律令》簡1–2《賊律》:"以城邑亭障反,降諸侯,及守乘城亭障,諸侯人來攻盜,不堅守而棄去之若降之,及謀反者,皆要(腰)斬。"④《二

---

① 朱紅林:《〈嶽麓書院藏秦簡(肆)〉疏證》,第252–255頁。
② 陳松長主編:《嶽麓書院藏秦簡(伍)》,第214頁。
③ 朱漢民、陳松長主編:《嶽麓書院藏秦簡(叁)》,第239–241頁。
④ 張家山二四七號漢墓竹簡整理小組編著:《張家山漢墓竹簡〔二四七號墓〕(釋文修訂本)》,第7頁。

年律令》簡19《賊律》:"軍(?)吏緣邊縣道,得和爲毒,毒矢謹臧(藏)。節追外蠻夷盜,以假之,事已輒收臧(藏)。匿及弗歸,盈五日,以律論。"① 其中的"盜"皆當以"搶劫、劫掠"爲宜。這種"盜"往往帶有團伙武裝搶劫的特點,對國家穩定會造成很大的破壞,所以不論是秦朝還是漢朝的統治者都給予了高度重視。《二年律令》簡62《盜律》:"盜五人以上相與功(攻)盜,爲群盜。"② 群盜的特點之一就是武裝搶劫。

故徼外盜不援:故徼外發生搶劫,不去救援。嶽麓秦簡中有針對故徼外盜的法令制度。除"疏證【1】"所引《嶽麓肆》簡215—216之外,《嶽麓肆》簡197也有記載:"行書律曰:縣請制,唯故徼外盜,以郵行之,其它毋敢擅令郵行書。"③

【4】有□

[整理小組注]

疑爲"請"或"警"。④

【5】闌亡□

[整理小組注]

疑爲"詐"或"卒"。⑤

【6】□

[整理小組注]

疑爲"而"或"歲"。⑥

【7】不□

[整理小組注]

疑爲"歸"或"自"。⑦

缺簡 72

---

① 張家山二四七號漢墓竹簡整理小組編著:《張家山漢墓竹簡〔二四七號墓〕(釋文修訂本)》,第11頁。
② 同上注,第17頁。
③ 朱紅林:《〈嶽麓書院藏秦簡(肆)〉疏證》,第236—237、252—255頁。
④ 陳松長主編:《嶽麓書院藏秦簡(伍)》,第214頁。
⑤ 同上注,第214頁。
⑥ 同上注。
⑦ 同上注,第215頁。

簡1704+J35+J34+1787+1802（319—322）：

●居室[1]言：徒隸作宫，宫別離[2]居它縣畍（界）中，遠。請：居室徒隸、官屬有辠當封[3]，得作所縣官[4]，作所縣官令獄史封[5]319。其得它縣官[6]當封者，各告作所縣官，作所縣官□□□移封牒[7]居室。·御史請：許泰倉[8]徒及它官徒別離□[9]320如此而有辠當封者比乚。諸它官不治獄[10]，獄屬它縣官者[11]，獄屬所[12]其遣獄史往捕，即令捕者與321封[13]。其非遣獄史往捕殹（也）[14]乚，當封者，司寇以下宂〈冗〉作官者，令其官遣令史若官嗇夫、吏毋害者[15]□322

【1】居室

[整理小組注]

居室：少府屬官，掌管在宫中服役的刑徒，或作爲臨時羈押罪犯的處所。出土秦封泥有"居室丞印""安居室丞""安臺居室"等。《史記·衛將軍驃騎列傳》："青嘗從人至甘泉居室。"張守節《正義》曰："居室，署名，武帝改曰保宫。灌夫繫居室是也。"①

【2】別離

[整理小組注]

別離：指遠離。②

[疏證]

別離：分開。嶽麓秦簡整理小組釋"別離"爲"遠離"，恐怕值得商榷。因爲下文已經明確説"遠"了，前文再説"遠離"，語義重複。我們認爲此處的"別離"意爲"離宫別苑"之"別離"，《史記·李斯列傳》説秦始皇"治離宫別館，周徧天下"，③正是此意。

【3】有辠當封

[整理小組注]

封：查封。《封診式·封守》："封有鞫者某里士五（伍）甲家室、妻、子、臣妾、衣器、畜產。"④

---

① 陳松長主編：《嶽麓書院藏秦簡（伍）》，第215頁。
② 同上注，第215頁。
③ 司馬遷：《史記》，第8分册，第3075頁。
④ 陳松長主編：《嶽麓書院藏秦簡（伍）》，第215頁。

【4】得作所縣官

[疏證]

得作所縣官：徒隸在勞作地所在縣被抓捕。"得"後省略"於"字。

【5】令獄史封

[疏證]

令獄史封：指令獄史進行查封。"令獄史封"之後，嶽麓秦簡整理小組原標點爲逗號，今改爲句號。因爲後文是對前文的進一步解說，是兩個層次，用句號斷開，更便於讀者理解。"令獄史封"，即命令獄史前往執行封守罪犯家室的任務。

【6】它縣官

[疏證]

它縣官：即"作所縣官"，相對於犯罪嫌疑人本身所屬縣爲"它縣官"。

【7】封牒

[整理小組注]

封牒：記錄查封情況的牒書。①

[疏證]

封牒：封守文書書於牒上，故又稱"封牒"。睡虎地秦簡《封診式》簡8-12《封守》，是一篇封守文書的範例，可參看。《封守》："鄉某爰書：以某縣丞某書，封有鞫者某里士五（伍）甲家室、妻、子、臣妾、衣器、畜産。甲室、人：一宇二內，各有户，內室皆瓦蓋，木大具，門桑十木。妻曰某，亡，不會封。子大女子某，未有夫。子小男子某，高六尺五寸。臣某，妾小女子某。牡犬一。幾訊典某某、甲伍公士某某：'甲黨（倘）有【它】當封守而某等脫弗占書，且有罪。'某等皆言曰：'甲封具此，毋（無）它當封者。'即以甲封付某等，與里人更守之，侍（待）令。"②

【8】泰倉

[整理小組注]

泰倉：或寫成"大倉"。內史屬官，掌管全國糧食的官署。睡虎地秦簡《秦律十八種·廄苑律》："內史課縣，大（太）倉課都官及受服者。"③

---

① 陳松長主編：《嶽麓書院藏秦簡（伍）》，第215頁。
② 睡虎地秦墓竹簡整理小組編：《睡虎地秦墓竹簡》，釋文部分第149頁。
③ 陳松長主編：《嶽麓書院藏秦簡（伍）》，第215頁。

【9】☒

[疏證]

陳偉曰:"320號簡下端'離'字僅存頭部,其下殘去。整理者根據殘畫補釋'離'字之後,再加有表示原簡殘缺的'☒'。今按:比較相鄰竹簡的長度,此簡'離'字之下應無缺字,簡文當與321號連讀。"①

【10】諸它官不治獄

[疏證]

諸它官不治獄:其他各種無權處理刑獄的派駐機構。《獄麓伍》簡155有"都官治獄者,各治其官人之獄,毋治黔首獄","諸它官"指的就是各類駐地方的都官部門。"不治獄"當指不能處理牽涉到當地黔首或其他部門的案件,也可能還包括無權采取刑事處罰,只有行政處罰權,等等。具體可參看簡155—158疏證。

"諸它官不治獄"及簡322"當封者"之下,獄麓秦簡整理小組均加逗號,陳偉認爲皆當與下文連讀。這可能與個人的閱讀習慣有關,有人習慣讀長句,有人習慣讀短句,我們認爲這兩處連讀與否,都不會對簡文的理解造成實質性影響。故暫從整理者的意見。

【11】獄屬它縣官者

[疏證]

獄屬它縣官者:案件牽涉到當地縣廷者。因爲都官是中央在地方的派駐機構,故相對於都官而言,當地縣政府可稱爲"它縣官"。

【12】獄屬所

[疏證]

獄屬所:即獄屬所縣,也就是上文的"獄屬它縣官"。

【13】令捕者與封

[疏證]

與:參與。令捕者與封,是説前往執行抓捕任務的獄史,同時執行查封罪人家室的任務。"令捕者與封"之後,獄麓秦簡整理小組原標點爲逗號,今改爲句號。到此爲止説的是派遣獄史前往執行封守任務的事,而下句則是説如果派遣查封的不是獄史,應當如何如何,故當另起一句。陳偉亦有類似分析,可參看。②

---

① 陳偉:《〈獄麓書院藏秦簡(伍)〉校釋》,《出土文獻與法律史研究》第7輯,第21頁。
② 同上注。

【14】其非遣獄史往捕殹（也）

[疏證]

"其非遣獄史往捕殹（也）"之後，嶽麓秦簡整理小組原標點爲句號，今改爲逗號。因爲這句話及下文都是關於非獄史執行查封任務的具體規定，是一個關係緊密的層次，與前文有關獄史執行查封任務的規定，是相對的。

【15】官嗇夫、吏毋害者

[疏證]

"官嗇夫"與"吏毋害者"是兩個人，嶽麓秦簡整理小組原標點爲"官嗇夫吏毋害者"作一個人，不確，今改以頓號隔開。

簡文大意

居室上言：徒隸築作宮室，所建築宮室如果是在其他縣中，路途遙遠。請求：居室所屬的徒隸、機構屬員如果有罪，要被查封家訾，其本人在勞作所在縣被抓捕，勞作所在縣派獄史前往查封。如果是在其他縣抓獲應當被抄家查封者，分別告知勞作所在縣，由勞作所在縣……發送查封文書給居室。御史上請：允許泰倉所屬徒隸及其他官徒隸別離……有罪應當被查封家訾的徒隸，都照此辦理。沒有司法處置權的機構，如有案情屬當地縣政府管轄者，所在縣即派遣獄史前往抓捕，由實施抓捕人員進行查封。如果派遣實施抓捕的官吏不是獄史，而被查封者如是司寇以下在官府長期服役者，則令其所屬部門派遣令史，或官嗇夫，或公正可靠的官吏……

缺簡 73

簡1182+1177+C10-3-10+1155（323-325）：

郡守及縣官各以其事難易〈易〉、道里遠近，善爲期[1]。有失期及竊去其事者[2]，自一日以到七日，貲二甲；過七日323，贖耐；過三月，耐爲隸臣⌐[3]。其[4]病及遇水雨不行者[5]，自言到居所縣[6]，縣令[7]獄史診病者令、丞前[8]。病有瘳[9]，自言324瘳所縣[10]，縣移其診牒[11]及病有瘳、雨留日數，告其縣官[12]，縣官以從事[13]。診之，不病[14]，故☐325

【1】善爲期

［疏證］

善爲期：周密地確定任務的期限。善：楊樹達《詞詮》："善，表態副詞，今言'好好地'。"①

【2】有失期及竊去其事者

［疏證］

失期：錯過期限，一般指没有在規定的期限内完成任務。竊去其事：私自離開工作崗位，放棄任務。

【3】耐爲隸臣

［疏證］

前文"自一日以到七日"與"貲二甲"之間，嶽麓秦簡整理小組以逗號斷開，故下文"過七日贖耐"及"過三月耐爲隸臣"亦當同樣處理，作"過七日，贖耐；過三月，耐爲隸臣"。"耐爲隸臣"之後，整理小組原標點爲逗號，今改爲句號。因爲下文"其病及遇水雨不行者"云云，已屬於另外一層意思。

【4】其

［疏證］

其：表示假設關係的連詞。

【5】遇水雨不行者

［疏證］

遇水雨不行：遇到下大雨不能行進。這條法令規定，行徭途中如果生病或遇到下雨等突發情況不能及時完成任務，可作出書面報告靈活調整。這不禁使我們聯想到《史記·陳涉世家》的記載："二世元年七月，發閭左適戍漁陽九百人，屯大澤鄉。陳勝、吴廣皆次當行，爲屯長。會天大雨，道不通，度已失期。失期，法皆斬。"②這究竟是當時各地的規定不同，還是司馬遷的記載有問題，還值得進一步研究。

【6】居所縣

［疏證］

居所縣：即所居縣，指所滯留之縣。

---

① 楊樹達：《詞詮》，第207頁。
② 司馬遷：《史記》，第6分册，第2352頁。

【7】縣令

[疏證]

縣令：居所縣命令。此"縣"指的是居所縣有關部門，"令"爲命令、指派之意，非作爲縣廷長官的"縣令"。

【8】診病者令、丞前

[疏證]

診病者令、丞前：在令、丞的監督之下診斷驗看病者的病情。"診病者"之後省略了"於"字，"診病者令、丞前"即"診病者於令、丞前"。"診病者令、丞前"之後，整理小組原標點爲逗號，今改爲句號。因爲前文說的是獄史驗證申請者是否真的生病，後文說的是生病者康復之後如何恢復原來的任務，是兩層意思，故當以句號斷開爲宜。

【9】病有瘳

[疏證]

嶽麓秦簡整理小組原把"病有瘳"與下文"自言瘳所縣"連讀，今以逗號斷開。

【10】瘳所縣

[疏證]

瘳所縣：病人康復時所在縣。也就是前文所說的因病而滯留的"居所縣"。

【11】診牒

[疏證]

診牒：關於滯留者滯留期間病情的診斷報告。

【12】縣官

[疏證]

縣官：指外出服役者原本所屬縣，即簡323開頭"郡守及縣官"之"縣官"。

【13】縣官以從事

[整理小組注]

從事：此指負責診斷病情的官吏。[①]

[疏證]

嶽麓秦簡整理小組此處的注釋值得商榷。若按照整理小組的意見，似乎是要對回

---

① 陳松長主編：《嶽麓書院藏秦簡（伍）》，第215頁。

到本縣的外出人員由本縣的專業人員再次進行診斷。根據上文,這些歸來者是在身體康復之後返回的,故此時的診斷是沒有多大意義的。因此,我們認爲此處"從事"含義當是縣廷有關部門根據有關服役者在行徭途中的各種報告,包括遇雨滯留、生病滯留等等,對延遲歸來的服役者進行相應的後續處理。整理小組原把"縣官以從事"與"診之"連讀,今以句號斷開。我們的理解是,"診之,不病"與前文簡324"縣令獄史診病者"是並列的兩種情況,前文說的是獄史診病者發現其確實有病,應當如何如何處理;後文說的是如果發現其無病,又如何如何處理。陳偉說同。①

從事:處置,處理。《漢語大詞典》:"處置;處理。《左傳·哀公十一年》:'(子胥)諫曰:"越在我,心腹之疾也,壤地同,而有欲於我。夫其柔服,求濟其欲也,不如早從事焉。"'《漢書·王莽傳中》:'敢有趣讙犯法,輒以軍法從事。'晉葛洪《抱朴子·審舉》:'又諸居職,其犯公法者,以法律從事。'《二刻拍案驚奇》卷二一:'招情相同,即以軍法從事,立時梟首。'"②

【14】診之,不病

[疏證]

此處"診之"的主語當是前文簡324的"縣令獄史診病者"的診病獄史。"之"指行徭失期者,也就是行徭過程中上報自己生病的人。"不病",是説獄史診斷之後,發現請病假的人實際上沒有生病。

簡文大意

郡守和縣官分別根據事情的難易、距離的遠近,合理地確定徭役任務的期限。如果錯過期限以及偷偷脫離工作崗位者,一至七日之內,貲罰二甲;超過七日,處以贖耐之罰;超過三個月,耐爲隸臣。如果行徭途中生病,或天下大雨,無法繼續行進,可以主動向所經過縣有關部門說明情況,當地會派遣獄史當着縣令、縣丞的面對生病者進行查驗。生病者康復之後,要主動向所在縣匯報。所在縣則將其生病診斷報告以及康復日期、病休日數,(一同行文)告知行徭者所屬縣,所屬縣則根據這些報告,對行徭者的下一步活動進行相應的安排。但如果行徭者向沿途所在縣申請病假時,被發現實際上沒有生病,故意……

缺簡 74

---

① 陳偉:《〈嶽麓書院藏秦簡(伍)〉校釋》,《出土文獻與法律史研究》第7輯,第22頁。
② 漢語大詞典編輯委員會、漢語大詞典編纂處編纂:《漢語大詞典(第3卷)》,漢語大詞典出版社1989年版,第1007頁。

簡1812+缺簡75+1857+缺簡76+1809+1850+缺簡77+1896（326—330）：

及上書言事得之[1]，故而諆[2]求其過皋，以嬰絫[3]而強皋之，若毋皋而久𣪠（繫）以苦之，甚非殹（也）[4]，不便326。（缺簡75）☐┗。自今以來，令諸嘗受詔有案行覆治而能中詔以賜[5]者，及雖不身受詔，詔吏[6]之所遣事已，上其奏327（缺簡76）受詔有治殹（也）及上書言事┗，所以爲可而賜者┗[7]，聞其縣官[8]。或即以其治事用灋律盡極中詔[9]328而[10]賜┗，及諸上書言事而賜者，其賜皆自一衣以上[11]及賜它物，直（值）[12]其賜，直（值）千錢以上者，其或有皋罨（遷）329、耐以上[13]毋擅斷，必請之。其皋雖未央（決）及贖皋以下，𣪠（繫）☐330

【1】得之

[疏證]

嶽麓秦簡整理小組原把"得之"屬下讀，與"故而諆"連讀，今改爲屬上讀。簡326—330從上下文語氣來看，很像皇帝詔書中的一部分，至少也是政府頒發的文告一類，大意似乎是對於上書言事或奉旨辦事得到皇帝首肯者的優待之意，似乎是說，這些人即使有所過錯或牽涉刑獄，也要從輕發落或有罪先請，等候旨意處理。

關於簡326、327、328、329、330之間的編聯，除了嶽麓秦簡整理小組的意見之外，我們所見到的還有兩家，陳偉主張327+328+329+330，王偉主張328+326+327+329+330。①陳安然對以上三種意見進行了辨析，大致采納了王偉的意見，曰：

> 本條令文的結構是敘述'受詔有治'者、'上書言事'者的現狀，並在'自今以來'之後提出對此兩種人實行'上請'。②

這種對簡326—330令文所述內容的總體判斷是正確的，但是實際上並沒有對簡326令文的內容與其他諸簡內容的聯繫做任何説明，而這種解釋説明對於簡文的編聯非常重要。上下文義不連貫，編聯終究還是難以最終確定，目前只能是可備一説。有鑒於此，我們在此暫且遵從嶽麓秦簡整理者的意見。

---

① 陳偉：《〈嶽麓書院藏秦簡（伍）〉校讀（續五）》，武漢大學簡帛網2018年4月12日。王偉：《〈嶽麓書院藏秦簡（伍）〉簡326—330編聯札記》，武漢大學簡帛網2019年1月4日。
② 陳安然：《嶽麓秦簡"令"集釋》，第355—356頁。

【2】諆

[整理小組注]

諆：見《説文·言部》："欺也。"①

[疏證]

諆：欺詐，欺騙。李蓉曰："'諆求'，應指謀求，簡文似在講故意加罪於人的情況，對於輕罪或無罪之人但要謀求其罪過，故意羅織罪名强行加罪。"②這話没錯，但關鍵是前文"及上書言事得之"一句與"諆求其罪過"之間的關係，必須弄清。所以我們認爲"諆求其罪過"之前的"得之"屬上讀。這樣就可以理解爲，因爲這些人上書得到皇帝的首肯，即"上書得之"，他們受到了政策上的優待，所以那些想誣陷他們或爲之强加罪名的舉動，都會受到法律的限制。

【3】嬰絫

[整理小組注]

嬰絫：見《漢書·賈誼傳》："嬰以廉恥，故人矜節行。"顏師古注："嬰，加也。"《説文·厽部》："絫，增也。"嬰絫，猶言羅織罪名。③

【4】甚非殹(也)

[疏證]

甚非殹(也)：是非常錯誤的。"甚非殹(也)"之後，整理小組原標點爲句號，今改爲逗號。《嶽麓伍》簡059—060："制詔御史：聞獄多留或至數歲不決，令無皐者久毄(繫)而有皐者久留，甚不善，其舉留獄上之。"④《漢書·高帝紀下》："爵或人君，上所尊禮，久立吏前，曾不爲決，甚亡謂也。"師古曰："亡謂者，失於事宜，不可以訓。"⑤《漢書·景帝紀》："有罪者不伏罪，奸法爲暴，甚亡謂也。諸獄疑，若雖文致於法而於人心不厭者，輒讞之。'"⑥"甚不善"與"甚非也""甚亡(無)謂"口氣含義相同。這類語氣往往出現在皇帝的詔書或官府的文告之中。"甚非也"等在指出問題所在之後，下文往往是采取的針對性措施。

【5】中詔以賜

[疏證]

中詔以賜：符合詔書的意旨而受到賞賜。

---

① 陳松長主編：《嶽麓書院藏秦簡(伍)》，第215頁。
② 李蓉：《〈嶽麓書院藏秦簡(伍)〉集釋及相關問題研究》，第188頁。
③ 陳松長主編：《嶽麓書院藏秦簡(伍)》，第215頁。
④ 同上注，第58頁。
⑤ 班固：《漢書》，第1分册，第55頁。
⑥ 同上注，第148頁。

【6】詔吏

[疏證]

詔吏：受詔之吏。雖不身受詔，詔吏之所遣事已：意思是説，當事人雖然沒有親身接受詔書的委派，但是完成了接受詔書之吏安排給自己的任務。

陳偉對此涉"詔吏"句簡文標點及文意都另有釋讀，他説："327號簡與328號簡之間，整理者以爲有缺簡。疑未缺，二簡可連讀。'雖不身受詔詔吏之所遣事已上其奏受詔有治殹（也）'，大概是説雖然不是親自受詔，但對詔書中所遣之事，當事人先前已有奏陳，在受詔之後處置得當。"①

【7】以爲可而賜者

[疏證]

以爲可而賜：被認可而受到賞賜。可：認可，此處特指得到皇帝的認可。"可"爲詔書中皇帝同意臣下奏議的常用語。如《嶽麓伍》簡056—058：

> 廿六年四月己卯丞相臣狀、臣綰受制相（湘）山上：自吾以天下已并，親撫晦（海）内，南至蒼梧，凌涉洞庭之水，登相（湘）山、屏山，其樹木野美，望駱翠山以南樹木□見亦美，其皆禁勿伐。臣狀、臣綰請：其禁樹木盡如禁苑樹木，而令蒼梧謹明爲駱翠山以南所封刊。臣敢請。制曰：可。②

《嶽麓伍》簡059—061：

> 制詔御史：聞獄多留或至數歲不決，令無辜者久毄（繫）而有辜者久留，甚不善，其舉留獄上之。御史請：至計，令執灋上冣（最）者，各牒書上其餘獄不決者，一牒署不決歲月日及毄（繫）者人數，爲冣（最），偕上御史，御史奏之，其執灋不將計而郡守丞將計者，亦上之。制曰：可。③

【8】聞其縣官

[疏證]

聞：使動用法，使知聞。聞其縣官：向縣官通報，使縣官知聞。

嶽麓秦簡整理小組原把"聞其縣官"與下文"或即以其治事用灋律"云云連讀，今以句號斷開。後者是對前者的進一步解説，具體而言，"即以其治事用灋律盡極中詔而賜"，意思是説處理政事所用法律非常符合詔書的旨意，也就是前文所説

---

① 陳偉：《〈嶽麓書院藏秦簡（伍）〉校釋》，《出土文獻與法律史研究》第7輯，第22頁。
② 陳松長主編：《嶽麓書院藏秦簡（伍）》，第57—58頁。
③ 同上注，第58—59頁。

的"受詔而有治殹(也)";"諸上書言事而賜"也就是前文所説的"上書言事"。陶磊也認爲"聞其縣官"之後當點句號,不過,他認爲"聞其縣官"是"要求所有上書言事有功或受詔處事有功而得到賞賜的人,均要求到縣官自占"。① 這一解説或許稍微有點絶對,也許官方之間相互行文告知,也是有可能的。畢竟令文説得並不明確。

【9】中詔

[疏證]

中詔:符合詔書的精神。也就是説,官員辦事非常符合皇帝的旨意。中:符合。《左傳·定公元年》季孫曰:"子家子亟言於我,未嘗不中吾志也。吾欲與之從政,子必止之,且聽命焉。"楊伯峻注:"中,去聲,讀爲仲,合也。中吾志即合于吾心。"②

【10】而

[疏證]

而:嶽麓秦簡整理小組原對此字無釋,陳偉曰:"329號簡首字,紅外圖版殘損比較厲害,彩色圖版相對完整。齊繼偉先生釋爲'而',應是。這樣,328號簡與329號簡也可直接連讀。'中詔而賜'與327號簡'中詔以賜'類似。"③ 陳説有理,故從之。

【11】賜皆自一衣以上

[疏證]

賜皆一衣以上:賜衣之制,亦見於張家山漢簡《二年律令》簡282—285《賜律》:

賜衣者六丈四尺、緣五尺、絮三斤,襦二丈二尺、緣丈、絮二斤,绔(袴)二丈一尺、絮一斤半,衾五丈二尺、緣二丈六尺、絮十一斤。五大夫以上錦表,公乘以上縵表,皆帛裏;司寇以下布表、裏。二月盡八月賜衣、襦,勿予裏、絮。二千石吏不起病者,賜衣襦、棺及官衣常(裳)。郡尉,賜衣、棺及官常(裳)。千石至六百石吏死官者,居縣賜棺及官衣。五百石以下至丞、尉死官者,居縣賜棺。官衣一,用縵六丈四尺,帛裏,毋絮;常(裳)一,用縵二丈。④

嶽麓秦簡所謂的"賜衣",也許表明秦代當時已經存在着與漢初類似的規章制度。

---

① 陶磊:《讀〈嶽麓書院藏秦簡〉(伍)札記》,武漢大學簡帛網2018年7月1日。
② 楊伯峻編著:《春秋左傳注》,第6分冊,第1699頁。
③ 陳偉:《〈嶽麓書院藏秦簡(伍)〉校釋》,《出土文獻與法律史研究》第7輯,第22頁。
④ 張家山二四七號漢墓竹簡整理小組編著:《張家山漢墓竹簡〔二四七號墓〕(釋文修訂本)》,第48頁。

【12】直（值）

［整理小組注］

直（值）：估值。睡虎地秦簡《秦律十八種・效律》："其有贏、不備，物直（值）之。"①

【13】有皋瞏（遷）、耐以上

［疏證］

有皋瞏（遷）耐以上：有遷罪、耐罪以上者。嶽麓秦簡整理小組原認爲簡329"有皋瞏（遷）"與簡330"耐以上"之間有缺簡，故標注"缺簡77"。陳偉曰："329號簡與330號簡之間，整理者以爲有缺簡。恐不缺，二簡當直接連讀。218號簡'所屏匿皋（罪）當瞏（遷）若耐以上'，與連讀處'其或有皋（罪）瞏（遷）、耐以上'類似。《二年律令》121號簡'有罪瞏（遷）、耐以上'，則是完全相同的罪名表述。"②其説有理，故從之。

簡文大意

及上書言事，言中事情要害，（官吏）故意僞造其罪過，增加其罪名，强行對他治罪，或者找不到罪名，却長久關押，讓他吃苦頭，這些做法都很不好，不正當。……自今以來，讓那些曾經受詔巡察考核並能夠完成任務符合詔書旨意因而受到賞賜者，以及雖然没有親自接受詔書，詔書指派官吏完成任務之後，上其奏章……受詔完成任務，以及上書奏事，得到皇帝認可而予以賞賜者，聽聞其所在縣政府按照他的做法執行法律，都非常符合詔書旨意……賞賜，以及上書言事受到賞賜者，賞賜物品自一件衣服以上或賞賜其他物品，價值在千錢以上者，如果其人有罪，處罰在遷刑、耐刑以上者，執法部門不能擅自決斷，必須先請示皇帝。其罪雖然還未判决以及贖罪以下者，繫……

缺簡₇₈

簡1181＋1183＋缺簡₇₉＋1738（331—333）：

尉史[1]智（知）其不自占[2]而弗籍[3]及弗論[4]者，貲二甲，廢└。其有移

---

① 陳松長主編：《嶽麓書院藏秦簡（伍）》，第215頁。
② 陳偉：《〈嶽麓書院藏秦簡（伍）〉校釋》，《出土文獻與法律史研究》第7輯，第23頁。

徙它縣[5]者，必□□□331□□有能告不自占者一人，購金一兩[6]。□332（缺簡79）捕犯令者黥城旦舂皂一人，購金四兩[7]；罷（遷）皂一人，購金二兩[8]。免其婢以爲妻[9]，有子其主所而不爲訾（貲）者[10]，勿333

【1】尉史

[疏證]

尉史：縣尉屬下的史職類官吏。尉史是縣尉僚屬。令史爲縣令僚屬，二者是有區別的。從秦漢簡牘的記載來看，縣尉與一縣的户籍管理有着密切的關係。除了這條秦令之外，《嶽麓肆》簡140–141《尉卒律》曰："尉卒律曰：爲計，鄉嗇夫及典、老月辟其鄉里之入穀（穀）、徙除及死亡者，謁于尉，尉月牒部之，到十月乃比其牒，里相就殹（也）以會計。"① 可見，一縣人口的出生、遷徙與死亡情況隨着户籍著録，都被呈報給縣尉。張家山漢簡《二年律令》簡389《置後律》："當置後，留弗爲置後過旬，尉、尉史主者罰金各□兩。"② 家庭的繼承人確立，也需要得到尉的批准。

【2】自占

[疏證]

自占：本人主動申報户籍，也包括達到服役年齡的傅籍。張家山漢簡《二年律令》簡325–327《户律》："民皆自占年。小未能自占，而毋父母、同産爲占者，吏以□比定其年。自占、占子、同産年，不以實三歲以上，皆耐。産子者恒以户時占其□□罰金四兩。"③《二年律令》説的主要是自占者及爲之占者的責任問題。嶽麓秦令此處説的是管理者一方的問題，也就是説，主管的尉史發現了問題，却不聞不問，所以要受處罰。這一點，《嶽麓肆》簡011–012可爲之提供進一步理解的材料："□□，鄉部吏貲一甲，占者贖耐，莫占吏數者，贖耐。典、老占數小男子年未盈十八歲及女子，縣、道嗇夫諄，鄉部吏貲一盾，占者貲二甲，莫占吏數者，貲二甲。"④

【3】籍

[疏證]

籍：記録在案。這裏的"籍"不是指把不自占者登記入籍，而是指把不自占這種違法行爲記録下來。《嶽麓肆》簡141："黔[首]之闌亡者卒歲而不歸，䊪其計，籍書其初亡之年月于䊪，善臧（藏）以戒其得。"籍書，記録於簿籍。⑤

---

① 陳松長主編：《嶽麓書院藏秦簡（肆）》，第114頁。
② 張家山二四七號漢墓竹簡整理小組編著：《張家山漢墓竹簡〔二四七號墓〕（釋文修訂本）》，第61頁。
③ 同上注，第53頁。
④ 陳松長主編：《嶽麓書院藏秦簡（肆）》，第42頁。
⑤ 朱紅林：《〈嶽麓書院藏秦簡（肆）疏證〉》，第161頁。

【4】論

[疏證]

論：處理，處罰。

【5】移徙它縣

[疏證]

移徙它縣：遷徙到它縣。張家山漢簡《二年律令》簡328—330《户律》："恒以八月令鄉部嗇夫、吏、令史相襍案户籍，副臧（藏）其廷。有移徙者，輒移户及年籍爵細徙所，并封。留弗移，移不并封，及實不徙數盈十日，皆罰金四兩；數在所正、典弗告，與同罪。鄉部嗇夫、吏主及案户者弗得，罰金各一兩。"①

【6】購金一兩

[疏證]

"購金一兩"之後，整理小組原直接加殘簡號，但"購金一兩"與前文"有能告不自占者一人"，句式語意完整，故當以句號結束。

【7】購金四兩

[疏證]

"購金四兩"之後，整理小組原標點爲逗號，今改爲分號。因爲"捕犯令者顯城旦舂皋一人，購金四兩"與"罨（遷）皋一人，購金二兩"是並列的兩種行爲、兩種獎勵，故當以分號斷開。

【8】購金二兩

[疏證]

"購金二兩"之後，嶽麓秦簡整理小組原標點爲逗號，今改爲句號。因爲"購金二兩"之後，説的不再是有關獎勵的事，是另一層意思，故當以句號斷開爲宜。

【9】免其婢以爲妻

[疏證]

免其婢以爲妻：免除自己家婢"婢"的身份，娶其爲妻。《嶽麓叁》簡108—136《識劫娩案》可參看。②娩就是大夫沛原來的妾（秦制，"臣妾"後改稱"奴婢"），後被大夫沛免去"妾"的身份，娶以爲妻，並向宗族鄰里宣布了此事。但由於户籍上沒有修改徹

---

① 張家山二四七號漢墓竹簡整理小組編著：《張家山漢墓竹簡〔二四七號墓〕（釋文修訂本）》，第54頁。
② 朱漢民、陳松長主編：《嶽麓書院藏秦簡（叁）》，第153—162頁。

底,只注明了"免妾",没有注明"妻",因此引發了一系列糾紛。

"免其婢以爲妻"已經不屬於前文"捕犯令者"的獎勵内容,故當與前文"購金二兩"以句號斷開。這句話的意思是,如果主人"免其婢以爲妻",那麽這個"免婢"所生的兒子是否計算在主人的財産之内,就有講究了。有可能出現的情況是:如果奴婢所生的兒子是在其被免除奴婢身份並立爲妻子之前所生,那麽有可能仍屬於奴,那就應該算在主人財産范圍内;如果"免婢"兒子是其在正式被立爲主人的妻子之後所生,那麽可能就屬於正式的家庭成員了,而不應該再計算在財産範圍之内了。根據《嶽麓叁》簡108-136《識劫婉案》的記載,不論是僅僅免除"婢"的身份,還是再進一步把"婢"立爲妻子,都必須經過正式的法律程序,也就是向鄉有關戶籍管理部門申報備案,更改戶籍上的相關記錄,否則就會引起一系列的麻煩。僅僅免除"婢"的身份,戶籍上會在其中信息注明"免婢",表明該女子身份曾經是"婢",現在已經免除;如果是"免其婢以爲妻",那麽戶籍上就會注明"妻"的身份。

【10】不爲訾(貲)者

[疏證]

不爲訾(貲)者:不算作財産。

嶽麓秦簡整理小組原把"不爲訾(貲)者"與下文"勿"連讀,今以逗號斷開。

簡文大意

尉史得知不主動申報名數者却不記録這件事,也不處罰當事人,尉史要被貲罰二甲,撤職永不叙用。有遷徙去它縣者,一定……有能舉報不主動申報名數者一人,獎勵黄金一兩。……能抓捕違反户籍申報法令而應被處以城旦舂罪者一人,獎勵黄金四兩;能抓捕違反此令而應被處以遷罪者一人,獎勵黄金二兩。免去自家女婢"婢"的身份,以之爲妻,女婢所生之子在主人處,没有被登記爲家庭財産者,不要……

缺簡 80

簡 1322(334):

☐☐賈以責(債)者不得逋入☐☐☐ 334

缺簡 81

簡2025（335）：

●治皋及諸有告劾而不當論者[1]，皆具傳[2]告劾辭、論夬（決）[3]，上屬所執灋，與計偕[4]。·執灋案掾[5]其論[6]335。

【1】治皋及諸有告劾而不當論者

[疏證]

治皋及諸有告劾而不當論者：這句話説了兩種情況需要上報。一種是"治皋"，也就是案件審結之後，結案報告需要上報；另一種是"諸有告劾而不當論者"，有提出控告但不應當受理或不予以處罰。前一種情況上報，是接受上級的例行性審核；後一種情況上報，更多是需要上級部門的最終裁決，帶有疑案奏讞的性質。

"當論"還是"不當論"是秦代訴訟中最常見的一個問題，睡虎地秦簡《法律答問》中屢見記載。如：

簡42：甲告乙盜直（值）□□，問乙盜卅，甲誣駕（加）乙五十，其卅不審，問甲當論不當？廷行事貲二甲。

簡44：甲告乙盜牛，今乙賊傷人，非盜牛殹（也），問甲當論不當？不當論，亦不當購；或曰爲告不審。

簡68：甲殺人，不覺，今甲病死已葬，人乃後告甲，甲殺人審，問甲當論及收不當？告不聽。

簡98：賊入甲室，賊傷甲，甲號寇，其四鄰、典、老皆出不存，不聞號寇，問當論不當？審不存，不當論；典、老雖不存，當論。

簡119：完城旦，以黥城旦誣人。可（何）論？當黥。甲賊傷人，吏論以爲鬭傷人，吏當論不當？當貲。

簡152：倉鼠穴幾可（何）而當論及貲？廷行事鼠穴三以上貲一盾，二以下貲。鼷穴三當一鼠穴。

簡157：部佐匿者（諸）民田，者（諸）民弗智（知），當論不當？部佐爲匿田，且可（何）爲？已租者（諸）民，弗言，爲匿田；未租，不論○○爲匿田。

簡158：甲小未盈六尺，有馬一匹自牧之，今馬爲人敗，食人稼一石，問當論不當？不當論及賞（償）稼。

简166：女子甲爲人妻，去亡，得及自出，小未盈六尺，當論不當？已官，當論；未官，不當論。

简169："棄妻不書，貲二甲。"其棄妻亦當論不當？貲二甲。

简183：甲誣乙通一錢黥城旦罪，問甲同居、典、老當論不當？不當。①

【2】傅

[疏證]

傅：嶽麓秦簡整理小組原釋作"傳"，今從陳曼曼說，改釋爲"傅"。②"具傅"一詞，《嶽麓伍》中屢見。如簡066"制詔御史：吏上奏當者，具傅所以當者律令、比行事"，簡114"具傅其律令，令各與其當比編而署律令下"，簡185"制曰：吏上請、對、奏者，皆傅牒牘數。節（即）不具而却"，等等。③

傅，附也。《漢語大字典》："傅，隨帶，捎帶。《史記·韓信盧綰列傳》：'胡者全兵，請令强弩傅兩矢外嚮。'《後漢書·耿純傳》：'選敢死二千人，俱持彊弩，各傅三矢，使銜枚間行。'《宋史·沈括傳》：'邊人驩激，執弓傅矢，唯恐不得進。'"④

"皆具傅"之前，當省略了行動的主語"縣道官"。因爲有關卷宗是要求上呈給"執灋"的，從這句令文來判斷，"執灋"當爲郡級機關，故其下級當指縣道司法部門。

【3】告劾辭、論夬（決）

[疏證]

告劾辭、論夬（決）：記錄告劾辭和審判過程及判決結果的文書。嶽麓秦簡整理小組原把"告劾辭"與"判決"連讀，因爲二者屬兩種內容，故改用頓號斷開。上級部門認爲對下級機關的司法審判工作有監督覆核之責，所以要求下級部門把有關卷宗詳細上報。

【4】與計偕

[疏證]

"與計偕"之後的"·"爲原簡文所有，也就是說整理小組原來並沒有在它後面加標點，我們認爲當加句號斷句。

【5】掾

[整理小組注]

掾：覈查，覈驗。睡虎地秦簡《秦律十八種·效律》："其它冗吏、令史掾計者。"⑤

---

① 睡虎地秦墓竹簡整理小組編：《睡虎地秦墓竹簡》，釋文部分第103、109、116、121、128、130、132、133、137頁。
② 陳曼曼：《讀〈嶽麓書院藏秦簡（伍）〉筆記六則》，武漢大學簡帛網2018年8月16日。
③ 陳松長主編：《嶽麓書院藏秦簡（伍）》，第60、105、129頁。
④ 漢語大字典編輯委員會編纂：《漢語大字典（第2版）》，第240頁。
⑤ 陳松長主編：《嶽麓書院藏秦簡（伍）》，第215頁。

【6】論

[疏證]

論：治罪及告劾的處理結果。整理小組原未在"論"後加標點，今以句號結句。

簡文大意

案件審理卷宗及有關不予處罰的告劾卷宗，縣道官要把告劾辭及判決結果一並上呈所屬執法，與每年的計簿同時呈送。執法對其判決結果進行重新審核。

缺簡82

簡1677（336）：

　　　者，捕者詣之其官，官亟治論之[1]。諸黔首有論[2]，及以其所與同論者[3]扁（徧）得[4]，恐其遷之[5]若[6]且爲人捕毆（也），窘[7]₃₃₆

【1】亟治論之

[疏證]

亟：立即，立刻。《說文・二部》："亟，敏疾也。"① 《詩・豳風・七月》："亟其乘屋，其始播百穀。"鄭玄注："亟，急。"②

"亟治論之"之後，整理小組原標點爲逗號，今改爲句號。

【2】論

[疏證]

論：本指定罪。《史記・孝文本紀》："今犯法已論，而使毋罪之父母妻子同產坐之，及爲收帑，朕甚不取。"③ 《後漢書・魯丕傳》："坐事下獄司寇論。"李賢注："決罪曰論，言奏而論決之。"④ 嶽麓簡這裏指牽涉到犯罪之中，有獄訟，或者說有罪。

"論"字之後，嶽麓秦簡整理小組原與下文"及以其所與同論者"云云連讀，但從上下文義來看，前後句義之間似乎不是並列關係，而是先後關係。也就是說，這句話的意

---

① 段玉裁：《說文解字注》，第1183頁。
② 孔穎達：《毛詩注疏》，中册，第722頁。
③ 司馬遷：《史記》，第2分册，第525頁。
④ 范曄：《後漢書》，第4分册，第883頁。

思有可能是,黔首有罪,一時尚未被發現,後來他的同伙被抓,有可能供出牽連到他。所以"諸黔首有論"與"及以其所與同論者扁(徧)"之間當點逗號。

【3】所與同論者

[疏證]

所與同論者:此處指的是同案犯。

【4】扁(徧)得

[疏證]

扁(徧)得:部分同伙被抓獲。徧,同"偏"。《左傳·成公十五年》:"桓氏雖亡,必偏。"杜預注:"偏,不盡。"楊伯峻注:"偏,一部分。"①《荀子·天論》:"萬物爲道一偏,一物爲萬物一偏。"王天海校釋:"一偏,一部份。"②嶽麓秦簡整理小組原把"及其所與同論者"與"扁(徧)得"用逗號隔開,不妥,當連讀。

單育辰、李蓉皆有類似認識,不過李蓉認爲"徧得"指的是"諸黔首有論"和"其所與同論者"兩部分。③我們不同意這種看法。我們認爲"徧得"只指"其所與同論者"。因爲"諸黔首有論"後面說的是"及以其所與同論者徧得","以其"二字很關鍵,"以其"是"因爲"的意思,因爲他的同論者中有人被抓捕,他怕事情敗露,因此有可能被迫自首等等。

不過,張家山漢簡《二年律令》簡002《賊律》"能偏(徧)捕",彭浩等《二年律令與奏讞書》注釋以"偏(徧)捕"之"徧"爲"遍、盡"爲解。④亦可通。我們在《嶽麓伍》簡024"徧捕告"采用了這一說法。兩處觀點有矛盾,猶豫之間,暫存疑。

【5】遝之

[疏證]

《方言》:"遝,及也。東齊曰迨,關之東西曰遝,或曰及。"⑤《説文·辵部》:"遝,迨也。"⑥《廣雅·釋言》:"遝,及也。"⑦

遝之:牽連到自己。

【6】若

[疏證]

若:表示承接關係的副詞,相當於"乃""才"。《小爾雅·廣言》:"若,乃也。"遝鐸

---

① 楊伯峻:《春秋左傳注》,第3分冊,第957頁。
② 王天海:《荀子校釋》,上海古籍出版社2005年版,下冊,第700頁。
③ 單育辰:《佔畢隨錄之十九》,武漢大學簡帛網2018年5月31日。李蓉:《〈嶽麓書院藏秦簡(伍)〉集釋及相關專題研究》,第192頁。
④ 彭浩、陳偉、[日]工藤元男主編:《二年律令與奏讞書——張家山二四七號漢墓出土法律文獻釋讀》,第90頁。
⑤ 華學誠:《揚雄方言校釋匯證》,上冊,第216頁。
⑥ 段玉裁:《説文解字注》,第126頁。
⑦ 王念孫:《廣雅疏證》,第2分冊,第750頁。

集釋:"王煦曰:東晋《古文尚書·君陳》云'必有忍,其乃有濟',《周語》引《書》云:'必有忍也,若能有濟也。'韋昭注:'若猶乃也。'《管子·海王篇》云:'一女必有一箴一刀,若其事立;耕者必有一耒一耜一銚,若其事立。'據文義推之,是亦以若爲乃也。"①

【7】窘

[疏證]

《漢語大字典》:"窘通'窘',困迫。《馬王堆漢墓帛書·經法·論》:'不處外内之立(位),不應動静之化,則事窘于内而舉窘於〔外〕。'"②

簡文大意

……者,抓捕者把他押送官府,官府立即對其進行處置。黔首有罪,及因其同伙中有人被抓獲,恐怕牽連到自己也被抓捕,窘迫……

缺簡 83

簡0058(337):

發(?)傳[1],縣道官令、丞、官長皆聽[2]爲封,勿敢留 └[3]。傳(使)[4]毋傳及諸吏毋印者,毋敢擅寄封[5]。不從令及 337

【1】發(?)傳

[疏證]

發傳:把封緘起來的傳打開驗看。

【2】聽

[疏證]

聽:同意,允許。《後漢書·章帝紀》:"所過縣邑,聽半入今年田租,以勸農夫之勞。"③

---

① 遲鐸:《小爾雅集釋》,中華書局2008年版,第166頁。
② 漢語大字典編輯委員會編纂:《漢語大字典(第2版)》,第1003頁。
③ 范曄:《後漢書》,第1分册,第154頁。

【3】留

[疏證]

留：滯留，阻攔。"留"之後，嶽麓秦簡整理小組原標點爲逗號，今改爲句號。

【4】俾（使）

[疏證]

俾（使）：出使，繇使。

【5】寄封

[疏證]

寄：借。《戰國策·東周策》："顔率至齊，謂齊王曰：'周賴大國之義，得君臣父子相保也，願獻九鼎，不識大國何塗之從而致之齊？' 齊王曰：'寡人將寄徑於梁。'" 寄徑，鮑彪注："猶言假塗。"① 另外，《嶽麓伍》簡074 "令寄長其父母及親所"、簡091 "以請寄人瀍論之"，其中的"寄"皆有"假借"之義。②

寄封：借給封傳。"寄封"之"封"與前文"皆聽爲封"之"封"含義不同。"皆聽爲封"之"封"爲動詞，意爲封緘；"寄封"之"封"爲名詞，意爲封緘起來的傳。意思是如果從關口經過的使者沒有持作爲過關憑證的傳，守關者不得擅自爲其提供過關憑證。當然，這一解釋尚屬於推測，還需要進一步驗證。《唐律疏議》卷八《衛禁》"不應度關而給過所"條："諸不應度關而給過所，若冒名請過所而度者，各徒一年。即以過所與人及受而度者，亦準此。"疏議曰："不應度關者，謂有征役番期及罪譴之類，皆不合輒給過所，而官司輒給；及身不合度關，而取過所度者；若冒他人名，請過所而度者：徒各一年。"③ 可比較參看。

"寄封"之後，嶽麓秦簡整理小組原標點爲逗號，今改爲句號。

簡文大意

……打開封傳驗視之後，縣道官令、丞或官長都把傳封緘起來，予以放行，不敢滯留。如果出使沒有持傳，及官吏沒有帶印信者，所過縣道不得擅自爲之提供封傳，不遵守規定者以及……

缺簡 84

---

① 劉向：《戰國策》，上冊，第2—3頁。
② 陳松長主編：《嶽麓書院藏秦簡（伍）》，第63、69頁。
③ 劉俊文：《唐律疏議箋解》，中華書局1996年版，第649頁。

參考文獻

專　著

C

蔡夢琪：《廣韻校釋》，嶽麓書社2007年版。
蔡萬進：《里耶秦簡編年考證·第一卷》，廣西師範大學出版社2023年版。
曹旅寧：《秦漢魏晉法制探微》，人民出版社2013年版。
陳安然：《嶽麓秦簡"令"集釋》，吉林大學2023年碩士學位論文。
陳公柔：《先秦兩漢考古學論叢》，文物出版社2005年版。
陳侃理主編：《重寫秦漢史：出土文獻的視野》，上海古籍出版社2023年版。
陳奇猷：《韓非子新校注》，上海古籍出版社2000年版。
陳奇猷：《呂氏春秋新校釋》，上海古籍出版社2022年版。
陳　壽：《三國志》，中華書局1962年版。
陳松長主編：《嶽麓書院藏秦簡（肆）》，上海辭書出版社2015年版。
陳松長主編：《嶽麓書院藏秦簡（伍）》，上海辭書出版社2017年版。
陳松長主編：《嶽麓書院藏秦簡（陸）》，上海辭書出版社2020年版。
陳松長主編：《嶽麓書院藏秦簡（柒）》，上海辭書出版社2022年版。
陳松長主編：《嶽麓秦簡研究論文集》，上海辭書出版社2023年版。
陳偉主編，彭浩、劉樂賢等撰著：《秦簡牘合集·釋文注釋修訂本（壹、貳）》，武漢大學出版社2016年版。
陳　偉：《秦簡牘校讀及所見制度考察》，武漢大學出版社2017年版。
陳　偉：《秦簡牘整理與研究》，經濟科學出版社2017年版。
陳偉主編：《里耶秦簡牘校釋（第1卷）》，武漢大學出版社2012年版。
陳偉主編：《里耶秦簡牘校釋（第2卷）》，武漢大學出版社2018年版。
陳運影：《〈嶽麓書院藏秦簡（伍）〉第一組簡集釋及相關問題研究》，武漢大學2019年碩士學位論文。
程鵬萬：《簡牘帛書格式研究》，上海古籍出版社2017年版。
遲　鐸：《小爾雅集釋》，中華書局2008年版。

D

戴衛紅:《韓國木簡研究》,廣西師範大學出版社2017年版。
鄧小南:《文書·政令·信息溝通:以唐宋時期爲主》,北京大學出版社2012年版。
丁凌華:《五服制度與傳統法律》,商務印書館2013年版。
丁義娟:《肩水金關漢簡法律資料輯録與研究》,燕山大學出版社2022年版。
杜　佑:《通典》,中華書局1988年版。
杜　預:《春秋經傳集解》,上海古籍出版社1988年版。
杜正勝:《編户齊民》,台北聯經出版社1990年版。
段玉裁:《説文解字注》,鳳凰出版社2007年版。

F

范祥雍:《戰國策箋證》,上海古籍出版社2011年版。
范　曄:《後漢書》,中華書局1965年版。

G

高　恒:《秦漢簡牘中法制文書輯考》,社會科學文獻出版社2008年版。
高　榮:《簡牘與秦漢郵驛制度研究》,中國社會科學出版社2023年版。
高婷婷:《〈嶽麓書院藏秦簡(伍)〉第二組集釋及相關問題研究》,武漢大學2019年碩士學位論文。
顧頡剛、劉起釪:《尚書校釋譯論》,中華書局2005年版。
郭道揚編著:《中國會計史稿(上册)》,中國財政經濟出版社1982年版。
郭慶藩:《莊子集釋》,中華書局2004年版。
郭偉濤:《邊塞、交通與文書——肩水金關漢簡研究續編》,上海古籍出版社2023年版。
[日]工藤元男著,[日]廣瀨薰雄、曹峰譯:《睡虎地秦簡所見秦代國家與社會》,上海古籍出版社2010年版。

H

韓厚明:《張家山漢簡字詞集釋》,吉林大學2018年博士學位論文。
韓樹峰:《尺籍短書:秦漢魏晋史論集》,上海古籍出版社2022年版。
漢語大字典編輯委員會:《漢語大字典(第2版)》,崇文書局、四川辭書出版社2010年版。
郝樹聲、張德芳:《懸泉漢簡研究》,甘肅文化出版社2009年版。
何建章:《戰國策注釋》,中華書局1990年版。
何　寧:《淮南子集釋》,中華書局1998年版。
胡培翬:《儀禮正義》,江蘇古籍出版社1993年版。
胡平生:《胡平生簡牘文物論集》,中西書局2012年版。
華學誠:《揚雄方言校釋匯證》,中華書局2006年版。

黄懷信:《逸周書彙校集注(修訂本)》,上海古籍出版社2007年版。
黄懷信:《鶡冠子校注》,中華書局2014年版。

J

賈麗英:《秦漢家族犯罪研究》,人民出版社2010年版。
賈麗英:《秦漢家族法研究:以出土簡牘爲中心》,中國社會科學出版社2015年版。
蔣禮鴻:《商君書錐指》,中華書局1986年版。
焦延壽:《易林》,鳳凰出版社2017年版。
晋　文:《秦漢土地制度研究——以簡牘材料爲中心》,社會科學文獻出版社2021年版。

K

孔穎達:《周易正義》,北京大學出版社2000年版。
孔穎達:《尚書正義》,上海古籍出版社2007年版。
孔穎達:《禮記正義》,上海古籍出版社2008年版。

L

黎翔鳳:《管子校注》,中華書局2004年版。
黎明釗:《輻輳與秩序:漢帝國地方社會研究》,香港中文大學出版社2013年版。
李均明、劉軍:《簡牘文書學》,廣西教育出版社1999年版。
李均明:《古代簡牘》,文物出版社2003年版。
李均明:《秦漢簡牘文書分類輯解》,文物出版社2009年版。
李均明:《耕耘録》,人民美術出版社2015年版。
李　蓉:《〈嶽麓書院藏秦簡(伍)〉集釋及相關專題研究》,西南大學2020年碩士學位論文。
李水城:《中國鹽業考古》,西南交通大學出版社2019年版。
李振宏:《居延漢簡與漢代社會》,中華書局2003年版。
梁啓雄:《韓子淺解》,中華書局2009年版。
劉德增:《秦漢衣食住行》,中華書局2015年版。
劉海年:《戰國秦代法制管窺》,法律出版社2006年版。
劉曉林:《唐律"七殺"研究》,商務印書館2012年版。
劉曉林:《唐律立法語言、立法技術與法典體例研究》,商務印書館2020年版。
劉　向:《戰國策》,上海古籍出版社1985年版。
劉尊志:《物宜人和:考古學視角下的秦漢家庭》,科學出版社2022年版。
魯西奇:《中國古代鄉里制度研究》,北京大學出版社2021年版。
陸錫興:《中國古代器物大詞典(器皿)》,河北教育出版社2001年版。

M

馬承源主編:《上海博物館藏戰國楚竹書(二)》,上海古籍出版社2002年版。

馬孟龍:《西漢侯國地理》,上海古籍出版社2021年版。
孟彥弘:《出土文獻與漢唐典制研究》,北京大學出版社2015年版。

N

籾山明著,李　力譯:《中國古代訴訟制度研究》,上海古籍出版社2009年版。

P

彭　浩、陳　偉、[日]工藤元男主編:《二年律令與奏讞書——張家山二四七號漢墓出土法律文獻釋讀》,上海古籍出版社2007年版。
彭　浩主編:《張家山漢墓竹簡〔三三六號墓〕》,文物出版社2023年版。

Q

齊繼偉:《秦漢賦役制度叢考》,湖南大學2019年博士學位論文。
秦　濤:《律令時代的"議事以制":漢代集議制研究》,中國法制出版社2018年版。

S

上海師範大學古籍整理組校點:《國語》,上海古籍出版社1978年版。
沈　剛:《居延漢簡語詞匯釋》,科學出版社2008年版。
沈　剛:《秦簡所見地方行政制度研究》,中國社會科學出版社2021年版。
沈　剛:《漢晋簡牘與制度史叢稿》,鳳凰出版社2022年版。
史黨社:《墨子城守諸篇校注》,文物出版社2022年版。
睡虎地秦墓竹簡整理小組編:《睡虎地秦墓竹簡》,文物出版社1990年版。
司馬遷:《史記》,中華書局點校本二十四史修訂本2013年版。
孫慰祖:《封泥:發現與研究》,上海書店出版社2002年版。
孫聞博:《秦漢軍制演變史稿》,中國社會科學出版社2016年版。
孫希旦:《禮記集解》,中華書局1989年版。
孫星衍等輯:《漢官六種》,中華書局1990年版。
孫詒讓:《周禮正義》,中華書局2015年版。

T

[德]陶　安:《嶽麓秦簡復原研究》,上海古籍出版社2016年版。
[德]陶　安:《嶽麓秦簡〈爲獄等狀四種〉釋文注釋(修訂本)》,上海古籍出版社2021年版。
陶　磊:《德禮・道法・斯文重建:中國古代政治文化變遷之研究》,浙江大學出版社2016年版。

W

汪桂海:《漢代官文書制度》,廣西教育出版社1999年版。

汪桂海:《秦漢簡牘探研》,文津出版社2009年版。
汪桂海:《永受嘉福:漢代的民間信仰世界》,鳳凰出版社2022年版。
汪榮寶:《法言義疏》,中華書局1987年版。
王國維原著,胡平生、馬月華校注:《簡牘檢署考校注》,上海古籍出版社2004年版。
王　可:《〈嶽麓書院藏秦簡(伍)〉第三組簡集釋及相關問題研究》,武漢大學2019年碩士學位論文。
王力主編:《王力古漢語字典》,中華書局2000年版。
王念孫:《廣雅疏證》,上海古籍出版社2016年版。
王　沛:《刑書與道術:大變局下的早期中國法》,法律出版社2018年版。
王聘珍:《大戴禮記解詁》,中華書局1983年版。
王　平、劉元春、李建廷編著:《〈宋本玉篇〉標點整理本:附分類檢索》,上海書店出版社2017年版。
王人聰、葉其峯:《秦漢魏晉南北朝官印研究》,香港中文大學文物館1990年版。
王先謙:《釋名疏證補》,中華書局2008年版。
王彥輝:《張家山漢簡〈二年律令〉與漢代社會》,中華書局2010年版。
王彥輝:《秦漢户籍管理與賦役制度研究》,中華書局2016年版。
王引之:《經傳釋詞》,上海古籍出版社2016年版。
王子今:《睡虎地秦簡〈日書〉甲種疏證》,湖北教育出版社2003年版。
王子今:《秦漢稱謂研究》,中國社會科學出版社2014年版。
王子今:《秦始皇直道考察與研究》,陝西師範大學出版總社2018年版。
王子今:《秦漢鹽史論稿》,西南交通大學出版社2019年版。
王子今:《秦漢名物叢考(增訂版)》,新星出版社2023年版。
王子今:《秦人的信仰世界》,中國社會科學出版社2023年版。
魏德勝:《〈睡虎地秦墓竹簡〉詞彙研究》,華夏出版社2003年版。
溫慧輝:《〈周禮·秋官〉與周代法制研究》,法律出版社2008年版。
溫俊萍:《嶽麓秦簡與秦代社會控制研究》,湖南大學2019年博士學位論文。
吳方基:《新出秦簡與秦代縣級政務運行機制》,中華書局2012年版。
吳榮曾:《先秦兩漢史研究》,中華書局1995年版。
吳榮曾、汪桂海主編:《簡牘與古代史研究》,北京大學出版社2012年版。
吳樹平:《秦漢文獻研究》,中華書局1988年版。
武航宇:《西北漢簡所見經濟類文書輯解》,知識產權出版社2018年版。

X

蕭從禮:《居延新簡集釋(五)》,甘肅文化出版社2016年版。
謝桂華、李均明、朱國炤:《居延漢簡釋文合校》,文物出版社1987年版。
謝　坤:《秦簡牘所見倉儲制度研究》,上海古籍出版社2021年版。

辛德勇:《秦漢政區與邊界地理研究》,中華書局2009年版。
邢義田:《地不愛寶:漢代的簡牘》,中華書局2011年版。
邢義田:《天下一家:皇帝、官僚與社會》,中華書局2011年版。
邢義田:《治國安邦:法制、行政與軍事》,中華書局2011年版。
熊長雲編纂:《新見秦漢度量衡集存》,中華書局2019年版。

Y

閻步克:《從爵本位到官本位:秦漢官僚本位結構研究》,生活·讀書·新知三聯書店2009年版。
楊伯峻:《春秋左傳注》,中華書局2016年版。
楊　寬:《戰國史》,上海人民出版社2016年版。
楊明照:《增訂文心雕龍校注》,中華書局2000年版。
楊樹達:《詞詮》,上海古籍出版社2013年版。
楊振紅:《出土簡牘與秦漢社會》,廣西師範大學出版社2009年版。
楊振紅:《出土簡牘與秦漢社會(續)》,廣西師範大學出版社2015年版。
楊振紅:《漢晉時期國家與社會論集》,廣西師範大學出版社2016年版。
姚遠主編:《出土文獻與法律史研究》第7輯,法律出版社2018年版。
銀雀山漢墓竹簡整理小組:《銀雀山漢墓竹簡(壹)》,文物出版社1985年版。
于振波:《秦漢法律與社會》,湖南人民出版社2000年版。
于振波:《簡牘與秦漢社會》,湖南大學出版社2012年版。
于洪濤:《嶽麓秦簡〈爲吏治官及黔首〉研究》,(臺)花木蘭出版社2015年版。
于洪濤:《里耶秦簡經濟文書分類整理與研究》,知識產權出版社2019年版。

Z

臧知非:《秦漢土地賦役制度研究》,中央編譯出版社2017年版。
張伯元:《出土法律文獻研究》,商務印書館2005年版。
張朝陽:《中國早期民法的建構》,中國政法大學出版社2014年版。
張傳官:《〈急就篇〉新證》,中西書局2022年版。
張德芳:《敦煌馬圈灣漢簡集釋》,甘肅文化出版社2013年版。
張國艷:《居延漢簡虛詞研究》,中華書局2012年版。
張家山二四七號漢墓竹簡整理小組編著:《張家山漢墓竹簡〔二四七號墓〕(釋文修訂本)》,文物出版社2006年版。
張家山二四七號漢墓竹簡整理小組:《張家山漢墓竹簡〔二四七號墓〕》,文物出版社2001年版。
張建國:《帝制時代的中國法》,法律出版社1999年版。
張金光:《秦制研究》,上海古籍出版社2004年版。

張金光:《戰國秦經濟形態新探》,商務印書館2013年版。
張俊民:《敦煌懸泉置出土文書研究》,甘肅教育出版社2015年版。
張俊民:《懸泉漢簡:社會與制度》,甘肅文化出版社2021年版。
張俊民:《馬圈灣漢簡整理與研究》,甘肅教育出版社2023年版。
張榮强:《漢唐籍帳制度研究》,商務印書館2010年版。
張忠煒:《秦漢律令法系研究初編》,中西書局2021年版。
張自烈、廖文英:《正字通》,中國工人出版社1996年版。
趙　斌:《秦簡"卒"相關律令研究》,湖南大學2019年碩士學位論文。
趙　逵、張曉莉:《中國古代鹽道》,西南交通大學出版社2019年版。
鄭　威:《出土文獻與楚秦漢歷史地理研究》,科學出版社2017年版。
中國簡牘集成編輯委員會編:《中國簡牘集成》,敦煌文藝出版社2001年版。
中國文物研究所、甘肅省文物考古研究所編:《敦煌懸泉月令詔條》,中華書局2001年版。
周海鋒:《秦官吏法研究》,西北大學出版社2021年版。
朱漢民、陳松長:《嶽麓書院藏秦簡(叁)》,上海辭書出版社2013年版。
朱紅林:《〈嶽麓書院藏秦簡(肆)〉疏證》,上海古籍出版社2021年版。
朱錦程:《秦制新探》,湖南大學2017年博士學位論文。
朱紹侯:《軍功爵制考論》,商務印書館2008年版。
朱　騰:《六合爲家:簡牘所見秦縣治理研究》,中西書局2023年版。
朱　熹:《四書章句集注》,中華書局1983年版。
鄒水傑:《兩漢縣行政制度研究》,湖南人民出版社2008年版。

論　文

C

曹旅寧:《嶽麓秦簡與秦律令行用問題》,武漢大學簡帛網2018年3月29日。
曹旅寧:《秦和漢初〈功令〉初步研究》,《湖南省博物館館刊》第16輯,嶽麓書社2020年版。
陳　劍:《〈嶽麓簡(伍)〉"䐿"字的讀法與相關問題》,四川大學歷史文化學院、四川大學古文字與先秦史研究中心編:《紀念徐中舒先生誕辰120週年國際學術研討會論文集》,巴蜀書社2022年版。
陳侃理:《北京大學藏中國文化遺產研究院編秦代傭作文書初釋》,《出土文獻研究》第14輯,中西書局2015年版。
陳松長:《嶽麓書院藏秦簡中的行書律令初論》,《中國史研究》2009年第3期。
陳松長:《嶽麓書院藏秦簡綜述》,《文物》2009年第3期。
陳松長:《睡虎地秦簡中的"將陽"小考》,《湖南大學學報》2012年第6期。
陳松長:《秦漢簡牘所見"走馬""簪裊"關係考論》,《中國史研究》2015年第4期。
陳松長:《嶽麓秦簡中的兩條秦二世時期令文》,《文物》2015年第9期。

陳松長:《秦代"户賦"新證》,《湖南大學學報》2016年第6期。

陳松長:《嶽麓秦簡中的幾個令名小識》,《文物》2016年第12期。

陳松長:《嶽麓秦簡〈奔警律〉及相關問題淺論》,《湖南大學學報》2017年第5期。

陳松長:《嶽麓秦簡中的令文格式初論》,《上海師範大學學報》2017年第6期。

陳松長:《〈嶽麓書院藏秦簡(伍)的内容及分組略説〉》,《出土文獻研究》第16輯,中西書局2017年版。

陳松長:《〈嶽麓書院藏秦簡(伍)〉的内容及分組略説》,《出土文獻研究》第16輯,中西書局2017年版。

陳松長:《嶽麓秦簡中的對、請、奏文書及相關問題探論》,《文物》2020年第3期。

陳松長:《嶽麓秦簡中的"爲符官"與"致所官"考論》,《湖南大學學報》2020年第1期。

陳　偉:《嶽麓書院秦簡行書律令校讀》,武漢大學簡帛網2009年11月21日。

陳　偉:《嶽麓書院秦簡考校》,《文物》2009年第10期。

陳　偉:《嶽麓書院秦簡校讀》,《簡帛》第5輯,上海古籍出版社2010年版。

陳　偉:《嶽麓書院秦簡〈徭律〉的幾個問題》,《文物》2014年第9期。

陳　偉:《〈嶽麓書院藏秦簡(伍)〉殘字試釋》,《江漢考古》2018年第4期。

陳　偉:《〈嶽麓書院藏秦簡〉(伍)校讀》,《出土文獻與法律史研究》第7輯,法律出版社2018年版。

陳　偉:《論嶽麓秦簡法律文獻的史料價值》,《武漢大學學報》2019年第3期。

陳　偉、熊北生:《睡虎地漢簡中的券與相關文書》,《文物》2019年第12期。

陳　偉:《秦漢簡牘所見的律典體系》,《中國社會科學》2021年第1期。

陳　偉:《嶽麓秦簡"毋奪田時令"文本復原和相關問題探討》,《江漢考古》2021年第6期。

陳　偉:《胡家草場漢簡律典與漢文帝刑制改革》,《武漢大學學報》2022年第2期。

陳　偉:《〈嶽麓書院藏秦簡(柒)〉校讀》,《出土文獻與法律史研究》第13輯,上海古籍出版社2023年版。

陳湘圓:《讀〈嶽麓書院藏秦簡(伍)〉札記一則》,武漢大學簡帛網2019年2月17日。

程博麗:《秦漢時期吏卒歸寧制度新探》,《湖南大學學報》2017年第5期。

程博麗:《秦代婦女再嫁及相關問題研究》,《簡帛研究2018(春夏卷)》,廣西師範大學出版社2018年版。

F

凡國棟:《談秦令中的"共令"和"卒令"——兼論秦令的編纂和分類》,《出土文獻與法律史研究》第12輯,法律出版社2022年版。

范雲飛:《從"周禮"到"漢制"——公私視角下的秦漢地方宗廟制度》,《史林》2022年第2期。

G

高智敏:《由"邦"到"天下"——秦"邦"更名所見制度變革及其意義》,《中華文史論叢》2019年第2期。

郭　濤:《文書行政與秦代洞庭郡的縣際網絡》,《社會科學》2017年第10期。

郭　濤:《新出簡牘與江漢聚落景觀體系的重建》,《華中師範大學學報》2018年第4期。

郭　濤:《秦代洞庭郡辨正》,《考古》2021年第2期。

H

韓織陽:《從新出秦簡看秦代鹽業制度》,《鹽業史研究》2020年第1期。

何有祖:《里耶秦簡所見官牒的尺寸》,武漢大學簡帛網2018年8月10日。

何有祖:《〈荆州胡家草場西漢簡牘選粹〉讀後記》,《簡帛》第23輯,上海古籍出版社2021年版。

賀璐璐:《嶽麓秦簡所見"報日"條律令及相關問題研究》,《第七屆出土文獻與法律史研究學術研討會論文集》,湖南大學,2017年11月。

胡平生:《居延漢簡中的"功"與"勞"》,《文物》1995年第4期。

胡平生:《史遷不采〈秦記〉始皇詔書説——也説嶽麓秦簡〈秦始皇禁伐湘山林木詔〉》,《簡帛》第25輯,上海古籍出版社2022年版。

J

賈麗英:《秦漢至三國吴的"訾"税變遷》,《歷史研究》2019年第2期。

L

李洪財:《秦簡牘"從人"考》,《文物》2016年第12期。

李婧嶸:《簡牘所見秦漢法律體系研究》,《古代文明》2022年第4期。

李美娟:《〈嶽麓書院藏秦簡(伍)〉札記》,武漢大學簡帛網2018年5月19日。

李　蓉:《嶽麓秦簡釋讀札記五則》,《出土文獻綜合研究輯刊》2022年第2期(第16輯)。

李迎春:《懸泉漢簡與漢代文書行政研究的新進步——以公務用券與簡牘官文書體系爲中心》,《出土文獻》2023年第2期。

劉曉林:《唐律中的"亦如之":立法語言的形成、特徵與價值之一例》,《社會科學戰綫》2023年第4期。

劉志平:《先秦秦漢的"秦人"稱謂與認同》,《清華大學學報》2021年第6期。

劉自穩:《里耶秦簡所見秦徭使吏員的文書運作》,《出土文獻》2023年第2期。

魯西奇:《秦代的縣廷》,《史學月刊》2021年第9期。

魯家亮:《〈嶽麓書院藏秦簡(伍)〉零拾一則》,中國社會科學院簡帛研究中心等編《第四屆簡帛學國際學術研討會暨謝桂華先生誕辰八十周年紀念座談會會議論文集》,重慶,2018年。

魯西奇:《秦統治下人民的身分與社會結構》,《中華文史論叢》2021年第1期。

羅昭善:《嶽麓秦簡所見秦代"冗爵"制度考論》,《古代文明》2023年第1期。

M

馬　力:《〈嶽麓書院藏秦簡(伍)〉舉留獄上計詔初讀》,《簡帛研究二〇一九(春夏卷)》,廣西師範大學出版社2019年版。

馬孟龍:《出土文獻所見秦漢"道"政區演變》,《民族研究》2022年第2期。

孟　峰:《秦簡牘"從人"考論》,《史學月刊》2021年第4期。

N

南玉泉:《嶽麓秦簡"治者雜受印"小考》,《出土文獻與法律史研究》第10輯,法律出版社2021年版。

Q

齊繼偉:《讀〈嶽麓書院藏秦簡(伍)〉札記(一)》,武漢大學簡帛網2018年3月9月。

齊繼偉:《讀〈嶽麓書院藏秦簡(伍)〉札記(二)》,武漢大學簡帛網2018年3月9日。

齊繼偉:《秦簡"勞論及賜"探析》,《簡牘學研究》第8輯,甘肅人民出版社2019年版。

齊繼偉、温俊萍:《秦漢"妖言"再認識——基於嶽麓簡"以不反爲反"令的考察》,《簡帛研究二〇二〇(春夏卷)》,廣西師範大學出版社2020年版。

齊繼偉:《簡牘所見秦代"爲不善"罪——兼述秦代法律與倫常秩序》,《史學月刊》2022年第1期。

S

沈　剛:《簡牘所見秦代地方職官選任》,《歷史研究》2017年第4期。

沈　剛:《徭使與秦帝國統治:以簡牘資料爲中心的探討》,《社會科學》2019年第5期。

石　洋:《秦漢時期借貸的期限與收息週期》,《中國經濟史研究》2018年第5期。

石　洋:《"貣""貸"別義的形成——秦漢時期借貸關係史之一頁》,《出土文獻研究》第20輯,中西書局2021年版。

舒哲嵐:《秦漢律中的"收人"》,《古代文明》2018年第3期。

蘇家寅:《漢代道制政區的起源》,《史學月刊》2021年第5期。

蘇俊林:《秦簡牘中"牒"字的使用及含義》,《簡帛》第20輯,上海古籍出版社年2020版。

單印飛:《秦至漢初縣行政機構設置辨析》,《中國史研究》2022年第1期。

孫富磊:《懸泉漢簡所見"鞫所式"考》,《敦煌研究》2023年第2期。

孫家洲:《史籍失載的秦始皇荆楚故地的一次出巡及其詔書析證——嶽麓書院藏秦簡〈秦始皇禁伐湘山樹木詔〉新解》,《中國史研究》2021年第4期。

孫玉榮:《秦及漢初簡牘中的"寡"——以爵位、户籍、經濟生活爲中心》,《中國經濟史研究》2020年第2期。

孫玉榮:《秦及漢初簡牘中的"外妻"》,《史學月刊》2020年第3期。

T

陶　磊：《讀〈嶽麓書院藏秦簡（伍）〉札記》，武漢大學簡帛網2018年7月1日。
田　天：《在縣道與郡國：論秦及西漢宗廟制度的演進》，《史學月刊》2022年第10期。

W

汪桂海：《秦漢官文書裝具》，《出土文獻》2022年第3期。
王博凱：《〈嶽麓書院藏秦簡（伍）〉研究二題》，《出土文獻》第15輯，中西書局2019年版。
王彥輝：《論秦及漢初身份秩序中的"庶人"》，《歷史研究》2018年第4期。
王彥輝：《如何認識中國帝制早期的"皇權下縣"》，《華中師範大學學報》2022年第5期。
王子今：《戰國秦漢"鹽神"記憶》，《鹽業史研究》2020年第3期。
王子今：《足與秦漢禮、法規範的基點》，《武漢大學學報》2021年第6期。
溫俊萍：《嶽麓秦簡所見"從反者"發覆》，《簡帛研究二〇二一（春夏卷）》，廣西師範大學出版社2021年版。
翁明鵬：《統一後秦簡牘中一些用爲｛事｝的"吏"字再議》，武漢大學簡帛網2020年4月14日。
鄔文玲：《秦漢時期民眾的法律意識》，《南都學壇》2012年第6期。
吴方基：《里耶"户隸"簡與秦及漢初附籍問題》，《中國史研究》2019年第3期。
吴方基：《新出秦簡所見"簿留"考》，《出土文獻》2020年第2期。
吴方基：《新出秦簡所見"從户"考》，《出土文獻研究》第20輯，中西書局2021年版。
武漢高校讀簡會：《讀〈嶽麓書院藏秦簡（陸）〉札記》，《華中國學·2020秋之卷》，華中科技大學出版社2022年版。

X

小林文治：《從勞動看秦的律令與基層社會的關係》，《文史》2021年第1輯。
小林文治：《秦代兩種"賦"的性質及其地域性》，《史學月刊》2023年第7期。
熊賢品：《出土文獻所見秦楚食鹽產地研究》，《鹽業史研究》2016年第1期。
熊　勇：《排外抑或招徠：秦國惠昭之世的移民政策轉向新探》，《史學月刊》2021年第7期。
徐世虹：《秦及漢初的城旦刑》，張中秋主編《中華法系國際學術研討會論文集》，中國政法大學出版社2007年版。
徐世虹：《説"正律"與"旁章"》，《出土文獻研究》第8輯，上海古籍出版社2007年版。
薛小林：《秦漢時期宴飲活動中的政治秩序與權力運作》，《中國史研究》2022年第1期。

Y

楊　博：《由篇及卷：區位關係、簡册形制與出土簡帛的史料認知》，《史學月刊》2021年第4期。
楊　博：《簡牘典籍和律令的"序次"》，《出土文獻與法律史研究》第13輯，上海古籍出版社2023年版。

楊　華:《秦漢帝國的神權統一——出土簡帛與〈封禪書〉〈郊祀志〉的對比考察》,《歷史研究》2011年第5期。

楊　怡:《秦及漢初契券中的券書憑證》,《中國經濟史研究》2022年第4期。

楊　勇:《秦簡牘所見秦代吏民的休假》,《簡帛研究二○二一(秋冬卷)》,廣西師範大學出版社2022年版。

楊振紅:《秦漢律篇二級分類説——論〈二年律令〉二十七種律均屬九章》,《歷史研究》2005年第6期。

楊振紅:《秦漢簡中的"冗""更"與供役方式》,《簡帛研究二○○六》,廣西師範大學出版社2008年版。

楊振紅:《秦漢官僚體系中的公卿大夫士爵位系統及其意義——中國古代官僚政治社會構造研究之一》,《文史哲》2008年第5期。

楊振紅:《從出土秦漢律看中國古代的"禮""法"觀念及其法律體現——中國古代法律儒家化説商榷》,《中國史研究》2010年第4期。

楊振紅:《〈嶽麓書院藏秦簡(伍)〉有關女子重組家庭的法令》,《簡牘學研究》第8輯,甘肅人民出版社2019年版。

楊振紅:《秦"從人"簡與戰國秦漢時期的'合從'》,《文史哲》2020年第3期。

楊振紅:《從新出簡牘看二十等爵制的起源、分層發展及其原理——中國古代官僚政治社會構造研究之三》,《史學月刊》2021年第1期。

于洪濤:《從里耶簡看秦代緊急公文種類與傳遞方式——兼談秦漢〈行書律〉相關問題》,《檔案學通訊》2018年第6期。

于洪濤:《秦代縣級行政長官稱謂及職權新探——以里耶秦簡官署文書爲中心》2019年第1期。

于洪濤:《王命與法令:秦簡所見君主命令立法化現象研究》,《出土文獻與法律史研究》第12輯,法律出版社2022年版。

于振波:《秦律令中的"新黔首"與"新地吏"》,《中國史研究》2009年第3期。

于振波:《嶽麓書院藏秦簡始皇禁伐樹木詔考異》,《湖南大學學報》2018年第3期。

于振波、朱錦程:《出土文獻所見"新黔首"爵位問題》,《湖南社會科學》2017年第6期。

Z

臧莎莎:《秦漢兩性關係研究——以出土資料爲中心》,南開大學2019年博士學位論文。

張麗萍、張顯成:《西北屯戍漢簡中"庸""葆""就"及相互關係考辨——兼論"作者"的含義》,《中國社會經濟史研究》2019年第3期。

張夢晗:《"新地吏"與"爲吏之道"——以出土秦簡爲中心的考察》,《中國史研究》2017年第3期。

張　楠、張祚麻:《〈嶽麓書院藏秦簡(伍)〉013—029,077"從人"簡集釋》,《簡牘學研究》第9輯,甘肅人民出版社2020年版。

張榮強:《中國古代書寫載體與户籍制度的演變》,《武漢大學學報》2019年第3期。

張潤鍇:《秦代官印制度考述》,《綿陽師範學院學報》2021年第9期。

張韶光:《嶽麓秦簡(叁)"暨過誤失坐官案"的法律適用問題》,《黑龍江史志》2015年第5期。

張韶光:《從嶽麓秦簡"主市曹臣史"看秦漢市場管理機構》,《中國社會經濟史研究》2018年第4期。

張韶光:《秦漢時期户籍中婚姻信息登記研究——以出土簡牘爲中心》,《學行堂語言文字論叢》第6輯,科學出版社2018年版。

張韶光:《試論簡牘所見秦對邊緣地區的管轄》,《史學月刊》2020年第8期。

張韶光:《嶽麓秦簡所見异地死亡吏卒歸葬考》,《簡帛》第20輯,上海古籍出版社2020年版。

張韶光:《試論秦代小家庭背景下的吏卒涉喪問題》,《中國社會經濟史研究》2022年第1期。

張韶光:《試析郡縣制在秦南部蠻夷邊地的實施》,《中央民族大學學報》2022年第1期。

張忠煒、張春龍:《漢律體系新論——以益陽兔子山遺址所出漢律律名木牘爲中心》,《歷史研究》2020年第6期。

趙　岩、張世超:《論秦漢簡牘中的"稗官"》,《古籍整理研究學刊》2010年第3期。

鄭　威:《出土文獻所見洞庭郡新識》,《考古》2016年第11期。

周海鋒:《〈爲獄等狀四種〉中的"吏議"與"邦亡"》,《湖南大學學報》2014年第4期。

周海鋒:《新出秦簡禮俗考》,《中華文化研究》2016年第2期。

周海鋒:《秦律令之流布及隨葬律令的性質問題》,《華東政法大學學報》2016年第4期。

周海鋒:《〈里耶秦簡(貳)〉初讀(一)》,武漢大學簡帛網2018年5月15日。

周海鋒:《嶽麓書院藏秦簡〈遷吏令〉研究》,《簡帛研究二〇一九(春夏卷)》,廣西師範大學出版社2019年版。

周海鋒:《秦制在新地的展開——以簡牘爲考察中心》,《中國文化研究》2020年第3期。

周海鋒:《嶽麓秦簡〈卒令丙〉研究》,《出土文獻與法律史研究》第9輯,法律出版社2020年版。

周海鋒:《秦律令文本形態淺析》,《簡帛》第23輯,上海古籍出版社年2021年版。

周海鋒:《再論秦始皇"收天下之兵"——基於出土法律文書的考察》,《古代文明》2022年第1期。

朱德貴、齊丹丹:《嶽麓秦簡律令文書所見借貸關係探討》,《史學集刊》2018年第2期。

朱紅林:《戰國時期國家法律的傳播》,《法制與社會發展》2009年第3期。

朱紅林:《紀南松柏漢墓35號木牘研究》,《吉林師範大學學報》2012年第3期。

朱紅林:《試說睡虎地秦簡中的"外妻"》,張德芳主編:《甘肅省第二届簡牘學國際學術研討會論文集》,上海古籍出版社2012年版。

朱紅林:《史與秦漢時期的決獄制度》,《社會科學輯刊》2017年第1期。
朱錦程:《秦對新征服地的特殊統治政策——以"新地吏"的選用爲例》,《湖南師範大學社會科學學報》2017年第2期。
朱　騰:《"律令法"説之再思:以秦漢律令爲視點》,《法律科學》2022年第3期。
朱　騰:《唐以前盜罪之變遷研究》,《法學研究》2022年第1期。
莊小霞:《秦漢簡牘所見"巴縣鹽"新解及相關問題考述》,《四川文物》2019年第6期。
鄒水傑:《簡牘所見秦代縣廷令史與諸曹關係考》,《簡帛研究二〇一六(春夏卷)》,廣西師範大學出版社2016年版。
鄒水傑:《秦代屬邦與民族地區的郡縣化》,《歷史研究》2020年第2期。
鄒水傑:《從虎溪山漢簡〈計簿〉看漢初縣屬嗇夫的分化》,《史學月刊》2022年第4期。

圖書在版編目（CIP）數據

《嶽麓書院藏秦簡（伍）》疏證 / 朱紅林著．—上海：上海古籍出版社，2023.12
ISBN 978－7－5732－1011－1

Ⅰ．①嶽… Ⅱ．①朱… Ⅲ．①簡（考古）–研究–中國–秦代 Ⅳ．①K877.54

中國國家版本館CIP數據核字（2024）第007153號

《嶽麓書院藏秦簡（伍）》疏證

朱紅林 著

上海古籍出版社出版發行

（上海市閔行區號景路159弄1-5號A座5F 郵政編碼201101）

（1）網址：www.guji.com.cn
（2）E-mail：guji1@guji.com.cn
（3）易文網網址：www.ewen.co

商務印書館上海印刷有限公司印刷

開本787×1092 1/16 印張30.5 插頁5 字數651,000
2024年3月第1版 2024年3月第1次印刷
ISBN 978－7－5732－1011－1
K·3537 定價：145.00元
如有質量問題，請與承印公司聯繫